Jerrold L. Schecter/Peter S. Deriabin
Die Penkowskij-Akte

Jerrold L. Schecter
Peter S. Deriabin

Die Penkowskij-Akte

Der Spion,
der den Frieden rettete

Ullstein

Titel der amerikanischen Originalausgabe: **The Spy who Saved the World**
Published by Charles Scribner's Sons, New York 1992
© 1992 by Jerrold L. Schecter and Peter S. Deriabin
Ins Deutsche übertragen von Klaus-Dieter Schmidt
Übersetzung © 1993 by Verlag Ullstein GmbH, Frankfurt/Main · Berlin
Alle Rechte vorbehalten
Satz: Fotosatz-Service Weihrauch, Würzburg
Druck und Verarbeitung: Wiener Verlag, Himberg bei Wien
Printed in Austria 1993
ISBN 3 550 06817 4

Die Deutsche Bibliothek – CIP-Einheitsaufnahme

Schecter, Jerrold L.:
Die Penkowskij-Akte : der Spion, der den Frieden rettete /
Jerrold L. Schecter ; Peter S. Deriabin. [Ins Dt. übertr. von
Klaus-Dieter Schmidt]. – Frankfurt/Main ; Berlin : Ullstein, 1993
Einheitssacht.: The spy who saved the world <dt.>
ISBN 3-550-06817-4
NE: Deriabin, Peter S.:

Für Isabel und Leona

INHALT

PROLOG

Sehr geehrter Herr!

Ich bitte Sie, das Folgende an die zuständigen Stellen der Vereinigten Staaten von Amerika weiterzuleiten. Es ist ein guter Freund, der sich an Sie wendet, ein Freund, der bereits zu Ihrem Soldaten geworden ist, zum Kämpfer für die Sache der Wahrheit, für die Ideale einer wahrhaft freien Welt und der Demokratie für die ganze Menschheit, jene Ideale, für die Ihr (und jetzt auch mein) Präsident, Ihre Regierung und Ihr Volk so viele Mühen auf sich genommen haben.

Ich habe diesen Weg des Kampfes mit vollem Bewußtsein betreten. Dazu hat vieles beigetragen. Entscheidend für meine Art zu denken wie für andere Dinge, über die ich später berichten werde, waren die vergangenen drei Jahre meines Lebens.

Ich habe lange und intensiv darüber nachgedacht. Jetzt jedoch habe ich eine reife und, wie ich meine, richtige Entscheidung getroffen, die mich veranlaßt hat, an Sie heranzutreten. Ich bitte Sie, an die Ernsthaftigkeit meines Denkens und meines Wunsches, Ihnen dienlich zu sein, zu glauben. Ich möchte meinen Beitrag zu unserer gemeinsamen Sache leisten, auch wenn er – obwohl ich ihn für bedeutsam halte – nur bescheiden sein mag, und werde künftig als Ihr Soldat alles ausführen, was mir aufgetragen wird. Seien Sie versichert, daß ich meine ganze Kraft, mein ganzes Wissen und mein Leben für diese neue Verpflichtung einsetzen werde.

Damit möchte ich sagen, daß ich die Arbeit für meine neue Sache nicht mit leeren Händen beginne. Ich verstehe sehr gut und habe es in meine Überlegungen einbezogen, daß die richtigen Worte und Gedanken durch konkrete Beweise ergänzt werden müssen. Ich war und bin in der Lage, dies zu tun.

Mir ist sehr bedeutsames Material zu vielen Themen zugänglich, die für Ihre Regierung von außerordentlichem Interesse und Gewicht sind. Ich möchte Ihnen dieses Material umgehend zur Einsicht, Analyse und Nutzung zukommen lassen. Dies muß so schnell wie möglich geschehen. Die Art und Weise der Übergabe können Sie bestimmen. Es wäre jedoch wünschenswert, das Material nicht durch persönlichen Kontakt, sondern über einen toten Briefkasten zu übermitteln.

Ich bitte Sie noch einmal, mich so bald wie möglich von diesem Material zu »entlasten«; dafür gibt es viele vernünftige Gründe.

Ihre Antwort: Bitte informieren Sie mich (vorzugsweise in russischer Sprache) durch meinen toten Briefkasten Nr. 1 (vgl. die Beschreibung seiner Lage und Benutzung) über Art, Zeit und Ort der Übergabe des genannten Materials. Falls Sie einen eigenen toten Briefkasten für die Übermittlung des Materials auswählen, ziehen Sie bitte in Betracht, daß er groß genug sein muß, um Material von der Größe des 1959 veröffentlichten Buchs *Van Cliburn* von S. Chentow aufzunehmen.*

Nachdem Sie das Material von mir erhalten haben, wäre es wünschenswert, in der zweiten Augusthälfte dieses Jahres ein persönliches Treffen mit Ihren Repräsentanten zu arrangieren. Es gibt viele Dinge, die genauer besprochen werden müssen. Ich erbitte dafür vier bis sechs Stunden. Samstage, Sonntage und Abende wären mir angenehm. Den Ort und die Umstände des Treffens bestimmen Sie.

Ich werde vom 15. August 1960 an auf Ihre im toten Briefkasten Nr. 1 hinterlegten Anweisungen warten. Ich bitte Sie, bei der Zusammenarbeit mit mir alle Regeln des Handwerks und der Sicherheit zu beachten und keine Pannen zuzulassen. Schützen Sie mich.

Möge die Gerechtigkeit der Ziele und Ideale, denen ich mich von diesem Tag an verpflichtet fühle, uns bei unserer zukünftigen Zusammenarbeit leiten.

Immer Ihr ...
19. Juli 1960

---

* Der damals 23jährige amerikanische Pianist Van Cliburn hatte im April 1958 den ersten internationalen Tschaikowskij-Wettbewerb in Moskau gewonnen.

P.S. Meine herzlichsten Grüße an meine guten Freunde, Oberst Charles Maclean Peeke und seine Frau. In Gedanken grüße ich auch meine Freunde Cotter, Koehler, Ditta, Beckett, Daniel, Glassbrook und andere.* Ich erinnere mich mit großem Vergnügen an die Zeit, die ich mit ihnen zusammen verbracht habe. Ich hatte geplant, Ihren Repräsentanten vor dem 9. August 1960 zu treffen und ihm diesen Brief zu übergeben, aber daraus wurde nichts. Jetzt muß ich bis zum 15. August warten.

Mit diesem Brief nahm Oberst Oleg Wladimirowitsch Penkowskij im August 1960 ersten Kontakt mit der Central Intelligence Agency der Vereinigten Staaten auf. Während der nächsten zwei Jahre versorgte er die CIA und den britischen Geheimdienst MI6 mit streng geheimen sowjetischen Kriegsplänen, Konstruktionszeichnungen von Atomraketen und über 10 000 Seiten militärischen Informationen. Die daraus gewonnenen Erkenntnisse veränderten die amerikanische und britische Einschätzung des strategischen Nuklearpotentials der Sowjetunion und der Absichten, die Nikita Chruschtschow mit ihm verfolgte. Penkowskijs Material brachte zutage, daß die Sowjetunion keineswegs über das Arsenal an Atomraketen verfügte, das Chruschtschow der Welt weismachen wollte, und versetzte Kennedy so in die Lage, Chruschtschows Bluff zu durchschauen. Penkowskij war während der Berlin-Krise von 1961 und der Kuba-Krise von 1962 der Spion, der die Welt vor dem Atomkrieg bewahrte.

* Die hier genannten Personen waren während Penkowskijs Zeit in der Türkei Militärattachés an der amerikanischen Botschaft in Ankara.

11

Kapitel 1

KONTAKTAUFNAHME MIT AMERIKA

Es nieselte und auf dem Marmor des Lenin-Mausoleums glitzerten die Regentropfen, als zwei junge amerikanische Touristen am 12. August 1960 um 23 Uhr den Roten Platz überquerten. Eldon Ray Cox und Henry Lee Cobb waren im Bolschoi-Theater gewesen und wollten in ihr Hotel zurück. Kurz vor der Moskworezki-Brücke, die über die Moskwa führt, wurden sie von einem Passanten überholt, der Cobb am Ärmel zupfte und ihn um Feuer bat. Der Mann fragte in recht passablem Englisch, ob sie Amerikaner seien und zum erstenmal in der Sowjetunion wären. Als sie bejahten, schien er erfreut zu sein und sprach hastig weiter, während er sich besorgt danach umschaute, ob sie beobachtet wurden. Er war um die Vierzig, von mittlerer Statur, ungefähr 1,75 Meter groß und hatte rote Haare, die an den Schläfen grau wurden. Er trug Anzug und Krawatte und machte insgesamt einen gefälligen Eindruck.

Während die drei Männer die Brücke überquerten, sagte der Russe: »Ich möchte Sie um Ihre Hilfe bitten. Ich saß vor ein paar Tagen in dem Zug, mit dem Sie aus Kiew kamen. Sie gehörten zu einer Gruppe von Studenten, die im selben Wagen fuhr wie ich. Aber Sie wurden von einem Agenten beobachtet. Deshalb habe ich Sie nicht angesprochen.«[1]

Cox und Cobb waren erstaunt über das geheimnisvolle Verhalten des Mannes, der sich weiterhin ständig umsah, und über die Spannung, die von ihm ausging. »Ich habe früher einmal in der sowjetischen Botschaft in der Türkei gearbeitet«, fuhr er fort. »Ich hatte dort einen guten Freund in der amerikanischen Botschaft und frage mich oft, was wohl aus ihm geworden sein mag.« Der Russe behauptete, Infanterieoffizier zu sein.

»Sind Sie Kommunist?« fragten ihn die Amerikaner.

»Ich war es«, erwiderte der Mann.

Russen sprechen manchmal Ausländer an, um ihr Englisch aufzufrischen, aber nicht um 23 Uhr an einem regnerischen Abend. Cox reagierte zuerst mißtrauisch, fühlte sich aber rasch von der Art dieses Mannes angezogen, obwohl ihm auch der Gedanke durch den Kopf ging, daß es eine Falle des KGB sein könnte, die Vorbereitung für einen Erpressungsversuch. Doch je länger der Mann sprach, desto deutlicher spürte Cox, daß er es ehrlich meinte.»Ich kann nicht selbst zur amerikanischen Botschaft gehen«, erklärte der Mann.[2]

Als ihnen einige Passanten entgegenkamen, wechselte der Russe abrupt das Thema, sprach vom Wetter und fragte die Amerikaner, wie es ihnen in der Sowjetunion gefalle. Als sie die Brücke überquert hatten und allein und ungestört am Ufer des Flusses entlanggingen, sagte der Mann:»Ich habe versucht, mit anderen Amerikanern Kontakt aufzunehmen. Aber es gibt nur wenige, die Russisch sprechen. Sie scheinen zwei intelligente junge Menschen zu sein. Ich habe einige Informationen, von denen ich möchte, daß sie auf direktem Weg der amerikanischen Botschaft überbracht werden.«

Er erklärte den beiden, daß sie die Nachricht nur dem stellvertretenden Missionschef, Edward Freers, oder dem Militärattaché aushändigen dürften. Er trage schon seit einem Monat einen Brief mit sich herum und habe die ganze Zeit über nach einer Möglichkeit gesucht, ihn den richtigen Personen zukommen zu lassen. Der Brief enthalte Informationen, die es ihm vielleicht erlaubten, eines Tages in den Westen zu gehen.»Öffnen Sie ihn nicht, und behalten Sie ihn nicht über Nacht im Hotel. Bringen Sie ihn sofort zur amerikanischen Botschaft«, wies er Cox und Cobb an.»Ihre Regierung wird für die Nachricht dankbar sein.« Er drückte Cox ein Kuvert in die Hand und wiederholte, wie wichtig es sei, daß die beiden Schreiben, die es enthalte, auf direktem Weg in die Botschaft gelangten.[3] Seinen Namen wollte er nicht nennen.

Während sie am Flußufer auf und ab gingen, erzählte der Russe den beiden Amerikanern, daß er geheime Informationen über die von Francis Gary Powers gesteuerte U-2 besitze, die dreieinhalb Monate vorher, am 1. Mai, in der Nähe von Swerdlowsk abgeschossen worden war. Powers war gefangengenommen worden, und in vier Tagen, am 16. August, sollte ihm in Moskau der Prozeß gemacht werden. Überall auf der Welt wurde darüber spekuliert, wie es zu dem Abschuß gekommen war und wie Powers es geschafft hatte, ihn zu überleben. Er selbst konnte nicht dazu befragt werden, da niemand Zutritt zu ihm erhielt. Die offizielle sowjetische Erklärung, nach der er mit einer einzigen Boden-Luft-Rakete abgeschossen worden war, wurde mit Skepsis betrachtet, da die Aufklärungsflüge der U-2 oberhalb der Reichweite der sowjetischen Flugabwehrraketen durchgeführt wurden.

Nach der ersten offiziellen sowjetischen Version des Vorfalls, die von Chruschtschow stammte, war die U-2 in einer Höhe von über zwanzig Kilometern von einer einzigen Rakete getroffen worden und abgestürzt. Chruschtschow war empört über das Eindringen der U-2 in den sowjetischen Luftraum und hatte von Präsident Eisenhower eine Entschuldigung verlangt. Die USA behaupteten zuerst, die U-2 hätte Wetterbeobachtungen durchgeführt und wäre dabei vom Kurs abgekommen. Als Chruschtschow jedoch bekanntgab, daß der Pilot, Gary Powers, am Leben war und sich in sowjetischer Gefangenschaft befand, war Eisenhower als erster US-Präsident gezwungen gewesen, vor aller Welt zuzugeben, daß sein Land Spionage betrieb. Darüber hinaus stellte er sämtliche U-2-Flüge ein. Doch das reichte Chruschtschow nicht, und er sorgte durch seine starre Haltung dafür, daß die Gipfelkonferenz, zu der er sich im Mai 1960 in Paris mit Eisenhower, de Gaulle und Macmillan traf, mit einem Eklat endete, bevor sie richtig begonnen hatte.[4]

In ihrem nächtlichen Gespräch an der Moskwa versicherte der Russe den beiden Amerikanern nun, daß er wisse, was wirklich mit der U-2 passiert war. Es seien genau 14 Boden-Luft-Raketen des Typs SAM-2 auf Powers' U-2 abgefeuert worden, von denen zwar keine das Ziel traf, eine aber so dicht an dem Flugzeug explodierte, daß es außer Kontrolle geriet. Powers habe den Schleudersitz betätigt, als die U-2 ins Trudeln kam, sei aber bewußtlos gewesen, als er auf dem Erdboden landete. Ein MiG-19-Abfangjäger, der der U-2 in niedrigerer Höhe gefolgt war, sei unabsichtlich von einer der 14 Raketen getroffen worden und der Pilot dabei ums Leben gekommen. Er habe diese Informationen, erklärte der geheimnisvolle Fremde, von einem engen Freund erhalten, einem Militär.

Dann kam er auf einen Vorfall vom 1. Juli 1960 zu sprechen, bei dem ein amerikanischer RB-47-Aufklärungsbomber über der Barentsee von einer MiG-19 abgeschossen worden war. Als es getroffen wurde, erklärte der Russe, hätte sich das Flugzeug definitiv über internationalen Gewässern befunden, und nicht über sowjetischem Territorium, wie es von der Sowjetunion öffentlich behauptet wurde.[5]

Cox war von der Ausstrahlung des Russen fasziniert. Er hatte überall auf der Welt Bekanntschaften gemacht, aber keine hatte ihn so berührt wie diese. Er hatte das Gefühl, als hätte er einen alten Freund wiedergetroffen. Cobb dagegen war unbehaglich zumute. Er hatte immer noch Angst, daß der Mann ein Provokateur war, und wollte so bald wie möglich in sein Zimmer im nahegelegenen Hotel Baltschug zurückkehren. Als sie eine Nebenstraße passierten, tauchten zwei Polizisten auf, und der Fremde wurde sichtlich nervös. Cox und Cobb spürten seine Anspannung. Er sagte ihnen auf Russisch – das ihnen geläufig war –, daß sie ihm zum Eingang eines Gebäudes in der Nähe folgen sollten, wo sie das Gespräch beenden könnten. Aber die beiden Studenten hatte der Mut verlassen, und sie machten sich eilig davon.

Cox war von der Bedeutsamkeit der U-2-Geschichte überzeugt und beschloß, sich direkt zur amerikanischen Botschaft zu begeben.[6] In der Nähe seines Hotels stieg er in ein Taxi. Auf der Fahrt in Richtung Majakowski-Platz ließ er die Szene auf der Brücke und am Flußufer noch einmal Revue passieren. Sollte er seinem Instinkt vertrauen und das Kuvert überbringen? Das Taxi bog nach links in Richtung Tschaikowskij-Straße, an der die amerikanische Botschaft lag, ab. Cox beschloß, sein Glück zu versuchen. Vor dem Haupteingang der Botschaft stieg er aus und bezahlte den Taxifahrer. Als er sich aufrichtete, sah er sich einem sowjetischen Polizisten in einer grauen Uniform gegenüber, der das schwere Eisentor der Botschaft bewachte. Er blieb stehen und überlegte von neuem, ob er in eine Falle gelockt worden war, um als Spion verhaftet zu werden. Aber er sprach sich selbst Mut zu:»Warum sollte ein Russe ein solches Risiko eingehen?« Sein Herz schlug bis zum Hals, als er sich dem Tor der Botschaft näherte.[7]

Der Polizist versperrte ihm den Weg und forderte ihn auf, sich auszuweisen. Nach außen hin sollte er die Botschaft schützen, aber in Wirklichkeit waren die Wachleute KGB-Offiziere, deren Aufgabe es war, rund um die Uhr dafür zu sorgen, daß kein Sowjetbürger das Botschaftsgelände betrat und zum Feind überlief. Cox zeigte seinen Führerschein vor; der Paß war, wie bei Ausländern üblich, von der Hotelrezeption einbehalten worden. Der Polizist verglich das Foto eingehend mit dem Gesicht des rotbärtigen jungen Mannes, der vor ihm stand. Dann gab er Cox den Führerschein zurück und winkte ihn durch das Tor.

Es war kurz nach Mitternacht am 13. August 1960. Cox sah sich nicht um, sondern ging geradewegs auf den diensthabenden Wachmann der Marines zu, sagte ihm, daß er den stellvertretenden Missionschef zu sehen wünsche, und zeigte wiederum seinen Führerschein vor – Heimatadresse: Lubbock, Texas; Geburtsdatum: 1. Oktober 1933.

Der stellvertretende Missionschef war nicht in der Botschaft. Aber John Abidian, ein Sicherheitsoffizier, der offiziell als Sonderberater von Botschafter Llewellyn Thompson fungierte, war in seinem Büro im neunten Stock noch spät bei der Arbeit und kam herunter, um mit Cox zu sprechen. Immer wieder unterbrach er Cox in seinem Bericht: Auf welcher Seite der Brücke waren sie gegangen? Wo genau war das Kuvert übergeben worden? Die Begegnung mit dem Russen habe ungefähr zwanzig Minuten gedauert, sagte Cox, aber bestimmt nicht länger als eine halbe Stunde.

Während Cox zum wiederholten Mal von dem Russen erzählte, versuchte sich Abidian darüber klar zu werden, was er von ihm zu halten hatte. Cox hatte ihm gesagt, daß er und Cobb zusammen als Russischspezialisten bei der US Air Force gedient hatten. Cobb hatte nach der Entlassung aus der Air Force sein Russischstudium an der Universität von Indiana fortgesetzt, und als er sich bei Cox gemeldet und ihm vorgeschlagen hatte, mit ihm zusammen an einem zweiwöchigen Sommerkurs seiner Universität in der Sowjetunion teilzunehmen, hatte Cox die Gelegenheit, die Sowjetunion kennenzulernen, mit Freuden ergriffen. Der Kurs war inzwischen zu Ende, und er und Cobb wollten Moskau am 15. August verlassen.[8]

Abidian riet Cox eindringlich, jeden weiteren Kontakt mit Russen zurückzuweisen und auf künftige Anspielungen auf die Begegnung auf der Brücke, ob nun von Sowjetbürgern oder seinen amerikanischen Kollegen, nicht einzugehen. Es könne nicht mit Sicherheit gesagt werden, ob die Kontaktaufnahme ehrlich gemeint war oder eine Provokation darstellte. Cox wollte wissen, was die Botschaft mit den Briefen des Russen tun werde, aber Abidian speiste ihn mit der Auskunft ab, daß die Botschaft »eine Menge solchen Zeugs von Touristen« bekäme. Wenn man ihn noch brauche, werde man sich mit ihm in Verbindung setzen. Cox kehrte ins Baltschug zurück, wo Cobb bereits friedlich schlief.[9]

Cox war verärgert über die unkooperative Haltung der Botschaft, so wie er sie empfunden hatte; der Sicherheitsoffizier schien kein sonderliches Interesse an seiner Geschichte gehabt zu haben.[10] In Wirklichkeit hatte er Cox aufmerksam zugehört, jedoch verhindern wollen, daß sich die beiden Studenten, solange sie noch in Moskau waren, weiter mit dem Russen einließen. Geheime Dokumente unterzuschieben, Affären zu arrangieren und die Betreffenden dann mit Fotos zu erpressen, die sie in den Armen einer Unbekannten zeigten, gehörte zu den üblichen Methoden, mit denen Ausländer in Moskau bedroht wurden. Jedes Angebot, schwarz Geld zu tauschen, konnte eine Provokation sein.

Abidian schrieb sofort einen Bericht über das Gespräch mit Cox und rief um zwei Uhr früh bei Freers an, um ihn von dem Vorfall in Kenntnis zu setzen. Sie kamen um zehn Uhr mit Vladimir I. Toumanoff, dem politischen Offizier der Botschaft, zusammen und gingen in den sicheren Raum der Botschaft,»die Blase« genannt, einen mit Drahtseilen an Decke und Fußboden befestigten Plastikkasten, der frei im Raum schwebte, so daß er durch in den Wänden installierte Mikrofone nicht abgehört werden konnte. Abidian und Freers öffneten das Kuvert und fanden zwei versiegelte Briefe darin.

Freers bat Toumanoff, der Russisch konnte, die Briefe zu bewerten und besonders auf Wendungen zu achten, die auf eine Falle hindeuten könnten. Toumanoff übersetzte Freers und Abidian einzelne Passagen. Der Russe schrieb, daß ihm»sehr bedeutsames Material« zugänglich sei. Freers meinte, man solle die Briefe zur weiteren Auswertung der CIA übergeben.»Schaffen Sie sie von hier weg«, wies er Abidian an.[11]

Abidian sandte über eine sichere Leitung eine für die CIA bestimmte Nachricht ans Außenministerium, in der er wiedergab, was Cox über die U-2 und die RB-47 erzählt hatte. Die beiden Briefe und ein Bericht über das Gespräch zwischen Abidian und Cox wurden als versiegeltes Päckchen mit der Diplomatenpost per Kurier ans Außenministerium in Washington geschickt. Von dort wurde das Material sofort an die CIA weitergereicht, wo es auf dem Schreibtisch von John

M. (Jack) Maury landete, dem Chef der Abteilung Sowjetunion in der Hauptabteilung für Planung (verdeckte Operationen).

Maury kam aufgrund von Abidians Bericht zu der Überzeugung, daß es sich lohne, das Angebot des Russen zu prüfen, und Abidian wurde mitgeteilt, daß der Russe möglicherweise ein Mann wäre, wie ihn die CIA suche.[12] Maury gab die Briefe Joseph J. Bulik, dem Chef der für die Operationen innerhalb der Sowjetunion zuständigen Abteilung. Bulik sollte den Mann, der die ebenso überraschenden wie vielversprechenden Briefe geschrieben hatte, identifizieren und entscheiden, ob er es ernst meinte oder ein Provokateur war.

Bulik war damals 44 Jahre alt und stand auf dem Höhepunkt seiner Karriere. Seine Familie stammte aus dem in der Slowakei gelegenen Teil der Karpaten. Er sprach fließend Russisch und hatte den Ruf eines strengen, peinlich genauen Beamten. Seine Freunde witzelten, daß er, wenn ihn jemand auf dem Flur ansprach und nach dem Wetter fragte, mit der Gegenfrage antwortete, ob für den Betreffenden »die Notwendigkeit« bestehe, darüber Bescheid zu wissen.

Bulik war ein gutaussehender, energiegeladener Mann, groß, schlank, mit einem Grübchen im Kinn und kräftigem Kiefer. Die braunen Haare waren an den Seiten kurz geschnitten und oben zu einer modischen Tolle nach hinten gekämmt. Er war ein pragmatischer Typ. Nachdem er 1937 sein Studium an der Universität von Wyoming abgeschlossen hatte, erwarb er 1939 an der Universität von Minnesota den Magister im Fach Agronomie. Seine Berufslaufbahn begann 1940 im Amt für Statistik. Als die USA in den Zweiten Weltkrieg eingriffen, trat er in den Auslandsdienst des Landwirtschaftsministeriums ein und arbeitete für die Gemeinsame Lebensmittelkommission, die Lebensmittel an die amerikanischen Verbündeten verschiffte. Vom Tag der alliierten Landung in der Normandie im Jahr 1944 bis 1948 war Bulik Landwirtschaftsattaché an der amerikanischen Botschaft in Moskau. Er arbeitete am Leih- und Pachtprogramm mit, durch das die Sowjetunion während des Krieges und in der unmittelbaren Nachkriegszeit mit Zucker, Dosenfleisch und Notrationen versorgte wurde.

Die Leiden der sowjetischen Bevölkerung während des Krieges erregten Buliks Mitgefühl, aber zugleich sah er auch deutlich die Mängel und Mißstände innerhalb des kommunistischen Systems. Er kehrte 1949 in die USA zurück und trat in die CIA ein, wo er als Analytiker in

19

der Hauptabteilung für Nachrichtenmaterial eingesetzt wurde, der nicht an verdeckten Operationen beteiligten CIA-Gliederung, die sich mit der Auswertung von Informationen beschäftigte. Die CIA befand sich damals noch in den Anfängen, und Buliks aus erster Hand stammende Sowjeterfahrung war höchst willkommen.

Als die CIA während des Koreakrieges 1952 erweitert wurde, fragte ihn Peer de Silva, einer der namhaftesten Geheimagenten der CIA, ob er nicht auf die operative Seite überwechseln wolle. De Silva schätzte das Wissen, das sich Bulik aus eigener Anschauung über die Sowjetunion erworben hatte, und wollte es stärker nutzen. Bulik kannte die Geräusche und Gerüche von Moskau und hatte ein Gespür dafür, wie man dort arbeiten mußte. Er stieg im operativen Bereich rasch zum Chef der für die Sowjetunion zuständigen Abteilung auf.

Der Fall, den er jetzt übernahm, sollte zum größten seiner gesamten Karriere werden. Er ließ die Briefe nicht zirkulieren, forderte aber, nachdem er die Befragungen der beiden Studenten gelesen hatte, eine »blinde« Einschätzung der vorliegenden Informationen an, das heißt, er gab die Fakten über die U-2 und die RB-47 an diverse Experten weiter, um ihre Meinung darüber einzuholen, ohne ihnen mitzuteilen, woher sie stammten und wann sie übermittelt worden waren. Die Experten der Sowjetabteilung reagierten einhellig positiv. »Dieses Material«, meinte zum Beispiel Charles Beling, nachdem er die Berichte geprüft hatte, »riecht nach Wahrheit. Es könnte echt sein.«[13] Die Einzelheiten waren präzise und unangenehm für die Sowjetunion, und sie boten die erste realistische Erklärung für zwei Vorfälle, von denen die CIA bisher nur wenig gewußt hatte.

Bevor er die Briefe las, hatte Bulik das Begleitmaterial durchgesehen. Darunter befand sich ein Foto, das einen sowjetischen und einen amerikanischen Oberst zeigte; der Kopf des sowjetischen Offiziers war allerdings herausgeschnitten – ein ungewöhnlicher Weg, um die Gegenseite von der eigenen Glaubwürdigkeit zu überzeugen, ohne vorzeitig Namen und Gesicht zu offenbaren. Wenn der Briefschreiber tatsächlich vom Kommunismus enttäuscht war und für die Vereinigten Staaten arbeiten wollte, konnte er, als Oberst, der sicherlich hochrangige Verbindungen in Moskau besaß, von enormem Wert sein, nicht zuletzt auch für Bulik und seine Abteilung, die erheblich an Gewicht gewinnen würde.

Bulik hatte aber auch schon erlebt, daß der KGB Agenten einzuschleusen versuchte, indem er sie mit anscheinend echten Informationen ausstattete, die sich bei genauerer Prüfung als Fehlinformationen herausstellten, als »Hühnerfutter«, wie es innerhalb der CIA genannt wurde. Aber die Tatsachen über den Abschuß der U-2 und der RB-47 waren, wie die CIA glaubte, zu geheim, als daß sie als Hühnerfutter ausgestreut worden wären, um einen Sowjetagenten in die CIA einzuschleusen.

Der zweite Brief enthielt eine Zeichnung und eine genaue Beschreibung für einen toten Briefkasten, der als Nr. 1 bezeichnet wurde und durch den mit dem Absender des Briefs Kontakt aufgenommen werden konnte. Der tote Briefkasten befand sich an der Moskauer Puschkin-Straße in einem Haus, dessen Haupteingang zwischen einem Fleischer und einem Schuhgeschäft lag. Er war rund um die Uhr geöffnet, wie es in dem Brief hieß, und unbewacht. Rechts in der Eingangshalle sollte sich ein dunkelgrüner Heizkörper befinden, der durch einen einzigen Metallhaken an der Wand befestigt war. Als toter Briefkasten sollte der Zwischenraum zwischen dem Heizkörper und der Wand benutzt werden, und zwar indem die (grün verpackte) Nachricht an einem (grünen) Faden an den Haken hinter den Heizkörper gehängt wurde.

Die detaillierte schriftliche Beschreibung wurde durch einen Lageplan ergänzt, auf dem sowohl der tote Briefkasten als auch eine nahegelegene Telefonzelle angegeben war. An dieser sollte das Zeichen angebracht werden, das dem Briefschreiber signalisierte, daß in dem toten Briefkasten eine Nachricht für ihn deponiert worden war. Das Telefon befand sich in der Eingangshalle eines Hauses an der Kosizki-Straße, einer Nebenstraße der Gorki-Straße im Zentrum von Moskau, nur vier oder fünf Blocks von dem toten Briefkasten entfernt. »Ich werde«, schrieb der sowjetische Oberst, »beginnend mit dem 15.8.60, jeden Tag nach 12.00 Uhr und nach 21.00 Uhr nachsehen, ob das Zeichen angebracht wurde.«

Bulik hatte das sichere Gefühl, es mit einem außergewöhnlichen Menschen zu tun zu haben. Die exakte Beschreibung des toten Briefkastens und seiner Benutzung trugen eindeutig den Stempel eines erfahrenen Geheimdienstoffiziers, der sein Handwerk verstand. Man mußte ihn so bald wie möglich identifizieren und mit ihm Kontakt aufnehmen. Bulik hing für eine Weile dem Gedanken nach, welche Aussichten sich eröffnen würden, wenn der Briefschreiber sein Versprechen erfüllte. Einen Agenten oder Zuträger solchen Kalibers hatte die CIA bislang in Moskau nicht aufzuweisen.[14]

Als nächstes mußte also der sowjetische Oberst auf dem Foto identifiziert werden. Von Cox wußte man, daß er in der Türkei gearbeitet hatte. Daß der amerikanische Army-Oberst auf dem Foto vermutlich der im Postskriptum des Briefs erwähnte Offizier war, lag auf der Hand, zumal Oberst Charles Maclean Peeke 1955–56 Heeresattaché in der Türkei gewesen war. Bulik ließ sich die Fotos der sowjetischen Militärattachés kommen, die zur selben Zeit in Ankara gewesen waren. Der damalige Attaché, ein Heeresgeneral, hieß Nikolai Petrowitsch Rubenko, alias Sawtschenko. Sein Stellvertreter, ein gewisser Oleg Wladimirowitsch Penkowskij, war wie der kopflose Offizier auf dem Foto Oberst und paßte nach Buliks Gefühl auch besser auf das Foto mit Oberst Peeke als seinem Vorgesetzten.

Nach den CIA-Akten gehörten sowohl General Rubenko als auch Oberst Penkowskij zur GRU, der *Glawnoje Raswedywatjelnoje Uprawlenije,* der Nachrichtendienstlichen Hauptabteilung des sowjetischen Generalstabs. Beide hatten ihre Posten in der Botschaft als Fassade benutzt, hinter der sie Informationen sammelten und Spione führten. General Rubenko hieß in Wirklichkeit Sawtschenko. Den Namen Rubenko hatte er angenommen, um seine Zugehörigkeit zur GRU zu verschleiern, da er bereits früher Posten im Ausland bekleidet hatte und sein wirklicher Name daher, wie er annehmen mußte, in den Akten der westlichen Geheimdienste auftauchte.

Nachdem dies geklärt war, wandte sich Bulik an Cox und Cobb. Er arrangierte in einem sicheren Haus in Washington ein Treffen mit Cobb, bei dem dieser unter zehn Fotos von sowjetischen Offizieren das heraussuchte, das den Mann zeigte, den er auf der Brücke in Moskau kennengelernt hatte. Es war das Foto von Penkowskij, obwohl Bulik den Namen nicht nannte.

Da er ganz sicher gehen wollte, flog Bulik auch noch nach Anchorage, wo Cox am Aufbau des Frühwarnsystems DEW (Distant Early Warning) mitarbeitete, eines Radarsystems, das einen eventuellen nuklearen Raketenangriff frühzeitig melden sollte. Cox war erfreut, Bulik zu sehen. Buliks Anwesenheit bestätigte ihm, daß die mutige

Entscheidung, die er in jener Augustnacht in Moskau getroffen hatte, richtig gewesen war und von der amerikanischen Regierung anerkannt wurde. Als Bulik ihm die zehn Fotos vorlegte, erkannte er Penkowskijs Gesicht sofort wieder.[15] Bulik war höchst zufrieden und flog nach Washington zurück, um die Neuigkeit weiterzugeben.

Er hatte aus Penkowskijs Brief entnommen, daß er sich in seiner Zeit in Ankara mit Oberst Peeke angefreundet hatte. Wie die Militärattachés überall auf der Welt, hatten auch sie sich vermutlich bei gesellschaftlichen Anlässen getroffen und sich anfangs – wie Hunde, die einander beschnüffeln – gegenseitig nach Schwachstellen abgetastet. Aber es lag kein Bericht der CIA-Station in Ankara darüber vor, daß Penkowskij hatte überlaufen wollen oder daß Peeke versucht hatte, ihn anzuwerben.[16]

Peeke hatte im Oktober 1956 einen Heimaturlaub angetreten, um an der Beerdigung seines Schwiegervaters teilzunehmen, und als er im November nach Ankara zurückkehrte, war Penkowskij nach Moskau abgereist. Bulik sprach nicht mit Peeke, da er nicht wollte, daß der Kreis derjenigen, die von Penkowskijs Briefen wußten, noch größer wurde. Peeke sagte später, daß er Penkowskij gern gehabt habe. Er sei intelligent und anregend gewesen und hätte weit über dem dicken, schlampigen Säufer Rubenko gestanden. Penkowski half Peeke und dessen Frau, als sie Visa für eine Reise in die Sowjetunion brauchten, und er war ein regelmäßiger Besucher in Peekes Wohnung in Ankara. Peeke meinte einmal im Scherz zu Penkowskij, daß sie beide eigentlich den Auftrag hatten, einander als Spione für die andere Seite anzuwerben. Er sagte, er hätte Penkowskij der CIA als jemanden genannt, der möglicherweise angeworben werden konnte, aber es gibt keinen Beleg dafür, daß diesem Hinweis jemals nachgegangen wurde.[17]

Bulik wußte nicht, wie herzlich das Verhältnis zwischen Peeke und Penkowskij gewesen war. Er mußte daher annehmen, daß Penkowskij bei seinem Gruß an Peeke im Postskriptum des Briefs die Freundschaft übertrieb, um glaubwürdiger zu erscheinen. Dennoch war aus dem Material, das er in der Hand hatte, für Bulik nur der Schluß zu ziehen, daß mit Penkowskij Kontakt aufgenommen werden sollte. Er bat Jack Maury, den für die verdeckten Operationen in der Sowjetunion zuständigen Mann, um eine Unterredung. Maury prüfte das Material und berief danach eine Sitzung ein, an der neben ihm und Bulik Paul

23

Garbler, der neue Stationschef in Moskau, und Richard Helms, der damalige Chef der Planungsabteilung, teilnahmen. Diese hochrangige Gruppe beleuchtete das vorliegende Material von allen Seiten, um einen Anhaltspunkt dafür zu finden, ob sie der Freiwillige, der sich der CIA so überraschend angeboten hatte, zu einer Goldmine oder in eine Sackgasse führen würde. War Penkowskij wirklich ein desillusionierter Kommunist, der sich Chruschtschows Kriegstreiberei entgegenstellen wollte?

Die Zweifel an Penkowskij rührten von dem Fall Pjotr Popow her, einem Oberstleutnant der GRU, der von 1953 bis 1958 für die CIA spioniert hatte. Zuerst in Wien stationiert, wo er sich der CIA zur Verfügung gestellt hatte, und dann in Deutschland, war Popow der wichtigste sowjetische Geheimdienstoffizier gewesen, den die CIA nach dem Zweiten Weltkrieg in der GRU gehabt hatte.[18] Er versorgte den Westen mit den ersten Insiderinformationen über das Personal und die Methoden der GRU und informierte die CIA außerdem über wichtige Details der sowjetischen Politik in Österreich und Ostdeutschland. Er wurde 1958 plötzlich nach Moskau zurückbeordert, wo man ihn mit seinen Vergehen konfrontierte und zur Zusammenarbeit mit dem KGB bei der Enttarnung der CIA-Aktivitäten in Moskau zwang. Als er sich in einem Bus mit seinem Kontaktmann von der CIA traf, wies er mit dem Finger auf das Tonbandgerät, das er am Körper trug, um den CIA-Offizier darauf aufmerksam zu machen, daß er unter feindlicher Überwachung stand. Aber es war zu spät. Popow und Russell Langelle, ein Angehöriger der Moskauer CIA-Station, wurden noch in dem Bus verhaftet. Langelle wurde zur Persona non grata erklärt, während Popow zum Tode verurteilt und hingerichtet wurde.[19]

Jack Maury und die Männer und Frauen aus der Abteilung für verdeckte Operationen in der Sowjetunion sahen in Penkowskijs Anerbieten eine mögliche Provokation, mit der der sowjetische militärische Nachrichtendienst versuchte, die Schlappe auszubügeln, die Popow ihm bereitet hatte. Der Fall hatte zu einer tiefgreifenden Umorganisierung der GRU geführt und zur Folge gehabt, daß Ende 1958 der bisherige Chef des KGB, General Iwan Serow, an die Spitze der GRU wechselte.

Maury hatte als Chef der Sowjetabteilung Dick Helms gegenüber

eine Empfehlung darüber abzugeben, wie die CIA auf Penkowskijs
»Bewerbung« reagieren sollte. Maury war, nicht zuletzt aufgrund
seiner juristischen Ausbildung, ein überzeugender, redegewandter
Vorgesetzter und stand in dem Ruf eines geschickten Beamten, der ge-
konnt seinen jeweiligen Standpunkt vertrat und jeden Einwand ab-
schmettern konnte.

Maury gehörte zur amerikanischen Aristokratie, zu den FFV, den
ersten Familien von Virginia (First Families of Virginia). Er war am
24. April 1912 in Donlora im County Albemarle in Virginia geboren,
Thomas Jeffersons Wahlheimat. Maury besuchte die Universität von
Virginia und machte an der dortigen juristischen Fakultät seinen
Abschluß. Während seines Studiums hatte er als Reiseleiter bei der
Swedish American Schiffahrtslinie gearbeitet und einmal bei einem
Aufenthalt in Leningrad für zwei Tage das Schiff verlassen, um Mos-
kau zu besuchen. Als er im Zweiten Weltkrieg zum Nachrichtendienst
der Marine ging und gefragt wurde, welche fremden Länder er kenne,
sagte er deshalb: »Die Sowjetunion.« Daraufhin machte man ihn zum
Verbindungsoffizier des Marinenachrichtendienstes in Murmansk.

Nach dem Krieg trat er, gleich nach ihrer Gründung im Jahr 1947,
der CIA bei. Sein gutes Aussehen, seine geschliffenen Manieren und
seine Empfänglichkeit für weibliche Reize verliehen ihm, zusammen
mit der Tatsache, daß er Pfeife rauchte und einen schicken MG-Sport-
wagen fuhr, den Nimbus des romantischen Geheimdienstlers, und
seine ausgezeichneten gesellschaftlichen Verbindungen verstärkten
diesen Eindruck noch. Er bearbeitete in der Hauptabteilung für Nachrichtenmaterial Informationen über die Sowjetunion, bis ihn Allen
Dulles als Verstärkung in die Hauptabteilung für Planungen holte.
Dort agierte er so erfolgreich, daß er 1955 zum Chef der Sowjetabteilung berufen wurde. [20]

Nachdem er das Für und Wider abgewogen hatte, kam Maury zu
dem Schluß, daß die Informationen über die Vorfälle um die U-2 und
die RB-47 sowie der Brief mitsamt der Beschreibung des toten Briefkastens einen solchen Professionalismus verrieten, daß man mit Penkowskij Kontakt aufnehmen sollte. Bulik sollte die Operation in Moskau in Gang bringen, aber die CIA hatte niemanden vor Ort, der den
Agenten führen konnte. Bulik brauchte einen CIA-Offizier, der den
Kontakt mit Penkowskij hielt, seine toten Briefkästen leerte und ihm

logistische Hilfe leistete. Außer dem Stationschef und seinem Stellvertreter hatte die CIA jedoch kein Personal in Moskau. Die einzigen möglichen Tarnpositionen für CIA-Offiziere waren Stellungen an der Botschaft, aber das Außenministerium limitierte sie rigoros, da das gesamte Botschaftspersonal vom KGB überwacht wurde und man von der Annahme ausging, daß CIA-Aktivitäten die diplomatischen Beziehungen belasten würden. Das Außenministerium hielt eine minimale CIA-Anwesenheit in Moskau für das beste Mittel, einen Skandal zu vermeiden, der Chruschtschow verärgern würde, und US-Botschafter Llewellyn (Tommy) Thompson weigerte sich aus Furcht vor einer Verhaftung, den von Penkowskij beschriebenen toten Briefkasten durch einen Mitarbeiter des Außenministeriums bedienen zu lassen.

Das Außenministerium und die CIA waren nie gut miteinander ausgekommen. Unter den Dulles-Brüdern, mit John Foster als Außenminister und Allen als CIA-Chef, waren die Außen- und die Sicherheitspolitik zu einer Familienangelegenheit geworden. Die enge, informelle Beziehung zwischen den Brüdern sorgte dafür, daß die Ministerialbürokratie des Außenministeriums kaum Einfluß auf die Politik hatte. Anstatt sich von seinem eigenen Stab informieren und beraten zu lassen, zog es John F. Dulles oftmals vor, sich an die Experten seines Bruders zu wenden. [21] Außerdem hatte das Außenministerium während der McCarthy-Anhörungen über »kommunistische Umtriebe« Anfang der 50er Jahre die Hauptlast der haltlosen Vorwürfe des Senators aus Wisconsin zu tragen, während die CIA weitgehend verschont blieb. [22]

Die Karrierebeamten des Außenministeriums betrachteten den Elitestatus der CIA, der ihren Offizieren bessere Unterkünfte und größere Unabhängigkeit bei Stationierungen im Ausland sicherte, mit scheelen Blicken. »Ein Gentleman macht keine Geschäfte und benutzt keine schmutzigen Tricks«, war die Antwort der Diplomaten gegenüber der CIA. Dennoch war die CIA während der Eisenhower-Jahre das bevorzugte politische Instrument der Regierung. 1953 war Kermit Roosevelt, der gewiefteste CIA-Experte für verdeckte Operationen, in der Operation »Ajax« wesentlich daran beteiligt, daß der iranische Ministerpräsident Mohammad Mossadegh durch einen Putsch entmachtet und Schah Reza Pahlevi wieder auf seinem Thron installiert wurde, und 1954 wurde in Guatemala durch die CIA-Operation »Success« (Erfolg) die linksgerichtete Regierung von Jacobo Arbenz gestürzt, nachdem sie es gewagt hatte, den Besitz der United Fruit Company zu verstaatlichen.

Die von Thompson mitgetragene Einschätzung der Moskauer Botschaft zum Fall Penkowskij lautete: Das Angebot ist eine Provokation. Die U-2-Affäre, für die Eisenhower die Verantwortung übernommen hatte, und der Abbruch des Pariser Gipfeltreffens lagen als dunkle Schatten über den amerikanisch-sowjetischen Beziehungen. Vorsicht war geboten. Thompson und das Außenministerium hofften darauf, daß sich die Beziehungen nach dem Ende der Wahlschlacht zwischen Richard Nixon und John F. Kennedy im Herbst 1960 wieder verbessern würden. Ein neuer Präsident konnte einen neuen Anfang machen. Die Aufgabe der CIA dagegen war es, Risiken einzugehen, um Nachrichten zu sammeln, die im nationalen Sicherheitsinteresse lagen. Dieser Zielkonflikt äußerte sich auf seiten des Außenministeriums in einem gewissen Trägheitsmoment, das eine Zusammenarbeit mit der CIA verhinderte.

In der Regel trifft der Präsident aufgrund seiner eigenen Einschätzung des Werts eines Spions und seiner Bedeutung für die nationale Sicherheit die Entscheidung darüber, wie ein Konflikt zwischen den beiden Behörden zu lösen ist, wenn diese nicht in der Lage sind, sich untereinander zu verständigen. In dieser frühen Phase des Falls mußte die CIA jedoch erst einmal den Wert von Penkowskijs Anwerbung beweisen, und das Außenministerium war, was die Kontaktaufnahme mit ihm betraf, nicht sonderlich hilfsbereit.

Als Penkowskijs Kontaktperson wurde ein junger Offizier der Sowjetabteilung im CIA-Hauptquartier in Langley (Virginia) ausgewählt. Er war ein Junggeselle, der in Deutschland gearbeitet hatte und nicht sehr gut Russisch sprach, aber offenbar begierig darauf war, die Aufgabe zu übernehmen. Er erhielt den Decknamen COMPASS. Einer seiner Kollegen beschrieb ihn als einen mit knapp 1,68 Metern Größe recht kleinen Mann mit blauen Augen und kahl werdendem Kopf, der selbstbewußt auftrat, Sinn für Humor hatte, stets im Eiltempo sprach und sich »mehr Intelligenz und Verstand« zuschrieb, »als er besaß. Er kaute an den Fingernägeln«.[23] COMPASS war nicht gerade die Idealbesetzung, aber wenn man umgehend mit Penkowskij Kontakt aufnehmen wollte, gab es keine Alternative. Einen anderen Offizier auf die Aufgabe vorzubereiten und ihm eine Tarnposition in der Botschaft zu verschaffen, hätte eine erhebliche Verzögerung bedeutet. [24]

An der Botschaft war keine zusätzliche Stelle für einen CIA-Offizier frei. Das Außenministerium war im übrigen generell bestrebt, sämtliche Posten mit eigenen Leuten zu besetzen und die CIA bei der Vergabe der Posten zu übergehen. »Die Beziehung zwischen dem Außenministerium und der CIA war von dem Grundsatz geprägt: ›Mein Gewinn ist dein Verlust‹«, erinnerte sich ein CIA-Offizier, der in Moskau stationiert gewesen war. »Das Außenministerium wollte seine Positionen nicht aufgeben.«

Der ausgehandelte Kompromiß bestand darin, COMPASS eine untergeordnete Verwaltungsposition zu geben. Nur drei Personen – Botschafter Thompson, der CIA-Stationschef und dessen Stellvertreter – wußten von der Tarnung. So wurde COMPASS zum Hausmeister des an der Moskwa, am Kropotkin-Ufer 3, gelegenen »Amerikahauses«, in dem die Wachmannschaft der Botschaft und die Junggesellen des Botschaftspersonals wohnten. Er traf am 4. Oktober 1960 in Moskau ein und zog im Amerikahaus ein. Als unerfahrener Außendienstoffizier fiel es ihm schwer, sich in seine neue Situation einzugewöhnen. Er war einsam und trank viel. Er konnte kaum Russisch, und die Atmosphäre, in der er lebte, war deprimierend und sogar beängstigend. Die ständige KGB-Überwachung, die ihm bei jedem seiner Schritte zuteil wurde, war auch nicht geeignet, seine persönliche Isolation zu durchbrechen. In seinem ersten Brief an Bulik beklagte er sich über die nahtlose Beschattung: »Ich habe sie zwar nicht eigens gecheckt, aber sie ist auch so offensichtlich.« [25] Er besaß kein eigenes Büro und mußte seine Briefe heimlich mit der Hand schreiben, um sie dann seinem Kontaktmann in der Botschaft zu übergeben, der sie mit der Diplomatenpost nach Washington schickte. Kopien seiner Briefe und Berichte gab es nicht, da er in seinem Zimmer keine Möglichkeit hatte, sie sicher zu verwahren.

COMPASS schlug vor, mit Penkowskij, der den Decknamen CHALK (Kreide) erhalten hatte, über den von ihm beschriebenen toten Briefkasten in der Puschkin-Straße Kontakt aufzunehmen. Da ein toter Briefkasten für gewöhnlich nur einmal benutzt und dann aufgegeben wird, wollte COMPASS dort die Anweisung deponieren, daß

Penkowskij sein Material zu einem festgelegten Zeitpunkt über die gut dreieinhalb Meter hohe Mauer des Amerikahauses werfen sollte:»Ich bin sicher, daß das Haus von einem Gebäude aus überwacht wird, von dem aus man den Hof überblicken kann, aber die Ecke, die wir CHALK vorschlagen, ist von dort aus nicht einzusehen.«

Gleichzeitig jedoch warnte COMPASS in seinem Brief an Bulik davor, daß die Mauer um das Amerikahaus intensiv überwacht wurde und daß CHALK (Penkowskij) ein großes Risiko auf sich nehmen würde, wenn er versuchte, nachts ein Päckchen in den Hof zu werfen; es müßte also tagsüber passieren. Da aber die Buslinie 17 an der Mauer vorbeiführe und viele Passanten, einschließlich uniformierter Männer, die Straße entlanggingen, sei die Situation tagsüber »wahrscheinlich genauso tödlich« wie nachts. Auf jeden Fall müsse CHALK abwarten, bis er, COMPASS, eine »Abkühlung« festgestellt hätte, das heißt eine Abnahme der Intensität seiner Beschattung. »Ich wage nicht, in Nebenstraßen einzubiegen, da ich offenbar das ›heißeste‹ Ding in der Stadt bin.«[26]

In den Briefen, die er ans Hauptquartier schickte, beschrieb COMPASS stets von neuem seine elende persönliche Situation und schlug immer neue Standorte für tote Briefkästen vor. Der Stumpfsinn und die Langeweile des Botschaftslebens waren ein ständig wiederkehrender Refrain in seinen Briefen. Daneben beklagte er sich auch immer wieder darüber, wie hart er in seiner Stellung als Hausmeister arbeiten mußte. Er gestand ein, daß er mit den Fortschritten in Sachen CHALK »persönlich unzufrieden« war. Aber er könne keinen anderen geeigneten toten Briefkasten finden als den Hof des Amerikahauses. Er drängte auf die Genehmigung, Penkowskij in seiner ersten Nachricht sagen zu dürfen, er solle »darauf vorbereitet sein, einen schnellen Wurf über eine 3,6 Meter hohe Mauer auszuführen, so als würde er einen Stapel ›schmutziger Fotos‹ oder ein Buch wegwerfen, das man lieber nicht bei ihm finden sollte. Er sollte mit Schneebällen an einer 3,6 Meter hohen Mauer üben, bevor er es beim Amerikahaus versucht.«[27]

Im selben Brief beklagte sich COMPASS:»Es gibt hier in der Stadt und an der amerikanischen Botschaft viele private Konflikte, Rivalitäten zwischen den Diensten und Unterkunftsprobleme, die die Situation eher komplizieren als vereinfachen. Wegen der absoluten Dringlichkeit hofft COMPASS, trotz der hiesigen Probleme, daß das, was Sie hiermit erhalten, Ihnen ermöglicht, einen Plan für CHALK auszuarbeiten. COMPASS ist vielleicht mehr als alle zu Hause bestrebt, diese Sache zu einem Erfolg zu machen.«

Im Dezember 1960, zwei Monate, nachdem COMPASS in Moskau eingetroffen war, hatten die Amerikaner immer noch keine Verbindung mit Penkowskij aufgenommen.

Kapitel 2

DIE ENGLISCHE VERBINDUNG

Anfang November 1960 forderte Dickie Franks, ein Offizier des MI6, des britischen Secret Intelligence Service (SIS), Greville Maynard Wynne, einen englischen Geschäftsmann, bei einem Mittagessen im exklusiven Londoner Restaurant Ivy dazu auf, mit dem Staatlichen Komitee für die Koordinierung der wissenschaftlichen Forschungsarbeit in Moskau (GKKNIR = *Gossudarstwennyj Komitet po Koordinatsii Nautschno-Issledowatelskich Rabot*)* Verbindung aufzunehmen. Vordergründig bestand die Aufgabe des Komitees darin, eine einheitliche Wissenschafts- und Technologiepolitik zu entwickeln und ihre Durchführung zu kontrollieren. Daneben diente es jedoch auch als Tarnorganisation für KGB- und GRU-Agenten, die der Sowjetunion westliche Technologie beschaffen sollten.

»Sie könnten versuchen, mit einigen Angehörigen des Komitees zusammenzukommen. Sie haben unter anderem eine Abteilung, die Kontakte zwischen sowjetischen Wissenschaftlern und Technikern und Delegationen aus dem Westen überwacht«, erklärte Wynnes Verbindungsmann vom MI6.[1] In den 60er Jahren gab es nur wenige direkte Kontakte zwischen westlichen Geschäftsleuten und sowjetischen Unternehmen. Einladungen zu Gesprächen über Handelsgeschäfte liefen stets über das Komitee, das die Treffen arrangierte und überwachte, und Wynne war aufgrund seiner Geschäftsaktivitäten in der Lage auszuloten, ob das Komitee daran interessiert war, Handelsdelegationen nach England zu entsenden. Er konnte herausfinden, welche Art von Maschinen und Industrieanlagen die Sowjetunion im Westen erwerben wollte.

Wynne war 41 Jahre alt und hatte sich als unabhängiger Geschäfts-

---

* Das Komitee wurde 1965 in Staatliches Komitee für Wissenschaft und Technologie umbenannt.

mann im Handel mit Osteuropa und der Sowjetunion etabliert. Er besaß weder Geheimdiensterfahrungen noch eine Ausbildung auf diesem Gebiet, gehörte aufgrund seiner häufigen Reisen hinter den Eisernen Vorhang jedoch zu dem Personenkreis, der von einem MI6-Programm erfaßt wurde, das aus der Sowjetunion zurückkehrende Geschäftsleute und Wissenschaftler danach befragte, was sie dort gesehen und gehört hatten. Ein ähnliches Programm gab es auch bei der CIA.

Wynne hatte den rauhen Charme eines ehrgeizigen, auf sich selbst gestellten Aufsteigers aus der Arbeiterklasse. Er war klein, hatte streng zurückgekämmte schwarze Haare, trug einen Oberlippenbart und vermittelte insgesamt einen gepflegten Eindruck. Seine ungestüme, impulsive Persönlichkeit machte ihn liebenswert, aber auch unberechenbar. 1919 in Shropshire geboren, war er in einer armseligen walisischen Bergarbeitersiedlung aufgewachsen. Sein Vater war Grubeningenieur gewesen. Wynne trat seine erste Stelle mit 19 Jahren bei der Ericsson Telephone Company an, wo er tagsüber ein Praktikum als Elektromechaniker absolvierte, während er abends in Nottingham das College besuchte. [2]

In seinen Memoiren behauptet Wynne, er hätte während des Zweiten Weltkriegs die meiste Zeit als Geheimagent für das MI5 gearbeitet und mutmaßliche deutsche Spione beschattet. [3] Nach seinen Kriegsakten wurde er jedoch, einschließlich dreier Lehrgänge bei Ausbildungseinheiten für Fähnriche, 23mal versetzt, was eindeutig anzeigt, daß er als Ermittler für die Feldpolizei des Nachrichtendienstkorps der britischen Armee arbeitete. Laut Gordon Brook-Shepherd ist es »nicht wahr, daß Wynne« während des Krieges im MI5 diente«. [4]

Nach dem Krieg wurde Wynne Industrievertreter für britische Elektro-, Stahl- und Maschinenbaufirmen, zunächst in West- und dann in Osteuropa und der Sowjetunion. Er bahnte Geschäfte für Unternehmen an, die keine eigenen Reisevertreter oder Verkaufsbüros im Ausland hatten, und bekam eine Provision für die zustande gekommenen Verkäufe. Nachdem er begonnen hatte, regelmäßig nach Osteuropa und in die Sowjetunion zu reisen, wurde er vom MI6 vorgeladen, um zu berichten, was er beobachtet hatte. Wynne war nie Angehöriger des MI6, hatte aber als loyaler Staatsbürger eingewilligt, als Agent für das MI6 tätig zu sein. [5]

Am 1. Dezember 1960 besuchte er erneut Moskau, wo er einen Gesprächstermin im Sitz des GKKNIR in der Gorki-Straße, unweit des Roten Platzes, erhielt. Dort wurde er mit den Mitarbeitern der Abteilung für Auslandsbeziehungen bekannt gemacht, allen voran mit deren Chef Dschermen Gwischiani* und dessen Stellvertreter Jewgenij Iljitsch Lewin, einem KGB-Oberst, der als »Resident«, das heißt als Leiter der dortigen KGB-Gruppe, zum Komitee abkommandiert war. Als man nach der Begrüßung an einem mit grünem Stoff bespannten Tisch Platz genommen hatte, stach Wynne ein Mann besonders ins Auge. Er hielt sich sehr gerade, ohne sich zu rühren oder sonst irgendwelche Unruhe zu zeigen, und hatte die weißen, kräftigen Hände auf dem Tisch gefaltet. Die Fingernägel waren maniküert. Der Anzug, den er trug, saß tadellos. Sein Haar schimmerte rötlich im Sonnenlicht, das durch die ungeputzten Fenster schien. Tiefliegende Augen, eine breite Nase und ein voller, energischer Mund verliehen ihm ein markantes, ausdrucksvolles Gesicht. Der Name des Mannes war Oleg Penkowskij.[6]

Wynne schlug dem Komitee vor, eine Delegation aus Fachleuten von acht großen Unternehmen, die er vertrat, nach Moskau einzuladen, anstatt lediglich seine Broschüren und Kataloge zu nehmen und an die zuständigen Ministerien weiterzuleiten. Die Experten könnten sich mit gleichrangigen sowjetischen Kollegen treffen. So könnte man direkt miteinander sprechen und die langwierigen bürokratischen Umwege vermeiden, die die Entwicklung von Handelsbeziehungen verzögerten. Er sei in der Lage, noch vor Ablauf des Jahres mit einer Delegation nach Moskau zu kommen.

Der Vorschlag wurde angenommen, und die Expertengruppe traf am 8. Dezember 1960 in Moskau ein. Wynne bezeichnete sie als die erste privat organisierte Handels- und Wirtschaftsdelegation, die seit dem Krieg die Sowjetunion besuchte.[7] Als Verbindungsmann, der sich um die Delegation kümmern sollte, wurde von sowjetischer Seite Penkowskij bestimmt. Er agierte als eine Art Reiseführer und beglei-

---

* Gwischianis Vater, ein entfernter Verwandter von Stalin, war Generalmajor des KGB. Er hatte seinen Sohn nach Felix DSERschinski, dem ersten Chef der sowjetischen Geheimpolizei, und dessen Nachfolger Wjatscheslaw MENschinski Dschermen genannt. Gwischiani war mit der Tochter von Alexej Kossygin verheiratet, der unter Breschnew von 1964 bis 1980 Vorsitzender des Ministerrats war.

tete die Gruppe am 12. Dezember auch nach Leningrad, wo er noch am selben Abend an Dr. A. D. Merriman, einen Metallurgen, und dessen Kollegen W. J. McBride herantrat. Er fragte Merriman, ob er vielleicht einige Zigaretten erübrigen könne, und sie gingen in Merrimans Zimmer im Leningradskaja Hotel, um sie zu holen. McBride sagte gute Nacht und ging in sein Zimmer. Danach schloß Penkowskij die Tür ab, drehte das Radio auf volle Lautstärke und zog einen in Zellophan eingewickelten Stapel Papier aus der Manteltasche. Er sagte, es seien geheime Dokumente, die er der amerikanischen Botschaft zukommen lassen wolle. Merriman weigerte sich jedoch, sie entgegenzunehmen.

In seinem Eifer, den Kontakt mit dem Westen herzustellen, hatte Penkowskij einen völlig unverblümten Annäherungsversuch unternommen, der im Kontext der damaligen Zeit nur als Provokation aufgefaßt werden konnte. Merriman war vor solchen Angeboten gewarnt worden. Er war während des Krieges ein Jahr lang als Stahlexperte in der Sowjetunion gewesen und seither als Berater britischer Stahlunternehmen häufig dorthin gereist. Außerdem stand er, seit er im Krieg beim britischen Geheimdienst gedient hatte, mit dem MI6 in Verbindung, dem er jedesmal nach seinen Reisen Bericht erstattete. Seine Position war also recht heikel, und Penkowskijs Angebot konnte ein Test sein, der seine Beziehungen zur Sowjetunion gefährden konnte. Indem er ihm das Geheimdienstetikett aufdrückte, konnte der KGB nicht nur seine eigenen Geschäftsverbindungen stören, sondern auch sämtliche englischen Handelsdelegationen diskreditieren.

Ausländische Diplomaten und Geschäftsleute zu kompromittieren, um sie anschließend zu erpressen und als Spione für die Sowjetunion zu rekrutieren, war während der 50er und 60er Jahre eine gängige Praxis des KGB. Er nutzte solche Vorfälle gelegentlich auch dazu, die betreffenden Ausländer als Geiseln zu nehmen, um sie gegen im Westen inhaftierte sowjetische Spione auszutauschen. Penkowskij wiederholte seine Bitte, vermochte Merriman aber nicht umzustimmen. Er mußte seine Papiere schließlich wieder einstecken und Merriman unverrichteter Dinge verlassen.

Als die Delegation nach Moskau zurückkehrte, scheute Merriman aus Sorge, beobachtet zu werden, davor zurück, die amerikanische Botschaft zu betreten, und wandte sich statt dessen an den britischen

Botschafter, dem er von Penkowskijs Angebot in Leningrad erzählte. Wynne sagte er nichts davon; der aber hatte seinerseits das Gefühl, daß der Russe ein privates Gespräch mit ihm ansteuerte. Penkowskij deutete ihm gegenüber sogar an, daß er etwas für ihn nach England bringen könne, trat aber nie konkret an ihn heran.

Fünf Minuten, bevor die Delegation nach London abfliegen sollte, erschien Penkowskij auf dem Flughafen Scheremetjewo, um sich von ihr zu verabschieden. Dabei nahm er Merriman beiseite und sagte ihm:»Ich verstehe, daß es Ihnen widerstrebt, in irgend etwas hineingezogen zu werden, aber es ist wirklich wichtig, daß ich mit jemandem von der amerikanischen Botschaft in Verbindung komme.« Er bat Merriman, den Amerikanern zu sagen, daß er jeden Sonntag um zehn Uhr vormittags bei sich zu Hause unter der Nummer 717–184 auf einen Anruf warte.»Die Amerikaner brauchen nur anzurufen«, sagte Penkowskij,»dann werde ich ihnen weitere Instruktionen geben.«

Merriman reagierte zurückhaltend. Er fragte Penkowskij, wo er wohne. Der spürte, daß sein Versuch fehlgeschlagen war, und um sich nun seinerseits zu schützen, antwortete er, daß er in der Gorki-Straße 11 wohne. Es war die Adresse des GKKNIR. Merriman informierte nach seiner Rückkehr nach London den MI6, der ihn mit der Londoner CIA-Station in Verbindung brachte, damit er gegenüber der CIA seinen Bericht über den Leningrader Vorfall wiederholte.[8]

Hätte Merriman Penkowskijs Brief entgegengenommen, hätte der MI6 lesen können, daß Penkowskij die Amerikaner daran erinnerte, daß seit der ersten Kontaktaufnahme vier Monate vergangen waren und er immer noch kein Wort von ihnen gehört hatte. Für ihn, schrieb er, sei es »eine qualvolle Zeit des Wartens« gewesen; dann drängte er die Amerikaner, sich rascher darüber klarzuwerden, wie er das Material, das er besaß, übergeben sollte, und ihm mitzuteilen, wie ein Treffen organisiert werden konnte.

Da die Amerikaner nichts von sich hören ließen und der Engländer aus der Handelsdelegation nicht bereit gewesen war, seinen Brief zu befördern, wandte sich Penkowskij an die Kanadier. Auch sie arrangierten die Besuche von Geschäftsleuten und Wissenschaftlern über das GKKNIR. Am 30. Dezember 1960, einem bitterkalten, wolkenverhangenen Tag, traf Dr. J. M. Harrison, der Direktor des Geologischen Amts von Kanada, auf dem Flughafen Scheremetjewo ein. Er wollte sich über den Stand der geologischen Forschung in der Sowjetunion informieren und weitere Begegnungen von Experten beider Länder anregen.

Penkowskijs Spionageauftrag im Rahmen des GKKNIR betraf auch die USA und Kanada, und so empfing er Harrison auf dem Flughafen und begleitete ihn während seines elftägigen Aufenthalts in der Sowjetunion überall hin, ob nun in geologische Institute, Universitäten oder Museen. In seinem Tagebuch notierte Harrison, wie groß der Unterschied zwischen der Offenheit Penkowskijs und der zugeknöpften Haltung des Intourist-Führers war, der ständig zu Propagandareden ausholte.

Als Penkowskij und Harrison nach Leningrad fuhren, teilten sie ihr Schlafwagenabteil mit einer älteren Dame, und sie gingen auf den Gang hinaus, um ihr Gelegenheit zu geben, sich für die Nacht umzuziehen. Penkowskij äußerte sich bei dieser Gelegenheit derart kritisch über das Sowjetsystem, daß Harriman sich fragte, was los sei.

Sie wurden früh am nächsten Morgen von einer Lautsprecherdurchsage geweckt. »Wieder ein Beispiel für die russische Bürokratie«, brummte Penkowskij, verärgert darüber, daß man ihn absichtlich aus dem Schlaf gerissen hatte. Und als sie später in Leningrad ihr Hotel verließen, um zu einer Verabredung ins Institut für arktische Geologie zu gehen, sagte er, daß er ins Institut nachkommen werde. »Ich muß Moskau berichten, wie Sie sich benehmen«, erklärte er Harrison mit einem entwaffnenden Lächeln. Es war offensichtlich, daß er Harrisons Vertrauen zu gewinnen versuchte, indem er ihm zu verstehen gab, daß er kein plumper Aufpasser war, der ihn ausspionieren wollte.

Als sie in ihr Hotel zurückkehrten, wurde im Speisesaal nicht bedient, da sie in der Mittagspause des Personals eingetroffen waren. Penkowskij entschuldigte sich für einen Augenblick und ging in die Küche. Als er wiederkam, sagte er Harrison, daß er Oberst der sowjetischen Armee sei, und fügte hinzu: »Ich mußte meinen Rang ins Feld führen, damit wir unser Mittagessen bekommen.« Harrison hatte ihn nur in Zivilkleidung gesehen und bis dahin nichts von seinem militärischen Rang gewußt.

Im Zug zurück nach Moskau hatten Penkowskij und Harrison ein

Abteil für sich. Penkowskij sprach, als sie bei einem Glas Tee zusammensaßen, wieder äußerst kritisch über die Bürokratie seines Landes. Er beschrieb die Mängel der Sowjetunion und machte sogar abschätzige Bemerkungen über die Menschen, mit denen er zusammenarbeitete. Harrison hörte fasziniert zu, erklärte aber nach einer Weile, um nicht in irgend etwas verwickelt zu werden, daß er müde sei, und legte sich schlafen.

Am nächsten Tag bat Penkowskij Harrison, ihn William Van Vliet, dem Wirtschaftsberater der kanadischen Botschaft, vorzustellen. Daneben war er weiterhin bemüht, Harrisons Vertrauen zu gewinnen, indem er ihn für den Abend ins Bolschoi-Theater einlud, wo sie die Loge neben der von Chruschtschow hatten und sich, zusammen mit Penkowskijs Frau Vera und seiner 14jährigen Tochter Galina, eine Aufführung von *Schwanensee* ansahen.

Harrison wollte Penkowskijs Gastfreundschaft erwidern und lud ihn und seine Familie in ein armenisches Restaurant in der Nähe des Bolschoi-Theaters ein. Da er sich in Moskau nicht auskannte, hatte er es jedoch versäumt, einen Tisch reservieren zu lassen, und als sie in dem Restaurant eintrafen, war kein Tisch mehr zu bekommen. Penkowskij verschwand daraufhin mit einigen Dollarscheinen, die Harrison ihm gegeben hatte, und kurze Zeit später konnte die kleine Gruppe an einem Tisch unmittelbar an der Varietébühne Platz nehmen. Als Harrison sich erkundigte, wie er dieses Kunststück zustande gebracht habe, erwiderte Penkowskij mit einem Kompliment: »Oh, ich habe ihnen gesagt, daß ein berühmter kanadischer Wissenschaftler hier sei, und sie haben augenblicklich alles arrangiert.«

Am folgenden Tag erreichte die Kampagne, mit der Penkowskij Harrisons Vertrauen zu erlangen versuchte, ihren Höhepunkt. Sie befanden sich in Harrisons Zimmer im Hotel National, und Penkowskij deutete an, daß er vertraulich mit ihm reden wollte. Als Harrison auf das Telefon auf dem Tisch zeigte, an dem sie saßen, stand Penkowskij auf, griff hinter den Tisch und knickte einige Kabel um, so daß es aussah, als wären sie gebrochen. »Das dürfte erledigt sein«, meinte er; falls es eine Abhöreinrichtung im Telefon gebe, so sei sie außer Gefecht gesetzt. Dann fragte er Harrison nach seiner Haltung den Russen – nicht der Kommunistischen Partei – gegenüber, und ob er willens sei, an der Verbesserung der Beziehungen zwischen der

UdSSR und Kanada mitzuwirken. Als Harrison bejahend antwortete, kam Penkowskij zur Sache und stellte die entscheidende Frage: Ob es Harrison möglich wäre, ihn und seine Familie zu Besuchen von geologischen Einrichtungen nach Kanada einzuladen? Harrison wich einer eindeutigen Antwort aus und erwiderte nur, daß er zwar ein höherer Staatsbeamter sei, aber keinen Einfluß auf die Regierung besitze.

Im weiteren Verlauf des Gesprächs wiederholte Penkowskij seine Bitte, dem Wirtschaftsattaché Van Vliet vorgestellt zu werden. Harrisons Gedanken wirbelten durcheinander, während er versuchte, Penkowskijs Motive zu enträtseln. Aber er sagte ihm zu, ihn mit Van Vliet bekannt zu machen.

Am nächsten Tag erzählte Harrison dem kanadischen Geschäftsträger von dem Gespräch, ohne jedoch Penkowskijs Namen auszusprechen. Statt dessen schrieb er ihn auf einen Zettel und erklärte, das ganze beziehe sich auf die Person, deren Namen er aufgeschrieben habe.[9] Wenn der KGB die Unterredung in der kanadischen Botschaft mitgehört hätte, wovon man stets ausgehen mußte, wäre es ihm allerdings ein leichtes gewesen, Penkowskij als denjenigen zu identifizieren, der um eine Einladung nach Kanada nachgesucht hatte.

Am Abend des gleichen Tages, des 9. Januar 1961, lernte Penkowskij in Harrisons Hotelzimmer, wie gewünscht, Van Vliet kennen. Penkowskij hatte ihn als Kurier ausgesucht, weil er einen Diplomatenpaß besaß. Harrison reiste als Beamter nur mit einem gewöhnlichen Paß. Van Vliet dagegen konnte unter dem Schutz der diplomatischen Immunität handeln und hatte außerdem offiziell mit dem GKKNIR zu tun. Er würde schlimmstenfalls zur Persona non grata erklärt und ausgewiesen werden. Wenn man die Papiere dagegen bei Harrison fand, würde man ihn als Spion festnehmen.

Nach einigen höflichen Floskeln ging Penkowskij ins Badezimmer und drehte das Wasser auf, so daß etwaige Lauscher nichts von dem Gespräch mitbekommen konnten. Dann setzte er sich in einen Sessel nahe der Badezimmertür und bat Van Vliet, durch den Militärattaché der amerikanischen Botschaft einen Brief an einen Freund in Amerika befördern zu lassen, und drückte ihm, bevor er etwas erwidern konnte, ein Päckchen in die Hand. »Seien Sie ein Patriot!« drängte er ihn. »Ich weiß, daß Sie mich fertigmachen können. Aber was hätten Sie davon?« Schließlich sagte er, daß er am nächsten Tag wiederkommen werde, und verließ eilig das Zimmer.

Van Vliet und Harrison gingen zum Abendessen ins Restaurant des Hotels hinunter und diskutierten lange darüber, was sie mit dem Päckchen von Penkowskij anfangen sollten, konnten jedoch keinen Entschluß fassen.[10] Als Harrison gegangen war, starrte Van Vliet wieder auf das Päckchen, öffnete es aber nicht. Es war ein dickes, mit zwei Klebestreifen verschlossenes Kuvert ohne Adressenaufschrift. Wie ein persönlicher Brief an den amerikanischen Bekannten, den Penkowskij angeblich in der Türkei kennengelernt hatte, als er dort Militärattaché war, sah es nicht aus. Van Vliet beschloß, Penkowskij das Kuvert bei der nächsten Gelegenheit zurückzugeben und ihm zu erklären, daß er sich nicht in der Lage sehe, ein Päckchen unbekannten Inhalts an den amerikanischen Militärattaché weiterzuleiten.

Die Gelegenheit ergab sich zwei Tage später, als Penkowskij wieder in das Hotelzimmer kam und als erstes fragte, ob Van Vliet das Päckchen zur amerikanischen Botschaft gebracht hätte. »Ich habe mit solchen Dingen nichts zu tun«, erwiderte dieser und gab Penkowskij das ungeöffnete Kuvert zurück. Wenn es eine Falle des KGB war, müßte er dem Botschafter erklären, warum er es, entgegen den Vorschriften, überhaupt entgegengenommen hatte. Er würde seinen Posten verlieren und die Sowjetunion verlassen müssen. Aber er genoß seinen Aufenthalt in Moskau; er war Junggeselle und hatte eine russische Freundin gefunden. Er wollte kein Risiko eingehen. Sich auf solch ein Abenteuer mit einem Angehörigen des GKKNIR einzulassen, konnte nur Ärger nach sich ziehen.

Außerdem wäre ein Rausschmiß aus der Sowjetunion, selbst wenn er das Ergebnis eines ganz offensichtlich von den Russen inszenierten Vorfalls war, ein schwarzer Fleck in seiner Personalakte gewesen. Um sich zu schützen, verfaßte Van Vliet einen Bericht über die Begegnungen mit Penkowskij, den er dem kanadischen Botschafter übergab. Darin erklärte er, daß er sich nicht imstande sehe, die Motive für Penkowskijs Handeln zu durchschauen:

> Mr. Penkowskij ist etwa 47 Jahre alt, hat ein angenehmes Wesen und scheint bemerkenswerte Fähigkeiten zu besitzen. Die rasche Aufeinanderfolge der Ereignisse bei unseren kurzen Begegnungen

hat mich jedoch zur höchsten Vorsicht veranlaßt. Er ist offenbar der Typ, der nicht zögert, um einen persönlichen Gefallen zu bitten (...). Er sprach unaufgefordert von Einzelheiten (...), wobei er insbesondere Dokumente und Briefe erwähnte und sein Bedauern darüber ausdrückte, daß ich offenbar nicht ganz von der Aufrichtigkeit seines Wunsches überzeugt sei, mit der amerikanischen Botschaft in Kontakt zu kommen, etc.; eine Teilerklärung könnte das Melodram seiner vorherigen Position als Militärattaché sein.

Er bekleidet im Staatlichen Wissenschafts- und Technikkomitee offensichtlich nur eine untergeordnete Stellung mit entsprechend geringer Bezahlung, was im Vergleich zu seiner militärischen Laufbahn einen großen Abstieg darstellt. Er ist vermutlich nur ein frustrierter Bürger. Wenn er die von ihm ausgedrückte Absicht, Informationen von Wert an die Amerikaner weiterzugeben, und den Wunsch, mit seiner Familie die Sowjetunion zu verlassen, jedoch ehrlich meint, ist er auf gefährliche Weise redselig. Sollten dies nicht seine Motive sein, wäre jede Begegnung zwischen ihm und Angehörigen der Botschaft, außer auf rein offizieller Ebene, höchst unerwünscht.[11]

Van Vliet konnte nicht wissen, daß Penkowskij Oberst der sowjetischen Armee und Angehöriger der GRU war und das GKKNIR, wo er in Zivilkleidung auftrat, nur als Fassade benutzte. Harrison hatte ihm nichts von dem Vorfall in Leningrad erzählt, bei dem Penkowskij ihm seinen militärischen Rang enthüllt hatte. Nach seiner Rückkehr nach Kanada schrieb Harrison, der von den dortigen Behörden nicht nach seinen Erlebnissen in der Sowjetunion befragt worden war, einen Brief an den kanadischen Geschäftsträger in Moskau, in dem er ihm für die Unterstützung seitens der Botschaft dankte und ironisch meinte, daß er hoffe, weit entfernt in Alaska zu sein, falls Penkowskij jemals nach Kanada kommen sollte. Er schickte den Brief mit der normalen Post nach Moskau, die vom KGB routinemäßig mitgelesen wurde, und hätte damit Penkowskij leicht kompromittieren können, bevor er auch nur begonnen hatte, für den Westen zu arbeiten. Aber entweder hat der KGB den Brief nicht gelesen, oder er hat die Pointe nicht verstanden.

Penkowskij unternahm seine Annäherungsversuche zu der gleichen Zeit, als COMPASS vergeblich nach einer Möglichkeit suchte, mit ihm Kontakt aufzunehmen. Die CIA erfuhr von der versuchten Kontaktaufnahme mit den Briten erst, als das MI6 Merriman mit der Londoner CIA-Station zusammenbrachte. Am 12. Januar 1961 bat die CIA den MI6 um Zusammenarbeit bei einer erneuten Befragung von Merriman. Die Engländer hatten keine Einwände, meinten aber, Penkowskijs Annäherungsversuch sei nur »eine Routineprovokation« gewesen. Penkowskij wurde vom britischen Geheimdienst aufgrund der Direktheit seines Vorgehens als Mitspieler in einem Komplott angesehen, durch das ein amerikanischer oder britischer Diplomat kompromittiert werden sollte. Die CIA hatte ihm noch nicht mitgeteilt, daß Penkowskij im vorangegangenen August durch einen Touristen einen Brief nach Amerika geschickt hatte.

Am 14. Januar kam COMPASS mit Angehörigen der amerikanischen Botschaft zusammen, um über den Fall zu diskutieren. Aber das traditionell vorsichtige Außenministerium lehnte es rundweg ab, die diplomatischen Beziehungen zur Sowjetunion zu gefährden, nur weil ein sowjetischer Offizier angeblich für den Westen spionieren wollte. Nach Einschätzung der Diplomaten, mit Botschafter Thompson an der Spitze, war Penkowskij ein Provokateur; die Botschaft wollte nichts mit ihm zu tun haben, und Thompson verfügte, daß COMPASS Penkowskij von der Botschaft und vom Amerikahaus fernzuhalten habe, um jede unerfreuliche Verwicklung auszuschließen. Er blieb außerdem bei seiner Weigerung, von einem Mitarbeiter der Botschaft in dem toten Briefkasten eine Mitteilung an Penkowskij hinterlegen zu lassen, und versagte auch der Möglichkeit, den Hof des Amerikahauses als Ort der Materialübergabe zu nutzen, seine Zustimmung. COMPASS war, was seinen Auftrag, mit Penkowskij Kontakt aufzunehmen und das von ihm angebotene Material zu übernehmen, völlig auf sich allein gestellt.

Die CIA konnte sich natürlich an den britischen Secret Intelligence Service wenden, aber man war bei der Agency immer noch über eine sowjetische Infiltration der Spitze des britischen Geheimdienstes besorgt. Im Mai 1951 hatten sich die englischen Diplomaten Guy Burgess und Donald Maclean in die Sowjetunion abgesetzt, und Harold (Kim) Philby war im selben Jahr aus Washington, wo er seit 1949 den MI6 vertreten hatte, unter dem Verdacht, ein sowjetischer Spion zu sein, abberufen und gezwungen worden, aus dem MI6 auszuscheiden.[12] Später, 1955, war er im britischen Unterhaus als »Dritter Mann« im Fall Burgess und Maclean bezeichnet worden. Er floh schließlich 1963 ebenfalls in die Sowjetunion.

Den Sicherheitsbedenken der CIA stand jedoch die Dringlichkeit des Augenblicks gegenüber, die nach raschem Handeln verlangte. Keiner der beiden Geheimdienste besaß eine hochrangige Quelle innerhalb der sowjetischen Militärhierarchie. Als die Entscheidung der Moskauer Botschaft, nicht an der Rekrutierung und Führung von Penkowskij mitzuwirken, in Washington eintraf, beschloß Dick Helms, die Engländer um Unterstützung zu bitten. Angesichts des Personalmangels der CIA in Moskau sah er im britischen Geheimdienst den Helfer in der Not. Die CIA und der SIS unterhielten enge Arbeitsbeziehungen und tauschten auf höchster Ebene Informationen aus, und Helms arbeitete lieber mit dem MI6 zusammen, als das Außenministerium, wo er das Auftreten eines Lecks befürchtete, mit den Einzelheiten des Falls vertraut zu machen. Der MI6 hatte seine Mitarbeit angeboten und wußte im übrigen bereits von Penkowskij; es war also kaum möglich, ihn aus der Sache herauszuhalten, ohne die Beziehungen zu ihm zu belasten.[13]

Für Bulik und Quentin Johnson, den Operationschef der Sowjetabteilung, war die Hinzuziehung des MI6 kein sehr glücklicher Schritt. Aber auch sie sahen keine Alternative. »Die große Lehre aus dem Fall Penkowskij ist, daß man sich nie auf eine gemeinsame Operation mit einem anderen Dienst einlassen soll«, sagte Bulik im Rückblick. »Gemeinsame Operationen verdoppeln schon von vornherein das Risiko der Enttarnung. Die Unterschiede zwischen den operativen Methoden führen zu Verwirrung und Mißverständnissen und beschwören damit die Gefahr herauf, entdeckt zu werden.«[14] Da Penkowskij aber auch an die Engländer herangetreten war, gab es keine andere Möglichkeit, als mit ihnen zusammenzuarbeiten.

In England wußte man, daß Penkowskijs Angebot an die Amerikaner gerichtet war, und als Harold Taplin Shergold, einer der erfahrensten Agentenführer des MI6, im Januar 1961 das CIA-Hauptquartier in Washington besuchte, brachte er das Thema zur Sprache. Joe Bulik informierte seinen englischen Kollegen bei dieser Gelegenheit von

Penkowskijs Kontaktaufnahme über Cox und Cobb. Es war üblich, in einer solchen Situation die auf beiden Seiten vorhandenen Informationen auszutauschen, und Bulik berichtete bereitwillig von dem Annäherungsversuch, den Penkowskij im August 1960 unternommen hatte, und von den neuen Erkenntnissen über die Zwischenfälle mit der U-2 und der RB-47. Die Engländer mußten von der Notwendigkeit der Kooperation überzeugt werden.

Die Amerikaner schätzten Shergold. Er war eine gepflegte Erscheinung und hatte ein klares, sympathisches Gesicht. Seine hellen Augen und seine gezügelte Vitalität verrieten Intelligenz, Sachkompetenz und Selbstbeherrschung. Er war am 5. Dezember 1915 geboren und hatte St. Edmund Hall in Oxford und das Corpus Christi College in Cambridge besucht. Nach dem Studienabschluß war er Lehrer bis zum Krieg an der Cheltenham Grammar School gewesen. 1940 trat er ins Hampshire Regiment ein und wechselte wenig später zum Nachrichtendienstkorps. Seine ersten professionellen Erfahrungen auf diesem Gebiet sammelte er im Nahen Osten, wo er deutsche Kriegsgefangene zu verhören hatte. Von dort wurde er zur Achten Armee versetzt, bei der er von der Schlacht von El-Alamein in Ägypten bis zu der am Monte Cassino in Italien für sämtliche Verhöre von Kriegsgefangenen zuständig war. Danach war Shergolds Vernehmungszentrum der britischen Streitkräfte unter alliiertem Kommando in Rom stationiert, wo zur selben Zeit auch zwei Italo-Amerikaner vom erst seit wenigen Jahren bestehenden Office of Strategic Services (OSS), James Jesus Angleton und Raymond Rocca, deutsche und italienische Kriegsgefangene verhörten.

Angleton stieg nach dem Krieg bei der CIA rasch zum Chef der Gegenspionage auf und blieb es für genau zwanzig Jahre (von Dezember 1954 bis Dezember 1974). Rocca, der 1969–74 sein Stellvertreter gewesen war, erinnerte sich an Shergold, der nach seinen Worten »ein strenger, hart arbeitender Agent« war, »der für sein Land sein Bestes gab«.[15] Der SIS lebte damals in der Furcht, die Vorherrschaft in Europa an die amerikanischen Geheimdienste zu verlieren, und hütete sich, das OSS in alles einzuweihen, was er herausfand.[16]

Shergold begann seine Nachkriegskarriere als Agentenführer beim MI6. Er führte sowohl von der britischen Hauptstation in Bad Salzuflen als auch von Berlin und Köln aus Agenten, die in Deutschland operierten. Dabei schuf er sich einen ausgezeichneten Ruf als kühler, entschiedener Agentenführer, der ein feines Gespür dafür hatte, wie er aus seinen Agenten das meiste herausholen konnte. Er war gut auf Penkowskij vorbereitet. [17] Die Möglichkeiten, die in diesem Fall steckten, faszinierten ihn, und er erklärte Bulik, der MI6 würde noch einmal darüber nachdenken, ob er mit Penkowskij in Verbindung treten und die Maßnahmen, für die er sich gegebenenfalls entschied, dann im Rahmen einer gemeinsamen Operation mit der CIA durchführen sollte.

Nach dem Treffen in Washington ging es rasch voran. Am 3. Februar flog Quentin Johnson nach London, um mit Shergold zu sprechen. Beide Seiten kamen überein, ihre Informationen auszutauschen und einen »Sicherheitsverschluß« bei den Kanadiern zu erreichen. Penkowskij mußte vor einer Kompromittierung durch Van Vliet und Harrison geschützt werden, und darüber hinaus mußten in den kanadischen Akten sämtliche Hinweise auf Penkowskij gelöscht werden. Das hieß auch, daß diejenigen, die Van Vliets oder Harrisons Berichte über Penkowskij gelesen hatten, dazu gebracht werden mußten, eine Verschwiegenheitserklärung zu unterschreiben.

Vom 6. bis 8. Februar 1961 besuchte ein hochrangiger Offizier der CIA-Gegenspionage seine Kollegen in Ottawa und ließ die Berichte von Van Vliet und Harrison aus den kanadischen Akten entfernen.

Am 5. Februar 1961, einem Sonntag, unternahm COMPASS endlich den Versuch, sich telefonisch mit Penkowskij in Verbindung zu setzen. In den vier Monaten, die seit seiner Ankunft in Moskau vergangen waren, hatte es COMPASS nicht geschafft, den toten Briefkasten zu benutzen oder auf andere Weise mit Penkowskij Kontakt aufzunehmen. Er hatte weiterhin langatmige Briefe ans CIA-Hauptquartier geschrieben, in denen er erklärte, wie schwierig es sei, die Pflichten seiner Tarnposition zu erfüllen und gleichzeitig seinen eigentlichen Auftrag zu erledigen, ohne von der Botschaft unterstützt zu werden. Er hatte zwar den von Penkowskij bezeichneten toten Briefkasten in der Puschkin-Straße ausgekundschaftet, aber nie das Zeichen angebracht, das Penkowskij die Hinterlegung einer Nachricht signalisiert hätte.

Eine zufriedenstellende Erklärung dafür konnte COMPASS, jedenfalls nach Ansicht Buliks, nicht geben, obwohl er sich ständig darüber

44

beklagte, daß er sich nie frei und ohne KGB-Beschattung bewegen konnte. Bulik glaubte, daß COMPASS der Mut verlassen hatte und daß er die Operation unnötig in die Länge zog.[18]

Der Anruf am 5. Februar war der erste Versuch, den Kontakt herzustellen. Nach seinen Instruktionen sollte COMPASS um zehn Uhr vormittags anrufen und Russisch sprechen. In einem Brief an Bulik jedoch hatte er, von sich in der dritten Person sprechend, vorher geschrieben:

(...) wenn sich am 5. Februar eine männliche Stimme am Telefon meldet, wird COMPASS das russische Gegenstück zum vertraulichen »Hi, Oleg!« benutzen.

Wenn die Antwort »Ja!« (Da!) lautet, wird COMPASS sagen: »Antworte nur in Russisch. Hier ist dein enger Freund!«

Dann wird COMPASS zum Englischen übergehen. Wenn CHALK darauf besteht, zu erfahren, mit wem er spricht, wird COMPASS ihn in Englisch auffordern: »Hör zu!«, und wie instruiert fortfahren. CHALK muß einen Anhalt für eine Tarngeschichte haben, für den Fall, daß er nicht allein ist, wenn COMPASS ihn anruft; falls die Telefonnummer nicht stimmt oder sich eine männliche Stimme meldet, die nicht CHALK ist, dürfte die vertrauliche Anrede auf russisch keinerlei Verdacht erregen.[19]

Die russische Anrede mußte bei jedem, der das Telefongespräch mithörte, den Eindruck erwecken, daß der Anrufer ein enger Freund von Penkowskij war, und kein Ausländer, der ihn nie kennengelernt hatte. Der Brief von COMPASS war jedoch im ganzen ein recht verworrenes Elaborat. COMPASS sprach nicht sehr gut Russisch, und er hatte sich offenbar selbst in einen heillos verwirrten Geisteszustand gebracht.

Er rief Penkowskij um elf Uhr an, und Penkowskij, der erst spät in der Nacht von einer Party nach Hause gekommen war, dachte zuerst, sein Freund vom vorigen Abend riefe an. COMPASS sollte, nach Penkowskijs Anweisungen, ausschließlich russisch sprechen, aber er sprach englisch. Penkowskij verstand so gut wie nichts, und er konnte, da seine Frau in der Nähe war, auch nichts erwidern. Er wollte nicht unnötig ihre Neugier erregen, indem er englisch sprach, was er zu

Hause noch nie getan hatte. Er sagte daher, daß er nicht verstanden hätte, was der Anrufer gesagt habe. Penkowskijs Englischkenntnisse waren beschränkt, und es fiel ihm am Telefon schwer, überhaupt irgend etwas zu verstehen. Außerdem hatte er den Anruf, da er zur falschen Zeit kam, nicht erwartet, und er überlegte angestrengt, wer der Anrufer sein mochte. Schließlich legte er frustriert auf, so daß, falls das Telefon angezapft war, nichts darauf hinwies, daß mehr vorgefallen war als eine falsche Verbindung.

Am 9. Februar konferierte Bulik im CIA-Hauptquartier in Washington erneut mit Shergold, und sie kamen überein, gemeinsam mit Penkowskij Kontakt aufzunehmen.

Anfang März 1961 erhielt Van Vliet eine Wohnung in Moskau und zog aus seinem Hotelzimmer aus. Da er die Verbindung zu Penkowskij, die für legale kanadische Handelsgeschäfte über das GKKNIR nützlich sein konnte, nicht abreißen lassen wollte, lud er ihn und seine Frau zu der Feier anläßlich der Einweihung seiner Wohnung ein. Penkowskij packte wiederum das Material zusammen, das er über die operativen Möglichkeiten der sowjetischen Raketen gesammelt hatte, und nahm es zu der Party mit. Er hatte es in einen gewöhnlichen, jedoch doppelt mit Klebeband verschlossenen Briefumschlag gesteckt, den er leicht übergeben konnte.

Als er in Van Vliets Wohnung ankam und dem kanadischen Diplomaten die Hand schüttelte, sagte er, er hoffe, daß er, Van Vliet, sich die Sache noch einmal überlegt habe und nun bereit sei, das Material anzunehmen. Van Vliet überhörte es einfach, begrüßte Penkowskij und dessen Frau freundlich und hielt sich, solange sie auf der Party waren, von ihnen fern. Penkowskij war enttäuscht, daß er seine Geheimnisse wiederum nicht hatte an den Mann bringen können.

Wynne arbeitete unterdessen daran, eine sowjetische Delegation in Erwiderung seines Besuchs im Dezember nach Großbritannien zu holen. Als er Anfang April 1961 nach Moskau flog, um die Einzelheiten zu besprechen, überreichte ihm Penkowskij die Liste der vorgesehenen Delegationsmitglieder. Wynne protestierte, da die sowjetischen Vertreter unerfahrene und ungeeignete Leute waren, deren Aufgabe augenscheinlich nur darin bestand, technische und wirtschaftliche Erkenntnisse zu sammeln. Aufträge für britische Firmen waren von ihnen jedenfalls nicht zu erwarten. Penkowskij erklärte, daß die Liste von GKKNIR zusammengestellt worden sei und nicht abgeändert werden könne.

Die Beziehung zwischen Wynne und Penkowskij war nicht mehr nur formeller Natur. Sie sprachen sich inzwischen mit dem Vornamen an, wobei Penkowskij sich Alex nennen ließ, weil es »im Englischen besser klingt als Oleg«. Wynne bestand darauf, daß er »die obersten technischen Berater oder niemanden« wolle. Wenn er sie nicht bekäme, würde er sich beim Komitee beschweren.

Penkowskij war erschrocken und beschwor ihn: »Nein, nein, Greville, das dürfen Sie nicht tun. Das würde bedeuten, daß die Delegation gestrichen wird!«

»Tut mir leid, Alex«, erwiderte Wynne, »aber ich muß darauf bestehen. Ich würde Ihnen gerne London zeigen, aber nicht, wenn ich damit den ganzen Zweck des Besuchs ruiniere. Meine Firmen wollen Fachleute haben.«

Penkowskij schlug die Hände zusammen. »Aber es kommt doch nicht auf die Delegation an«, rief er aus. »Es kommt darauf an, daß ich nach London gelange, und zwar nicht zum Vergnügen. Ich habe Ihnen einiges zu sagen, vieles. Ich muß kommen, ich muß einfach.«[20]

Dann eröffnete er ihm, daß er Material besitze, das er dem Westen zukommen lassen wolle, und am 6. April 1961 übergab er Wynne in dessen Hotelzimmer ein Päckchen, das ein umfangreiches Dossier über ihn selbst und einen Film mit sowjetischen Militärdokumenten enthielt. Als Wynne das Päckchen annahm, war er nicht mehr länger der naive Geschäftsmann, der zufälligerweise mit einem Spion befreundet war. Seine neue Rolle war die eines Kuriers und »Waffenbruders« von Penkowskij, auch wenn er nie genau erfuhr, was für Dokumente dieser ihm gegeben hatte. Wynne übermittelte niemals mündliche Informationen. Ihm das Wissen um den Inhalt des von Penkowskij gelieferten Materials vorzuenthalten, entsprach der üblichen nachrichtendienstlichen Praxis. So konnte er, falls er enttarnt und verhaftet werden sollte, halbwegs glaubwürdig vorgeben, er hätte nicht gewußt, daß er in einen Spionagefall verwickelt war.

Bei diesem ersten Mal ging Wynne umgehend zur britischen Botschaft, um die Papiere loszuwerden. Aber es war Abend, und er traf den Botschafter nicht an. Also steckte er das Material in einen versiegelten Umschlag, den er bei der Wache der Botschaft hinterlegte. Am nächsten Tag ließ er sich den Umschlag zurückgeben und händigte die Papiere einem Botschaftsangehörigen aus, der beauftragt worden war, ihn zu empfangen.

Während des Gesprächs am 6. April hatte Penkowskij Wynne gebeten, am Wochenende mit ihm zusammen zu Abend zu essen. Er könne ihn leider nicht zu sich nach Hause einladen. Angehörige des sowjetischen Staatsapparats luden keine Ausländer zu sich ein, es sei denn mit offizieller Erlaubnis, und in diesem Fall mußten sie hinterher ausführlich über die während des Besuchs geführten Unterhaltungen berichten.

Wynne zögerte. Er hatte nicht erwartet, als Kurier fungieren zu müssen, und bat Penkowskij um ein, zwei Tage Bedenkzeit. Wynne wußte nicht, was in dem Kuvert gewesen war, das ihm Penkowskij gegeben hatte, und er war sich noch unschlüssig darüber, ob Penkowskijs Annäherungsversuch ehrlich gemeint war oder ob er in eine Falle gelockt werden sollte. Sie einigten sich schließlich darauf, sich erst am Montag, dem 10. April, auf der für 14.30 Uhr angesetzten letzten Komiteesitzung über die Englandreise der sowjetischen Handelsdelegation wiederzusehen.

Penkowskij holte Wynne am 10. April am Eingang des Komiteegebäudes in der Gorki-Straße ab und fuhr mit ihm im Fahrstuhl zum Sitzungssaal hinauf. Sie waren allein, so daß Penkowskij direkt ansprechen konnte, was ihm auf der Seele lag: »Was haben Sie mit den Papieren gemacht? Alles in Ordnung?«

»Ja«, antwortete Wynne. Penkowskij nahm die Antwort mit einer Geste der Erleichterung auf.

Als die Sitzung, auf der die Einzelheiten des Besuchs der sowjetischen Handelsdelegation besprochen wurden, um 17.30 Uhr zu Ende ging, fragte Penkowskij Wynne: »Kann ich Sie noch einmal sehen?«

Wynne war einverstanden, und Penkowskij suchte ihn in seinem Zimmer im Hotel Berlin auf. Sie sprachen über Komiteeangelegenheiten, bis Penkowskij ins Badezimmer ging und die Wasserhähne aufdrehte. »Ist mit den Papieren alles in Ordnung?« fragte er erneut, und nachdem Wynne bejaht hatte, fuhr er fort: »Würden Sie noch mehr nehmen? Es wäre sehr wichtig.«

»Nein, ich werde nicht noch mehr nehmen.«

»Würden Sie dann wenigstens ein einzelnes Blatt nehmen, auf dem ich Ihren Leuten erkläre, was ich ihnen geben kann?« bohrte Penkowskij weiter und klopfte mit der Hand auf seine Jackettasche, um anzudeuten, daß er die Papiere bei sich hatte.

Wynne blieb fest. »Nein. Ich habe getan, was ich konnte.«

»Bitte, bleiben Sie noch einen Tag, und überlegen Sie es sich noch einmal«, bat ihn Penkowskij.

»In Ordnung.«

Am Abend folgte Wynne einer offiziellen Einladung des Komitees und besuchte mit Penkowskij und dessen Frau das Bolschoi-Theater. Hinterher gingen sie, inoffiziell, in ein Restaurant, um Veras 33. Geburtstag zu feiern. Penkowskij sagte Wynne, daß er selbst am 23. April 42 Jahre alt werde.

Am nächsten Abend kam Penkowskij in Wynnes Hotel, um sich von ihm zu verabschieden, und fragte wieder, ob er nicht weitere Papiere nach London mitnehmen wolle. Wynne blieb noch stundenlang wach und ging ruhelos in seinem Zimmer auf und ab. Er war hin- und hergerissen zwischen der Angst, vom Zoll durchsucht und als Spion verhaftet zu werden, und dem Wunsch, das Material in den Westen zu bringen. Da er das erste Päckchen in die britische Botschaft gebracht hatte, war er persönlich jetzt »sauber«, und die Gefahr, verhaftet und ins Gefängnis gesteckt zu werden, bestand nur, wenn Staatsgeheimnisse bei ihm gefunden wurden. Genau das aber wäre der Fall, wenn er die Papiere annahm; er hatte keine Zeit, um noch einmal in die Botschaft zu gehen.

Am Dienstagmorgen kam Penkowskij um 7.20 Uhr mit einem Dienstwagen des Komitees zu Wynnes Hotel, um ihn zum Flughafen Scheremetjewo zu fahren. Während Wynnes Gepäck im Kofferraum verstaut wurde, legte Penkowskij den Finger an den Mund, um ihm sagen, daß er auf der Fahrt keine verfänglichen Äußerungen machen sollte. Ihre Unterhaltung wurde möglicherweise über ein Mikrofon mitgehört, oder der Fahrer, der höchstwahrscheinlich ein Informant des KGB war, schnappte etwas auf, das er postwendend weitertragen würde.

Auf dem Flughafen zückte Penkowskij seinen Dienstausweis des GKKNIR und schleuste Wynne durch die Abfertigungsformalitäten. Zwanzig Minuten, bevor Wynne an Bord des Flugzeugs gehen mußte, warf Penkowskij einen Blick in Richtung Toilette und gab Wynne zu verstehen, daß er ihm dorthin folgen sollte. Nachdem Penkowskij die Toilette abgesucht hatte und sicher war, daß sie allein waren, sagte er förmlich: »Mr. Wynne, Sie müssen sich jetzt entscheiden, ob Sie mir vertrauen wollen, oder nicht. Es ist keine Zeit mehr. Nehmen Sie das Päckchen mit den restlichen Papieren, oder stecken Sie wenigstens dieses Blatt ein. Wenn Sie die Papiere nicht nehmen wollen, dann nehmen Sie dieses einzelne Blatt.«

Wynne gab nach, nahm das einzelne Blatt und steckte es in die Innentasche seines Jacketts. Penkowskij umarmte ihn und sagte: »Sie haben das Richtige getan.«

Er hatte Wynne einen Brief übergeben, der an die Regierungen der Vereinigten Staaten und des Vereinigten Königreichs gerichtet war. Er war am 25. Dezember 1960 geschrieben worden und enthüllte die innere Verfassung, in der sich Penkowskij damals befand:

Sehr geehrte Herren!

Am 12. August 1960 nahm ich die Hilfe zweier amerikanischer Touristen und Lehrer der russischen Sprache in Anspruch; sie wohnten in Moskau im Hotel Baltschug und kehrten am 15. 8. 1960 in die USA zurück. Ich habe ihnen, zur Weiterleitung an Sie, zwei Kuverts mit einem persönlichen Brief und anderem Material (drei Seiten und ein Foto) mitgegeben. Ich bin diesen Gentlemen sehr dankbar für die Aufmerksamkeit, die sie mir erwiesen haben, indem sie meine Bitte erfüllten. Seitdem sind fast vier Monate vergangen (für mich eine qualvolle Zeit des Wartens), und doch ist noch keine Erwiderung auf meine Fragen und Anliegen erfolgt.

Daher habe ich mich entschlossen, Ihnen einen Teil meines Materials zu übersenden (und begonnen, mich nach einer passenden Gelegenheit dafür umzusehen).

Ich bitte Sie, so bald wie möglich eine Entscheidung darüber zu treffen, auf welche Weise ich Ihnen den Rest des äußerst bedeutsamen Materials zukommen lassen kann, und ein Treffen mit Ihren Vertretern zu organisieren, das für mich aus persönlichen Gründen absolut unabdingbar ist.

Bitte informieren Sie mich über Ihre Entscheidung: schriftlich durch meinen toten Briefkasten Nr. 1 (. . .); oder organisieren Sie ein

Treffen mit Ihren Vertretern. Die Umstände des Treffens können Sie selbst festlegen. Ich meinerseits schlage als Methode vor: Beginnend mit dem Tag der Übermittlung dieses Briefes, werde ich am 5., 10., 15., 20. und 25. Januar sowie am 5., 10. und 15. Februar 1961 von 9.00 bis 9.15 Uhr (abends) an folgendem Ort auf Ihren Repräsentanten warten: Moskau, Kadaschewskaja-Ufer. Ich werde gegenüber dem Repin-Denkmal (das sich auf der anderen Seite des Kanals befindet) spazierengehen. Dieses Denkmal steht gegenüber der Ecke Kadaschewskaja-Ufer und Lawruschinski-Straße. Ich werde einen dunkelbraunen leichten Mantel und eine Mütze mit Ohrenklappen tragen und Zigaretten rauchen (im Frühling einen grauen Regenmantel und einen Hut). Ihr Repräsentant (Mann oder Frau) sollte ein Brillenetui in der linken Hand haben und mir zu Beginn unserer Unterhaltung Grüße von C. Peeke überbringen.

Stets der Ihre ...

25.12.60

P.S. Auf jeden Fall werde ich den toten Briefkasten Nr. 1 überprüfen: am 4., 9., 14., 19. Januar 1961 um 8.00 Uhr abends + am 24., 29. Januar und 4., 9., 14. Februar 1961.

P.P.S. Das bedeutet, an jedem durch fünf teilbaren Tag, vom Tag der Übersendung dieses Briefes an [gemeint sind die Tage, an denen er auf den amerikanischen Vertreter warten wollte].

Wynne rief nach seiner Rückkehr nach London die Telefonnummer an, die ihm Dickie Franks vom MI6 gegeben hatte, dem erst jetzt, bei der Übergabe seines Briefs, klar wurde, daß Penkowskij beschlossen hatte, Wynne als Kurier einzusetzen. Diese Erkenntnis wurde kurze Zeit später bestätigt, als der SIS aus Moskau von Wynnes Besuch in der Botschaft erfuhr. Danach wurde Wynne noch einmal eingehender befragt.

Penkowskij und seine Delegation sollten am 20. April in London eintreffen. Als Penkowskij das Visum zur Einreise nach Großbritannien beantragte, sagte die CIA zu, keine weiteren Kontaktversuche in Moskau zu starten. SIS und CIA kamen außerdem überein, Penkowskij in einer gemeinsamen Operation von London aus zu führen. Shergold sollte, in Absprache mit Bulik, die Verbindung mit Penkowskij über die britische Botschaft in Moskau aufrechterhalten. In der verbleibenden Woche bis zur Ankunft der sowjetischen Delegation liefen die Drähte zwischen England und den USA heiß, um Penkowskijs Aufenthalt in Großbritannien im Sinne der gemeinsamen Operation von SIS und CIA vorzubereiten.

Hauptziel der CIA war es, Penkowskij als Agenten vor Ort zu behalten und ihm einen entsprechenden »Arbeitsvertrag« vorzuschlagen. Wegen der Widerspenstigkeit der amerikanischen Botschaft in Moskau beschloß die CIA, das Außenministerium nicht um Unterstützung zu bitten. Da die Briten durch Wynne mit Penkowskij in Kontakt gekommen waren, würden die operativen Details vorläufig durch die SIS-Station in Moskau abgewickelt werden.

Zwei Amerikaner flogen nach London, um sich mit Penkowskij zu treffen, Joe Bulik als Vorgesetzter und George Kisevalter, ein in der Führung sowjetischer Agenten erfahrener Mitarbeiter seiner Abteilung, als Assistent. Kisevalter wurde als Sohn eines deutschen Vaters und einer französischen Mutter 1910 im Nordkaukasus geboren, wo sein Vater als Ingenieur am Bau von Eisenbahnlinien beteiligt war. Während des ersten Weltkriegs wurde Kisevalter senior in die USA geschickt, wo er Waffen und Ausrüstungsgegenstände für die russische Armee einkaufen sollte, und nach der russischen Revolution von 1917 ließen sich die Kisevalters in den USA nieder. George Kisevalter lebte sich rasch ein, pflegte aber seine Russischkenntnisse weiter. Er ging später nach Dartmouth, wo er Mathematik und Maschinenbau studierte. Dort lernte er Nelson Rockefeller kennen, mit dem er, nachdem sie beide 1930 ihr Studium beendet hatten, ein Leben lang befreundet blieb.

Im Zweiten Weltkrieg wurde Kisevalter aufgrund seiner Russischkenntnisse bei der Lieferung von Hilfsgütern an die Sowjetunion eingesetzt, die im Rahmen des Leih- und Pachtgesetzes von Alaska nach Sibirien verschifft wurden. Nach dem Krieg begann er als Dolmetscher beim OSS in Europa. 1952 wurde er von der CIA angeworben und einer der ersten Agentenführer in der Sowjetabteilung für verdeckte Operationen. Sein Ruf als erfolgreicher Agentenführer wurde untermauert, als ihm der Fall des GRU-Oberstleutnants Pjotr Popow anvertraut wurde. Kisevalter verstand sich ausgezeichnet mit Popow, der in ihm einen Freund sah. Seinen Kollegen gegenüber ließ Kisevalter allerdings durchblicken, daß er einen wichtigen sowjetischen Spion führte. Nach Buliks Auffassung redete er zuviel, aber seine Russischkenntnisse und die Vertrautheit mit der Struktur der GRU, die er als Führungsoffizier von Popow erworben hatte, bewogen Bulik dennoch, ihn auch im Fall Penkowskij hinzuzuziehen. [21]

Bulik und Kisevalter sollten zusammen mit Harold Shergold – oder Shergie, wie sie ihn nannten – und Michael Stokes, einem russisch sprechenden MI6-Offizier, das Team bilden, das mit Penkowskij arbeiten würde. Buliks Pendant auf britischer Seite war Shergold. Er hatte seinen guten Ruf innerhalb des SIS gerade erst wieder bestätigt, indem er George Blake dazu brachte, ein Geständnis abzulegen. Blake war ein MI6-Offizier, der von 1953 bis zu seiner Enttarnung und Verhaftung am 4. April 1961, zwei Wochen vor Penkowskijs Eintreffen in London, für den KGB spioniert hatte.

Bei der CIA, die von der Verhaftung, die erst am 22. April öffentlich bekanntgegeben wurde, sofort informiert worden war, verstärkte der Fall die bereits vorhandene Besorgnis über das Risiko einer gemeinsamen Operation mit den Briten. Blake war jedoch vor dem Beginn der Arbeit mit Penkowskij verhaftet worden und konnte ihn daher nicht kompromittieren. Außerdem brachte man Shergold aufgrund seiner entschlossenen Vorgehensweise und seines Bemühens, die totale Kontrolle über seine Agenten zu behalten, große Hochachtung entgegen. Seine beruflichen Qualitäten, insbesondere seine unvergleichlichen analytischen Fähigkeiten, standen außer Frage. »Er war nicht der Typ, der von sich aus Informationen anbot«, erinnerte sich Bulik später. »Er spekulierte nicht und hielt sich auch nicht mit belanglosem Gerede auf. Er sagte nur, was gesagt werden mußte.« [22]

Bulik und Kisevalter verbrachten die Wartezeit in London sehr zurückgezogen. Sie spielten stundenlang Karten, bis Greville Wynne endlich anrief, um ihnen mitzuteilen, daß Penkowskij planmäßig in Heathrow gelandet war.

Kapitel 3

ENDLICH IN LONDON

Es war ein frischer, wolkiger Frühlingstag, an dem Wynne auf dem Flughafen Heathrow auf Penkowskij wartete, um ihn in die Stadt zu fahren. Die Begrüßung war freundlich, aber förmlich. Penkowskij ließ sich seine Erregung nicht anmerken. Als sie in Wynnes Auto saßen, übergab er ihm hastig ein Päckchen mit Dokumenten. Diesmal wußte Wynne, womit er im Umgang mit Penkowskij zu rechnen hatte. Er steckte das Kuvert, ohne ein Wort darüber zu verlieren, in die Manteltasche.

Penkowskij traf am 20. April 1961 in London ein, dem Tag, an dem Fidel Castro den Sieg in der Schweinebucht verkündete. Eine Woche vorher, am 12. April, war Juri Gagarin als erster Mensch im Weltraum gewesen.

Wynne hatte für die sechsköpfige Delegation aus der Sowjetunion Zimmer im Hotel Mount Royal gebucht, einem preiswerten, aber bequemen Hotel in der Oxford Street, das der knappen Devisenzuteilung entsprach, die der Delegation für Unterbringung und Verpflegung zur Verfügung stand.

Penkowskij war berechtigt, ein Einzelzimmer zu belegen, und er hatte Wynne gebeten, ihm ein großes Zimmer zu reservieren. Er war entschlossen, jeden Augenblick, den er in London verbrachte, zu genießen und seine Stellung als Delegationsleiter zu nutzen, um sich jede Sonderbehandlung zu sichern, die er bekommen konnte. Er hatte sein Visum erst im letzten Moment erhalten, nachdem seine Reise vom Zentralkomitee der KPdSU genehmigt worden war; Reisen ins Ausland waren ein selten gewährtes Privileg, und über die Reiseanträge wurde auf höchster Ebene entschieden. Penkowskij wollte seine Führungsstärke beweisen und sein Prestige stärken, indem er einerseits einen gewissen Abstand zu den anderen Delegationsmitgliedern herstellte, sich andererseits jedoch sorgsam um sie kümmerte, damit die Delegation nach ihrer Rückkehr in die Sowjetunion gut von ihm sprach und ihm so den Weg für weitere Auslandsreisen ebnete. Er bewohnte Zimmer 566 mit Blick auf die Ecke Portman und Oxford Street. Die anderen Delegationsmitglieder mußten sich Doppelzimmer teilen oder hatten kleinere Einzelzimmer bekommen.

Penkowskij war nicht der alleinige Chef der Delegation, aber die anderen wußten, daß er GRU-Offizier war. Die Delegation hatte den Auftrag, westliche Technologie zu beschaffen, zum Beispiel in bezug auf hitzebeständigen Stahl, Radar, Kommunikationstechnik und Betonverarbeitung.

Nachdem er die Delegation im Hotel angemeldet hatte, ging Wynne zu Penkowskij hinauf, der ihn mit einem breiten Lächeln empfing und an den Schultern packte. »Ich kann es nicht glauben, Greville«, sagte er. »Ich kann es einfach nicht glauben.«[1]

Wynne teilte Penkowskij mit, daß das erste Treffen mit Vertretern des amerikanischen und des britischen Geheimdienstes noch am selben Abend stattfinden würde, und zwar an Ort und Stelle, im Hotel Mount Royal. Penkowskij sollte nach dem Begrüßungsempfang und dem Abendessen in ein sicheres Zimmer im dritten Stock des Hotels kommen.[2]

Unterdessen beschäftigte sich der MI6 mit dem Päckchen, das Wynne am Flughafen von Penkowskij erhalten hatte. Das anglo-amerikanische Team, das im Hotel Mount Royal ungeduldig auf den Abend wartete, wurde kurz davor in Kenntnis gesetzt, daß es Beschreibungen und Zeichnungen der neuesten sowjetischen Raketen und ihrer Abschußrampen enthielt.

Penkowskij gab nach dem Abendessen mit seiner Delegation vor, schlafen gehen zu wollen, und zog sich zurück. Tatsächlich sollte die eigentliche Arbeit des Tages für ihn erst beginnen.

Es war 21.40 Uhr, als er an die Tür zu den Zimmern 360 und 361 klopfte. Er wurde im Vorraum der Suite von einem Mann, der sich als Joseph Welk vorstellte, in aller Form willkommen geheißen. Er hatte ein Tonbandgerät am Körper, damit kein Wort der Unterhaltung verlorenging; aber als er es, nachdem Penkowskij geklopft hatte, anstellen wollte, funktionierte es nicht, und er beschloß, sich nicht lange mit einleitenden Höflichkeiten aufzuhalten. Penkowskij nannte ihn Gospodin Josif (Herr Joseph). Sein wirklicher Name war Joseph Bulik, und er war mindestens genauso angespannt wie Penkowskij. Einen größeren Fall hatte er noch nie gehabt.[3]

Bulik führte Penkowskij ins Zimmer 360 und stellte ihn Shergold, der sich Harold Hazelwood nannte, Michael Stokes, dem anderen Engländer, der als Michael Fairfield auftrat, und seinem amerikanischen Kollegen George Kisevalter vor, der den Namen George McAdam angenommen hatte. Kisevalter war als Dolmetscher des Teams derjenige, der den größten Teil der Befragung durchführen würde.

Die miteinander verbundenen Zimmer 360 und 361 lagen am Innenhof des Hotels, so daß man nicht vom Straßenlärm gestört wurde. Die Gespräche mit Penkowskij fanden im Zimmer 360 statt, einem Raum von mittlerer Größe, der mit einer Couchgarnitur, fünf Stühlen und einem kleinen Cocktailtisch möbliert war, an dem Penkowskij und das anglo-amerikanische Geheimdienstteam Platz nahmen. Das zweite Zimmer wurde für Rücksprachen und technische Einweisungen benutzt.

Kisevalter, von dem seine Freunde wegen seiner offenen Art sagten, er wäre wie ein Teddybär, fragte Penkowskij, ob er lieber russisch oder englisch sprechen wolle.

»Ich kann mich auf russisch besser ausdrücken«, antwortete Penkowskij. »Ich habe die Militärisch-Diplomatische Akademie 1953 abgeschlossen und bin 1955 in die Türkei gegangen. Meine Arbeitssprache war zwar Englisch. Aber ich hatte dort und während der vergangenen vier Jahre viele Schwierigkeiten, so daß ich mein Englisch einfach durch Nichtbenutzung vergessen habe. Nun, meine Herren, gehen wir an die Arbeit. Wir haben eine Menge wichtiger Dinge zu tun.«

Penkowskij zündete sich eine Zigarette an, die erste von vielen, die er an diesem Abend noch rauchen sollte. Er trug einen Geschäftsanzug, ein weißes Hemd und eine Krawatte. Seine roten Haare waren schütter und wurden an den Schläfen grau. Er war gut gebaut, 1,75 Meter groß und wog etwa 80 Kilogramm. Die selbstbeherrschte, militärische Haltung, die er an den Tag legte, ließ den Generalstabsoffizier erkennen. Sein Gesicht verriet Intelligenz und Wachsamkeit und strahlte Intensität und Offenheit aus.

Kisevalter, beleibt und in einem zerknitterten Anzug, wollte Penkowskij beruhigen. »Sie wissen, daß Sie in guten Händen sind.«

»Ja«, erwiderte Penkowskij. »Ich habe lange darüber nachgedacht und auf einem Umweg versucht, den Kontakt zu Ihnen herzustellen. Ich glaube, ich sollte Sie darüber voll ins Bild setzen.«

Kisevalter eröffnete ihm daraufhin, daß der Brief mit der Beschreibung des toten Briefkastens sein Ziel erreicht hatte.

»Sie meinen den, den ich den beiden Studenten gegeben habe?« hakte Penkowskij nach. »Wenn Sie wüßten, wieviel graue Haare ich deswegen bekommen habe! Wenn Sie doch nur das Signal angebracht hätten, so daß ich gewußt hätte, daß die Nachricht in die richtigen Hände gelangt ist. Ich habe mir solche Sorgen darüber gemacht.«

Bulik holte den Originalbrief und das Foto hervor, das Penkowskij ihm beigelegt hatte, und Kisevalter sagte: »Wir zeigen Ihnen dies, um Ihnen die Gewißheit zu geben, daß alles in Ordnung ist. Der Grund, warum Ihnen nicht sofort nach dem Erhalt des Briefs geantwortet wurde, läßt sich in wenigen Worten zusammenfassen. Wir haben es absichtlich hinausgezögert, Ihnen das Zeichen zu geben, weil wir vorher eine sichere Methode finden wollten, wie Sie Ihr Material übergeben konnten. Es geschah also ausschließlich aus Sorge um Ihre Sicherheit.«

Penkowskij war dadurch nicht besänftigt. »Sie können ruhig zugeben, daß Sie mir nicht getraut haben. Das ist sehr unangenehm und schmerzlich für mich.«

»Nein, das Gegenteil trifft zu«, widersprach Kisevalter.

Für Penkowskij klang es nicht sehr überzeugend, und all die Ängste, die er ausgestanden, und die Anspannung, in der er gelebt hatte, sprudelten aus ihm heraus: »Ich habe mich unablässig einer beträchtlichen Gefahr ausgesetzt. Ich hatte erwartet, daß ein amerikanischer Abgesandter an mich herantreten würde. Warum ich von einem Amerikaner spreche? Weil der amerikanische Militärattaché in der Türkei, Oberst Charles Peeke, ein guter Freund von mir war und weil ich noch andere amerikanische Bekannte hatte, darunter den Marine- und den Luftfahrtattaché. Aufgrund dieser Freundschaft wollte ich mit Oberst Peeke eine Art von Zukunftsplan besprechen, den ich damals bereits im Kopf hatte. Aber unglücklicherweise starb kurz vor meiner Abreise der Vater seiner Frau, und er flog mit ihr zu seinem Begräbnis nach Amerika. Ich wollte mit keinem der anderen Attachés sprechen, mit denen ich gut bekannt war. Außerdem glaubte ich, als ich die Türkei verließ, daß ich dorthin zurückkehren würde. Ich dachte, ich würde in Urlaub fahren, aber man hatte mich getäuscht. Ich wurde nicht wieder zurückgeschickt.«

Danach übernahm Kisevalter die Gesprächsführung und setzte Penkowskij eine Reihe von operativen Erfordernissen auseinander, die er zu beachten hatte. Die erste und wichtigste Erwägung für Penkowskijs eigene Sicherheit, erklärte Kisevalter, beziehe sich darauf, daß er absolut keine verdeckten Beziehungen irgendwelcher Art mehr zu Greville Wynne oder dem britischen Geschäftsmann aufnehmen dürfe, den er in Leningrad gebeten hatte, seine Dokumente außer Landes zu schaffen. Der Kontakt mit ihnen müsse in Zukunft ausschließlich auf offizielle Begegnungen im Rahmen ihrer Geschäftstätigkeit beschränkt bleiben.

Penkowskij hörte aufmerksam zu. Dann sagte er: »Daneben habe ich noch mit einem Kanadier Kontakt aufgenommen, der zum Stillschweigen verpflichtet werden muß. Er hat sich als sehr unseriös erwiesen.«

»Wir wissen von ihm«, erwiderte Kisevalter. »Er war Mitarbeiter im Stab des kanadischen Wirtschaftsattachés.«

»Ich habe ihm ein Kuvert gegeben und ihn gebeten, es in der amerikanischen Botschaft abzuliefern«, erklärte Penkowskij. »Ich habe ihm gesagt, daß ich ihn für einen ehrlichen Mann halte. Er sei kanadischer Bürger, ein Patriot, und dem amerikanischen Volk wohlgesonnen. Er hat das Kuvert genommen und versprochen, es zu überbringen. Ein Tag verging, und dann kam er zu mir und hat mir das Päckchen mit den Worten zurückgegeben: ›Ich kann das nicht überbringen. Ich kenne Sie nicht, und meine Aufgabe hier ist nur die Wirtschaft.‹ Ich hatte wirklich geglaubt, er würde das Kuvert überbringen. Sie können sich vorstellen, wie niedergeschlagen ich war, als ich ihn verließ.«*

Kisevalter fragte Penkowskij, ob er in Moskau einen Telefonanruf von einem Amerikaner erhalten habe, der die Aufgabe hatte, mit ihm Kontakt aufzunehmen.

»Ja, er hat angerufen«, sagte Penkowskij. »Aber es hat nicht das geringste gebracht. Das einzige Wort, das ich verstand, war das Wort

---

* Van Vliet wurde über die Entwicklungen im Fall Penkowskij nicht informiert und im Juni 1961 von Moskau nach Washington versetzt, um die Möglichkeit auszuschließen, daß er Penkowskij kompromittierte. Er starb am 11. April 1968.

›March‹. Am Telefon verstehe ich so gut wie kein Englisch. Deshalb hatte ich ja gebeten, russisch zu sprechen, wenn man mich anrief. Außerdem sollte der Anruf von einer Telefonzelle aus gemacht werden.«

»Das wurde er«, warf Kisevalter ein.

»Am Abend vorher war ich bei einem Freund auf einer Feier gewesen, und als am nächsten Vormittag das Telefon klingelte, dachte ich zuerst, er wäre es. Ich hatte geschrieben, der Anruf sollte um zehn Uhr erfolgen, und er kam um elf Uhr.«

»Das stimmt«, bestätigte Kisevalter.

»Ich verstand nichts und konnte auch keine Fragen stellen, da meine Frau in der Wohnung herumging. Außerdem waren meine Mutter und meine Tochter im Zimmer. Sie wissen zwar, daß ich Englisch kann, aber wenn ich mich auf ein ernsthaftes Gespräch eingelassen hätte, wäre ich bestimmt gefragt worden, mit wem ich gesprochen hatte.«

»Ahnt Ihre Frau denn gar nichts von Ihren Absichten?« erkundigte sich Kisevalter.

»Sie weiß absolut nichts davon.«

Das anglo-amerikanische Geheimdienstteam beschloß, Penkowskij den weiteren Verlauf dieses ersten Gesprächs bestimmen zu lassen, und sagte ihm, er solle ansprechen, was immer er wolle, in der Reihenfolge, wie es ihm einfalle oder wie er es wünsche. Penkowskij begann so, wie er es von einem seiner Agenten verlangt hätte: mit seinem Lebenslauf. Er wußte, daß die Amerikaner und Briten ihn sicherlich durchleuchten wollten, um herauszufinden, ob er glaubwürdig war oder nur jemand, der den Auftrag hatte, ihre beiden Geheimdienste zu infiltrieren.

»Ich wurde am 23. April 1919 in Ordschonikidse im Kaukasus geboren.* Mein Vater war Oberleutnant in der Armee des Zaren. Sein Name war Wladimir Florianowitsch Penkowskij. Mein Großvater kam aus Stawropol.«

Penkowskij unterbrach sich und fragte seine Gesprächspartner, ob

---

* Ordschonikidse, die Hauptstadt der Nord-Ossetischen ASSR in der RSFSR, hieß bis 1931 und heißt heute wieder Wladikawkas. Grigori Konstantinowitsch Ordschonikidse schloß 1920/21 Armenien und Georgien auf Geheiß Stalins mit Hilfe der Roten Armee gewaltsam der Sowjetunion an.

sie sich »nicht einige dieser Fakten notieren« wollten, »denn es wird schwer sein, sich alles zu merken«. Sie begannen daraufhin, sich Notizen zu machen, obwohl das Gespräch aufgezeichnet wurde. Falls Penkowskij dies vermutete, so störte es ihn offenbar nicht; er erwähnte es jedenfalls mit keinem Wort.

Er sprach schnell und abgehackt, führte angefangene Gedankengänge häufig nicht zu Ende, war angespannt und aufgeregt und sprang von einem Thema zum anderen, wenn er etwas angetippt hatte, das er hervorheben wollte. Es war offensichtlich, daß da jemand saß, der sich alles von der Seele reden wollte, was ihn belastete.

Mein Großvater hieß Florian Antonowitsch Penkowskij und war ein bekannter Richter in Stawropol. Mir wurde erst kürzlich vorgeworfen, daß ich von adeliger Herkunft bin. Angeblich kam diese Information aus einer der Volksrepubliken.*

Ich war der einzige Sohn. Mein Vater absolvierte ein Polytechnikum. Er war Bergbauingenieur. Er starb entweder durch eine Krankheit oder fiel während des Bürgerkriegs, da im Kaukasus zu jener Zeit heftige Kämpfe tobten.

Meine beiden Großväter waren tot, und so zog mich meine Mutter allein auf. Ich beendete die Oberschule und schrieb mich sofort an der Zweiten Artillerieschule in Kiew ein. Mein Vater war spurlos verschwunden. Aber es ist in der Sowjetunion nicht möglich, einfach in seinen Lebenslauf zu schreiben, daß man kein Dokument

---

* Kurz nach dem Ende des Zweiten Weltkriegs wurden sowjetische Sondereinheiten aufgestellt, die die Aufgabe hatten, die Archive der Regierungsbehörden und der Emigrantenorganisationen in den durch die Rote Armee von deutscher Besatzung befreiten Ländern zu beschlagnahmen. Unter den im Zuge dieser Aktion aus Deutschland, der Tschechoslowakei, Jugoslawien und Bulgarien in die Sowjetunion geschafften Akten befanden sich auch solche der Weißen Armee, die von Emigrantengruppen in diesen Ländern gesammelt und aufbewahrt worden waren. Sie enthielten Angaben über Offiziere und Mannschaften der Weißen Armee, die nach deren Zerschlagung geflohen waren, und über die Mitglieder der Emigrantenorganisationen in den jeweiligen Ländern. Die Akten wurden dem KGB übergeben, und kleine Gruppen von KGB-Offizieren arbeiteten sie von 1947 bis 1953 durch. 1952 wurde dann in der Ersten Hauptverwaltung des KGB eine Gruppe gebildet, die die erbeuteten Archive in die KGB-Akten eingliedern sollte. Möglicherweise hatte der KGB aus diesen Akten erfahren, daß Penkowskijs Vater zur Weißen Armee gehört hatte.

über den Tod seines Vaters besitzt. (...) Deshalb habe ich eine Legende erfunden, nach der er 1919 ums Leben kam. Tatsächlich haben wir später aus Akten erfahren – und meine Mutter weiß es, sie lebt heute bei mir –, daß er bei der Belagerung von Rostow gefallen ist und daß er im Mai 1919 in der Weißen Armee zum Oberleutnant befördert worden war. Aber meine Legende wurde akzeptiert, und ich hatte keinerlei Schwierigkeiten.

Penkowskij war von dem Vermächtnis, das ihm sein Vater durch seine Zugehörigkeit zur Weißen Armee in den Akten hinterlassen hatte, geradezu besessen. Wären diese Akten früher aufgetaucht, hätte er niemals so hoch aufsteigen können, wie er es getan hatte. Wer Angehörige besaß, die im Bürgerkrieg gegen die Bolschewiki gekämpft hatten, wurde als verdächtig betrachtet und kam für sicherheitssensible Posten nicht in Frage, selbst wenn er diese Angehörigen, wie es bei Penkowskij der Fall war, nie gesehen hatte.

»In meiner Jugend«, fuhr Penkowskij fort, »sagte ich mir, daß es das beste sei, als begeisterter Anhänger der kommunistischen Sache aufzutreten, und um aufrichtig zu sein, so diente ich ihr aus ehrlichem Herzen. Ich bin jetzt 42 Jahre alt – der nächste Sonntag, der 23. April, ist mein 43. Geburtstag ...«

»Wir werden ihn feiern«, unterbrach ihn Kisevalter.

Dann nahm Penkowskij den Faden seines Lebenslaufs wieder auf:

Ich trat in den Komsomol ein und betrachtete mich als einen fortschrittlichen Vertreter unseres Landes, der für die Ideen Lenins kämpft. Ich hatte vor, in die Partei einzutreten, und wurde schon 1939 zum Kandidaten der Partei. Im selben Jahr schloß ich die Artillerieschule in Kiew ab und wurde sofort für zwanzig Tage zur Befreiung der Westukraine abkommandiert. Wir marschierten in Richtung Tarnopol und Lwow, die damals zu Polen gehörten.*

---

* Penkowskij bezieht sich hier auf die sogenannte Befreiungsoperation, durch die die Sowjetunion nach der Unterzeichnung des Hitler-Stalin-Pakts (August 1939) von September 1939 bis August 1940 die Westukraine und das westliche Weißrußland von Polen, Bessarabien und die Nordbukowina von Rumänien sowie die drei baltischen Staaten annektierte.

Zu dieser Zeit war die *Jeschowschtschina** in vollem Gang. Es gab viele Exekutionen, sogar von Armeeangehörigen. Da ich Kandidat der Partei war, wurde ich zusammen mit vielen anderen Kandidaten als Politkommissar** in verschiedenen Armee-Einheiten eingesetzt. Ich habe vier Jahre in dieser Funktion gearbeitet. (...) Der Feldzug in Polen forderte nur wenige Todesopfer. Das war im September und Oktober 1939, als wir Weißrußland und die Westukraine befreiten.

»Das war polnisches Staatsgebiet?« warf Kisevalter ein, und Penkowskij antwortete:»Ja, aber wir befreiten es, genauso wie die Rote Armee die baltischen Staaten befreite. Zu dieser Zeit war ich an der sogenannten Westfront.«

Im November 1939 begann der Krieg mit den Finnen, und im Januar 1940 wurde unsere Division an die karelische Landenge verlegt, um gegen die Finnen zu kämpfen. Die Division lag fast die ganze Zeit über in Reserve, wurde aber zwei Tage vor der Ankunft von Kalinin***, der an der Unterzeichnung eines Friedensvertrages mit den Finnen teilnehmen sollte, in den Kampf geworfen, was nur zehn Prozent der Männer überlebten. Sämtliche Regimentskommandeure fielen, und ich kann von Glück reden, daß ich ohne einen einzigen Kratzer davonkam. Der Grund dafür war, daß ich als Artilleriemann ein gutes Stück hinter der Front lag. Mein Enthusiasmus war aber trotz aller Härten dieses Krieges erhalten geblieben, und als er vorbei war, wurde ich im März 1940 als Vollmitglied in die Partei aufgenommen.

Das anglo-amerikanische Geheimdienstteam war besorgt um Penkowskijs Sicherheit, und Kisevalter unterbrach ihn, um ihn zu fragen, wieviel Zeit er noch für das Treffen habe.

---

*   So wird in der Sowjetunion die Zeit des Großen Terrors – der Liquidierung vermeintlicher Stalin-Gegner und der Schauprozesse – genannt. Namensgeber ist Nikolai Iwanowitsch Jeschow, der damalige Chef des KGB-Vorgängers NKWD.
** Der Politkommissar (*Politruk*) war für die politische Erziehung und Zuverlässigkeit der sowjetischen Streitkräfte zuständig.
*** Michail Iwanowitsch Kalinin (1875–1946) war 1919–46 nominelles Staatsoberhaupt der UdSSR.

»Ich bin froh, daß Sie meinen ersten Brief erhalten haben«, erwiderte Penkowskij. »Meine Stimmung hat sich dadurch beträchtlich verbessert, und ich bin nicht mehr müde.«

»Könnten Sie Ärger bekommen, wenn Sie zu lange wegbleiben?« hakte Kisevalter nach.

Penkowskij erklärte, das sei kein Problem. »Ich habe für diese Reise einen geheimdienstlichen Sonderauftrag erhalten und kann mich jederzeit von den anderen absetzen, um meine Aufgabe zu erfüllen. Ich werde Ihnen später sagen, worin sie besteht. Die anderen Delegationsmitglieder wissen, daß ich kein Ingenieur oder sonst irgendein Experte bin, sondern der Delegation angehöre, weil ich in der GKKNIR-Abteilung für Auslandsbeziehungen arbeite. Ihnen ist klar, daß im Komitee viele Geheimdienstleute arbeiten, wie übrigens in jedem Ministerium. Ich brauche also nur zu sagen, daß ich weggehen will. Heute, würde ich sagen, habe ich zwei Stunden Zeit. Falls mich nachher jemand anrufen sollte, werde ich sagen, daß ich müde war und das Telefon abgestellt habe.«

»Sie sollten jedenfalls ständig auf der Hut sein«, warnte ihn Kisevalter. »Es ist nicht leicht für uns abzuschätzen, was für Sie gefährlich ist und was nicht.«

»Ja, ich habe Sie zwar gebeten, mich zu schützen, werde mich aber auch selbst schützen«, versprach Penkowskij.

»Sie haben schon genug Risiken auf sich genommen, und es ist, Gott sei Dank, alles gutgegangen«, ergänzte Kisevalter. »Aber das ist nur ein Grund mehr, besonders vorsichtig zu sein.«

Die Stimmung des Treffens hatte sich verändert. Das Zimmer war voller Zigarettenrauch; die Fenster mußten aus Sicherheitsgründen geschlossen bleiben. Die Spannung hatte sich gelegt. Man hatte die Jacketts ausgezogen und die Krawatten gelockert. Die anglo-amerikanischen Geheimdienstler waren sich jetzt sicher, daß ihnen ein ernstzunehmender höherer Offizier gegenübersaß, der Zugang zu Militärgeheimnissen und den Spitzen der militärischen Hierarchie der Sowjetunion hatte. Einen solchen Spion hatten weder die Amerikaner noch die Briten in ihren Reihen.

Penkowskij setzte seine Lebensgeschichte fort:

Nach der Aufnahme in die Partei und dem Ende des Krieges mit Finnland wurde ich zum Moskauer Militärbezirk versetzt. Ich bekleidete dort den Posten des stellvertretenden Leiters der politischen Abteilung der Krasin-Artillerieschule und war für die Komsomolarbeit zuständig. Als der Zweite Weltkrieg begann, wurde ich ins Hauptquartier des Moskauer Militärbezirks versetzt. Dort arbeitete ich als Stabsinstrukteur der politischen Abteilung, wieder mit dem Aufgabengebiet der Komsomolarbeit. (...) Nach einem Jahr wurde ich in die Abteilung für Sonderaufgaben des Militärrats des Moskauer Militärbezirks versetzt.

Eines der Mitglieder des Militärrats war Generalleutnant Dmitrij Afanasjewitsch Gapanowitsch, dessen Tochter ich heiratete. Sie ist noch heute meine Frau; wir sind jetzt seit 15 Jahren verheiratet. Gapanowitsch war ein bekannter Politoffizier und ein sehr feiner Mann; er mochte mich und hat mir viel geholfen. Er sah, wie begeistert ich war – und ich war es damals wirklich; das verleugne ich nicht. Ich erwähne das nur, um zu erklären, warum sich meine Ansichten später gewandelt haben und wie ich zu einer reiferen Denkungsart gelangt bin.

Ich habe bis zum November 1943 für den Militärbezirk gearbeitet. Damals wurde gerade die Rückeroberung von Kiew gefeiert, und ich dachte, daß der Krieg sehr bald zu Ende sein würde. Ich hatte noch keine einzige Auszeichnung erhalten, keinen Orden, nichts. Im finnischen Feldzug hatte ich nur eine lobende Erwähnung und ein Zigarettenetui bekommen; dabei gab es unzählige neue Helden der Sowjetunion. Also bat ich um einen Fronteinsatz und wurde an die Erste Ukrainische Front geschickt. Ich kam in eine Unterabteilung des riesigen Hauptquartiers von General Sergej Sergejewitsch Warenzow, der heute Marschall ist. Merken Sie sich den Namen; ich werde Ihnen später mehr über ihn erzählen. Er war damals Generaloberst und Chef der Artillerie der Ersten Ukrainischen Front. Er mochte mich, weil ich voller Enthusiasmus war, und gab mir das Kommando über ein Ausbildungslager für Panzerabwehrregimenter.

(...) aber ich wollte an die Front und reichte ein entsprechendes Gesuch ein. Daraufhin wurde ich als Beauftragter für Personalfragen zu einem Regiment versetzt, war also endlich an der Front.

Ich arbeitete dort zwei Monate unter einem Regimentskommandeur namens Tichwitsch, einem Helden der Sowjetunion. Er war ein guter Kumpel, aber ein Säufer. Nachdem er eine schwangere Frau vergewaltigt hatte, wurde er abgesetzt, und so wurde ich zum Kommandeur des 323. Panzerabwehrregiments der 8. Panzerabwehrbrigade.

Aus dieser Zeit berichtete Penkowskij dem Team unter anderem:

In einer Schlacht sahen wir uns massiven Angriffen deutscher Truppen ausgesetzt, die ihre gefährdeten Einheiten zu entsetzen versuchten. Wir hatten heftige Panzer- und Artillerieüberfälle abzuwehren, bei denen wir enorme Verluste erlitten – einige unserer Geschützbedienungen bestanden nur noch aus einem oder zwei Mann, anstatt aus sieben. In diesen Kämpfen war es, wo ich mich gezwungen sah, einen unserer eigenen Offiziere zu erschießen, einen Infanterieleutnant, der die Aufgabe hatte, unser Regiment zu decken, aber unter dem Druck der Schlacht zusammengebrochen und geflohen war. Ich hatte damals keinerlei Bedenken; außerdem stimmten meine Vorgesetzten und der politische Stab offenbar meiner Entscheidung zu. In meinem Regiment gab es allerdings Stimmen, die meinten, ich hätte mich übereifrig und sogar grausam verhalten, aber Krisenzeiten verlangen nach entschiedenen Handlungen wie dieser, und ich bin sicher, daß ich das richtige getan habe.

Dann wurde ich verwundet und im Juni 1944 nach Moskau gebracht. Ich lag dort zwei Monate im Lazarett. Als ich im Juli entlassen wurde, war ich bereit, wieder an die Front zurückzukehren. Ich war damals Major und der jüngste Regimentskommandeur an der Front. Ich hatte zwei Auszeichnungen erhalten; heute habe ich, alles in allem, fünf Orden und acht Medaillen. Gerade als ich zur Front fahren wollte, hörte ich jedoch, daß General Warenzow auf dem Weg zu einem Besuch bei General Konjew bei einem Zusammenstoß mit einem Panzer verletzt und nach Moskau geflogen worden war. Er lag im sogenannten Marschallshospital in der Serebryjani-Straße. Seine Hüfte war gebrochen, und er sollte ein verkürztes Bein davon zurückbehalten. Er war vier Monate ans Bett gefesselt.

Da er mein kommandierender Offizier war, brachte ich ihm Geschenke. Er kannte mich bereits recht gut und machte mich für die Zeit seiner Genesung zu seinem Verbindungsoffizier zur Front. Er versprach, mir wieder mein altes Regiment zu geben, wenn wir an die Front zurückkehrten. Ich sagte ihm, daß ich einverstanden sei und daß ich, da Deutschland bald geschlagen und der Krieg dann zu Ende wäre, gern auf eine Militärakademie gehen würde. Er erwiderte, daß er alles für mich arrangieren werde. Ich fuhr danach einige Male zwischen Moskau und der Front hin und her und erstattete ihm Bericht.

Warenzows erste Frau Anja, eine große Schönheit, starb an Tuberkulose, und er heiratete danach seine jetzige Frau, Jekaterina Karpowna. Als Warenzow ins Krankenhaus kam, wohnten Jekaterina, seine Mutter und seine beiden Töchter in Lwow, und sie hatten schwer zu kämpfen, um Lebensmittel und Brennstoff zu bekommen. Deshalb habe ich mich um die Familie gekümmert; erstens war der Marschall ein netter Mensch, und zweitens wußte ich, daß er mir alles, was ich für ihn tat, zehnfach vergelten würde.

Er hatte aus seiner ersten Ehe eine Tochter, Nina, und gerade, als er sich zu erholen begann und Marschall Konjew seine frühestmögliche Rückkehr an die Front verlangte, wurde ihr Ehemann, Major Loschak, der zufälligerweise Jude war und den sie sehr liebte, erschossen. Er war für schuldig befunden worden, einem Schwarzmarktring angehört zu haben. Die Anklage lautete auf Sabotage und Wehrkraftzersetzung. Es war zwar erwiesen, daß Warenzow in keinerlei Schwarzmarktgeschäfte verwickelt war, aber man warf ihm politische Kurzsichtigkeit vor, weil er es zugelassen hatte, daß solche Dinge direkt unter seiner Nase geschahen. (...)

Nina, Warenzows Tochter, arbeitete als Schwesternhilfe in einem Militärkrankenhaus. Sie war nach der Hinrichtung ihres Mannes sehr niedergeschlagen. Als sie eines Tages in der Eingangshalle des Krankenhauses einen verwundeten Piloten sah, der auf seine Behandlung wartete, ging sie auf ihn zu, beugte sich zu ihm hinunter, zog seine Pistole aus dem Halfter und erschoß sich. Ich habe meine Uhr versetzt und bin nach Lwow gefahren, um sie zu beerdigen. Ich habe ein schwarzes Kleid und einen Sarg für sie gekauft. Warenzow erzählte ich erst in dem Zug, der uns zurück an die Front brachte, von dem unglücklichen Ende seiner Tochter. Das war im März 1944 gewesen. Als wir wieder an der Front waren und Warenzow wußte, was ich getan hatte, sagte er zu mir: »Du bist wie ein Sohn für mich.« Später gab er mir 5000 Rubel, mit denen ich den besten Grabstein, den es in Wien gab, für Ninas Grab in Lwow kaufen sollte. Drei Monate später erhielt Warenzow die Ernennung zum Helden der Sowjetunion.

Das ist also die Geschichte eines guten Freundes von Ihnen, jedenfalls ist er es indirekt, durch mich. Ich werde ihm eine teure Uhr kaufen und eine Widmung von meiner Frau und mir eingravieren lassen. Ich könnte sie fotografieren und Ihnen das Foto schicken.

Warenzow unterstützt mich bis zum heutigen Tag, und es ist zum Teil ihm zu verdanken, daß ich jetzt hier mit Ihnen zusammensitzen kann. Noch gestern hat man gezögert, mich ausreisen zu lassen. Obwohl ich mein Visum schon am 8. April bekommen hatte, war man sich im Zentralkomitee gestern immer noch unschlüssig, ob ich reisen sollte oder nicht. Der Grund dafür ist, daß mein Vater Offizier der Weißen war. Andererseits habe ich aus drei Feldzügen eine hervorragende Militärakte. Ich habe Auszeichnungen erhalten, und auch meine Parteiakte ist makellos. Wenn es meinen Vater nicht gäbe, würde man mich nicht so zurücksetzen. Als ich, zum Beispiel, als Militärattaché nach Indien gehen sollte, hat man es nicht erlaubt, obwohl ich mich schon darauf vorbereitet und mich mit den Codes [für die verschlüsselte Übermittlung von Nachrichten] vertraut gemacht hatte. Ich sollte als Resident* dort hingehen.

Aber man hat es nicht zugelassen und mich statt dessen in eine andere Sektion versetzt, zu diesem Komitee. Natürlich ist es auch Geheimdienstarbeit, aber eher eine der passiven Art, wenn man mit ausländischen Delegationen arbeitet, um Informationen zu erhalten und, wenn möglich, einige Dokumente von Wert zu stehlen. Daneben hat man selbstverständlich immer auch die Aufgabe, jemanden aus einer ausländischen Delegation anzuwerben. Was mich betrifft, bin ich in dieser Hinsicht bisher allerdings erfolglos gewesen.

Das Problem war wieder einmal mein Vater. Ich bin getauft –

---

* Leiter der »Residentura«, der GRU-Station im jeweiligen Land.

(...) mein Name steht im Kirchenregister von Stawropol. Sie haben in den Archiven, die die Deutschen mitnahmen, als sie die Stadt zerstörten, nach der Eintragung gesucht. Sie durchforsten sie immer noch. (...) Sie sind also auf die Tatsache gestoßen, daß mein Vater Offizier der Weißen Armee war (...) und fiel, als seine Einheit in der Nähe von Rostow umzingelt wurde. So hatte es auch meine Mutter gehört – Sie kennen ja solche Gerüchte – und mir erzählt. Generalmajor A. A. Schumskij, der stellvertretende Personalchef der GRU, hat mich deshalb zur Rede gestellt und gesagt:»Ihre Mutter hat angegeben, daß er während einer Epidemie an Typhus gestorben ist.« Sie hatte mein Leben nicht ruinieren wollen und mir deshalb diese Geschichte erzählt, die ich dann übernommen habe. Natürlich habe ich immer geahnt, daß sie nicht stimmte. (...)

Schumskij sagte nun:»So sieht es aus. Sie werden mir jetzt eine Erklärung dafür aufschreiben.« Er gab mir ein Blatt Papier, und ich schrieb die Erklärung. Meine Frau weiß nichts davon. Sie liebt mich, und ich liebe sie. Sie hat eine Schwester, einen Bruder und eine Mutter. Sie sind proletarischer Herkunft. Ihr Vater, der 1952 gestorben ist, war Politoffizier. Er war ein guter Mann. Er verfluchte Stalin; seine Familie fand es zwar nicht gut, aber er kritisierte alles in Grund und Boden. Er war ein unkomplizierter, aufrichtiger Mensch.

Die Schwester meiner Mutter wohnt in der Meschtschanskaja-Straße, und dorthin bestellte ich meine Mutter, um ihr zu erzählen, was passiert war.»Davon wußte ich nichts, Oleg«, sagte sie. Ich bat sie, eine Erklärung für mich zu schreiben, in der stand, daß sie in dem und dem Jahr das und das erfahren habe; er hätte ihr gesagt, daß er Ingenieur sei, und ihr seine Papiere gezeigt; sie hätten geheiratet, und dann hätte der Bürgerkrieg angefangen; sie hätte kurz danach einen Sohn geboren, und ihr Mann wäre spurlos verschwunden. Dieses zweiseitige Schreiben liegt jetzt in Schumskijs Safe. Als ich das Formular für diese Reise ausfüllen wollte, bin ich zu ihm gegangen und habe ihn gefragt:»Was soll ich jetzt schreiben, nachdem Sie mir diese Dinge über meinen Vater erzählt haben?« Er hat geantwortet:»Schreiben Sie, was Sie immer angegeben haben.«

Der KGB-Ergänzungsbericht, der all diese Erkenntnisse enthielt, trug obenauf die Einschätzung: »Wir vertrauen Oberst Penkowskij.« Das hat mich vor der Entlassung aus dem Geheimdienst bewahrt. Und sie scheinen mir wirklich zu trauen, denn sie haben mir, wenn auch erst recht spät, schließlich doch meinen Paß gegeben. Wie Sie wissen, hatten alle anderen schon ihre Pässe, bloß ich nicht. Die Kommission für Auslandsreisen im Zentralkomitee hat ihn bis zum letzten Augenblick zurückgehalten. In ihr sitzt der Abschaum des KGB. Wenn sie mir den Paß nicht gegeben hätten, wäre ich postwendend in die britische oder die amerikanische Botschaft gegangen und hätte gesagt: »Zur Hölle mit euch! Adieu!«

Kisevalter fragte Penkowskij, ob er für den KGB arbeite. »Nein«, antwortete Penkowskij; er sei Angehöriger »der GRU, der Nachrichtendienstlichen Hauptverwaltung beim Generalstab. Ich bin Offizier des Strategischen Geheimdienstes des Generalstabs.«

Damit hatte er seinen Gesprächspartnern zum erstenmal eindeutig bestätigt, daß er Offizier der Streitkräfte und als solcher im militärischen Geheimdienst tätig war, nicht im KGB. Diese Unterscheidung war wichtig, weil sie bedeutete, daß Penkowskij Zugang zu strategischen und taktischen Informationen besaß, die nicht zum Aufgabenbereich des KGB gehörten.

»Und Sie sind bis heute bei der GRU?« fragte Kisevalter.

»Ja«, antwortete Penkowskij. »Sie hatten keinen Grund, mich zu erschießen oder zu verhaften. Vor ungefähr einem Jahr wurde ich zum Chef der Personalabteilung gerufen, der mich über meinen Vater ausfragte. Er sagte: ›Das hier haben Sie über Ihre Herkunft angegeben, und das hier haben wir über Ihren Vater herausgefunden. Sie haben erklärt, Ihr Vater sei einfach gestorben.‹ Ich habe damals erwidert: ›Ich habe meinen Vater nie gesehen und niemals ein Stück Brot von ihm bekommen.‹ Der General meinte daraufhin: ›Aber Sie haben diese Tatsache offensichtlich verschwiegen.‹ Worauf ich erwiderte: ›Wenn ich etwas zu verbergen gehabt hätte, hätte ich während des Krieges oder während meiner Stationierung in der Türkei zigmal die Gelegenheit gehabt, mich abzusetzen. Aber ich habe es nicht getan. Außerdem war ich in allen Volksdemokratien.‹«

»Wer war dieser Personalchef?« unterbrach ihn Kisevalter.

»Generalleutnant Smolikow. Leiter der GRU ist General Serow, der frühere KGB-Chef.* Man hat mich gefragt, wie lange ich im Dienst wäre, und ich habe geantwortet: ›24 Jahre.‹ 1962 werde ich mein 25. Dienstjahr vollenden. Wenn ich zu diesem Zeitpunkt schon 25 Jahre im Dienst gewesen wäre, hätte man mich in Pension geschickt, da ich in ihren Augen politisch unzuverlässig bin. Den Eindruck habe ich jedenfalls. Sie vertrauen mir zwar bis zu einem gewissen Grad, beobachten mich aber genau. Ich glaube, sie vertrauen mir wirklich; schließlich haben sie mich vor anderthalb Jahren, als sie noch nichts über meinen Vater ausgegraben hätten, zu einem Akademielehrgang über die neueste Technik geschickt. Von dort habe ich all dieses Material über Raketen, das ich für Sie abgeschrieben habe. Meiner Ansicht nach hätten sie mich nicht zu diesem Lehrgang geschickt, wenn sie damals schon von meinem Vater gewußt hätten.«

Penkowskijs Gesprächspartner begriffen, daß er ihnen soeben den entscheidenden Grund genannt hatte, der ihn dazu bewogen hatte, für den Westen zu arbeiten. Das Transkript des ersten Treffens in London enthält eine Randbemerkung, in der es heißt: »Dies ist ein herausragender Aspekt der jüngsten Vergangenheit im Leben des Befragten, der wesentlich zu seiner Entscheidung, an den Westen heranzutreten, beigetragen hat. Insbesondere betrifft dies die von ihm sein Leben lang gepflegte Legende, sein Vater sei 1919 an Typhus gestorben. Tatsächlich wurde er getötet, als er als Oberleutnant der Weißen Armee bei Rostow gegen die Roten kämpfte. Die Bedeutung dieser Tatsache liegt in dem Vorwurf seitens des KGB, der Befragte hätte die wahren Umstände absichtlich verschwiegen, was auch in seiner GRU-Personalakte vermerkt wurde.«

Penkowskij kehrte zu seiner Lebenschronik zurück: »Nun, jedenfalls erhielt ich, als Warenzow auf Verlangen Konjews an die Front zurückkehrte, das Kommando über ein anderes Regiment, das 51. Pan-

---

* Iwan Alesandrowitsch Serow war, seit sie während des Zweiten Weltkriegs gemeinsam in der Ukraine gewesen waren, ein Günstling Chruschtschows. Er war 1954–58 Chef des KGB und erlangte wegen seiner Rolle bei der Niederschlagung des Aufstands in Ungarn im Jahre 1956 als »Schlächter von Budapest« traurige Berühmtheit. Im Zweiten Weltkrieg führte er die Zwangsumsiedlung der Krimtataren durch und ging gegen die Tschetschenen und Inguschen vor. Außerdem war er dafür verantwortlich, daß Tausende von Menschen aus den baltischen Republiken ins Exil getrieben oder zur Zwangsarbeit nach Sibirien verschleppt wurden.

zerabwehrregiment, das zur Reserve des Oberkommandierenden gehörte. Dieses Regiment war unabhängig und gehörte nicht zur Brigade. Ich bat Warenzow, mich von dem Posten abzulösen, da Vera, meine Verlobte, in Moskau sei und gerade die Oberschule beendet habe.«

Vera Dmitrijewna Gapanowitsch war 14 Jahre alt, als Penkowskij sie kennenlernte. Sie begegneten sich zum erstenmal 1942, während der für die Sowjetunion dunkelsten Phase des Zweiten Weltkriegs, als Penkowskij als Politoffizier bei ihrem Vater arbeitete. Der General hatte Penkowskij zum Abendessen in seine Wohnung eingeladen und ihm Vera vorgestellt, eine kleine, dunkelhaarige Schönheit mit strahlenden Augen. Danach sah Penkowskij sie erst 1944 wieder, als er sich in Moskau von seiner Verletzung erholte, und verliebte sich in sie. Sie heirateten nach seiner Rückkehr aus dem Krieg; Vera war damals 17 Jahre alt. Es war eine Liebesheirat und zugleich eine ausgesprochen nützliche Verbindung, denn Penkowskij hatte in General Gapanowitsch einen einflußreichen Gönner und klugen Ratgeber gewonnen.

Warenzow hatte Penkowskijs Umzug nach Moskau und dem Eintritt in die Frunse-Militärakademie zugestimmt.»Ich kam zwei Monate nach dem Beginn des Lehrgangs dazu, bestand aber die Aufnahmeprüfung und wurde zugelassen. Da ich schon ein Regiment befehligt hatte, hatte ich bei einer Prüfung für Bataillonskommandeure keine Schwierigkeiten. Ich trat also ein und schloß den Lehrgang 1948 ab. Sofort danach wurde mir angeboten, an die Militärisch-Diplomatische Akademie [MDA] zu gehen, um dort die strategische Geheimdienstarbeit zu erlernen.«

»Wie lange waren Sie an der Frunse-Akademie?« fragte Kisevalter, um die Chronologie von Penkowskijs Laufbahn nachzuprüfen und sicherzustellen, daß kein Zeitabschnitt übersprungen wurde. Damit konnte Penkowskijs Glaubwürdigkeit leichter untermauert werden.

Es war ein dreijähriger Lehrgang. Ich sprach mit meinem Schwiegervater, General Gapanowitsch, der mir riet, ein Jahr lang zu arbeiten, anstatt von einem Hörsaal in den nächsten zu wechseln. Also habe ich ein Jahr lang an zwei verschiedenen Stellen gearbeitet. Zuerst war ich als Stabsoffizier in der Organisations- und Mobilisierungsabteilung im Hauptquartier des Moskauer Militärbezirks tätig, wo ich schon einmal in niedrigerer Position gearbeitet hatte. Ich blieb dort sechs Monate und wurde dann ins Oberkommando des Heeres versetzt. Auch dort war ich als Stabsoffizier tätig, und die Stellung hat mir ausgesprochen zugesagt, da ich 200 Rubel mehr im Monat bekam. Ich hatte jedoch weiterhin die Absicht, 1949 in die Militärisch-Diplomatische Akademie einzutreten, und glücklicherweise haben wir eine Vorschrift, die besagt, daß die Bezahlung, die ein Offizier vor dem Eintritt in die MDA erhalten hat, während seiner Studienzeit weitergezahlt wird. Ich wurde 1949 in die MDA aufgenommen. Sie befindet sich in der Nähe der U-Bahnstation Sokol.

»Ist die Adresse nicht Peschannaja-Straße 13?« warf Kisevalter ein, um Penkowskij mit dem Wissen, das er über die GRU besaß, zu beeindrucken.

»Stimmt genau. Ich habe dort vier Jahre studiert, von 1949 bis 1953. Es war damals noch ein vierjähriger Lehrgang. Inzwischen ist er auf drei Jahre verkürzt worden.«

Kisevalter hatte durch seinen Einwurf versucht, Penkowskijs Zutrauen zu ihm und seinen Kollegen zu stärken. Die Beziehung zwischen Führungsoffizier und Spion ist höchst delikat. Wenn er keine Rückkopplung spürt, kann der Spion sich zurückziehen oder die Motivation verlieren. Ist der Führungsoffizier jedoch zu aggressiv, erhält der Spion möglicherweise den Eindruck, seine Arbeit sei nicht zufriedenstellend und er sei unfähig, den an ihn gestellten Anforderungen gerecht zu werden. Penkowskij sprach aus freien Stücken über sein Leben, um seine Glaubwürdigkeit zu beweisen, und Kisevalter wollte ihn keinesfalls verschrecken.

Penkowskij beantwortete einige Fragen über den Lehrkörper der Akademie. Woher er seine Informationen hatte, wollte er später erläutern. Erst einmal fuhr er mit seiner Lebensgeschichte fort: »Nach dem Abschluß kam ich in die 4. Abteilung der GRU, die Nahost-Abteilung. Daneben gibt es unter anderem noch die Anglo-Amerikanische Abteilung, die Europäische Abteilung und die 1. Abteilung, die für die Illegalen zuständig ist. Ich werde später auf diese Abteilungen zurückkommen. Ich arbeitete also rund ein Jahr in der ägyptischen Sektion und lernte das dortige Agentennetz kennen. An einiges kann ich mich heute noch erinnern.«

Dann wurde Penkowskij die Versetzung nach Pakistan angekündigt, wo er als Assistent des Militärattachés, des dortigen GRU-Residenten, arbeiten sollte. Doch die pakistanische Regierung versagte der Vergrößerung des Stabes des Militärattachés ihre Zustimmung und verweigerte Penkowskij das Einreisevisum. Er blieb daraufhin noch einige Monate in der ägyptischen Sektion, bevor ihm mitgeteilt wurde, daß er in die Türkei geschickt werden würde.

»Das war Ende 1954. Wieder bereitete ich alles vor und studierte die Codes, die operativen Aufgaben, die Wirtschaft des Landes und seine Streitkräfte. Ich traf im Juli 1955 ein und wurde zum Residenten, war also Chef der Station. Meine offizielle Amtsbezeichnung lautete Geschäftsführender Militärattaché, und ich übernahm das gesamte Agentennetz.«

»In welchem Rang standen Sie damals – Oberstleutnant oder Oberst?« fragte Kisevalter.

»Ich war bereits Oberst – lassen Sie mich das klarstellen. Am Ende des Krieges, kurz vor meinem Eintritt in die Frunse-Akademie, wurde ich zum Oberstleutnant befördert. Zum Oberst wurde ich im Februar 1950 befördert. Ich war also im Februar 1960 schon zehn Jahre lang Oberst, aber sie werden mich wegen meines Vaters niemals zum General machen. Ich sei unzuverlässig, haben sie gesagt. Vielleicht werde ich ja in einer anderen Armee zum General«, fügte er scherzhaft hinzu.

Joe Bulik sah in dieser Art von Humor nur eine Hülle, in der sich Penkowskijs Wut und Frustration darüber verbargen, daß seine brillante Karriere an ihrem Ende angelangt war, nur weil sein Vater, den er nie kennengelernt hatte, auf der falschen Seite gestanden hatte.

Ich ging also mit meiner Frau in die Türkei und übernahm die Residentura, die GRU-Station in Ankara. Mein Vorgänger, Oberst Kondraschow, übergab mir im Verlauf eines Monats die Geschäfte. Mein Assistent war der Marineattaché. Einen Luftwaffenattaché gab es zu dieser Zeit nicht. Sieben Monate später traf der neue Resident ein, Generalmajor Sawtschenko. Er benutzte allerdings den Namen Rubenko. Viele unserer Leute verwenden Decknamen.

Dieser Rubenko war vorher Militärattaché in Afghanistan gewesen. Er war ein alter Mann – schon über sechzig Jahre alt. Ich übergab ihm die Geschäfte der Residentura und wurde sein Stellvertreter. Ich arbeitete bis November 1956 unter ihm. Dann wurde einer unserer Assistenten kompromittiert. Das geschah drei Monate nach Sawtschenkos Ankunft. Der betreffende Attaché war Oberstleutnant Nikolai Jontschenko. Er sprach einfach Türken in Restaurants an und bot ihnen Geld an, um sie zur Mitarbeit zu gewinnen. Auf die gleiche plumpe Art versuchte er auch, militärische Handbücher zu ergattern. Die türkische Gegenspionage war natürlich sofort auf dem Plan.

Mein Verhältnis zu Jontschenko war sehr schlecht; er hatte zusammen mit Rubenko versucht, meine Stellung zu unterminieren, damit man mich aus der Partei ausschloß. Die Einzelheiten werde ich Ihnen später erzählen. Ich rief von einer öffentlichen Telefonzelle aus anonym den türkischen Geheimdienst an, informierte ihn von Jontschenkos Aktivitäten und sagte ihm, wo die Kontakte mit seinen Agenten stattfanden.

»Welchen Rang hatte er, sagten Sie?« fragte Kisevalter.

Er war Oberstleutnant; sein Vorname war Nikolai. Er war meinetwegen sehr verbittert. Da er an der Akademie Türkisch studiert hatte, war er verärgert, daß ich als Englischsprachiger stellvertretender Resident geworden war, und nicht er. Er stand sich sehr gut mit dem General, und die beiden machten mir das Leben zur Hölle. Ich schrieb schließlich ans Hauptquartier und bat um meine Versetzung – irgendwohin, bloß weg. Man antwortete mir, daß ich warten solle. Ich bin von Natur aus rachsüchtig, versuche aber, gerecht zu sein. Schon damals, als ich sah, wie ungerecht ich behandelt wurde, faßte ich den Entschluß, zu Ihnen überzulaufen. Ich wollte einen Eid schwören und mich durch meine Unterschrift verpflichten, Ihnen zu dienen; ich wollte für den Rest meiner Tage, wie viele es auch sein mögen, ein neues Leben führen.

Drei Monate später wurde Jontschenko erneut kompromittiert und diesmal zur Persona non grata erklärt. Ich habe ihn nach Istanbul begleitet, von wo er über Bulgarien nach Hause reiste. Der General verfaßte ein Schreiben ans Hauptquartier, in dem er erklärte, die Türken und die Amerikaner hätten eine Provokation gegen Jontschenko inszeniert. (...) Zufälligerweise war damals gerade der

Schah von Persien mit seiner Frau zu einem Staatsbesuch in der Türkei, und der türkische Geheimdienst war in höchste Alarmbereitschaft versetzt worden, um die Besucher zu schützen. Wir hatten vom GRU-Chef deshalb die Anweisung erhalten, in dieser Zeit keine Operationen durchzuführen. Aber der General hatte es Jontschenko trotzdem erlaubt, zu einem für den 10. Mai geplanten Treffen mit einem Agenten zu gehen. Ich erinnere mich deshalb so genau an das Datum, weil es der Geburtstag meiner Mutter ist. Jontschenko wurde verhaftet, als ein türkischer Leutnant ihm ein militärisches Handbuch übergeben wollte.

Ich war im Büro des Generals, als ihm der Offizier vom Dienst von dem Vorfall berichtete:»Genosse General, Ihr Assistent ist von der türkischen Gegenspionage bei dem Versuch, von einem türkischen Offizier ein Militärhandbuch in Empfang zu nehmen, verhaftet worden.« Der General war außer sich und gab mir den Auftrag, Jontschenko freizubekommen. Ich fragte ihn:»Warum haben Sie ihn zu diesem Treffen gehen lassen?« Die Verwaltung des operativen Fonds in türkischen Lire lag in meinen Händen, und Sawtschenko hatte Jontschenko die 200 Lire, mit denen der türkische Offizier bezahlt werden sollte, aus seiner eigenen Tasche gegeben, damit ich nichts davon erfuhr. (...) Das gestand er mir jetzt ein, und wir hatten einen heftigen Streit. Ich beschwerte mich darüber, daß er mir immer vorgeworfen hatte, ein schlechter Agent zu sein, der keine Erfahrung besaß und keine Spione rekrutierte. Er schrieb dann ein Telegramm, das er nach Moskau schicken wollte, und ich fragte ihn:»Sind Sie Kommunist?« Als er bejahte, fragte ich ihn, warum er dann lüge und nicht zugebe, daß er dem Befehl, während des Schahbesuchs keine Operationen durchzuführen, zuwidergehandelt hatte. Er wies mich aus seinem Büro und meinte, ich solle mich um meine eigenen Angelegenheiten kümmern, und ich erwiderte, daß ich durch andere Kanäle über diese Sache Bericht erstatten würde.

Ich berichtete durch den Kanal unserer Nachbarn*, den KGB-Kanal, über den Vorfall. Der KGB-Resident war damals Oberst

---

* Der KGB war für die GRU der »Nachbar«, der die GRU umgekehrt als »nächsten Nachbarn« bezeichnete.

Pawel Dmitrijewitsch Jersin, über den ich Ihnen jetzt einiges erzählen möchte. Er ist heute Anwerber dieser Neger, die aus Afrika zum Studium auf die Patrice-Lumumba-Universität geschickt werden. Diese Studenten bauen nach ihrer Rückkehr in ihre Heimat mächtige Residenturas für uns auf. Ich glaube, Jersin ist inzwischen schon zum General aufgestiegen. Er war übrigens auch KGB-Resident in Indien, wo er offiziell als Berater tätig war.

Mein Telegramm gelangte zu Serow, dem KGB-Chef, demselben Serow, der heute Chef der GRU ist. Er berichtete sofort Chruschtschow darüber, da alle Enttarnungen dem Präsidium [des ZK der KPdSU]* gemeldet werden müssen. Doch Generalleutnant Michail A. Schalin [der damalige GRU-Chef] brachte das Telegramm von Rubenko an, in dem dieser die Tatsache, daß er einen Befehl mißachtet hatte, verschleierte. (...) Als Chruschtschow mein Telegramm mit Rubenkos verglich, rief er: »Welcher Idiot ist hier der Lügner, Penkowskij oder der General? Stellen Sie das fest, und erstatten Sie mir dann Bericht.« Ich hatte die Wahrheit geschrieben; alles, was man mir vorwerfen konnte, war, daß ich dem General gegenüber grob geworden war. Aber das lag daran, daß er mich dauernd ungerechterweise kritisiert hatte. Ich wurde nicht gemaßregelt, nicht einmal von der Partei. Aber General Rubenko erhielt eine scharfe Rüge von Schukow [dem damaligen Verteidigungsminister] – wegen »Inkompetenz im Dienst«. Bald darauf wurde er aus der Türkei abberufen. Man hat ihn vor kurzem entlassen; er arbeitet jetzt als Abteilungsleiter im Institut für Gebietsstudien.

Penkowskijs Frau Vera waren in Ankara von Jersins Nachfolger auf dem Posten des KGB-Residenten, Wawilow, eindeutige Anträge gemacht worden, was Penkowskij nicht auf die leichte Schulter nahm.[4] Ehebruch war innerhalb der sowjetischen Diplomaten- und Geheimdienstgemeinde nichts Ungewöhnliches. Es wurde für sicherer gehalten, wenn sich die Affären gewissermaßen innerhalb der Familie abspielten und man sich nicht mit Ausländern einließ, die generell als Sicherheitsrisiko und potentielle Spione galten. Penkowskij selbst hatte ein Verhältnis mit Wawilows Frau.[5]

* 1952–66 Bezeichnung des Politbüros der KPdSU.

76

Nun gut, Gentlemen, ich arbeitete also noch bis zum November dort. Ich machte noch einmal einen anonymen Anruf bei der türkischen Gegenspionage, um ihr mitzuteilen, daß ein sowjetischer Offizier zusammen mit einigen bulgarischen Agenten auf einer türkischen Militärausstellung ein Handbuch gestohlen hatte. Der Offizier, mit dem ich sprach, sagte in klarem Englisch, daß ich vorbeikommen solle, um mich mit ihm zu unterhalten, aber ich lehnte ab, weil ich zu dieser Zeit noch unentschlossen war. Wenn man mir damals schon diese Vorwürfe hinsichtlich meines Vaters gemacht und mir gesagt hätte, daß ich politisch unzuverlässig sei, wäre ich wahrscheinlich nicht in die UdSSR zurückgekehrt. Ich habe das letzte Mal am 4. November 1956, am Vorabend der Suez-Krise, angerufen. Sie können das überprüfen; der Anruf muß registriert worden sein.*

Die Anrufe waren Penkowskijs Rache an Sawtschenko, alias Rubenko, und dessen Gehilfen Jontschenko. Wenn er nachwies, daß Sawtschenko für seinen Posten nicht geeignet war, würde man den General vielleicht nach Moskau zurückrufen und ihn selbst zu dessen Nachfolger ernennen. Penkowskij dachte zu dieser Zeit zwar schon daran, Oberst Peeke zu bitten, die Verbindung zur CIA herzustellen, hatte sich aber noch nicht endgültig entschieden.

Penkowskij und seine Frau verließen die Türkei am 6. November 1956. In Moskau mußte Penkowskij überrascht feststellen, daß er bei seinen Vorgesetzten nicht sonderlich beliebt war. »Sie waren offenbar enge Freunde von Rubenko. Er hatte ihnen bestimmt alle möglichen Geschenke geschickt, und sie hatten zusammen Wodka und Wein getrunken. Die höheren Offiziere in Moskau waren verärgert darüber, daß so ein ›rotznasiger‹ junger Oberst wie ich es gewagt hatte, einem General gegenüber in dieser Weise aufzutreten. Sie vermuteten, daß ich den General zu Fall bringen wollte, um selbst Militärattaché in der Türkei zu werden. Um die Wahrheit zu sagen, lief es, als ich die Ge-

---

* Diese Angabe wurde, trotz eines entsprechenden Antrags von James Angleton, dem Chef der CIA-Gegenspionage, nie überprüft, da man fürchtete, durch eine Anfrage bei den Türken mehr Probleme zu schaffen als zu lösen, und Penkowskij keiner unnötigen Gefahr aussetzen wollte.

schäfte des Militärattachés führte, besser als unter dem General, und ich hätte das Agentennetz sehr gut leiten können. Aber ich schwöre Ihnen, das war nicht mein Motiv, auch wenn ich gerne Militärattaché geworden wäre.«

In diesem Augenblick wurden Sandwiches und Weißwein gebracht, das einzige alkoholische Getränk, das die Männer bei den Treffen mit Penkowskij tranken. Penkowskij wirkte entspannter als am Anfang. Er spürte offenbar, daß die Befragung gut gelaufen war. Das anglo-amerikanische Team war von seinen Detailkenntnissen und seiner Genauigkeit beeindruckt. Kisevalter, der GRU-Experte des Teams, hatte in Penkowskijs Angaben zu Personen und Daten beim ersten Anhören keinen Fehler oder Irrtum entdecken können. Penkowskij hatte sich eindeutig als Geheimdienstprofi erwiesen, und man gab ihm die Gelegenheit, sich etwas zu erholen, bevor die nächste Runde der Fragen und Enthüllungen eingeläutet wurde.

Kapitel 4

Das erste Treffen

Während der Pause erzählte Penkowskij von seinen Lebensumständen in Moskau. Obwohl er als höherer Offizier gewisse Privilegien genoß und nach dem Ende des zweiten Weltkriegs eine vergleichsweise komfortable Wohnung erhalten hatte, sagte er, daß er in beengten Verhältnissen lebe. Bulik fragte ihn nach seinem Alltag, wo er wohne und arbeite, und wie er seinen Tag verbringe.

»Ich wohne am Gorki-Ufer 36, Wohnung 59. Der Eingang ist auf der Hofseite, im dritten Stock, dritter Aufgang – wenn es die Überwachung nicht gäbe, könnte ich Sie alle zu einem Tee zu mir einladen. Wir haben einen Fahrstuhl, der von einer alten Frau bedient wird.« Sie hätte sofort Verdacht geschöpft, wenn Penkowskij ausländische Gäste empfangen hätte, und es an den für den Bezirk zuständigen KGB-Offizer gemeldet.

Bulik unterbrach ihn, um zu fragen, wie hoch das Haus sei. Er wollte ein vollständiges Bild der äußeren Lebensumstände und des Tagesablaufs von Penkowskij haben, da beides für die Aufrechterhaltung des Kontakts mit ihm von Bedeutung sein würde.

Penkowskij antwortete, daß das Haus ein neunstöckiger Betonbau mit einer Terrasse im obersten Stockwerk sei. Es sei 1944 erbaut worden und läge in der Nähe des Hauptquartiers des Moskauer Militärbezirks, der für die Sicherheit der Hauptstadt und ihrer Umgebung verantwortlich war.

Kisevalter holte eine Karte hervor, um das Haus, in dem Penkowskij wohnte, einzuzeichnen. Es lag, nicht weit vom Kreml entfernt, auf der anderen Seite der Moskwa, gegenüber dem Hotel Kotelnitscheskaja.

Bulik erkundigte sich, wie viele Familien auf jeder Etage wohnten. Es gebe auf jeder Etage zwei Zwei- und zwei Drei-Zimmer-Wohnungen, sagte Penkowskij, in denen jeweils eine Familie wohne, was im

Vergleich mit den kommunalen Wohnungen, in denen mehrere Familien lebten, die sich Küche und Bad teilen mußten, geradezu einen Luxus darstellte. Penkowskij bewohnte mit seiner Frau, seiner Tochter und seiner Mutter eine 37 Quadratmeter große Zwei-Zimmer-Wohnung. »Für ein Ehepaar wäre eine Zwei-Zimmer-Wohnung ausreichend«, fügte er hinzu, aber seine Tochter und seine Mutter schliefen im Wohnzimmer, das zweite Zimmer war das Schlafzimmer von Penkowskij und seiner Frau. Sie luden selten Freunde zu sich ein und gingen statt dessen in Restaurants oder ins Bolschoi-Theater. Für die Betreuung ausländischer Gäste konnte Penkowskij über Mittel des GKKNIR verfügen.

Er erzählte, daß er für gewöhnlich früh schlafen gehe und um sechs Uhr morgens aufstehe. Er gehe um acht Uhr zur Arbeit und habe normalerweise von 14 bis 15 Uhr Mittagspause. Der Sonntag sei sein freier Tag, an dem er häufig mit seiner Familie zur Datscha des Onkels seiner Frau hinausfahre.

Man ging Penkowskijs üblichen Tagesablauf genauestens durch und verfolgte auf der Karte, auf welchem Weg er, je nach den Wetterverhältnissen entweder zu Fuß oder mit dem Bus, zu seiner Arbeitsstelle gelangte. Er erklärte, daß er sich morgens beim GKKNIR einschreiben müsse, aber jeden Tag auch einige Zeit in den GRU-Büros des Generalstabs im Verteidigungsministerium in der Frunse-Straße, wohin er zu Fuß gehe, zu verbringen habe. Er betonte, daß er das Gebäude durch den Eingang 5 betrete, denselben Eingang, durch den auch der Minister und dessen Stellvertreter gingen. »Der Minister fährt allerdings in der Regel mit seinem Wagen, einem Tschaika, durch das Tor in der Grizewez-Straße«, fügte er hinzu; diese Information war für seine Gesprächspartner möglicherweise von operativem Interesse.

Auf dem Heimweg von der Arbeit ging Penkowskij an der Auferstehungskirche vorbei, wo er gelegentlich betete. Gegenüber der Kirche befand sich das öffentliche Bad, an dessen Verkaufsstand er manchmal ein Bier trank. Abends ging er hin und wieder in ein Restaurant oder ins Theater.

Er eröffnete seinen Gesprächspartnern auch, daß er, wie andere Offiziere und höhere Parteifunktionäre, manchmal eine Affäre mit einer Sekretärin aus dem Verteidigungsministerium oder einer Verkäuferin

80

hatte. Seiner Frau gegenüber schützte er dann vor, daß er länger zu arbeiten hätte. Auch mit seinen Freunden traf er sich für gewöhnlich abends, bevor er nach Hause ging. Dieser Tagesablauf änderte sich nur, wenn ausländische Delegationen in der Sowjetunion waren und er die Aufgabe hatte, die Delegationsleiter zu begleiten und für ihre Unterhaltung zu sorgen.

Nach dem Imbiß aus Sandwiches und Weißwein wurde Penkowskij zunächst über den Aufbau und die Führungsspitze der GRU befragt. Danach lenkte er das Gespräch auf das Thema der Atomwaffen und enthüllte innerhalb weniger Minuten eine Reihe höchst bedeutsamer Fakten über das gegen das Westen gerichtete Zerstörungspotential der Sowjetunion.

»Die Volksdemokratien werden alle mit Atomraketen beliefert«, berichtete Penkowskij. »Warenzow und sein Stab arbeiten an der Errichtung von Basen, Depots, Abschußrampen und der Ausbildung von Bedienungspersonal für die Volksdemokratien. Die an diese Länder gelieferten Raketen werden heute in Massenproduktion hergestellt.« Zu ihnen gehörte, fügte er hinzu, unter anderem die R-11, eine von der NATO als SS-1 bezeichnete Mittelstreckenrakete. Sie werde, wie auch »alle anderen, die in der Produktionspalette zu finden sind, an sämtliche Volksdemokratien geliefert, ausgenommen Albanien«. Albanien hatte die von Chruschtschow 1956 auf dem XX. Parteitag der KPdSU in Gang gesetzte Entstalinisierung nicht mitgemacht und unterstützte 1961 Mao Tse-tungs Kritik an der sowjetischen Politik.

»In der DDR«, fuhr Penkowskij fort, »haben wir jetzt vier Raketenbrigaden, von denen zwei mit atomaren Sprengköpfen ausgerüstet sind. Dort gibt es außerdem spezielle Lagerkapazitäten, an denen die Ingenieure der Dserschinskij-Artillerieakademie arbeiten. Sämtliche im Ausland stationierten Raketen bleiben unter der Kontrolle der sowjetischen Streitkräfte.«

Danach wandte sich Penkowskij wieder seiner eigenen Laufbahn zu. Er erzählte, daß er durch Marschall Warenzows Fürsprache im September 1958 zu einem für Generalstäbler abgehaltenen Lehrgang über die neueste Technik an die Dserschinski-Militärakademie delegiert worden war. »In der Vergangenheit war es eine reine Artillerieakademie, heute jedoch ist es eine Akademie der Raketenartillerie, die unter dem Oberbefehl von Marschall Moskalenko* steht. (...) Ich schloß den Lehrgang am 1. Mai 1959 mit Auszeichnung ab.«

Nach Penkowskijs Aussage steckte das sowjetische Atomprogramm noch in den Kinderschuhen, und die Anzahl der erfahrenen Ingenieure, die qualifiziert genug waren, um Offiziere auszubilden, war noch sehr gering. Er sprach von 30–40 Lehrkräften, die an der Akademie tätig waren.

Mit den Raketenkenntnissen, die er sich an der Dserschinskij-Akademie angeeignet hatte, hatten sich Penkowskijs Aussichten bei der GRU verbessert. »Iwan Serow, der 1959 zum Chef der GRU geworden war, wurde sofort nach dem Abschluß von meiner neuen Qualifikation unterrichtet. Er schlug vor, daß ich nach Indien gehen sollte. Indien wird als unser Einflußgebiet betrachtet, und es konnte sein, daß wir dort in der Zukunft Operationen durchführen wollten. Deshalb wurde es als wünschenswert angesehen, einen Offizier mit meinen Raketenkenntnissen dorthin zu entsenden, denn es ist möglich, daß Indien in nicht allzu ferner Zukunft Raketen von uns erhalten wird.«

Daß Chruschtschow erwog, Raketen an Indien zu liefern, war für den Westen ebenso neu wie erhellend, warf es doch ein Schlaglicht auf die Absichten und das strategische Denken der sowjetischen Führung.

Ich war mit den Vorbereitungen fast fertig, (...) als ich zu Generalmajor Schumskij gerufen wurde, dem Stellvertreter von Generalleutnant Smolikow [dem damaligen Personalchef der GRU]. Nun ja, sie haben mich nicht nach Indien geschickt. Ich war sehr enttäuscht darüber und machte mir große Sorgen.

Um ehrlich zu sein, hat sich meine Unzufriedenheit mit dem politischen System schon vor ziemlich langer Zeit herausgebildet. Ich war mit vielen Aspekten des Lebens nicht einverstanden. Ich will Sie nicht mit den Einzelheiten langweilen, aber das Ganze ist eine Mischung aus Demagogie, leerem Geschwätz und Betrug. Die Menschen haben lange Zeit geduldig gewartet, aber jetzt sind sie des Wartens müde und voller Unruhe. Chruschtschow hat die

---

* Marschall Kirill Semjonowitsch Moskalenko war 1960–62 Oberbefehlshaber der strategischen Raketenstreitkräfte und stellvertretender Verteidigungsminister.

KGB-Überwachung in letzter Zeit bis zu einem gewissen Grad aufgehoben. Viele Menschen sind rehabilitiert oder amnestiert worden, und man kann heute bestimmte Dinge sagen – natürlich nicht alles –, ohne gleich wie früher verhaftet zu werden. Natürlich kann man, wenn man sich zu weit aus dem Fenster lehnt, aus der Partei ausgeschlossen werden. Man kann auch immer noch festgenommen oder in seinen beruflichen Aussichten beschnitten werden.

Das anglo-amerikanische Team hörte Penkowskij aufmerksam zu, ohne auf seine Äußerungen einzugehen; man wollte ihn nicht in seinem Redefluß stören. Ein guter Führungsoffizier muß ein geduldiger Zuhörer sein, die Informationen, die er erhält, aufnehmen und mit dem vergleichen, was er bereits weiß. Das Team war von Penkowskijs Wissen und seiner Kompetenz beeindruckt und sah keinen Grund, ihn zu unterbrechen und damit möglicherweise aus dem Konzept zu bringen. Penkowskij war der Traum eines jeden Führungsoffiziers; das einzige, was man im Umgang mit ihm besitzen mußte, waren Ausdauer und Standfestigkeit bei der Achterbahnfahrt durch die Gefühle und Staatsgeheimnisse, die in Wellen aus ihm hervorbrachen.

»Das Land befindet sich heute in einer schwierigen Situation«, erklärte Penkowskij. »Zum einen wird alles dem Rüstungswettlauf untergeordnet, und zum anderen werden Milliardenbeträge in die Volksdemokratien gepumpt. (. . .) Heute wird alles in die Ausstattung unserer Streitkräfte mit Raketen gesteckt. Die Raketen verschlingen alles. Und man hat in dieser Hinsicht bereits gewisse Erfolge erzielt.« Einige Raketen seien »schon erprobt«, sagte Penkowskij, während andere »noch nicht ganz ausgereift« seien. Die größten Schwierigkeiten habe man auf dem Gebiet der Elektronik.

Das wichtigste Raketenversuchsgelände befinde sich in Kapustin Jar, knapp hundert Kilometer südöstlich von Wolgograd, dem ehemaligen Stalingrad; das Einschlagsgebiet liege in Kasachstan. »Es kommt oft vor, daß Raketen vom Kurs abweichen und Eisenbahngleise oder Siedlungen treffen«, eröffnete Penkowskij seinen Gesprächspartnern. Es bereitete ihm sichtliches Vergnügen, zu enthüllen, daß das sowjetische Raketenprogramm keineswegs so weit fortgeschritten war, wie Chruschtschow es in seinen Reden behauptete.

»Aber man arbeitet mit aller Kraft daran und setzt die besten Wissenschaftler dafür ein. Manche von ihnen sind vierfache Helden der sozialistischen Arbeit und werden trotzdem nie in den Zeitungen erwähnt. Man sieht sie gelegentlich auf Parteitagen, aber sonst bilden sie einen eigenen kleinen Zirkel, der völlig von der Öffentlichkeit abgeschirmt ist. Es gibt einige kleine Siedlungen in der Nähe von Moskau, eine davon in Krasnogorsk am nordwestlichen Stadtrand, in der deutsche Wissenschaftler leben. Das sind die Leute, die an der Entwicklung der V-2 beteiligt waren.[1] (. . .) Ähnlich wie sie werden auch die anderen Wissenschaftler von der Außenwelt isoliert und vor ihr geheimgehalten.«

Diese Bestätigung der Rolle, die deutsche Wissenschaftler in der sowjetischen Raketenforschung spielten, paßte zu dem Material, das Peter Deriabin dem CIA übergeben hatte, als er 1954 in Wien zu den Amerikanern überlief. Den als Kriegsgefangenen in die Sowjetunion gebrachten deutschen Wissenschaftlern auf der Spur zu bleiben, war eine der Methoden, mit denen der amerikanische Geheimdienst und die US-Luftwaffe versuchten, den Stand des sowjetischen Raketenprogramms einzuschätzen.

Der Bericht über das Raketenprogramm hatte Penkowskij an Marschall Mitrofan Nedjelin erinnert, und er erzählte Kisevalter und den anderen, wie der Marschall am 24. Oktober 1960 tatsächlich ums Leben gekommen war. Die sowjetischen Zeitungen hatten berichtet, daß er in Erfüllung seiner Pflicht bei einem Flugzeugabsturz den Tod gefunden hätte. »Es war kein Flugzeugabsturz«, sagte Penkowskij. »Die Meldung war eine große Lüge, die man der Welt absichtlich auftischte. Nedjelin wurde beim Test einer neuen zweistufigen Rakete getötet. (. . .) Er war in einem bombensicheren Unterstand (. . .). Nach 10 oder 15 Minuten wurde ihm gemeldet, daß der Raketenantrieb ausgefallen sei, und er verließ den Unterstand, um es sich selbst anzusehen. Aber genau zu diesem Zeitpunkt zündete der Treibstoff der zweiten Stufe, die Rakete explodierte, und der Marschall und eine große Zahl von Technikern und Wissenschaftlern kamen ums Leben.«

Penkowskij meinte, man müsse Chruschtschow mit den wahren Umständen von Nedjelins Tod konfrontieren. »Es gibt viele, die die Wahrheit kennen«, sagte er.

84

Diese Wissenschaftler waren diejenigen, die an der Entwicklung eines neuartigen Treibstoffs arbeiteten, der (...) die Rakete nach dem Prinzip der Kernspaltung antreiben soll. Daran arbeiten unsere Wissenschaftler im Augenblick, und sie haben bereits gewisse Ergebnisse erzielt. Es ist zwar noch nichts ausgereift, aber das ist die Richtung, in der sie arbeiten. Ziel ist es, die großen Brennstoff- und Oxidatorbehälter durch eine leichtere und kleinere Treibstoffkomponente zu ersetzen. Dadurch wird man wahrscheinlich größere atomare und konventionelle Sprengköpfe einsetzen können.

Bitte, merken Sie sich, daß es eine zweistufige Rakete war und daß im wesentlichen alle unsere Raketen zweistufig sind. (...) Es wird ausschließlich flüssiger Treibstoff verwendet. Bis jetzt ist noch kein fester Treibstoff entwickelt worden, der eine Rakete in große Höhen bringen könnte. Was entwickelt wurde, ist ein Brennstoff unter Verwendung von Bor. Ich weiß allerdings nicht, wieviel Boranteile er enthält.

Das war eine bedeutsame Information für die Wissenschaftsexperten der CIA. 1961 befanden sich die festen Treibstoffe für Raketen noch im Entwicklungsstadium, und es war ein Wettlauf darum im Gange, wer die unhandlichen Flüssigtreibstoffe, die viel Zeit für das Tanken erforderten, zuerst durch einen festen Treibstoff ersetzen konnte, der in den Raketen verbleiben würde, so daß sie jederzeit startbereit wären. Die USA experimentierten daneben ebenfalls an einem atomaren Raketenantrieb, verwarfen die Idee jedoch als undurchführbar und zu gefahrvoll, bis die Forschung daran in den 80er Jahren im Rahmen des »Star Wars«-Programms wieder aufgenommen wurde. [2]

Übrigens wurde der Sputnik auch mit einer zweistufigen Rakete in den Weltraum gebracht. Sie wurde von Flüssigtreibstoff angetrieben; ich habe die Zusammensetzung des Treibstoffs für Sie aufgeschrieben. Der erste Sputnik wurde mit einem Raketenbündel hochgeschossen. Ich werde Ihnen später aufzeichnen, wie es aussah. (...) Als vor kurzem Gagarin ins Weltall flog, geschah es auch mit Hilfe einer zweistufigen Rakete. Wie es heißt, ist die Gesamtlänge solcher Raketen 24–28 Meter. Sie werden von einem Spezialkran aufgerichtet und haben ihre eigenen Startrampen, die sich von denjenigen für gewöhnliche Raketen und Lenkwaffen, die ich Ihnen beschrieben habe, unterscheiden. Das ist jetzt das Gebiet, auf das sich alles konzentriert.

Penkowskijs verworrener, ungeordneter Bericht über den Stand der sowjetischen Raketenforschung war für die CIA und den MI6 so etwas wie die Erde, die ein Goldsucher mit seiner Pfanne aus einem Fluß holt, um sie anschließend auszusieben und das Gold herauszufiltern – glänzende neue Fakten, die sich zu einem Bericht höchster Güte verdichten sollten, der das Wissen des Westens über die sowjetische Raketentechnik auf eine neue Ebene hob. Die Goldsucher waren die Raketenexperten der beiden Geheimdienste, die die aus verschiedenen Quellen gewonnenen Erkenntnisse – aus Luftaufnahmen und Agentenberichten sowie Informationen der Nationalen Sicherheitsbehörde (NSA) und des Nachrichtendienstes des Verteidigungsministeriums (DIA) – zusammenfaßten und aufbereiteten.

»Lassen Sie mich den Gedankengang von vorhin vollenden, oder ich komme aus dem Tritt«, sagte Penkowskij und wandte sich wieder seiner eigenen Lebensentscheidung zu.

Ich dachte daran, ein Soldat in einer anderen Armee zu werden, mich einem neuen Volk anzuschließen, für ein neues Ideal zu kämpfen und bis zu einem gewissen Grad meinen Vater und die Millionen von Menschen, die auf schreckliche Weise umgekommen sind, zu rächen. Ich sagte mir, daß Worte, nach allem, was passiert ist, eben nur Worte sind und daß ich dort, wo ich mich befand, etwas Handgreifliches tun mußte. Ich war der Lehrgangsälteste der 80 Offiziere meines Jahrgangs [an der Dserschinskij-Akademie]. Auf jeden Fall hatte ich eine gewisse Autorität. Meine eigenen Studienergebnisse waren hervorragend; ich hatte die Möglichkeit, Bücher und geheime Vorträge aus dem »Spezialfonds«, einer Bibliothek mit Geheimmaterial, zu entleihen, und konnte aufgrund einer entsprechenden Genehmigung selbständig arbeiten. Ich hatte ein Notizbuch – ich blockierte sogar die Tür, indem ich einen Stuhl unter die Klinke schob – und studierte für mich allein. Wenn jemand klopfte, packte ich einfach alles in meine verschließbare Aktentasche und sagte, daß ich lernen würde.

»Auf diese Art also haben Sie Ihr Material abgeschrieben?« warf Kisevalter ein.

»Ich habe alles kopiert, was viel Zeit in Anspruch genommen hat, da ich keine Kamera hatte. (...) das meiste habe ich abends abgeschrieben. Wir haben erst die ungelenkten und dann die gelenkten Raketen durchgenommen, und dann alle Arten von Abschußvorrichtungen und technischen Überprüfungen während der verschiedenen Phasen. Danach mußten wir eine Prüfung ablegen. Ich bestand sie mit Auszeichnung und erhielt eine Urkunde, die jetzt bei mir zu Hause liegt. Wenn Sie wollen, kann ich sie Ihnen zeigen.«

»Haben Sie auch ICBMs [Intercontinental Ballistic Missiles = Interkontinentalraketen] studiert?« fragte Kisevalter.

»Nein, aber ich kann Ihnen folgendes darüber sagen: An ihnen ist absolut nichts Ungewöhnliches. Alle diese ICBMs und die Raketen, mit denen Menschen in den Weltraum gebracht werden, sind auf die gleiche Weise konstruiert wie die anderen Raketen, nur daß sie viel größer sind und riesige Treibstoffbehälter haben, um ihnen eine größere Schubkraft zu geben. Das Funktionsprinzip ist dasselbe.«

»Sind die Lenksysteme für diese großen ICBMs ausgereift?« Diese Frage stand ganz oben auf der von den Geheimdienstanalytikern in Washington aufgestellten Liste der gewünschten Informationen.

»Die Elektronikentwicklung hinkt weit hinterher. Sie haben sehr damit zu kämpfen. Wir erhalten dauernd Anweisungen zur Beschaffung technischer Informationen. Wenn unsere Wissenschaftler und Techniker ins Ausland geschickt werden, sagt man ihnen zwar nicht, daß sie spionieren sollen, trägt ihnen aber eindringlich auf, das jeweilige Problem zu ›studieren‹. Man bezahlt ihnen die Fahrt, gibt ihnen Geld und schickt sie hinaus, damit sie Anlagen und Verfahren ›studieren‹, die für unsere eigene Industrie von Nutzen sein könnten.«

Penkowskij berichtete, daß er 22 Berichte über synthetischen Gummi gelesen habe, »die für uns von großem Interesse sind, da wir bei seiner Produktion Schwierigkeiten haben. Ich kann aus diesen 22 Berichten nur schließen, wie kurzsichtig und blind es ist, sowjetischen Wissenschaftlern den Zugang zu solchen bedeutenden Zentren zu ermöglichen, insbesondere wenn es sich um Wissenschaftler handelt, die auf das jeweilige Gebiet spezialisiert sind.«

Danach berichtete Penkowskij ausführlich über das Komitee, für das er arbeitete, und über dessen Methode, ausländischen Spezialisten »wertlose Anlagen« vorzuführen. Er warnte davor, daß die Sowjetunion die USA und Kanada unter dem Deckmantel des wissenschaftlichen Austauschs übervorteilte, und meinte, daß man ernsthafte Anstrengungen unternehmen sollte, um eine realistische Beziehung mit echtem gegenseitigen Austausch zu erreichen.

Kisevalter wandte sich wieder seiner Prioritätenliste zu und fragte Penkowskij: »Kennen Sie die Orte von Raketenbasen, die zwar noch nicht in Betrieb, aber in Planung oder im Bau sind?«

»Sie müssen sich darüber klar sein, daß diese Orte der strengsten Geheimhaltung unterliegen. In unserer Organisation wissen vermutlich nur Serow und die Abteilungsleiter, wo sie sich befinden. Ich bezweifle, daß irgendeiner ihrer Untergebenen diese Orte kennt. Es gibt allerdings viele Gerüchte. Ich habe zum Beispiel gehört, daß Raketentruppen zum Einsatz gegen England nördlich von Leningrad, in Richtung Murmansk, stationiert sind. Die exakten Koordinaten der Basen sind nur einer kleinen Gruppe von Menschen bekannt. Die entsprechenden Dokumente liegen in unterirdischen Tresoren im Arbat-Bezirk, wo sich auch der Generalstab befindet, das heißt in dem Areal zwischen der Frunse-Straße, dem Gogol-Boulevard und der Antipyjewski-Straße. Diese Hauptquartiere sollten allesamt mit kleinen 2-Kilotonnen-Bomben in die Luft gejagt werden.«

Kisevalter ging nicht auf diesen Vorschlag ein, atomare Sprengsätze in Moskau zu installieren, sondern fuhr in seinen Fragenkatalog fort. Es war wichtig, aus Penkowskij so umfassende Informationen wie möglich herauszuholen und seinen Redefluß nicht zu unterbrechen, der, wie das anglo-amerikanische Team hoffte, weitere Hinweise auf die Motive zutage fördern würde, die ihn zum Überlaufen bewogen hatten.

Penkowskij wies darauf hin, daß das Verteidigungsministerium durch einen Tunnel mit dem Kreml verbunden war, und erklärte, wo genau die einzelnen Abteilungen des Ministeriums untergebracht waren.

Als Stabsoffizier mit zwei Akademieabschlüssen, der eine gewisse Zeit im Generalstab gearbeitet hat, weiß ich, wo die kritischen Punkte sind. Ich bin überzeugt, daß mein Standpunkt absolut richtig ist, daß nämlich im Fall eines Krieges zur Stunde X plus zwei Minuten alle diese entscheidenden Ziele, wie der Generalstab, das KGB-Hauptquartier am Dserschinskij-Platz, das Zentralkomitee der Partei, wo alle Fäden zusammenlaufen, und andere Einrichtungen durch vorher plazierte Atombomben ausgeschaltet werden sollten, anstatt sie aus der Luft oder durch Raketen anzugreifen und damit das Risiko einzugehen, daß die Bomben und Raketen ihre Ziele verfehlen.

In der Sowjetarmee haben wir Sprengkörper von fünf, zehn und mehr Kilotonnen, nur zur Produktion einer Ein-Kilotonnen-Bombe ist man bis jetzt nicht in der Lage. Unsere Wissenschaftler arbeiten noch daran. Das weiß ich genau. Diese Sprengsätze müßten nicht in den Gebäuden selbst plaziert werden; es gibt genügend angrenzende Gebäude, sowohl Wohnhäuser als auch Geschäfte, in denen sie versteckt werden können. Neben dem KGB-Hauptquartier befindet sich, zum Beispiel, ein großes Lebensmittelgeschäft.

Eine kleine Gruppe von Saboteuren, die mit solchen, mit Zeitzündern versehenen Sprengsätzen ausgerüstet wäre, müßte sie an Orten anbringen, von denen aus all diese Nervenzentren zerstört werden können. Diese Hauptquartiere müssen, ungeachtet der sonstigen Angriffe, die zur Stunde X in Gang gesetzt werden, zerstört werden. Sie sind in jeder größeren Stadt leicht auszumachen. Sie sind etwa in Leningrad, Swerdlowsk, Woronesch oder Nowosibirsk ganz leicht zu finden. Man müßte in jedem Militärbezirk nur einen Mann einsetzen, der alles vorbereitet. Damit würde man die Mobilisierungs- und Organisationsabteilungen, die das Rückgrat der Streitkräfte darstellen, vernichten. Wenn diese Kommandostellen des Generalstabs und der Militärbezirke zerstört sind, ist die Kampfkraft der sowjetischen Streitkräfte ganz erheblich geschwächt. Es würde mehrere Monate dauern, mehr oder weniger erfahrene Leute aus der Reserve zu mobilisieren, die darüber hinaus nicht immer so vertrauenswürdig wären wie die Leute, die jetzt in den Hauptquartieren sitzen. Die dadurch ausgelöste Unordnung würde es ermöglichen, die militärische Entscheidung herbeizuführen.

Es wäre gut, wenn man auch die örtlichen Militärkommissariate zerstören würde. (...) In ihnen befinden sich die Personalakten der

Stadt, der Bezirke und sogar noch der kleinsten Siedlung. Sie sind, bis hinunter zur Dorfebene, für die Einberufungen verantwortlich. Natürlich ist es nicht leicht, alle Kommandostellen, auch noch die kleinsten, zu zerstören, aber die Ausschaltung der Provinzkommissariate ist absolut notwendig.

Die Deutschen haben sie während des Zweiten Weltkriegs kaum beschädigt. Es gab ein paar kleinere Feuer, kaputte Dächer und zerbrochene Fensterscheiben, aber die Stäbe blieben arbeitsfähig. Das lag an der ungenauen Bombardierung. Heute jedoch gibt es Atomwaffen, kleine Sprengsätze von ein oder zwei Kilotonnen, wie sie für diese Aufgabe erforderlich sind, so daß diese Nervenzentren vollständig zerstört werden können.

Penkowskijs Vorschlag blieb ohne Widerhall. Meinte er ihn ernst? fragten sich Kisevalter und seine Kollegen. Stellte er sich seine Rolle als Spion so vor? Oder wollte er nur demonstrieren, daß er bereit war, die Loyalität seiner neuen Heimat gegenüber mit allen Mitteln zu beweisen?

Michael Stokes, der Russisch verstand, war entsetzt über das, was Penkowskij sagte, und erklärte später einem Kollegen gegenüber: »Ich dachte, er wäre verrückt. Aber als ich dann mit anhörte, wie er ins Detail ging und welche Informationen er uns lieferte, war ich von seiner Aufrichtigkeit und seiner Bedeutung als Agent überzeugt.«[3]

Was den anglo-amerikanischen Geheimdienstlern nicht sofort aufging, war die Tatsache, daß Penkowskij nur die damals in der Sowjetunion herrschende Meinung über Atomwaffen wiedergab: daß sie in begrenzten Atomkriegen eingesetzt werden könnten, um Schlachten zu gewinnen. Die Atomkraft wurde in der Sowjetunion in den 50er Jahren als Bote des Fortschritts angesehen. Sowjetische Wissenschaftler veröffentlichten Artikel über die friedliche Nutzung atomarer Sprengsätze bei der Umleitung von Flüssen zur Bewässerung von Wüstengebieten und über die neuen Wege, die der Wirtschaft durch die Atomkraft eröffnet würden. Der atomare Fallout und die Gefährdung der Lebensmittel- und Wasserversorgung waren kein Thema. Die Atomkraft wurde als beherrschbar dargestellt, und genauso der Krieg mit Atomwaffen. Die amerikanische Strategie der massiven Vergeltung und die Drohung der totalen Vernichtung der sowjetischen Ge-

90

sellschaft wurden überwiegend als Propaganda im Rahmen des Kalten Krieges betrachtet. In der naiven Haltung den Gefahren der Atomkraft gegenüber spiegelte sich die Ansicht wider, daß der kommunistische Mensch der Natur grundsätzlich überlegen sei und sie beherrsche. Man bemühte sich zwar trotzdem, eine Zivilverteidigung auf die Beine zu stellen, verniedlichte aber auch dabei die Gefahren, die von der radioaktiven Strahlung ausgehen. So veröffentlichte das Gesundheitsministerium ein Handbuch über die Wirkung von Atomwaffen, in dem versichert wurde, daß die Überlebenschancen recht hoch seien, wenn man Unterstände zum Schutz gegen den Fallout aufsuchte und die radioaktiven Substanzen vom Körper abwusch.[4]

Dann kam Penkowskij wieder auf seinen Vater zu sprechen. »Nebenbei bemerkt, wissen weder Serow noch Warenzow etwas von meinem Vater oder davon, daß dieses Archivmaterial über ihn ausgegraben wurde. Sie wissen nicht, warum ich in Moskau zurückgehalten wurde. Ich habe einfach gesagt, daß das Klima in Indien nicht gut ist und tat so, als wollte ich von mir aus nicht dorthin gehen, obwohl ich mich schon dazu bereit erklärt hatte.« Einige seiner Vorgesetzten, sagte er, seien sich unschlüssig darüber, ob es richtig sei, dem Sohn eines Offiziers der Weißen größere Privilegien einzuräumen. »So etwas wie die ›Demokratie‹, von der sie immer sprechen, gibt es nicht. Es ist alles nur Lug und Trug. Ich konnte mich nur bis heute halten, weil man mich nicht einfach rauswerfen kann. Denn dann hätte ich einen Grund, zur anderen Seite überzulaufen. Man müßte mich isolieren und unter ständiger Beobachtung halten. Im Augenblick lobt man mich allerdings noch und gibt mir sogar Geldprämien.«

Penkowskij warf einen Blick in seine Notizen und erklärte dann, daß eine rund achtzig Kilometer von Moskau entfernte Stadt namens Perchuschkowo »jetzt das Hauptquartier Moskalenkos und der strategischen Raketenstreitkräfte« sei. Das brachte ihn auf das RB-47-Aufklärungsflugzeug der US-Luftwaffe, das am 1. Juli 1960 abgeschossen worden war. »Ich habe mir hier notiert, Ihnen zu sagen, daß die RB-47 von den Raketen einer MiG-19 vom Himmel geholt wurde. Diese MiG ist mit vier Raketen bestückt – zwei unteren und zwei oberen. Die Raketen besitzen eine Zielsteuerung und haben eine Reichweite von vier bis fünf Kilometern. Dabei möchte ich hervorheben, daß das Flugzeug, wenn es seine größte Flughöhe von 18–20 Kilometer erreicht hat, weitere 4–5 Kilometer hoch feuern kann, obwohl wir noch keine Flugzeuge haben, die dazu in der Lage sind – sie befinden sich noch in der Erprobung. Kalkuliert man also die Reichweite der Raketen mit ein, liegt die größte erreichbare Höhe bei über 20 Kilometern. Die MiG-19 feuerte also eine Rakete auf die RB-47 ab, obwohl diese, wie ich mit Sicherheit sagen kann, da ich es anhand vieler Quellen überprüft habe, nicht in unseren Luftraum eingedrungen, sondern ihm nur nahegekommen war. Es passierte also über neutralen Gewässern. (...) Die Länge der Rakete beträgt drei Meter. Man kann nur die beiden oberen oder die beiden unteren Raketen gleichzeitig abfeuern; andernfalls würde das Flugzeug auseinanderbrechen.«

Das war der erste authentische Bericht, den der Westen darüber erhielt, wie und wo die RB-47 abgeschossen worden war. Er bestätigte die amerikanischen Radarmessungen des Flugkurses der RB-47, nach denen sie den sowjetischen Luftraum nicht verletzt hatte.

Penkowskij schaute wieder in seine Notizen und sagte dann: »Die atomaren Sprengköpfe werden in einer Stadt namens Klinzy [rund 450 Kilometer südwestlich von Moskau] hergestellt. Daß nördlich von Leningrad auf England zielende Raketen stationiert sind, habe ich Ihnen schon gesagt. Es gibt dort eine Stadt namens Seweromorsk, in der ein Luftabwehrregiment liegt, das mit V-75-Raketen [Boden-Luft-Raketen mit der NATO-Bezeichnung SA-2] ausgerüstet ist.« Dann zählte Penkowskij die Ausbildungszentren für Raketenpersonal und die Produktions- und Lagerstätten von Atomsprengköpfen auf.

»Hier ist noch etwas Neues«, fuhr er fort. »Es gibt eine neue Rakete, die R-14 [SS-5] genannt wird. Es ist eine Langstreckenrakete mit über 1000 Kilometern Reichweite. Weitere Einzelheiten kenne ich nicht. (...) Diese neue Rakete wird von Kapustin Jar aus abgefeuert; das Einschlagsgebiet liegt in Kasachstan.«

Kisevalter schaute auf seine Uhr. »Nach Ihrem Zeitplan haben Sie noch zwanzig Minuten. Wir können bei diesem Treffen nicht alles besprechen, und ich hoffe, es stört Sie nicht, wenn ich Sie von Zeit zu Zeit unterbreche, um Ihnen eine Frage zu stellen.«

»Überhaupt nicht«, sagte Penkowskij. »Es ist sogar eine gute Idee, weil es mir hilft, mich zu erinnern. Denken Sie übrigens daran, ein paar Fotos zusammenzustellen und mir zur Identifikation vorzulegen. Aber weiter: Den zehnten Punkt auf meiner Tagesordnung habe ich schon angesprochen; er betrifft die Ziele, die zerstört werden sollten. Wenn nötig«, fügte er mit einem Lächeln hinzu, »werde ich die Aufgabe übernehmen, den Generalstab in die Luft zu jagen.«

An diesem Punkt wurde er von Joe Bulik unterbrochen, der Kisevalter fragte: »Da er schon von Bor gesprochen hat, ist sein Gedächtnis jetzt vielleicht auch in bezug auf das aufgefrischt, was er über den ersten Sputnik gesagt hat.«

»Ich wiederhole es gern noch einmal«, sagte Penkowskij höflich. »Nur der erste Sputnik wurde mit mehreren Raketen abgefeuert. Es waren drei Raketen unterhalb und eine oberhalb angebracht.« Dann wiederholte er die genauen Maße. Dem Westen wurde damit bestätigt, daß die Sowjetunion nur ein einziges grundlegendes Raketenmodell entwickelt hatte, das je nach Aufgabe modifiziert wurde.

»Kommen wir zum nächsten Punkt: Die 6. Artilleriedivision ist jetzt in der DDR stationiert. (...) Sie besteht aus vier Brigaden. Daneben gibt es vier weitere Brigaden, die Raketenartilleriebrigaden sind. Zwei von ihnen sind mit Atomsprengköpfen ausgerüstet. Die Atomsprengköpfe sind nicht auf den Raketen montiert, sondern werden in speziellen Depots gelagert. Wo sich diese Depots befinden, weiß ich nicht, aber es dürfte Ihnen nicht schwerfallen, das herauszubekommen.«

Kisevalter fragte, wessen Oberbefehl die Brigaden unterständen, und Penkowskij antwortete: »Sie unterstehen Moskalenko, da ihre Raketen als strategische Waffen betrachtet werden.« Oberbefehlshaber war also nicht Warenzow, der die taktische Artillerie, die Artillerie der Bodentruppen, unter sich hatte, die aus Granatwerfern sowie ungelenkten und gelenkten Flugkörpern kurzer Reichweite bestand. Die strategischen Raketen, also die Interkontinentalraketen und die strategischen Raketenbrigaden und übrigens auch die Starts der Sputniks gehörten zu Moskalenkos Verantwortungsbereich.

Danach zählte Penkowskij die Militärbezirke und Armeegruppen mit ihren Hauptquartieren auf. »Alle diese Hauptquartiere müssen unbedingt gesprengt werden. Bitte, zerstören Sie meine Zettel und Notizen später, wenn Sie möchten.«

Joe Bulik bat ihn, genauer darauf einzugehen, inwiefern Marschall Warenzow und andere hochrangige Offiziere mit dem gegenwärtigen Regime unzufrieden seien.

Ich habe schon erwähnt und in meinem Brief geschrieben, daß Marschall Konjew und Marschall Sokolowskij absolut gesund waren und Warenzows Freunde sind. Sie waren gegen Chruschtschows Vorhaben, die Armee zu verkleinern. (...) Als Chruschtschow erkannte, daß sie ihn nicht unterstützten, hat er einfach ihre Pensionierung gefordert. Sie sind jetzt im Ruhestand, genau wie Schukow. Timoschenko war schon vorher in Pension gegangen, nachdem er schwer zu trinken begonnen hatte. Viele Offiziere sind verärgert darüber, daß völlig gesunde Generale und Offiziere in den Ruhestand geschickt werden, die aufgrund des verringerten Einkommens danach kaum wissen, wie sie ihren Lebensunterhalt bestreiten sollen. Eine Verringerung des monatlichen Einkommens nach der Pensionierung von, zum Beispiel, 500 auf 200 Rubel ist für jemanden, der eine Familie zu versorgen hat, nicht leicht zu verkraften.

Penkowskij lieferte dem Westen damit den ersten stichhaltigen Beweis dafür, daß die militärische Führung der Sowjetunion mit Chruschtschow über Kreuz war.

Ich muß Ihnen sagen, daß die Sowjetunion zur Zeit absolut nicht für einen Krieg bereit ist. All die Propaganda für den Frieden einerseits und die Einschüchterung, auf die leider viele westliche Führer hereinfallen, andererseits haben überhaupt nichts zu besagen. Damals, 1956, als die ägyptische Affäre [die Suez-Krise] in Gang war, hätte man der Sowjetunion energisch entgegentreten sollen, und genau das sollte man auch heute tun. Was zum Beispiel Kuba betrifft, so verstehe ich nicht, warum man Chruschtschow nicht mit aller Schärfe in die Schranken weist. Ich weiß nicht, welche Antwort ihm Mr. Kennedy geben wird, aber man sollte ihn dafür anklagen, daß er Kuba, direkt vor den Toren Amerikas, mit sowjetischen Panzern und Kanonen aufrüstet. Auch die Tschechoslowakei hat beträchtliche Mengen von Waffen geschickt. Kennedy sollte hart bleiben. Chruschtschow wird nicht eine Rakete abfeuern. Er ist nicht für einen Krieg bereit. (...)

Ich würde sagen, daß von den 7–8 Millionen Mitgliedern der Kommunistischen Partei nicht mehr als zwei bis zweieinhalb Millionen strenggläubige, fanatische Kommunisten sind. Wenn heute ein Krieg vom Ausmaß des Hitler-Krieges ausbrechen würde, und sei es auch nur ein mit konventionellen Waffen geführter Krieg, würden zahllose Offiziere und Soldaten einfach zur anderen Seite überlaufen. Der Grund dafür liegt darin, daß sich die Ideale, für die viele unserer Väter, Brüder und Verwandten gestorben sind, als Lug und Trug herausgestellt haben. Es ist dauernd versprochen worden, daß alles besser werden wird, aber nichts ist besser geworden; die Situation ist vielmehr immer schlechter geworden. Ich schwöre Ihnen, daß man nur in Moskau und Leningrad anständige Lebensmittel kaufen kann. In Woronesch und Orel – ein Freund von mir war vor kurzem dort und hat erzählt, daß man dort Pferdefleisch für neun Rubel pro Kilo ißt. Sogar Wurst wird aus Pferdefleisch hergestellt, und Brot ist nur schwer zu bekommen. Es gibt keine Straßen, was zu unglaublichen Verzögerungen und Engpässen im Transportwesen führt. Getreide verrottet, weil es nicht ausgeliefert werden kann. Das Land ist groß und kann viel Weizen produzieren, aber ein großer Prozentsatz geht verloren, weil es keine angemessenen Transportmöglichkeiten gibt. Rinder sterben, weil es an Futter mangelt. (...)

Aber ich möchte hier eine Tatsache hervorheben, und die ist, daß Chruschtschow dem Krieg nicht entsagt hat, vielmehr geduldig darauf wartet, bis wir bereit sind, einen Krieg zu beginnen. Seine selbstgewählte Mission ist die des Kriegsanstifters. Er will einen »Hagel von Raketen« niedergehen lassen, unter dem, wie er sagt, »der Imperialismus begraben wird«. Aber ich bin zuversichtlich, daß (...) die Länder der freien Welt (...) flexibel genug sind, um dem Ansturm der sowjetischen Raketen zu widerstehen. Es wird nicht alles zerstört werden; eine Erholung wird möglich sein. Aber ich bin dennoch der Meinung, daß man Chruschtschow nicht erlauben sollte, den Krieg zu entfachen. Heute wird er keinen Krieg anfangen. Er wird geifern und toben und vielleicht, wie er es im Fall Kuba getan hat, Waffen hierhin oder dorthin schicken, möglicherweise sogar kleinere Raketen. Tatsächlich hat man schon mit Castro darüber geredet, und es könnte sein, daß schon ein paar Raketen dort sind.

Penkowskij hatte damit, über anderthalb Jahre vor der Kuba-Krise, das Gespenst der Stationierung sowjetischer Raketen auf der Karibik-insel angesprochen. Zur Zeit seines Londonbesuchs hatte Kuba bereits Boden-Luft-Raketen des Typs SA-2 erhalten, aber noch keine strategischen Raketen.

Danach sprach Penkowskij mit Bitterkeit über die Unzufriedenheit unter der jungen Generation und deren schlechte Einkommensver-hältnisse, über die zunehmende Kriminalität und die Knebelung der öffentlichen Meinung. Außerdem gab es, nach seinen Worten, tief-greifende Spannungen zwischen den Großrussen und den kleineren Völkern der Sowjetunion. Er hatte selbst miterlebt, wie Angehörige einiger dieser Völker – Balten, Ukrainer, Tataren – im Zweiten Welt-krieg auf seiten der Deutschen, von denen sie ihre Unabhängigkeit erhofften, gegen die Rote Armee kämpften, und er glaubte, daß diese Konflikte, wenn sich die wirtschaftliche Lage der Sowjetunion ver-schlechterte, wieder an die Oberfläche gespült werden würden.

Alle diese Schwachpunkte müssen ausgenutzt werden, bevor man zum militärischen Schlag ausholt. Auch die Hilfsleistungen für die Volksdemokratien, die die sowjetische Staatskasse auszehren, kön-nen in diesem Sinn benutzt werden. Ein erheblicher Teil der von uns erarbeiteten Produktionserlöse (. . .) fließt ins Ausland, was ei-nen ernstzunehmenden Aderlaß darstellt. Die Beziehungen zu den Satellitenstaaten sind nicht immer die besten. Mit China zum Bei-spiel haben wir große Schwierigkeiten. Mao hat erklärt, daß seine eigenen Fachleute jetzt gut genug ausgebildet sind. Wenn wir die Hilfe für die Satellitenstaaten einstellen, könnte es sogar dazu kom-men, daß sich mehr von ihnen, wie Polen es bereits getan hat, an Sie wenden. Es gibt keinen monolithischen Warschauer Pakt.

Ein anderer Punkt, über den ich sprechen wollte, betrifft die neuerliche Reduzierung der Militärpensionen. (. . .) So hat man den Zuschuß für eine Haushaltshilfe gestrichen, den hochrangige Offi-ziere bisher erhalten haben. Denjenigen, die unter Stalin dekoriert wurden, hat man ihre Privilegien genommen (. . .). Der Grund da-für ist, daß man immer mehr Geld braucht, um Raketenfabriken zu bauen. Die Disziplin und die Moral der Armee haben stark nach-gelassen. Es gibt zahllose Fälle von Trunkenheit, Diebstahl und

Sittenlosigkeit. Für sich genommen, mag dies kein entscheidender Faktor sein, aber es paßt ins Gesamtbild und kann ebenfalls ausgenutzt werden. Natürlich habe ich Mitleid mit den Menschen, aber sie haben schon so viel gelitten, daß eine wirklich bessere Zukunft es wert wäre, noch ein einziges Mal zu leiden und diesen Krieg zu führen. Falls dieser Fall eintritt, lassen Sie mich wissen, wann ich in Moskau sein soll.

Als jemand, der im Zweiten Weltkrieg gekämpft hatte, glaubte Penkowskij, daß Kriege gewonnen werden konnten, und er sah nach einem Sieg des Westens auf den Trümmern des Krieges eine neue, bessere Sowjetunion erstehen. Er war sich offenbar nicht bewußt, daß ein Atomkrieg das Leben auf der Erde vernichten kann, noch schien er, trotz seiner Ausbildung, zu begreifen, welche Gefahren der atomare Fallout und die radioaktive Strahlenbelastung darstellen.

»Vertreten Sie irgendeine Gruppierung von unzufriedenen Menschen?« erkundigte sich Kisevalter.

»Nein, ich bin allein«, antwortete Penkowskij. »Ich habe nur meine Mutter, meine Tochter Galja und meine Frau. Ich habe mich Ihnen völlig in die Hand gegeben. Sie können mit mir machen, was Sie wollen. Ich wünsche mir nur eines, nämlich ehrlich und aufrichtig mit Ihnen zusammenzuarbeiten. Das Material, das ich Ihnen übergebe, kommt ausschließlich von mir, und ich stehe Ihnen mit meiner ganzen Erfahrung und meiner Geheimdienstausbildung zur Verfügung. Außer mir gibt es niemanden. Ich hätte auch Angst davor und möchte es nicht.«

Danach kam er auf operative Fragen zu sprechen. »Ich hätte gern eine Verbindung über einen toten Briefkasten mit Ihnen. Und geben Sie mir bitte eine kleine Minox-Kamera. Ich kenne diesen Apparat und habe schon mit ihm gearbeitet. Ich werde, obwohl ich eine eigene Wohnung habe, die Filme nicht entwickeln, damit weder meine Frau noch sonst jemand etwas bemerkt. Sie werden also unentwickelte Filme von mir bekommen, und ich werde sie hinterlegen, wo immer Sie es wollen. Ich habe Zugang zu vielen geheimen und streng geheimen Zeitschriften wie der *Wojennaja Mysl* [Militärisches Denken], zu Handbüchern und geheimen Vorträgen prominenter Leute. Ich kann mir diese Schriften für jeweils etwa eine Stunde besorgen und sie abfotografieren. Zum Schreiben werde ich keine Zeit haben. Das Raketenmaterial habe ich abgeschrieben, weil ich wußte, daß es wichtig ist. Ich habe es sehr sorgfältig getan, weil ich mir dachte, daß Sie jedes Wort überprüfen würden und daß ich, wenn alles perfekt wäre, vielleicht eine Auszeichnung erhalten würde.«

»Das ist schön«, sagte Kisevalter. »Aber die Zeit neigt sich für heute dem Ende zu. Lassen Sie uns also besprechen, wie wir weiter vorgehen wollen.«

»Im Sommer 1960«, fuhr Penkowskij, seinem eigenen Gedankengang folgend, fort, »wurde ich in die Kommission berufen, die über die Aufnahme von Studenten in die Militärisch-Diplomatische Akademie entscheidet. Zuerst sollte ich dort zum Lehrgangsleiter der Anfängerklasse werden, doch dann wurde mir gesagt, daß sich das nicht mit meiner Herkunft vereinbaren ließe, das heißt damit, daß mein Vater Offizier der Weißen Armee war. Danach wurde ich zum Staatlichen Komitee für die Koordinierung der wissenschaftlichen Forschungsarbeit versetzt. Vorher habe ich aber noch aus den Personalakten die persönlichen Daten all dieser Studenten abgeschrieben. Viele von ihnen waren im Ausland stationiert, bevor sie an die Akademie kamen, und es war auch ein Illegaler dabei. Lassen Sie mich einen Moment überlegen, dann fällt mir auch sein Name wieder ein.«

»Schtscherbakow«, schlug Kisevalter vor.

»Stimmt genau«, bestätigte Penkowskij.

Wieder einmal hatte Kisevalter seine intime Kenntnis der GRU bewiesen, die er als Führungsoffizier von Popow gewonnen hatte. Penkowskij war jedoch weniger beeindruckt als beunruhigt. Woher hatte Kisevalter diese Information? Er hatte Penkowskij nicht von Popow erzählt, und Penkowskij bemerkte einmal: »Nur ein Insider könnte diese Information haben.«

»Es wäre sehr hilfreich«, sagte Kisevalter, »wenn Sie uns die Namen anderer GRU-Offizier, mit ihrem Rang und einer kurzen Zusammenfassung dessen, was Sie über sie wissen, aufschrieben, insbesondere die Ihrer Lehrgangskameraden, an die Sie sich vielleicht deutlicher erinnern als an andere.«

»Wenn Sie mir Fotos vorlegen würden, könnten wir eine Menge erreichen«, schlug Penkowskij erneut vor. »Ich kann viele Leute identifizieren, weit über hundert.«

»Sind Sie persönlich mit dem einen oder anderen Illegalen bekannt?« erkundigte sich Kisevalter. Illegale waren Agenten, die, gut getarnt, unabhängig operierten, das heißt nicht von der örtlichen KGB- oder GRU-Residentura geführt wurden, sondern mit Hilfe einer »Legende«, einer falschen Identität mit allen notwendigen Papieren wie der Geburtsurkunde und Ausbildungszeugnissen, gewissermaßen in das Land, in dem sie operierten, eingebürgert worden waren.

»Ich kann Ihnen die nennen, die von der illegalen Arbeit zurückgekehrt sind und jetzt zur Anfängerklasse der Militärisch-Diplomatischen Akademie gehören. Ich kann Ihnen auch sagen, welche meiner Lehrgangskameraden zu Illegalen ausgebildet wurden. Ob sie tatsächlich eingesetzt wurden, weiß ich allerdings nicht. Die GRU hat viele Tarneinrichtungen wie die, die für die Ausbildung der Illegalen verwendet werden. Das alles ist Aufgabe der Ersten Hauptabteilung.« Die Erste Hauptabteilung der GRU war für die Aussendung und Führung der illegalen militärischen Spione verantwortlich.

Penkowskij dachte einen Moment nach und nannte dann Oberst Fjodorow, der illegale Operationen leitete. »Fjodorow ist ein besonders effektiver und gefährlicher Geheimdienstoffizier. Er war früher in England, wo er zum Stab des Militärattachés gehörte, und hat mit mir zusammen seinen Abschluß gemacht. Er ist Artillerieingenieur. Zur Zeit ist er irgendwo in Skandinavien Militärattaché. Er hat viele Agenten.«

Penkowskij zählte weitere GRU-Offiziere mit großen Agentennetzen auf und sagte, er könne seinen Befragern eine Liste mit 15 Offizieren geben, die gegenwärtig in Pakistan und Indien stationiert seien. »Diejenigen in Indien werden in Reserve gehalten«, erklärte er. »Ich habe all dieses Material.« Dann verkündete er, so als wollte er unterstreichen, wie gute Informationen er im GKKNIR erhielt und wie ausgedehnt seine Kontakte waren: »Ich habe erfahren, daß ein bekannter amerikanischer Industrieller, Cyrus Eaton, Chruschtschow angeboten hat, ihm als Informant zu dienen.«

Cyrus Eaton (1883–1979) war der Gründer der Republic Steel Corporation, einem der größten Hersteller von Stahlblechen, der für die schlechte Behandlung seiner Arbeiter bekannt war. 1954 trat der Millionär insgeheim an die Russen heran, um Geschäfte mit ihnen zu machen, und verkaufte ihnen Stahlbleche im Austausch gegen Chromerz. 1957 unterstützte er die erste Pugwash-Konferenz amerikanischer und sowjetischer Wissenschaftler, ein informelles Forum, das zum gegenseitigen Verständnis der nuklearen Strategie und der Gefahren eines Atomkrieges beitrug. Pugwash war in einer Zeit, als der Kalte Krieg solche Begegnungen zumindest erschwerte, eine gute Gelegenheit, miteinander in Kontakt zu kommen und die Ansichten und Erkenntnisse der anderen Seite kennenzulernen. Eatons Bemühungen, die Beziehungen zwischen der Sowjetunion und den USA zu verbessern, wurden jedoch von den meisten als Kapriolen eines selbstbezogenen Exzentrikers angesehen.

»Das hat mir eine hochgestellte Person erzählt«, betonte Penkowskij. »Sie sollten sich darum kümmern. Der Industrielle hat auch einen Freund, einen alten Mann, der, glaube ich, zweimal in der Sowjetunion gewesen ist und sich einigen unserer Führer gegenüber ebenfalls in dieser Weise geäußert haben soll. Der Industrielle hat Chruschtschow angeblich gesagt, daß er mit dessen Friedenspolitik übereinstimme und ihn über wichtige Fragen informieren werde. Ich habe zwar kein Dokument, um es zu belegen, aber ich weiß, daß es den Tatsachen entspricht.«

»Woher haben Sie diese Information?« fragte Kisevalter.

»Der Mann, der es mir erzählt hat, ist ein Zivilist, der im Zentralkomitee der KPdSU arbeitet. Sein Name ist Wiktor M. Tschurajew*. Er sagte mir während eines Abendessens bei Warenzow, daß der Industrielle, als er beschwipst war, einfach seine Dienste angeboten hat. Ob sie in Anspruch genommen wurden, weiß ich nicht.«

Richard Helms erinnerte sich 1991, daß die CIA dem Hinweis nicht nachgegangen war. Eaton hatte keinen Zugang zu geheimen Dokumenten, und seine prosowjetischen Ansichten waren allgemein bekannt. [5]

Penkowskij kam in dem Bestreben, eine Reaktion auf seine Ideen und Informationen hervorzukitzeln, wieder auf sich selbst zu sprechen. »Bitte, sagen Sie mir, was Sie von mir als Geheimdienstoffizier halten, jetzt, da ich Ihr Soldat, Ihr Mitarbeiter bin, der bereit ist, jeden Auftrag auszuführen, den Sie mir heute oder in Zukunft geben. Ich

---

* Damals stellvertretender Leiter des Parteibüros für die RSFSR.

bitte Sie nur darum, mein Leben zu schützen, und ich habe nur drei Menschen, die mir nahestehen, meine Frau, meine Mutter und meine Tochter. Ich wäre glücklich, wenn ich jetzt gleich nach England oder Amerika gehen könnte, aber ich kann sie nicht zurücklassen. Wenn ich es täte, würde mich der Gedanke an sie mit der Zeit wahnsinnig machen. Ich muß mir eine Grundlage für mein späteres Leben schaffen, und ich glaube, daß ich Ihnen für wenigstens ein oder zwei Jahre dort, wo ich bin, am nützlichsten sein kann, besonders dann, wenn Sie mir konkrete Aufträge geben, die ich im Rahmen meiner Kräfte erfüllen kann. Was ich über die Zerstörung unserer Hauptquartiere gesagt habe, war mein voller Ernst.«

Penkowskij hatte damit die Bedingungen seiner Zusammenarbeit gestellt. Das westliche Geheimdienstteam war zwar nicht darauf vorbereitet, die Einzelheiten des Arrangements mit ihm zu diskutieren, aber Kisevalter wollte ihm die Sicherheit geben, daß alles zu seiner Zufriedenheit geregelt werden würde. »Was das betrifft, worum Sie uns gebeten haben, so sind wir vollkommen bereit, Ihre Mindestforderungen zu erfüllen. Im übrigen ist es für uns höchst erfreulich, daß Sie sich in der Lage sehen, noch ein oder zwei Jahre im Innern zu arbeiten. Wir werden Ihnen aushändigen, was immer Sie brauchen; den überschüssigen Betrag könnten wir auf einem Bankkonto für Sie hinterlegen. Neben den monatlichen Zahlungen, die sich dort ansammeln, werden wir uns, sobald Sie zu uns gekommen sind, noch einmal Ihre gesamten Aktivitäten anschauen und angemessen honorieren.«

Penkowskij stimmte sofort zu.

Sehr gut. Auf diese Weise werde ich einen Spargroschen haben. Ich sehe Ihnen an, daß Sie verantwortliche, hochrangige Beamte sind, meine Kameraden. Als Geheimdienstoffizier weiß ich natürlich auch, wie man Agenten führt. Es ist also nicht nötig, mit irgend etwas hinter dem Berg zu halten. Ich möchte, daß mir Ihre Regierungen, die ich beide auch als meine Regierungen betrachte, als ihrem Soldaten vertrauen. Es spielt dabei keine Rolle, ob Sie mir den Titel eines Obersten zubilligen oder nicht. (...)

Meine Bitte an Sie ist, daß Sie mir eine materielle Basis für meine Arbeit zur Verfügung stellen. Ich habe, insgesamt gesehen, einiges erreicht. Ich bin jetzt seit elf Jahren Oberst. Früher habe ich 500 Rubel im Monat bekommen; jetzt [beim GKKNIR] verdiene ich 450 Rubel. Ich habe eine Wohnung mit einigen persönlichen Dingen darin. Ich war Regimentskommandeur und bin auch schon im Ausland gewesen. Es ist normal für mich, daß ich einiges besitze. Ich bin mit der Tochter eines Generalmajors verheiratet, der ihr eine Menge Geld gegeben hat. Mein Lebensstandard ist, alles in allem, recht gut. Aber ich würde gern noch besser leben und meiner Familie einen gewissen Luxus bieten. Das ließe sich zu Hause leicht erklären, da jemand, der im Ausland gewesen ist, für gewöhnlich alle möglichen Dinge mitbringt, die er von seinen eigenen Ersparnissen erworben hat. Wie Sie wissen, sind viele Dinge in der UdSSR nicht zu bekommen, und andere sind extrem teuer.

Ich hätte gern einen bestimmten Betrag zur Verfügung. Ich denke daran, mir außerhalb von Moskau eine Datscha zu kaufen. Eine bescheidene Datscha ist für jemanden meines Alters und in meiner Position etwas völlig Normales. Sie würde mich rund 10 000 Rubel kosten. Nach meiner Rückkehr von der Front fuhr ich einen Mercedes-Benz, den ich aber nach einiger Zeit verkauft habe, da ich keine Ersatzteile für ihn bekam. Jetzt will ich mir einen Wolga kaufen. Von meinen kleinen Ersparnissen und meinem Gehalt gebe ich für gewöhnlich ziemlich viel für meine Familie und für Restaurants aus. Ich bin kein Asket.

Ich würde Ihnen einen Treueid schwören und eine Verpflichtungserklärung unterschreiben, um unsere Beziehung formell zu besiegeln. Zweitens müssen wir ein Kommunikationssystem erarbeiten, das ohne persönliche Treffen auskommt und die toten Briefkästen benennt, in denen ich mein Material hinterlegen soll. Ich würde es vorziehen, wenn ich mich mit niemandem treffen müßte. Ich hatte allerdings einmal den Wunsch, einen amerikanischen oder britischen Abgesandten zu treffen und ihn zu bitten, mich über Nacht irgendwohin zu bringen. Unsere Gegenspionage ist keineswegs so wirkungsvoll, wie es den Anschein hat. Die meisten Leute werden aufgrund grober Fehler gefaßt. Aber jetzt, da wir uns, Gott sei Dank – und ich habe wirklich angefangen, an Gott zu glauben –, endlich getroffen haben, können wir alle diese Dinge miteinander absprechen, und mir wäre es, ehrlich gesagt, lieber, wenn persönliche Kontakte vermieden werden können.

Ich möchte Sie bitten, das Material, das ich Ihnen übergebe, hinsichtlich seines finanziellen Werts einzuschätzen. Ich habe nicht vor zu feilschen; ich bin Soldat und werde akzeptieren, was immer Sie festlegen. Zahlen Sie das Geld bitte bei einer Bank ein. Ich werde jeweils nur kleine Beträge anfordern, wenn ich Sie brauche. Bei meinem jetzigen Aufenthalt, nicht in dieser Minute, aber solange ich hier bin, brauche ich etwas Geld, da ich einiges einzukaufen habe. Einen Teil der Einkäufe kann ich selbst mit nach Hause nehmen. Ich könnte sogar zwei Koffer mitnehmen – das wäre völlig normal –, aber ich kann auch einen Koffer hier zurücklassen, und Wynne bringt ihn das nächste Mal mit, wenn er nach Moskau kommt. Meine Familie und meine Freunde haben mir eine lange Wunschliste mitgegeben. Ich vertraue Ihnen voll und ganz und weiß, daß Sie die richtige Regelung treffen werden. Das ist im Grunde alles, worum ich Sie bitten wollte.

»Ich bin sicher, daß alles zufriedenstellend arrangiert werden wird«, erklärte Kisevalter.

»Gut«, sagte Penkowskij. »Und überlegen Sie sich, wie das System der toten Briefkästen aussehen soll. Ich denke, wir können all das bis zum 30. April klären, so daß kein Grund mehr bestehen dürfte, daß ich in den nächsten fünf, sechs Monaten mit jemandem zusammenkommen müßte.«

»Haben Sie vor, im Herbst wieder herzukommen?« fragte Kisevalter.

»Das hängt davon ab«, antwortete Penkowskij. »Ich werde Ihnen morgen alles über meine Mission hier erzählen. (...) Ich habe den Auftrag, einen Stahl mit der Bezeichnung Nimonic 105 zu besorgen (...). Daneben soll ich einen meiner Bekannten mit der hiesigen Station zusammenbringen. Ich werde Ihnen morgen Genaueres sagen. Es würde mich freuen, wenn Sie mir einen Rat geben und mir bei einigen dieser Aufträge helfen könnten. Danach hängt alles davon ab, wie man zu Hause darauf reagiert. Wenn man mir vertraut, kann ich vielleicht sogar mit meiner Frau und meiner Familie ins Ausland reisen, möglicherweise in die Vereinigten Staaten, nach England oder Kanada. Bei meiner Erfahrung und meiner Dienstzeit wäre ich dafür geeignet; die Frage ist nur, ob man mir vertraut.«

»Was ist mit Ihrer Mutter?« erkundigte sich Kisevalter.

»Nein, sie würde man nicht gehen lassen. Sie werden mir eines Tages helfen müssen, meine Mutter irgendwie herauszuholen.«

»Könnte Ihre Mutter nach Ostdeutschland fahren?«

»Ja, das wäre möglich. Als Touristin.«

»In diesem Fall wäre es nicht schwer, sie über Ost-Berlin herauszuholen.«

»Das wäre eine Möglichkeit. Aber ich hatte an etwas anderes gedacht. Wenn ich alle Ihre Aufträge in Moskau ausgeführt habe, könnte ich mit meiner Familie nach Riga oder in eine andere Stadt in den baltischen Republiken ziehen, und von dort könnten wir entweder mit einem U-Boot oder mit einem Flugzeug das Land verlassen. Das mag naiv klingen, wäre aber eine Möglichkeit.«

»Es wäre viel einfacher, wenn Sie als Tourist nach Ost-Berlin reisen und von dort nach West-Berlin gehen würden.«

»Denken Sie auf alle Fälle darüber nach. Das einzige, was ich Ihnen sonst noch sagen möchte, ist, daß Sie mit mir zufrieden sein werden.«

»Das werden wir ganz sicher«, pflichtete ihm Kisevalter bei. »Sprechen wir jetzt über morgen.«

»Ich glaube, daß ich mich morgen abend wieder mit Ihnen treffen kann, zwischen 21 und 22 Uhr. Das ist die beste Zeit für mich, da die anderen dann müde sind und schlafen gehen.«

»Wäre es möglich, daß Ihnen jemand aus der Delegation Schwierigkeiten macht?« fragte Kisevalter.

»Nein, überhaupt nicht. Da bin ich mir ganz sicher. An welche Gefahr denken Sie denn?«

»Wir kennen die genauen Umstände nicht, machen uns aber Sorgen, daß jemand Ihr regelmäßiges Verschwinden bemerken und darüber Bericht erstatten könnte.«

»Gar nichts wird passieren. Mein Zimmer ist abgeschlossen. Hier ist der Schlüssel. Wenn das Telefon klingelt, wird niemand abheben. Ich werde einfach sagen, ich hätte geschlafen.«

»Angenommen, jemand klopft lautstark an Ihre Tür.«

»Zuerst einmal sind es Doppeltüren, und zweitens: Warum sollte jemand an meine Tür klopfen? Ich habe allen gute Nacht gesagt und erklärt, daß ich schlafen gehen würde. Im übrigen weiß ich, daß mich keiner von ihnen beschattet.«

»Wir sprechen diese Punkte nur an, weil wir um Ihre Sicherheit besorgt sind«, erklärte Kisevalter.

»Das ist nett von Ihnen. Aber was meine Delegation betrifft, bin ich mir völlig sicher.«

»Wir sind natürlich sehr froh, wenn wir so oft wie möglich mit Ihnen zusammenkommen können, daß wir uns da nicht mißverstehen«, sagte Kisevalter.

»Ich denke, wir können die nächste Nacht durcharbeiten. Ich werde gegen 22 Uhr hier sein«, versprach Penkowskij.

»Gut. Kommen Sie direkt zu diesem Zimmer. Kommen Sie, wann es Ihnen möglich ist. Wir werden auf Sie warten. Wir werden Sie hinausbegleiten und Ihnen eine Hintertreppe zeigen, über die Sie, ohne gesehen zu werden, in den fünften Stock gelangen können. So brauchen Sie nicht den Fahrstuhl zu nehmen.«

Das erste Treffen mit Penkowskij endete kurz nach null Uhr am 21. April 1961. Penkowskij war drei Stunden und 35 Minuten mit dem anglo-amerikanischen Geheimdienstteam zusammengewesen.

Kapitel 5

DAS GROSSE LOS

Das erste Treffen mit Penkowskij hatte die vier Männer vom CIA und MI6 elektrisiert. Sie waren auf eine Goldader gestoßen. Penkowskij war zwar nervös und angespannt gewesen und neigte dazu, die Dinge pathetisch zu verklären, aber er hatte ganz offensichtlich Zugang zu Geheimdokumenten, die das tatsächliche Raketenpotential der Sowjetunion und Chruschtschows Pläne für den Fall eines Atomkriegs enthüllten. Ein Agent, der geschickt worden wäre, um westliche Geheimdienste zu infiltrieren und zu täuschen, hätte als Morgengabe niemals derartige Geheimnisse mitgebracht.

Der Westen konnte hoffen, Antworten auf so entscheidende Fragen zu erhalten wie diejenige nach Chruschtschows Absichten in bezug auf West-Berlin und diejenige, ob zwischen den USA und der Sowjetunion eine »Raketenlücke« klaffte oder nicht. Chruschtschow behauptete öffentlich, die sowjetischen Raketen rollten wie Würste von den Produktionsbändern, und deutete an, daß sein Land mehr und bessere Raketen besitze als die USA. Penkowskijs Informationen straften diese Aussagen Lügen, und seine Bemerkungen über die Lebensmittelknappheit in der Sowjetunion und die Unruhe in der Bevölkerung waren eine Offenbarung. In Moskau ließ es sich zu jener Zeit recht gut leben, da die in der Hauptstadt sitzenden Planer Lebensmittel und andere Güter in das Machtzentrum des Landes pumpten. Für westliche Korrespondenten war es kaum möglich, durch das Land zu reisen, und wenn, dann waren es durchorganisierte Veranstaltungen, auf denen ein geschöntes Bild der Realität vorgeführt wurde. Die Tradition der potemkinschen Dörfer war noch immer lebendig. Auch noch 1961 ließ man, wenn Ausländer Staatsgüter oder Kolchosen besuchten, die Häuser anstreichen und pompöse Bankette ausrichten, um den Anschein zu erwecken, die Landwirtschaft prosperiere. Aber das Leben außerhalb des Zentrums war hart.

Bulik und Kisevalter, die in einem Hotel in der Nähe des Mount Royal wohnten, nahmen nach dem Ende des Treffens mit Penkowskij die leeren Weinflaschen mit und warfen sie in mehrere Mülleimer an der Straße. Das Hotelpersonal sollte nicht unnötig auf die nächtlichen Sitzungen im Zimmer 360 aufmerksam gemacht werden. Am nächsten Morgen ging Bulik in die amerikanische Botschaft und schickte einen zusammenfassenden Bericht über das erste Treffen ans CIA-Hauptquartier in Washington. In einem separaten Telegramm teilte er Washington mit, was Penkowskij über die Stationierung von Atomraketen in Ostdeutschland gesagt hatte.

Danach setzten sich Bulik und Kisevalter zusammen, um ihre Notizen durchzugehen, die Tonbänder abzuhören und die nächste Begegnung mit Penkowskij vorzubereiten. Als dritter Mann war Leonard McCoy zu ihnen gestoßen, der mit ihnen die Fragen auflistete, die beim nächsten Treffen abgehandelt werden sollten. McCoy, ein auf die Sowjetunion spezialisierter Auswertungsoffizier, war auf Buliks Bitte hin nach London geschickt worden, um sicherzustellen, daß die amerikanischen Anforderungen an die Befragung von Penkowskij erfüllt wurden. Daneben stand er nach einer Absprache zwischen Bulik und Shergold auch den Engländern, die seine enormen Kenntnisse schätzten, als Berater zur Verfügung.

Ein Auswertungsoffizier agiert als Verbindungsglied zwischen den verdeckt operierenden Agenten der CIA und den Nutzern ihrer Informationen in anderen Bereichen der Geheimdienstgemeinde. Der Auswertungsstab der Abteilung für verdeckte Operationen in der Sowjetunion ist dafür verantwortlich, daß die Wünsche sämtlicher Regierungsbehörden, vom analytischen Zweig der CIA selbst über das Außenministerium und den Nachrichtendienst des Verteidigungsministeriums (DIA) bis hin zum Nationalen Sicherheitsrat (National Security Council – NSC), der den Präsidenten berät, berücksichtigt werden. Da der Auswertungsstab andererseits die operativen Möglichkeiten der verdeckt arbeitenden Organisation kennt, kann er sicherstellen, daß von den Agenten oder Einrichtungen vor Ort die richtigen Fragen gestellt werden. Die gewonnenen Erkenntnisse werden dann nach dem Prinzip »Wer muß was wissen« an die Geheimdienstgemeinde verteilt.

Das Penkowskij-Material wurde vom Auswertungsstab in zwei Kategorien streng geheimer Berichte aufgeteilt. Die sogenannte IRON-BARK-Reihe (ironbark = Eisenrindenbaum) befaßte sich mit den von Penkowskij fotografierten bzw. kopierten Dokumenten, während die CHICKADEE-Reihe (chickadee = Weidenmeise) das behandelte, was Penkowskij über Personen und deren Äußerungen zu wichtigen Themen und über politische und militärische Entwicklungen zu sagen hatte.

Penkowskijs Energie und Enthusiasmus, seine weitgefächerten und mit Anekdoten gewürzten Enthüllungen über das Sowjetsystem und dessen Führungsschicht faszinierten sowohl die Amerikaner als auch die Engländer. Einen Sowjetspion wie Penkowskij hatte es vorher noch nie gegeben.

Das anglo-amerikanische Befragerteam kam erst nach dem ersten Treffen mit Penkowskij dazu, die Papiere durchzusehen, die er Wynne am Flughafen Heathrow übergeben hatte; was sie enthielten, vergrößerte die Erregung noch. Die Dokumente schienen authentisch zu sein, und sie eröffneten völlig neue Perspektiven. Es waren 78 Seiten als geheim oder streng geheim eingestufter Dokumente, die Penkowskij überwiegend handschriftlich kopiert hatte. Das Material enthielt außerdem vier Fotos von Konstruktionsplänen für Raketenabschußeinrichtungen, die später, während der Kuba-Krise, eine entscheidende Rolle spielen sollten. Die Dokumente betrafen hauptsächlich Raketen, unter anderem die von der NATO SA-2 oder GUIDELINE genannte V-75, eine Luftabwehrrakete, von der man im Westen damals erst wenig wußte. Daneben waren Handbücher und Informationen über die Mittelstreckenraketen R-5, R-11, R-12 und R-14 (MRBMs und IMBRs mit den NATO-Bezeichnungen SS-6, SS-1, SS-4 und SS-5) und ihre Abschußrampen enthalten, sowie eine Aufstellung zur Geheimdienstterminologie und fünf Seiten über Chruschtschows »unangebrachte Maßnahmen zur Reduzierung der Streitkräfte und der Militärgehälter und -pensionen«.

Penkowskijs Verlangen nach Anerkennung durch den Westen zog sich wie ein roter Faden durch die Treffen. Sein enormes Ego und sein Wunsch, der beste Spion aller Zeiten zu sein, sorgten dafür, daß seine Befrager nach jedem Treffen völlig erschöpft in den Seilen hingen. Aber ihre Arbeit war damit nicht zu Ende; der »Fang« mußte schließlich noch sortiert und verarbeitet werden.

108

Bulik forderte vom CIA-Hauptquartier eine Minox-Kamera für Penkowskij an, damit er nicht länger handschriftliche Kopien der Geheimdokumente anfertigen mußte. Penkowskij berichtete auch, daß er in der Geheimbibliothek der Raketenstreitkräfte gestohlene amerikanische Militärhandbücher gesehen hatte, und bot an, sie zu kopieren. Die CIA-Gegenspionage könnte auf diese Weise herausfinden, wo die Handbücher entwendet worden waren, und die Spur bis zu den Spionen verfolgen, die sie den Sowjets übergeben hatten.

Penkowskij war wie ein Fluß im Frühling. Er floß über von Informationen, und das anglo-amerikanische Team mußte sich mühsam durch die Fluten kämpfen. Kisevalter übersetzte die Transkripte der Bandmitschnitte, und ein MI6-Team übersetzte die von Penkowskij gelieferten Dokumente.

Am Abend des zweiten Tages, dem 21. April, traf Penkowskij um 21.25 Uhr im Zimmer 360 ein. Das am Anfang vorhandene Mißtrauen seiner Gesprächspartner hatte sich gelegt und war der Gewißheit gewichen, daß sie es mit einem glaubwürdigen Überläufer zu tun hatten. Ihnen ging es jetzt nur noch darum, die für die Treffen zur Verfügung stehende Zeit so gut wie möglich zu nutzen.

Penkowskij kam direkt aus der sowjetischen Botschaft, wo er mit einem GRU-Offizier zu Abend gegessen hatte, der ihn ausführlich über die GRU-Residentura in London ins Bild gesetzt hatte, und er gab diese Informationen jetzt brühwarm an das anglo-amerikanische Team weiter. Im Verlauf des Treffens machte sich die Tatsache, daß er mit seinem GRU-Kollegen eine halbe Flasche Cognac geleert hatte, deutlich bemerkbar, aber er wirkte nie betrunken, nur aufgekratzt und angeregt. Seine Antworten waren allerdings noch abschweifender und sprunghafter als beim ersten Treffen.

In einer Gesprächspause unterzeichnete er einen Anwerbungsvertrag, wie auf beiden Seiten bei der Rekrutierung von Agenten üblich war. In diesem Fall hatte allerdings Penkowskij, und nicht die anwerbende Seite, die Initiative ergriffen und den Abschluß eines solchen Vertrages angeboten, um das Vertrauen der beiden westlichen Geheimdienste zu gewinnen. Der Vertrag war von seinen Befragern aufgesetzt worden und lautete:

1. Ich, Oleg Wladimirowitsch Penkowskij, Oberst der sowjetischen Armee, biete hiermit an diesem 21. April des Jahres 1961 den Regierungen von Großbritannien und der Vereinigten Staaten von Amerika meine uneingeschränkten und rückhaltlosen Dienste an. Ich verpflichte mich, diesen Regierungen loyal und unerschütterlich zu dienen und im Rahmen meiner Fähigkeiten das Beste zu tun, um die mir von den Repräsentanten dieser Regierungen übermittelten Befehle auszuführen.

2. Ich verpflichte mich, den Regierungen von Großbritannien und der Vereinigten Staaten von Amerika zu dienen, indem ich in ihrem Auftrag in der UdSSR arbeite, und zwar bis zu einem Zeitpunkt, zu dem meine dortigen Dienste ihren Wert verloren haben. Ich bitte die Regierungen von Großbritannien und der Vereinigten Staaten von Amerika, mir und meinen Familienangehörigen zu diesem Zeitpunkt politisches Asyl und die Einbürgerung in eines ihrer Länder sowie eine Stellung meiner Wahl zu gewähren, die meinem Rang und den Diensten, die ich geleistet habe, entspricht.

3. Ich betrachte mich von diesem Augenblick an als Soldat der freien Welt im Kampf für die Sache der Humanität im allgemeinen und für die Befreiung des Volkes meines Heimatlandes Rußland von der Tyrannenherrschaft im besonderen.

4. Ich erkläre hiermit, daß ich diesen Vertrag in feierlichem Ernst und aus eigenem freien Willen unterzeichne.

Der Wortlaut des Vertrages war ausführlicher als normalerweise üblich. Die meisten dieser Verträge dienten dazu, sich des betreffenden Spions zu versichern und seine Entschlossenheit bei der Erfüllung seiner Aufträge zu stärken. Sie stellten eine Wegscheide dar, nach der es kein Zurück mehr gab. In Penkowskijs Fall jedoch sollte der Vertrag die Mission, der er sich verschrieben hatte, und die Bedeutung, die ihr in seinen Augen zukam, unterstreichen. Es war ein greifbares Symbol für seine neue Rolle, in der er Selbstverwirklichung und Rache zu finden hoffte.

Nach der Unterzeichnung des Vertrags legte sich Penkowskijs Erregung, und er zählte in aller Ruhe auf, was ihm die GRU für seine Englandreise aufgetragen hatte. Man erwartete von ihm, daß er seine britischen Gesprächspartner beobachtete, ihren potentiellen Wert als

Agenten abschätzte und dem GRU-Residenten in London darüber Bericht erstattete. Außerdem sollte er herausfinden und darüber berichten, mit welchen Methoden die britische Gegenspionage gegen die Delegation vorging. Und schließlich sollte er technische Informationen über eine Reihe von Industrieverfahren sammeln, unter anderem über die Trinkwassergewinnung aus Meerwasser, die Herstellung von Kunstpelzen, die Produktion von synthetischem Gummi und neue Technologien in der Metallurgie und im Maschinenbau.

Penkowskij war verständlicherweise besorgt darüber, wie die Geheimdokumente, die er geliefert hatte, vom Westen genutzt werden konnten, ohne daß er kompromittiert wurde. Immerhin stand seine Sicherheit auf dem Spiel. Wenn das Material einem zu großen Kreis von Menschen bekanntgemacht wurde, konnte Moskau davon erfahren, daß die Amerikaner und Briten eine ausgezeichnete neue Quelle in der Sowjetunion aufgetan hatten, mit der Folge, daß eine umfangreiche Suchaktion nach dem Leck in Gang gesetzt werden würde, genauso wie die Amerikaner jetzt bemüht waren, diejenigen zu finden, die den Sowjets die amerikanischen Militärpublikationen zugespielt hatten. Es war das klassische Geheimdienstdilemma: Wie zieht man Nutzen aus den Erkenntnissen eines Spions und schützt ihn gleichzeitig vor Entdeckung?

Thema des zweiten Treffens waren überwiegend technische Aspekte der GRU-Arbeit. Penkowskij hatte eine Liste der neuesten operativen Decknamen der GRU abgeschrieben und riet seinen Gesprächspartnern, sie einzusetzen. Er beschrieb daneben unter anderem den Fuhrpark der GRU, insbesondere die ausländischen Wagen, über die die GRU-Autozentrale in der Grizewez-Straße, zwei Blocks vom Verteidigungsministerium entfernt, verfügte. Außerdem hob er hervor, welche Bedeutung die Funküberwachung im Rahmen der GRU-Arbeit hatte, und bezeichnete die Lage der Horchposten in jedem der sowjetischen Militärbezirke, die an nichtsozialistische Länder grenzten.

Danach gingen Kisevalter und Penkowskij wie zwei Spieler aus ehemals gegnerischen Teams, die sich plötzlich in derselben Mannschaft wiederfinden und einander den Ball nicht mehr abjagen, sondern zuspielen, eine nach der anderen die Karrieren der Spitzenleute der GRU durch. Kisevalter nannte den jeweiligen Offizier und beschrieb ihn, und Penkowskij fügte hinzu, was ihm an persönlichen Details einfiel: Bei einem General waren es Goldzähne; ein anderer hatte einen Telefonanschluß haben wollen und Penkowskij um Hilfe gebeten; ein dritter hatte eine attraktive Frau, die für ihre Affären bekannt war.

Als die Liste abgearbeitet war, schweifte Penkowskij wieder ab und erzählte von den politischen und wirtschaftlichen Verhältnissen in der Sowjetunion. So berichtete er von einem Hungerstreik in Woronesch, der gewaltsam gebrochen worden war, von den miserablen Verhältnissen auf dem Land und vom Versagen der kollektiven Landwirtschaft. All dies war zwar interessant, stand aber in diesem Augenblick nicht auf der Prioritätenliste des anglo-amerikanischen Teams, und Kisevalter versuchte das Gespräch wieder auf operative Themen zu lenken, auf die Frage von Penkowskijs Sicherheit und das Problem, wie die Verbindung mit ihm aufrechterhalten werden konnte.

Aber Penkowskij wollte im Moment nicht darüber sprechen. Er litt immer noch unter den Nachwirkungen der langen Wartezeit und fragte erneut, warum man ihn nicht eher kontaktiert hatte. »Wieso hat man nicht ein paar Worte hinterlegt, um mir zum Beispiel mitzuteilen, daß ich mich noch acht Monate gedulden sollte?«

»Das ging nicht«, antwortete Kisevalter. »Wir mußten abwarten, bis wir einen sicheren Weg ausfindig gemacht hatten, auf dem Ihr Material an uns übergeben werden konnte. Dazu aber war sowohl für Sie als auch für unseren Mann ein Maximum an Sicherheit nötig.«

Penkowskij kam dann auf die Möglichkeit der Kontaktaufnahme per Telefon zu sprechen, bei der keinesfalls englisch gesprochen werden sollte. »Nebenbei, was wollte dieser Mann eigentlich von mir, der mich an dem Sonntag um 11 Uhr angerufen hat? Ich habe nur das Wort ›March‹ verstanden.«

»Das war natürlich der Monat März«, erklärte Kisevalter. »Er hatte Ihnen sagen wollen, daß man Ihnen im März oder April ein Zeichen geben würde. Sie sollten bis dahin Geduld haben und mit niemandem Kontakt aufnehmen, bevor Sie das Zeichen sehen würden. Danach wollte man Sie noch einmal anrufen.«

»Das hätte er in zwei Worten sagen können«, meinte Penkowskij aufgebracht. »Wieso konnten Sie die Nachricht nicht hinter dem Heizkörper deponieren?«

»Weil sie nur eines besagt hätte: Warten Sie ab. Und den toten Briefkasten danach noch einmal zu benutzen, wäre ein zusätzliches Risiko gewesen.«

»Dort gehen ständig Leute vorbei«, entgegnete Penkowskij, der bewußt einen Platz in der Nähe einer belebten Kreuzung ausgesucht hatte.

»Warum sollte man einen toten Briefkasten zweimal benutzen, wenn es sicherer ist, es nur einmal zu tun?« fragte Kisevalter rhetorisch.

»Aber Sie haben mir geglaubt, daß ich noch mehr Material hatte, das ich Ihnen übergeben wollte?«

»Natürlich. Wir haben Ihnen geglaubt, weil aus dem Material, das Sie uns zuerst geschickt haben, klar hervorging, in welcher Lage Sie sich befanden.«

»Sie haben alles nachgeprüft?«

»Sicher haben wir das«, bestätigte Kisevalter.

Dann nutzte er die Gelegenheit, um eine Methode für die künftige Übergabe von Material vorzuschlagen: die von COMPASS stammende Idee, es in den Hof des Amerikahauses zu werfen. Der amerikanische Botschafter hatte sich dieser Möglichkeit zwar widersetzt, konnte möglicherweise aber umgestimmt werden, nachdem Penkowskijs Glaubwürdigkeit feststand. Penkowskij versicherte, daß er wisse, wo das Amerikahaus liege, und daß er dem Polizisten, der am Eingang postiert war, ausweichen könne.

»Hören Sie jetzt genau zu«, sagte Kisevalter daraufhin. »Die Grundidee ist, daß Sie zu einem bestimmten Zeitpunkt, mit einem Spielraum von fünf Minuten, in dem Sie sich vergewissern müßten, daß Sie nicht beobachtet werden, das Material über die Mauer werfen, und zwar an der Stelle, wo sie ans Haus grenzt. Unser Mann würde dort exakt zu jener Zeit warten und das Päckchen aufheben.«

Penkowskij nickte. »Auf dieser Seite gibt es keinen Polizisten. Der steht vor der Vorderfront.«

»Richtig«, sagte Kisevalter. »Aber es darf auch sonst niemand sehen, daß Sie etwas über die Mauer werfen. Wenn Sie innerhalb dieser kurzen Zeitspanne keine sichere Gelegenheit haben, das Päckchen über die Mauer zu werfen, sollten Sie jeweils eine Woche später ein zweites oder auch ein drittes Mal wiederkommen, jedesmal an einem bestimmten Tag und zu einer bestimmten Zeit.«

Penkowskij war einverstanden. »Ausgezeichnet. Nachts ist es dunkel. Auf dieser Seite steht kein Polizist. Es gibt nur Leute, die ihre Hunde spazieren führen. Es müßte gehen.«

Bulik warf auf Englisch ein, daß sie die direkten Kommunikationsmöglichkeiten diskutieren sollten. Wie sollten sie mit Penkowskij in Verbindung treten, wenn die amerikanischen und britischen Diplomaten in Moskau vom KGB derartig streng überwacht wurden? Die Antwort, die sowohl Penkowskij schützte als auch einen sicheren Kontakt zu ihm ermöglichte, lautete: Über Diplomaten, mit denen Penkowskij aufgrund seiner Arbeit im GKKNIR zusammenkam. Penkowskij sollte nur im äußersten Notfall einen toten Briefkasten benutzen; ansonsten sollte die Verbindung über persönliche Kontakte aufrechterhalten werden, und zwar ausschließlich über solche Personen, mit denen er in seiner Eigenschaft als Mitarbeiter des GKKNIR zusammenkam.

»Sie meinen also jemanden, der einen Diplomatenpaß hat?« fragte Penkowskij.

»Genau«, bestätigte Kisevalter. »Jemanden, der diese Empfänge besucht, ganz gleich, ob er nun etwas mit dieser Sache zu tun hat oder nicht. Sie werden ihn natürlich kennen.«

»Das ist gut. Ausgezeichnet.«

»Sie könnten, zum Beispiel, auf die Toilette gehen, und er folgt Ihnen fünf Minuten später und nimmt Ihre Nachricht an sich. Sie müssen nicht einmal miteinander reden oder sich auch nur treffen, und trotzdem wissen Sie binnen weniger Minuten, daß Ihr Material in sicheren Händen ist«, erklärte Kisevalter. »Verstehen Sie, es ist die Methode, die uns die größte Sicherheit bietet.«

Penkowskij hatte aufmerksam zugehört und erwiderte dann: »Die Frage ist allerdings, welche Position ich in Zukunft einnehmen werde. Die Situation könnte sich für mich plötzlich zum Schlechten wenden. Irgendein Mitglied des Zentralkomitees könnte sagen: ›So einen Mann können wir in der GRU nicht dulden. Schmeißen wir ihn raus!‹ Sie wissen dort übrigens, daß Generalmajor Schumskij mir gesagt hat: ›Dieser Bericht hier ist vom KGB-Archiv gekommen, und darin steht, daß Oberst Penkowskij falsche Angaben gemacht hat. Er hat sich bei seinen Angaben über seinen Vater nicht an die Tatsachen gehalten. Sein Vater, Wladimir Florianowitsch, war adliger Herkunft.‹«

Penkowskij war wieder bei einem seiner Lieblingsthemen angekommen. Wenn man ihn aus dem GKKNIR warf und dazu zwang, seinen Abschied einzureichen, würde er mit einer Pension leben müssen, die von Chruschtschow gekürzt worden war. Außerdem hätte er dann keinen Zugang mehr zu Geheimdokumenten und müßte sich bei seiner Spionagetätigkeit darauf beschränken, das wiederzugeben, was er bei privaten Begegnungen mit höheren Offizieren aufschnappte.

Er drängte das anglo-amerikanische Team, sich zu überlegen, ob nicht doch ein, zwei tote Briefkästen eingerichtet werden sollten. Aber Kisevalter versuchte es ihm auszureden: »Für Sie mag es, sofern Sie nicht beschattet werden, kein Problem sein, einen toten Briefkasten zu leeren oder etwas in ihm zu deponieren. Aber Sie haben vermutlich, obwohl Sie in Moskau leben und die Erfahrung von 42 Lebensjahren besitzen, keine Ahnung, wie lückenlos jeder unserer Leute in Moskau überwacht wird.«

»Verstehe«, sagte Penkowskij.

»Dann verdoppeln Sie das Ausmaß dessen, was Sie sich jetzt vorstellen, und Sie kommen der tatsächlichen Situation etwas näher. Die Gefahr ist gewaltig. Daß wir uns richtig verstehen, wir machen uns keine Sorgen um unseren Mann. Was kann ihm als Diplomat schon passieren? Ein kleiner Skandal, und dann wirft man ihn aus dem Land. Er wird am Leben bleiben, aber ...«

»... ich werde erledigt sein«, führte Penkowskij den Satz zu Ende.

»Sehr richtig. Zweitens kann man selbst bei einem idealen toten Briefkasten nie sicher sein, wie lange heikles Material in ihm liegen bleibt.«

Kisevalter warnte Penkowskij auch vor Wynne. »Wir wissen, daß Wynne in Ordnung ist, und er hat viel für uns getan. Aber er ist kein Geheimdienstoffizier; er könnte sich verplappern. Dies hier ist eine große Sache, und wenn wir anfangen, ihn als Zwischenträger zu benutzen ...«

»Wenn er merkt, daß ich Geld habe«, unterbrach ihn Penkowskij, »wird er denken, ich hätte es von Ihnen bekommen. Sie sollten ihn besser vorwarnen.«

»Es ist nicht nötig, ihn einzuweihen und seine Neugier zu wecken«, sagte Kisevalter. Es entsprach der üblichen Vorgehensweise, Kurier und Kontaktperson nicht wissen zu lassen, welche Art von Material sie weitergaben. So waren sie, falls sie verhaftet wurden, nicht in der Lage, das ganze Ausmaß der Operation, an der sie beteiligt waren, zu enthüllen.

»Übrigens hat er mich gefragt, ob ich gestern mit Ihnen zusammen war«, sagte Penkowskij, »und ich habe bejaht.«

»In Ordnung. Aber reden Sie in Zukunft nicht mehr mit ihm darüber – das alles ist nicht seine Sache.«

Penkowskij wurde unruhig und rutschte in seinem Sessel hin und her. »Ich bin noch nicht mit meinen Notizen fertig«, erklärte er.

»Dann sollten wir weitermachen«, meinte Kisevalter.

Ich mache mir Sorgen, daß der Westen die wahren Motive der Sowjetunion verkennt und die Gefahr nicht sieht. Die Sowjetunion will den Erstschlag ausführen und uns vernichten, und sie wird es tun. (...) Unser Generalstab schläft nicht. Er plant Hunderte von Angriffsvarianten, kennt aber die Ziele nicht genau, da viele von ihnen der Geheimhaltung unterliegen und bisher nicht entdeckt werden konnten. Deshalb haben Chruschtschow und der Generalstab vor, große Gebiete mit Atom- und Wasserstoffbomben zu zerstören. Verstehen Sie? Sie wollen einen »Hagel von Raketen« niedergehen lassen – das sind Chruschtschows eigene Worte. Ich habe es von Warenzow gehört, und ich glaube ihm. (...)

Ich habe den Eindruck, daß die amerikanische Führung und das britische und amerikanische militärische Oberkommando, trotz der enormen Leistungen, die sie vollbracht haben, die Lage falsch einschätzen. Man verhält sich viel zu nachgiebig und ist viel zu gleichgültig. Was auch immer Sie an Dollars oder Pfund [für die Rüstung] eingeplant haben, Sie müssen die Summe verdreifachen, um wirklich stark zu werden. Und wenn Sie dann von Ihrem »Maulwurf« hören, daß Chruschtschow bereit ist, daß er genügend Raketen hat, (...) dann müssen Sie den ersten Schlag führen. Einen Vernichtungsschlag. Dann werden wir als Sieger daraus hervorgehen. Sie müssen sicherstellen, daß zwei mal zwei vier ergibt – daß diese Ziele [Verteidigungsministerium, KGB, Zentralkomitee etc.] nicht mehr existieren.

Penkowskij sprach während des gesamten Treffens von »wir«, wenn er den Westen meinte, bezog sich also mit ein. Die Mission, die er sich selbst ausgesucht hatte, nämlich den Westen zu warnen und mit Informationen aufzurüsten, war ernst zu nehmen. Es war nicht die Mission eines Agenten, der durch Fehlinformationen Verwirrung stiften sollte. Es war vielmehr eine rechtzeitige Warnung, die geeignet war, die westliche Unschlüssigkeit darüber, wie der Kalte Krieg zu führen war, zu beenden.

1960/61 wurde in den USA heftig über das sowjetische Raketenpotential gestritten. Die Schätzungen der Luftwaffe über die Zahl der sowjetischen Raketen stützten sich auf die Fotos von den U-2-Flügen und daneben auf die vermuteten Produktionskapazitäten der Sowjetunion. Die Schätzungen auf der Grundlage der Größe der Fabriken und der angenommenen Uranproduktion sahen die Sowjetunion, was die Zahl der einsatzbereiten Raketen betraf, irrtümlicherweise im Vorteil.

Diese »Raketenlücke« war 1960 eines der wichtigsten Themen im Präsidentschaftswahlkampf zwischen John F. Kennedy und Richard Nixon. Die Demokraten (Kennedy) warfen den Republikanern (Nixon) vor, sie hätten es zugelassen, daß die USA in der Entwicklung der ICBMs der Sowjetunion hinterherhinkte, und Kennedy brandmarkte die Republikaner als »die Partei, die uns die Raketenlücke beschert hat«.[1]

Was im Sommer 1960 tatsächlich existierte, war eine Informationslücke. Nachdem Francis Gary Powers am 1. Mai 1960 abgeschossen worden war, wurden die U-2-Flüge über der Sowjetunion eingestellt, und gleichzeitig mußte die amerikanische Satellitenüberwachung eine Reihe von Fehlschlägen hinnehmen, so daß wichtige Informationsquellen ausgefallen waren. Bereits im August 1960 standen jedoch die ersten Satellitenfotos sowjetischer Raketenbasen zur Verfügung, und am Ende des Jahres war die regelmäßige Überwachung aus dem Weltraum gesichert. Die von den Satelliten geschossenen Fotos zeigten eindeutig, daß die Einschätzung des sowjetischen Raketenpotentials überhöht gewesen war.

Penkowskij lieferte, als die Satellitenfotos noch ausgewertet wurden, die ersten verläßlichen menschlichen Informationen über das sowjetische Raketenpotential. Sie entsprachen dem, was sich aus den

Satellitenfotos ergab, und führten im Herbst 1961 zu einer Revision der Nationalen Geheimdiensteinschätzung (NIE)* des Raketenpotentials der Sowjetunion.[2]

Penkowskij wußte nichts von der Debatte über die Raketenlücke, und er hätte sie vermutlich auch kaum verstanden. Er kannte den wirklichen Stand der sowjetischen Entwicklung. Er wußte aber auch, wieviel dafür getan wurde, sie zu beschleunigen, um die Erstschlagsfähigkeit gegen die USA zu erlangen. Nach Penkowskijs Vorstellung sollte die Sowjetunion, wie er schon beim ersten Treffen ausgeführt hatte, durch den Einsatz kleiner Atomwaffen von innen heraus erschüttert werden, um ihrem Erstschlag zuvorzukommen. Er wußte, daß einem sowjetischen Angriff nach der strategischen Doktrin der USA eine massive Antwort folgen würde, die nicht nur sein Land zerstören würde, sondern wahrscheinlich auch die Welt, wie wir sie kennen.

Penkowskij fuhr fort:

Hätte Hitler unsere militärischen Kommandozentralen zerstört, hätte er den Krieg gewonnen. Aber was hat er getan? Er hat Millionen Tonnen von Metall verschwendet und nicht ein einziges militärisches Hauptquartier vollständig zerstört. (...) All die Millionen ausgebildeter Leute im Moskauer Militärbezirk, von Kalinin bis Kasan, blieben verfügbar. Der Generalstab des Moskauer Militärbezirks in der Ossipenko-Straße und die Moskauer Verteidigungszone blieben intakt. Wenn Hitler sie durch Kommandoeinheiten hätte sprengen lassen, wenn er den Kern derjenigen, die die gesamte Planung durchführten, die die Erfahrung und das Wissen besaßen, in die Luft gejagt hätte, wären die sowjetische Regierung und ihre militärische Führung machtlos gewesen.

Deshalb rate ich Ihnen dringend, diese Ziele in Erwägung zu zie-

---

* Eine Nationale Geheimdiensteinschätzung (National Intelligence Estimate = NIE) ist eine von allen nationalen Geheimdiensten getragene Darstellung und Bewertung der Lage und der sich abzeichnenden Entwicklungen im Ausland, die dem Präsidenten der USA vom Direktor der CIA jährlich, oder wenn bestimmte Ereignisse es erforderlich machen, vorgelegt und von diesem für seine politischen Entscheidungen herangezogen wird. Die beteiligten Behörden sind die CIA, die DIA, die NSA und das Nachrichtendienstbüro des Außenministeriums.

hen (...). Die unterirdischen Stützpunkte und Munitionslager lasse ich beiseite, aber nicht die Militärbezirke. Es sind 19 an der Zahl. In einigen Monaten werde ich Ihnen berichten können, daß es ein oder zwei weniger geworden sind; sie werden teilweise zusammengelegt. Man wäre gut beraten, ihre Hauptquartiere zu zerstören. Es ist eine sinnvolle Strategie, die erprobten Kommandostellen auszuschalten, denn sie sind das Herz der Streitkräfte.

Ich stelle es mir so vor: Die Sprengsätze sollten klein genug sein, um in eine Aktentasche oder Schulmappe zu passen, die man in der Nähe des betreffenden Gebäudes abstellen kann. Nicht in ihm selbst. (...) Dort stehen zu viele Wachen (...). Aber um das Gebäude herum können die Bomben mit einem Zeitzünder plaziert werden – gleich neben den Wachen –, so daß die ganze Führungsspitze in Rauch aufgeht. Wenn dann die Führung, das Skelett des Militärkörpers, der Generalstab und all die anderen zentralen Verwaltungsstellen, die das Hirn jedes Zweigs der Streitkräfte sind – der Panzer, der Artillerie, der Luftwaffe –, wenn sie alle zerstört sind, dann wollen wir mal sehen, ob sie sich wieder aufrappeln und von dem Schlag erholen können. Sie werden irgendwelche alten, verkalkten Böcke einsetzen müssen, die nicht mehr für den Militärdienst geeignet sind. Sie werden nichts tun können. Dann zerstören Sie alle operativen Dokumente. Nicht aus der Luft. Nicht mit Raketen. Sie wissen, wie fehlerhaft Raketen und Luftangriffe sein können – beten wir zu Gott, daß die funktionierenden Raketen auf Ihrer Seite sein werden, nicht auf meiner.

Der Plan klang rücksichtslos, sogar verrückt. Dennoch ist die Zerstörung der Schalt- und Kommandozentralen inzwischen zur anerkannten Doktrin für den Fall eines großen Krieges geworden. Die USA sind nach 1961 von der Strategie der massiven Vergeltung abgekommen und haben sie durch das Konzept der Zerstörung durch einen Erstschlag ersetzt, dessen Ziel es wäre, das gesamte Militär- und Industriepotential der Sowjetunion durch einen einzigen massiven Angriff zu vernichten. Die anvisierten sowjetischen Ziele unterliegen zwar der höchsten Geheimhaltung, aber das Konzept der Ausschaltung der gegnerischen Führung durch einen atomaren Angriff gehört heute zur strategischen Doktrin der USA.

Penkowskijs Vorschlag, tragbare Atomsprengsätze in der Nähe der wichtigsten Kommandozentralen zu plazieren, wurde damals nicht ernsthaft erwogen, aber seine Informationen waren für die Zielbestimmung auf seiten der USA von Wert und trugen zur Weiterentwicklung der amerikanischen Nuklearstrategie bei.

Es hatte den Anschein, als wollte Penkowskij einen Atomkrieg auslösen, aber er äußerte auch die Hoffnung, daß das russische Volk nicht ausgelöscht werden müsse. Sein Vorschlag war für eine Extremsituation gedacht. Gleichzeitig wollte er dem anglo-amerikanischen Team offenbar beweisen, daß er jede Aufgabe zu übernehmen bereit war, ganz gleich, wie groß sie war. Der Operationschef der Sowjetabteilung der CIA, Quentin Johnson, erinnerte sich später: »Penkowskij war völlig verbittert über das Sowjetsystem, das die Vergangenheit seines Vaters bei der Weißen Armee wieder hervorgeholt hatte, das ihn zwang, seinen Vater zu verheimlichen, und das ihn bei Beförderungen überging. (...) Er wollte von uns Atomsprengsätze haben (...). Ihm war nicht klar, welche Wirkung Atomwaffen haben, und unser Problem war es, ihn davon zu überzeugen, daß die Benutzung von taktischen Atomwaffen mitten in Moskau nicht sehr klug gewesen wäre, daß er sich aber Genugtuung verschaffen und am Sowjetsystem rächen könne – und genau das war es, was er wollte –, indem er uns Informationen zuspielte, die geeignet waren, die Macht der Führungsspitze auszuhöhlen.«[3]

Penkowskij steckte voller Gerüchte und Geschichten über die Sowjetführung. So erzählte er im Zusammenhang mit der chinesisch-sowjetischen Entzweiung von einer Auseinandersetzung zwischen Chruschtschow und Liu Shao-chi, dem Staatspräsidenten der Volksrepublik China. »Er ist wie alle Chinesen ein Verteidiger Stalins und beschimpfte Chruschtschow, daß er durch die Bloßstellung und Verunglimpfung des Personenkults vor aller Welt angeblich nicht nur die Autorität von Stalin, sondern auch die der gesamten Kommunistischen Partei unterminiert habe. Stalin sei das Symbol der Partei und des Volkes gewesen, sogar für andere Völker. Chruschtschow wurde ziemlich wütend, als Liu Shao-chi Stalin pries, und sagte ihm: ›Nehmen Sie Ihren Stalin doch mit, zusammen mit seinem Sarg und allem.‹«[4]

Kisevalter fragte Penkowskij nach der sowjetischen Einschätzung der amerikanischen Atomwaffen, worauf dieser antwortete:

Ich weiß, daß Ihr »Raketengeschäft« in mancher Hinsicht recht gut läuft. Wir wissen aus den Informationen, die wir von unseren Agenten erhalten haben, daß Sie in vielen Belangen besser dastehen als wir. (...) Aber wir wissen auch, daß Sie noch nicht ganz bereit sind. Wir wissen, daß die Lenkeinrichtungen noch nicht perfekt funktionieren und daß Ihre Wissenschaftler noch an den Problemen arbeiten. So Gott will, werden meine Kopierarbeiten Ihren Wissenschaftlern dabei helfen; sie müssen all dies in den nächsten Monaten studieren, es sich aneignen und zusehen, daß sie die Probleme in den Griff bekommen. Vielleicht sind meine Informationen nicht immer detailliert genug. Aber sie stammen immerhin aus den Vorlesungen an der Akademie. Ich habe zwar nicht fünf Jahre studiert, wie es sonst an der Dserschinskij-Akademie üblich ist – aber ein Anstoß in die richtige Richtung müßte den Fachleuten, die die Informationen studieren, eigentlich genügen. [Zu der Zeit, als Penkowskij in London war, stationierten die USA gerade die Jupiter und Thor genannten Mittelstreckenraketen in der Türkei und in England, von wo aus sie Ziele in der Sowjetunion erreichen konnten. Ihre Zielgenauigkeit ließ allerdings noch zu wünschen übrig.] Zwischen den Satellitenstaaten und der UdSSR gibt es viele Meinungsverschiedenheiten, aber Chruschtschow weiß, wie man solche Dinge eingrenzt und ausräumt. Sehen Sie es sich doch einmal an – derzeit werden an alle Volksdemokratien Raketensysteme mit Atomsprengköpfen geliefert, mit Ausnahme von Ostdeutschland, wo sie bereits stationiert wurden. Das wissen Sie ja schon. Es gibt dort zwei Brigaden und zwei Depots von Atomsprengköpfen. Die Waffen befinden sich unter Kontrolle und in Händen der sowjetischen Streitkräfte, nicht der deutschen. Der Ostblock begrüßt die sowjetische Verstärkung allerdings wie ein fünftes Rad an einem voll beladenen Wagen. Aber Chruschtschow weiß, wie er mit solchen Stimmungen umzugehen hat. Gerade jetzt ist eine große Anzahl von Spezialisten, Ingenieuren zum Beispiel, in diese Länder geschickt worden. Sie wissen das bestimmt schon. Sie haben Ihre eigenen Kanäle, um solche Aktivitäten zu beobachten. Es ist alles Mögliche im Gange – der Bau von Abschußrampen, die Ausbildung von Personal.

Das anglo-amerikanische Team fragte Penkowskij, wie viele Atom-U-Boote die Sowjetunion besitze. »Bis zu zehn, hat man uns gesagt«, antwortete Penkowskij. »Das alles fing mit der V-2 der Deutschen an, deren Wissenschaftler immer noch für uns arbeiten. Da wir gerade von den Deutschen reden, Sie wissen sicherlich, wie oft Chruschtschow gedroht hat, einen Separatfrieden mit der DDR abzuschließen. Er wird es nicht tun, weil es Krieg bedeuten würde, und da er noch nicht so weit ist, um Raketen abschießen zu können, wird er einen Krieg zur Zeit noch vermeiden. Er hat Raketen und Bedienungspersonal in die DDR verlegt, aber sie sind noch weit davon entfernt, einsatzbereit zu sein.«

1961 war die Vier-Mächte-Kontrolle über Deutschland noch in Kraft und der Zweite Weltkrieg noch nicht durch einen Friedensvertrag mit Deutschland formell beendet worden. Chruschtschow, der darauf aus war, West-Berlin dem ostdeutschen Herrschaftsgebiet einzuverleiben, hatte 1958 schon einmal gedroht, einen separaten Friedensvertrag mit der DDR abzuschließen, dann aber davon Abstand genommen. Ende 1960 hatte er die Drohung wieder aus der Schublade geholt.

Penkowskij wirkte abgespannt. Er sagte, daß er seit sieben Uhr früh auf den Beinen sei und den ganzen Tag über gearbeitet habe. Dabei wollte er sich eigentlich London ansehen. »Es gibt viele schöne Dinge in den Geschäften zu sehen«, erklärte er, »und meine Frau hat mir eine lange Wunschliste mitgegeben.« Dann erzählte er, daß er am Ende des Zweiten Weltkriegs an der Befreiung einer Stadt in der Tschechoslowakei, in der es eine Porzellanfabrik gab, beteiligt gewesen war und »alle möglichen Porzellanvasen« nach Hause mitgebracht hatte. »Ich habe viele kostbare Dinge zu Hause, einschließlich eines Teppichs aus der Türkei. Für kommunistische Verhältnisse lebe ich auf einem hohen Standard.«

Gut zu leben, sei unter Chruschtschow nicht einfach, fügte er hinzu. Er sprach von seinen Schulden und fragte schließlich, wieviel Geld man ihm zugedacht habe.

»1000 Rubel«, antwortete Kisevalter. Das Team hatte in Wirklichkeit vor, ihm 3000 Rubel zukommen zu lassen.

»Das würde gerade meine Schulden decken, und mir bliebe nichts übrig«, wandte Penkowskij ein. »Ich schwöre Ihnen bei meiner Tochter und meiner künftigen Arbeit für Sie, daß ich folgendes tun muß: Ich muß jedem einzelnen Freund von mir etwas mitbringen. Sie wissen, daß ich ins Ausland gefahren bin. Es muß nicht in jedem Fall etwas Teures sein, aber es wäre sehr schlecht, jemanden zu vernachlässigen.« Die Liste der Dinge, die er einkaufen wollte, reichte von Füllfederhaltern über Krawatten, Nagellack und Lippenstifte bis hin zu diversen Medikamenten. Einflußreichere Freunde wie Generale, Marschälle und Oberste sollten wertvollere Geschenke erhalten.

In ihren Anmerkungen zu den Transkripten der Treffen schrieben Bulik und Kisevalter: »Es muß an dieser Stelle betont werden, daß viele dieser Dinge fraglos eine große operative Bedeutung haben, da sie für wichtige sowjetische Persönlichkeiten bestimmt sind, die automatisch, ohne es zu wissen, zu wertvollen Informanten werden dürften.« Mit anderen Worten, die Geschenke für Generale und Marschälle konnten Penkowskijs Beziehung zu ihnen nur stärken. Sie würden sich wahrscheinlich revanchieren, indem sie ihn zu gesellschaftlichen Anlässen einluden und ihm damit unwissentlich Gelegenheit gaben, an geheime Informationen heranzukommen.

Penkowskij war in Gedanken aber schon bei einem anderen Thema. »Mir ist gerade etwas Wichtiges eingefallen. Wir sind auch in der Wirtschaftsspionage gegen die USA tätig. Die für dieses Jahr [1961] ausgegebenen Aufträge umfassen alle erdenklichen Zweige der Industrie; die Liste enthält 150 einzelne Spionageziele, und zu jedem Ziel sind zusätzliche Fragen aufgeführt – zwei, drei oder mehr. Die Ziele sind vor allem die Stahlindustrie, die Metallindustrie im Nichteisenbereich und sämtliche Stadien der Erdölverarbeitung. Interessant ist, daß alle diese US-amerikanischen Ziele auch den nach Kanada fahrenden Delegationen mitgegeben werden. Ich weiß davon, weil ich ihnen die Liste selbst übergebe.«

»Ich schlage vor, wir besprechen die finanziellen Fragen morgen noch einmal«, sagte Bulik, nach dessen Gefühl Penkowskij vom britischen Teamchef, Harold Shergold, zu knapp gehalten wurde.

»Mir ist da etwas durch den Kopf gegangen«, sagte Penkowskij. »Wenn ich einen Diamanten von einem Karat haben könnte, von genau einem Karat, nicht mehr, aber auch nicht weniger, könnte ich ihn für 1200 Rubel verkaufen. Überlegen Sie es sich. Auf diese Weise bräuchten Sie sich für einige Zeit keine Gedanken darüber zu machen, wie Sie mir über einen Kontakt in Moskau Geld zukommen lassen können.«

»Wir werden es uns durch den Kopf gehen lassen«, versprach Bulik, »und morgen weiter darüber diskutieren. Auf alle Fälle werden wir versuchen, Ihre Bitten, die ich für begründet halte, zu erfüllen.«

»Sehr gut. Ich werde jetzt gehen. Morgen könnten wir uns zwischen neun und zehn Uhr abends treffen, wenn ich es ermöglichen kann.« Penkowskij verließ das Zimmer 360 um 1.40 Uhr früh am 22. April 1961. Er kam am selben Tag abends noch einmal mit dem anglo-amerikanischen Team zusammen, und man besprach die Modalitäten des nächsten Treffens, das in Leeds stattfinden würde, der ersten Station der Informationsreise, zu der Penkowskijs Delegation am folgenden Tag aufbrechen sollte.

Kapitel 6

REISE DURCH ENGLAND

Der 23. April war ein grauer, wolkenverhangener Tag. Wynne begleitete Penkowskij und dessen Delegation nach Leeds. Sie unterbrachen
die Fahrt, um eine auf dem Weg liegende Maschinenfabrik zu besuchen, und hielten zum Mittagessen bei einem kleinen Restaurant
außerhalb von Leeds an.

Als Penkowskij am Abend um 20.30 Uhr die Halle des Hotels Metropole in Leeds betrat, wartete Kisevalter bereits auf ihn und führte
ihn zum vierten Treffen mit dem anglo-amerikanischen Geheimdienstteam ins Zimmer 31. Penkowskij erklärte, daß er nicht lange
bleiben könne, da er seiner Delegation gesagt habe, er würde einen
Spaziergang machen. Er versprach aber, beim nächsten Treffen die
ganze Nacht über Zeit zu haben.

Der erste Teil des Treffens war Penkowskijs Tagesordnung gewidmet. Er sprach als erstes wiederum über seinen Plan, im Falle eines
Krieges zwischen den USA und der Sowjetunion das KGB-Hauptquartier und die wichtigsten politischen und militärischen Schaltstellen in Moskau mit taktischen Atomwaffen von ein oder zwei Kilotonnen zu zerstören. Er beschrieb die Gebäude und die Plätze, an denen
die Sprengsätze deponiert werden sollten, einschließlich der Toiletten
und des öffentlich zugänglichen Eingangsbereichs der GRU, wo Ak-
tentaschen oder Päckchen kontrolliert werden konnten.

Bei der Beschreibung des Hauptquartiers des Moskauer Militärbezirks fiel Penkowskij der Fall Berija* ein, des ehemaligen Chefs des

* Lawrentij Pawlowitsch Berija (geb. 1899) war 1938–46 Chef des NKWD und von
März bis Juni 1953 des durch die Zusammenlegung von Staatssicherheits- und
Innenministerium gebildeten MWD. Er wurde am 26. Juni 1953 verhaftet und anschließend vor Gericht gestellt. Nach dem Todesurteil wurde er am 21. oder 22. Dezember 1953 hingerichtet. Den Todesschuß soll Generalleutnant P. Batitiskij abgegeben haben.

MWD, der unmittelbaren Vorgängerorganisation des 1954 gegründeten KGB, der in den Keller des Gebäudes gebracht »und dort von einem General in Anwesenheit anderer Generale erschossen wurde. Der Gebäudekomplex war in der Nacht des 21. Dezember 1953, in der Berija hingerichtet wurde, von feuerbereiten Panzern und Militärfahrzeugen abgeriegelt. Man fürchtete, daß Berijas MWD-Kohorten den Versuch unternehmen würden, das Hauptquartier zu stürmen. Nachdem man ihn erschossen hatte, wurde Berijas Leiche mit Benzin übergossen und verbrannt.« Die genauen Umstände von Berijas Entmachtung und Hinrichtung waren damals im Westen noch nicht bekannt und blieben als Beispiel dafür, wie die Sowjetführung einem potentiellen Wiederaufleben des Stalinismus begegnete, ein faszinierendes Thema.[1]

Penkowskij setzte danach die Aufzählung der zu vernichtenden Ziele fort und erwähnte unter anderem das Oberkommando der Luftabwehr und das Hauptquartier von Marschall Moskalenkos strategischen Raketenstreitkräften in Perchuschkowo, außerhalb von Moskau. Allein im Zentrum von Moskau zeichnete er auf einer ihm vorgelegten Karte 24 Ziele ein.

Nachdem er mit seinen strategischen Überlegungen am Ende war, wandte er sich wieder seinen materiellen Sorgen zu. Ein großer Teil des Treffens war der Diskussion über Wynne und die Geschenke gewidmet, die Penkowskij seinen Freunden in Moskau mitbringen wollte.

»Wynne wird sich über nichts zu beklagen haben«, versicherte Kisevalter. »Wir werden uns um alles kümmern. Sie dürfen sich keinesfalls auf irgendwelche privaten Geschäfte mit ihm einlassen.«

»Er hat mich gebeten, ihm zu helfen«, sagte Penkowskij. »Und er hat sich großartig verhalten.«

»Unsere geheime Beziehung zueinander ist eine Sache, und unsere Geschäfte mit Wynne sind eine andere«, erklärte Kisevalter nachdrücklich. »Sie sollten sich unter keinen Umständen in sie hineinziehen lassen.«

»Ich habe es für meine Pflicht gehalten, Ihnen darüber zu berichten«, beharrte Penkowskij.

»Sie sollten sich vor Augen halten, wie leicht ihm hier oder in Moskau unabsichtlich ein falsches Wort herausrutschen kann«, sagte Kisevalter.

126

»Er hat Angst und wird nichts sagen«, entgegnete Penkowskij.

»Aber er hat keine Erfahrung in Geheimdienstdingen«, hielt ihm Kisevalter vor.

»Das stimmt, er ist unerfahren. Aber er hat meinen Brief genommen, als ich mich auf dem Flughafen von ihm verabschiedet habe«, erinnerte Penkowskij seine Gesprächspartner.

»Ich versichere Ihnen, wir werden uns auf angemessene Weise mit Wynne einigen«, sagte Kisevalter beschwörend. »Und wir werden alles berücksichtigen, worum Sie gebeten haben. Aber sprechen Sie nie wieder mit ihm über diese Sache hier.«

»Also gut. Ich werde Wynne nicht wieder erwähnen«, versprach Penkowskij. Das Thema beschäftigte ihn allerdings auch weiterhin, und er kam bei den folgenden Treffen regelmäßig darauf zurück.

Dann konnte sich Kisevalter seinem Fragenkatalog für dieses Treffen zuwenden. Es ging hauptsächlich um den Entwicklungsstand der strategischen und taktischen Atomraketen der Sowjetunion und die Frage, wer die Verfügungsgewalt über sie besaß. Insbesondere die Art, Anzahl, Qualität und Reichweite der sowjetischen Interkontinentalraketen waren für den Westen von herausragendem Interesse. Für die Sowjetunion war jede Rakete mit einer Reichweite von mehr als 1000 Kilometern eine strategische Waffe. In den USA dagegen unterteilte man diese Raketen in drei Kategorien: in zwei Typen von Mittelstreckenraketen – die MRBMs (Medium Range Ballistic Missiles) mit 1000–2700 km und die IRBMs (Intermediate Range Ballistic Missiles) mit 2700–5400 km Reichweite – und die ICBMs mit einer Reichweite von über 5400 km.

»In welchem Maße hat man Sie über ICBMs unterrichtet?« fragte Kisevalter.

»Man hat uns gesagt, daß es sie gibt und daß es, wie in meinem schriftlichen Material nachzulesen ist, im wesentlichen zweistufige Raketen sind. Stellen Sie das Ihren Wissenschaftlern gegenüber klar, damit sie sich die Mühe sparen, nach mehrstufigen Raketen zu suchen, die es nicht gibt. Natürlich sind die Treibstofftanks der ICBMs viel größer, wie der gesamte Rauminhalt der Raketen.«

»Sind bereits ICBMS einsatzbereit, oder befinden sie sich noch im Erprobungsstadium?«

»Bis auf die von mir erwähnte Rakete, die Sie als IRBM bezeichnet haben, befinden sie sich, was strategische Zwecke betrifft, noch im Erprobungsstadium. Ich gebe Ihnen mein Wort, daß Marschall Warenzow zu mir gesagt hat (. . .): ›Für kurze Reichweiten können wir unseren Auftrag erfüllen. Aber was ist darüber hinaus? Da gibt es nichts.‹«

Kisevalter kreiste immer von neuem um die Frage, welchen Stand die sowjetische Raketenentwicklung erreicht hatte. »Ich kann verstehen, daß Sie alles über diese Raketen wissen möchten«, erklärte Penkowskij. »Aber ich kann nur wiederholen, daß die gegenwärtigen Anstrengungen auf dem Gebiet der ICBMs allesamt auf den Raketen beruhen, die bereits erprobt sind, nur daß die Dimensionen größer sind.«

Danach wurde er nach den sowjetischen Atom-U-Booten gefragt, und er berichtete, daß die atomaren Komponenten in Menselinsk, einer Stadt am Ostrand des Moskauer Militärbezirks, hergestellt wurden. Er hätte, wie er mit einem Lächeln erzählte, beinahe die Tochter des Konteradmirals geheiratet, der das Kommando über den dortigen Stützpunkt hatte. Dann besprach er mit Kisevalter die Über- und Unterwasserfeuerkraft der U-Boote und die Frage der Lagerung der Atomsprengköpfe.

Penkowskij erzählte, daß die Atom-U-Boote in der Gegend von Leningrad stationiert waren. Das hätte er von einen Hauptmann der U-Boot-Flotte erfahren, den er in einem Erholungsheim in Suchumi am Schwarzen Meer, einem früheren Marinesanatorium, kennengelernt hatte. »Ich werde Ihnen seine Adresse geben«, fügte er hinzu, so daß die CIA oder der MI6 an ihn herantreten konnte, wenn sie versuchen wollten, ihn anzuwerben.

Als nächstes wurde Penkowskij nach der Größe und der Menge der sowjetischen Atomwaffen gefragt, und er wiederholte, daß die kleinsten Waffen Fünf-Kilotonnen-Bomben waren. Kleinere Atomwaffen für taktische Zwecke sah die damalige sowjetische Strategie nicht vor. Neben den kleinen gab es 25-Kilotonnen- und größere Bomben. Außerdem waren erfolgreiche Tests mit Wasserstoffbomben mit einer Sprengkraft von über 25 Kilotonnen TNT durchgeführt worden.

»Wissen Sie, wo diese Bomben gelagert werden?« fragte Kisevalter.

»Ich habe keine Ahnung.«

»Lassen Sie sich davon nicht stören. Wir müssen diese Fragen stellen«, erklärte Kisevalter, damit sich Penkowskij nicht frustriert fühlte, weil er in diesem Fall keine Antwort geben konnte. Kisevalters Fragenkatalog war in mancher Hinsicht eine Wunschliste, die auch Punkte enthielt, über die Penkowskij, wenn überhaupt, bestenfalls über private Kontakte etwas erfahren haben konnte.

Penkowskij bestätigte auf eine entsprechende Frage hin, daß man in der Sowjetunion im Bereich der Offensivwaffen das Schwergewicht von den Bombern auf Raketen verlagerte. »Um es zusammenzufassen«, sagte er, »so ist die Luftwaffe zugunsten der Raketen radikal reduziert worden.« Eine Reihe moderner Langstreckenbomber werde allerdings weiterhin gebaut und verbessert.

Auf die Frage, ob man in der Sowjetunion den Versuch unternommen habe, atomgetriebene Flugzeuge zu entwickeln, antwortete Penkowskij: »Nein. Das einzige, woran im Augenblick gearbeitet wird, ist ein Reaktorantrieb für Raketen.«

Die Fragenliste des anglo-amerikanische Geheimdienstteams war damit für diesmal erschöpft, und das Treffen wurde, nachdem man sich für den nächsten Tag um 20 Uhr verabredet hatte, beendet. Es war 23.45 Uhr, als Kisevalter Penkowskij hinausbegleitete.

Am nächsten Tag, dem 24. April, traf Penkowskij um 20.45 Uhr, eine Dreiviertelstunde verspätet, im Metropole ein, um sich zum fünftenmal mit dem anglo-amerikanischen Team zu treffen. Er hatte einen Tag voller Fabrikbesichtigungen hinter sich, und es war ihm nicht möglich gewesen, sich früher von seiner Delegation zu entfernen.

»Lassen Sie mich zuerst sagen, woran ich gerade gedacht habe, bevor ich es wieder vergesse. Zunächst einmal beschäftigt das Verteidigungsministerium 28000 Menschen.« Er erklärte, wie sie sich auf die einzelnen Abteilungen verteilten und wo diese in dem Gebäudekomplex angesiedelt waren. Dann berichtete er, daß der Apparat des Zentralkomitees der KPdSU erheblich vergrößert werde; es gebe sogar eine Kommission für Auslandsreisen, die mit jedem einzelnen spreche und ihm einpräge, wie er sich zu verhalten habe und was von ihm erwartet wurde. Danach müsse man ein strengster Geheimhaltung unterliegendes Formular unterschreiben, das die persönlichen Daten, die Parteikarriere und eine Verpflichtung enthielt, die etwa folgenden Wortlaut habe: »Ich, Oleg Penkowskij, der ich vor einer Reise ins Ausland stehe, verspreche, als Repräsentant der Sowjetunion deren Würde zu wahren, keine Kontakte oder Gespräche einzugehen, die nicht genehmigt sind, und Staatsgeheimnisse für mich zu behalten.«

Angeblich, fügte Penkowskij hinzu, schicke das jeweilige Ministerium seine Vertreter ins Ausland, ohne daß das Zentralkomitee etwas damit zu tun hätte. »Aber das ist lächerlich. Natürlich können die Ministerien diejenigen benennen, die ins Ausland fahren sollen, aber danach werden sie minutiös vom KGB überprüft, und wenn von dort keine Einwände erhoben werden, müssen sie bei der ZK-Kommission diese streng geheime Verpflichtung unterschreiben. Erst danach erhält das Außenministerium die Erlaubnis, ihnen den Diplomatenpaß auszuhändigen.«

Nach dieser Abschweifung kehrte Penkowskij zur Personalstärke der wichtigsten Machtzentren der Sowjetunion zurück. Nach seiner Einschätzung gab es in Moskau rund 50 000 Personen in Schlüsselstellungen, darunter 28 000 beim Verteidigungsministerium, 5000 beim ZK der KPdSU und 5–6000 im KGB-Hauptquartier. Dazu kamen weitere 100 000 Beschäftigte der Marine und der Luftwaffe sowie der regionalen Hauptquartiere in über 20 Militärbezirken.

Die Gesamtzahl der erfahrenen Generale, Offiziere und Beamten in den Kommandostellen der UdSSR beträgt also 150 000. Sie alle müssen nach dem von mir vorgeschlagenen Plan ausgeschaltet werden.

Bitte überdenken Sie meinen Plan und unterrichten Sie Ihre Zentralen darüber. Sie werden zweifellos bereits entsprechende Zerstörungen in ihre Überlegungen für den Ernstfall einbezogen haben. Meine Sichtweise des Gesamtproblems mag allerdings ungenau und korrekturbedürftig sein. Ich bin bereit, jeden Auftrag auszuführen, den Sie mir geben, und in Moskau in die Luft zu jagen, was ich kann. Klügere und erfahrenere Köpfe werden wahrscheinlich eine bessere Lösung finden, als ich sie vorgeschlagen habe.

Ich möchte an dieser Stelle noch eine andere Möglichkeit erwähnen, die Ihre Wissenschaftler erwägen sollten. Die Atomminen könnten in bestimmten Gegenständen versteckt werden, zum Beispiel in Mülltonnen, wie sie in Moskau in jedem Hauseingang zu finden sind. Diese Mülltonnen müßten mit einem doppelten Boden ausgestattet sein, und ich müßte in der Lage sein, einen Zeitzünder auf die gewünschte Detonationszeit einzustellen. Das Material für diese Dinge müßte in der Sowjetunion beschafft werden, so daß sie vollkommen den sowjetischen Produkten gleichen. Die präparierten Gegenstände könnten mit der Diplomatenpost ins Land gebracht und über tote Briefkästen an mich ausgeliefert werden. Ich könnte die Sachen dann erst einmal im Keller meiner Datscha lagern. Die Mülltonnen könnte ich in Koffern transportieren oder, besser noch, im Kofferraum meines Autos.

Wenn man mir den Auftrag gäbe, sieben Ziele zu sprengen, bräuchte ich etwa 15 Minen, die ich an den passenden Plätzen deponieren würde. (...) In Ihren Augen wirkt dieser ganze Plan vielleicht sehr primitiv, aber für mich scheint er eines der obersten Anliegen unserer gemeinsamen Mission zu sein.

Kisevalter, der aufmerksam zugehört hatte, erwiderte:»Ihre Absicht ist gut, und wenn die Zeit gekommen ist, um darüber nachzudenken, wird man Ihren Vorschlag sicherlich nicht unbeachtet lassen.«

»Die Ausschaltung der 150000 Personen, von denen ich gesprochen habe, das heißt der gesamten Schicht der Militär- und Parteiführer, würde zur sofortigen Kapitulation führen. Es könnte natürlich sein, daß man Chruschtschow nicht erwischt, weil er gerade auf seiner Datscha ist.«

Kisevalter wandte sich seinem eigenen Fragenkatalog zu.»Wir haben eine Menge Fragen, die wir Ihnen gern stellen würden. Es macht nichts, wenn Sie nicht jede beantworten können. Gehen Sie einfach nur auf diejenigen ein, über die Sie etwas wissen.«

Als erstes erläuterte Penkowskij die Konstruktion der sowjetischen Raketendüsen und das Verfahren der Mischung von Brennstoff und Luft. Die sowjetischen Raketen, sagte er, stammten allesamt von der deutschen V-2 ab und bauten auf deren Funktionsprinzip auf. Es gäbe im Grunde nur eine Rakete, die der jeweiligen Aufgabe angepaßt und zum Beispiel zu einer Interkontinentalrakete vergrößert werde, die durch einen besonderen Brennstoff unter Beimengung von Bor eine höhere Schubkraft erhalte.

Danach beschrieb Penkowskij den Ablauf des Raketenlehrgangs, an dem er an der Dserschinskij-Akademie teilgenommen hatte, und zählte die Lehrkräfte auf, bevor er erneut auf die Ausrüstung der sowjetischen Truppen in den Satellitenstaaten und der eigenen Streitkräfte dieser Länder mit Raketen zu sprechen kam; so sollten Ende 1961 taktische Raketen in der DDR stationiert werden. »Möglicherweise hat auch Castro einige Raketen bekommen, aber das kann ich nicht mit Sicherheit sagen.«

Im April 1961 war die konventionelle Aufrüstung Kubas durch die Sowjetunion bereits im Gang. Die Entscheidung über die Stationierung von Mittelstreckenraketen sollte erst 1962 fallen, nachdem Chruschtschow in Bulgarien, wo er vom 14. bis 20. Mai jenes Jahres zu einem Staatsbesuch weilte, die Idee gekommen war, mit Atomsprengköpfen versehene Raketen in Kuba aufzustellen, und zwar so, daß die USA erst davon erfuhren, wenn es zu spät war, um etwas gegen ihre Stationierung zu unternehmen.[2]

Penkowskij unterbrach seine technischen Informationen mit allen möglichen Anekdoten über Warenzow und dessen Familie. So erzählte er zum Beispiel von General Iwan Wladimirowitsch Kupin, dessen Neffe mit Warenzows Tochter Jelena verheiratet war. Kupin befehligte die Artillerie der in der DDR stationierten 1. Armee und kam, wenn er in Moskau war, häufig zu Warenzow zu Besuch. Manchmal rief er auch bei Penkowskij an, um sich mit ihm zum Essen zu verabreden. Auf diese Weise erfuhr Penkowskij aus erster Hand, wie schlecht die Moral der sowjetischen Soldaten in der DDR war.[3]

Der Gedanke an seinen Vater ließ Penkowskij offenbar nicht los. »Ich wäre Ihnen sehr dankbar«, sagte er, »wenn Sie nachprüfen würden, ob mein Vater möglicherweise noch am Leben ist. Er ist schließlich, ohne eine Spur zu hinterlassen, verschwunden. Wir wissen, daß Rostow umzingelt war, und es ist sicherlich schwierig gewesen, von dort nach Taganrog zu entkommen, aber die Möglichkeit besteht.« Die Möglichkeit, die er meinte, war, daß sich sein Vater zu den Weißen durchgeschlagen hatte, die 1920 von Taganrog aus über das Asowsche und das Schwarze Meer nach Bulgarien und Jugoslawien geflohen waren.

»Wir werden es überprüfen«, versprach ihm Kisevalter, worauf Penkowskij fortfuhr:

Zweitens könnten Sie über Ihre Kanäle vielleicht herausfinden, ob mich jemand wegen meines Vaters angezeigt hat. Drittens wissen Sie vermutlich, daß dem KGB einige deutsche Archive in die

132

Hände gefallen sind (...). Unsere Leute wissen nicht, wie sie mit mir in dieser Beziehung verfahren sollen, und es wird offen über meinen Fall gesprochen; schließlich liegt er nicht so, daß man mich gleich verhaften müßte. Aber wenn sie mir den Paß für die Reise hierher nicht gegeben hätten, hätte ich mich abgesetzt, vielleicht in eine Ihrer Botschaften.

(...) Meine Mutter schrieb dann jene Erklärung, und ich reichte sie ein, aber das Vorhaben, mich als Residenten nach Indien zu schicken, wurde augenblicklich aufgegeben. Ich hätte als Militärattaché dorthin gehen sollen, aber an meiner Stelle bekam irgendein General ohne diplomatische oder sonstige Erfahrung den Posten. Ich war danach ohne Kommando, erst einen Monat, dann zwei, und ich machte mir große Sorgen. Man hatte mich in die GRU-Reserve versetzt. Das alles passierte, nachdem ich den Raketenlehrgang abgeschlossen hatte. Ich bin wirklich froh, daß ich bei diesem Lehrgang war, denn sonst hätte ich Ihnen niemals all diese Informationen geben können, sondern nur mein Wissen über die GRU anzubieten gehabt.

Ich saß also zwei Monate lang herum und machte mir Sorgen. Ich spürte, daß der große Bruch in meinem Leben näherkam. Ich hatte ja schon das Material von der Akademie abgeschrieben. Der Grund dafür war, daß man mir offensichtlich bereits mißtraute. Nach dieser Auseinandersetzung mit Sawtschenko, der auch Vorwürfe gegen mich erhoben hatte, war klar, daß ich nicht mehr auf meinen Posten in der Türkei zurückkehren würde. Ich empfand es als eine Beleidigung; ich wäre sehr gern in die Türkei zurückgegangen, wo ich einen großen Bekanntenkreis unter den Diplomaten hatte, zu dem nicht zuletzt Oberst Peeke gehörte. Ich hatte mich bereits entschlossen, an Sie heranzutreten, schob es aber hinaus, da ich gelernt hatte, vorsichtig zu sein. Unterdessen habe ich dieses Material gesammelt, weil ich dachte, daß es in Zukunft, wenn ich eine Gelegenheit fand, mit Ihnen Verbindung aufzunehmen, nützlich sein würde. (...)

So ging es ein Jahr lang. Dann, ich war gerade Offizier vom Dienst [im GRU-Hauptquartier], passierte der Powers-Zwischenfall. Ich habe den beiden amerikanischen Studenten davon erzählt. (...) Meine Dienstzeit fing um 15 Uhr an, und kaum hatte ich die

Wache übernommen, als die Nachricht hereinkam, daß ein amerikanischer Pilot nach dem Abschuß seiner U-2 in Haft genommen worden war. Die Mitteilung enthielt auch die genauen Umstände des Vorfalls. Als Powers in der Nähe von Swerdlowsk flog, hatte der arme Kerl das Unglück, über eine V-75-Bataillon zu stolpern. Er überflog den Standort nicht genau, wurde aber schon seit einiger Zeit von einer MiG-19 mit einem Leutnant als Piloten verfolgt. Das Bataillon befand sich wegen des Feiertags [1. Mai] in Alarmbereitschaft und feuerte eine Verteidigungssperre, nachdem es davon unterrichtet worden war, daß ein feindliches Flugzeug über seine Stellungen hinwegflog.

Es gab keinen direkten Treffer, aber Schäden am Heck und am Tragwerk. Die beschädigten Teile wurden bei der Zurschaustellung des Flugzeugs in Moskau nicht gezeigt, was Ihren Geheimdienstleuten eigentlich aufgefallen sein müßte. Es befand sich im Explosionsradius, und durch die Druckwelle wurde das Flugzeug beschädigt, und der arme Powers verlor das Bewußtsein. Ich weiß nicht, was er seinen Eltern oder anderen erzählt hat, aber er wurde während des Sturzflugs mehrmals ohnmächtig. Er war auch nicht bei Bewußtsein, als er mit dem Fallschirm auf dem Erdboden landete und man ihn durchsuchte. Die Behauptung, die U-2 sei getroffen worden, war natürlich Unsinn. Ich habe Ihnen darüber schon am 12. August letzten Jahres berichtet, genauso wie über die RB-47.

Die neuen Einzelheiten über den Powers-Zwischenfall waren von großem Interesse für den Westen. Die von Penkowskij gelieferten Informationen wurden in einem Bericht über den »Abschuß« der U-2 zusammengefaßt und an die Geheimdienstgemeinde verteilt. [4]

Penkowskij erzählte, daß Powers mit dem Flugzeug nach Moskau gebracht worden war. Als er dort eintraf, hatte der KGB jedoch keinen Englischdolmetscher zur Hand. »Deshalb sollte ich mit ihm reden, da ich weit und breit der einzige war, der wenigstens ein bißchen Englisch konnte. Außerdem hatte ich einigen Generalen schon über den Zwischenfall berichtet. Wenn man nicht in letzter Minute doch noch einen KGB-Dolmetscher aufgestöbert hätte, wäre ich der erste gewesen, der mit Powers sprach.«

Tatsächlich wollte der KGB-Vorsitzende Scheljepin*, der vorher Komsomolvorsitzender gewesen war und Serow an der Spitze des KGB abgelöst hatte, persönlich bei Chruschtschow Bericht erstatten. »Scheljepin fand also einen Dolmetscher und holte Powers ab, obwohl er vom Militär abgeschossen worden war und eigentlich Militärgefangener war. Er hätte also uns, dem Generalstab, übergeben werden müssen. Aber der KGB schnappte sich ihn, schaffte ihn zum Dserschinskij-Platz und verfaßte einen eigenen Bericht. Powers mußte medizinisch behandelt werden, da er sich immer noch im Schockzustand befand. Sie hätten versuchen können, ihn gegen diesen Melech** auszutauschen, den Sie so überhastet freigelassen haben.«

»Wie kommt es, daß Serow so wenig Einfluß hatte?« fragte Kisevalter.

»Serow hat überhaupt keinen Einfluß«, antwortete Penkowskij. »Wenn er nicht so eng mit Chruschtschow verbunden wäre, hätte man ihn wegen seiner Beziehung zu Berija sicherlich erschossen. Er war damals Minister, bekam aber die Chance, seine Haut zu retten und wurde zum Chef der GRU gemacht. Serow ist nicht gerade eine Leuchte. Er weiß, wie man Leute gefangennimmt, verhört und erschießt. Aber obwohl er sich in der Geheimdienstarbeit auskennt, erledigt sein Stellvertreter, Rogow, die meiste Arbeit. Der andere Stellvertreter, Mamsurow, ist nur für die Verwaltung zuständig.«

Dann kam Penkowskij auf Melech zurück. Er nahm offenbar an, die USA arbeiteten genauso wie die Sowjetunion mit gefälschten Anklagen und überzogenen Urteilen, um Geiseln in die Hand zu bekommen, die gegen eigene Spione ausgetauscht werden konnten.

Wenn wir doch nur früher zusammengekommen wären! Dann hätte ich Ihnen alles über Melech sagen können – daß er ein sowjetischer Spion und Geheimdienstoffizier war. Sie hätten ihn dann be-

---

* Alexander Nikolajewitsch Scheljepin (geb. 1918) war von Dezember 1958 bis November 1961 KGB-Vorsitzender und bekleidete danach einige hohe Posten im Partei- und Staatsapparat.
** Iwan J. Melech war ein GRU-Offizier, der 1955-60, als Mitarbeiter der Vereinten Nationen getarnt, in den USA operiert hatte. Er war im Oktober 1960 unter dem Verdacht der Spionagetätigkeit verhaftet und im April 1961 unter der Auflage, nie wieder die USA zu betreten, ausgewiesen worden.

stimmt nicht gehen lassen. Sie hätten ihn zum Tod verurteilen und dann gegen Powers austauschen können. (...)

An dem 5. Mai nach dem Abschuß von Powers verfügte Chruschtschow die Einstellung sämtlicher Agentenoperationen, um mögliche Pannen auszuschließen. Ich führte zu dieser Zeit einen Agenten, über den ich Ihnen später alles erzählen werde. Er bekam von einem Dritten Informationen über elektronische Rechenmaschinen und leitete sie über tote Briefkästen an uns weiter. Das mußte ich also stoppen. Es gab viele Proteste gegen die Absage geplanter Treffen und anderer Kontakte. Aber es mußte sein.

Danach war Penkowskij bereit, Fragen zu beantworten, und Kisevalter erkundigte sich zuerst, ob die 3R-1, 3R-2, 3R-3 und 3R-7, taktische Boden-Boden-Raketen, inzwischen in Serie produziert wurden.

»Absolut«, antwortete Penkowskij. »Außerdem hat man Atomsprengköpfe für sie entwickelt.«

»Wurden alle diese Raketen auf der Moskauer Parade von 1960 gezeigt?«

»Nein, nicht alle«, sagte Penkowskij und identifizierte anhand von Fotos jene Raketen, die gezeigt worden waren. »Es waren die 3R-1, die V-75, die R-2, die R-11 und die 3R-7.«

»Nach welchem Prinzip werden diese Raketen verteilt? Gehen Sie an die Frontverbände oder das Heer, oder an welche Einheiten sonst?«

Penkowskij erklärte, im Kriegsfall würden »die strategischen Langstreckenraketen vom Chef der Raketenstreitkräfte des Generalstabs befehligt, so wie es jetzt auch ist. Die taktischen Waffen werden dem Oberbefehlshaber der Bodentruppen unterstehen, und durch ihn Warenzow und den Kommandeuren der Untereinheiten, etwa den Frontkommandeuren. Im Kriegsfall werden diese Waffen der Artillerie des Heeres unterstehen, allerdings nur mit konventionellen Sprengköpfen. Über den Einsatz von Atomwaffen entscheidet ausschließlich das Präsidium des Zentralkomitees der KPdSU durch Befehl an das Verteidigungsministerium. Die Atomwaffen werden so stationiert, daß sie, falls ihr Einsatz genehmigt wurde, rasch zu den Einheiten gebracht werden können, die sie verwenden sollen.«

136

Kisevalter fragte erneut, ob Penkowskij wisse, wo sich Depots von Atomsprengköpfen befanden. »Natürlich weiß ich es nicht«, antwortete Penkowskij. »Das könnte man nur durch Beobachtung herausfinden. Wie ich gehört habe, gibt es in der Gegend um Klinzy einige Bereitstellungspunkte für Atomsprengköpfe. Die leeren Raketen werden im allgemeinen getrennt an völlig anderen Orten gelagert. Nur wenn sie eingesetzt und mit den Sprengköpfen bestückt werden sollen, werden sowohl die Raketen als auch die Sprengköpfe zu bestimmten vorgeschobenen Bereitstellungspunkten gebracht.«

Danach wurden die bislang entwickelten sowjetischen Mittel- und Langstreckenraketen, unter anderem die von der NATO SS-1 genannte R-11, im einzelnen besprochen. Penkowskij sagte dem anglo-amerikanischen Team, daß er »eine ausgezeichnete Informationsquelle« in Kapustin Jar, dem Testabschußgebiet dieser Raketen, habe, »einen Hauptmann, mit dem ich befreundet bin«. Die Frau des Hauptmanns war zu Warenzows Adjutanten, General Businow, gekommen und hatte sich darüber beklagt, daß ihr Mann nach dem Abschluß seines Lehrgangs an der Dserschinskij-Akademie nach Kapustin Jar abkommandiert worden war. Sie studierte Medizin und wollte in Moskau bleiben, um ihr Studium abzuschließen. Sie bat deshalb darum, die Abkommandierung rückgängig zu machen, damit ihr Mann in Moskau bleiben konnte.

Sein Name ist Wladimir Kaschin. Er ist Pionierhauptmann. Nun, dieser General Businow, hatte ich den Eindruck, faßte eine Zuneigung zu der Frau. Er hatte schon einmal Probleme in dieser Richtung, als er in Leningrad mit einer Offiziersfrau flirtete und ihr Mann einen Skandal machte, der Businow eine Parteirüge einbrachte. Wenn Warenzow nicht gewesen wäre, hätte man ihn wahrscheinlich sogar ausgeschlossen. Ich weiß zwar nicht, wie weit sein Interesse diesmal ging, aber es ist eher die Regel, daß ein General eine Geliebte hat, sogar Generalleutnant Smolikow von der GRU hat eine.

Businow kam also zu mir und meinte, man müsse diesem Hauptmann helfen. Ich war zu der Zeit als Leiter der Anfängerklasse in der Aufnahmekommission der Militärisch-Diplomatischen Akademie und sah mir die Personalakte des Hauptmanns an. Sie war hervorragend. Er hatte während seiner Studienzeit an der Akademie sogar eine Erfindung von einigem Wert gemacht.

In den Gesprächen, die ich mit ihm geführt habe, hat er mir erzählt, wie oft die in Kapustin Jar abgeschossenen Raketen vom Kurs abwichen. In Zukunft werde ich ihn, da ich jetzt weiß, für welche Dinge Sie sich interessieren, genauer danach fragen können. Ich bin mir sicher, daß ich ihn in der einen oder anderen Akademie unterbringen kann.

Kisevalter wollte wissen, ob die R-2 und die R-11 (SS-1) bereits an Verbände außerhalb der Sowjetunion ausgeliefert worden waren.

»Davon weiß ich nichts. Aber ich weiß, daß für Ende 1961 geplant ist, den Satellitenstaaten alle Arten von Raketen zu geben«, erklärte Penkowskij. »Die ersten dieser Raketen wurden den Truppen vor zwei Jahren übergeben, ungefähr zu der Zeit, als Chruschtschow sich Nixon gegenüber mit ihnen gebrüstet hat.«

Danach wandte sich Penkowskij an Harold Shergold, den Chef des britischen Teams, und fragte ihn: »Mr. Harold, wie steht es mit meiner Bitte, mit einem Vertreter der Regierung zusammenzukommen? Ich möchte mich offiziell vorstellen. Es muß kein Lord sein, und ich erwarte auch nicht, die Königin zu sehen.«

»Seien Sie versichert, daß wir uns darum bemühen«, erwiderte Kisevalter, nachdem er Penkowskijs Frage für Shergold übersetzt hatte.

»Ich werde auch noch etwas mehr Geld brauchen«, sagte Penkowskij zu Shergold. »Die fünfzig Pfund, die Sie mir gegeben haben, sind nicht genug. Ich habe sie zwar noch nicht ausgegeben, aber ich werde mehr brauchen, weil ich eine Menge einzukaufen habe. Ich möchte, daß Sie begreifen, daß es für mich ganz normal ist, alle diese Dinge zu haben, die ich einkaufen will. (...) In meiner Position ist es völlig angemessen und normal, gewisse Dinge zu haben. In repräsentativer Hinsicht sind sie sogar unverzichtbar. Auch als ich aus der Türkei zurückkam, hatte ich einen großen Koffer voller Einkäufe bei mir. Niemand hat etwas gesagt, und ich wurde vom Zoll nicht kontrolliert. Und jetzt komme ich in offizieller Eigenschaft mit einer Delegation zurück; es wird keinerlei Probleme geben.« Er zeigte sein Notizbuch vor, das voller Einkaufswünsche war; sogar aus Papier ausgeschnittene Fußabdrücke seiner Tochter und seiner Frau lagen darin.

Dann fragte er: »Denken Sie an meine Datscha?«

»Wir denken an alle Ihre Wünsche«, erwiderte Kisevalter. »Aber ob es für Sie zweckmäßig wäre, eine Datscha zu haben, ist noch unklar.«

»Ich würde gern wissen, welchen Wert man dem Material beimißt, das ich Ihnen übergeben habe. Jeder sollte bekommen, was er verdient hat. Sie haben mir gesagt, Sie hätten ein monatliches Gehalt für mich festgesetzt, und ich bin Ihnen sehr dankbar dafür. Ich hätte mich nicht beklagt, wenn Sie nur die Hälfte der Summe veranschlagt hätten. Ich bin kein Händler und will nicht feilschen. Aber jeder will etwas erreichen. Ich bin sicher, bei Ihnen ist es nicht anders. (...) Ich könnte irgendeinen Unfall erleiden und sterben. Wenn das geschehen sollte, bitte ich Sie, sich um meine Frau und meine Mutter zu kümmern, aber nur auf folgende Weise. Sie haben keine Ahnung von dem, was ich tue. Ich habe auch nichts geplant, um sie über die Grenze zu schaffen. Sagen Sie ihnen einfach, daß ich ihnen etwas verheimlicht hätte, nämlich daß mein Vater, bevor er starb, entweder einen Treuhandfonds eingerichtet oder Wertgegenstände bei einer ausländischen Bank hinterlegt hat, und da ich nicht mehr unter den Lebenden weilte, könnten sie über das Geld verfügen. Auf diese Weise wäre meine Tochter wenigstens finanziell abgesichert, bis sie erwachsen ist.«

»Das werden wir tun«, versprach Shergold.

»Meine Frau weiß nicht das geringste über das, was ich tue, und sie ist als Tochter eines Generals in gehobenen Verhältnissen aufgewachsen«, sagte Penkowskij. »Trotzdem ist auch sie sich der Lügen und des Betrugs bewußt, die in unserem Leben vorhanden sind, und sie war, als wir in der Türkei waren, sehr beeindruckt vom westlichen Lebensstil. Sie hat mein ganzes Notizbuch mit ihren Wünschen vollgeschrieben.«

Angesichts der Unsicherheit, in die er sich begeben hatte, trat Penkowskijs pragmatische Seite zutage. Wenn er seine amerikanischen und britischen Befrager zufriedenstellte, mußte dafür auch eine Gegenleistung erbracht werden. Die Zwiespältigkeit seiner Haltung war ihm nicht entgangen, und er achtete sorgsam darauf, den hohen Anspruch eines aufopferungsvollen Agenten, für den der Erfolg seiner Mission im Vordergrund stand und Geld erst in zweiter Linie zählte, aufrechtzuerhalten.

Für das anglo-amerikanische Team dagegen war Geld einer der Schlüssel für die Kontrolle über einen Agenten und die Sicherheit der Operation. Wenn Penkowskij zuviel Geld in die Hand bekam, könnte sein finanzielles Gebaren auffallen und eine Untersuchung auf sich ziehen. Erhielt er jedoch nicht genug Geld, um sich anerkannt zu fühlen, konnte er verärgert reagieren und unproduktiv werden. Shergold bestand darauf, daß Penkowskij um jeden Vorschuß in englischen Pfund, den er für seine Einkäufe brauchte, bitten sollte, während Bulik dafür war, ihm einen größeren Betrag zu geben, um sein Selbstgefühl zu steigern. Als Bulik klar wurde, daß Shergold bei seiner knickrigen Einstellung bleiben würde, gab er Penkowskij, in Absprache mit Kisevalter, zusätzliche Mittel in die Hand, damit er seine Einkäufe erledigen konnte und die Möglichkeit hatte, sich in London zu amüsieren. Der operative Stil des britischen und des amerikanischen Teams wies deutliche Unterschiede auf. Penkowskij gegenüber bemühte man sich zwar, sie nicht sichtbar werden zu lassen, aber insgeheim war Bulik nicht sehr erbaut davon.[5]

Der Gedanke an seine Zeit als GRU-Offizier in der Türkei brachte Penkowskij auf die GRU-Residentura in New York, und er erläuterte dem anglo-amerikanischen Team ihren Aufbau. Kisevalter bat ihn daraufhin, herauszufinden, wie viele GRU-Offiziere bei der UNO arbeiteten.

Sie sollten wissen, wie froh die GRU war, als ich mein Visum bekam. So konnte man mir GRU-Aufträge erteilen, die ich neben meinen Pflichten als Delegationsleiter erfüllen soll. Ich möchte Sie bitten, mir bei der Erledigung dieser Aufträge zu helfen. Ich muß einen eindrucksvollen Bericht abliefern. Sie könnten mir helfen, einen meiner englischen Bekannten mit dem hiesigen Führungsoffizier der GRU zusammenzubringen. Es braucht nur ein loser Kontakt zu sein, und vielleicht könnte Ihr Mann ab und zu irgendwelches Material liefern. Es kann völlig wertloses Material sein, aber es wäre gut, wenn Ihr Mann gelegentlich Geld dafür annimmt. Er braucht den Führungsoffizier nur hinzuhalten, bis ich endgültig zu Ihnen überlaufe. So stelle ich es mir jedenfalls vor. Wenn nötig, könnte sich der Mann anwerben lassen, aber er muß auf alle Fälle richtig arbeiten. Ansonsten würde man sich an mich halten,

140

da er mein Mann ist. Wenn es nach einer Provokation riecht, würde man mich hinter Gitter bringen, und Sie würden mich nie wiedersehen.

»Es wird bereits an den Problemen gearbeitet, die Sie in bezug auf unseren Operationsplan angesprochen haben«, erklärte Kisevalter, »und sobald wir wieder in London sind, werden wir all diese Dinge regeln.«

»Ich verstehe das vollkommen«, sagte Penkowskij. »Mir ist klar, daß Sie mehr Erfahrung, mehr wissenschaftliche Möglichkeiten und bessere Köpfe haben als ich, obwohl ich, bis auf ein kurzes Zwischenspiel, das der Verbindung zu Sawtschenko in der Türkei zu verdanken war, seit 1953 ununterbrochen im Geheimdienst tätig bin.«

Er erhob sich, um zu gehen, blieb aber noch einmal stehen und sagte: »Es wäre gut, wenn Wynne sich in zwei Monaten mit mir in Verbindung setzen könnte. Er braucht keine Ausbildung dafür, und Sie müssen ihm auch nichts sagen. Aber er weiß natürlich, wer Sie sind und daß ich mit Ihnen in Kontakt stehe.«

»Wir werden uns um alles kümmern«, versicherte Shergold.

»Wynne mag nicht der Klügste oder Begabteste sein, aber er behandelt mich gut und begegnet mir mit Respekt«, fügte Penkowskij hinzu. »Ich würde sagen, er ist ein guter Patriot und ein ehrlicher Mann.«

Penkowskij dachte bereits an die Zeit nach seiner Rückkehr nach Moskau und daran, wie er seine Informationen übermitteln konnte. Wynnes persönliche Sicherheit und seine Rolle als Kontaktperson und Kurier machten seine legitimen Geschäfte mit der Sowjetunion davon abhängig, daß Penkowskij weiterhin vom Glück begünstigt war. Als erfahrener Geheimdienstmann wußte Penkowskij, daß es besser war, sich in Moskau nicht auf tote Briefkästen zu verlassen, es sei denn, extreme Umstände machten es erforderlich. Wynne war der sicherste Weg. Wenn er der GRU erzählte, er würde Wynne für seine Zwecke benutzen, und zusätzlich einige wertvolle Informationen aus London mit nach Hause brachte, konnte sein Doppelspiel durchaus funktionieren.

Das erste Treffen im Metropole hatte bis nach Mitternacht gedauert. Am Nachmittag um 16.15 Uhr traf sich Penkowskij dort zum zweitenmal mit dem anglo-amerikanischen Team. Er hatte den Tag mit Vertretern des britischen Handelsministeriums verbracht und erregte sich darüber, daß er ständig gefragt worden war, was die Sowjetunion in England einkaufen werde. »Sie haben mir gesagt, daß wir mehr kaufen müßten. Es ging um nichts anderes als Aufträge. Aber was hätte ich dazu sagen sollen?« Dann fügte er auf englisch hinzu: »Es ist furchtbar!«

Es war inzwischen schon zur Gewohnheit geworden, daß zuerst Penkowskijs Tagesordnung abgehakt wurde. Als erstes bat er darum, daß man ihm nach der Rückkehr nach London im Hotel Mount Royal, abseits der Zimmer der anderen Delegationsmitglieder, ein Einzelzimmer im fünften Stock geben solle, und zwar eines, das in der Nähe der Treppe lag, die zu der Suite hinunterführte, in der die Treffen mit dem anglo-amerikanischen Team stattfanden. »Auf diese Weise hat kein Mitglied der Delegation einen Grund, später über ungewöhnliche Zimmerzuweisungen zu berichten«, erklärte er.

»Gut, wir werden sehen, was sich tun läßt«, sagte Shergold.

Dann forderte Penkowskij, daß man es Wynne nicht gestatten solle, seine Frau mitzubringen, wenn er im Mai nach Moskau kam. »Sie ist absolut überflüssig. Es wäre eine unnötige Geldverschwendung, und sie würde nur stören. Ich bitte Sie, dafür zu sorgen, daß sie in London bleibt.«

Als nächstes sprach er wieder von den Moskauer Zielen, die im Ernstfall auszuschalten waren. »Was die Hauptziele in Moskau angeht, die zerstört werden müssen, so könnten Sie mich, da der Einsatz von Raketen so grundlegend ist, fragen, warum ich die Raketen-Akademie nicht in die Liste aufgenommen habe. Ich meine allerdings, daß sie eingeschlossen werden sollte, und will Ihnen erklären, wie es getan werden kann.«

Bulik und Kisevalter legten eine große Karte des Moskauer Zentrums auf den Couchtisch und baten Penkowskij, die wichtigsten militärischen Ziele darauf zu markieren. Penkowskij tat es und gab gleichzeitig an, wer die jeweiligen Einrichtungen leitete.

Dann erzählte er von der Rivalität zwischen Marschall Warenzow, dem Befehlshaber der Raketentruppen und der Artillerie, und Marschall Moskalenko, dem die gesamte strategische Atomstreitmacht, einschließlich der nuklearen Waffensysteme der Luftwaffe und der Marine, unterstand. »Es gibt da einen Kampf. Jeder will so viel technische Ausrüstung bekommen wie möglich, und dann ist nicht genügend Geld da. Also fallen sie übereinander her, und die Sache kommt vor den Obersten Militärrat, dessen Vorsitzender der Oberbefehlshaber Nikita Sergejewitsch [Chruschtschow] ist. Warenzow hat mir erzählt, wie die Sitzung gelaufen ist. ›Oleg‹, hat er zu mir gesagt, ›zu niemandem ein Wort darüber.‹ Er hat mir auch erzählt, daß auf der letzten Sitzung die Probleme mit der Landwirtschaft besprochen wurden. Danach ist Chruschtschow durch das ganze Land gereist, nach Tiblissi und dann weiter in den Osten, ins Neuland, und hat von großen neuen Landwirtschaftsgebieten und Städten geträumt.«

Penkowskij bezog sich auf eine Sitzung des Militärrats in Abwesenheit von Chruschtschow, der sich zu dieser Zeit im Osten der Sowjetunion befand und seinem Traum von riesigen neuen Kornkammern nachhing, während sich die Mitglieder des Präsidiums Anastas Mikojan und Michail Suslow in Moskau die Klagen der Militärs anhören mußten, die zusätzliche Mittel für die Raketenerprobung bewilligt bekommen wollten.

»Warenzow hat zu mir gesagt: ›Weißt du, daß niemand da war, der es unterstützen wollte! Stalin hätte einfach auf den Tisch gehauen, und damit wäre die Sache erledigt gewesen.‹ Sie sollten mir ein kleines Tonbandgerät geben, damit ich aufnehmen kann, was Sergej Sergejewitsch [Warenzow] mir erzählt«, schlug Penkowskij vor.

»Jetzt zu Lettland, dem militärischen Hauptquartier in Riga und der baltischen Region im allgemeinen. Die baltischen Völker warten sehnsüchtig auf ihre Befreiung. Die Stimmung ist schlecht, aber gut für uns. Ich wäre natürlich traurig, wenn es notwendig wäre, die drei baltischen Republiken zu bombardieren oder sogar auszulöschen. Das ist eine Frage für die Strategen, aber Sie kennen jetzt meinen Standpunkt. Vielleicht schicken Sie mich ja eines Tages mit einem Auftrag nach Riga, und ich kann von Riga aus zu Ihnen kommen – oder auch von einer anderen Hafenstadt aus. Aber was ich sagen wollte, ist, daß es nicht nötig sein wird, die drei Baltenrepubliken auszulöschen.«

Als sich der Abend dem Ende näherte, kam Penkowskij wieder auf sich selbst zu sprechen. »Wie ich zum Staatlichen Komitee und nach England gekommen bin? Nun, am 29. Februar 1960 wurde ich in die für Pakistan, Indien und Ceylon zuständige Sektion der 4. Abteilung der GRU versetzt. Ich folgte dem Befehl und nahm meine Arbeit auf.

Ich leitete die Offiziersausbildung, und meine Arbeit wurde auf den Parteiversammlungen gelobt. Ich schrieb Telegramme und arbeitete mit Agenten. Dann begann man damit, die Personalstärke zu reduzieren. Es traf überwiegend die Alten, die Kranken und jene, die für ihre Arbeit ungeeignet oder politisch unzuverlässig waren. Was mich geschützt hat, weiß ich nicht. Ich war wegen meines Vaters sehr besorgt. Es gab viele, die von ihm wußten, und ich erlebte mit, wie man ständig Leute vor die Tür setzte. Aber man beließ mich noch drei Monate auf dem Posten. Dann, im Juni 1960, wurde ich als Mitglied der Aufnahmekommmission zur Militärisch-Diplomatischen Akademie versetzt. Ich sollte Lehrgangsleiter des Jahrgangs 1960 werden, der 1963 seinen Abschluß machen wird. Als Lehrgangsleiter hätte ich das Gehalt eines Generals bekommen, da es die Dienststellung eines Generalmajors ist. Ich hätte wirklich gut verdient.«

»Wieviel?« unterbrach ihn Kisevalter.

»Es sind jetzt 500 Rubel im Monat. Und es ist eine Generalsstelle. Ich habe die Erfahrung für solche Arbeit. Ich bin Lehrgangsältester und vorher Regimentskommandeur gewesen. Es hätte im Rahmen meiner Fähigkeiten gelegen, solch einen Lehrgang zu leiten.«

»Daher also haben Sie Ihre Informationen über die GRU-Mitarbeiter?« fragte Kisevalter.

Natürlich. Als ich Anfang August aus dem Urlaub kam, wurde mir dann aber mitgeteilt, daß ich nicht mehr als Lehrgangsleiter vorgesehen war. Man bot mir an, entweder als Instrukteur oder in der Informationsabteilung zu arbeiten. Ich habe beide Posten abgelehnt und wurde wieder in die GRU-Reserve versetzt.

Man hat mich in die Personalabteilung geschickt, um mit Schumskij zu sprechen. Er sagte aber nur: »Was soll das alles?«, und hat mich an Smolikow verwiesen. Smolikow trinkt gern und hat ständig Frauengeschichten. Er fragte mich: »Wie lange sind Sie im Dienst?« Mir schlotterten die Knie. Ich antwortete: »1962 werden es 25 Jahre sein.« Dann kam er auf meinen Vater zu sprechen. Er sagte mir, daß mein Vater der Grund dafür wäre, daß man mich nicht ins Ausland schickte. Aber er wollte mich trotzdem behalten. Beim ZK der KPdSU lag ein vom Komitee eingereichter Lebenslauf von mir, zusammen mit dem Vorschlag der Englandreise, so als wäre ich ein entlassener Offizier. Daneben hatte mich die militärische Sektion der GRU dem Komitee empfohlen. Außer meinem Vater gibt es nichts, was gegen mich spricht. Aber das reicht aus, um zu verhindern, daß ich bei der GRU weiterkomme.»Das ist eine peinliche Sache«, sagte Schumskij zu mir.»Wie konnte ein Mann mit dieser Vergangenheit Dozent von sechzig zukünftigen Geheimdienstoffizieren werden? Mir mag das nichts ausmachen, aber das ZK ist darauf aufmerksam geworden und überprüft die Angelegenheit. Es ist unmöglich, Sie auf Ihrem Posten zu belassen.«

Während ich in Odessa und Kiew Urlaub machte, hatte man meine Stellung verändert und mich zum Dozenten ernannt. Das war unannehmbar. Ich hätte Vorlesungen halten und die Lehrgangsteilnehmer in die Arbeitsmethoden einführen müssen. Das ist etwas für Männer, die nicht mehr im aktiven Dienst sind. Vielleicht glaubte man, mir einen Vertrauensbeweis zu geben, indem man mich zum Dozenten machte, aber ich lehnte diese Arbeit kategorisch ab. Es ist kein Leben, verstehen Sie. Ich faßte den Entschluß, zu Ihnen überzulaufen. Ich habe mein Leben riskiert, ich bin seit 21 Jahren in der Partei – es gibt nichts, was ich nicht für mein Land getan hätte.»Geben Sie mir eine operative Aufgabe in Indien oder Pakistan«, bat ich sie. Ich hatte bewiesen, daß ich dafür geeignet war. Aber sie sagten:»Das können wir nicht tun.« Mit anderen Worten, sie wollten niemanden im operativen Einsatz haben, der auch nur den geringsten Makel aufwies.

Am 15. November – ich habe den Befehl zu Hause – wurde ich als Berater des Außenministeriums zum Staatlichen Komitee für die Koordinierung der wissenschaftlichen Forschungsarbeit versetzt. Dort sagte man mir eines Tages:»Wynnes Delegation kommt. Sie werden sie betreuen.« Ich organisierte den gesamten Verlauf des Besuchs von Wynnes siebenköpfiger Delegation. Ich besorgte Fachleute, die Vorträge halten sollten, und telefonierte herum, um die Zuhörerschaft für die Vorträge der englischen Experten einzuladen. Ich holte Wynne in Scheremetjewo ab. Die Vorträge und Empfänge waren allesamt gut organisiert. Unsere Fachleute lieferten positive Berichte ab, und auch die Delegation war mit dem Besuch zufrieden, wie Sie wissen.

Ich betreute Wynnes Delegation vom ersten bis zum letzten Tag und brachte sie dann zum Flugplatz hinaus. Als wir dort waren, es war der 16. Dezember, faßte ich den Entschluß, Merriman mein Material in die Hand zu drücken und zu sagen: »Hier, nehmen Sie es.« Es wäre leicht möglich gewesen – auf der Toilette zum Beispiel, aber er wiederholte nur: »Mein Geschäft ist Zement.«

Etwas möchte ich noch anfügen – als jemand, der sich als Ihr Mitarbeiter, Ihr Geheimdienstoffizier betrachtet –, nämlich einige politische Gedanken, die mit unserer Arbeit zusammenhängen. Ich gehöre zu denen, die glauben, daß es von Zeit zu Zeit regionale Kriege geben sollte, in die unsere eigenen mächtigen Führungsnationen [die USA und Großbritannien] nicht verwickelt sind. Es ist notwendig, die Sowjetunion auszubluten, ihre materielle Basis auszuzehren und den Faktor der Kampfmoral auszuspielen, um die es, wie Sie wissen, nicht sehr gut steht. Ich spreche von regionalen Kriegen, die ohne den Einsatz von Atomwaffen geführt werden, sondern ausschließlich mit konventionellen Artillerie- und Nahkampfwaffen. Dann werden Sie mit eigenen Augen sehen können, wie es um die Moral der sowjetischen Soldaten und Offiziere bestellt ist. Der Krieg sollte drei oder vier Monate dauern, wie der, der vor einigen Jahren im Fernen Osten geführt wurde [der Koreakrieg von 1950–53]. Es muß Blut vergossen werden, und die UdSSR muß materiell geschwächt werden. Es ist gut, daß sich Chruschtschow so weit aus dem Fenster lehnt. Soll er Castro ruhig noch mehr helfen. Im Augenblick hat Castro seine Vorräte fast aufgebraucht. Chruschtschow soll ihm ruhig mehr geben – eine Menge mehr. Ich würde es ihm natürlich nicht erlauben, diese Waffen [Raketen] dort zu stationieren. Ich bin zwar nicht der Präsident, aber ich bin Geheimdienstoffizier, und ich habe einige Erfahrung.

Sie müssen entschuldigen, daß ich mir in so großen Fragen ein Urteil erlaube, aber ich fühle mich frei, es zu tun. Ich bin in der freien Welt. Es ist notwendig, die Energie der Sowjetunion, ihre große materielle Basis und ihre Überlebenskraft auszuhöhlen, ohne einen weltweiten Konflikt zu entfesseln. Ich habe all dies schon geschrieben und wiederhole es jetzt noch einmal. Ich halte es für notwendig, darüber zu konferieren, aber im geheimen, nicht auf Gipfeltreffen, die Chruschtschow sehr gelegen kämen. Er würde die auf Gipfeltreffen getroffenen Entscheidungen nur zu seinem eigenen

Vorteil ausnutzen, um sein Prestige den USA und England gegenüber zu erhöhen. (...) Es ist notwendig, daß die Führer der freien Welt zusammenkommen, um ihr einheitliches Vorgehen und die materiellen Opfer zu koordinieren, die sie um des gemeinsamen Sieges willen bringen müssen.

Wenn man dies nicht erreicht, wird es zur Katastrophe kommen. Chruschtschow und der Generalstab könnten einen Vorsprung gewinnen, alle diese Raketen einsetzen und furchtbaren Schaden anrichten. Nach meiner Einschätzung und nach Ansicht einiger einflußreicher Persönlichkeiten [Warenzow und andere] braucht Chruschtschow noch zwei oder drei Jahre. Aber nicht länger, meine Herren, nicht länger, glauben Sie mir.

Kisevalter und Bulik sahen sich verblüfft an. Es war eine atemberaubende These, die Penkowskij soeben aufgestellt hatte. Aber vor ihnen lag eine andere Aufgabe, nämlich die Fakten von den persönlichen Ansichten und Schlußfolgerungen zu trennen und sie, mit ihrer eigenen Einschätzung versehen, an die CIA und den MI6 weiterzuleiten. Der daraus erarbeitete formelle Bericht würde dann, als Information eines hohen sowjetischen Militärs gekennzeichnet, an den kleinen, hochrangigen Kreis derjenigen verteilt werden, deren Aufgabe es erforderte, über das strategische Denken und die Absichten der Sowjetunion Bescheid zu wissen.

Vorher gab es allerdings noch viel zu tun. Shergold legte Penkowskij einen Stapel Fotos von KGB- und GRU-Offizieren zur Identifikation vor. Sie stammten entweder von der CIA und dem MI6 selbst, die routinemäßig rund um die Welt das Personal der sowjetischen Botschaften und Konsulate fotografierten, oder von befreundeten Geheimdiensten. Als er sich die ersten Fotos ansah, blickte Penkowskij plötzlich auf, so als wäre ihm gerade etwas eingefallen, und sagte: »Der erste Sekretär der afghanischen Botschaft ist ein aktiver Agent, mit Bezahlung und allem.«

Dann wandte er sich wieder den Fotos zu. »Es ist absolut notwendig«, erklärte er, während er sich die Gesichter auf den Fotos ansah, »daß der erfahrene, angesehene und seit langem bestehende britische Geheimdienst und der ehrgeizige junge Geheimdienst der USA – jung im Vergleich mit dem englischen – und die Geheimdienste überall auf der Welt ihre Waffen schärfen. Es muß alles getan werden, um die Illegalen, die die Sowjetunion ins Ausland schickt, zu neutralisieren; sie müssen enttarnt und ausgeschaltet werden. Das ist eines der Hauptziele für die Zukunft.«

»Wir sind völlig einer Meinung mit Ihnen«, sagte Kisevalter.

»Wir bestehlen Sie. Wir kaufen alle möglichen sauberen Dokumente und Formulare auf, für die Pässe zum Beispiel, mit denen die Illegalen eingeschleust werden.« Penkowskij schlug vor, den Einsatz von Illegalen zu erschweren, indem man einen Metallfaden in das für Pässe verwendete Papier einarbeitete, so daß falsche Pässe leichter zu erkennen waren.

Das Treffen endete nach Mitternacht. Penkowskij blieb nicht viel Zeit zum Schlafen. Er mußte früh aufstehen, da seine Delegation nach Birmingham fahren sollte, wo Besuche in Stahlfabriken geplant waren. Damit begann – unter Mithilfe der CIA und des MI6 – seine Arbeit für die GRU, die Ausspionierung der neuesten britischen Technologie.

Kapitel 7

WAS KOSTET EIN GEHEIMNIS?

Der 27. April 1961 war für Penkowskij und seine Delegation angefüllt mit Besichtigungsterminen in den Stahlfabriken von Birmingham. Penkowskij hatte den Auftrag, soviel wie möglich über hitzebeständige Stähle herauszubekommen, die beim Raketenbau verwendet werden konnten. Die Engländer hüteten sich zwar, die genauen Formeln anzugeben und alle Einzelheiten der Herstellungsverfahren zu beschreiben, aber die Informationen, die sie gaben, würden ausreichen, die GRU und das GKKNIR von Penkowskijs Wert als Spion zu überzeugen, so daß man ihn vermutlich auf weitere Auslandsreisen schicken würde.

Nach einem Tag voller Begegnungen und Besichtigungen aß Penkowskij früh mit seiner Delegation zu Abend und zog sich dann zurück, angeblich um schlafen zu gehen. Statt dessen ging er jedoch um 21 Uhr in die Halle des Midland Hotels, wo Kisevalter auf ihn wartete. Sie nahmen Augenkontakt auf, und Penkowskij folgte Kisevalter zu dem Hotelzimmer, in dem der Rest des anglo-amerikanischen Teams auf ihn wartete.

Er wurde herzlich begrüßt, und Kisevalter sagte ihm, daß man über seinen in London geäußerten Wunsch, »einen bedeutenden Mann« zu treffen, nachgedacht habe. In der Woche zuvor war Jurij Gagarin von der Königin empfangen worden, und Penkowskij hatte gefragt: »Hat er etwa mehr für uns getan als ich?« Er wollte anerkannt werden und die Gewißheit haben, daß seine Informationen die höhere Ebene der Entscheidungsträger erreichten. Sein Ehrgeiz und der brennende Wunsch, im Mittelpunkt der Aufmerksamkeit zu stehen, waren stets virulent.

»Sagen Sie uns einfach, woran Sie denken«, sagte Kisevalter. »Sie mit einer solchen Person zusammenzubringen, ist kein Problem für uns. Allerdings wissen Sie selbst, daß die Prominenten, diejenigen, die die

Befehle geben, die Sicherheitsbedürfnisse nicht immer so verstehen, wie wir es tun. Je weniger Menschen von Ihnen wissen, desto sicherer ist es für uns alle. Aber wir können es trotzdem in die Wege leiten.« »Ich will versuchen, es Ihnen zu erklären«, sagte Penkowskij. »Wir treffen uns heute zum siebten Mal. Ich habe überschlagen, daß wir insgesamt 25 Stunden zusammenwaren. Das ist gut ein Tag, an dem wir weder geschlafen noch gegessen oder uns die Beine vertreten haben. Ich habe das Gefühl, daß wir auf der gleichen Wellenlänge liegen, daß wir nach Lösungen für große und bedeutende Fragen suchen. Ich bin froh, daß Sie mich so eingehend befragen und so tiefes Verständnis für mich haben und daß ich mich in vertrauenswürdigen Händen befinde. Das inspiriert mich. Ich betrachte mich nicht nur als irgendeinen Agenten. Nein, ich bin einer von Ihnen. Ich bin Ihr Bürger und Soldat. Ich bin nicht wegen irgendwelchem Kleinkram zu Ihnen gekommen. Wenn ich keine ausreichenden Fähigkeiten für die verdeckte Arbeit besäße, wäre ich, trotz all meines Hasses und meiner Verachtung für den korrupten Leninismus, niemals mit so klaren Vorstellungen zu Ihnen gekommen. Glauben Sie mir. Ich denke, daß ich über so außergewöhnliche Fähigkeiten und äußere Voraussetzungen für die Agentenarbeit verfüge, daß ich in der Lage bin, meinen eigenen Ansprüchen zu genügen, indem ich meiner Königin und meinem Präsidenten als Soldat an der Front diene.«

Penkowskij sprach in einem sehr emotionalen Tonfall und mit einem Pathos, in dem sich Eigenlob mit dem leidenschaftlichen Wunsch mischte, dem anglo-amerikanischen Team, das ihm schweigend zuhörte, seinen Wert zu beweisen.

»Die erste Hälfte meines Aufenthalts in Großbritannien ist vorüber. Ich habe versucht, realistisch einzuschätzen, was ich innerhalb des letzten Jahres getan habe, und ich meine, daß ich vielleicht mehr als nur ein kleines Körnchen zu unserer gemeinsamen Sache beitrage. Dabei hilft es mir sehr, daß Sie immer wieder nachhaken. Nach jedem Treffen mit Ihnen arbeitet es in meinem Kopf, und ich bin unablässig auf der Suche nach neuen Dingen. Ich bin jetzt ein Entdecker, der die mir offenstehenden Möglichkeiten erkundet. Ich möchte, daß Sie mich testen, daß Sie mich auf die Probe stellen mit irgendeiner Aufgabe, die ich im Rahmen meiner Möglichkeiten und unter Einsatz meiner Ausbildung und meiner Erfahrung bewältigen kann.«

Penkowskijs Stimme war so weit angeschwollen, daß Kisevalter ihn unterbrechen mußte, um ihn aufzufordern, leiser zu sprechen, damit niemand das Gespräch mithören konnte.

»Ich weigere mich anzunehmen, daß Sie mir nicht glauben«, fuhr Penkowskij fort. »Sie sind inzwischen schon liebe Freunde, meine Waffenbrüder. Aber jemand anders, der mir nicht Auge in Auge gegenübersitzt, wird vielleicht sagen: ›Er schreibt diese ganzen Raketensachen doch nur aus der *Prawda* ab.‹«

Penkowskij war offensichtlich bemüht, die Beziehung zu seinen Befragern zu stärken und sich selbst die Gewißheit zu verschaffen, daß man ihn verstand und ihm vertraute. Die Risiken, die er eingegangen war und wieder eingehen würde, sobald er nach Moskau zurückgekehrt war, waren enorm. Sah er möglicherweise in Bulik und seinem Team eine neue Vaterfigur? Die Psychiater der CIA hatten herausgefunden, daß Überläufer häufig frühzeitig ihren Vater verloren hatten oder von ihm getrennt aufgewachsen waren und infolgedessen nach einer neuen Autoritätsperson suchten. Bei Penkowskij spielte augenscheinlich Marschall Warenzow diese Rolle. Daß er dennoch bereit war, ihn zu hintergehen, lag darin begründet, daß seine Karriere in einer Sackgasse angekommen war, und zwar ironischerweise aufgrund seines wirklichen Vaters. Sein Ersatzvater Warenzow hatte versagt, da auch er nicht in der Lage gewesen war, Penkowskij zum General zu machen. Hätte man ihm die Anerkennung zuteil werden lassen, die er in seinen Augen verdient hatte, und ihn zum General befördert, wäre er vermutlich kaum auf die Idee gekommen, sein Heil auf der anderen Seite zu suchen.

»Verstehen Sie mich richtig«, beschwor er seine Befrager, »ich bin ein erwachsener Mann, der auf die Fünfzig zugeht, so wie Sie. Michael [Stokes] und Joseph [Bulik] sind den Jahren nach zwar jünger, aber in Ansehung ihrer Erfahrung vielleicht älter als ich. Das kann ich nicht sagen.«

»Vielen Dank«, erwiderte Bulik mit einem Lächeln.

»Wenn die Regierungen, denen ich jetzt diene, meinen Beitrag schätzen, den ich unter erheblicher Gefahr und großer Selbstaufopferung geleistet habe, glauben Sie mir . . .« Er ließ den Satz unvollendet und setzte von neuem an:

Wenn das, was ich bereits getan habe, von wirklichem Wert ist, wenn Sie an die großen Möglichkeiten, die ich habe, glauben und wollen, daß ich bis zum Ende nützlich bin, wenn ich für Sie, für Ihre Vorgesetzten und Ihre Regierungen nicht nur irgendein gewöhnlicher Durchschnittsmensch bin: dann wäre die Beachtung, die mir von oben zuteil würde, ein Zeichen der Anerkennung für meine Arbeit. Und wenn Sie mich für Mittelmaß halten sollten, wäre es nicht anders. Möge Gott es fügen.

Ich habe Sie gebeten, Wynne zu belohnen, ihm Geld zu geben. Aber (...) Sie haben sich noch nicht dazu geäußert. Ich werde bald abreisen. Werden Sie ihm nun Geld geben oder nicht? Wynne braucht es; er hat alles getan, um uns zusammenzubringen, damit ich meine Lebensaufgabe erfüllen kann. Wenn Sie meinen Beitrag, meine Möglichkeiten, meine Ideen und Fähigkeiten als gering einschätzen, sollten Sie mir offen sagen: »Seien Sie still, und bescheiden Sie sich. Sie sind zu sehr von sich eingenommen.«

Mein Wunsch ist es jedoch, Großes zu tun und die Nummer eins für Sie zu sein – für Ihre Regierungen, Ihre Oberkommandos und das Menschheitsanliegen des Kampfs gegen den Kommunismus. Sie betrachten mich schon als Ihren Freund und Kameraden. Sie glauben mir. Aber all die anderen, jene, die das Heft in der Hand haben, sind nicht hier. Möge Gott geben, daß Sie ihnen all meine Wünsche und Möglichkeiten vermitteln können. Sie verstehen meine rebellische Natur. Sie kennen mich als außergewöhnlichen, kraftvollen Menschen. Ich spüre aber auch, daß Sie mich immer noch taxieren und einzuschätzen versuchen. Vielleicht sehen Sie irgendeinen Widerspruch in mir; wenn ja, dann sagen Sie es mir, damit ich es klären kann. Denn ich glaube an meine Kraft und meine Fähigkeiten und an die Wahrheit.

Im Licht dessen möchte ich Sie bitten, sich bis zu meiner Abreise am 2. oder 6. Mai über mich klarzuwerden. Als ich mich entschloß, zu Ihnen zu kommen, habe ich es mir nicht leicht vorgestellt. Aber ich bitte Sie, mich zu verstehen, mich im richtigen Licht zu sehen und mir zu glauben. Geben Sie mir so bald wie möglich einen schwierigen Auftrag, damit ich mich beweisen kann. Vielleicht werden Sie dann anders von mir denken. Aber ich möchte, daß Sie mich nur für große Dinge einsetzen.

Kisevalter versuchte etwas einzuwerfen, aber Penkowskij hielt ihn zurück. »Eine Minute noch, ich bin gleich fertig«, sagte er und fuhr fort:

Wenn die amerikanischen Studenten [Cox und Cobb], die mir geholfen haben, damit einen wertvollen Dienst geleistet haben, dann sollten auch sie belohnt werden. Das wäre für mich ein Zeichen dafür, daß Sie mich schätzen. Wenn Sie nichts für sie tun, nun, dann bin auch ich, jetzt und in Zukunft, nur ein kleines Licht für Sie.

Was mich betrifft, so werde ich Ihre Haltung mir gegenüber daran messen, wie Ihre Regierungen diese beiden jungen Amerikaner, Wynne und uns selbst behandeln. Sie könnten mich natürlich fragen, warum ich mir den Kopf darüber zerbreche, inwieweit Ihre Regierungen diese Leute und uns beachten. Es mag mich nichts angehen, aber es ist mir nun einmal nicht gleichgültig, wie die Arbeit, die Sie zum Besten unserer gemeinsamen Sache in diese Operation gesteckt haben, aufgenommen wird. Möge Gott für Wohlstand und Wohlergehen sorgen. Ich möchte nur auf der Grundlage großer, bedeutender Prinzipien arbeiten, auch wenn es Gefahren mit sich bringt. Ich bin sicher, daß Sie, falls mir etwas zustößt, falls ich ums Leben komme, meine Tochter, meine Mutter und meine Frau nicht vergessen werden. Sie wissen, was ich in diesem Fall von Ihnen erwarte, und Sie werden etwas unternehmen und sie in ihrer Not nicht alleinlassen.

Penkowskij sprach jetzt schon seit mehr als zehn Minuten, und das anglo-amerikanische Team ließ ihn ungestört fortfahren, weil er seine fast zwanghafte Selbstbezogenheit immer wieder durch Klagen über die Verringerung der Militärgehälter oder Hinweise auf den erbärmlichen Lebenszuschnitt in der Sowjetunion durchbrach, die in krassem Gegensatz zu dem standen, was Chruschtschow der Welt weismachen wollte.

Sie wissen, daß in der Sowjetunion die materielle Seite des Lebens schwer auf den Menschen lastet. (. . .) Die minimale Lebensgrundlage des Sozialismus ist nicht vorhanden, und was für ein Leben ist es schon? Ein kärgliches, graues Leben – glauben Sie mir. Ich lebe im Kommunismus. Man muß an das Volk denken – das dumme russische Volk. Denn die Russen sind Narren – sie sind gute, feine Menschen, aber Narren. Sie lassen sich so leicht versklaven und erdulden immer alles – denn vielleicht wird es ja morgen schon besser. Gott sei Dank gibt es Brot und Salz; es ist das einzige, was es gibt.

Die Menschen sind Narren und nicht fähig, sich zu organisieren. Wenn wir aber Verhältnisse schaffen könnten, in denen der KGB den Leuten nicht einfach von hinten in den Kopf schießen kann, dann werden sie sagen, daß sie genug gelitten haben und schon viel zu lange betrogen worden sind. (...)

Ich könnte Ihnen so vieles erzählen. Bei uns im siebenten Kellergeschoß, wo der KGB sitzt, gibt es zum Beispiel Kammern, in denen Russen – prominente Leute, Patrioten, kluge Menschen – Ratten zum Fraß vorgeworfen werden. (...) Es gibt da einen speziellen Raum, der rundum verglast ist, und wenn jemand nicht sagen will, was man von ihm verlangt, oder irgend etwas nicht unterschreibt, was man ihm vorlegt, wird er in diesen Raum gebracht. In die Kammer führen Röhren aus durchsichtigem Plastik, durch die Dutzende von Ratten um den Betreffenden herumrennen. Dann fragt man ihn über Lautsprecher: »Nun, sagen Sie uns jetzt, mit wem Sie zusammenarbeiten?« Wenn der Mann es nicht sagt oder erwidert: »Ich werde Ihnen nicht sagen, mit wem ich zusammenarbeite«, wird eine Schleuse geöffnet und eine Ratte in die Kammer gelassen. Die Ratte hat tagelang nichts zu fressen bekommen und fällt den Mann an. Dann läßt man eine zweite und eine dritte Ratte herein. Es ist schrecklich. Manche haben dort schon den Verstand verloren. Wenn der KGB bekommen hat, was er wollte, werden die Ratten mit Hochdruckwasserstrahlen zurück in ihre Käfige geschwemmt. Die Menschen werden gefoltert und erschossen. Jeder weiß das.

Chruschtschow hat begriffen, daß das Volk, wenn zu seinen grauen, vom Hunger überschatteten Lebensumständen auch noch wie zu Stalins Zeiten der Schrecken von Verhaftungen und Exekutionen kommen würde, dann wirklich sagen könnte: »Zur Hölle damit!« Deshalb hat er einige kleine Zugeständnisse gemacht. Er hat zum Beispiel eine Amnestie für jene erlassen, die man den Ratten vorgeworfen hatte, und den Familien von Erschossenen Pensionen gegeben, keine sehr großen zwar, aber immerhin. Und er hat ihre

Namen rehabilitiert, so daß ihre Söhne und Töchter nicht mehr verheimlichen müssen, daß ihre Väter als Volksfeinde im Gefängnis saßen. Es hätte sie von Anfang an belastet.

An dieser Stelle möchte ich eine Erklärung abgeben. Sie haben jetzt exakt eine Woche mit mir gearbeitet. (...) Ich habe Ihnen meine Ideen dargelegt [hinsichtlich der atomaren Vernichtung der militärischen Schaltzentralen]. Wenn Sie sie für durchführbar halten, bitte ich Sie, einen Plan auszuarbeiten und mir die Unterstützung und den Schutz zu geben, die ich brauche, um ihn auszuführen. Sagen Sie mir einfach: »Sie werden am 6. in Moskau eintreffen, und am 15. haben Sie den KGB zu sprengen.« Dann wird der KGB am 15. um elf Uhr vormittags, aufgehört haben zu existieren. Sie brauchen mich nur mit den nötigen Dingen auszustatten, und es wird keinen KGB mehr geben. Das ist alles, was ich sagen wollte.

Penkowskijs Intensität war erstaunlich. Das anglo-amerikanische Team sah sich, zutiefst beeindruckt, der doppelten Aufgabe gegenüber, Penkowskij einerseits die nötige Sicherheit zu geben und ihn zu beruhigen, ohne andererseits den Eifer, mit dem er sich nützlich erweisen wollte, zu dämpfen. Aufgabe des Teams war es, die Informationen aus ihm herauszuholen, die die Verantwortlichen in den USA und Großbritannien brauchten, um die militärischen Möglichkeiten und Absichten der Sowjetunion einschätzen zu können, nicht, sich seinen Plänen und Vorstellungen anzuschließen. Der Schlüssel für den effektiven Einsatz eines Agenten ist die Kontrolle über ihn.

»In einigen Punkten können wir Ihnen sofort eine Antwort geben«, erwiderte Kisevalter im Namen des Teams auf Penkowskijs Ausführungen. »Zuerst einmal: Wir vertrauen Ihnen. Zweitens wollten wir herausfinden, warum Sie diese Begegnung mit einem hochrangigen Regierungsvertreter wünschen. Wir werden sie arrangieren. Drittens können Sie, was Wynne betrifft, völlig beruhigt sein. Wenn wir wieder in London sind, wird alles Nötige getan werden.«

»Er ist wirklich ein wunderbarer Mensch. Ich bin sehr von ihm eingenommen«, warf Penkowskij in bezug auf Wynne ein und lobte die Organisationsarbeit, die er geleistet hatte, sowie die Gastfreundschaft, die er der sowjetischen Delegation entgegenbrachte.

Kisevalter pflichtete ihm bei. »Wir sind uns dessen bewußt, aber solange er zwischen Ihnen und den Vertretern der Unternehmen, die Sie besuchen, hin- und herrennt, ist es unmöglich, ihn davon loszureißen, und sei es auch nur für zwei, drei Stunden. Wenn er wieder in London ist, werden wir uns auf angemessene Weise um alles kümmern.«

»Gut«, sagte Penkowskij. »Das wäre also geklärt. Ich möchte, daß Sie mir vollkommen vertrauen, zu hundert Prozent. Um dies zu erreichen, fordere ich Sie auf, mir einen Auftrag zu erteilen, der mir die volle Anerkennung garantiert. Wenn Sie mir zur Zeit zu 95 Prozent vertrauen, ist das nicht genug für mich. 99 Prozent wären ebenfalls nicht genug. Ich will 100 Prozent oder nichts – dann können Sie mich auch töten.«

»Wie wäre es mit 105 Prozent?« warf Kisevalter ein. Aber sein Versuch, Penkowskijs Stimmung durch einen Scherz aufzulockern, schlug fehl. Penkowskij bohrte ungerührt weiter:

Bitte verstehen Sie mich richtig, denn wir haben nicht viel Zeit. Wir müssen konkrete Entscheidungen fällen. Zu meinem nächsten Punkt. Ich möchte, daß Sie mir mitteilen, welche Priorität den einzelnen Aufträgen zukommt, die ich ausführen soll. Was immer Sie bestimmen, wird mir Befehl sein. So wie ich es sehe, habe ich nach meiner Rückkehr nach Moskau folgendes zu tun: Erstens werde ich genauer ausarbeiten müssen, was wir im Zusammenhang mit den strategischen Zielen diskutiert haben. Ich werde dafür einen Überblick mit den jeweiligen Größenordnungen erstellen. Die Daten über den Generalstab werde ich auf jedem Blatt wiederholen, da die bisherigen verkürzt wiedergegeben sind und möglicherweise einige Fehler und Ungenauigkeiten enthalten. Ich mußte damals in höchster Eile arbeiten. Diesmal werde ich gründlicher vorgehen. Ich werde die geeignetsten Plätze für die Anbringung der kleinen Atomwaffen angeben, mit denen die Ziele, wenn es nötig wird, gesprengt werden können. Das ist das erste, was getan werden muß. Ich werde es selbst übernehmen, die Ziele in Moskau zu bestimmen und die ganze Aktion in Gang zu bringen. Falls Sie der Meinung sind, daß das zuviel für mich ist, geben Sie mir bitte einen anderslautenden Befehl.

Zweitens werde ich – und ich verstehe nach den Gesprächen mit Ihnen noch besser, worauf es dabei ankommt – alles verfügbare

Material über illegale Geheimdienstoperationen sammeln. Fälle, die SOW-SEKRETNO [streng geheim] sind, werde ich gesondert behandeln. Vielleicht können wir durch diese theoretische Arbeit einige operative Grundprinzipien herausfiltern und entsprechende Präventivmaßnahmen ergreifen. So sehe ich es jedenfalls. Natürlich kann ich Ihnen nicht versprechen, daß ich Ihnen das gesamte Agentennetz liefern werde.

Ich halte dies für einen sehr wichtigen Teil unserer Arbeit, da die Illegalen die größte Bedrohung für uns darstellen. Ich möchte wiederholen, daß die Illegalen und alle anderen, einschließlich meiner selbst, die mit strategischer Geheimdienstarbeit beschäftigt sind, insbesondere eine Aufgabe haben, nämlich die, das Oberkommando, das Zentralkomitee und das Präsidium über die Stunde X vorzuwarnen – den Beginn eines Angriffs von seiten der freien Welt. Unsere Hauptaufgabe ist es, die Führung vor dem Beginn des Krieges zu alarmieren, und sei es auch nur wenige Minuten vorher. Für diesen Zweck werden gewaltige Mittel aufgewandt.

Ich habe die Bedeutung dieses Punkts hervorgehoben, als ich Ihnen vom Gewicht der Fernmeldeüberwachung [der Funk-, Telefon- und Telegraphenverbindungen] berichtet habe. Sie wird hier in England, in den USA und überall sonst durchgeführt. Sie ist das tägliche Brot der Geheimdienstarbeit, denn die Zahl der Agenten ist klein, und es gibt nur wenige wirklich wertvolle Agenten. Der Funkverkehr jedoch braucht bloß aufgefangen und mitgeschnitten zu werden. (...) Wenn ein Angriff unmittelbar bevorsteht, wird das festgelegte Alarmsignal ausgesendet, woraufhin der diensthabende Offizier in der Geheimdienstzentrale den versiegelten Umschlag Nummer 1 öffnet, der die Instruktionen für die Antwort auf einen Angriff enthält. Das Alarmsignal geht natürlich über alle möglichen Relaisstationen nach Moskau.

So wie es die Hauptaufgabe der GRU war, so früh wie möglich von einem bevorstehenden Angriff des Westens zu erfahren und die Führung des Landes davor zu warnen, sah Penkowskij seine Aufgabe, wie er erklärte, umgekehrt darin, die USA und Großbritannien im Fall eines sowjetischen Angriffs vorzuwarnen. Daneben wollte er die Organisationsstruktur der GRU eingehender aufhellen und weitere

Informationen über deren Spionagemethoden liefern, wie etwa die Funküberwachung oder die legalen und illegalen Residenturas. Als legal wurde eine Residentura bezeichnet, deren Offiziere als Botschaftspersonal oder Mitarbeiter einer Handelsvertretung getarnt arbeiteten, und nicht im Stab des Militärattachés.

Es ist sehr wichtig für Sie, alle Methoden zu kennen, mit denen die Geheimdienstoffiziere auf ihre Arbeit vorbereitet werden. Ich werde mir die Vorträge über nachrichtendienstliche und operativ-taktische Fragen besorgen. Die Militärdoktrin enthält auch wichtige operative Gesichtspunkte – die Truppenstärke für jeden einzelnen Frontkilometer, die benötigte Menge an Waffen jeder Art und die Zahl der Soldaten, die man braucht, um sie zu bedienen. Alle diese Vorträge werde ich Ihnen beschaffen.

Was die Geheimdienstarbeit auf dem technisch-wissenschaftlichen Sektor angeht – mit dem ich direkt zu tun habe –, so habe ich alles an der Hand. Ich kann Ihnen einen ganzen Koffer voll Material geben. Man hat uns für 1961 insgesamt 150 konkrete Aufträge erteilt, die alle Gebiete der Industrie und der Landwirtschaft der Vereinigten Staaten betreffen. Diese Liste gilt genauso für alle anderen Länder.

Auf die Frage, warum diese Anforderungsliste nicht auch an Stationen in anderen Länder verteilt werde, erklärte Penkowskij: »Weil andere Länder ebenfalls über amerikanische und britische Technologie verfügen, und wenn man weder in den USA noch in England an sie herankommt, dann klärt man das Problem eben in Deutschland.«

Dann kam er wieder auf die Möglichkeit eines sowjetischen Erstschlags zurück: »Ich werde Sie über alle mir zugänglichen Kanäle warnen, wenn man sich, was Gott verhüten möge, zu einem Abenteuer entschließt. Was die Gegenmaßnahmen im Fall eines bevorstehenden Angriffs angeht, so liegt die Entscheidung bei den Oberkommandos und den Regierungen. Dazu dürfte uns das Hirnschmalz fehlen!«

Kisevalter bat Penkowskij, Handbücher und Vorträge aus dem »Geheimfundus« der Artilleriebibliothek von Marschall Warenzow zu besorgen. »Sie werden uns nicht nur über die Philosophie, sondern auch über jede Veränderung der Doktrin in bezug auf den Einsatz von

Atomwaffen ins Bild setzen«, erläuterte er. Dann griff er nach seinem Weinglas und brachte einen Toast auf Penkowskij aus, und alle erhoben sich, um auf Penkowskijs Gesundheit anzustoßen.

»Danke, es geht mir gut«, sagte Penkowskij. »Aber es wird traurig für uns sein, wenn wir uns trennen müssen. Möge kein Tag vergehen, an dem Sie nicht an mich denken, und ich nicht an Sie, nicht einmal ein Augenblick. Nicht nur, wenn Sie Material von mir erhalten.«

»Natürlich, gewiß«, sagte Kisevalter.

»Es ist nach ein Uhr«, warf Bulik ein. Seit Penkowskijs Ankunft waren über vier Stunden vergangen.

»In Ordnung«, sagte Penkowskij. »Wir treffen uns morgen um neun Uhr wieder, richtig?« Dann dachte er laut über die Einkäufe nach, die er für seine Frau erledigen mußte. »Ich muß einen leichten Mantel kaufen, rot mit weißen Knöpfen. Ich werde richtig ausgenutzt. Sie zieht sich gern hübsch an, und ich verderbe ihr natürlich die Freude. Da fahre ich in so ein reiches Land – und was tue ich, ihr eine kleine Bluse mitbringen? Ich werde herumrennen und mich umsehen müssen. Mein Programm ist hier. Ich habe Ihnen doch alle Papiere gegeben, oder? Also auf morgen neun Uhr – oder früher.«

»Es ginge auch früher«, sagte Bulik.

»Sagen wir, um halb neun«, ergänzte Kisevalter.

»Gut. Dann arbeiten wir morgen weiter. Gute Nacht. Bis morgen.«

Das Treffen endete um 1.05 Uhr am 28. April.

Als Penkowskij am nächsten Tag nach seiner Rückkehr nach London in der sowjetischen Botschaft anrief, erfuhr er, daß seine Delegation noch bis zum 6. Mai in England bleiben durfte. Er sollte in die Botschaft kommen, um die Einzelheiten zu besprechen. Als er am Abend um neun Uhr im Mount Royal im Zimmer 360 eintraf, teilte er Kisevalter und den anderen gleich als erstes die gute Neuigkeit mit. Dann setzte man sich hin, um Penkowskij die Benutzung der Minox-Kamera zu erklären, die das Team besorgt hatte. Sie war klein genug, um in seiner Handfläche zu verschwinden. Kisevalter sagte Penkowskij, daß er sich keine Sorgen zu machen brauche, wenn er einmal unabsichtlich selbst mit aufs Bild komme. »Der Mann, der die Filme entwickeln wird, arbeitet für uns, und wir haben die Negative.«

Danach ging das anglo-amerikanische Team seine von Leonard McCoy zusammengestellte Frageliste durch. McCoy lernte Penkowskij nie persönlich kennen, spielte als Experte auf dem Gebiet der sowjetischen Raketen aber eine wichtige Rolle im Hintergrund, da er mit Kisevalter und seinem Team die Fragen für die Treffen mit Penkowskij erarbeitete.

Das Treffen dauerte wiederum bis nach ein Uhr nachts. Die Befragung drehte sich um die Arbeitsmethoden der GRU und die Benutzung von Decknamen. Zwischendurch erzählte Penkowskij Bruchstücke aus seinen Unterhaltungen mit Marschall Warenzow, der ihm unter anderem gesagt hatte, daß der in der Sowjetunion entwickelte feste Raketenbrennstoff unzuverlässig sei und daß Chruschtschow in seinen Reden die Reichweite der sowjetischen Raketen übertreibe.

Tagsüber trafen Penkowskij und seine Delegation mit Vertretern des Handelsministeriums und Geschäftsleuten zusammen. In den freien Stunden ließ sich Penkowskij von Wynne die Stadt zeigen und ging mit ihm einkaufen. Seine Energie war offenbar unerschöpflich; er fand sogar die Zeit, Tanzstunden zu nehmen – er wollte Twist tanzen lernen – und sich mit Wynne eine Wiederaufführung des Spielfilms *Ein Herz und eine Krone* aus dem Jahr 1953 mit Gregory Peck und Audrey Hepburn anzusehen.

Wynne war ein rauher, aber herzlicher Mann, der jedem offen entgegenkam und einen Hang zum guten Leben hatte. Sein schmaler, sorgsam gepflegter Schnurrbart verlieh ihm eine etwas förmliche Note, aber das war nur Fassade. Er war leicht gekränkt und fuhr wütend hoch, wenn er das Gefühl hatte, daß man ihn nicht ernst nahm. Sein Element war die Kneipe an der Ecke, wo er mit jedem ein Bier trank. Er war ein guter Organisator, und es machte ihm Spaß, alles mögliche zu arrangieren, – so war es gewissermaßen sein Schicksal gewesen, Penkowskij mit den westlichen Geheimdiensten zusammenzubringen. Penkowskijs Begeisterungsfähigkeit und Wynnes offene, lebenslustige Art paßten gut zueinander, und die beiden erkundeten gemeinsam, was London zu bieten hatte. Dabei offenbarten sich auch überraschende Seiten von Penkowskijs Charakter; so verspürte er bei einem Spaziergang durch Kensington den Wunsch zu beten und ging zu diesem Zweck in die Brompton Oratory, eine im Renaissancestil erbaute Kirche in der Brompton Road. Am Abend traf er sich dann wieder mit dem anglo-amerikanischen Geheimdienstteam.

Am Sonntag, dem 30. April, unternahm er mit seiner Delegation eine Rundfahrt, die ihn auch nach Windsor Castle führte, die Sommerresidenz des englischen Königshauses, was seine Fantasie besonders anstachelte, da er davon träumte, eines Tages der Königin vorgestellt zu werden. Am Abend erschien er um 20.05 Uhr in Zimmer 360; es war das zehnte Treffen mit seinen Falloffizieren. Er kam rasch zur Sache und sagte dem Team, daß er am 6. Mai nach seiner Rückkehr nach Moskau eine Telefonnummer anrufen werde, die man ihm geben solle, um mitzuteilen, daß er sicher angekommen war. »Ich werde zu einer festgelegten Zeit anrufen. Lassen Sie das Telefon einfach klingeln – sagen wir dreimal –, und heben Sie nicht ab. Das ist das Signal dafür, daß alles in Ordnung ist. Wenn es mehr als dreimal klingelt, heißt es, daß etwas nicht stimmt. Ich werde dann versuchen, Ihnen auf einem anderen Weg mitzuteilen, was los ist. Es könnte zum Beispiel sein, daß ich beschattet werde.«

Kisevalter versicherte Penkowskij, daß man ihm die Telefonnummer und die Uhrzeit noch vor seiner Abreise nennen werde, und Penkowskij fuhr fort: »Es kann alles ganz einfach geregelt werden. Falls ich vor meiner Abreise nicht alles von Ihnen bekomme und Wynne es nicht mitbringen kann, braucht mich nur jemand, der russisch spricht, von einer Telefonzelle aus anzurufen und irgend etwas Belangloses zu sagen.« Er meinte, daß ihm durch einen vorher vereinbarten Code mit »belanglosen« Worten das Signal für ein Treffen oder die Bestückung eines toten Briefkastens gegeben werden sollte.

»Gut«, sagte Kisevalter. »Es ist nur so, daß wir nicht unnötigerweise weitere Personen mit Ihrem Fall vertraut machen möchten.«

»Das kann ich verstehen, und ich bin Ihnen sehr dankbar dafür.«

Das weitere Gespräch drehte sich überwiegend um verschlüsselte Funksprüche und die Benutzung von Codes für den Einmalgebrauch.

Am Montag, erzählte Penkowskij dann, werde er nicht mit der Delegation unterwegs sein, sondern in die sowjetische Botschaft gehen, um das Geld für die Verlängerung des Aufenthalts in England zu besorgen. »Vorher werde ich mit Wynne einkaufen gehen. Die Delegationsmitglieder sind alle glücklich und zufrieden. Sie können sich von ihrem Tagessatz, den sie sparen, weil sie überall bewirtet werden, allen möglichen Ramsch kaufen. Ich werde um drei oder vier Uhr wieder zu ihnen stoßen. Sie sind zufrieden mit mir, weil sie das Gefühl haben, daß ich alles in ihrem Sinn organisiert habe. Bis heute ist nicht ein einziges kritisches Wort gefallen. Ich habe ihnen sogar gesagt, daß sie, wenn sie gute Berichte über ihre Arbeit hier schreiben und ihre Sache gut machen, im Oktober wieder mit mir herkommen können. Ich selbst würde auch einen günstigen Bericht schreiben, habe ich ihnen gesagt. Sie sind rundum zufrieden.«

Penkowskij war überrascht darüber, wie viel man seiner Delegation in England zeigte. »Ihre Leute bekommen bei uns keine Fabriken zu sehen, die irgendwie von Bedeutung sind«, sagte er. »Zur Besichtigung angeboten werden nur ganz bestimmte, sorgfältig ausgewählte Anlagen.« Darüber hinaus seien die ausländischen Besucher auf die Eisenbahn als Transportmittel zu den wenigen freigegebenen Fabriken beschränkt, »weil von der Autobahn aus zu viele Luftabwehranlagen zu sehen sind. Man zeigt ihnen nur sehr wenige oder relativ uninteressante Dinge. Warum legen Sie unseren Delegationen keine Beschränkungen auf?« fragte er und ergänzte: »Natürlich nicht denen, die ich leite.« Alle lachten. »Im Ernst, Sie sollten ihren Bewegungsspielraum begrenzen. Die Amerikaner bestehen schon auf Gegenseitigkeit.«[1]

Dann äußerte Penkowskij die Vermutung, daß eines der Delegationsmitglieder für den KGB arbeitete, der zwar hauptsächlich im politischem Bereich tätig sei, daneben aber auch andere Geheimdienstaufgaben erfülle, und natürlich werde die Delegation überwacht und über jedes einzelne Mitglied Bericht erstattet. Die Geheimdienstarbeit brachte ihn auf das GKKNIR: »Ich werde Ihnen eine Organisationskarte und das geheime Telefonverzeichnis des Staatlichen Komitees besorgen; das ist keine Schwierigkeit für mich. Darin werden Sie die Namen und Telefonnummern aller Mitglieder finden. Zu Hause in meinem Schreibtisch liegen außerdem Berichte über mein gesamtes Agentenmaterial. Ich hätte sie mitgebracht, hatte aber Angst. Sie hätten nicht in meine Manteltasche gepaßt, und ich wollte sie nicht in den Koffer packen. Der Zoll würde mich zwar niemals persönlich untersuchen, es sei denn, ich wäre unter Verdacht geraten, aber es wäre möglich, daß man den Inhalt meines Koffers sehen will. Bis jetzt ist das allerdings noch nie passiert. Man weiß, daß ich Oberst bin. Wenn es eines Tages geschehen sollte, müßte ich in die eine oder andere Botschaft verschwinden. Ich weiß nicht, in welche.«

»Ich an Ihrer Stelle würde die nächstgelegene nehmen«, schlug Kisevalter mit einem Anflug von schwarzem Humor vor.

Penkowskij erklärte, daß es ihn, bevor der Westen ihn »akzeptiert« hatte, irritiert habe, in derselben Straße zu wohnen, in der die britische Botschaft lag, und ganz in der Nähe der amerikanischen Botschaft zu arbeiten. »Da saß ich gegenüber der amerikanischen Botschaft, und doch kam niemand heraus, dem ich mein Material übergeben konnte.«

Dann schrieb er auf, welche Medikamente er für seine hochrangigen Freunde in Moskau besorgen sollte, und Kisevalter versprach ihm, daß man bei der Übersetzung der Liste die notwendige Vorsicht werde walten lassen. Sie enthielt unter anderem Sustanon, ein Mittel zur Steigerung der männlichen Potenz, das für Marschall Warenzow bestimmt war.

Das elfte Treffen mit Penkowskij begann am Montag, dem 1. Mai, um 15.02 Uhr im Zimmer 360 des Hotels Mount Royal, wo auf dem Cocktailtisch die von ihm bestellten Medikamente bereitlagen. Er kam direkt aus der sowjetischen Botschaft und erzählte dem anglo-amerikanischen Team: »In der Botschaft spricht man von nichts anderem als dem neuen, harten Kurs, den Amerika Kuba gegenüber eingeschlagen hat. Die Leute sind ziemlich erregt darüber. Sie sagen, daß wir in einer schwierigen Situation sein werden, wenn Amerika selbst etwas unternimmt, ohne die Exilkubaner dafür zu benutzen. Warum? Weil wir nur Lebensmittel, Waffen und Gold hinschicken können, aber keine Männer. Und wenn wir Kuba Raketen geben, kommt es zum Krieg. Ich habe mit dem Rechtsberater und Mitarbeitern des Militärattachés gesprochen. Sie glauben, daß Amerika ernste Schritte unternehmen wird, was uns in eine sehr schwierige Lage bringen würde, weil wir dann unsererseits etwas tun müssen. Morgen werde ich mehr über ihre Berichte herausfinden. Ich kann nicht darauf drängen, sie zu sehen; das wäre zu auffällig. Aber eine Zusammenfassung werde ich sicherlich bekommen.«

Dann wechselte er das Thema. »Ich möchte Ihnen erzählen, was ich gestern getan habe. Mrs. Wynne und ich sind ins Harrods gegangen; wir haben drei Stunden dort verbracht.«

»Aha!« meinte Kisevalter mit einem breiten Grinsen auf dem Gesicht. Er war erfreut, daß Penkowskij das Flaggschiff der englischen

Kaufhäuser kennengelernt hatte. Für einen nach Konsumgütern hungernden Sowjetbürger mußte das Warenangebot von Harrods ebenso überwältigend wie verwirrend sein.

»Es war großartig. Ich denke, es war richtig, Chruschtschow nicht dort hinzubringen, als er in London war. Er hätte es nicht verdient gehabt. Er soll sich Gärten, Singvögel und Springbrunnen ansehen. Nur schade, daß Warenzow nicht bei mir war; er hätte sämtliche Rosen aufgekauft.«

Die Bemerkung über seinen Mentor, Marschall Warenzow, rief Gelächter hervor, und Penkowskij schlug noch einmal in die gleiche Kerbe: »Ich hätte ein ganzes Auto volladen und es ihm schicken sollen. Wir haben uns alles angesehen. Es ist teuer dort. Mrs. Wynne war mir eine große Hilfe, und ich habe ihr kurzentschlossen ein Kleid für 24 Pfund zum Geschenk gemacht. Sie hat sich sehr gefreut. Die Rechnungen hat Wynne.«

»Wir brauchen die Rechnungen nicht«, sagte Kisevalter.

»Nein? Wollen Sie sie nicht überprüfen?«

»Wen kümmert es, ob es etwas mehr oder weniger Geld gekostet hat?«

»Aber es könnte doch sein, daß einer Ihrer Leute meint, ich hätte mehr Geld als notwendig genommen«, sagte Penkowskij und fügte seufzend hinzu: »Ich habe noch drei Pfund.«

»Sie haben noch drei Pfund übrig?« sagte Shergold. »Das ist gut.«

»Ich habe nicht viel eingekauft, einen Mantel für meine Frau, einen Mantel für meine Tochter, ein Kleid für meine Frau – das gleiche, das ich Mrs. Wynne gekauft habe (...). Ich habe eine weiße Bluse, einen Bademantel und einen Badeanzug für meine Tochter gekauft, und außerdem zwei Taschentücher, zwei Flaschen Parfüm und vier Lippenstifte. Für mich selbst habe ich Rasierwasser gekauft. Es ist alles ziemlich teuer. Die Mäntel haben 25–26 und die Kleider 24 Pfund gekostet; dazu kamen noch die kleineren Dinge, so daß mir nicht mehr als drei Pfund geblieben sind. Bitte heben Sie etwas Geld von meinem Konto ab, und geben Sie es mir. Ich habe bisher weder die Uhr noch den Ring noch ein einziges Paar Schuhe oder die Handtasche für meine Mutter gekauft.«

Mrs. Wynne erinnerte sich Jahre später etwas anders an den Besuch im Kaufhaus Harrods. Sie betonte, daß ihr Penkowskij nie ein Kleid gekauft habe. »Ich würde mich bestimmt daran erinnern, wenn ich Kleider anprobiert und eines von ihm geschenkt bekommen hätte. Es wäre mir peinlich gewesen.« Sie erinnerte sich jedoch deutlich an den Mantel, den Penkowskij für seine Tochter gekauft hatte; eine Verkäuferin, die die richtige Größe gehabt hatte, war lachend als Mannequin eingesprungen und hatte die Mäntel vorgeführt. »Ich verstehe vollkommen, daß Pen gemocht werden wollte, und weiß, daß er ein großzügiger Mensch war, aber ich versichere Ihnen, daß ein russisches Lackkästchen und ein Katzenbild die einzigen Geschenke waren, die ich jemals von ihm erhalten habe.«[2]

Die Summe, die die CIA 1961 für die Penkowskij-Operation aufwandte, belief sich auf 40 000 Dollar. 1961–62 wurden, einschließlich der Reise- und Mietwagenkosten der CIA-Offiziere sowie der Ausrüstungsgegenstände für Penkowskij und der Geschenke, insgesamt 82 000 Dollar ausgegeben.

Penkowskij schlug vor, daß Wynne die Geschenke nach Moskau bringen sollte, wo er ihn mit Hilfe seines Dienstausweises durch den Zoll schleusen würde. Er wollte Wynne außerdem ein Auto besorgen, das von einem seiner Freunde gefahren wurde. »Ich werde mit ihm zum Hotel fahren, wo sein Koffer ausgeladen wird, während meiner im Auto bleibt.«

»Klingt recht gut«, meinte Shergold.

»Wir werden es trotzdem noch einmal prüfen müssen«, sagte Kisevalter.

»Ich danke Ihnen, daß Sie so besorgt um mich sind«, sagte Penkowskij, »aber ich werde noch zwei, drei Jahre gut arbeiten können, bevor ich endgültig zu Ihnen komme.«

Kisevalter händigte ihm 100 Pfund aus. »Sie haben mir beim ersten Mal 150 Pfund gegeben, und jetzt bekomme ich noch einmal 100«, sagte Penkowskij.

»Das macht 250«, sagte Kisevalter.

»Soll ich eine Quittung dafür unterschreiben?« fragte Penkowskij.

»Sie sind unser Mitarbeiter, kein Agent«, erwiderte Kisevalter. »Quittungen verlangen wir nur von Agenten.«

»Da wir gerade von Geld sprechen, möchte ich gern meinen Standpunkt klarstellen, um danach nie wieder auf dieses Thema zurückzukommen. Wenn Sie einen entsprechenden Plan ausgearbeitet haben und ich plötzlich gezwungen sein sollte, mit meiner Familie zu fliehen, müßte ich alles zurücklassen, was ich besitze, immerhin Dinge im Wert von vielen tausend Rubel. Aber zum Teufel damit! Sollen sie daran ersticken! Sie betrachten den 1. April 1961 als das Datum meines Übertritts zu Ihnen; aber ich arbeite schon viel länger für Sie. Meine Ansichten haben sich schon vor langer Zeit gewandelt, und seitdem beschäftigt mich der Gedanke, mit Ihnen zusammenzuarbeiten. Es gibt viele Sowjetbürger, die mit dem Gedanken spielen, für Sie zu arbeiten. Aber Ideen sind nur Schaumschlägerei. Was zählt, sind Taten, und ich habe schon vor langer Zeit angefangen, etwas zu tun. Es ist jetzt zwei Jahre her, seit ich diese Lehrgänge abgeschlossen habe. Fast zwei Jahre lang habe ich dieses Material bei mir gehabt. Wie Sie sehr gut wissen, hätte die aktive Zusammenarbeit mit Ihnen, wenn es nach mir gegangen wäre, schon vor acht Monaten begonnen. Diese Umstände muß man bei der Bewertung des Materials berücksichtigen. Das ist wichtig für mich, denn ich möchte gut leben in der Zeitspanne, die das Schicksal für mein Leben in der freien Welt vorgesehen hat.«

»Das ist nur zu verständlich«, sagte Kisevalter.

»Ich habe keine Diamanten – mein Vater hat mir nichts auf englischen oder amerikanischen Banken hinterlassen. Ich könnte in sechs oder acht Monaten zu Ihnen kommen, oder in einem Jahr. Zwei oder drei Jahre wären natürlich besser, um mehr aus meiner Stellung im Generalstab und meiner Stationierung in Moskau herauszuholen. Aber es könnte sein, daß ich früher zu Ihnen kommen muß.«

»Natürlich.«

»Ich möchte Sie bitten, mein Material jeweils einzeln zu bewerten. Wie Sie es bewerten sollen? So, wie Sie es für richtig halten.«

»In Ordnung«, sagte Kisevalter.

»Natürlich unter Anrechnung der Beträge, die ich bereits erhalten habe.«

»Selbstverständlich«, stimmte ihm Kisevalter zu, ohne sich auf eine konkrete Diskussion der finanziellen Bewertung der von Penkowskij gelieferten Informationen einzulassen.

»Es muß ehrlich zugehen. Was man verdient hat, sollte man auch bekommen. In der freien Welt bestimmen die eigenen Fähigkeiten darüber, was man erreicht. Der Dumme ist Straßenkehrer, während der Klügere ein kleines Geschäft hat. So sehe ich es jedenfalls von außen. Man sollte bekommen, was man verdient hat.«

»Ja«, pflichtete ihm Kisevalter bei.

»Ich betrachte die Arbeit, die ich während dieser Zeit im voraus getan habe, als wichtig und bedeutsam. (. . .) Und jetzt werde ich in jeder Weise und mit tieferem Verständnis aktiv für Sie arbeiten. Deshalb meine Bitte – wenn Sie das Material als wertlos oder durchschnittlich ansehen, ist es natürlich etwas anderes; wenn zumindest ein Teil davon jedoch einen gewissen Wert besitzt . . .« Penkowskij hielt inne; ihm schwebte offenbar vor, jeweils einen bestimmten Dollarbetrag für die Dokumente, die er lieferte, zu erhalten. »Ich habe vor kurzem in der Zeitung gelesen, daß ein Amerikaner in Brasilien eine Million Dollar für eine Akte gezahlt hat. So stand es dort. Eine Million! Sie werden von mir die Namen von 15 angeworbenen Agenten bekommen, die gegen Sie arbeiten. Das hat auch seinen Wert.«

»Gewiß«, sagte Kisevalter.

Wenn man die Agenten kannte, war man in der Lage, sie zu beschatten, ihre Quellen zu finden und auf diese Weise weitere Spione zu entlarven. Die Gegenspionage der CIA und des MI6 konnte außerdem versuchen, die sowjetischen Agenten umzudrehen und für sich arbeiten zu lassen. Nach Expertenmeinung war jeder einzelne Name, den Penkowskij nennen wollte, eine Million Dollar wert. Angesichts des Schadens, den ein guter Agent anrichten konnte, indem er geheime Informationen, militärische Pläne oder neue Technologien ausspionierte, war diese Zahl sicher nicht zu hoch gegriffen.

»Wenn ich in acht Monaten zu Ihnen kommen muß, habe ich 8000 Dollar auf meinem Konto.«

»Nein, nein! So läuft das nicht«, entgegnete Kisevalter, ohne Penkowskij jedoch zu sagen, wieviel er, über die monatliche Zahlung von 1000 Dollar hinaus, bekommen würde, wenn er endgültig in den Westen überlief. Er sollte hungrig bleiben. Die psychologische Strategie des anglo-amerikanischen Teams bestand darin, ihn in Abhängigkeit zu halten, aber er sperrte sich dagegen.

»Das wird nicht reichen. Es ist nicht genug, das sage ich Ihnen«, erklärte er.

»Sie sehen das nicht richtig«, wandte Kisevalter ein.

»Ich sage es Ihnen ehrlich«, wiederholte Penkowskij mit Nachdruck.

»Natürlich. Wir sprechen von einem allgemeinen Prinzip«, versuchte Kisevalter ihn zu beruhigen, ließ ihn aber weiterhin darüber im unklaren, wieviel Geld er zu erwarten hatte.

»Ich habe heute, als ich mich auf dieses Treffen vorbereitete, gründlich darüber nachgedacht. Heute arbeiten Sie mit mir, aber in ein oder zwei Jahren wird man Sie vielleicht befördern, und neue Leute, die ich nicht kenne, werden Kontakt mit mir aufnehmen.«

»Wir werden auf Dauer mit Ihnen zusammenarbeiten«, sagte Kisevalter.

»Und wenn Sie einen höheren Posten bekommen?«

»Das wird nicht passieren.«

»Dann werde ich alles noch einmal beweisen müssen.«

»Nein, nein«, entgegnete Kisevalter.

»Wir kennen uns inzwischen, und ich habe Ihnen alles gebeichtet, was man nur beichten kann«, sagte Penkowskij mit hörbarer Enttäuschung in der Stimme.

»Wir verstehen Ihre Lage, und wir schwören Ihnen, daß wir auf Dauer mit Ihnen arbeiten werden«, versicherte ihm Kisevalter.

»Danke«, sagte Penkowskij. »Nun zu meinem letzten Punkt: Uns stehen, trotz Chruschtschows Ansprüchen, nur beschränkte Mittel zur Verfügung, um Leute zu bezahlen, die uns helfen. Wenn ich Ihnen also in bezug auf Raketen jemals etwas von Wert liefern kann, dann bezahlen Sie bitte diejenigen, die mir geholfen haben. Das ist alles, was ich zu diesem Thema sagen möchte. Ich habe mich aus politischer Überzeugung an Sie gewandt und schon in der Türkei für Sie zu arbeiten begonnen. Sie brauchen nur in Ihren Akten nach den Eintragungen über meine anonymen Anrufe zu suchen, die gegen Jontschenko, gegen den Militärattaché General Rubenko und gegen das Regime insgesamt gerichtet waren. War ich etwa im Geist nicht schon damals in Ihrem Dienst? Doch, ich war es.«

»Wir werden all dies berücksichtigen«, sagte Kisevalter.

»Wenn ich zu Ihnen gekommen bin, möchte ich anständig leben können. Habe ich nicht das Recht, meine letzten Jahre auf diese Weise zu verbringen?«

»Was noch wichtiger ist«, sagte Kisevalter, »Sie werden dafür eine finanzielle Grundlage haben, die es Ihnen erlaubt, sich ein Haus, ein Auto und andere Dinge zu leisten. Was Sie und wir vor uns haben, ist eine gute, ehrliche und lohnende Arbeit.«

»Ich werde mich mit aller Kraft, die mir zur Verfügung steht, redlich darum bemühen. Sie sollten jedoch im Rahmen Ihres Bezahlungssystem berücksichtigen, daß ich schon zwei Jahre aktiv für Sie gearbeitet habe, und mir auf der Grundlage der monatlichen Vergütung geben, was ich in zwei Jahren verdient habe. Wenn ich Ersparnisse auf der Bank hätte, würde ich nichts weiter brauchen. Das alles ist für mich nur zweitrangig, glauben Sie mir. Aber ich muß auch für den Unterhalt meiner Familie und meiner selbst aufkommen. Meine einzige Sorge ist, ob ich dazu in der Lage sein werde.«

»Ich verstehe Sie und kann Ihren Standpunkt sehr gut nachvollziehen«, sagte Kisevalter.

»Ich möchte es mir verdienen und nichts geschenkt haben. Sagen Sie nicht: ›Dieser Penkowskij ist ein guter Mann, also geben wir ihm, was immer er braucht.‹ Ich will mir verdienen, was ich bekomme.«

»Gut, einverstanden«, sagte Shergold.

»Ich habe nicht zu Ihnen gesagt: ›Hier ist eine Rakete, und hier noch eine. Dieses ist ein Code, und jenes ist etwas anderes.‹ Ich habe Ihnen alles gegeben. Und ich bin bereit, mit Herz und Seele, mit meinem Verstand, meiner Gesundheit und all meiner Kraft für Sie zu arbeiten.«

»Wir verstehen Sie sehr gut«, erwiderte das Befragerteam in dem Bemühen, Penkowskij die Sicherheit zu geben, nach der er verlangte, ohne eine konkrete Verpflichtung einzugehen.

»Dann will ich Sie nicht länger aufhalten. Sehen Sie mich jetzt in einem besseren Licht?«

»Ja«, sagte Kisevalter.

»Ich schwöre Ihnen bei meiner Mutter, meiner Tochter und meiner Seele, daß Sie bald eine noch höhere Meinung von mir haben werden, eine zehnmal höhere!«

»Sie werden um 21 Uhr wieder hier sein?«

»Ja, und dann werden wir arbeiten. Also, auf baldiges Wiedersehen.«

Es war 15.45 Uhr, als Penkowskij das Zimmer 360 verließ. Er kehrte um 21.12 Uhr zu seinem zwölften Treffen mit dem anglo-amerikanischen Geheimdienstteam dorthin zurück. »Nun, wollen wir zur Feier des 1. Mai noch etwas arbeiten?« fragte er ironisch, und alle lachten über den Verweis auf den Tag der Arbeit, der in Moskau mit einer Militärparade auf dem Roten Platz begangen wurde.

Penkowskij wurde rasch wieder ernst. »Ich habe umfangreiches Material über unsere Ausrüstung. Natürlich gibt es viele neue Geheiminformationen. Es steht alles in meinem Arbeitsheft, in dem ich meine militärischen Anmerkungen notiert habe.«

»Wo befindet sich dieses Heft? In der GRU?« fragte Kisevalter.

»Nein, zu Hause in meinem Schreibtisch. Es ist mein Arbeitsheft über strategische Fragen. Wenn man es fände, wäre es sehr unangenehm für mich. Der Schreibtisch ist verschlossen, und ich habe den Schlüssel bei mir.«

»Dann verlieren Sie ihn nicht«, sagte Kisevalter.

Danach wandten sie sich Kisevalters Fragenliste zu, die sich überwiegend mit den sowjetischen Raketen in der DDR befaßte.

»Auf dem Gebiet der DDR gibt es zwei unterirdische Depots von Atomwaffen. (...) Ich weiß nicht, wie viele Atomsprengköpfe dort gelagert werden, aber es sind sicher mehr als ein oder zwei Stück. Sie werden in Reserve gehalten. Das Einsatzkommando wird vom Präsidium [der KPdSU] kommen, vom Oberbefehlshaber. Das ist zur Zeit ein Mann mit einem runden Kopf ohne ein einziges Haar darauf oder irgend etwas darin«, erläuterte Penkowskij mit einem Seitenhieb auf den glatzköpfigen Chruschtschow; seine Befrager quittierten es mit einem Lachen. »Solche Lager gibt es auch auf sowjetischem Territorium.«

»Wem unterstehen diese Depots?« erkundigte sich Kisevalter.

»Das will ich Ihnen sagen: Schdanow.« Generaloberst N. N. Schdanow war der Chef der Hauptabteilung Artillerie des sowjetischen Verteidigungsministeriums.

»Das Material und die Bomben?« fragte Kisevalter.

»Er ist für die Sprengköpfe und die Bomben verantwortlich. Sie sind aber nicht scharf.«

»Dann ist er also auch für die Bomben zuständig?«

»Selbstverständlich. Sie gehören zur Ausrüstung.«

»Was genau gehört zu seinem Verantwortungsbereich?«

»Er ist für die sichere Lagerung und die technische Kontrolle und

170

Wartung verantwortlich. (...) Wird eine radioaktive Strahlung gemessen? Gibt es einen Materialverschleiß? Das alles fällt in Schdanows Verantwortlichkeit. Die Auslieferung an irgendeine Brigade, bloß weil sie sie [die Atomwaffen] will, ist verboten. Darüber kann nur der Verteidigungsminister entscheiden – auf Weisung des Zentralkomitees. Der Minister wird in diesem Fall den Befehl an Moskalenko, dem die strategischen Raketenstreitkräfte unterstehen, weiterleiten. Soweit es die Bodentruppen betrifft, ist Warenzow der Ausführende. (...) Die Sicherheit dieser Atomanlagen wird von Spezialeinheiten des KGB gewährleistet. Das ist die Struktur. Niemand kann irgend etwas selbständig tun. Warenzow kann nicht einmal eine einzige Bombe für Manöverzwecke anfordern. Unmöglich. Es muß alles vom Zentralkomitee abgesegnet sein.«

Als das Treffen nach ein Uhr nachts endete, sagte Penkowskij, daß er am Abend keine Zeit haben werde.»Ich habe Wynne getroffen, nachdem ich mit Ihnen gesprochen hatte, und er hat mich für morgen abend in einen Nachtklub eingeladen. Wenn Sie also erlauben ...« Die Befrager lachten.»Wynne hat gesagt, daß er sehr teuer ist, aber das geht in Ordnung. Man muß wenigstens einmal in einem großen Nachtklub gewesen sein.«

Kapitel 8

Zwei Begegnungen

Als Penkowskij am 3. Mai um ein Uhr mittags im Hotel Mount Royal zum dreizehnten Mal mit dem anglo-amerikanischen Team zusammenkam, erzählte er als erstes von seinem Ausflug ins Londoner Nachtleben und von der Frau, die Wynne für ihn ausgesucht hatte. »Ich kann Ihnen ihre Telefonnummer geben. Wir sind zuerst in eine Bar gegangen, und dann in den Nachtklub. Die Show begann um ein Uhr nachts; sie wurde, wie auf Bestellung, von schöner Musik im türkischen Stil begleitet. In der Bar hatten wir ein 23jähriges Mädchen für mich abgeholt – ein gutes Mädchen mit einem hübschen Namen: Zeph. Hier ist ihre Telefonnummer. Jetzt weiß es jeder.« Das Befragerteam lachte, und Penkowskij fuhr fort: »Ich habe zwei Stunden mit ihr verbracht. Ich mußte zusehen, daß ich noch etwas Schlaf bekam. Heute morgen um acht Uhr saß ich schon wieder am Frühstückstisch.«

»Waren Sie in ihrer Wohnung?« fragte Kisevalter.

»Ja, wir waren bei ihr. Ihre Wohnung ist größer als meine in Moskau. Es war alles recht bescheiden, aber bequem. Sie ist ein nettes Mädchen, ziemlich routiniert in ihrer Art von Arbeit, aber das war in Ordnung. Ich habe zwei Stunden mit ihr verbracht. Als ich ging, wurde es schon hell.«

»Wie war doch gleich die Telefonnummer? Könnten Sie sie noch einmal wiederholen?« fragte Shergold und rief damit wiederum Gelächter hervor.

»Hat Sie viel verlangt?« erkundigte sich Kisevalter.

»Wynne hat gesagt, daß sie 15 Pfund wollte. Ich habe ihm das Geld für sie gegeben, und sie hat mich später nicht um mehr gebeten. Ich wurde ihr als Alex aus Belgrad vorgestellt. Wir hatten einen guten Tisch. Es war wirklich sehr nett.«

»Nur noch eine Frage«, sagte Kisevalter. »Könnte die Begegnung irgendwelche Konsequenzen haben?«

172

»Ich glaube nicht. Wynne hat mir zwar Kondome gegeben, aber ich ...«

»Das ist wichtig.«

»Natürlich ist es das. (...) Es gibt keinen Grund zur Besorgnis. Falls etwas passieren sollte, kann man es beheben. Aber ich glaube nicht, daß ein Problem auftreten wird.«

Danach berichtete Penkowskij, was er am Vormittag getan hatte. »Ich bin um sieben Uhr aufgestanden, habe um acht gefrühstückt und bin um neun zur Botschaft gegangen. Wir haben unser Geld bekommen [die zusätzlichen Spesen für den verlängerten Aufenthalt in London]. Danach habe ich den Residenten aufgesucht. Wir haben eine halbe Stunde unter vier Augen miteinander gesprochen. Ich habe ihm meine Tagesberichte und die Broschüren ausgehändigt, die Sie mir gegeben haben, und er ließ alles zusammenpacken, rief in meiner Gegenwart den Chiffrierbeamten an und schickte das Material weg.«

Penkowskij bedauerte, daß er dem Team nicht den Namen des Londoner GRU-Residenten nennen konnte. Er kannte ihn nicht, und es hätte dem professionellen Verhaltenskodex widersprochen, wenn er den Residenten nach seinem Namen gefragt hätte. »Da sehen Sie, welche Folgen es hat, daß Sie mir nicht alle Fotos [von sowjetischen Geheimdienstoffizieren] gezeigt haben«, beklagte er sich. Dann verabschiedete er sich und versprach, am Abend wiederzukommen.

Vor seinem vierzehnten Gespräch mit Bulik, Kisevalter, Shergold und Stokes arrangierte er am frühen Abend ein Treffen zwischen einem britischen Geschäftsmann und einem GRU-Offizier in der sowjetischen Botschaft. Die Herstellung dieses Kontakts gehörte zu den unter tätiger Mithilfe des anglo-amerikanischen Teams erzielten »Erfolgen«, mit denen sichergestellt werden sollte, daß Penkowskijs Geheimdienstarbeit in England die Anerkennung seiner Vorgesetzten fand.

Als er um 21.15 im Zimmer 360 erschien, wurden zunächst die Probeaufnahmen begutachtet, die er mit der Minox gemacht hatte. Dann fragte ihn Shergold: »Können wir das jetzt abbrechen und darauf zu sprechen kommen, was in wenigen Minuten geschehen wird?«

Penkowskij setzte sich zurück und sah Shergold erwartungsvoll an. »Hören Sie mir jetzt bitte aufmerksam zu«, begann Shergold und fuhr dann in feierlichem Tonfall fort: »In zehn oder fünfzehn Minuten wird ein hochrangiger Vertreter des Verteidigungsministeriums zu uns kommen. Er wird im Namen von Lord Mountbatten sprechen, des Verteidigungsministers.«*

»Ich weiß, wer er ist«, sagte Penkowskij.

»Ich weiß nicht, was er Ihnen sagen wird«, erklärte Shergold, »aber ich möchte gern mit Ihnen durchgehen, was Sie sagen werden.«

»Ich werde einfach ein paar Worte des Danks sagen, und Sie werden Sie übersetzen.«

»Ich denke, es wäre logisch, wenn Sie sich an die Chronologie hielten, das heißt den Kern der Erklärung wiedergäben, die Sie uns gegenüber schriftlich abgegeben haben – natürlich nicht Wort für Wort, aber es wäre ein guter Anfang«, schlug Shergold vor.

»Einverstanden«, sagte Penkowskij. »Das ist absolut einleuchtend.«

»Danach könnten Sie Ihre Aufrichtigkeit und Ernsthaftigkeit betonen und ansprechen, was Ihnen am Herzen liegt«, fuhr Shergold fort.

»Ich kann zwar nicht voraussehen, was er sagen wird, aber er weiß über Sie Bescheid, und was für Sie am wichtigsten ist, er ist in einer Position, in der er Ihnen Garantien für Ihre Zukunft und für die Erfüllung der Ihnen gemachten Versprechen geben kann.«

»Ich bin Ihnen für das alles sehr dankbar. Aber Sie werden doch übersetzen, oder nicht?« fragte Penkowskij.

»Natürlich werde ich übersetzen«, sagte Kisevalter. »Nur noch eins – je langsamer Sie sprechen, desto klarer wird Ihre Botschaft verstanden werden.«

»Verstehe.«

»Der Mann, den Sie gleich kennenlernen werden, heißt Sir Dick White«, sagte Kisevalter, ohne zu erwähnen, daß Sir Dick der unter dem Ideogramm »C« bekannte Chef des MI6 war.

»Ich werde ihn einfach mit *Gospodin* [Herr] ansprechen«, sagte Penkowskij. »Außerdem werde ich sowieso Russisch sprechen.«

Danach machte er einen Gedankensprung zurück in die Welt der Geheimdienste. »Da Sie die hiesigen KGB-Vertreter [in der sowjeti-

---

* Shergold bezeichnete Mountbatten als Verteidigungsminister, um dessen Bedeutung hervorzuheben. In Wirklichkeit war Admiral Earl Louis Mountbatten of Burma (1900–79), der letzte Vizekönig von Indien, zu dieser Zeit (1959–65) Vorsitzender des Komitees der Stabschefs.

174

schen Botschaft] schon identifiziert haben, wäre es eine gute Idee, die Sache weiter voranzutreiben. Die GRU sollten Sie in Ruhe lassen. Sie werden in Zukunft alles über ihre Aktivitäten wissen, dürfen sie aber nicht anrühren. Es muß sichergestellt sein, daß keine Ihrer Aktionen auf mich zurückfällt. Gegen den KGB jedoch sollten Sie hart vorgehen. Sie könnten dafür sorgen, daß der Resident abgezogen werden muß. Das wird den KGB aus dem Gleis werfen, und es wird eine Weile dauern, bis neue Leute hier eingetroffen sind und sich orientiert haben. Es wäre ein enormer Rückschlag für den KGB.«

Die Rivalität zwischen der GRU und dem KGB war offensichtlich, ebenso wie Penkowskijs Bestreben, den »Nachbarn« Knüppel zwischen die Beine zu werfen.

Es klopfte an der Tür, und ein Mitglied des Befragerteams führte Sir Dick White herein. Sein Auftreten war von Selbstbewußtsein geprägt, ohne arrogant zu wirken. Sir Dick trug die Bürde der Verantwortung mit einer gewissen Leichtigkeit, und Penkowskijs Nervosität ließ merklich nach, als er ihn sah.

Nachdem Shergold Sir Dick mit Penkowskij und dem Befragerteam bekanntgemacht hatte, wandte sich der Direktor des MI6 an Penkowskij: »Nun, Oberst, die Botschaft, die ich Ihnen zu überbringen habe, kommt von Lord Mountbatten, dem Chef des Verteidigungsministeriums von England.« Er hielt inne, um Kisevalter Gelegenheit zu geben, seine Worte ins Russische zu übersetzen.

»Lord Mountbatten«, fuhr Sir Dick fort, »bedauert es sehr, daß er Sie nicht persönlich kennenlernen kann. Er hat mich gebeten, Ihnen folgendes zu sagen: ›Mir wurde der Treueid vorgelegt, den Sie den Regierungen von Großbritannien und der Vereinigten Staaten geschworen haben. Ich bin voller Bewunderung für die großartige Haltung, die Sie an den Tag legen; wir sind uns der Gefahr, die Sie auf sich genommen haben, deutlich bewußt. Mir wurde außerdem berichtet, welche Informationen Sie uns übermittelt haben. Ich kann Ihnen versichern, daß sie für die freie Welt von höchstem Wert und größter Bedeutung sind.‹«

Sehr geehrter Herr, erwiderte Penkowskij, ich bin Lord Mountbatten und Ihnen für die Aufmerksamkeit, die Sie mir erweisen, zu größtem Dank verpflichtet. Ich betrachte diese Aufmerksamkeit als ein Zeichen der Anerkennung für mich. Ich habe mich mit vollem Bewußtsein Ihren Fahnen angeschlossen. Ich habe lange Zeit darauf gehofft und mein Bestes getan, um meine Aufrichtigkeit, meine Ergebenheit und meine Bereitschaft zu beweisen, bis ans Ende meines Lebens unter Ihren Fahnen zu kämpfen. Im Verlauf der vergangenen zwei Wochen hatte ich das Glück und die Gelegenheit, mit den hier anwesenden Herren viele bedeutsame Fragen sowohl militärischer als auch politischer Natur zu besprechen. Ich möchte in aller Offenheit feststellen, daß ich genügend Kraft und Energie besitze und sowohl theoretisch als auch praktisch gut genug ausgebildet bin, um meinen neuen Aufgaben gewachsen zu sein und sie zum Besten unserer freien Welt zu erfüllen.

Ich möchte dem Lord und Ihnen selbst versichern, daß es nicht lange dauern wird, bis Sie mir noch mehr Achtung entgegenbringen und sogar Zuneigung für mich empfinden werden. Vor kurzem erst hatte ich Gelegenheit, die jetzt und in der nächsten Zukunft vor mir stehenden Aufgaben zu diskutieren. Ich bin sicher, daß ich diese Aufgaben erfüllen werde, wie es von einem Soldaten erwartet werden kann, und schwöre Ihnen als Repräsentant Ihrer Regierung, daß ich es tun werde. Ich möchte an dieser Stelle auch dem Herzenswunsch Ausdruck verleihen, der mich schon in Moskau beseelt hat – dem Wunsch, meiner Königin, Elisabeth II., und dem Präsidenten der Vereinigten Staaten, Mr. Kennedy, denen ich als Soldat diene, die Treue zu schwören. Obwohl es die Umstände zur Zeit unglücklicherweise nicht erlauben, habe ich doch die Hoffnung, daß mir das Schicksal eines Tages die persönliche Anerkennung der Königin zuteil werden läßt.

»Ich würde darauf gern etwas erwidern«, sagte Sir Dick. »Vor allem möchte ich Oberst Penkowskij jetzt, wo er nach Rußland zurückkehrt, bitten, in Anbetracht der Gefahr, in die er sich begibt, mit größter Vorsicht vorzugehen. Weiterhin möchte ich ihm versichern, daß wir, wenn der Zeitpunkt gekommen ist, daß er Rußland verlassen muß und sich in der westlichen Welt niederläßt, die Verpflichtungen, die wir ihm gegenüber zweifellos haben, voll und ganz erfüllen werden.«

»Dessen bin ich gewiß, und ich danke Ihnen«, sagte Penkowskij. »Ich möchte noch zwei Worte hinzufügen, wenn Sie erlauben. Ich möchte Sie bitten, Lord Mountbatten meinen Dank für seine Aufmerksamkeit zu überbringen, und ich möchte auch Ihnen noch einmal für Ihre Aufmerksamkeit danken. Bitte, erfüllen Sie mir einen Wunsch, daß nämlich der Lord Ihre Majestät, die Königin, in einem passenden Augenblick darauf aufmerksam macht, daß sich ihre Streitkräfte um einen Angehörigen vergrößert haben – diesen Oberst hier, der im Generalstab in Moskau stationiert ist und Spezialaufgaben erfüllt, in Wirklichkeit aber ein Oberst im Dienst Ihrer Majestät ist. Teilen Sie ihr bitte weiterhin mit, daß ich exakt nach meinen Befehlen handeln werde und daß ich mich in guten Händen befinde.«

»Dessen bin ich sicher«, erwiderte Sir Dick. »Es ist mir ein Vergnügen, Sie kennengelernt zu haben.«

Es wurde Wein eingeschenkt, und Sir Dick brachte einen Toast aus: »Sie haben viele Stunden miteinander verbracht, um dies möglich zu machen. Trinken wir auf die Gesundheit des Obersts.«

»Ich danke Ihnen für die guten Wünsche und die Ehre, die Sie mir erweisen«, entgegnete Penkowskij.

»Sie scheinen über ein ausgezeichnetes Stehvermögen zu verfügen, wenn Sie trotz der anstrengenden Arbeit immer noch so munter sind«, sagte Sir Dick.

»Ja, wir haben eine Menge geschafft, und daneben mußte ich mich auch noch um meine Delegation kümmern und mit ihr herumreisen. (...) Ich möchte Lord Mountbatten, Sir Dick White und meinen Führungsoffizieren (...) versichern, daß ich bis zum Ende ehrlich und entschlossen meinen Dienst tun werde. Das ist meine Natur, und ich bin zuversichtlich, daß ich die Kraft dafür haben werde.«

»Davon sind wir zutiefst überzeugt«, sagte Sir Dick.

»Vielen Dank. Ich werde versuchen, das Vertrauen, das Sie in mich setzen, zu rechtfertigen.«

»Nun denn. Wenn Sie mich jetzt entschuldigen würden. Ich glaube, ich sollte Sie nicht länger von der Arbeit abhalten. Ich wünsche Ihnen viel Glück bei der Erfüllung Ihrer Aufgaben. Alles Gute, meine Herren!«

Shergold begleitete Sir Dick hinaus.

»Habe ich das Richtige gesagt?« fragte Penkowskij.

»Ja, Sie haben es sehr gut gemacht«, antwortete Kisevalter, »und Sie haben es nicht übertrieben.«

Als Shergold zurückkam, sagte Kisevalter zu ihm: »Unser Freund möchte wissen, welchen Eindruck Sir Dick von ihm hat.«

»Oh, einen sehr guten«, sagte Shergold.

»Ich bin sicher, Lord Mountbatten wird Ihrer Majestät von Ihnen erzählen«, ergänzte Kisevalter.

»Das verpflichtet mich nur noch mehr dazu, hart zu arbeiten. Nebenbei gesagt, ist Lord Mountbatten nicht der Onkel von Prinz Philip, und war dessen Mutter nicht Russin?« fragte Penkowskij.

»Prinz Philip kommt aus dem griechischen Königshaus, das allerdings mit der russischen Herrscherfamilie verschwägert war«, erklärte Shergold. »Im übrigen war die Großmutter der Königin eine Cousine des [letzten] Zaren.«

Penkowskij schien zufrieden zu sein. Der britische Beitrag zur Befriedigung seines Verlangens nach Anerkennung auf höchster Ebene hatte seine Wirkung nicht verfehlt, und Penkowskij erkundigte sich jetzt bei Bulik und Kisevalter, ob es schwierig wäre, mit Präsident Kennedy zusammenzukommen. Bulik hatte über Dick Helms eine Begegnung mit dem damaligen Justizminister Robert Kennedy arrangiert, für den Fall, daß Penkowskij in die USA kommen sollte; ein Treffen mit dem Präsidenten war nicht vorgesehen.

Danach ging man wieder zur Tagesordnung über. Kisevalter hatte eine lange Fragenliste abzuarbeiten und bat Penkowskij als erstes, das Numerierungssystem der sowjetischen Militärfahrzeuge zu erläutern. Penkowskij tat es und fügte hinzu, daß Warenzow und Moskalenko eigene Flugzeuge des Typs Il-14 zur Verfügung standen und Warenzow darüber hinaus einen eigenen Eisenbahnwaggon hatte.

Die nächste Frage betraf erneut den Stand der sowjetischen Raketenforschung. »Was meinte Chruschtschow, als er Anfang 1960 von phantastischen neuen Waffen sprach, die gefährlicher seien als die ICBMs?«

Chruschtschows »Errungenschaften«, erklärte Penkowskij, seien in Wahrheit erst Forschungsprojekte, und zwar zur Entwicklung einer atomar angetriebenen Rakete und eines Hochleistungstreibstoffs unter Zusatz von Bor.

»Haben Sie jemals davon gehört, daß zu Ihrem Agentennetz oder dem des KGB hochwertige amerikanische, britische oder kanadische Agenten gehören?« fragte Kisevalter weiter.

178

»Ich weiß definitiv, daß der strategische Geheimdienst der Sowjet-
union über amerikanische, britische, französische und deutsche
Agenten verfügt. Ihr Wert ist allerdings eine andere Frage. In der Tür-
kei wurden, zum Beispiel, auch Agenten angeworben, deren operative
Möglichkeiten nur sehr gering waren. Niemand erwartet, daß man ei-
nen hochgestellten General anwirbt.«
»Sie sprechen jetzt ausschließlich von der GRU, oder?«
»Ja.«
»Und wie sieht es beim KGB aus?«
»Er hat selbstverständlich solche Agenten. (...) Daneben haben die
Illegalen noch ihre eigenen Agentennetze. Man setzt nicht unbedingt
nur Einheimische ein, sondern oft auch Personen aus Drittländern.
Ich werde Ihnen demnächst eine vollständige Liste der aktiven Agen-
ten geben, insbesondere derjenigen in Ceylon« – von denen Penkow-
skij erfahren hatte, als er sich darauf vorbereitete, als Militärattaché
nach Indien zu gehen.
»Wir werden sie nicht anrühren«, sagte Kisevalter.
»Und was ist, wenn ich erst in zwei Jahren zu Ihnen komme?«
»Wenn ein Vorgehen gegen die Agenten in diesem Zeitraum Ihre
Sicherheit gefährden würde, werden wir nichts unternehmen, bis Sie
herausgekommen sind.«
Bulik fragte Penkowskij, ob er jemals etwas davon gehört hätte, daß
Abhöreinrichtungen gegen ausländische Botschaften in Moskau ein-
gesetzt würden.

Ich habe nicht nur davon gehört, sondern die Geräte mit eigenen
Augen gesehen. Viele von ihnen (...) sind Kopien von Geräten, die
von Ihnen installiert und dann entdeckt wurden.
    Das bringt mich auf einen Punkt, den ich hervorheben möchte.
Sämtliche sowjetischen Angestellten der amerikanischen, britischen und kanadischen Botschaft arbeiten für den KGB. Meine
eigene Tante zum Beispiel, Jelena Jakowlewna Schiwzowa, die
Schwester meiner Mutter, hat lange Zeit als Haushälterin und Kindermädchen in der afghanischen Botschaft gearbeitet und war eine
Informantin des KGB. Sie haßte es, aber man hat sie mit Drohungen dazu gezwungen (...). Ihr Sohn Igor war krank, und man setzte
sie mit der medizinischen Betreuung, die er brauchte, unter Druck.

(...) Sie lebte in ständiger Angst und vertraute sich meiner Mutter an. Wir machten uns große Sorgen, weil jede Mißhelligkeit mit dem KGB auch uns in Mitleidenschaft gezogen hätte. Wir waren sehr froh, als sie vor zwei Jahren in Rente ging. In der Türkei haben wir nie einheimisches Personal beschäftigt, nur Russen. Aber Sie haben in Moskau eine Unmenge von Dienstboten, und jeder von ihnen hat einen KGB-Auftrag zu erfüllen und muß ständig Bericht erstatten. Wieso werfen Sie diese Leute nicht hinaus und stellen Ihr eigenes Reinigungspersonal ein? Es ist keine Schande für Ihre Leute, Fußböden zu scheuern, wenn dadurch die Sicherheit gewährleistet wird.

Seit dem Start des ersten Sputniks im Jahr 1957 hatte Chruschtschow öffentlich mit der Überlegenheit der Sowjetunion auf dem Gebiet der Atomwaffen geprahlt. Im November 1959 erklärte er, die Sowjetunion verfüge über »ein solches Arsenal an Raketen, eine solche Menge an Atom- und Wasserstoffsprengköpfen, daß wir unsere potentiellen Feinde, falls sie uns angreifen sollten, von der Erde fegen können«.[1] Er behauptete, eine einzige sowjetische Fabrik produziere 250 Raketen im Jahr, und einer Gruppe von Hearst-Journalisten gegenüber sagte er: »Uns kann man keine Angst machen. Unsere Wirtschaft blüht. Unsere Raketen kommen wie Würste aus einem Automaten. Rakete auf Rakete verläßt das Fließband.«[2]

Kisevalter fragte Penkowskij nun nach dieser Fabrik, von der Chruschtschow so viel hermachte. Penkowskij antwortete, daß die Sowjetunion zwar in großem Umfang Raketen für die Raumfahrt produziere, aber eine Serienproduktion von Interkontinentalraketen gebe es nicht.

Der nächste Punkt auf Kisevalters Fragenliste betraf die Größe der sowjetischen Atombomben. Penkowskij sagte, er hätte von einer 50-Kilotonnen-Bombe gehört.

»Haben Sie eine Ahnung, wie die Atomsprengköpfe auf die Raketen montiert werden?« fragte Kisevalter.

Penkowskij erläuterte, was er an der Dserschinskij-Akademie darüber erfahren hatte, und sprach dann, auf entsprechende Fragen, über die Temperaturanfälligkeit der Raketen und darüber, wie sie gewartet und transportiert wurden. Dann kam er auf die Atomtests zu sprechen: »Bei Ihnen werden nicht alle Atomtests bemerkt. Die kleineren Explosionen werden in tiefen Gräben gezündet. Sie mögen sie als Anzeichen kleinerer Erdbeben registriert haben, aber es waren keine seismischen Ereignisse. Sie müssen wissen, daß viele Tests mit sehr kleiner Sprengkraft durchgeführt wurden. Nach diesen Tests warten wir immer ab, ob sie in der Presse erwähnt werden – von TASS zum Beispiel –, aber es wird, bis auf wenige Ausnahmen, nie über sie berichtet. Die wissenschaftlichen Experimente reißen genausowenig ab wie der Wasserstrahl eines Geysirs. Sie finden im zentralen Teil der Sowjetunion statt, in der Nähe der südlichen Republiken. All diese Äußerungen über den Stop der Atomtests sind nur leeres Gerede. Chruschtschow würde jeden Wissenschaftler hinauswerfen, der mit den Tests aufhören wollte. Und warum werden sie weiterhin durchgeführt? Weil es immer noch ungelöste Probleme gibt.«

Diese Information war für die Regierungen der USA und Großbritanniens von erheblichem Interesse. Sie trug dazu bei, daß der Westen neue Kriterien für die Überwachung von Atomtests aufstellte. Die von Penkowskij gelieferten Informationen, die er in Gesprächen mit Offizieren aufgeschnappt hatte, erwiesen sich fast immer als richtig. Nur in einem Fall – als er ein Gerücht über ein fehlgeschlagenes Raumfahrtprojekt wiedergab – konnte seine Information nicht bestätigt werden und wurde nicht an die amerikanische Geheimdienstgemeinde verteilt. Das Treffen endete fünf Minuten nach Mitternacht.

Am frühen Nachmittag des nächsten Tages, um 14.20 Uhr, klopfte Penkowskij unangemeldet an die Tür von Zimmer 360, wo er nur Bulik und Shergold antraf. Er hatte an der Rezeption eine telefonisch hinterlegte Nachricht vorgefunden und wußte nicht, von wem der Anruf gekommen war. Aber das war nicht der einzige Grund für sein unangemeldetes Kommen. »Ich bin für ein paar Minuten hergekommen, um Ihnen zwei Dinge zu sagen. Erstens habe ich Ihnen eine wichtige Mitteilung zu machen.«

Ein GRU-Offizier aus der sowjetischen Botschaft namens Schapowalow hatte Penkowskij gesagt, daß er in die pakistanische Botschaft fahren werde, um dort einen seiner Agenten zu treffen. »Er muß beobachtet werden. Er hat mir heute gesagt, daß er einen englischen Kommunisten kennengelernt hat, den er anwerben möchte. Beschatten Sie die beiden einfach. Das dürfte nicht schwer sein.« Schapowalow werde um 19 Uhr im Auto Nummer 462 in der pakistanischen Botschaft eintreffen. Bulik und Shergold versprachen Penkowskij, daß man keine Maßnahmen gegen den GRU-Offizier ergreifen werde, um nicht die Gefahr heraufzubeschwören, daß die Spur zu ihm zurückverfolgt wurde.

Danach erzählte Penkowskij von dem mysteriösen Anruf, der ihn nicht erreicht hatte, und bat darum, die Telefonnummer zu überprüfen. Shergold rief daraufhin in seinem Büro an, und Bulik sprach mit den anderen Mitgliedern des amerikanischen Teams, das nach kurzer Beratung einfach das Londoner Telefonbuch aufschlug und die Nummer des TASS-Büros heraussuchte. Sie stimmte mit derjenigen auf Penkowskijs Zettel überein. Der TASS-Mitarbeiter wollte nur einen Artikel über den Verlauf des Englandbesuchs der Delegation schreiben. Penkowskij war erleichtert und verließ das Zimmer 360, um in die sowjetische Botschaft zu fahren.

Den Rest des Tages verbrachte er mit Wynne, der mit ihm zu einem Tanzkurs ging. Er verabschiedete sich von ihm am frühen Abend mit der Entschuldigung, daß er nach der letzten Nacht etwas Ruhe brauche, und fand sich um 20.10 Uhr wieder im Zimmer 360 des Hotels Mount Royal ein. Zuerst wurden noch einmal die Probefotos besprochen, die Penkowskij geschossen hatte. Ein Spezialist des MI6 erklärte ihm, wie er die Qualität bei schlechten Lichtverhältnissen verbessern und verhindern konnte, daß sich der Film verklemmte oder Negative doppelt belichtet wurden.

Anschließend erzählte Penkowskij von den Gesprächen, die er in der sowjetischen Botschaft geführt hatte. Wie überall auf der Welt hatte der Prozeß gegen den Sowjetspion George Blake auch dort für Aufsehen gesorgt. »Die Botschaft ist tief verstört und hat über das Urteil bereits nach Moskau berichtet. 42 Jahre sind eine sehr schwere Strafe. Ich habe gehört, daß der arme Kerl, der sie bekommen hat, 38 Jahre alt ist. Er wird also 80 Jahre alt sein, wenn er freikommt. Das hat Eindruck gemacht. Von der Zentrale ist der Befehl gekommen, sehr sorgfältig und sicherheitsbewußt zu arbeiten.«

»Dieser Befehl stammt von heute?« fragte Shergold.

»Ja. Die Information ging gestern nach Moskau. Die Stimmung in der Botschaft ist sehr schlecht. Man befürchtet, daß die Leute jetzt davor zurückschrecken werden, für uns zu arbeiten.«

Dann kam Penkowskij wieder auf Wynne zu sprechen. Die Beziehung zu ihm war problematisch, da er nur Verbindungsmann und Kurier und kein MI6-Offizier war, der in die gesamte Operation eingeweiht und berechtigt gewesen wäre, zu erfahren, was Penkowskij in den Westen schickte.

»Ich bin nicht auf den Kopf gefallen«, sagte Penkowskij. »Nach außen hin sieht es so aus, als würde ich die Dinge naiv betrachten, aber ich verstehe alles. Wynne merkt, daß ich über Geld verfüge, daß man mich belohnt hat, und er gibt mir mit Blicken und Gesten zu verstehen, daß ich auch ihm etwas zukommen lassen soll. Bitte, reden Sie mit ihm – in aller Freundschaft, versteht sich. Erklären Sie ihm, daß er gut bezahlt werden wird und daß er sich um seine Zukunft keine Sorgen zu machen braucht, wenn er weiterhin gut mit mir zusammenarbeitet. (...) Immerhin ist er Kaufmann – das müssen Sie einkalkulieren.«

»Wir werden alles bestens für ihn regeln«, versprach Kisevalter, aber Penkowskij ließ sich nicht so leicht beruhigen. Er hielt sich noch fünf Minuten lang bei diesem Thema auf, bis Kisevalter ungeduldig wurde und ihn unterbrach: »Hören Sie, wir haben noch andere wichtige Fragen abzuhandeln. Sie haben jetzt rund eine halbe Stunde gehabt. Lassen Sie uns über die operativen Instruktionen sprechen. Danach werde ich Ihnen erläutern, welche Aufgaben Sie haben.«

»Das hier ist ein historischer Raum«, sagte Penkowskij. »Eines Tages wird hier eine Erinnerungstafel hängen.«

Kisevalter erklärte ihm nun, wie er die an ihn gerichteten Funksprüche entschlüsseln konnte. Um 21 Uhr wurde das Treffen unterbrochen, weil Penkowskij zum Abendessen mit seiner Delegation gehen mußte. Eine Stunde später kehrte er zurück, nachdem er seinen »Häschen«, wie er die Delegationsmitglieder nannte, gesagt hatte, daß er das Telefon abschalten und sich schlafen legen würde.

Bevor die Diskussion der operativen Fragen wieder aufgenommen wurde, legte das Team Penkowskij fünf Farbmuster für den Zahnersatz vor, den er anstelle von sechs mangelhaften Zahnprothesen erhalten sollte. Er hatte die Zähne durch seine Verwundung im Zweiten Weltkrieg verloren. Das in Moskau verwendete Material sei minderwertig und halte nicht lange, erklärte Penkowskij. Da die zahnmedizinische Versorgung in der Sowjetunion zu wünschen übrig ließ, war es durchaus üblich, daß Angehörige der Nomenklatura ins Ausland reisten, um sich dort behandeln zu lassen. Penkowskijs neue Zähne würden also keine besondere Aufmerksamkeit auf sich ziehen. Danach besprach Kisevalter mit Penkowskij sein nächstes Treffen mit Wynne in Moskau. Die Festsetzung einer genauen Zeit würde es Wynne erlauben, kurz vorher in die britische Botschaft zu gehen und das für Penkowskij bestimmte Material abzuholen, so daß er es nicht in seinem Hotelzimmer verwahren mußte.

Daneben wurde eine Reihe anderer Möglichkeiten für die Übergabe von Penkowskijs Material diskutiert. Nach einer Variante sollte sich Penkowskij auf offiziellen Empfängen mit einem amerikanischen oder britischen Diplomaten treffen. Als Erkennungszeichen sollte eine mit roten Steinen besetzte Krawattennadel dienen. Wenn der Diplomat ihm außerdem Grüße von Charles Peeke und dessen Frau überbrachte, wußte Penkowskij, daß er seinen Mann gefunden hatte. Bulik hatte mehrere gleiche Krawattennadeln gekauft und zeigte sie Penkowskij, damit er wußte, wonach er Ausschau zu halten hatte.

Eine weitere Möglichkeit bestand darin, ein Päckchen über die Mauer des Amerikahauses zu werfen, und zwar vom Juli 1961 an jeweils um 22 Uhr am ersten Samstag jeden Monats. Als Alternative wurde die gleiche Zeit am jeweils folgenden Sonntag vereinbart. »Es ist die Stelle, an der die Mauer an der Turtschaninow-Straße ans Haus grenzt«, erklärte Kisevalter, dieselbe Stelle, die der glücklose CIA-Offizier mit dem Decknamen COMPASS vorgeschlagen hatte. Inzwischen hatte man in Washington die Bedeutung der Informationen erkannt, die Penkowskij liefern konnte; die CIA hatte sich mit dem Außenministerium in Verbindung gesetzt und Unterstaatssekretär Alexis Johnson veranlaßt, ein Telegramm nach Moskau zu schicken, mit dem die Botschaft nachdrücklich zur Zusammenarbeit aufgefordert wurde. In dem Telegramm wurde zwar nur von einer hochrangigen sowjetischen Quelle gesprochen, aber Botschafter Thompson wußte von Penkowskijs früheren Annäherungsversuchen her, um wen es sich handelte. Penkowskij wurde nicht länger als Provokateur betrachtet.

Von britischer Seite war ein weiteres Szenario für die Aufrechterhaltung des Kontakts mit Penkowskij ausgearbeitet worden. Danach sollte er sich in einem Moskauer Park mit der Frau eines britischen

Diplomaten treffen, die dort mit ihren Kindern spazierenging. Kisevalter dolmetschte für Shergold: »Sagen Sie ihm, daß ich noch entscheiden werde, welches der beste Treffpunkt ist. Danach werde ich in dem Park Fotos machen lassen, damit er die Frau, die Kinder, den Kinderwagen und den Platz, wo die Kinder spielen werden, wiedererkennt.«

»Sehr gut«, sagte Penkowskij.

»An welchem Tag würde es Ihnen am besten passen?« fragte Kisevalter.

»Für diese Operation – am Sonntag. Das ist mein freier Tag.«

Danach sah sich Penkowskij, bis das Treffen um 1.15 Uhr am 5. Mai beendet wurde, wieder Fotos von GRU- und KGB-Offizieren an und erzählte, was er von ihnen wußte. Bevor er sich von dem anglo-amerikanischen Team verabschiedete, lobte er noch einmal, was Wynne für seine Delegation tat. Sie war zu mehreren Mittag- und Abendessen eingeladen worden, so daß der Tagessatz an Devisen, der jedem Delegationsmitglied zur Verfügung stand, für Geschenke und persönliche Einkäufe ausgegeben werden konnte. »So konnte ich sie gewissermaßen kaufen«, sagte Penkowskij. »Sie sind alle sehr zufrieden.«

»Haben Sie selbst schon alles eingekauft, was Sie brauchen?« erkundigte sich Kisevalter.

»Noch nicht. Aber dafür habe ich morgen noch Zeit.«

»Haben Sie das Geschenk für Warenzow bekommen?«

»Ja. Es ist großartig.«

»Es wird ein Geschenk von Mr. und Mrs. Penkowskij sein – und von uns«, sagte Kisevalter lachend und hob sein Weinglas, um mit Penkowskij anzustoßen.

»Unsere Zeit neigt sich dem Ende zu«, sagte Penkowskij. »Übermorgen werden wir voneinander Abschied nehmen. Es ist alles korrekt geregelt. Das Geld, das ich erhalten habe, war sowohl für operative als auch für persönliche Zwecke bestimmt. Die Geschenke sind schließlich auch operative Ausgaben, oder etwa nicht?«

»Doch, natürlich«, sagte Shergold.

Damit war das fünfzehnte Treffen zwischen Penkowskij und dem anglo-amerikanischen Geheimdienstteam beendet. Die nächste Zusammenkunft sollte am Abend um 21 Uhr stattfinden. Den Tag verbrachte Penkowskij in der sowjetischen Botschaft, wo er die Reisekosten der Delegation abrechnete, und mit Einkäufen, die er zusammen mit Wynne erledigte. Nach einem Abschiedsumtrunk mit der Delegation und dem Ehepaar Wynne in der Bar des Hotels erschien er um 21.05 Uhr zum letzten Arbeitstreffen mit dem anglo-amerikanischen Team im Zimmer 360.

»Haben Sie alles geschafft?« erkundigte sich Kisevalter.

»Nicht alles. Bei einigen Dingen möchte ich Sie noch um Ihre Hilfe bitte. Für mich selbst habe ich alles besorgt, und die Geschenke habe ich auch beisammen. Es ist alles gutgegangen«, sagte Penkowskij. »Ich hatte ein Gespräch mit Wynne. Er hat mir gesagt, daß Sie mit ihm gesprochen und ihm Anweisungen gegeben haben. Was das Geld betrifft, so habe ich gesagt, daß ich im allgemeinen nicht für Geld arbeite (...), und er hat erwidert: ›Ich werde alles tun, was sie von mir verlangen. Es ist nur so, daß ich Geld brauche.‹ Seine Stimmung scheint recht gut zu sein.«

»Ausgezeichnet«, sagte Kisevalter.

Penkowskij bat das Team, dafür zu sorgen, daß die Koffer seiner Delegation auf dem Flughafen nicht geöffnet wurden. Shergold versprach es ihm und fügte hinzu, daß Wynne die Gebühren für Übergepäck bezahlen werde.

Kisevalter war in Gedanken immer noch bei Wynne. »Ich beschwöre Sie«, sagte er eindringlich zu Penkowskij, »Wynne nicht alles mögliche zu versprechen. Es ist nicht nötig, ihm Versprechungen zu machen, die nur schwer zu erfüllen sind. Sie wissen selbst, wie er sich davon beeinflussen läßt.«

Penkowskij, der sich über seine Beziehung zu Wynne und dessen Rolle als Verbindungsmann in Moskau weiterhin Sorgen machte, versuchte seine Haltung zu erklären, aber Kisevalter unterbrach ihn und sagte: »Sie können ganz beruhigt sein. Sie haben getan, was möglich war.«

Penkowskij nickte. »Gut, soviel also zu Wynne.«

Eine andere Sorge Penkowskijs betraf das Verhalten des von Shergold ausgesuchten britischen Experten, den er mit einem GRU-Offizier zusammengebracht hatte. Penkowskij hatte ihn bei dem Treffen gebeten, einen Artikel über hitzebeständigen Stahl zu schreiben, der in der Sowjetunion veröffentlicht werden sollte. »Ich habe ihm gesagt, daß wir oft von Ausländern verfaßte Artikel über technische Fragen publizieren, und er hat erwiderte: ›Ich werde darüber nachdenken. Ich weiß, daß einer Ihrer wichtigsten Fachleute an hitzebeständigem Stahl für Raketen interessiert ist.‹ Warum hat er von Raketen gesprochen?«

Die Erwähnung des Verwendungszwecks hatte den GRU-Offizier mißtrauisch gemacht, und Penkowskij befürchtete, daß er Verdacht schöpfen würde, mit dem englischen Experten stimme etwas nicht.

»Er ist ein Raketenfachmann, und das ist eben seine Art zu denken«, sagte Shergold.

»Als Normalsterblicher sieht er die Dinge nicht so wie Sie und ich«, fügte Kisevalter hinzu. »Er ist kein Geheimdienstoffizier.«

»Zu etwas anderem«, sagte Penkowskij. »Liegt die zweite Minox für mich bereit?«

»Wynne wird sie Ihnen in Moskau übergeben«, sagte Shergold.

»Ich möchte nicht zwei Minox-Kameras bei mir zu Hause aufbewahren. Ich werde darüber nachdenken.«

»Wir könnten die Minox in seinen toten Briefkasten legen«, sagte Shergold auf englisch zu Kisevalter.

»Sie haben mir Filmmaterial für tausend Aufnahmen gegeben«, fuhr Penkowskij fort. »Mein erstes Projekt wird die Felddienstordnung sein, da sie sehr wichtig und interessant ist. Außerdem gibt es eine Abhandlung von Marschall Warenzow, eine moderne Bewertung der Raketenstreitkräfte. Es ist eine theoretische Schrift, in der keine Raketen beschrieben, sondern Fragen ihres massenhaften militärischen Einsatzes besprochen werden. Sie unterliegt der strengsten Geheimhaltung, und man kann sie nur unter Vorlage einer besonderen Genehmigung einsehen. Daneben werde ich das grundlegende Handbuch und Vorträge über die Spezialausbildung [für die Geheimdienstarbeit] haben. Allein für die Felddienstordnung, die etwa 250–270 Seiten umfaßt, werde ich, bei zwei Aufnahmen pro Seite, rund 500 Fotos brauchen. Das wäre die Hälfte des Filmmaterials, das ich habe. Sie müßten mir zusätzliche Filme zukommen lassen, da ich schon ein weiteres Buch im Auge habe, das ich kopieren möchte.«

»Die Seiten der Felddienstordnung sind klein genug, um sie auf ein Negativ zu bekommen«, sagte Kisevalter.

Shergold warf, an Kisevalter gewandt, in Englisch ein: »Ich schlage vor, daß er von Wynne zusätzliche Filme erhält. Wie viele wird er seiner Meinung nach benötigen, um zwei oder drei Monate damit auszukommen? Wann würde er neues Material haben wollen, wenn wir ihm durch Wynne zwanzig Filme zukommen lassen? Glaubt er, daß er es Ende Juni oder Ende Juli – das heißt nach Wynnes Besuch – benötigen wird? Wird er jeden Monat oder jeden zweiten Monat neue Filme brauchen?«

»Wir sollten nicht zu lange Zeiträume verstreichen lassen«, erwiderte Penkowskij. »Ich habe darüber nachgedacht. Ich werde bis zu Wynnes Besuch soviel wie möglich fertigstellen – manches liegt schon bereit –, so daß Sie für mindestens einen Monat Arbeit haben. Eine Möglichkeit, die ich bisher noch nicht erwähnt habe, wäre es, den britischen Diplomaten einzuschalten, der mich damals eingeladen hat, als ich mich um Wynnes Delegation gekümmert habe. Ich habe ihn und seine Frau näher kennengelernt, als ich mich um diesen Dummkopf Van Vliet bemüht habe. Er könnte eine Feier organisieren, zum Geburtstag des Thronfolgers zum Beispiel, und ungefähr zehn Leute vom Komitee dazu einladen. Bei dieser Gelegenheit könnte ich ihm, mit Ihrer Erlaubnis und auf Ihren Befehl, Filme und anderes Material übergeben – wenn er dazu bereit ist.«

»Nein«, sagte Shergold nachdrücklich. Er wollte vermeiden, daß die Tätigkeit des MI6-Mannes an der Botschaft durch einen Diplomaten gestört wurde.

»Nein?« echote Penkowskij. »Dann vielleicht ein anderer an seiner Stelle?«

»Genau, ein anderer«, antwortete Shergold. »Unser Mann.«

»Van Vliet könnte mich zu sich einladen«, meinte Penkowskij. »Aber ich möchte nicht mit ihm arbeiten.«

»Das wollen wir auch nicht«, pflichtete ihm Shergold bei und fügte, an Kisevalter gewandt, hinzu: »Er darf unter keinen Umständen versuchen, dem Diplomaten etwas mitzuteilen oder ihm etwas zu übergeben. Wenn der Diplomat Mitglieder des Komitees aus irgendeinem Anlaß einladen sollte, darf er erst in Aktion treten, nachdem unser Mann sich ihm zu erkennen gegeben hat.«

»Und was werden Sie diesem Mann sagen?« fragte Penkowskij.

»Er wird das Erkennungszeichen tragen«, antwortete Kisevalter, indem er eine der Krawattennadeln hochhob.

»Sagen Sie ihm, daß ich herumgehen und mir alles ansehen werde, sämtliche Räume, auch die Küche und die Toilette. Ihr Mann sollte mich beobachten. Ich werde eine Situation herbeiführen, in der ich allein bin und ihm das Päckchen mit den belichteten Filmen übergeben kann.«

»Es wird unser Vertrauensmann sein«, erklärte Kisevalter. »Niemand sonst wird etwas davon wissen.«

»Sobald er die Filme hat, ist alles andere Ihre Sache«, sagte Penkowskij. »Ist der Diplomat schon zum Stillschweigen verpflichtet worden? Er weiß alles über meinen Annäherungsversuch den beiden britischen Geschäftsleuten gegenüber.«

»Ich weiß«, sagte Shergold. »Ich habe mich schon darum gekümmert.«

»Und Van Vliet? Wird er sich einmischen?«

»Nein«, antwortete Kisevalter

»Wird Harrison ebenfalls Stillschweigen bewahren?«

»Absolut«, sagte Kisevalter.

Shergold fragte Kisevalter, ob Penkowskij nur bei Botschaftstreffen Material übergeben wolle. »Lehnt er die Möglichkeit mit der Frau und den Kindern ab?«

»Nein, nein«, antwortete Kisevalter.

»Gut«, sagte Shergold. »Dann würde ich gern auf den Zeitfaktor zurückkommen.«

»Sie werden jeden Monat Material von mir erhalten«, sagte Penkowskij, »manchmal mehr, manchmal weniger. Aber Sie können mich nicht jeden Monat in die britische Botschaft einladen. Ich kann auch zu festlichen Anlässen in die australische, kanadische und amerikanische Botschaft gehen, und zwar jeweils einmal im Vierteljahr.« Diese Beschränkung war vom GKKNIR für Besuche in ausländischen Botschaften festgelegt worden.

»Es wäre möglich, daß Sie im Durchschnitt einmal in zwei Monaten eine Einladung erhalten«, sagte Kisevalter.

»Nein. Ich möchte kein Material zwei Monate bei mir behalten«, protestierte Penkowskij.

»Einmal im Monat. Das ist alles, was ich wissen wollte«, sagte Shergold. »Denn wenn wir die Frau mit dem Kinderwagen im Sommer einsetzen wollen, muß ich ihr entsprechende Anweisungen geben.«

Nachdem Kisevalter übersetzt hatte, erwiderte Penkowskij: »Mein

Vorschlag wäre: am ersten Sonntag jedes Monats, und zwar an verschiedenen Orten; der erste Ort wäre der, den ich vorgeschlagen habe – gegenüber dem Repin-Denkmal. Kann sie abends mit den Kindern spazierengehen?«

»Nein, das wäre nicht normal«, antwortete Kisevalter.

»Und sie wird auch nur in der unmittelbaren Umgebung ihrer Wohnung spazierengehen«, ergänzte Shergold. »Sie kann nicht mit dem Kinderwagen durch die ganze Stadt gehen.«

»Geht sie mit dem Kind nicht vor der Schlafenszeit noch einmal an die frische Luft?« fragte Penkowskij.

»Sie wohnt ungefähr zwei, drei Blocks von dem Park entfernt«, erklärte Shergold, »wo sie auf einer Bank sitzen oder herumgehen kann. Der natürlichste Treffpunkt ist ein Park, und zwar derjenige, der in der Nähe ihrer Wohnung liegt.«

»Eine andere Frage«, sagte Penkowskij. »Was ist, wenn ich eine dringende Nachricht zu übermitteln habe? (...) Auf welchem Weg könnte ich Sie erreichen?«

»Ich würde vorschlagen, ihm die Anweisungen in dieser Frage durch Wynne zukommen zu lassen«, sagte Shergold zu Kisevalter. »Wir können ihm zwar mitteilen, daß wir eine Nachricht in seinem toten Briefkasten deponiert haben, aber für den umgekehrten Weg hat er noch keine Instruktionen erhalten. Ich habe vor, eine Regelung zu treffen, die es ihm ermöglicht, einmal wöchentlich an einem bestimmten Tag zu einer festgesetzten Zeit bei uns anzurufen, um uns zu sagen, daß der tote Briefkasten geleert werden soll. Er sollte außerdem in der Lage sein, uns einmal im Monat sperrigeres Material als Minox-Filme zu übergeben, und es sollte ihm möglich sein, einmal in der Woche eine kurze Mitteilung in seinem toten Briefkasten zu hinterlegen. Ich hoffe, all dies bald arrangiert zu haben, so daß ich Wynne die Instruktionen mitgeben kann.«

»Das wäre also geklärt«, sagte Penkowskij. »Sobald Sie eine Lösung gefunden haben, werden Sie mir mitteilen, wie ich im Notfall mit Ihnen in Verbindung treten kann – aber nur dann, wenn ich etwas von wirklicher Bedeutung zu berichten habe, die Ablösung von Chruschtschow etwa, oder eine bevorstehende Militäraktion.«

»Oder wenn er, zum Beispiel, weiß, daß er nach Kanada reisen wird«, fügte Shergold, an Kisevalter gewandt, hinzu. »Dann sollte er

190

die Kontaktmöglichkeit nutzen, denn je eher wir davon wissen, desto besser können wir den Besuch vorbereiten.«

Der nächste Punkt auf Kisevalters Fragenliste betraf die Größe, Zusammensetzung und Lage der Hauptquartiere des Warschauer Pakts, und Penkowskij holte alles aus seinem Gedächtnis hervor, was er im sowjetischen Generalstab darüber erfahren hatte, wobei er die Aufzählung der Stützpunkte immer wieder durch Anekdoten über Marschälle und Generale unterbrach. Kisevalter war fasziniert und fragte nach Marschall Georgij Konstantinowitsch Schukow (1896–1974), der als der bedeutendste sowjetische Befehlshaber im Zweiten Weltkrieg betrachtet wird. Schukow war 1955–57 Verteidigungsminister. Im Juni 1957, als eine Gruppe von Politbüromitgliedern unter Führung von Georgij Malenkow, Lasar Kaganowitsch und Außenminister Wjatscheslaw Molotow versuchte, Chruschtschow zu stürzen, half er dem Parteichef, indem er ZK-Mitglieder aus allen Teilen der Sowjetunion mit Militärflugzeugen nach Moskau fliegen ließ, die für Chruschtschow stimmten und den Machtkampf damit zu seinen Gunsten entschieden. Vier Monate später wurde Schukow dafür mit einer Reise nach Jugoslawien belohnt. Als er zurückkehrte, mußte er jedoch feststellen, daß er unter dem Vorwurf des »Abenteurertums« und »Bonapartismus« als Verteidigungsminister abgesetzt und aus dem ZK und dem Präsidium der KPdSU ausgeschlossen worden war. Chruschtschow hatte sich eines möglichen Nachfolgers entledigt, der sich im Militär und bei der Bevölkerung großer Beliebtheit erfreute. Penkowskij erzählte, daß Schukow eine Wohnung in der Stadt habe, die meiste Zeit aber in seiner Datscha außerhalb Moskaus an der Rubljowskoje-Chaussee verbringe. Der Ministerrat hatte ihm eine Pension von 550 Rubel bewilligt.

»Ist das alles?« fragte Kisevalter.

»Es ist eine Schande«, sagte Penkowskij. »Nach den Vorschriften hat ein Marschall nicht das Recht, seinen Abschied zu nehmen. Er bleibt offiziell im aktiven Dienst – so wie Marschall Budjonnyj, der nichts tut, aber ein Büro in dem grauen Gebäude an der Antipjewskij-Gasse und einen Oberst als Adjutanten hat. (...) Er erhält sein volles Marschallsgehalt. Das sind nach der letzten Reform 1200 Rubel im Monat.«

»Steht er höher als Schukow?« fragte Kisevalter.

»Ja«, antwortete Penkowskij. »Der Ministerrat beschloß, Schukow in Pension zu schicken. Ich habe die Verordnung gesehen. Wenn ich eine Minox gehabt hätte, hich sie fotografieren können! Si war von Chrchtschow unterzeichnet und von den Ministern bezeugt. (...) Um einen Marschall seines Postens zu entheben oder einen Generalissimus zu ernennen, ist ein Sonderbeschluß nötig – und dies war ein solcher Sonderbeschluß. Ähnliche Beschlüsse wurden später für Konjew, Sokolowskij und Timoschenko gefaßt, deren Pensionen wie die von Schukow auf 550 Rubel festgesetzt wurden. Schukow konnte allerdings auf Ersparnisse zurückgreifen. Als Minister hatte er 2500 Rubel im Monat und zusätzlich eine Repräsentationspauschale bekommen.«

Penkowskij blieb beim Thema der Offiziersgehälter und -pensionen. »Marschall Warenzow erhält ein Monatsgehalt von 1000 Rubel. Früher bekam er 1200 Rubel, aber jetzt ist es weniger – jeder bekommt heute weniger. (...) Der Chef des Generalstabs verdient 2000 Rubel. Der Oberbefehlshaber einer Waffengattung – ein Marschall der Sowjetunion wie Birjusow, der Chef der Luftabwehr – bekommt bis zu 1800 Rubel. ›Die Leute sind zu fett geworden‹, hat Chruschtschow gesagt. ›Solche Intelligenzler und Kapitalisten dürfen wir nicht heranziehen‹ – und so weiter. Ein Marschall der Panzertruppen – ein Oberbefehlshaber – erhält 1800 Rubel. (...) Als mein Schwiegervater starb – deshalb weiß ich so genau darüber Bescheid –, bekam seine Frau 750 Rubel. Die Witwe eines Generalmajors erhält 500 und die Witwe eines Generaloberts 1000 Rubel, (...) aber nicht als Pension, sondern als einmalige Zahlung. Meine Schwiegermutter lebt von ihren Ersparnissen. Sie hat noch 5000 Rubel. Auf diese Weise werden Milliarden gespart, die für Raketen ausgegeben werden können. Und wer sich beklagt, dem wird auch noch das bißchen weggenommen, was er hat. Die Leute sind unruhig; hinter vorgehaltener Hand wünscht sich jeder, daß Chruschtschow tot umfallen möge.«

Dann sprach Penkowskij von dem Mißtrauen, mit dem jeder Kontakt mit Ausländern, insbesondere wenn sie Diplomaten waren, in Moskau beobachtet wurde. Als Russe in ein Diplomatenauto einzusteigen, sei nur an Orten möglich, die nicht eingesehen werden könnten. »Ich kenne viele Stellen, wo man in ein Auto einsteigen kann, ohne von der Polizei gesehen zu werden. Dann könnte ich mit hoher Geschwindigkeit zur britischen oder amerikanischen Botschaft fahren. Aber man würde mich nie aus dem Land herauslassen. Ich bin Generalstabsoffizier, und wenn ich verschwinde, würde man sofort Großalarm auslösen und alle Grenzen schließen! Ich glaube allerdings nicht, daß diese Gefahr besteht.«

»Aber es ist besser, vorher zu wissen, was im Fall eines Falls zu tun ist«, sagte Kisevalter.

»Natürlich.«

»Wenn Ihnen etwas verdächtig vorkommt«, fuhr Kisevalter fort, »würde ich Ihnen raten, unter irgendeinem Vorwand mit Ihrer Familie nach Ost-Berlin zu fahren.«

»Das würde man mir nicht erlauben«, entgegnete Penkowskij. »Wenn tausend Touristen ins Ausland fahren, sind zehntausend überprüft und neuntausend zurückgewiesen worden.«

»Wenn sie argwöhnen, was er macht, bekommt er sicherlich nicht einmal mehr die Gelegenheit, den Flughafen zu erreichen«, warf Shergold ein. »Ich meine, er sollte augenblicklich mit der Arbeit aufhören, wenn er das Gefühl hat, daß er in Verdacht geraten ist, und erst weitermachen, wenn der Verdacht zerstreut ist.«

»Einfach in eine Botschaft zu gehen, käme nicht in Frage«, sagte Penkowskij. »Man würde mich sofort verhaften. Ich könnte allerdings an einer geschützten Stelle in ein Auto einsteigen ...«

»Und wohin sollte es Sie bringen?« unterbrach ihn Kisevalter. »In die Botschaft, gut. Aber was dann? Man würde ihre Auslieferung fordern, und es gäbe endlose Auseinandersetzungen. Es ist besser, einen Plan auszuarbeiten, wie Sie sich auf sichere Weise absetzen können – an eine Grenze, die finnische zum Beispiel, oder welche sonst am nächsten ist.«

»George«, wandte sich Bulik an Kisevalter, »wir haben von Anfang an betont, daß der wichtigste Aspekt der Operation die Sicherheit ist. Es ist uns lieber, ein Jahr lang nichts von ihm zu sehen oder zu hören, als daß er seinen Hals riskiert.«

»Wieso sollte ich mich selbst in Gefahr bringen?« fragte Penkowskij. »Ich werde beim Fotografieren so vorsichtig sein, daß niemand etwas davon bemerkt, und ich werde mit niemandem Kontakt haben, so daß man mir auch nicht zu operativen Treffen folgen kann.«

»Sie könnten von dem, was Sie tun, so gefangen sein, daß Sie alles andere vergessen und nicht einmal mehr das Geräusch hören, das die Minox macht«, sagte Bulik.

»Wenn er die Fotos in einem verschlossenen Raum macht, ist es, glaube ich, in Ordnung«, sagte Shergold. »Unter anderen Umständen sollte er die Kamera keinesfalls benutzen.« Es war offenbar als operative Regel gedacht, an die sich Penkowskij halten sollte.

»Als ich das Raketenmaterial abgeschrieben habe«, sagte Penkowskij, um sein Sicherheitsbewußtsein zu demonstrieren, »habe ich nicht nur die Tür verschlossen, sondern auch einen Stuhl unter die Klinke geschoben. Man hatte mir sogar vorgeschlagen, die Tür abzuschließen, damit ich nicht durch die Abendkurse gestört wurde. Ich hatte gesagt, ich hätte zu tun.«

»Nun, hoffen wir, daß nichts passiert«, sagte Kisevalter.

Der Rest des Treffens war wiederum der Identifizierung von KGB- und GRU-Offizieren gewidmet. Insgesamt wurden Penkowskij schätzungsweise 7000 Fotos aus den Archiven der CIA sowie des MI5 und des MI6 vorgelegt. Er erkannte etwa zehn Prozent der Personen, darunter zwei- bis dreihundert KGB-Offiziere. Der Rest waren GRU-Agenten, unter ihnen sämtliche Offiziere, die vor ihm, mit ihm und nach ihm in der Türkei stationiert waren, sowie die Mitarbeiter der für Ägypten und den Iran zuständigen Sektionen und der GRU-Stationen in Indien, Pakistan und Ceylon. Außerdem lieferte er Informationen über die GRU-Aktivitäten in London und später auch über diejenigen in Paris.

Mike Stokes goß Wein für einen Toast auf Penkowskij ein, und man schoß mit einer Polaroidkamera Gruppen- und Einzelfotos. Penkowskij war zufrieden über den Verlauf seines Besuchs und sagte resümierend: »Wir haben intensiv gearbeitet und produktive, nützliche Resultate erzielt.« Dann trank er einen Schluck Wein, was ihn, wie er erzählte, daran erinnerte, daß Chruschtschow die georgischen Weine umtaufen und mit Nummern bezeichnen ließ, weil sie die Namen georgischer Prinzen getragen hatten.

Das anglo-amerikanische Team erhob sich und wünschte Penkowskij Erfolg und Sicherheit. Bulik umarmte ihn zum Abschied und sagte ihm, daß ihre bisherigen Treffen nur der Anfang einer langen, fruchtbaren Zusammenarbeit gewesen seien. »Ich bin völlig beruhigt«, sagte Penkowskij. »Bitte, schützen Sie mich. Ich verspreche, alle meine Aufträge zu erfüllen, und zwar bis ans Ende meiner Tage. Hoffen wir, daß wir uns alle wiedersehen.« Es war 0.45 Uhr am 6. Mai, als er das anglo-amerikanische Team verließ und in sein Zimmer hinaufging.

Am nächsten Vormittag um 10.15 Uhr traf er sich zum siebzehnten und letzten Mal mit seinen Befragern, um sich von ihnen zu verabschieden.»Mir ist fast zum Weinen zumute«, sagte er.»Wir haben in diesem Zimmer viele wichtige Fragen von historischer Bedeutung gelöst. Wie bedeutend sie sind, ist jetzt schwer einzuschätzen. Das wird die Zeit zeigen. Auf alle Fälle haben wir hart gearbeitet und uns eine Pause verdient.«

Danach bat er das anglo-amerikanische Team noch einmal, die GRU-Offiziere an der sowjetischen Botschaft in London nicht anzurühren, und Shergold und Kisevalter versicherten ihm, daß man nichts gegen sie unternehmen werde.»Was die KGBniks betrifft«, fuhr Penkowskij fort,»so machen Sie sie fertig!«

Penkowskij hatte immer noch nicht alles eingekauft, was auf seiner Liste stand, und bat das Team, den Rest zu besorgen und Wynne bei seiner nächsten Reise nach Moskau mitzugeben.»Von meiner Seite aus ist damit alles gesagt. Haben Sie mir noch etwas zu sagen?«

»Nur auf Wiedersehen und viel Glück«, sagte Shergold.

»Für alles, was wir vereinbart haben. Umarmen wir uns wie Brüder«, sagte Penkowskij.

»Sir Dick hat mich gebeten, Ihnen herzliche Grüße von ihm auszurichten«, fügte Shergold hinzu, während Penkowskij begann, sich von seinen Befragern zu verabschieden, indem er sie umarmte und auf die Wangen küßte.

»Ich weiß, daß Sie dafür sorgen werden, daß das Geld auf mein Konto eingezahlt wird, damit ich später etwas habe«, sagte Penkowskij.

»Sie werden vielleicht sogar durch die Botschaft ein kleines Päckchen erhalten«, sagte Kisevalter.»Nun, mein Lieber, alles Gute für Ihre Familie, und bleiben Sie gesund! Wir werden uns bald wiedersehen!«

»Vielen Dank«, sagte Penkowskij. Er blieb nur eine Viertelstunde mit dem Team zusammen, bevor er sich seiner Delegation anschloß, um, mit neuen Aufträgen ausgestattet und in einer neuen Rolle, nach Moskau zurückzukehren.

Kapitel 9

Rückkehr nach Moskau

Penkowskij kehrte am Samstag, dem 6. Mai, nach Moskau zurück und verbrachte zur Freude seiner Familie ein ruhiges Wochenende mit ihr, an dem er sie mit den aus London mitgebrachten Geschenken überhäufte. Am Montag, dem 8. Mai, war er das ersten Mal wieder in seinem Büro im Gebäude des GKKNIR in der Gorki-Straße. Am Abend um 21 Uhr ging er zu einer Telefonzelle in der Nähe seines Wohnhauses, hob den Hörer ab, steckte eine Zwei-Kopeken-Münze ein und wählte die Nummer 948–973, die man ihm in London gegeben hatte. Er ließ es dreimal klingeln, hängte den Hörer auf und zählte bis sechzig, bevor er die Nummer noch einmal wählte und wiederum abwartete, bis es dreimal geklingelt hatte. Damit hatte er das vereinbarte Zeichen dafür gegeben, daß alles in Ordnung war. Wenn etwas schiefgegangen wäre, hätte er es jeweils fünfmal klingeln lassen.

Die Englandreise war in jeder Hinsicht ein voller Erfolg gewesen. Das anglo-amerikanische Geheimdienstteam hatte Penkowskij genügend Broschüren über den Stand der britischen Stahltechnologie mitgegeben, um den Anschein zu erwecken, daß er erstklassige Industriespionage betrieben hatte. Das Material fand sowohl beim GKKNIR als auch bei der GRU großen Anklang. Außerdem hatte Penkowskij mit Hilfe des anglo-amerikanischen Teams einen britischen Stahlexperten mit einem GRU-Offizier von der Londoner Botschaft zusammengebracht. Die Delegation hatte ihren Geheimdienstauftrag zu aller Zufriedenheit erfüllt, und Penkowskij selbst hatte vom GRU-Residenten in London ein ausgezeichnetes Zeugnis für seine Arbeit in England erhalten. Darüber hinaus ließen ihn die großzügigen Geschenke, die er unter tätiger Mithilfe der CIA und des MI6 in London eingekauft hatte, als verläßlichen, verständnisvollen Freund erscheinen.

Von außen betrachtet, ging Penkowskij in Moskau wieder seiner üblichen Arbeit nach, nur daß er sich, nachdem er seine Pflichten im GKKNIR erfüllt hatte, in die Bibliothek der Hauptabteilung Artillerie im Verteidigungsministerium in der Frunse-Straße begab, wo er aufgrund eines von Marschall Warenzow bereitgestellten Passierscheins Zugang zu streng geheimen Schriften und Dokumenten hatte. Angeblich recherchierte er für einen Artikel über die Nuklearstrategie, der in einer Militärzeitschrift erscheinen sollte; in Wirklichkeit jedoch fotografierte er, nachdem er einen Stuhl unter die Türklinke geschoben hatte, jene streng geheimen Dokumente, die auf der in London aufgestellten Anforderungsliste standen.

Am 27. Mai, auf den Tag genau drei Wochen nach Penkowskijs Rückkehr aus London, traf Greville Wynne in Moskau ein, um die französische Handelsausstellung zu besuchen und eine weitere Reise britischer Geschäftsleute in die Sowjetunion vorzubereiten. Einer der beiden großen Koffer, die er bei sich hatte, enthielt die Einkäufe, die Penkowskij nicht selbst aus London mitgenommen hatte.

Als Wynne aus dem Flugzeug stieg, war weit und breit nichts von Penkowskij zu sehen. Erst auf dem Weg zum Bus, der die Fluggäste zum Abfertigungsgebäude brachte, entdeckte er seinen russischen Freund, der über das Rollfeld auf ihn zueilte. Als der Bus am Abfertigungsgebäude hielt, zeigte Penkowskij seinen Dienstausweis vor und schleuste Wynne in Rekordzeit durch die Zoll- und Paßkontrolle. Wynne mußte kein einziges Formular unterschreiben, keinen seiner Koffer öffnen und keine Frage nach ihrem Inhalt beantworten.

Vor dem Flughafengebäude führte Penkowskij seinen Gast zu einem klapprigen schwarzen Auto mit einem alten Fahrer, den er Wynne als einen Freund vorstellte. Das Auto war voller Pakete, von denen Wynne annahm, daß sie vom schwarzen Markt stammten. Penkowskij gab Wynne mit einer Geste zu verstehen, daß er mit seinem eigenen Koffer im Fond Platz nehmen sollte, während der Fahrer den Koffer mit Penkowskijs Einkäufen im Kofferraum verstaute. Sie fuhren zunächst nicht nach Moskau hinein, sondern weiter aufs Land hinaus. Als sie an der großen weißen, zwischen hohen Fichten gelegenen Datscha vorbeikamen, die einst Lawrentij Berija gehört hatte, erklärte der Fahrer, daß die Größe des Hauses den Unterschied zwischen der Parteispitze und dem einfachen Volk widerspiegle.

Der Fahrer hielt schließlich vor einer Holzhütte an, in der er offenbar wohnte. Seine Frau kam heraus und half ihm, die Pakete aus dem Auto ins Haus zu tragen. Penkowskij nutzte die Gelegenheit, um sich, ohne daß der Fahrer es hören konnte, für den Abend mit Wynne zu verabreden. Er schlug vor, sich um 22.30 Uhr am Karl-Marx-Denkmal in der Nähe von Wynnes Hotel, dem Metropol, zu treffen. Auf der Fahrt in die Stadt übergab er Wynne außerhalb des Sichtfeldes, das der Fahrer im Rückspiegel überblicken konnte, eine Aktentasche und drei Kuverts, die Wynne in seiner eigenen Aktentasche verstaute. Während er unablässig den Reiseführer spielte und auf die Sehenswürdigkeiten hinwies, an denen sie vorüberfuhren, übergab Penkowskij die ersten drei Filme, die er mit seiner Minox-Kamera aufgenommen hatte.

Im Metropol zückte Penkowskij wiederum seinen Dienstausweis und legte ein Schreiben des GKKNIR vor, in dem das Hotel aufgefordert wurde, Wynne mit besonderer Zuvorkommenheit zu behandeln und dafür zu sorgen, daß ihm jederzeit ein Auto zur Verfügung stand. Wynne richtete sich, nachdem Penkowskij gegangen war, in seinem Zimmer ein und machte sich dann mit der Aktentasche und den Kuverts, die er von Penkowskij erhalten hatte, auf den Weg zu einem vorher verabredeten Treffen mit dem MI6-Vertreter in der britischen Botschaft. Es war nur ein kurzer Spaziergang vom Hotel Metropol über den Roten Platz und die Moskworezki-Brücke zur britischen Botschaft am Maurice-Thorez-Ufer 14, direkt gegenüber dem Großen Kremlpalast.

Wynne betrat die mit dunklem Holz getäfelte Eingangshalle und wurde zum Büro des MI6-Vertreters in Moskau geführt, dem er Penkowskijs Material übergab. Im Gegenzug erhielt er ein Päckchen, das in London für Penkowskij zusammengestellt worden war. Wynne würde es ihm bei dem für 22.30 Uhr vereinbarten Treffen aushändigen. Bei der Begegnung zwischen Wynne und Roderick (Rauri) Chisholm, dem MI6-Offizier, wurde kein Wort gewechselt, um etwaigen KGB-Lauschern nichts in die Hand zu geben. Man verständigte sich ausschließlich durch Gesten oder mittels schriftlicher Bemerkungen, die anschließend verbrannt wurden.

Am Abend trafen sich Wynne und Penkowskij, wie verabredet, an der Marx-Büste und mischten sich unter die Spaziergänger auf dem Karl-Marx-Prospekt, bevor sie in eine Nebenstraße einbogen, um ungestört ihre weiteren Pläne besprechen zu können. Sie gingen schließlich zum Abendessen in ein kleines Café in der Nähe des Bolschoi-Theaters. Penkowskij versicherte Wynne, daß es nichts ausmache, wenn jemand auf sie aufmerksam werde, weil sie sich in Englisch unterhielten. Er habe vom Komitee den Auftrag erhalten, sich während seines Aufenthalts in Moskau um ihn zu kümmern. »Es ist also völlig unverfänglich, wenn wir uns wenigstens einmal am Tag treffen. Ich habe Ihre Akte gesehen. Man hat kein nachrichtendienstliches Interesse an Ihnen. Sie gelten als ›reiner Handelsvertreter‹.« Dennoch hatte Penkowskij von der GRU natürlich den Auftrag, Wynne als Quelle anzuzapfen; er sollte ihn bitten, sowjetischen Experten, die selbstverständlich im Dienst der GRU standen, Kontakte zu vermitteln, durch die sie Zugang zur britischen Technologie auf zivilem und militärischem Gebiet erhielten.

Auf dem Rückweg zum Hotel Metropol übergab Wynne Penkowskij einen Brief und ein Kuvert mit 3000 Rubel und nahm seinerseits einen Brief entgegen, den er, ohne ihn gelesen zu haben, am nächsten Tag seinem Kontaktmann in der britischen Botschaft aushändigte. Wynne und Penkowskij hielten sich exakt an die strikten Anweisungen, die Shergold in Absprache mit Bulik und der CIA-Zentrale ausgearbeitet hatte. In einem Memorandum des britischen Teams für die CIA hieß es: »Bevor sich die Person [Penkowskij] vor dem Hotel von Wynne trennt und bevor Wynne zur britischen Botschaft geht, wird die Person mit Wynne die Zeit und die Umstände verabreden, unter welchen sie sich allein wiedertreffen können. Je nach diesen Umständen wird Wynne die Zeit wählen, zu der er das Material für die Person in der Botschaft abholt. Dieses Material sollte für die kürzest mögliche Zeitspanne im Besitz von Wynne sein. Es enthält unter anderem Nachschub an Minoxfilmen, einen speziellen Kurzwellenempfänger und Instruktionen für die Übergabe weiteren Materials.«[1]

Wynne zeigte Penkowskij außerdem mehrere Schwarzweißfotos von Janet Anne Chisholm und ihren Kindern, die er von ihrem Ehemann, Roderick Chisholm, in der britischen Botschaft erhalten hatte. Mrs. Chisholm war die Kontaktperson, die Penkowskij mit ihren drei kleinen Kindern beim Spaziergang im Park treffen sollte, um ihr sein Material zu übergeben und von ihr Nachrichten und weitere Filme zu erhalten. Wynne nannte Penkowskij nicht ihren vollen Namen, sondern sprach von ihr nur mit ihrem Decknamen – ANNE. Er beschrieb ihre dunklen Haare und braunen Augen, zeigte Penkowskij einen Plan des Parks am Zwetnoj-Boulevard in der Nähe des Zentralmarkts und sagte ihm, zu welchen Zeiten er ANNE dort antreffen würde. Wenn sie nicht schon im Park war, sollte Penkowskij auf einer Bank am Eingang auf sie warten und dann auf die Kinder zugehen, um ihnen eine Schachtel Bonbons anzubieten. ANNE würde ihm die Schachtel abnehmen, sie unter die Decke des Kinderwagens schieben und eine andere hervorholen, um sie den Kindern zu geben. Penkowskij oder HERO, wie sein amerikanischer Deckname lautete, sollte darauf achten, daß ANNE in der Nähe war, wenn er ihren Kindern die Bonbons anbot. Als Zeit des Treffens war 15.30 Uhr festgelegt worden.

Wynne trug die Fotos während seines gesamten Aufenthalts in Moskau bei sich, so daß es für einen Beobachter so aussehen mußte, als zeigte er Penkowskij Fotos seiner eigenen Familie. Penkowskij betrachtete sie bei jeder sich bietenden Gelegenheit, um sicherzugehen, daß er Anne und ihre Kinder wiedererkennen würde, nahm aber keines der Fotos an sich. Rauri Chisholm erhielt sie von Wynne zurück, bevor dieser Moskau verließ.

Janet Chisholm war 1961 32 Jahre alt. Sie hatte vor ihrer Heirat als Sekretärin beim MI6 gearbeitet und war daher mit den Sicherheitsprozeduren vertraut. Die Gefahr, daß sie, als Mutter von drei bezaubernden blonden Kindern, vom KGB als MI6-Agentin enttarnt werden würde, war nach Shergolds Einschätzung gering. Janet Chisholm war eine attraktive, ruhige und ausgeglichene Frau mit einem scharfen Verstand.

Wynne und Penkowskij trafen sich während Wynnes Aufenthalt in Moskau täglich. Wynnes Anwesenheit schien Penkowskij Mut zu machen; er sagte Wynne, daß er ihn als einen »Repräsentanten der Königin« ansehe. Am Dienstag, dem 31. Mai, erhielt Wynne von Penkowskij einen versiegelten Umschlag, den er ungeöffnet an Chisholm weitergab, der ihn, ebenfalls ungeöffnet, mit der Diplomatenpost nach London schickte; am 5. Juni tauschten Wynne und Penkowskij erneut Briefe aus. Am 6. Juni begleitete Penkowskij seinen Gast zum Flughafen Scheremetjewo und sorgte dafür, daß er unbehelligt durch die Paß- und Zollkontrolle kam. Der Besuch war gut verlaufen, und Penkowskij war zufrieden.

In der handschriftlichen Mitteilung von Penkowskij hieß es:»Im Juli werde ich den Kindern die Bonbons anbieten. Ich bin sehr erfreut über die von Ihnen ausgearbeiteten Umstände der Kontaktaufnahme mit der Dame.«Er rechnete während des Sommers, also in der Zeit, in der Wynne nicht verfügbar sein würde, mit einem einzigen Treffen mit Anne. Danach hatte er vor, Material anzusammeln, das er Wynne Ende August bei dessen nächstem Besuch in Moskau übergeben wollte. In einer Notiz des britischen Geheimdienstes, der Penkowskijs Brief erhalten hatte, an die Amerikaner hieß es:»Zusätzlich zu Dokumenten und Filmen hat er die Absicht, Wynne ein optisches Gerät im Zusammenhang mit der Zieleinrichtung oder Steuerung von Raketen zu übergeben.«

Wie Penkowskij in seinem Brief erklärte, stand seinen Freunden eine Menge Arbeit ins Haus, wenn sie Ende August das Material erhielten, das er Wynne übergeben wollte. Er müsse deshalb mindestens drei Wochen mit der sowjetischen Delegation, deren Reise für Oktober geplant war, in England bleiben, um die Zeit zu haben, alle Fragen seiner Freunde zu beantworten und sich mit den zukünftigen Aufgaben vertraut zu machen. Wynne bezweifelte, daß er vernünftige Gründe finden würde, um den Aufenthalt der dreißigköpfigen Delegation auf drei Wochen auszudehnen, war jedoch zuversichtlich, ein Programm für wenigstens zwei Wochen auf die Beine stellen zu können.[2]

Es war ein grauer, regnerischer Samstagvormittag, als Präsident Kennedy am 3. Juni 1961, aus Paris kommend, zu zweitägigen Gesprächen mit Nikita Chruschtschow in Wien eintraf. Kennedy und Chruschtschow waren sich 1959 schon einmal kurz begegnet, als Chruschtschow während seines Besuchs in den USA mit Mitgliedern des Senatsausschusses für Auswärtige Beziehungen zusammengekommen war. Chruschtschow erinnerte Kennedy zu Beginn des ersten Gesprächs, das um 12.45 Uhr in der amerikanischen Botschaft begann, daran, daß er damals zu spät gekommen sei und sie deshalb kaum mehr als guten Tag und auf Wiedersehen hätten sagen können.

Nach den einleitenden Freundlichkeiten folgte ein sorgfältig geführter verbaler Schlagabtausch. Als Kennedy später einmal nach seiner Ansicht über Chruschtschow gefragt wurde, beschrieb er ihn als »eine Mischung von äußerlicher Spaßhaftigkeit und ›innerem Toben‹«.[3] Beide Männer waren der Meinung, daß die Kämpfe zwischen den jeweils von den USA und der Sowjetunion unterstützten Kräften in Laos ohne weitere Eskalation beendet werden sollten, und kamen überein, mit Nachdruck auf einen Waffenstillstand hinzuarbeiten. Diese Absichtserklärung sollte das einzige konkrete Ergebnis des Gipfeltreffens in Wien bleiben.

In der Frage eines Teststopp-Abkommens für Atomwaffen beharrte Chruschtschow unnachgiebig auf der Bedingung, daß ein solches Abkommen von Vertretern der drei Kräftegruppen der Welt – der Kommunisten, der Neutralen und der westlichen Länder – überwacht werden müsse, die nur solche Entscheidungen treffen dürften, die von allen befürwortet wurden. Außerdem habe das beste Teststopp-Abkommen nur geringe Bedeutung, wenn es nicht in den Rahmen einer Vereinbarung über die allgemeine und vollständige Abrüstung gestellt werde. Kennedy hielt dagegen, daß ohne einen Teststopp eine Verbreitung der Atomwaffen zu erwarten sei, so daß es in einigen Jahren wahrscheinlich zehn oder fünfzehn Atommächte geben werde. Chruschtschow blieb jedoch bei seiner Position, nach der die Sowjetunion keine Kontrollen akzeptieren wollte, die der Spionage gleichkämen. Den eigentlichen Grund für die Ablehnung des Teststopp-Abkommens führte er nicht an: daß nämlich der Westen nicht erfahren sollte, auf welch niedrigem Stand sich die atomare Bewaffnung der Sowjetunion 1961 tatsächlich befand.

Nach dieser unbefriedigenden Diskussion wandte sich das Gespräch Berlin und der deutschen Situation zu, von der Chruschtschow sagte, sie sei »unerträglich« und müsse geändert werden. Kennedy erwiderte, daß die westlichen Alliierten infolge des Sieges im Zweiten Weltkrieg in Berlin seien. Berlin, sagte er Chruschtschow, sei eine unverzichtbare, lebenswichtige Position der Vereinigten Staaten. Wenn sich die USA von dort verdrängen ließen, würde man sämtliche amerikanischen Versprechen und Verpflichtungen anderswo auf der Welt nur noch als Papierfetzen betrachten. Die Aufgabe West-Berlins würde die Aufgabe Westeuropas bedeuten.

Chruschtschow erwiderte, daß sechzehn Jahre nach Kriegsende die Zeit gekommen sei, einen Friedensvertrag mit Deutschland abzuschließen, und wenn der Westen dies nicht einsehen wolle, werde die

202

Sowjetunion den Vertrag allein unterzeichnen. Dieser Akt würde den Kriegszustand beenden und alle bestehenden Verpflichtungen, einschließlich der Besatzungsrechte, der Verwaltungsinstitutionen und der Zugangsrechte für Ost-Berlin aufheben. Die DDR wäre danach für ihr Territorium allein verantwortlich. West-Berlin würde als »Freie Stadt« weiterbestehen. Eine Einmischung in ihre inneren Angelegenheiten oder eine Behinderung ihrer Verbindungswege, über die natürlich eine Vereinbarung mit der DDR erreicht werden müsse, würde es nicht geben. Unter gewissen Umständen wäre sogar die Anwesenheit westlicher Truppen in West-Berlin akzeptabel – selbstverständlich zusammen mit sowjetischen Verbänden. »Wenn es irgendwelche Versuche gibt, diese Pläne zu stören«, fügte Chruschtschow hinzu, »wird es Krieg geben.«

Kennedy ließ sich davon nicht beeindrucken und erwiderte in gleicher Münze: »Dann, Mr. Chairman, wird es Krieg geben. Es wird ein kalter Winter werden.«[4]

Chruschtschow wollte Kennedys Entschlossenheit prüfen, indem er damit drohte, die Zufahrtswege nach West-Berlin abzuriegeln, wie es die Sowjetunion schon einmal 1948/49 während der Blockade der Stadt getan hatte, und damit das Gleichgewicht der Kräfte in Europa zu sprengen. Nachdem sich Kennedy im März 1961 geweigert hatte, bei der Invasion in der Schweinebucht auf Kuba reguläre amerikanische Truppen einzusetzen, spekulierte Chruschtschow offenbar darauf, daß er sich auch in der Berlin-Frage nachgiebig verhalten würde.

Als sie sich trennten, versprach Chruschtschow, daß die Sowjetunion ihre Atomwaffentests in der Atmosphäre nur dann wiederaufnehmen werde, wenn die USA vorangingen.[5] Danach übergab er Kennedy ein Aide-mémoire über Berlin, in dem die von ihm dargelegte Haltung der Sowjetunion formell bestätigt wurde. Chruschtschow hatte Außenminister Dean Rusk gegenüber einmal gesagt, daß in Berlin »die Hoden des Westens« freilägen, »die er sich greifen und quetschen könne, wann immer es ihm passe«.[6] In Wien hatte er begonnen, sie zu quetschen. Dean Rusks Biograph, Thomas Schoenbaum, merkte dazu an, daß Berlin »für die Eingeweihten die ernsteste Krise seit dem Ende des Zweiten Weltkriegs« gewesen sei, »weil sie in einer Situation, in der beide Seiten (und besonders der Westen) den Einsatz von Kernwaffen einkalkulierten, eine direkte Konfrontation der Vereinigten Staaten und der Sowjetunion heraufbeschwor«.[7]

Die NATO-Doktrin sah als Antwort auf einen sowjetischen Angriff auf Westeuropa den Einsatz von Kernwaffen vor. Während der Eisenhower-Ära war die amerikanische Nuklearstrategie von dem Konzept der massiven Vergeltung geprägt, die sich nach einem Angriff gleichzeitig gegen militärische und industrielle Ziele sowie die zentralen Schaltstellen des Staatsapparates der Sowjetunion richten und sie mit einem einzigen großen Schlag auslöschen sollte. Diese Strategie wurde im Mai 1957 zur offiziellen NATO-Doktrin, nach der die massive nukleare Antwort im übrigen auch dann erfolgen sollte, wenn die Sowjetunion ihrerseits keine Atomwaffen eingesetzt hatte.[8]

Die Begegnung mit Chruschtschow hinterließ bei Kennedy einen starken Eindruck. Der Kolumnist und Chef des Washingtoner Büros der *New York Times,* James Reston, der zu dieser Zeit mächtigste und einflußreichste Journalist in der amerikanischen Hauptstadt, hatte Kennedy um ein vertrauliches Gespräch nach dessen letzter Zusammenkunft mit Chruschtschow gebeten. Das Gespräch fand in einem abgelegenen Raum der amerikanischen Botschaft in Wien statt, wo Reston einige Stunden warten mußte, bis Kennedy endlich eintraf. Der Präsident trug einen Hut, was er selten tat, und als er sich auf die Couch sinken ließ, zog er »den Hut über die Augen wie ein geschlagener Mann und stieß einen tiefen Seufzer aus«.

»Schlimm, wie?« fragte Reston.

»Das Schlimmste, was ich je erlebt habe«, antwortete der Präsident. Dann meinte er: »Ich habe zwei Probleme. Erstens muß ich herausfinden, warum er es tat und warum auf so feindselige Art. Und zweitens muß ich herausfinden, was wir da machen können. Ich glaube, der erste Punkt läßt sich ziemlich leicht erklären. Ich nehme an, es war wegen der Schweinebucht. Ich nehme an, er dachte, er könne mit jedem fertig werden, der so jung und unerfahren ist, daß er in ein solches Schlamassel gerät (...). Deshalb versuchte er, mir die Hölle heiß zu machen, und deshalb habe ich nun ein schreckliches Problem. Wenn er glaubt, ich sei unerfahren und hätte keinen Mumm, dann werden wir nie mit ihm weiterkommen (...). Also müssen wir handeln.«[9]

Chruschtschow hatte mit seinem Vorstoß in der deutschen Frage eine Krise ausgelöst, die in einem Atomkrieg enden konnte. Kennedys

Sowjetberater sahen in den übertriebenen Drohgebärden des Sowjet-
führers nur einen Ausdruck seiner üblichen grobschlächtigen Art, der
nicht beim Wort genommen werden durfte. Für Kennedy selbst jedoch, mit seinem Gespür für Imagefragen und politische Vorteile, war
es eine Herausforderung, die er nicht ignorieren konnte. Daraus entstand eine Dauerkrise, die, wie viele Beteiligte glauben, dem Atomkrieg näherkam als ein Jahr später die Kuba-Krise. Auf westlicher Seite war es in dieser Situation besonders wichtig, Chruschtschows
Absichten zu erkennen und sein weiteres Vorgehen und seine Reaktionen auf die Maßnahmen des Westens möglichst genau vorherzuse-
hen. Penkowskijs Informationen sollten sich in dieser Hinsicht als
grundlegende Entscheidungshilfe erweisen.

Als Kennedy am 6. Juni, nach einer Zwischenstation in London,
nach Washington zurückkehrte, bildete er umgehend eine Arbeitsgruppe zur Berlin-Frage, um Chruschtschows Herausforderung zu begegnen. Chruschtschow hatte seit 1958 damit gedroht, in bezug auf
Berlin einseitige Schritte zu unternehmen, seine Drohungen bisher
aber nie in die Tat umgesetzt. Kennedy hatte also schon vor dem Gipfeltreffen in Wien gewußt, daß Berlin ein Pulverfaß war, durch das die
Welt in Brand gesteckt werden konnte, und bereits im März 1961 den
ehemaligen Außenminister Dean Acheson beauftragt, eine Studie
über die Berlin-Frage zu erarbeiten. Die endgültige Fassung dieser
Studie wurde ihm drei Wochen nach seiner Rückkehr aus Europa vorgelegt.

Acheson warnte den Präsidenten davor, daß eine kommunistische
Übernahme der Stadt, in welcher Form auch immer, eine grundlegende Veränderung der Machtkonstellation in Europa bedeuten würde.
Die amerikanische Bereitschaft, für Berlin zu kämpfen, sei unabdingbar, wenn die Sowjetunion nicht die Vorherrschaft über Europa und
damit auch über Asien und Afrika erlangen sollte. Acheson empfahl,
daß der Präsident, sobald die Sowjetunion die Spannungen um Berlin
erhöhte, vom Kongreß eine bedeutende Aufstockung des Militär-
haushalts verlangen sollte. Darüber hinaus sprach er sich für die
Ausrufung des nationalen Notstands aus, der es Kennedy erlauben
würde, Reservisten einzuberufen, die Dienstzeit in den Streitkräften
zu verlängern, die Angehörigen der in Europa stationierten Soldaten zurückzuholen und alle Beteiligten – insbesondere Chru-

schtschow – davon zu überzeugen, wie ernst die USA die Situation nahmen.

Kennedy griff viele von Achesons Vorstellungen auf, verließ sich aber für die grundlegende Ausrichtung seiner Politik auf den Rat seiner Sowjetexperten, Charles Bohlen und Tommy Thompson, die empfohlen hatten, die Spannungen nicht durch drastische Schritte zu erhöhen, die die Sowjetunion zwingen würden, den Konflikt über den rhetorischen Schlagabtausch hinaus zu verschärfen.

Am 8. Juni wurde Botschafter Thompson mit den jüngsten Erkenntnissen der CIA über das sowjetische Raketenprogramm bekanntgemacht. Er zeigte nur geringes Interesse an dem Material, merkte aber an, daß einer der Berichte, nach dem die Sowjetunion gegenwärtig noch keine zuverlässigen ICBMs besaß und die Sicherheitsmaßnahmen eher der Verschleierung einer Schwäche als dem Schutz einer Stärke dienten, mit seiner persönlichen Meinung übereinstimme. Außerdem erkundigte er sich danach, ob Informationen darüber vorlägen, wie ernst die Sowjets die Ankündigung des Westens nahmen, in der Berlin-Frage hart zu bleiben. Besonders interessierte es Thompson, welche Erkenntnisse der sowjetische Geheimdienst über die westlichen Eventualpläne in bezug auf Berlin gewonnen hatte.[10]

Am Sonntag, dem 2. Juli 1961, traf Penkowskij in dem Park am Zwetnoj-Boulevard zum erstenmal mit Janet Chisholm zusammen. Penkowskij hatte die Ausländerin mit dem Kinderwagen und den drei blonden Kindern bald entdeckt, beschloß aber wegen der vielen Menschen, noch zu warten. Der Himmel war bedeckt, und es war damit zu rechnen, daß der Park angesichts des drohenden Regens leerer werden würde. Als die ersten Besucher den Park verließen, ging Penkowskij auf die Bank zu, auf der Mrs. Chisholm saß, blieb lächelnd vor ihr stehen und plauderte mit ihr und den Kindern. Nach einigen Minuten bot er den Kindern – allem Anschein nach, weil sie ihn bezaubert hatten – eine Schachtel Bonbons an. Mrs. Chisholm dankte ihm im Namen der Kinder, schob Penkowskijs Schachtel unter die Decke des Kinderwagens und zog eine andere hervor, die sie öffnete und den Kindern hinhielt. In der Schachtel, die Penkowskij den Kindern angeboten hatte, befanden sich zwei Seiten Schreibmaschinentext und sieben Filmkassetten.

Am 4. Juli wurde Penkowskij zu seinem Chef, Dschermen Gwischiani, bestellt, der ihm mitteilte, daß er aufgrund seiner ausgezeichneten Arbeit während der Englandreise zum stellvertretenden Chef der Auslandsabteilung des Komitees befördert worden sei. Bevor Penkowskij die gute Nachricht verdauen konnte, drückte ihm Gwischiani eine geheime Direktive des Zentralkomitees der KPdSU über die Organisation der noch für denselben Monat geplanten sowjetischen Industrieausstellung in London in die Hand. Die Direktive sah unter anderem vor, daß das GKKNIR eine vierzig- bis fünfzigköpfige Delegation sowjetischer Wirtschaftsfachleute nach England entsenden sollte, deren Aufgabe es sein würde, Geschäftsverbindungen mit britischen Unternehmen anzuknüpfen.

»Sie sind der stellvertretende Leiter der Abteilung«, sagte Gwischiani. »Sie haben alles in der Hand. Sie sind tatkräftig und verständig. Sie werden das alles schon organisieren. Es ist dringend.«

Penkowskij stellte in aller Eile die Delegation zusammen, mußte dann aber erleben, daß die Reise kurz vor dem vorgesehenen Termin vom ZK der KPdSU gestrichen wurde. Auseinandersetzungen innerhalb des Parteipräsidiums und die Flucht eines Mitglieds eines in Frankreich gastierenden sowjetischen Balletts hatten dazu geführt, daß die Kontrollorgane, der KGB und das ZK, mehr Vorsicht walten ließen. Am Ende durfte nur Penkowskij selbst, der sowohl für das GKKNIR als auch für die GRU arbeitete, für drei Wochen nach Großbritannien reisen, um zukünftige Besuche sowjetischer Delegationen vorzubereiten. Daneben gab man ihm eine Reihe von Geheimdienstaufträgen, die er in London erfüllen sollte. Niemand hätte über diese Wendung der Ereignisse glücklicher sein können als Penkowskij.

Am 7. Juli erhielt Jack Maury eine Mitteilung von Maurice Oldfield, dem Verbindungsmann des SIS in Washington, die ihn darüber informierte, daß bei dem Treffen zwischen Penkowskij und Janet Chisholm am 2. Juli sieben Filme und zwei Seiten Schreibmaschinentext übergeben worden waren. Letztere enthielten »eine wichtige Bemerkung des Hauptmarschalls [Warenzow] über Berlin und weitere Einzelheiten über die Raketenbrigaden in Ostdeutschland«. Penkowskijs Bericht war auf den 26. Juni 1961 datiert und als »Besonders wichtig und dringend« gekennzeichnet. In ihm hieß es:

Am 25. Juni 1961 war ich anläßlich der Feier seiner Beförderung zum Hauptmarschall* in Warenzows Datscha zu Besuch. (...) In einem privaten Gespräch sagte er mir: »Bald nach Beendigung des [XXII.] Parteitags wird ein Friedensvertrag unterzeichnet werden. Das ist die endgültige Entscheidung von Chruschtschow und seiner Führung. Die Unterzeichnung wird nicht mehr länger aufgeschoben. In der Politik, besonders in der deutschen Frage, ist Entschlossenheit vonnöten, und der Westen wird vor dieser Entschlossenheit zurückweichen. Die sowjetische Regierung weiß, daß die Unterzeichnung dieses Vertrags ein gewisses Risiko bedeutet, aber sie macht sich darüber keine Sorgen, weil sie weiß, daß die BRD noch zwei oder drei Jahre braucht, bis sie für einen Krieg bereit ist. Die USA, Großbritannien und Frankreich werden deshalb wegen dieser Sache keinen großen Krieg anfangen und klein beigeben. Wir wollen ebenfalls keinen großen Krieg, sondern den Westen nur dazu zwingen, mit der DDR Verhandlungen über die Zugangswege nach Berlin, die Art und Weise ihrer Benutzung und so weiter aufzunehmen. Diese Verhandlungen werden eine erste offizielle staatliche Anerkennung der DDR sein, und das ist wichtig für die Geschichte. Es ist notwendig, durch entschlossenes Handeln wenigstens eine teilweise Anerkennung der DDR und eine Beschränkung der westlichen Rechte in Berlin zu erreichen.

Unmittelbar nach Unterzeichnung des Vertrags werden unsere Streitkräfte in Kampfbereitschaft versetzt, während die Truppen der DDR mit ihren Panzern die Hauptverbindungsstraße in Helmstedt und andere gefährdete Autobahnen blockieren werden. Gleichzeitig wird die Luftüberwachung verstärkt werden. Die Kampfbereitschaft wird für die sowjetischen Truppen in der DDR wie in der Tschechoslowakei gelten. Wir sind bereit, die DDR mit einem großen Aufmarsch von Panzern und, wenn nötig, auch mit anderen Mitteln zu unterstützen, falls der Westen Panzer und andere Waffen in Bewegung setzen sollte, um seinen Zugang nach Berlin offenzuhalten. Wir wollen allerdings nur einen kurzen und hinsichtlich der eingesetzten Mittel begrenzten Konflikt. Nach der Unterzeichnung

---

* In der Sowjetunion gab es drei Marschall-Dienstgrade: den Marschall einer Waffengattung, den Hauptmarschall und den Marschall der Sowjetunion.

des Vertrags wird die DDR neue Vorschriften für die Benutzung der nach Berlin führenden Eisenbahnlinien und der anderen Verbindungswege schaffen. Wir haben nicht vor, dem Westen jegliche Verbindung mit Berlin zu verbieten, aber es wird gewisse Einschränkungen geben, und die USA werden mit Berlin verhandeln müssen, was uns besonders wichtig ist. Wir sehen zwar das Risiko, glauben aber, daß es keinen großen Krieg geben wird. Es könnte jedoch zu einem örtlichen Konflikt kommen, der auf Deutschland und ein kleines angrenzendes Gebiet beschränkt ist.

Penkowskij hatte Warenzows Ausführungen einen Kommentar und einige Empfehlungen angefügt, die nicht in den Bericht einflossen, der innerhalb der amerikanischen Geheimdienstgemeinde in Umlauf gebracht wurde. Unter der Überschrift »Anmerkungen« schrieb er:

1. Es wird ein Vertrag abgeschlossen werden.
2. Der Entschlossenheit Chruschtschows muß mit entsprechender Entschlossenheit begegnet werden.
3. Ich glaube, daß Chruschtschow einen Rückzieher machen wird, wenn er den Eindruck hat, daß wir [der Westen] uns nicht aus der Fassung bringen lassen, und wenn wir deutliche Verteidigungsanstrengungen unternehmen und die Verbindungen mit Berlin stärken. Er ist für einen großen Krieg nicht bereit und führt einen Nervenkrieg. Es wäre vorteilhaft, für alle hörbar bekanntzugeben, daß eine umfangreiche Umgruppierung von NATO-Truppen stattfindet, daß sie sich in Kampfbereitschaft befinden, daß die Stärke der BRD nicht zu unterschätzen ist, daß mehrere tausend Panzer und Flugzeuge in Europa stationiert werden, daß Truppenbewegungen durchexerziert werden etc. Es ist notwendig, all dies herauszustellen, aber genauso notwendig ist es, unsere Stärke auf diesem Gefechtsfeld für einen kräftigen Tritt vors Schienbein zu vergrößern.
    Wir sollten außerdem erklären, daß wir nicht diejenigen sein werden, die in Deutschland den ersten Schuß abgeben. Wenn jedoch unsere Zugangswege nach Berlin blockiert werden sollten, würden wir alles von den Straßen fegen, sie sichern und an-

schließend das Feuer wieder einstellen. Wir würden die bisherige Regelung für die Nutzung der Verbindungswege durch alle Länder aufrechterhalten, das heißt, sie können alle in Berlin bleiben.

Danach bestätigte Penkowskij noch einmal die Anwesenheit von vier sowjetischen Raketenbrigaden in der DDR und fuhr fort:

Oberst W. I. Fjodorow befehligt die in Weißenfels stationierte Brigade. Er ist der Standortkommandant in der Stadt, in der außerdem noch ein motorisiertes Infanterieregiment stationiert ist. (...) Fjodorow war in Moskau und hat mir gesagt, daß der Durchschnittsdeutsche den Russen nicht freundlich gesonnen ist und daß die Bevölkerung, wenn die sowjetischen Truppen im Ernstfall nicht schnell genug aus der Stadt herauskommen, die zum Stadtrand führenden Straßen möglicherweise blockieren, die Soldaten töten und ihre Ausrüstung zerstören werden. Die sowjetischen Truppen befürchten also, mit ihrer Ausrüstung in dicht besiedelten Gebieten festzusitzen, was für sie das Ende bedeuten würde. Fjodorow zufolge würden die sowjetischen Truppen, wenn sie es schaffen, aufs Land zu kommen und ihre Gefechtsstellungen einzunehmen, alles und jeden um sie herum vernichten. Wir müssen dies in unsere Überlegungen einbeziehen und im geeigneten Augenblick die aus den Städten, in denen sowjetische Truppen stationiert sind, hinausführenden Straßen zerstören und mit unserem Feuer abdecken, um den Verbänden keine Gelegenheit zu geben, die Städte zu verlassen (...).
Einige von Fjodorows Raketen werden in Parks in Weißenfels gelagert. Vor kurzem bemerkte man, daß mehrere Raketen Löcher hatten, durch die Treibstoff auslief, als sie für eine Überprüfung in Auftankposition gebracht wurden. Auch das elektronische System war nicht in Ordnung. Im September will Fjodorow seine Frau und seine beiden Kinder nach Moskau schicken. In kritischen Situationen wird im allgemeinen ein Großteil der Familienangehörigen nach Hause geschickt. Fjodorow selbst würde auch gern nach Moskau zurückkehren und wieder für Warenzow arbeiten. Er empfindet das Kommando über eine Raketenbrigade als zu belastend. Er hat mir gesagt, daß ihn Sergej Sergejewitsch [Warenzow] sogar dann

nehmen würde, wenn man ihn als Befehlshaber der Brigade ablösen würde, weil in seinem Standort ein Feuer ausgebrochen oder einer seiner Soldaten weggelaufen ist. Ich denke, wir sollten etwas nachhelfen, indem wir irgendein Vorkommnis in seiner Brigade herbeiführen, so daß Sergej Sergejewitsch ihn in seine Dienststelle versetzen lassen kann. Für mich und unsere Arbeit wäre er in Moskau von größerem Wert [als in der DDR]. Ich bitte Sie, mir bei dieser Sache zu helfen. Ich bin mir hundertprozentig sicher, daß Sergej Sergejewitsch ihn zu sich nehmen wird; im Augenblick hat er nur keinen Grund dafür. (...)

Eine der Raketenbrigaden wird von Generalmajor Winogradow befehligt. Vor einiger Zeit haben drei Soldaten aus Winogradows Brigade eine deutsche Frau vergewaltigt und beraubt.

Am Nachmittag des 11. Juli kamen Dick Helms und Jack Maury mit Allen Dulles, dem Direktor der CIA, zusammen, um zu besprechen, was mit Penkowskijs Bericht zur Berlin-Frage geschehen sollte. Die Übersetzung der Schreibmaschinenseiten war natürlich anonymisiert worden; als Quelle wurde ein verläßlicher und gut plazierter sowjetischer Amtsträger angegeben, der seine Informationen von einem höheren Sowjetgeneral erhalten habe, der direkt mit den militärischen Vorbereitungen für die Berliner Operation befaßt sei. Penkowskijs Name war aus Sicherheitsgründen nur einer kleinen Zahl unmittelbar mit dem Fall Betrauter, unter ihnen Jack Maury, bekannt. Andere höhere Beamte, die nichts mit der Führung von Penkowskij zu tun hatten, kannten ihn nur unter seinem alle paar Monate wechselnden Decknamen und wußten, daß er Oberst im sowjetischen Generalstab war.[11]

Allen Dulles bemerkte während des Gesprächs, daß der Nationale Sicherheitsrat am folgenden Tag zusammentreten werde und daß er am Freitag, dem 14. Juli, um 11 Uhr vormittags einen Termin beim Präsidenten habe. »Ich würde dem Präsidenten dann gern den Bericht übergeben«, sagte er. Helms und Maury hatten ihm, für den Fall, daß er sie dem Präsidenten gegenüber zur Sprache bringen wollte, darüber hinaus auch die nicht in den CIA-Bericht übernommenen Anmerkungen Penkowskijs vorgelegt.

Dulles fragte Helms und Maury, für wie glaubwürdig sie Penkowskij hielten. Maury hatte diesen Punkt ausführlich mit James Jesus Angleton, dem Chef der CIA-Gegenspionage, diskutiert und in einer Aktennotiz berichtet, er glaube,»daß Mr. Angleton meine Ansicht teilte, daß das Ausmaß, die Vielfalt und die Komplexität des von der Quelle übermittelten Materials, von technischen Daten über Raketen bis hin zur Identifizierung von Illegalen, die für den Einsatz im Westen ausgebildet wurden, einen zu großen Brocken darstellten, als daß die Sowjets ihn in einer kontrollierten Operation handhaben könnten. Mr. Helms war ebenfalls dieser Ansicht, und auch der Direktor schien sich ihr anzuschließen. Der Direktor fragte nach den Unterquellen, und Mr. Helms erklärte, daß alle Beteiligten geschworen hätten, über ihre Identität Stillschweigen zu bewahren, daß es sich aber um einen Marschall der sowjetischen Artillerie handle.« Wegen der Quantität und Qualität seiner Informationen, argumentierte Maury weiter, sei es kaum denkbar, daß Penkowskij ein untergeschobener Agent des KGB und der GRU sei. Er sei vielmehr ein glaubwürdiger Agent im Dienst der CIA und des MI6.

Dulles wollte sich offenbar nicht die Schau stehlen lassen, indem Penkowskijs Bericht bekanntgemacht wurde, bevor er mit dem Präsidenten darüber gesprochen hatte. Er wies Helms und Maury jedenfalls an, den Bericht erst am Freitagvormittag, etwa zur Zeit seines Treffens mit dem Präsidenten, an die berechtigten Empfänger im Außen- und Verteidigungsministerium sowie in den anderen amerikanischen Nachrichtendiensten zu verteilen. Außerdem ordnete er an, das Material in zwei Kategorien aufzuteilen; es in einer einzigen Akte zusammenzufassen, würde seiner Meinung nach unnötigerweise darauf aufmerksam machen, daß die Quelle sowohl zu politischen Informationen auf höchster Ebene als auch zu gedrucktem Raketenmaterial Zugang hatte. Man legte daraufhin die IRONBARK-Akte mit dem dokumentarischen Material und die CHICKADEE-Akte mit den Informationen, von denen Penkowskij vom Hörensagen wußte beziehungsweise in persönlichen Gesprächen erfuhr. Damit sollte, um Penkowskij zu schützen, der Anschein erweckt werden, daß die plötzlich einsetzende Flut wertvoller Informationen nicht von einer einzelnen Person verursacht wurde, sondern aus zwei verschiedenen Quellen innerhalb der sowjetischen Militärhierarchie stammte. Viele Mitspieler im Außenministerium und in der CIA vermuteten allerdings bald, daß die beiden streng geheimen Materialreihen mit den Code-namen IRONBARK und CHICKADEE einer einzigen Quelle zu verdanken waren.[12]

Das IRONBARK-Material ging an Analytiker mit einer speziellen Zugangsgenehmigung und das CHICKADEE-Material an den Präsidenten, den Nationalen Sicherheitsrat sowie hochrangige Analytiker des Außenministeriums und der CIA selbst. Es lieferte einen Hintergrund für die aus anderen Quellen stammenden harten Zahlen und die Erkenntnisse aus Aufklärungsfotos.

»Vor Penkowskij«, erklärte CIA-Direktor Robert Gates, »kannten wir zwar den Text und die Musik, aber nicht den Rhythmus der militärischen und strategischen Doktrin der Sowjetunion. Durch ihn gewann das Bild an Schärfe, weil wir erfuhren, welche Absichten Chruschtschow verfolgte.«[13] Die Äußerungen des sowjetischen Verteidigungsministers und der militärischen Führungsriege über Chruschtschow und seine Politik, die Penkowskij entweder selbst mit anhörte oder von verläßlichen Zeugen erfuhr, waren von unschätzbarem Wert, insbesondere in einer Zeit noch nie dagewesener Spannungen, die die Welt an den Rand des Atomkriegs brachten.

Die Übersetzungarbeiten der von Penkowskij fotografierten Dokumente, von denen bis dahin kein einziges in den Westen gelangt war, liefen auf Hochtouren. Die CIA stellte ein zwanzigköpfiges Übersetzerteam zusammen, das in Arlington (Virginia) südlich von Fort Myer in einer ehemaligen Kaserne des Women's Army Corps untergebracht wurde, und in London waren zehn Geheimdienstangestellte mit der Übersetzung der Dokumente beschäftigt.

Zu den von Penkowskij gelieferten Dokumenten gehörte die Felddienstordnung der sowjetischen Streitkräfte von 1958. Die CIA erklärte ihren Abnehmern im Verteidigungsministerium, daß das 320 Seiten umfassende geheime Dokument »die taktisch-operative Bibel der sowjetischen Streitkräfte« sei. »Der Besitz dieses Handbuchs erlaubt uns, unsere eigenen Streitkräfte umzuorganisieren und sie so auszubilden, daß sie der in diesen Vorschriften genauestens dargelegten sowjetischen Taktik angemessen entgegentreten können.« Die Felddienstordnung enthielt die Anweisungen für die organisatorischen Maßnahmen vor und während der Kampfhandlungen und für die Aufstellung der kämpfenden Verbände, einschließlich graphischer

Darstellungen, die die Verteilung der Truppen im Verteidigungs- und im Angriffsfall und die Aufmarschformationen zeigten, sowie genaue Angaben über die Entfernungen, die die Truppen zurücklegen konnten, ohne von ihrem Nachschub abgeschnitten zu werden.

Neben der Felddienstordnung hatte Penkowskij Ausbildungshandbücher der Artillerie und die 1959 erschienenen Nummern 5, 6 und 7 der Zeitschrift *Wojennaja Mysl* (Militärisches Denken) abfotografiert. Diese streng geheime Zeitschrift, die ausschließlich an kommandierende Generale verteilt wurde, enthielt Beiträge zu militärstrategischen Themen, die dem Westen einen seltenen Einblick in den Stand der sowjetischen Diskussion über die chemische Kriegführung, den Nutzen von Flugzeugträgern, den Einsatz von taktischen Atomwaffen und andere militärische Fragen boten. Die von Penkowskij gelieferten Hefte enthielten unter anderem auch eine Karte mit einem Planspiel der Gruppe der sowjetischen Streitkräfte in Deutschland, auf der die Schlachtordnung, die Aufmarschgebiete, die Vorstoßrouten etc. verzeichnet waren.

Bei dem Gespräch, das Allen Dulles am 14. Juli mit Präsident Kennedy führte, informierte er ihn darüber, daß die CIA und der MI6 in einer gemeinsamen Operation einen Oberst im sowjetischen Generalstab führten, der für den Westen spionierte. Er zeigte Kennedy den Berlin-Bericht und teilte ihm mit, was Penkowskij dazu angemerkt hatte. Die Aufforderung, hart zu bleiben und sich durch Chruschtschows Drohungen nicht einschüchtern zu lassen, traf bei Kennedy auf offene Ohren, und er sollte später einige von Penkowskijs Gedanken in eine Rede über Berlin einarbeiten.[14] Vorerst bat er Dulles, ihn über die weiteren Ergebnisse der Arbeit des Spions auf dem laufenden zu halten und wies ihn an, seinen Militärberater, General Maxwell Taylor, über die neue Quelle in Rußland zu informieren.

Penkowskijs Minox-Filme enthielten neben den bisher genannten Schriften vier weitere Dokumente:
- eine streng geheime, 36 Seiten lange Schrift der Militärisch-Diplomatischen Akademie von Vizeadmiral L. K. Bekrenew mit dem Titel »Persönliche Nachrichtenübermittlung im Agenteneinsatz«, die Aufschluß über die operativen Techniken der GRU gab,

- eine weitere streng geheime, 68 Seiten umfassende Studie mit dem Titel »Fragen der Nachrichtenübermittlung und der Führung von Agenten«,
- einen 13seitigen Brief des ZK der KPdSU vom 19. Mai 1961 über die Aufgaben der Parteiorganisationen in bezug auf einige Aspekte des Betrugs der Regierung im wirtschaftlichen Bereich,
- 43 Seiten mit Anweisungen des Ministerrates der UdSSR an das GKKNIR vom 30. Mai 1961 mit den Aufgaben des Komitees im dritten Quartal des Jahres 1961, und eine Darstellung der Ergebnisse der Arbeit des Komitees vom 15. März 1961.

Am wichtigsten waren die ersten beiden Dokumente, denen Penkowskij eine Liste von sechzig Studenten der MDA beigelegt hatte. Dem Westen waren damit die meisten der GRU-Offiziere bekannt, die zukünftig ins Ausland geschickt werden sollten, noch bevor sie ihre Geheimdienstarbeit aufgenommen hatten. Bis zum 10. Juni hatte die CIA zu 52 der 60 Namen auf Penkowskijs Liste Fotos und biographische Daten zusammengestellt. Darüber hinaus enthielten die beiden Dokumente detaillierte Angaben über die Kommunikationswege und die operativen Methoden der GRU, die die Arbeitsweise des militärischen Nachrichtendiensts der Sowjetunion erhellten.

Aufgrund der Berlin-Krise und des vom Präsidenten geäußerten Interesses erhielt das von Penkowskij gelieferte Material eine beispiellose Bedeutung. Die CIA suchte deshalb nach sicheren Wegen der Materialübergabe in Moskau. Eine Möglichkeit, die erwogen wurde, bestand darin, daß ein Diplomat aus einem befreundeten westeuropäischen Land eine Nachricht in einem toten Briefkasten hinterlegte. Der Plan wurde jedoch nie in die Tat umgesetzt, obwohl in einem sicheren Haus in Helsinki bereits ein Diplomat in die Aufgabe eingewiesen worden war.

Daneben wurde eine ganze Reihe von Überlegungen für den Fall angestellt, daß Wynne nicht nach Moskau reisen konnte. Shergold, der in Konkurrenz mit den Amerikanern die britischen Eventualpläne koordinierte, teilte der CIA in einem Schreiben mit, die Alternative wäre, die Anweisungen für die Übergabe des Materials in Penkowskijs totem Briefkasten zu hinterlegen, und fuhr fort:

Wir werden ihm anzeigen, daß eine Nachricht für ihn in seinem toten Briefkasten liegt, indem wir pünktlich um 10 Uhr an einem Sonntagvormittag von einer Telefonzelle aus bei ihm zu Hause anrufen. Derjenige, der den Anruf macht, wird das Telefon dreimal klingeln lassen. Die Person sollte den toten Briefkasten nach dem Erhalt des Signals so bald wie möglich leeren.

Wenn bei einem gesellschaftlichen Ereignis, bei dem westliche Diplomaten anwesend sind, mit der Person Kontakt aufgenommen werden soll, wird sie unseren Abgesandten daran erkennen, daß er den Namen Charles Peeke erwähnt und als weiteres Erkennungszeichen die vereinbarte Krawattennadel trägt.

Nur wenn alle bisher genannten Kommunikationswege versperrt sind, sollte die Person Mitteilungen und Material (...) über die Mauer des Amerikahauses werfen.

Wenn die Person in ein Land außerhalb des sino-sowjetischen Blocks* reisen sollte, ohne uns vorher davon unterrichten zu können, sollte sie uns durch ein Telegramm an die telegrafische Adresse LABORICI, London, von ihrer Anwesenheit informieren, um uns mitzuteilen, wo ein Treffen mit ihr möglich ist. Das Telegramm sollte die Unterschrift ALEX tragen.[15]

Neben der wichtigen Frage, welchen Personen innerhalb der Geheimdienstgemeinde die neue russische Quelle zugänglich gemacht und wieviel ihnen mitgeteilt werden sollte, blieb ihre Glaubwürdigkeit weiterhin ein Diskussionspunkt. Auf britischer Seite war man, wie in einem Schreiben an die CIA festgestellt wurde, »über jeden vernünftigen Zweifel hinaus« von Penkowskijs Glaubwürdigkeit überzeugt. In Washington kamen Dick Helms, Jack Maury und James Angleton am 13. Juli mit Allen Dulles zusammen, um noch einmal die Glaubwürdigkeit der Quelle zu erörtern, deren Material Dulles am nächsten Tag dem Präsidenten vorlegen wollte.

Eine von Maurys Sorgen war es, daß Penkowskij enttarnt und dazu gebracht werden könnte, gegen den Westen zu arbeiten. Der Fall

---

* Zu dieser Zeit wurde der Bruch zwischen China und der Sowjetunion gerade erst sichtbar, und es war trotz des wachsenden Zerwürfnisses zwischen Mao und Chruschtschow immer noch üblich, vom sino-sowjetischen Block zu sprechen.

Popow hatte eine Wunde hinterlassen, die immer noch schwärte, und Maury befürchtete, daß Penkowskij »wie Popow umgedreht« werden könnte. Helms erklärte, daß er sich nicht so eindeutig für Penkowskij verbürgen könne wie die Briten, fügte aber hinzu, daß »Irreführung (...) bisher praktisch ausgeschlossen« sei. Vorbehaltlich ständig vorzunehmender Neueinschätzungen, sei er deshalb für den Augenblick von Penkowskijs Glaubwürdigkeit überzeugt. Jim Angleton maß Penkowskijs Material große Bedeutung bei, charakterisierte die neue Quelle aber als »einen Anarchisten und Spinner, der aus irgendwelchen obskuren Gründen versucht, uns in einen Krieg mit Rußland hineinzuziehen«.[16]

Penkowskijs komplexe Persönlichkeit ließ sich nicht in ein einfaches Muster pressen, und der Eifer und die Anspannung, mit denen er zu Werke ging, waren beunruhigend, aber es wies nichts darauf hin, daß er vom KGB oder von der GRU geführt wurde und Fehlinformationen ausstreute. Seine Enthüllungen waren zu umfassend und, vom sowjetischen Standpunkt aus betrachtet, zu schädlich, als daß sie »Hühnerfutter« sein konnten. Dennoch würde die CIA in doppelter Hinsicht vorsichtig vorgehen, das heißt zum einen alles tun, um ihre neue Quelle zu schützen, und zum anderen weiterhin ihre Glaubwürdigkeit prüfen.

Die Beamten, die Penkowskijs Berichte lasen, hatten keine Ahnung, wer er war, und fragten sich, wieviel Gewicht ihnen beizumessen war. Lieferten sie wirklich die Erklärung politischer Entscheidungen, oder handelte es sich nur um Spekulationen aus der Offiziersmesse? Um diese Unsicherheit zu beseitigen, verbreitete die Sowjetabteilung der CIA in einem Schriftsatz vom 18. Juli 1961 eine operative Legende mit Hintergrundinformationen über Penkowskij, der als »gegenwärtig im Geheimdienst tätiger hochrangiger sowjetischer Generalstabsoffizier« vorgestellt wurde, »dessen Karriere bis zu einem gewissen Punkt erfolgreich und sogar brillant war. Viele Einzelheiten seines Werdegangs wurden durch Informationen aus unabhängigen Quellen bestätigt; andere konnten durch dokumentarische Beweise belegt werden. Es gibt keinen Zweifel daran, daß er die verantwortliche, hohe Stellung einnimmt, die er angegeben hat.«

Hinsichtlich der Motive, von denen Penkowskij angetrieben wurde, hieß es in dem Schriftstück:

An einem gewissen Punkt geriet der weitere Aufstieg der Person aufgrund prinzipieller Meinungsverschiedenheiten mit ihren Vorgesetzten ins Stocken. Zu dieser Zeit keimten wahrscheinlich die ersten Samen der Unzufriedenheit, und die Person begann die Möglichkeit zu erwägen, mit den Westmächten in Verbindung zu treten. Ihre Dienstzeit in einem westlichen Land wurde jedoch abrupt beendet; während ihres dortigen Aufenthalts fühlte sich die Person stark von den guten Seiten des Lebens angezogen, die der Westen zu bieten hat. Ihre Unzufriedenheit wuchs, sowohl im Hinblick auf ihre Karriereaussichten als auch in materieller Hinsicht, und sie begann sich aktiv auf den Tag vorzubereiten, an dem es ihr möglich sein würde, den Kontakt mit den USA herzustellen. Nach eigener Aussage hat die Person schon 1958 damit begonnen, das Material zu sammeln, das sie uns übergeben hat. Obwohl ihre Aussagen nicht in jedem Fall nachgeprüft werden können, gibt es doch zusätzliche Beweise, die den Schluß zulassen, daß sie wahrscheinlich der Wahrheit entsprechen.

Die vier Falloffiziere und die Experten in Washington und London, die das übermittelte Material geprüft haben, sind nach reiflicher Überlegung übereinstimmend der Ansicht, daß die Quelle den ehrlichen Wunsch hat, dem Westen zu dienen, und tatsächlich in außerordentlichem Maß Zugang zu extrem sensiblen Informationen und zu höheren politischen Entscheidungsträgern der Sowjetunion besitzt. Diese Schlußfolgerungen werden in großem Umfang von zusätzlichen Beweisen untermauert.

Seit den Londoner Treffen hat die Person (...) höchst wertvolle Informationen geliefert, die unter anderem die offizielle sowjetische Politik in der Berlin-Frage sowie die Ausbildung, die operativen Methoden und die Kommunikationswege der sowjetischen Agenten betreffen. Die jüngsten Informationen wurden bei einem von den Briten arrangierten Treffen übergeben. Die Briten haben uns jedoch davon in Kenntnis gesetzt, daß diese Art der Kontaktaufnahme nur noch bis zum Oktober möglich sein wird. Wenn es uns nicht gelingt, geeignete Kommunikationswege zu schaffen, sehen wir uns also mit der Aussicht konfrontiert, diese wertvolle Informationsquelle genau zu jener Zeit zu verlieren, zu der die Berlin-Krise ihren Höhepunkt erreichen dürfte.

Der MI6 war nicht sicher, ob Wynne weiterhin nach Moskau reisen konnte, und die Entscheidung, Janet Chisholm auf Dauer als Kontaktperson einzusetzen, war zum Zeitpunkt, als der CIA-Bericht geschrieben wurde, noch nicht getroffen worden.

Neben dem zitierten Bericht verfaßte die CIA auch eine erste, vorläufige »Einschätzung des Gegenspionageprodukts«, das Penkowskij geliefert hatte, in der folgende Punkte aufgeführt wurden:

A. Einzigartige Informationen in bezug auf die gegenwärtige Struktur der sowjetischen Nachrichtendienste, einschließlich des Hinweises auf eine Abteilung, die zur Unterstützung militärischer Operationen Sabotage, Subversion und Attentate durchführen soll.

Ähnlich beispiellose Informationen über die Rolle des Zentralkomitees der KPdSU als des Hauptnutznießers der Erkenntnisse der sowjetischen Nachrichtendienste und ihres politischen Koordinators und Kontrolleurs.

B. Eine Bestätigung dafür, daß das Hauptziel der sowjetischen Nachrichtendienste die frühe Alarmierung im Fall eines feindlichen Angriffs ist.

C. Die Identifizierung von über 300 sowjetischen Nachrichtendienstoffizieren und mehr als einem Dutzend aktiver Sowjetagenten im Westen.

D. Dokumente über die sowjetische Nachrichtendienstausbildung, einschließlich der Methoden der Kontaktaufnahme und Kommunikation mit Agenten.

E. Berichte, die andeuten, daß das Zentralkomitee der KPdSU und die sowjetischen Nachrichtendienste beabsichtigen, das jetzt schon bestehende Schwergewicht auf den sogenannten illegalen Operationen weiter zu verstärken.

Die CIA war von Penkowskijs Glaubwürdigkeit und seinem Wert als Informationsquelle überzeugt. Der Präsident war informiert worden und ebenfalls der Meinung, daß das Material des russischen Obersts ebenso faszinierend wie lebenswichtig war. Damit waren alle Bedingungen erfüllt, um die auf Penkowskijs Informationen fußenden Berichte an die Geheimdienstgemeinde und die politischen Entscheidungsträger zu verteilen.

Am 22. Juli 1961 sprach Dick Helms eine halbe Stunde mit General Maxwell Taylor über das Material. Taylor war tief beeindruckt und sagte Helms: »Ich denke, Allen [Dulles] sollte den Präsidenten ins Bild setzen und ihm mitteilen, was wir haben.« Er wußte nicht, daß dies bereits geschehen war. Als Helms ins CIA-Hauptquartier zurückgekehrt war, wies er Maury an, Taylor das aufbereitete Material über das sowjetische ICBM-Programm, den Abschuß der RB-47 und von Powers U-2 sowie über die sowjetischen Pläne in bezug auf Berlin zukommen zu lassen. Weiterhin erhielt Taylor den Bericht über den Tod von Marschall Nedjelin, die Übersetzung der Felddienstordnung und die vollständigen Hefte der Zeitschrift *Wojennaja Mysl*. Der wichtigste Bericht war sicherlich derjenige mit Warenzows Äußerungen zur Deutschlandfrage, den Maury General Taylor am 24. Juli aushändigte, zehn Tage, nachdem Allen Dulles ihn Präsident Kennedy vorgelegt hatte.[17]

Penkowskijs Informationen standen damit einem sorgfältig ausgewählten Kreis politischer Berater und Entscheidungsträger zur Verfügung, und sie blieben in der damaligen Krisensituation, wie kaum anders zu erwarten, nicht ohne Wirkung. Innerhalb der CIA diskutierte man dennoch weiter über die Frage der Glaubwürdigkeit, die sich zumindest für die Zukunft stellte, da es keinen Schutz dagegen gab, daß Penkowskij enttarnt und umgedreht wurde. Man mußte also auf der Hut sein und sich immer wieder fragen: War er wirklich das, was er zu sein vorgab, oder war er Teil einer gigantischen Desinformationskampagne von GRU und KGB? Wie sahen seine wirklichen Motive aus? Eine Möglichkeit, eine zufriedenstellende Antwort zu erhalten, war ein Lügendetektortest bei Penkowskijs nächstem Besuch im Westen. Aber würde er einwilligen? Niemand hatte bisher mit ihm darüber gesprochen.

Am 18. Juli 1961 traf Penkowskij in London ein, wo er auf der sowjetischen Handelsausstellung in Earls Court arbeiten sollte – und zu einer neuen Runde von Befragungen durch das CIA-MI6-Team erwartet wurde.

Kapitel 10

WIEDER IN LONDON

Penkowskij kam mit vier GRU-Aufträgen und einer langen Liste von Aufgaben, die er in den nächsten drei Wochen für sein Komitee erfüllen sollte, nach England. Der nächstliegende Auftrag war die Betreuung der Frau und der Tochter des GRU-Chefs Iwan Serow, die mit Penkowskij zusammen nach London geflogen waren. Serow hatte Penkowskij am Tag vor der Abreise in sein Büro bestellt, ihm angekündigt, daß seine Frau, die 48jährige Vera Iwanowna Serow, und seine 21jährige Tochter Swetlana, eine Studentin, mit ihm nach England reisen würden, und ihn gebeten, sich um ihr Wohlergehen zu kümmern. Er sollte sie zum Einkaufen begleiten, dafür sorgen, daß ihnen stets ein Auto zur Verfügung stand, und überhaupt alles tun, um ihnen den Aufenthalt in London so angenehm wie möglich zu machen. Serow war selbst einmal in London gewesen, als er Chruschtschows Englandbesuch im Frühjahr 1956 vorbereiten sollte, aber der Protest der Öffentlichkeit, die ihm seine Karriere als Stalins Henker vorwarf, hatte ihn gezwungen, vorzeitig die Heimreise anzutreten. Daß seine Frau und seine Tochter 1961 als Touristen nach England reisen konnten, war in einer Zeit, als kaum ein Sowjetbürger ins Ausland durfte, ein unvergleichliches Privileg.

Penkowskij hatte die beiden Frauen erst kurz vor dem Abflug kennengelernt. Serow, der sie zum Flughafen Scheremetjewo gebracht hatte, sagte Penkowskij, er sei froh, daß man nach der Verweigerung der Ausreisegenehmigungen für die anderen Delegationsmitglieder gerade ihn ausgewählt habe, nach England zu gehen. »Wenn Sie erst drei- oder viermal ins kapitalistische Ausland gereist sind, ohne daß man Sie [als Geheimdienstoffizier] erkannt hat, obwohl Sie als Militärattaché in der Türkei gearbeitet haben, werden wir Sie für eine längere Mission vorschlagen«, erklärte Serow und fügte, in Anspielung auf Penkowskijs Tarnstellung beim GKKNIR, hinzu: »Wir werden sehen, welche Haltung die Amerikaner, Briten und Franzosen Ihnen gegenüber als ehemaligem Militär, der inzwischen zum Zivilisten geworden ist, einnehmen.«

Trotz der Ankündigung ihrer Ankunft durch den GRU-Chef persönlich mußten Penkowskij und die Serows eine Stunde in Heathrow warten, bis ein Wagen der Botschaft sie abholte und zu ihrem Hotel brachte. Da er schon einmal in London gewesen war, spielte Penkowskij den alten Hasen und versprach den dankbaren Serows, ihnen persönlich die Sehenswürdigkeiten zu zeigen und ihnen beim Einkaufen zu helfen. Er konnte das Glück, das ihm die Gelegenheit gegeben hatte, sich die Frau und die Tochter seines Chefs zu verpflichten, kaum fassen.

Penkowskij rief Wynne in dessen Haus in der Upper Cheyne Row in Chelsea an und teilte ihm mit, daß die Sowjetbotschaft ein Zimmer im Kensington Close Hotel, unweit der Botschaft, für ihn gebucht hatte. Wynne nannte ihm einen Treffpunkt in der Nähe des Hotels, wo Mike Stokes auf ihn warten würde. Stokes hatte ein Zimmer im selben Hotel wie Penkowskij bezogen und sollte ihn zur Wohnung eines anderen MI6-Offiziers in den Little Boltons in Kensington führen, die als sicheres Haus für die Treffen mit dem anglo-amerikanischen Geheimdienstteam ausgewählt worden war.

Penkowskij hatte keine Ahnung davon, daß die CIA-Zentrale dem Team in London vorgeschlagen hatte, ihn einem Polygraphentest zu unterziehen. Der Lügendetektortest gehörte nicht nur zur Standardüberprüfung neu angeworbener Agenten, sondern war auch Teil der Sicherheitsmaßnahmen innerhalb der CIA selbst. Jeder CIA-Angehörige, einschließlich des Direktors, mußte ihn in regelmäßigen Abständen über sich ergehen lassen. In England dagegen stand man dem Polygraphentest skeptisch gegenüber, und die Frage, wie man bei Penkowskij verfahren sollte, hatte zu einer ausführlichen transatlantischen Debatte auf höchster Ebene geführt.

Dick Helms, Jack Maury und Eric T. Timm, der Chef der Westeuropa-Abteilung der CIA, erklärten den Falloffizieren in London, daß man angesichts der Bedeutung der Berichte über so heikle Themen wie die Berlin-Frage, die Penkowskij bisher übermittelt hatte und zukünftig übermitteln würde, ernsthaft erwägen müsse, ob es nicht geboten sei, ihn während der bevorstehenden Treffen einem Lügen-

222

detektortest zu unterziehen. Gleichzeitig wurde jedoch eingeräumt, daß die Aufgabe, Penkowskijs Motivation, sein Vertrauen und das harmonische Verhältnis zu seinen Führungsoffizieren zu erhalten, selbstverständlich Vorrang habe. In Washington war man deshalb zu dem Schluß gelangt, daß die letzte Entscheidung darüber, ob der LCFLUTTER, wie der Lügendetektortest nach dem Herz- oder Puls-flattern (*flutter*) bei der CIA genannt wurde, ohne Gefahr durchge-führt werden konnte, von den Falloffizieren getroffen werden mußte.

Als Penkowskij am 18. Juli in England eintraf, teilte die Londoner CIA-Station dem Hauptquartier in Washington in einem Bericht mit, daß das anglo-amerikanische Befragerteam »nachdrücklich und ein-mütig negativ« auf den LCFLUTTER-Vorschlag reagiert hatte. Sher-gold, der strikt gegen die Idee war, hatte Sir Dick White, den Chef des MI6, nach dessen Meinung gefragt, und Sir Dick war, nach Abwägung aller Risiken, zu dem Schluß gekommen, daß die Wahrscheinlichkeit einer nachteiligen Wirkung auf die Beziehung zwischen Penkowskij und seinen Führungsoffizieren schwerer wog als alle Vorteile, die man sich von einem Lügendetektortest versprechen mochte.

Shergold konnte sich dem nur anschließen. Seiner Meinung nach war mit Sicherheit anzunehmen, daß sich Penkowskijs innere Einstel-lung durch einen solchen Test stark verändern würde, und zwar aller Wahrscheinlichkeit nach zum Schlechteren. Penkowskij würde die Tatsache, daß seine Führungsoffiziere den Test zugelassen hatten, ver-mutlich als Mangel an Vertrauen interpretieren und die Zusammenar-beit entweder völlig aufkündigen oder sich in Zukunft ausschließlich auf die Weitergabe von dokumentarischem Material beschränken, um seinen guten Ruf und damit seine Aussichten auf ein angenehmes Le-ben nach seinem endgültigen Übertritt in den Westen zu wahren. Die Londoner CIA-Station riet deshalb von der Durchführung eines Lü-gendetektortests ab, es sei denn, das Hauptquartier in Washington sei bereit, die Gefahr einzugehen, daß die gesamte Operation zusammen-brach.

Die Londoner Reaktion löste in Washington tiefe Besorgnis aus und führte zu weiteren Besprechungen und schriftlichen Stellungnahmen. Der stellvertretende Chef der Sowjetabteilung schrieb am 19. Juli zur Frage »Ist die Person verläßlich und loyal?« an Maury:

Die Person hat, unter Einsatz ihres Lebens, auf jede erdenkliche Weise versucht, uns von ihrer Glaubwürdigkeit, ihrer Loyalität und ihrem Wert zu überzeugen. Die bisher von ihr erbrachten Leistungen sind in jeder Hinsicht hervorragend. Wir haben in ihren Berichten noch keinen einzigen schwerwiegenden oder absichtlichen Fehler entdeckt. Die Person erfüllt nicht nur bereitwillig die von uns gestellten Aufgaben, sondern hat vom Beginn der Operation an auch eine bemerkenswerte Eigeninitiative entwickelt und uns unaufgefordert Informationen geliefert, die für uns interessant und wertvoll sind. (...) Wir sollten alles unterlassen, was ihren Enthusiasmus dämpfen könnte.

Die Person hat allen Anlaß anzunehmen, daß wir sie als glaubwürdig betrachten, und ist überzeugt, daß sie unsere Anerkennung gewonnen hat. Meiner Ansicht nach ist dies der Schlüssel zum Verständnis der Beweggründe, von denen fast alle unsere hochrangigen Agenten und sowjetischen Überläufer geleitet werden. Sie suchen anderswo die Anerkennung, die sie in ihrer Heimat nicht finden. Genau dies hat die Person getan. Wenn sie nun in der gegenwärtigen Phase der Operation gebeten wird, sich einem LCFLUTTER zu unterziehen, besteht, wie ich glaube, die ernstzunehmende Gefahr, daß die daraus resultierende Enttäuschung niemals ganz zu überwinden sein wird. Der Nutzen, den uns ein LCFLUTTER bringen kann, ist meiner Meinung nach nicht groß genug, um diese Gefahr aufzuwiegen.

Der LCFLUTTER ist nicht unfehlbar. (...) Ich denke, wir verfügen über genug Informationen, um eindeutig festzustellen, daß die Person sauber ist. Ist sie es nicht, sollten wir uns nicht allzu sehr beklagen – sie ist in jedem Fall eine reichhaltige, produktive Quelle wertvoller, zutreffender und detaillierter Informationen.

Jack Maury blieb es überlassen, den Stand der Diskussion für Dick Helms, der die endgültige Entscheidung zu treffen hatte, zusammenzufassen. Maury listete in seinem Memorandum vom 19. Juli 1961 zunächst die Argumente auf, die für den Lügendetektortest sprachen, um sie anschließend im Sinne der Vorlage seines Stellvertreters eines nach dem anderen zu widerlegen. Sein Schluß lautete: a) Es wäre gefährlich und unverantwortlich, wenn wir im Hauptquartier das sachkundige Urteil der vier Falloffiziere umstoßen würden. b) Jeder Versuch, die offensichtlich starken Einwände unserer britischen Kollegen zu entkräften, könnte die harmonischen Beziehungen gefährden, die bis heute vorhanden sind und ein wichtiges Element der erfolgreichen gemeinsamen Führung des Falls darstellen.

Maury traf noch am selben Tag erneut mit Helms und Timm zusammen, um die Frage des Lügendetektortests vom Tisch zu bringen. Man einigte sich darauf, der Einschätzung des Londoner Teams zu folgen. Maury schrieb nach der Besprechung eine Aktennotiz, in der das Ergebnis der Diskussion zusammengefaßt wurde: »Man stimmte darin überein, daß weitere Schritte in dieser Richtung zur Zeit nicht angeraten sind, da das operative Risiko des Motivationsverlusts auf seiten des Agenten den Wert eines Polygraphentests überwiegt.« Die wichtigsten Faktoren, die diese Entscheidung bewirkt hatten, waren nach Maurys Ansicht die britische Empfindlichkeit in diesem Punkt, die Einschätzung der Falloffiziere und der Umfang, in dem Penkowskij geheime Informationen weitergab, denn es war höchst zweifelhaft, daß die Sowjetunion vorsätzlich eine derartige Fülle von Material freigab. »Es kann unmöglich alles für uns aufbereitet worden sein, da ein einziger eingeweihter Überläufer oder eine unabhängige Quelle die ganze Operation zum Scheitern bringen könnte.«

Während man in Washington noch dabei war, Penkowskij unter die Lupe zu nehmen, um die entscheidende Frage nach seiner Verläßlichkeit und Loyalität, die der Diskussion um den Lügendetektortest zugrunde lag, zu beantworten, hatte in London bereits das erste Treffen mit ihm stattgefunden. Die zehn Treffen der zweiten Londoner Gesprächsrunde sollten insgesamt über vierzig Stunden dauern und eine derartige Fülle an Material erbringen, daß man in Washington und London erhebliche Übersetzungs- und Verteilungsprobleme hatte. Man mußte sich rasch eine Meinung darüber bilden, welcher Wert dem Material zukam, und anschließend dafür sorgen, daß es so effektiv wie möglich genutzt, das heißt an die entsprechenden Stellen innerhalb der Geheimdienstgemeinde und auf höchster Regierungsebene verteilt wurde, und gleichzeitig sicherstellen, daß Penkowskij vor Entdeckung geschützt war.

Allen Dulles, seit Februar 1953 Direktor der CIA, hatte aufgrund des Debakels der Invasion in der Schweinebucht im April 1961 Ken-

nedys Vertrauen verloren. Kennedy hatte zwar öffentlich die Verantwortung auf sich genommen, aber Dulles wußte, daß seine Amtszeit
zu Ende ging. Kennedy gab ihm und seinem Abteilungsdirektor für
Planungen, Richard Bissell, die Schuld am Scheitern des Unterneh-
mens und forderte sie zum Rücktritt auf.[1] Als kurz darauf die
Penkowskij-Operation erste Ergebnisse erbrachte, nutzte Dulles, ein
erfahrener und hochangesehener Geheimdienstprofi, entschlossen
die Gelegenheit, die Agency dem Präsidenten gegenüber von ihrer
besten Seite zu zeigen und seine Karriere mit einem Knalleffekt zu beenden.

Dulles ließ wie üblich zunächst eine sorgfältige Bewertung der
Quelle und des von ihr gelieferten Materials durchführen. Sehr zum
Ärger der Sowjetabteilung wandte er sich zu diesem Zweck an einen
Sowjetexperten aus der Hauptabteilung für Nachrichtenmaterial,
Raymond L. Garthoff, einen jungen Analytiker des Office of National
Estimates (ONE). Dulles wollte von ihm wissen, ob er die von Penkowskij gelieferten Informationen für zutreffend hielt und meinte,
daß sie an die Geheimdienstgemeinde verteilt werden sollten. Garthoff kam nach Prüfung des Materials zu dem Schluß, daß die Informationen über die sowjetischen Raketen und Raketenstreitkräfte wahrscheinlich zuträfen, da einige von ihnen bestätigt werden könnten.
Andere Informationen seien zu neu, um bereits bestätigt werden zu
können, schienen aber »in die Richtung« zu passen; einige würden
auch völlig »aus dem Rahmen unserer Einschätzungen« fallen und
Fragen aufwerfen. Wenn die Quelle jedoch als verläßlich angesehen
werde, seien »die Informationen, die sie geliefert hat, äußerst wichtig
und sollten verteilt werden«.

Garthoff erinnerte sich 1990, daß Dulles anfänglich skeptisch war,
sowohl was das Material selbst betraf, als auch in bezug darauf, wie die
Quelle und die Tatsache, daß sie von der CIA akzeptiert worden war,
aufgenommen werden würden, »wenn er Informationen verbreitete,
die nicht ins Muster zu passen schienen. Aber sein Hauptanliegen war
es natürlich, ein umfassenderes Bild zu gewinnen, indem er die Sicht
der Quelle, die ich ihm als Analytiker geben konnte, derjenigen der
Spionageoffiziere gegenüberstellte. Er schloß sich meiner Empfehlung an, das Material zwar zu verteilen, aber darauf hinzuweisen, daß
die Quelle über die einzelnen Themen in unterschiedlichem Ausmaß

Bescheid wisse, unter diesem Vorbehalt jedoch generell als verläßlich zu betrachten sei.«[2]

Eine gewichtigere Stimme bei der Einschätzung von Penkowskijs Glaubwürdigkeit war die von James Angleton, der als Chef der Gegenspionage der CIA dafür verantwortlich war, daß sowohl in den USA als auch im Ausland eine Einschleusung von Agenten des KGB oder anderer feindlicher Geheimdienste verhindert wurde. Dulles schätzte Angleton und räumte dessen Urteil über die neue russische Quelle einen hohen Stellenwert ein. Jack Maury kam deshalb am 30. Juni mit Angleton zusammen, um ihn für Penkowskij zu gewinnen.

Maury verfaßte nach dem Gespräch einen Bericht für die Akten, in dem er Angleton mit den Worten zitierte:»Dies ist zweifellos der bedeutendste Fall, den wir seit Jahren gehabt haben.« Angleton sagte Maury, daß er Teile der Transkripte der ersten Londoner Befragungen gelesen habe und von der Glaubwürdigkeit des Agenten und der Richtigkeit seiner Informationen überzeugt sei. Er halte es jedoch für unmöglich, die Quelle zu schützen, wenn die an die Abnehmer gehenden Berichte die Bedeutung des Materials in vollem Umfang enthüllten. Es sei jedoch, wie Maury Angleton zitierte,»äußerst wichtig, daß der Präsident, der sich zur Zeit schwerwiegenden Problemen in bezug auf Berlin gegenübersieht, die ganze Geschichte erfährt und nutzen kann«. Angleton empfahl nachdrücklich, Kennedy die gesamten Transkripte der Londoner Treffen vorzulegen. Das Material könne nur dann seine volle Wirkung entfalten,»wenn man die Aussagen des Agenten aus erster Hand liest. Die Transkripte enthalten so viele Hinweise auf den Umfang dessen, was dem Agenten zugänglich ist, und auf die Richtigkeit seiner Informationen, daß sie dem Mann, der vor kritischen Entscheidungen in bezug auf Berlin steht, zur Kenntnis gebracht werden sollten.«

Maury wies auf die Möglichkeit der Irreführung hin, erklärte allerdings sofort, daß er sie für ausgeschlossen halte, da die Informationen so weit gefächert wären, daß sie innerhalb eines kontrollierten Täuschungsmanövers kaum zu beherrschen seien. In seinem Bericht heißt es weiter:»Ich fügte hinzu, daß der RIS [der russische Geheimdienst = Russian Intelligence Service], wenn er versucht haben sollte, ein Täuschungsmanöver gegen uns in Gang zu setzen, das all die Bereiche umfaßte – vom Militär über die Gegenspionage bis hin zur Politik und verwandten Gebieten –, über die HERO berichtet hat, ein enormes Risiko eingegangen wäre, in die eigene Falle zu tappen, da er schwerlich wissen konnte, bis zu welchem Grad wir über solide Erkenntnisse auf all diesen Gebieten verfügen. Die Komplexität und Vielfalt der Themen, über die HERO berichtete, und zwar offensichtlich in zutreffender Weise, war für mich die beste Versicherung gegen die Möglichkeit der Irreführung.« Angleton pflichtete Maury bei und sagte, er sei darüber hinaus der Ansicht, daß ein gesteuerter Agent einfach nicht so reden würde wie HERO. Er würde sich, zum Beispiel, nicht in dieser Art über Chruschtschow und das Sowjetsystem äußern und seinen persönlichen Standpunkt nicht so ausdrücken, wie HERO es tat.[3]

Um 20.20 Uhr am 18. Juli trafen sich Penkowskij und seine angloamerikanischen Befrager zum erstenmal in dem sicheren Haus in Kensington. Es war insgesamt das achtzehnte Treffen zwischen ihnen, und sie freuten sich aufrichtig über das Wiedersehen. Penkowskij spulte zuerst eine lange Liste von Klagen und Vorschlägen ab und wandte sich dann dem Zeitplan für seine Arbeit auf der sowjetischen Handelsausstellung in London zu. Es war offensichtlich, daß er diese operativen Dinge so rasch wie möglich abhaken wollte, um zu den erstklassigen Informationen zu kommen, die er über die sowjetischen Absichten und Vorbereitungen in bezug auf Berlin besaß.

»Unsere Führung [die britische und amerikanische] muß ihr besonderes Augenmerk auf Panzerabwehrwaffen richten«, erklärte er und fuhr fort: »Warum? Weil auf dem Gebiet der DDR zwei ganze Panzerarmeen stehen. (...) Dazu kommen noch die für die zweite Welle bestimmten Panzerarmeen und diejenigen, die in der Tschechoslowakei und in Polen stationiert sind. Chruschtschow treibt zur Zeit zusammen mit seinem Generalstab eine geschickt maskierte Politik; er mißt dabei der Panzertruppe eine große Bedeutung zu. (...) Unsere Aufgabe muß es jetzt sein, die Panzerabwehrtruppen auf den höchsten Stand zu bringen und in jedem Infanterieverband eine Panzerabwehreinheit aufzubauen.«

Der Westen solle sich nicht von der Flugschau irritieren lassen, die Chruschtschow angeordnet habe, sagte Penkowskij. Er dürfe nicht glauben, daß jetzt die Luftwaffe in den Vordergrund gerückt sei. Das Schwergewicht liege weiterhin auf Panzern, U-Booten und Raketen.

228

Die Flugschau sei nur ein vordergründiges Spektakel. »Diese neuen Flugzeuge existieren zwar, werden aber noch nicht in Massenproduktion hergestellt; nur einige wenige befinden sich in Serienproduktion. Die drängende Frage ist Berlin. Nach der Unterzeichnung des Friedensvertrags will man die Zufahrtswege mit Panzern blockieren. Das ganze Problem besteht darin, mit einem kräftigen Schlag in die Fresse darauf zu antworten. Chruschtschow will diese Kämpfe begrenzt halten, aber wir [der Westen] müssen so hart zurückschlagen, daß die Truppen völlig vernichtet werden. Aus diesem Grund müssen die Panzerabwehrverbände auf ein bisher nicht gekanntes Niveau gehoben werden. (. . .) Es ist sehr gut, daß Mr. Kennedy und Mr. Macmillan eine so entschlossene Haltung eingenommen haben. Das hat in Moskau einen ziemlichen Schrecken verursacht.«

Macmillan hatte Kennedy, als er nach dem Wiener Gipfeltreffen in London war, in einem Gespräch unter vier Augen erklärt: »Der Ost-West-Konflikt kann nicht durch Schwäche oder moralische oder physische Erschöpfung der einen oder der anderen Seite beigelegt werden. Im Atomzeitalter läßt er sich nicht durch den Triumph einer Seite über die andere lösen, ohne daß beide ausgerottet werden. Deshalb behaupte ich, daß wir unser Ziel nur durch die allmähliche Annahme der Überzeugung erreichen können, daß wir alle mehr durch Verständigung als durch Aggression zu gewinnen haben.«[4] Einen Monat später, am 4. Juli 1961, stellte sich Macmillan in einer Rede vor dem britischen Unterhaus hinter Kennedys Äußerungen zum Wiener Gipfeltreffen, indem er feststellte, daß Großbritannien jeden Vorschlag für Deutschland und Berlin zurückweisen werde, der nicht zur Wiedervereinigung Deutschlands führen würde, und Chruschtschows Drohung, einen einseitigen Friedensvertrag mit Ostdeutschland abzuschließen, scharf verurteilte.

Berlin stand natürlich auch auf der Fragenliste des anglo-amerikanischen Teams ganz oben. Kisevalter bat Penkowskij zunächst, ihm zu erzählen, wie es zu Warenzows Äußerungen gekommen war, die er in seinem schriftlichen Bericht wiedergegeben hatte.

Das will ich Ihnen sagen. (. . .) Wir hatten alle schon etwas getrunken, als meine Frau in aller Unschuld fragte: »Sergej Sergejewitsch, vom Standpunkt einer Frau und Mutter aus gesehen würde mich interessieren, was Sie meinen: Werden wir den Friedensvertrag mit Ostdeutschland unterschreiben?« Die Antwort lautete:»Ja, das werden wir tun.« (. . .) Es hatte etwas mit der weiblichen Psychologie zu tun, verstehen Sie? Frauen wollen keinen Krieg. Meine Frau hakte jedenfalls nach:»Aber wird man den Vertrag jetzt unterschreiben?«–»Ja«, sagte Warenzow,»er wird jetzt unterschrieben.«

Danach wurde das Thema erst einmal fallengelassen, und wir tranken uns wieder zu. Später kamen wir noch einmal auf das Deutschlandproblem zurück, diesmal auf meine Anregung hin; ich folgte einfach der Spur, die meine Frau gelegt hatte, ohne daß ich sie darum gebeten hätte, wie ich hinzufügen möchte. Warenzow stieß einen Fluch aus und sagte:»Wir lassen uns da auf eine riskante Sache ein.« Er erwähnte, daß Chruschtschow in der Lage sei, den ersten Schlag durch einen beträchtlichen Nachschub an Panzertruppen abzustützen. Aber er will den Krieg nicht weiter ausdehnen. Ihm ist bewußt, daß die NATO-Länder über große Nukleararsenale verfügen; er verläßt sich jedoch darauf, daß sie diese Waffen in der ersten Phase des Konflikts nicht einsetzen werden. Wenn Chruschtschow über ein solches Arsenal verfügte, würde er zu einem Vernichtungsschlag ausholen; aber er hat es nicht, wie mir viele Generalstabsoffiziere bestätigt haben. Und das Volk sieht keinen Sinn darin, für irgend etwas in Ostdeutschland zu kämpfen.

Kisevalter wollte wissen, ob und inwieweit die Sowjetunion für einen Atomkrieg bereit sei.

»Sie ist nicht dafür bereit«, sagte Penkowskij.»Chruschtschows Äußerungen darüber sind reine Angabe. Aber er treibt die Vorbereitungen so schnell wie möglich voran. Unsere Offiziere wollen keinen Atomkrieg. Begrenzte nukleare Angriffe sind jedoch möglich; dafür sind genügend Atomwaffen vorhanden. Aber was die Ausschaltung wichtiger militärischer Schaltstellen oder Aufmarschgebiete betrifft, so ist man dazu nicht in der Lage.«

Chruschtschow hatte sich selbst in ein Dilemma hineinmanövriert. Indem er dem Westen mit seiner angeblichen nuklearen Stärke drohte, riskierte er, daß der Westen entsprechend antwortete und seine Rüstungsanstrengungen verstärkte. Die Sowjetunion besaß zwar genügend Atomwaffen, um den USA beträchtliche Verluste zuzufügen, aber ihr Raketenprogramm war noch nicht so weit gediehen, daß sie einen Erstschlag ausführen konnte, der die überlegene amerikanische Fähigkeit zur massiven Vergeltung, die sich auf die Triade von ICBMs, Bombern und U-Booten stützte, zunichte gemacht hätte. Chruschtschows Drohgebärden verdeckten außerdem die Tatsache, daß die in der Sowjetunion unter strengster Geheimhaltung stattfindende Diskussion über die Frage, wie ein Atomkrieg zu führen war, und über das Konzept des begrenzten Atomkriegs noch keineswegs abgeschlossen war.

»Woher hat Warenzow seine Informationen?« fragte Kisevalter.

Er hat sie aus dem Obersten Militärrat, in dem Chruschtschow den Vorsitz hat und Koslow und Mikojan für gewöhnlich diejenigen sind, die das Wort führen. Die anderen Mitglieder sitzen nur schweigend dabei. Diese drei drängen darauf, die deutsche Frage durch den Abschluß eines Friedensvertrags zu lösen; sie betonen mit Nachdruck, daß diese Angelegenheit nicht länger aufgeschoben werden könne, weil sich die UdSSR sonst vor der ganzen Welt lächerlich machen würde.

Andere hochrangige Vertreter des Apparats, einschließlich Warenzows, der ein bedeutender Mann ist, sind sich darüber im klaren, daß wir zwar eine gewisse Stärke haben, aber für einen längeren Konflikt nicht bereit sind. Doch sie lassen einfach mehr [Waffen] produzieren. Sie müssen ihre Befehle befolgen; ihnen bleibt keine andere Wahl. Wenn sie sich weigern, werden sie abgelöst. Um ihre Posten zu behalten und nicht hinausgeworfen zu werden, würden sie ihre Seele dem Teufel verkaufen.

Jeder weiß, daß Chruschtschow lügt, wenn er sagt, daß wir Amerika in der Milch- und Fleischproduktion eingeholt haben; schließlich schlachtet man Kaninchen und Pferde, um Fleisch zu bekommen.

Aber sehen Sie sich Warenzow an. Als er Hauptmarschall wurde, hat er sein Glas gehoben und einen Toast auf Nikita Sergejewitsch ausgebracht. Ich war völlig entgeistert. Ich habe ebenfalls mein Glas gehoben, aber wieso, zum Teufel, sollte ich auf Chruschtschows Wohl trinken? Also habe ich an Sie gedacht, und auf Ihre Gesundheit getrunken. Natürlich sind wir alle nur Menschen, und wenn jemandem eine solche Auszeichnung zuteil wird und er eine solche

Macht erhält, dann wird er sie auch nutzen. Warenzow steht Chruschtschow jetzt jedenfalls positiv gegenüber.

Kisevalter fragte Penkowskij, inwieweit sich die sowjetische Haltung seit seinem letzten Bericht im Juni verändert habe.

»Die Situation ist folgende«, erwiderte Penkowskij. »Zuerst einmal würde es, wenn es [der NATO] möglich wäre, eine riesige Armee auf breiter Front aufmarschieren zu lassen, die nur konventionelle Waffen und keine Raketen mit Atomsprengköpfen einsetzt, wahrscheinlich zu Massendesertionen auf unsere Seite [die westliche] kommen. Das möchte ich voranschicken.«

»Ist das nur Ihre persönliche Ansicht, oder wird sie von Warenzow und anderen geteilt?« unterbrach ihn Kisevalter.

Es ist die allgemein verbreitete Ansicht, denn die Situation bei uns zu Hause ist miserabel. Die Bevölkerung hat kein Vertrauen zu Chruschtschow und der sowjetischen Regierung; sie kann sich nicht einmal richtig ernähren. Chruschtschows militante Reden treffen überall auf Ablehnung, die auch laut geäußert wird, da man sich jetzt, wo es keinen Berija mehr gibt, freier ausdrücken kann. Man gibt Chruschtschows militanten Reden die Schuld daran, daß Kennedy, Macmillan und de Gaulle ihre Verteidigungsanstrengungen verdoppelt und verdreifacht haben. Wenn Stalin noch am Leben wäre, würde er seine Vorbereitungen in aller Stille treffen, aber dieser Narr schreit seine Drohungen und Absichten heraus und zwingt dadurch unsere potentiellen Feinde dazu, ihr Militärpotential auszubauen. Er ist sehr unbeliebt, und die Leute sagen, daß er in seinem Bemühen, dem Westen Angst einzujagen, zuviel über die militärischen Leistungen der Sowjetunion redet und damit seiner eigenen Sache schadet.

Wir [der Westen] sollten kein zweites Suez-Fiasko [1956] zulassen. Wenn er die Zufahrtswege nach Berlin blockiert, sollten wir entschlossen reagieren und die Truppen, die sie abriegeln, zerschlagen, und zwar möglichst ohne daß Atombomben auf Industriezentren und rückwärtige Gebiete abgeworfen werden. Falls Chruschtschow es [die Blockade Berlins] versuchen sollte, muß es ihm in gleicher Münze zurückgezahlt werden. Der Westen muß aller Welt

Oberst Oleg Wladimirowitsch
Penkowskij in Paradeuniform mit den
Orden, die er im Zweiten Weltkrieg
erhielt. *(CIA)*

Penkowskijs Dienstausweis der Zweiten Hauptverwaltung des Generalstabs der sowjetischen Armee, des militärischen Geheimdienstes GRU.
(CIA)

Penkowskijs Paß, den er
1960 für seine Reise
nach London erhielt
und in dem er als Offi-
zier der Reserve be-
zeichnet wird. *(CIA)*

Penkowskij 1961 mit dem kanadischen Geologen Dr. J. M. Harrison im Moskauer Hotel National *(Mit freundlicher Genehmigung von Dr. J. M. Harrison)*

Oberst Charles MacLean Peeke (links), Penkowskij (Mitte) und der stellvertretende jugoslawische Militärattaché Major Grueisic auf einem diplomatischen Empfang am 9. Mai 1956 in Ankara. *(Mit freundlicher Genehmigung von Oberstleutnant Milford A. Koehler)*

Dies ist das Foto, das Penkowskij den von Eldon Ray Cox überbrachten Briefen beigelegt hatte, mit dem er sich dem Westen andiente. *(CIA)*

Der amerikanische Militärattaché Oberst Charles MacLean Peeke, der sowjetische Militärattaché Generalmajor Nikolai Petrowitsch Rubenko (alias Sawtschenko), Penkowskij und der stellvertretende jugoslawische Militärattaché Major Grueisic Ankara (von links nach rechts) *(Mit freundlicher Genehmigung von Oberstleutnant Milford A. Koehler)*

Мои Родител

Penkowskijs Eltern. *(CIA)*

Marschall Sergej Sergejewitsch Warenzow, Penkowskijs Freund und Gönner. *(CIA)*

Penkowskij, Generalleutnant Warenzow (mit Stock), Oberst Andrej Romanowitsch Posownyj und Fahrer (von rechts nach links) 1944 bei der Ersten Ukrainischen Front. *(CIA)*

Greville Wynne (rechts außen) mit seiner Handelsdelegation vor dem Bolschoi-Theater, Dezember 1960.
(Mit freundlicher Genehmigung von Greville Wynne)

Greville Wynne 1963 während des Prozesses in Moskau.
(Mit freundlicher Genehmigung von Greville Wynne)

s anglo-amerikanische Geheimdienstteam, das Penkowskij führte: chael Stokes, Harold »Shergie« Shergold, Joseph Bulik und George sevalter (von links nach rechts) 1961 im Hotel Mount Royal in ndon. *(CIA)*

Penkowskij (mit dem Rücken zur Kamera) mit dem Leiter des britischen Teams, Harold Shergold. *(CIA)*

Penkowskij und Bulik 1961 im Hotel Mount Royal in London. *(CIA)*

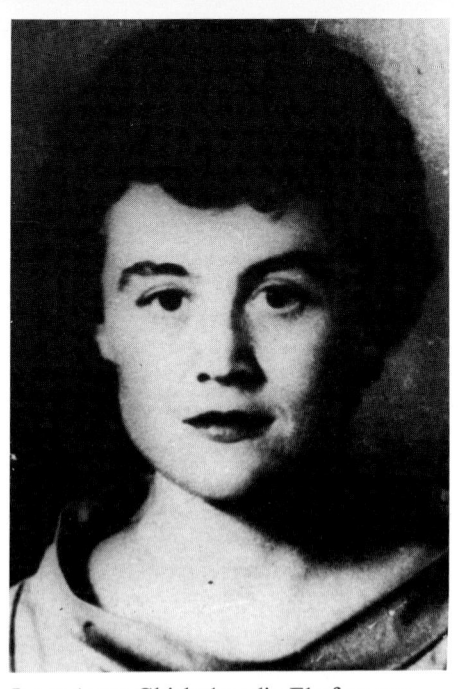

Roderick »Rauri« Chisholm, Zweiter Sekretär der britischen Botschaft und Chef der MI6-Station in Moskau. *(KGB)*

Janet Anne Chisholm, die Ehefrau von Roderick Chisholm und Penkowskijs Kontaktperson in Moskau. *(CIA)*

Rodney Carlson, Attaché an der US-Botschaft in Moskau und CIA-Offizier. *(KGB)*

Hauptmann Alexis Davison, stellv. Militärattaché an der US-Botschaft in Moskau. *(KGB)*

Greville Wynne, britischer Geschäftsmann und Penkowskijs Kurier. *(KGB)*

Hugh Montgomery, Attaché an der US-
Botschaft in Moskau und stellvertretender Chef der CIA-Station. *(KGB)*

Gervase Cowell, Zweiter Sekretär der
britischen Botschaft in Moskau, Nachfolger von Roderick Chisholm. *(KGB)*

Richard Jacob, Archivar an der US-Botschaft in Moskau und CIA-Offizier.
(KGB)

Penkowskij 1961 in London in der Uniform eines
amerikanischen Obersts. *(CIA)*

Penkowskij in
der Uniform
eines britischen
Obersts. *(CIA)*

klarmachen, daß er seine vitalen Interessen schützt, die Chruschtschow in Verletzung des Potsdamer Abkommens mit Füßen tritt. Jedesmal, wenn er den Konflikt ausdehnt, muß ihm mit entsprechenden Gegenschlägen geantwortet werden. Chruschtschow und die sowjetische Armee sind vorläufig nicht kriegsbereit.

Penkowskij berichtete, daß Chruschtschow persönlich das ZK der KPdSU gedrängt hatte, ein Massenproduktionsprogramm für alle Arten von Waffen, insbesondere von Raketen, in Gang zu setzen. Um es durchzusetzen, waren die ZK-Mitglieder und die zuständigen Minister »sogar physisch in den Produktionsstätten präsent, für die sie verantwortlich sind«.

Von besonderer militärischer Bedeutung, erklärte Penkowskij, sei die Integration der Streitkräfte der DDR in die Sowjetarmee. An allen Manövern nehme neben sowjetischen Truppen auch eine ostdeutsche Infanteriedivision teil.

»Um welche Art von Division handelt es sich dabei?« erkundigte sich Kisevalter.

»Um eine normale Infanteriedivision, die exakt nach der sowjetischen Doktrin operiert und an der Seite von sowjetischen Truppen an allen Manövern teilnimmt, ob nun in der Sowjetunion selbst oder in einem anderen Land des Warschauer Pakts. Dies ist eine neue Maßnahme, die dazu dient, die DDR-Armee in der Taktik und Strategie gemeinsamer Operationen auszubilden.«

»Jetzt eine sehr wichtige Frage«, sagte Kisevalter. »Wie hoch ist der Grad des Vertrauens von Warenzow und anderen hohen Militärs in die Fähigkeit der sowjetischen Streitkräfte, die Konsequenzen aus Chruschtschows Berlin-Politik zu tragen, falls es zu tätlichen Auseinandersetzungen kommt?«

Penkowskij überlegte sich seine Antwort gut. »Wenn man die heutige Situation betrachtet, so ist die sowjetische Armee nicht für einen großen Krieg bereit. Warenzow hat gesagt, daß kein Vertrauen in die Bereitschaft unserer Streitkräfte besteht. Das habe ich Ihnen bereits geschrieben. Er hat insbesondere gesagt, daß wir ein enormes Risiko eingehen, wenn wir diesen Weg weiter verfolgen. Wir bereiten unsere Truppen vor und trainieren sie, damit sie für den Ernstfall bereit sind, aber zur Zeit sind sie noch nicht so weit.«

»Hat Warenzow das gesagt?«

»Ja. Man unternimmt alles, um dieses Ziel zu erreichen. Die Mitglieder des ZK, andere Parteifunktionäre und die Minister sind in die Fabriken gegangen, um dafür zu sorgen, daß die nötige Ausrüstung bereitgestellt wird. Die Marschälle und Generale sind ständig bei den Truppen, um deren Kampfbereitschaft zu stärken. Man braucht sich nur anzusehen, wie viele Generale während der kürzlich abgehaltenen Manöver im Militärbezirk Odessa ums Leben gekommen sind.« Penkowskij bezog sich auf den Tod von mindestens vier Generalen, die bei einem Hubschrauberabsturz in der Nähe von Odessa tödlich verunglückt waren.[5]

»Wie hoch schätzt man die Chancen ein, den militärischen Konflikt auf Ostdeutschland begrenzen zu können?« fragte Kisevalter.

»Es ist ein absolut abenteuerliches Konzept«, erläuterte Penkowskij. »Man hat vor, die Zufahrtswege nach Berlin durch Panzertruppen abzuriegeln. Die ersten Aktionen sollen von ostdeutschen Truppen durchgeführt werden. Die sowjetischen Verbände wird man als Ersatz für die zweite Welle bereithalten und einsetzen, sobald der erste Blockaderiegel gesprengt worden ist. Der ganze Plan beruht auf koordinierten Operationen ostdeutscher und sowjetischer Verbände und geht von der Annahme aus, daß der Westen, wenn diese nachgeschobenen Truppen in der Lage sind, die anglo-amerikanischen, französischen und westdeutschen Streitkräfte zurückzuschlagen, von der Fortführung des Konflikts absehen und mit der ostdeutschen Regierung Verhandlungen über den Zugang zu Berlin aufnehmen wird. Nach sowjetischer Einschätzung ist die westdeutsche Armee nicht für einen Krieg bereit. Als Grund dafür wird insbesondere angegeben, daß sie nur 80 Prozent ihrer menschlichen und materiellen Sollstärke erreicht.«

Am nächsten Abend begab sich Penkowskij ins Bayswater Hotel, um Vera und Swetlana Serow zum Abendessen einzuladen. Die beiden Frauen waren zwar gerade dabei, schlafen zu gehen, als er eintraf, ließen sich aber dazu überreden, mit ihm auszugehen. Er führte sie in das Restaurant seines Hotels, wo er die Rechnung per Unterschrift begleichen konnte, und bestellte ihnen ein ausgezeichnetes Essen. Die Rechnung hob er auf, um sich den Betrag von Shergold erstatten zu lassen.

Swetlana Serow hatte heftig mit Penkowskij geflirtet, wie er dem anglo-amerikanischen Geheimdienstteam berichtete. Auf der Rückfahrt ins Hotel der Serows hatte sie verdeckt, aber unmißverständlich ihr Knie an seinem Bein gerieben, während er auf die Sehenswürdigkeiten von London wies, an denen sie vorüberfuhren. Er versprach den beiden Frauen noch einmal, ihnen bei ihren Einkäufen zu helfen, und lieh Vera Serow zwanzig Pfund, von denen sie eine Schaukel für ihre Datscha kaufen wollte.

Am 25. Juli wandte sich Präsident Kennedy mit einer Fernsehansprache an die Nation, die nach Ansicht seines wichtigsten Redenschreibers, Theodore C. Sorenson, düsterer war, »als das amerikanische Volk sie zu hören gewohnt war, düsterer auch als jede frühere Rede eines Präsidenten im Zeitalter des atomaren Gleichgewichts«. »West-Berlin«, sagte Kennedy darin, »ist nun zum großen Prüfstein für den Mut und den Willen des Westens geworden, zu einem Brennpunkt, an dem die feierlichen Verpflichtungen, die wir seit 1945 eingegangen sind, und die sowjetischen Ambitionen jetzt grundsätzlich aufeinanderprallen.«[6]

Die Folge war eine neue, kostspielige Runde des Wettrüstens. Kennedy rief zwar nicht den nationalen Notstand aus, verlangte aber vom Kongreß zusätzliche 3,2 Mrd. Dollar für den Verteidigungshaushalt und eine Sondervollmacht für die Einberufung von Reservisten. Darüber hinaus sollte die Einberufungsquote von Rekruten verdreifacht werden. Paul Nitze, der als Vertreter des Verteidigungsministeriums in der Arbeitsgruppe zur Berlin-Frage mitarbeitete, schrieb in seinen Memoiren:»Der Eventualplan der NATO sah vor, eine kleine Militäreinheit über die Autobahn nach Berlin zu schicken und, falls sie aufgehalten werden sollte, die nuklearen Maßnahmen nach MC 14/2 zu ergreifen. (. . .) Trotz unserer Unterlegenheit in bezug auf die konventionellen Streitkräfte in Europa verfügten wir meiner Ansicht nach über die überlegenen strategischen Mittel. Wie sehr wir selbst auch wünschten, einen nuklearen Schlagabtausch zu vermeiden, mußte die Sowjetunion, davon war ich überzeugt, noch weit dringlicher als wir den Wunsch haben, ihn zu vermeiden. Das Risiko war dennoch sehr hoch, wobei mögliche Fehleinschätzungen auf beiden Seiten unser größter potentieller Feind waren. In meinen Augen war die Gefahr einer nuklearen Konfrontation mit der Sowjetunion während der Berlin-Krise von 1961 größer als während der kubanischen Raketenkrise von 1962.«[7]

Am 28. Juli um 15.10 Uhr traf sich Penkowskij in der sicheren Wohnung in Kensington erneut mit dem anglo-amerikanischen Geheimdienstteam. Kisevalter übergab ihm ein Zenith-Kurzwellenradio und merkte dabei in Russisch an: »Dieses Geschenk zeigt, daß nicht das Geld das Problem ist, sondern die Sicherheit.« Penkowskij strahlte und bedankte sich überschwenglich dafür. Kisevalter lehnte es aber ab, ihm ein kleines Tonbandgerät zu beschaffen, mit dem er seine Gespräche mit Marschall Warenzow und anderen hohen Offizieren hätte aufzeichnen können. »Sie würden sich verdächtig machen und eine Katastrophe heraufbeschwören, wenn Sie versuchen, Warenzows Bemerkungen aufzunehmen. Denken Sie an unseren Rat, wenn Sie wieder einmal einen Vorschlag haben, der ein Sicherheitsrisiko darstellen könnte, und schrauben Sie Ihre Erwartungen zurück.« Das Risiko zu begrenzen, das Penkowskij einzugehen bereit war, um der beste Spion aller Zeiten zu werden, war ein Problem, das sich dem anglo-amerikanischen Team immer wieder stellte. Penkowskij brauchte ständig Lob und Zuspruch.

Kisevalter holte einen CIA-Bericht über Kennedys Rede vom 25. Juli hervor, den er Penkowskij mit den Worten gab: »Hieran können Sie sehen, daß Ihre Informationen unsere politische Führung erreichen. Ich werde es Ihnen nicht vorlesen, möchte aber hervorheben, daß der Präsident eine ganze Reihe jener Gedanken wiedergibt, von denen Sie wollten, daß sie ihm nahegebracht werden.«

Penkowskij lächelte erfreut und vertiefte sich in die in dem Bericht angeführten Zitate aus Kennedys Rede: »West-Berlin ist nun zum großen Prüfstein für den Mut und den Willen des Westens geworden (. . .). Wir können und werden nicht zulassen, daß die Kommunisten uns aus Berlin vertreiben, sei es nach und nach oder durch einen Gewaltstreich. Denn die Einlösung des Versprechens, das wir dieser Stadt gegeben haben, ist eine wesentliche Voraussetzung für die Standhaftigkeit und die Sicherheit Westdeutschlands, für die Einheit Westeuropas und für das Vertrauen der ganzen freien Welt.«[8]

Als Penkowskij alles gelesen hatte, hob er den Kopf und sagte:

Sie sollten wissen, was in der sowjetischen Führung vorgeht und wie Chruschtschow die Loyalität der Generale zu gewinnen trachtet, indem er sie befördert. Es gibt innerhalb der Führung eine geheime Opposition, die sich jedoch bedeckt hält, da Chruschtschows Günstlinge immer noch in der Mehrheit sind und die anderen ihre Posten nicht verlieren wollen. Die Berlin-Frage könnte allerdings zu einer Spaltung und einer neuen Kräftekonstellation führen. Jeder, der sich der wirtschaftlichen und militärischen Lage bewußt ist, muß sich sagen: »Es ist zu früh, um in den Krieg zu ziehen. Wir müssen warten. Welchen Sinn hätte es, die Situation aufzuheizen? Dieses Berlin gibt es schließlich schon seit sechzehn Jahren.« Sollte dies eintreten, ist es zwar möglich, daß Chruschtschow die Oberhand behält und den Sieg davonträgt; andererseits könnte aber auch das Gegenteil passieren. Wir müssen auch diese Möglichkeit in unsere Überlegungen einbeziehen. Chruschtschow könnte abgesetzt werden, weil er angeblich krank ist, oder selbst zurücktreten – wie Malenkow es getan hat. Oder man sagt ihm: »Du bleibst der Chef, aber lassen wir uns etwas einfallen, wie wir aus dieser Berlin-Sache herauskommen. Laß uns erklären, daß wir den Frieden verteidigen, daß die Engländer und Amerikaner unsere Position überinterpretiert haben und den Krieg vorbereiten. Wir wollen keinen Krieg. Es gibt keinen Grund zur Eile; eines Tages werden wir die Berlin-Frage schon beilegen.« Es gibt viele schöne Worte, die man benutzen kann, um die Situation zu beschreiben und das Volk wieder einmal zum Narren zu halten und zu belügen.

Die Entscheidung darüber, welcher Kurs eingeschlagen wird, fällt im Oktober auf dem XXII. Parteitag. Die Berlin-Frage steht zwar nicht auf der Tagesordnung, aber wie auf jeder dieser Großveranstaltungen wird es auch diesmal Geheimsitzungen geben, und ich bin mir sicher, daß sie auf ihnen besprochen wird. (...)

Wir müssen also drei Möglichkeiten in Betracht ziehen: Erstens könnte Chruschtschow die Opposition zerschlagen und den Friedensvertrag mit Ostdeutschland unterzeichnen, auf die Gefahr hin, damit einen begrenzten Konflikt auszulösen, der sich zum großen Krieg ausweiten könnte. Zweitens könnte er angesichts des westlichen Widerstands gezwungen werden, die Unterzeichnung des Friedensvertrags aufzuschieben und dies propagandistisch als Ausdruck seines Friedenswillens auszuschlachten – ohne zukünftige Aktionen in der Berlin-Frage von vornherein auszuschließen. Drittens könnte er abgesetzt werden.

Nach den Telegrammen, die die Botschaft und die Residentura in London erhalten haben, befindet sich die sowjetische Regierung jetzt schon in einer schwierigen Lage. Mein Wunsch und der aller fortschrittlichen Russen ist es daher, daß Sie Ihre militärische Bereitschaft erhöhen, um die sowjetischen Probleme weiter zu verschärfen.

Ein großer Teil des Treffens war operativen Fragen gewidmet. Penkowskij entwarf ein Schaubild der sowjetischen Botschaft in London und identifizierte anhand von Fotos weitere GRU- und KGB-Agenten. Danach befaßte man sich eingehend mit der Planung der zukünftigen Kontakte in Moskau, bei denen er seine Filme übergeben und mit seinen Führungsoffizieren in Verbindung treten konnte. Als erstes wurde das Treffen mit Mrs. Chisholm kritisch beleuchtet.

»Nun, was sagen Sie«, fragte Penkowskij, »habe ich mich bei dem Treffen mit der Frau richtig verhalten?«

»Sie sind etwas zu lange mit ihr zusammengeblieben«, kritisierte Shergold.

»Entschuldigen Sie, aber ich bin nicht auf den Kopf gefallen. Ich konnte mich nicht einfach hinsetzen, das Material übergeben und gleich wieder verschwinden. Das wäre unmöglich gewesen. Der Kinderwagen war leer, und sie hatte alle drei Kinder bei sich. Sie trug, wie es mir gesagt worden war, eine braune Wildlederjacke, so daß ich sie leicht erkennen konnte. Ich habe die Situation abgeschätzt und absichtlich gewartet, bis es anfing zu regnen und viele Leute den Park verließen. Der Platz war schlecht gewählt. Er sollte tiefer in den Park hinein verlegt werden, wo weniger Spaziergänger vorbeikommen. Sie saß an einem Weg direkt dem Zirkus und dem Kino gegenüber, wo alle Welt entlanggeht und sich hinsetzt. Wenn die Sonne scheint, ist dort nicht einmal mehr genügend Platz für eine Sardine. Weiter im Innern des Parks dagegen ist es leer.«

Shergold sagte Penkowskij, daß ihm der Gedanke, Mrs. Chisholm noch einmal einzusetzen, nicht gefalle. »Einmal war es gut, aber es

238

wäre nicht gut, es öfter zu tun. Wenn wir sie trotzdem noch einmal einsetzen müssen, sollte das Treffen so kurz wie möglich sein.«

Man einigte sich darauf, das Treffen tiefer in den Park zu verlegen, wo man auf weniger Menschen stieß. Dann beklagte sich Penkowskij darüber, daß man ihm mehrmals dieselben Funksprüche schickte. Er müsse unnötig viel Zeit darauf verschwenden, sie zu entschlüsseln. »Was soll das? Ich verstehe es nicht.«

»Natürlich verstehen Sie es«, entgegnete Kisevalter. »Denken Sie doch einmal nach. Man wiederholt die Botschaften einen Monat lang jeden Samstag und Sonntag, um Ihnen die Gelegenheit zu geben, sie dann zu hören, wenn es Ihnen am besten paßt.«

Um Penkowskij nochmals zu versichern, daß er seine Sache gut gemacht hatte, fügte Kisevalter hinzu: »Jetzt, wo Sie Mrs. Chisholm kennengelernt haben, sieht die Sache schon ganz anders aus.«

»Sie ist übrigens zur Zeit in England«, ergänzte Shergold, »so daß Sie sie demnächst treffen können.«

»Ich habe eine Idee«, erklärte Penkowskij. »Warum lädt man sie nicht in die kanadische Botschaft ein, sagen wir, zu einem Empfang, so daß ich sie offiziell kennenlernen kann? Dann könnte ich ganz offen auf der Straße mit ihr reden, so wie ich den kanadischen Botschafter begrüßen und mit ihm plaudern würde, wenn ich ihm auf der Straße begegnete, auch wenn Hunderte von Polizisten in der Nähe wären.«

Die Mitglieder des anglo-amerikanischen Teams nickten sich zu, und man versprach Penkowskij, eine solche Begegnung zu arrangieren.

Penkowskij spann seine Idee weiter aus, indem er vorschlug, auch andere diplomatische Empfänge, zu denen er über das GKKNIR eingeladen werden könnte, für die Kontaktaufnahme mit ihm zu nutzen. Bulik erwiderte, daß die amerikanische Botschaft beim Komitee angerufen und um eine Liste derjenigen gebeten habe, die man zu einem Empfang einladen könne. Sein Name sei dabei nicht genannt worden.

Das werde sich bald ändern, prophezeite Penkowskij. Man werde ihn, da er inzwischen zum stellvertretenden Leiter seiner Abteilung aufgestiegen war, sicherlich bald in die Liste aufnehmen. Penkowskijs Gedanken kreisten ständig um die Erweiterung seines Zugangs zu geheimen Informationen und seinen Aufstieg innerhalb des Apparats. Er hatte immer noch die Hoffnung, zum General befördert zu wer-

den, und verfolgte dieses Ziel, trotz seiner umfangreichen Spionagetätigkeit, mit unverminderter Energie.

Eine weitere Idee Penkowskijs war es, sich von den Amerikanern einen Artikel über militärische Fragen schreiben zu lassen. »Bitte,
schreiben Sie einen Artikel für mich«, sagte er. »Ich bin zu beschäftigt
dafür. Nach der Arbeit bin ich einfach zu müde, um noch etwas für das
Sowjetregime schreiben zu können. Wenn ich in der Vergangenheit
geheime Schriften einsehen konnte, dann deshalb, weil ich Hinter-
grundmaterial für einen Artikel brauchte. Das wird meine Tarngeschichte sein; mit ihrer Hilfe werde ich riesige Schätze aus dem Geheimfundus zutage fördern können.«

»Wie wollen Sie die Quellen der in solch einem Artikel angeführten
Fakten nachweisen?« fragte Kisevalter.

»Das ist ganz einfach«, antwortete Penkowskij. »Wir bekommen
massenhaft Militärzeitschriften von Ihnen, die nicht der Geheimhaltung unterliegen. Außerdem habe ich Lehrgänge an zwei Militäraka-
demien absolviert und bin jetzt zum drittenmal auf einer Mission im
Ausland. Wenn ich als Offizier des militärischen Geheimdienstes
etwas tauge und alles, was hier vorgeht, aufsauge wie ein Schwamm,
sollte es mir nicht schwerfallen, den Artikel zu schreiben. Aber ich habe jetzt durch die Arbeit für das Komitee, für die GRU und für Sie
mehr als genug zu tun.« Er hielt inne und korrigierte sich dann: »Nein,
die Reihenfolge stimmt nicht – zuerst kommt unsere grundlegende
Arbeit, dann die GRU und das Komitee. Danach bin ich jedenfalls so
müde, daß ich erschöpft ins Bett falle, wenn ich abends nach Hause
komme. Morgens mache ich meinen Frühsport, esse etwas und gehe
aus dem Haus. Früher habe ich gelegentlich kleine Erfindungen gemacht. Ich habe zum Beispiel ein Winkelmeßgerät für die Artillerie
entworfen. Außerdem habe ich, wenn mich der Ehrgeiz packte, hin
und wieder etwas für die Zeitungen geschrieben. Warum sollte ich
jetzt, wo ich an all das Material herankomme, das wir durch unsere
Geheimdienstarbeit über Sie haben, nicht wieder etwas schreiben?«
Er verstummte für einen Augenblick, bevor er fortfuhr: »Wenn Sie
wollen, kann ich Ihnen als Grundlage für den Artikel eine Biblio-
graphie schicken. Ihre Experten könnten ihn so schreiben, daß es als
völlig logisch erscheint, daß ein 42jähriger Oberst, der zwei Aka-
demien besucht hat, im Ausland gewesen ist und auf die Erfahrung

von elf Jahren Geheimdienstarbeit zurückgreifen kann, ihn verfaßt hat.«

»Das wäre ausgezeichnet«, sagte Kisevalter.

Penkowskij war von seiner Idee begeistert. Sie zu verwirklichen, würde sich in doppelter Hinsicht lohnen: Zum einen bekäme er in größerem Maße Zugang zu geheimen Dokumenten, und zum anderen würde es seine Karriere fördern, wenn er etwas veröffentlichte. Doch dann überschattete, wie jedesmal, wenn er von seiner Karriere sprach, eine dunkle Wolke die rosigen Aussichten, die sich ihm zu eröffnen schienen. »Ich bin jetzt auf dieser Reise«, sagte er. »Man betrachtet mich als nützlich. Aber warum behält man mich trotz meines Vaters? Sie wissen nichts über meinen Vater, oder?«

»Nein«, antwortete Kisevalter. »Aber wir werden es Ihnen mitteilen, wenn wir etwas herausfinden.«

Sie wissen, daß ich arbeiten kann. Sie haben mich jahrelang ausgebildet. Sie sagen, ich hätte Initiative, eine rasche Auffassungsgabe und Talent – sie erwarten eine Gegenleistung von mir. Wenn ich sie nicht erbringe, werden sie sagen: »Er läßt sich gehen. Er hat keine Zukunft mehr.« Es ist mir egal, was sie sagen; in zwei Jahren werde ich sowieso bei Ihnen sein. Aber wenn ich etwas veröffentlicht hätte, und seien es auch nur wenige Seiten, könnte ich hingehen und sagen: »Ich habe das hier veröffentlicht, und jetzt möchte ich wieder etwas schreiben. Mir sind neue Gedanken und Ideen gekommen, und ich muß mich über die Ansichten zu diesem oder jenem Thema informieren.« Und dann werde ich alles, was ich lese, fotografieren! Die Zeitschriften auf den Filmen, die Sie von mir bekommen haben, sind ein Beispiel dafür. Als ich Warenzow sagte, daß ich militärische Artikel schreiben will, hat er mir angeboten, seine Dienststelle zu benutzen. Auf diese Weise werde ich noch mehr Material bekommen, und Sie werden von mir sagen: »Ein ausgezeichneter Bursche!«

Als Penkowskij gutgelaunt zum letzten Treffen während seines zweiten Aufenthalts in London erschien, erinnerte er das anglo-amerikanische Team als erstes daran, daß er ihm den Namen eines in London stationierten GRU-Offiziers genannt hatte, der sich auf einem diplomatischen Empfang mit einem angeworbenen Agenten treffen wollte. »Sie könnten ihn heute abend festnehmen und mir eine Auszeichnung verleihen«, sagte er mit einem Lachen. Ihm war klar, daß weder der Geheimdienstoffizier noch der Agent festgenommen werden würden, um die Möglichkeit auszuschließen, daß die Affäre zu ihm zurückverfolgt wurde.

Er drängte das Team anschließend zum letztenmal, Wynnes Eifer durch Geldzuwendungen zu stärken. Er warnte davor, daß es gefährlich werden könnte, wenn Wynne nicht bei der Stange gehalten wurde und seinen nächsten Besuch in Moskau, der für den 22. August vorgesehen war, mit gemischten Gefühlen antrat.

Danach packten Joe Bulik und Harold Shergold eine britische und eine amerikanische Oberstenuniform aus. Penkowskij probierte sie an, und das Team machte Polaroidaufnahmen von ihm. An die amerikanische Uniform waren Ordensbänder geheftet, die Auszeichnungen und Kampfteilnahmen repräsentierten, und Shergold beschwerte sich nach dem Treffen bei Bulik, daß er nicht darüber informiert worden war; die britische Uniform war, bis auf die Schulterstücke, völlig schmucklos.[9]

Die Uniformen sollten Penkowskijs Moral stärken und ihn darüber hinwegtrösten, daß er weder der Königin noch einem hochrangigen Vertreter der Regierung vorgestellt worden war. Sir Dick White war als Chef des MI6 zwar eine Schlüsselfigur der Politik, aber er stand nicht im Rampenlicht der Öffentlichkeit, und Penkowskij hatte daher keine Vorstellung davon, welche Bedeutung er besaß. Die Königin von England, Lord Mountbatten, Präsident Kennedy oder jemand aus dessen Familie hätten seinem Verlangen nach Anerkennung weit mehr entsprochen.

In den Abschiedsworten, die er an das anglo-amerikanische Team richtete, sprach Penkowskij von der Bedeutsamkeit ihrer Treffen als »einer Gelegenheit, einander besser kennenzulernen und den Plänen für die Zukunft, die zur Verbesserung unserer Zusammenarbeit führen können, konkretere Gestalt zu geben«. Er sagte voraus, daß sich sein Arbeitstempo vergrößern werde, und bat um wöchentliche Kontakte in Moskau. Dann dankte er seinen Führungsoffizieren und erklärte, daß jeder von ihnen 1000 Pfund von dem Konto erhalten sollte, auf dem sich seine monatlichen Einkünfte ansammelten. Janet Chisholm sowie der Fotograf und der Funker, die ihn in die Handhabung der Minox-Kamera und des Empfangsgeräts eingewiesen hatten, sollten 250 Pfund und die im Hintergrund arbeitenden Sekretärinnen und Übersetzer 100 Pfund bekommen. »Das ist mein bescheidenes Geschenk an Sie und die anderen, und ich bitte meine Regierung, mir diesen Wunsch zu erfüllen.«

Die Erwiderung des Teams war vage und ausweichend; die von Penkowskij verteilten Prämien wurden nie ausbezahlt. Die amerikanischen Mitglieder des Teams wurden später allerdings durch Barzahlungen, Medaillen und Beförderungen belohnt, und Mrs. Chisholm erhielt von den Amerikanern und Engländern gemeinsam 5000 Pfund.

Penkowskij machte sich weiterhin große Sorgen über seine Zukunft bei der GRU und sprach dies gegenüber seinen Führungsoffizieren offen aus. Sie waren zum Rückhalt seines Lebens geworden, und er wollte in ihren Augen nicht nur als fähiger Geheimdienstoffizier erscheinen, sondern sich auch ihre persönliche Hochachtung und Zuneigung erwerben. Er wollte sie als Freunde gewinnen, die auch an seiner Gefühlslage Anteil nahmen. Hinter seiner auftrumpfenden Art, der zur Schau getragenen Tapferkeit und der nüchternen Zweckbezogenheit verbarg sich ein Mensch, der außer seinen Führungsoffizieren niemanden hatte, an den er sich mit seinen Sorgen und Nöten wenden konnte. Er erzählte dem Team, daß man in Moskau geteilter Meinung darüber sei, »was mit mir anzufangen ist. Einige möchten mir weiterhelfen und mich zum General machen, weil ich reif dafür bin. Ich habe die Ausbildung, die Erfahrung und das Alter dafür. Andere wie Schumskij und die Verantwortlichen im ZK dagegen legen mir wegen meines Vaters Steine in den Weg. Es ist mir immer noch ein Rätsel, wie man diese Geschichte über meinen Vater herausgefunden hat.«

»Man hat einfach so lange gegraben, bis man etwas fand«, sagte Kisevalter. »Vielleicht hat Rubenko den ›Nachbarn‹ einen Hinweis gegeben.«

»Aber Rubenko wußte nichts davon, genausowenig wie jeder andere.«

»Das war vermutlich genau der Punkt, weshalb der KGB gesagt hat: ›Forscht nach, und findet etwas heraus!‹«, meinte Kisevalter.

»Es gab da, glaube ich, einige Archive aus Deutschland und den Volksrepubliken«, sagte Penkowskij. »Ich möchte Sie noch einmal bitten, jemanden zu finden, der meinen Vater gekannt hat. Ich bin sicher, daß noch jemand lebt, der mit ihm zusammen gekämpft hat. (...) Daß mein Vater es geschafft haben könnte, ins Ausland zu fliehen, schließe ich natürlich aus. Seither sind viele Jahre vergangen, in denen er sich hätte melden können. Er hat meine Mutter sehr geliebt.«

»Er könnte es unterlassen haben, weil er fürchtete, ihr zu schaden, oder seine Briefe könnten abgefangen worden sein«, sagte Kisevalter.

»Ich weiß von vielen Fällen, in denen sowohl Briefe als auch Geld unter allen möglichen Tarnungen die Empfänger erreichten. Aber einige Freunde oder Bekannte von ihm müssen noch am Leben sein. Außerdem gibt es offenbar Dokumente, aus denen hervorgeht, welchen Rang er 1919 bekleidete, aber sie werden von den sowjetischen Staatsorganen unter Verschluß gehalten. Davon habe ich Ihnen schon erzählt. Ich werde Ihnen eine Fotografie meines Vaters schicken. Meine Mutter und ich besitzen ungefähr fünf Fotos von ihm – als Schüler am Lyzeum, beim Abschluß der Schulzeit und zusammen mit meinem Großvater.«

»Er hat Maschinenbau studiert, nicht wahr? Wo war das?« erkundigte sich Kisevalter, der als gewissenhafter Führungsoffizier nicht nur einen Weg zu finden versuchte, um Penkowskij zu helfen, sondern stets auch auf nachprüfbare Informationen bedacht war, mit deren Hilfe Penkowskijs Geschichte untermauert werden konnte.

Kisevalter tat sich mit Penkowskij nicht leicht. Seine Stärke als Führungsoffizier von Pjotr Popow hatte darin bestanden, daß er Popows Vertrauen gewinnen konnte, indem er mit ihm trank und stundenlange Gespräche mit ihm führte. Penkowskijs hochfahrendes Wesen und die Anwesenheit von drei weiteren Falloffizieren jedoch machten diese Art von Vertraulichkeit unmöglich. Er fand, daß Penkowskij hochtrabend, sentimental und schwierig zu kontrollieren war, wie er Bulik gegenüber mehr als einmal äußerte. Bulik hatte das Gefühl, daß der Stein des Anstoßes eher darin bestand, daß Kisevalter ihm untergeordnet war. »Kisevalter glaubte, daß er aufgrund seines Erfolgs im Fall Popow derjenige hätte sein müssen, der Penkowskij führte«, meinte Bulik im Rückblick.[10]

Penkowskij antwortete auf Kisevalters Frage, daß sein Vater am

Polytechnikum in Warschau studiert habe, seine Familie aber trotz des polnischen Namens, der von entfernten polnischen Vorfahren stamme, keine Verbindung mit Polen mehr habe. »Mein Großvater hat sein ganzes Leben in Stawropol verbracht. Er gehörte dem Adel an und war ein bekannter Anwalt in der Stadt. Jeder, der zu meiner Personalakte Zugang hat, kann dort nachlesen, daß mein Großvater ein Adliger war«, fügte Penkowskij mit einem bitteren Lachen hinzu.

»Und was war Lenins Vater?« warf Kisevalter ein. Er spielte darauf an, daß Lenins Vater Ilja Uljanow weder Arbeiter noch Bauer, sondern ein in den Adel aufgestiegener Schulinspektor gewesen war.

»Meine Frau weiß im übrigen nichts von meinem Vater«, fuhr Penkowskij fort. »Ich habe es ihr nicht gesagt; nur meine Mutter und meine Tante – die Schwester meiner Mutter – wissen davon.«

Joe Bulik versuchte Penkowskij aufzuheitern, indem er ihm sagte, daß ein U-Boot mit den vier Mitgliedern des Teams an Bord aus Tokio herüberkommen werde, um ihn abzuholen, wenn er in den Fernen Osten der Sowjetunion versetzt werden sollte.

Penkowskij stand auf, umarmte seine Befrager und küßte sie zum Abschied auf die Wange, bevor er in Begleitung von Michael Stokes aufbrach, der ihn zu einer Verabredung mit einer Frau führte, die der MI6 für ihn ausgesucht hatte. Er hatte versucht, bei Zeph, die er bei seinem ersten Aufenthalt in London kennengelernt hatte, anzurufen, aber sie war nicht in der Stadt, und der britische Geheimdienst hatte jedes Sicherheitsrisiko ausschließen wollen und deshalb selbst ein Rendezvous organisiert.

Penkowskij kehrte am 7. August 1961 sicher nach Moskau zurück und nahm seine Alltagsroutine im Dienst des GKKNIR und der GRU und die nicht ganz so alltägliche Arbeit für die CIA und den MI6 wieder auf. Während er noch in London weilte, unternahm die CIA einen weiteren Versuch, das US-Außenministerium zur Zusammenarbeit in diesem Fall zu bewegen. Botschafter Thompson blieb jedoch bei seiner vorsichtigen Haltung und stimmte einer Zusammenarbeit nur unter der Bedingung zu, daß das Außenministerium die erwarteten Informationen für wichtig genug hielt, um ein solches Risiko zu rechtfertigen. Die »Person« solle darüber hinaus angewiesen werden, nur solche Informationen zu übermitteln, die als lebenswichtig einzuschätzen waren; an der Übergabe von Informationen, die »nur interessant« waren, würde er sich nicht beteiligen. Er warnte davor, daß die Wahrscheinlichkeit der Entdeckung angesichts der starken Beschattung des Botschaftspersonals sehr hoch sei, und verlangte, daß ein geschulter CIA-Mann die Operation durchführte.

Der einzige ausgebildete CIA-Mann in Moskau war COMPASS, der sich als höchst unzulänglich erwiesen hatte. Am 25. Juli 1961 kam Dick Helms deshalb mit Jack Maury und Quentin Johnson, dem Operationschef der Sowjetabteilung, zusammen, um die mangelhaften Resultate, die COMPASS erzielt hatte, und die Tatsache zu diskutieren, »daß sein Urteil und seine Handlungen offenbar weitgehend von einem Angstkomplex beeinflußt« worden waren. Man beschloß, John Abidian, den Sicherheitsbeamten der Botschaft, als Kontaktperson vorzuschlagen, da er sich »aufgrund seiner Ausbildung, seiner Einsatzbereitschaft, seiner Kenntnis der Überwachung und seines klaren Urteils« für diese Aufgabe empfahl. Was COMPASS betraf, so ordnete Helms an, ihn so bald wie möglich aus Moskau abzuberufen und aus der CIA zu entlassen.[11]

Am 3. August diskutierte Maury mit den wichtigsten Beamten der Sowjetabteilung das Für und Wider der Idee, den führenden Sowjetexperten der Regierung, den früheren Botschafter in Moskau Charles E. (Chip) Bohlen, in die Penkowskij-Operation einzuweihen. Bohlens »Kooperation in der Frage der internen Unterstützung für die Zeit nach HEROS Rückkehr nach Moskau« wäre aufgrund seiner Stellung als Sonderberater des Präsidenten in Sowjetfragen ein »offenkundiger Vorteil« gewesen. Schließlich war zu erwarten, daß die Materialflut, die Penkowskij hervorbrachte, nach dessen Rückkehr nach Moskau erneut ansteigen würde, und die CIA hatte noch keinen geeigneten Verbindungsmann vor Ort. Andererseits mußte sorgfältig darauf geachtet werden, bei der Verbreitung des Penkowskij-Materials die Quelle nicht unnötig zu gefährden. Man beschloß, Bohlen das Material über das Wiener Gipfeltreffen zu zeigen, das Penkowskij am 2. August beschafft hatte. Darüber hinaus faßte man die Möglichkeit ins Auge, Penkowskij während seines nächsten Auslandsaufenthalts mit Bohlen bekannt zu machen, da er sich »von solcher Aufmerksamkeit geschmeichelt fühlen« würde, hatte aber auch Bedenken dagegen: »Falls HERO gefaßt werden sollte, wäre die Tatsache, daß er Bohlen getroffen hat, sicherlich peinlich für das Ministerium.« Helms teilte offenbar die Bedenken und beschied Maury, als er ihm gegenüber diese Idee erwähnte, er solle den Gedanken daran für den Augenblick aufgeben.[12]

Bohlen fand das Material über das Wiener Gipfeltreffen »wahnsinnig aufregend« und meinte, daß es »ohne den Schatten eines Zweifels echt« sei. Die Bedeutung des Materials liege »in dem Ausmaß begründet, in dem Chruschtschow es im Ausland verbreitet hat, insbesondere an unterentwickelte Länder, und in der Tatsache, daß er sich durch diese Verbreitung in einem Maß festgelegt hat, daß es ihm schwerfallen wird, von seiner Position abzurücken«.

Nachdem er das Material gelesen hatte, sagte Bohlen, daß Außenminister Dean Rusk darüber informiert werden müsse, und begab sich umgehend ins Außenministerium. Kennedy wurde am nächsten Vormittag von Allen Dulles ins Bild gesetzt. Er war von der Arbeit des sowjetischen Obersts beeindruckt und ordnete an, das sowjetische Transkript mit dem amerikanischen zu vergleichen, um zu sehen, ob es Abweichungen gab und wo auf sowjetischer Seite die Schwerpunkte lagen. Die vergleichende Studie ging Kennedy zusammen mit den beiden Fassungen der Gesprächsmitschriften am 9. August zu.

Die von Penkowskij gelieferte englische Übersetzung der Mitschrift der Wiener Gespräche stammte aus einem Beschluß des ZK der KPdSU, mit dem Chruschtschows Auftreten in Wien gebilligt worden war. Der Beschluß war nicht nur an die Führer der Ostblockstaaten sowie an Fidel Castro, sondern auch an die Sowjetbotschafter in Rom und Paris, die die Parteichefs der italienischen und französischen Kommunisten, Palmiro Togliatti und Maurice Thorez, informieren sollten, und an die Botschaften in achtzehn blockfreien Ländern geschickt worden, die die dortigen Staatschefs von den Ergebnisses des Gipfeltreffens in Kenntnis setzen sollten. Penkowskij hatte den Beschluß in die Hand bekommen und mit seiner Minox-Kamera abfotografiert.

Beim Vergleich der beiden Transkripte war deutlich geworden, daß Chruschtschow aus der harten Haltung, die er in seinen Gesprächen mit Kennedy eingenommen hatte, Kapital zu schlagen versuchte, um im Ausland Unterstützung für sein Vorhaben zu gewinnen, noch vor Ablauf des Jahres einen separaten Friedensvertrag mit Ostdeutschland abzuschließen. Chruschtschow hob die Berechtigung seiner Sache hervor, unterstrich die sowjetische Entschlossenheit, auf dem eingeschlagenen Weg fortzufahren, und spielte die entschiedene Haltung der USA herunter. Es war Kennedy eine Lehre in bezug auf Chruschtschows Vorgehensweise und die Notwendigkeit, ihm entschlossen die Stirn zu bieten. Die USA und ihre Verbündeten durften sich von seinen Drohgebärden nicht einschüchtern lassen.

Kapitel 11

PARIS

Als Penkowskij am Mittwoch, dem 20. September 1961, in einer Maschine der Aeroflot auf dem Flughafen Le Bourget landete, hatte sich die Luft nach einer Hitzewelle etwas abgekühlt. Penkowskij war in Hochstimmung. Seine Reise zur sowjetischen Handelsmesse in Paris war vom Chef des militärischen Geheimdienstes der Sowjetunion, General Serow, persönlich genehmigt worden, und weder die »Nachbarn« vom KGB noch das ZK der KPdSU hatten irgendwelche Einwände erhoben. Penkowskij war zu einem *vyjesdnoi,* einem »Reisekader«, geworden. Er hatte die richtigen Gönner, seine bisherigen Reisen waren erfolgreich gewesen – und er war zurückgekehrt.

Die seit einer Woche geöffnete Handelsmesse hatte in Paris nur wenig Aufmerksamkeit gefunden, und die Besucherzahlen waren wesentlich geringer als die der Londoner Ausstellung im Juli. Die Pariser bemängelten die langsame Bedienung und die hohen Preise der an den Lebensmittelständen angebotenen Spezialitäten, und die französischen Zeitungen waren voller Berichte über die einseitige Wiederaufnahme von Atombombentests in der Atmosphäre durch die Sowjetunion. Die Artikel sprachen davon, daß die in der Luft gemessene Radioaktivität während der vergangenen 48 Stunden in »alarmierendem Ausmaß« zugenommen habe.

Penkowskij hatte allerdings nicht die Absicht, sich seinen ersten Besuch in Paris durch ein bißchen radioaktive Strahlung verderben zu lassen. Ihn störte etwas anderes, nämlich die fehlende Möglichkeit, dem Westen aktuelle Informationen sofort zu übermitteln. Er war in den Tagen vor dem 13. August, an dem in Berlin mit dem Bau der Mauer begonnen worden war, ohne jeden Kontakt mit seinen Führungsoffizieren gewesen. Dabei hatte er bereits vier Tage vor dem Beginn der Operation von der »Errichtung der Grenzkontrolle«, wie Chruschtschow es nannte, erfahren. Hätte Kennedy von Chruschtschows Absicht gewußt, hätte er deren Verwirklichung möglicherweise verhindern können, indem er die Weltöffentlichkeit über den sowjetischen Plan informierte. Zumindest hätte er Westdeutschland vorwarnen können.

Penkowskij konnte seine Informationen über die Berliner Mauer, einschließlich der genauen Baubeschreibung, jedoch erst zehn Tage später, am 23. August, weitergeben, als Greville Wynne nach Moskau kam, um die französische Handelsausstellung zu besuchen und die Reise einer britischen Delegation vorzubereiten, die im Herbst in die Sowjetunion kommen sollte. Dieser beim GKKNIR angemeldete offizielle Zweck der Reise erlaubte es Penkowskij, sich allein mit Wynne zu treffen und ihm sechs Filmkassetten und das versprochene Raketenzielgerät zu übergeben.

Am 25. August waren Wynne und Penkowskij zum Abendessen im Hotel Budapest im Zentrum von Moskau verabredet. Vor dem Essen händigte Wynne Penkowskij einen Brief aus, und dieser ging auf die Toilette, um ihn zu lesen. Danach gab er ihn Wynne zurück. Der Brief enthielt die Anweisungen für die Kontaktaufnahme in Paris. »Es ist alles zufriedenstellend geregelt«, sagte Penkowskij. »Aber Sie müssen auch nach Paris kommen.«

Als er am 20. September in Le Bourget landete, wartete vor der Abfertigungshalle ein gutgelaunter Greville Wynne auf ihn, der ihn zum Hotel Cayre am Boulevard Saint-Germain fuhr. Auf der Fahrt in die Stadt erhielt Wynne von Penkowskij ein Päckchen mit elf Minox-Filmen. Er gab sie an seinen Kontaktmann Roger King weiter, der sie umgehend per Kurier zum Entwickeln nach London schickte. King war MI6-Offizier und nicht nur Wynnes Mittelsmann, sondern während der Pariser Operation dem anglo-amerikanischen Geheimdienstteam auch als Fahrer und Mädchen für alles zugeteilt. Er fungierte gewissermaßen als Sicherheitspuffer, da Wynne nur mit ihm zu tun hatte und auf diese Weise nie erfuhr, wer zu dem anglo-amerikanischen Team gehörte.

King wies Wynne an, Penkowskij um 19.30 Uhr von seinem Hotel abzuholen und zur Solférino-Fußgängerbrücke zu begleiten. Es war nur ein kurzer Spaziergang, und als Penkowskij die Brücke überquerte, bemerkte er Kisevalter auf der anderen Seite des Flusses und folgte ihm zu einem wartenden Auto. Man fuhr in eine ruhige, teure Wohngegend nördlich des Pont de Grenelle im 16. Arrondissement. Der MI6 hatte dort eine Wohnung in der dritten Etage des Hauses Hameau Beranger Nr. 6 gemietet, zu der man direkt aus der Tiefgarage mit dem Fahrstuhl hinauffahren konnte.

Kisevalter und Stokes wohnten schon seit Anfang September in der Wohnung und waren froh, daß die Wartezeit endlich vorüber war. Nach der herzlichen Begrüßung beschenkte Penkowskij seine Freunde Joe, Mike, George und Harold mit Kaviarbüchsen und in Silber gefaßten georgischen Kuhhörnern, die als Trinkgefäße gedacht waren. Auch für Janet Chisholm hatte Penkowskij eine Büchse Kaviar mitgebracht.

Als erstes stieß man auf das Jubiläum an, das man an diesem Tag begehen konnte: Das erste Treffen zwischen Penkowskij und dem Team lag auf den Tag genau fünf Monate zurück. Dann verkündete Penkowskij, daß seine Frau in weiteren fünf Monaten ihr zweites Kind erwarte, und die Weingläser wurden erneut erhoben, um ihm zu dem freudigen Ereignis zu gratulieren.

Die erste Frage des Teams galt Penkowskijs beruflichen Aussichten, und er erwiderte: »Das hängt ganz von der Haltung des Zentralkomitees ab. Es hat erst kurz vor dieser Reise einen neuen Personalbericht über mich angefordert. Ihm liegt sogar ein von zwei GRU-Generalen befürworteter Vorschlag vor, nach dem ich als Berater an die Botschaft in Washington geschickt werden soll. Ich würde dort natürlich für die GRU arbeiten. Jetzt hängt alles vom Zentralkomitee ab.« Der Vorschlag, erklärte Penkowskij, sei mit Gwischianis Zustimmung von der GRU unterbreitet worden. Was aus ihm werde, hänge davon ab, wie man die Geschichte seines Vaters bewerte. »Ich konnte nur auf diese Reise gehen, weil die ›Nachbarn‹ keine negative Stellungnahme zu meiner Person abgegeben haben.«

Dann kam Penkowskij auf Berlin zu sprechen. »Die Situation sieht zwar sehr schlecht aus«, sagte er, »aber ich bin froh, daß unsere Regierungen [die amerikanische und die britische] mit Festigkeit und Entschiedenheit auftreten.« Die sowjetische Führung hätte nicht erwartet, daß der Westen eine solch entschlossene Haltung einnehmen würde. »Das hat sie in eine schwierige Lage gebracht. Mikojan [der Erste Stellvertreter des Vorsitzenden des Ministerrats] stimmt überhaupt nicht mit Chruschtschow überein. (...) Man könnte zwar einen massiven atomaren Angriff starten, mehrere Städte und zehn Millionen Menschen vernichten, aber damit wären noch nicht alle Probleme gelöst.« Die Sowjetunion besitze noch nicht die Mittel für einen Erstschlag, der die amerikanische Fähigkeit zur Vergeltung, deren Folgen verheerender wären als die des eigenen Angriffs, ausschalten könnte.

Anschließend berichtete Penkowskij von der Feier zu Warenzows sechzigstem Geburtstag, die am vorangegangenen Samstag, dem 16. September, stattgefunden hatte. Penkowskij hatte Warenzow, der in Leningrad gewesen war, am Freitagvormittag vom Bahnhof abgeholt und ihm als erster Gratulant die Geschenke überreicht, die er von der CIA und vom MI6 erhalten hatte: ein Feuerzeug, das die Form einer Rakete hatte, ein silbernes Zigarettenetui und einen sechzig Jahre alten Cognac, der in Wirklichkeit allerdings einige Jahre jünger war; das Etikett war von den Spezialisten des MI6 ein wenig verändert worden, um sein Alter dem des Marschalls anzupassen. Warenzow hatte Penkowskij daraufhin zusammen mit seiner Familie für den nächsten Tag auf seine Datscha in Babuschkin am Nordrand von Moskau eingeladen.

Vor der Datscha parkten am nächsten Tag auf Hochglanz polierte Limousinen der Marken Tschaika und ZIS, neben denen die uniformierten Fahrer bereitstanden. Im Haus bogen sich die Tische unter der Last der Speisen und Getränke für Warenzows hochrangige Geburtstagsgäste. Die Gästeliste wurde von Verteidigungsminister Marschall Rodion Malinowskij und Wiktor Michailowitsch Tschurajew, einem der engsten Mitarbeiter Chruschtschows, angeführt. Tschurajew war als Chruschtschows Stellvertreter für die Parteiorganisation der RSFSR zuständig und verfügte aufgrund seiner Verbindungen über enormen Einfluß.

Die Generale, ihre Frauen und Kinder waren festlich gekleidet; nur Marschall Malinowskij war in Uniform erschienen. Der erste Trinkspruch, den Malinowskij ausbrachte, wurde mit dem Cognac begossen, den Warenzow von Penkowskij geschenkt bekommen hatte. Der seltene Cognac bewirkte, daß sich rasch eine ungezwungene Atmosphäre breitmachte. Malinowskij wollte nichts anderes mehr trinken, und so goß Penkowskij noch zweimal nach, wobei er nur die Gläser von Malinowskij, Warenzow, Tschurajew und sein eigenes ganz füllte. Als Penkowskij an der Reihe war, einen Toast auszubringen, gratulierte er seinem Mentor zur Verleihung des Leninordens, der höchsten Auszeichnung der Sowjetunion, die er zu seinem sechzigsten Geburtstag erhalten hatte.

Penkowskij erklärte dem anglo-amerikanischen Team, wie er die Situation für sich genutzt hatte. »Als alle applaudierten, habe ich mir gedacht, ich könnte noch eins draufsetzen, indem ich den Minister lobte. Also habe ich hinzugefügt, daß die Auszeichnung ein Zeichen der Wertschätzung sei, die die Partei, die Regierung und der Verteidigungsminister persönlich Sergej Sergejewitsch entgegenbrachten. Danach hat er gestrahlt, und ich konnte mit ihm wie mit einem Kameraden reden.«

Bevor die Männer zum Rauchen in ein anderes Zimmer gingen, fragte Penkowskijs Mutter Marschall Malinowskij, ob es wegen Berlin Krieg geben werde. »Das ist schwer zu sagen«, erwiderte er. »Aber ich würde jetzt lieber nicht darüber sprechen, weil ich ohnehin fast die ganze Zeit darüber nachdenke. Ich kann nur sagen, daß die Situation schwierig ist. Unsere Feinde geben nicht nach, obwohl sie die erste Pille [die Berliner Mauer] bereits geschluckt haben. Wir haben sie ihnen geschickt verabreicht. Was die Zukunft angeht, so kann ich nur sagen, daß wir auf alles vorbereitet sind.«

Penkowskij fügte hinzu, daß viele Generale auf Warenzows Geburtstagsfeier fehlten, darunter auch zwei seiner Stellvertreter, weil sie bei der Truppe waren und Inspektionen durchführten oder an Übungen teilnahmen. Aus seinen Gesprächen mit Warenzow und anderen hohen Offizieren und den auf der Geburtstagsfeier geführten Unterhaltungen wußte Penkowskij, was vorging:

Anfang Oktober dieses Jahres werden umfangreiche Manöver beginnen. Sie werden zwischen dem 3. und 5. Oktober anfangen und bis zum Ende des Monats dauern. Die Stäbe aller Militärbezirke und aller Heeresgruppen werden daran teilnehmen. Sogar die rückwärtigen Dienststellen der Militärbezirke werden ausnahmslos an diesen Manövern beteiligt sein. Mit anderen Worten, jeder militärische Verband wird die Aufgaben erfüllen, die er auszuführen hätte, wenn wirklich ein Krieg ausgebrochen wäre. Es ist das erste Mal in der Geschichte der sowjetischen Streitkräfte, daß derartige Manöver durchgeführt werden. Daneben werden auch die Volksdemokratien in die Manöver einbezogen sein. Diese strategischen Manöver, die einen Monat dauern werden, erstrecken sich unter der Annahme des Kampfs gegen einen hypothetischen Feind in Deutschland über das gesamte Territorium der UdSSR und der Volksdemokratien.

Zweck des ganzen ist es, (...) den Ausbildungsstand und die Kampfbereitschaft zu überprüfen. (...) Das zweite Ziel besteht darin, diese gewaltige Streitmacht exakt zum Zeitpunkt der Unterzeichnung des Friedensvertrags mit Ostdeutschland in kampfbereitem Zustand in der Hinterhand zu haben und zu einem massiven Schlag bereit zu sein, falls nach der Unterzeichnung des Vertrags, die im Anschluß an den XXII. Parteitag vorgesehen ist, Probleme auftauchen sollten.

Chruschtschows Augenmerk richtet sich vor allem auf die neun Armeen, die auf dem Gebiet der deutschen Kampfzone und in dessen unmittelbarer Nähe stationiert sind und die er kürzlich durch eine weitere Armee verstärkt hat. In Ostdeutschland selbst liegen nur zwei Armeen, aber die anderen befinden sich zur Unterstützung in der Nähe. Seine Hauptabsicht ist es, uns Angst einzujagen. Falls jedoch die kommunistische Welt auf dem Parteitag im Oktober seiner Politik vorbehaltlos zustimmt und er das Gefühl hat, die Weltmeinung hinter sich zu haben, wird er möglicherweise gegen uns losschlagen. Er wird aus jeder Unentschiedenheit auf seiten der freien Welt seinen Nutzen ziehen und vielleicht sogar ihre Führungsnationen, die Vereinigten Staaten und England, angreifen. Die Militärs wissen zwar, daß sie nicht die Mittel haben, um eine endgültige Entscheidung zu erzwingen, aber sie kriechen vor Chruschtschow. Wenn er den Befehl gibt, die Feindseligkeiten zu beginnen, werden sie ihm gehorchen.

Das waren wichtige Neuigkeiten; sie brachten die amerikanische und britische Einschätzung der Absichten Chruschtschows auf den neuesten Stand. Die Bereitschaft des Kremlherrn, wegen Berlin in den Krieg zu ziehen, wenn er die nötige Unterstützung dafür bekam, wurde mit Bestürzung aufgenommen, aber auch als frühzeitiges Alarmsignal verstanden, das darauf verwies, wie wichtig es war, daß der Westen Geschlossenheit zeigte.

Penkowskij mußte eine Pause einlegen, damit das Tonband gewechselt werden konnte. »Bevor Sie fortfahren«, sagte Kisevalter, »möchten wir Sie bitten, Ihre Quellen anzugeben, und zwar für jede einzelne Information, die Sie uns gerade gegeben haben.« Penkowskij war damit nicht einverstanden. »Ich würde vorschlagen, daß Sie sich Notizen machen und mich später nach den Quellen fragen.« Er mochte es nicht, mitten in einem Bericht unterbrochen zu werden, besonders dann, wenn er seine eigene Analyse und seine Empfehlungen erörterte. Für seine Befrager war es jedoch von entscheidender Bedeutung, daß jede einzelne Information einer bestimmten Quelle zugeordnet werden konnte, da dies Penkowskijs erschreckendem Bericht in Washington und London mehr Glaubwürdigkeit verleihen würde.

Penkowskij zählte die Generale auf, von denen er seine Informationen erfahren hatte. So hatte ihm Marschall Malinowskij selbst eröffnet, daß eine weitere Armee nach Ostdeutschland verlegt werden sollte, und zwar die 8. Mechanisierte Armee, die aus drei Panzerdivisionen und zwei motorisierten Schützendivisionen bestand.

»Als Stabsoffizier unseres Oberkommandos kann ich nur vorschlagen, auf der Stelle einen Propagandafeldzug in Gang zu setzen, der die aggressive Natur von Chruschtschows Politik und des bevorstehenden Parteitags herausstreicht und damit klarstellt, daß wir uns nicht irreführen lassen. Es gibt viele wirksame Gegenmaßnahmen, die man ergreifen kann. Nach dem, was ich über die feste Haltung des Westens gelesen habe, dürfte Chruschtschow jetzt höchst beunruhigt sein. Ihre Führer sollten in vollem Umfang zur Kenntnis nehmen, was ich über die Manöver berichtet habe; sie sollten es mit Hilfe anderer Quellen prüfen und angemessene Gegenmaßnahmen einleiten.«

Das anglo-amerikanische Team war beeindruckt, sowohl vom Inhalt des Berichts als auch von der Herkunft der Informationen. Die Totalmobilisierung der sowjetischen Streitkräfte, einschließlich der rückwärtigen Dienste, konnte nur bedeuten, daß Chruschtschow ernsthaft bereit war, einen Krieg um Berlin zu führen, falls sich der Westen seinem Vorhaben entgegenstellen sollte, einseitig einen Friedensvertrag abzuschließen und die Kontrolle über Berlin auch formell an Ostdeutschland zu übergeben.

Daneben besaß Penkowskij wichtige Informationen über die kurz zuvor wieder aufgenommenen sowjetischen Atomversuche in der Atmosphäre. Chruschtschow hatte damit sein Wort gebrochen, das er Kennedy in Wien gegeben hatte, denn die Vereinigten Staaten hatten seither keinen weiteren Atomtest in der Atmosphäre durchgeführt. »Chruschtschow hielt diese Tests für unumgänglich«, erklärte Penkowskij.

Wie er weiter berichtete, verliefen sie in zwei Phasen. In der ersten wurden die Sprengköpfe auf Spezialträgern zur Explosion gebracht oder von Flugzeugen abgeworfen. In der zweiten wurden Raketen auf ein Testziel abgefeuert, und zwar zunächst mit konventionellen TNT-Sprengköpfen. Waren diese Probeschüsse erfolgreich, visierte man dasselbe Ziel mit Raketen an, die mit Atomsprengköpfen versehen waren. Laut Penkowskij waren die Versuche in diesem Stadium angelangt. Eine »riesige Raketenabschußbasis« mit Versuchseinrichtungen für den Test von Sprengköpfen für die Mittelstreckenraketen R-12 (SS-4) und R-14 (SS-5) befinde sich auf der Inselgruppe Nowaja Semlja im Nordpolarmeer. Die R-12 sei »bereits erprobt und wird in Serienproduktion hergestellt. Sie hat eine Reichweite von 2500 Kilometern. Die R-14 wird für die Serienproduktion vorbereitet. Ihre Reichweite beträgt 4500 Kilometer. Beide Reichweiten beziehen sich auf Raketen, die mit Atomsprengköpfen bestückt sind.«

Weitere Abschußbasen, deren Raketen gegen den Iran und Pakistan gerichtet seien, befänden sich in Krasnowodsk am Kaspischen Meer und in Kirowabad in Aserbaidschan. Chruschtschow habe vor, eine zweite Front zu errichten, um den Druck auf die USA erhöhen zu können, wenn es in Deutschland zum offenen Konflikt kam. Dafür wollte er den militärischen Vorteil der gemeinsamen Grenze mit dem Iran nutzen und die Gelegenheit ergreifen, um in einem Gebiet zu expandieren, das seit der Zeit Peters des Großen als russische Interessensphäre betrachtet wurde. »Chruschtschow will das iranische Problem mit der deutschen Frage verknüpfen«, sagte Penkowskij. »Wenn sich im Oktober in Deutschland Komplikationen ergeben sollten, wird er seine Truppen in den Iran einmarschieren lassen. Im übrigen treibt er diese Sache auch deshalb voran, weil ihn die starken amerikanischen Militärstützpunkte im Iran stören. Nach dem, was unser Geheimdienst berichtet, würde die einheimische Bevölkerung die sowjetischen Truppen nicht schlecht empfangen.«

Der Iran sollte also als Druckmittel gegen den Westen benutzt werden. »Chruschtschow hat daran gedacht«, fuhr Penkowskij fort, »dem Iran ein Ultimatum zu stellen, so wie er vor kurzem der Türkei und Pakistan damit gedroht hat, ihre Flugplätze zu bombardieren, falls von dort weiterhin U-2-Flüge unternommen werden sollten. Das Ultimatum hätte die Räumung der amerikanischen Stützpunkte gefordert und für den Fall, daß dies nicht geschah, mit dem Einmarsch sowjetischer Truppen gedroht. Natürlich hätte niemand irgend etwas geräumt, und wenn Chruschtschow seine Truppe in Marsch gesetzt hätte, wäre es zum Krieg gekommen. Also dachte man noch einmal gründlicher darüber nach. Immerhin war es angesichts der US-Stützpunkte in der Türkei und in Pakistan denkbar, daß die militärische Auseinandersetzung nicht so günstig verlief, wie man es erhoffte. Man hielt es deshalb für besser, die Angelegenheit bis zum Oktober aufzuschieben und in der Zwischenzeit die Vorbereitungen voranzutreiben.«

Penkowskij berichtete außerdem von der ersten Erprobung eines neuen 16-Kilotonnen-Sprengkopfs, der auf einer R-12 in der Atmosphäre gezündet worden war und jene erhöhte Strahlenbelastung verursacht hatte, die in den westlichen Zeitungen gemeldet worden war. Im Zusammenhang mit den Atomtests, fuhr Penkowskij fort, hätte er herausgefunden, daß am 17. August 1961 durch einen Erlaß des ZK der KPdSU und der Regierung ein Kommando für Zivilverteidigung geschaffen worden war. Er versprach, das Dokument bei der ersten sich bietenden Gelegenheit abzufotografieren, was er auch sofort nach seiner Rückkehr nach Moskau tat. Der Westen erfuhr auf diese Weise in allen Einzelheiten von den umfangreichen sowjetischen Planungen auf dem Gebiet der Zivilverteidigung, durch die die Auswirkungen eines nuklearen Angriffs verringert werden sollten. Im Verlauf seines Berichts über die Zivilverteidigung sagte Penkowskij seinen Befragern auch, wo sich die Bunker der Kommandostellen befanden, und versetzte die USA damit in die Lage, sie in ihre Zielplanung einzubeziehen.[1]

Der von Penkowskij gelieferte Erlaß zur Zivilverteidigung verstärkte den Eindruck, daß sich die Sowjetunion ernsthaft auf einen Atomkrieg vorbereitete, und führte dazu, daß die USA ihrerseits die Anstrengungen auf diesem Gebiet erhöhten. Anfänglich unterstützte

Kennedy das neue Zivilverteidigungsprogramm, das auch in der Bevölkerung auf großen Widerhall stieß, aber die Idee konnte sich nicht auf Dauer halten. Die Atomsprengköpfe vermehrten sich rascher als die Bunker, die vor ihnen Schutz bieten sollten. Und die Bilder von Kindern, die sich unter ihre Schultische duckten und den Kopf in ihren Händen bargen, unterstrichen nur die Sinnlosigkeit des Versuchs, einen nuklearen Angriff überleben zu wollen.[2]

Penkowskij, der förmlich von Informationen überquoll, kam danach auf Warenzows Geburtstagsfeier zurück und erzählte, daß Tschurajew, der schnell betrunken geworden war, mit den 20 000 Rosen in seinem Garten geprahlt und die Gesellschaft mit Geschichten von Hungerrevolten unterhalten hatte. Bei einer von ihnen hatten vierhundert Menschen, die sich versammelt hatten, um für eine bessere Lebensmittelversorgung zu demonstrieren, die Miliz angegriffen. Die Miliz hatte Warnschüsse abgegeben, aber die Menge hatte sich davon nicht beeindrucken lassen und sich erst zerstreut, als die Armee eingriff. Das anglo-amerikanische Team hörte wie gebannt zu. Derartige Informationen über die wirtschaftliche und politische Situation in der Sowjetunion drangen sonst nicht nach draußen, da weder Diplomaten noch Journalisten jemals etwas von solchen Ereignissen erfuhren.

Seit seiner Rückkehr aus London, fuhr Penkowskij fort, habe ihn Serows Frau zweimal zu sich eingeladen. Die Serows wohnten neben dem Wojentorg, dem zentralen Militärkaufhaus, in der Granowskogo-Straße Nr. 3, gegenüber der Kreml-Klinik. Außer den Serows wohnten dort Marschall Schukow, die Mitglieder des Parteipräsidiums Michail Suslow und Jekaterina Furzewa sowie Marschälle der Armee und der Generalstaatsanwalt der Sowjetunion. Penkowskij hatte Serow ein Hemd aus London mitgebracht und überreichte auch seiner Frau und seiner Tochter kleine Geschenke. »Der Kaviar, den ich Ihnen geschenkt habe«, fügte er schmunzelnd hinzu, »stammt übrigens von den Serows.«

Bei einem der beiden Besuche erzählte Serow Penkowskij von dem tiefen Fall eines Obersts, der es auf einer Parteikonferenz gewagt hatte, Chruschtschow zu kritisieren. Der Oberst, der eine Abteilung der Frunse-Militärakademie leitete, hatte gesagt, daß Chruschtschow richtig gehandelt habe, als er den Stalin-Kult verurteilte, sich jetzt aber selbst zum Gegenstand eines Personenkults mache. Der Parteivorsitzende des Bezirks hatte dem Oberst daraufhin hastig das Wort abgeschnitten und seine sofortige Bestrafung gefordert. Dem Oberst war sein Delegiertenstatus aberkannt worden, und er hatte augenblicklich den Konferenzsaal verlassen müssen. Den Namen des Offiziers erwähnte Penkowskij nicht, aber Serow hatte sich offensichtlich auf den Fall von Generalmajor Pjotr Grigorenko bezogen, eines hoch dekorierten Offiziers, der aufgrund seiner Äußerungen in Ungnade fiel und fünf Jahre in psychiatrischen Anstalten verbrachte, bevor man ihm 1977 die Ausreise in die USA erlaubte, wo er 1988 verstarb.

»Kommen wir zum nächsten Punkt«, drängte Penkowskij weiter. »Sie haben mir aufgetragen, so viel wie möglich darüber herauszufinden, was in der UdSSR auf dem Gebiet der Raketenabwehr geschieht. Zum einen hat Chruschtschow ein spezielles Forschungsinstitut einrichten lassen, und zum anderen gibt es ein Versuchsbataillon der Raketenstreitkräfte, das sich mit der Entwicklung einer elektronischen Steuervorrichtung beschäftigt, mit der es einer Rakete möglich wäre, einen feindlichen Flugkörper in der Luft abzufangen und zu zerstören. Im Augenblick gibt es nur das Institut und das Versuchsbataillon. Alles, was Chruschtschow darüber hinaus sagt, ist propagandistischer Unfug. Versuche werden allerdings unternommen.«

Die anderen Waffengattungen hätten im übrigen darunter zu leiden, daß Chruschtschow alle verfügbaren Mittel in den Aufbau der Raketenstreitkräfte steckte, erklärte Penkowskij. »Warenzow schimpft ständig darüber. Er hat zu mir gesagt: ›Wir gehen immer viel zu einseitig an die Dinge heran. Wir legen jetzt das Schwergewicht auf die Raketen, und es ist sicherlich richtig, dies zu tun, aber wir fangen an, die konventionelle Artillerie darüber zu vergessen. Die konventionelle Artillerie ist ein organischer Bestandteil jeder Schützendivision. Wir haben heute ein Defizit an konventioneller Artillerie zu verzeichnen.‹«

Shergold schlug an dieser Stelle vor, eine Pause einzulegen, um ein Sandwich zu essen und ein Glas Wein zu trinken. Penkowskij entspannte sich und erzählte dem Team die neuesten Witze, die in Moskau in Umlauf waren. Einer von ihnen handelte von einem Meinungsforscher, der in Chruschtschows Auftrag unterwegs war und die Menschen fragte: »Was tun Sie, wenn wir Amerika eingeholt haben?«, worauf er von einem Befragten die Antwort erhielt: »Wenn wir Amerika eingeholt haben, können Sie meinetwegen weiterlaufen. Ich werde auf der Stelle stehenbleiben.«

»So ist das Leben bei uns«, sagte Penkowskij. »Humor unter Tränen – bitterer Humor.«

Nach dem Imbiß gab Penkowskij dem anglo-amerikanischen Team eine Kopie der Auftragsliste, die er von der GRU für seinen Paris-Aufenthalt erhalten hatte. Er sollte für die GRU westliche Waffen besorgen, insbesondere einen kleinkalibrigen amerikanischen Mörser, ein Standardgewehr der NATO und amerikanische und britische Gasmasken. Außerdem wollte die GRU die Zusammensetzung eines Antikorrosionsmittels für U-Boot-Hüllen wissen, das eine Verkürzung der Zeit erlaubte, die die U-Boote im Trockendock liegen mußten. Ebenfalls ganz oben auf der Liste standen elektronische Geräte, die für Raketen verwendet werden konnten, und eine kleine amerikanische Rakete, die von Flugzeugen aus abgeschossen wurde und atmosphärische Störungen hervorrief, die die Radarüberwachung unmöglich machten. »Denken Sie sich etwas aus, damit ich auch diesmal wieder etwas in den Händen habe, wenn ich nach Hause komme«, drängte er seine Befrager und erinnerte sie an das Lob, das er für die aus England mitgebrachten Fotos von britischen Bombern und einer neuen Luftabwehrrakete auf ihrer Abschußrampe geerntet hatte.

Einen weiteren Pluspunkt hatte ihm ein Besuch am Grab von Karl Marx in Highgate eingebracht, den er zusammen mit Wynne unternommen hatte. Er hatte es von Unkraut überwachsen vorgefunden und in gespielter Erschütterung nicht einfach nur den sowjetischen Botschafter davon unterrichtet, sondern einen entrüsteten Brief ans ZK der KPdSU geschrieben. Der sowjetische Botschafter in London war daraufhin angewiesen worden, dafür zu sorgen, daß das Grab in Ordnung gebracht und regelmäßig gepflegt wurde. »Ich habe damit bewiesen, daß ich als Geheimdienstoffizier sowohl in militärischer als auch in politischer Hinsicht die Augen offenhalte«, sagte Penkowskij.

Anschließend forderte er das anglo-amerikanische Team auf, einen Franzosen ausfindig zu machen, den er mit der GRU-Residentura in Paris zusammenbringen konnte. »Besorgen Sie mir einen Mann, der sie zum Narren hält und ausführt, was immer für uns nötig ist. Diese Verbindung könnte zu einigen sehr interessanten Resultaten führen.«

260

Shergold sagte daraufhin zu Kisevalter, daß »Frankreich nicht England ist. Wir wollen diesen Fall vollkommen vor den Franzosen geheimhalten und können sie deshalb auch nicht um ihre Zusammenarbeit bitten.«

»Aber es gibt doch sicherlich einige standhafte Leute im französischen Geheimdienst, die wir einweihen können und die aus vollem Herzen aufrichtig für die Franzosen und für uns arbeiten«, entgegnete Penkowskij, nachdem Kisevalter Shergolds Einwand übersetzt hatte.

»Wir möchten unser Wissen über Sie nicht weitergeben«, erwiderte Kisevalter.

»Ich weiß, daß Sie kluge und erfahrene Führungsoffiziere sind«, sagte Penkowskij, »aber Frankreich steht immerhin auf unserer Seite.«

»Sicher«, bestätigte Shergold. »Aber wenn wir den Franzosen sagen, was wir hier tun, würde es die Sache nur komplizieren. Sie würden an unseren Gesprächen teilnehmen wollen, und wir wären nicht mehr in der Lage, die Geheimhaltung aufrechtzuerhalten. Deshalb sind wir nicht bereit, etwas zu unternehmen, das die Einbeziehung der Franzosen erforderlich machen würde.«

Shergold und Bulik wollten Penkowskij nicht sagen, daß man in England und den USA glaubte, daß der französische Geheimdienst SDECE (Service de Documentation Extérieure et de Contre Espionage) vom KGB unterwandert war. Die Befürchtung, daß Penkowskij enttarnt werden könnte, wenn die Franzosen von der Anwesenheit des Teams erfuhren, war also wesentlich größer, als ihm gesagt wurde. Er ließ jedoch nicht locker und kehrte zu seinem Lieblingsthema zurück: »Ich möchte Sie trotzdem bitten, darüber nachzudenken. Wir müssen etwas finden, das gut genug ist, um mir eine Auszeichnung und die Beförderung zum General einzubringen.«

Danach wandte er sich seiner eigenen Wunschliste zu. Die Elektrorasierer, die er aus London mitgebracht und verschenkt hatte, hatten derartig eingeschlagen, daß jetzt jeder seiner Bekannten, einschließlich Serows und Gwischianis, einen haben wollten. Er brauchte sechs Stück. Außerdem wollte er nach dem Erfolg, den er mit dem sechzig Jahre alten Cognac erzielt hatte, zum 44. Jahrestag der Oktoberrevolution seinen Moskauer Quellen Wein oder Cognac entsprechenden Alters schenken. »Ich werde für Serow, Malinowskij und Tschurajew Wein aus dem Jahr 1917 besorgen«, sagte er. »Die Flasche für Malinowskij werde ich Warenzow geben und ihn bitten, sie dem Verteidigungsminister zu überreichen. Wenn er erfährt, daß sie von dem Oberst kommt, der diesen Rang jetzt seit zwölf Jahren bekleidet, obwohl es schon lange an der Zeit wäre, ihn zum General zu befördern, wird er vielleicht sagen: ›Gehen Sie, und schicken Sie mir die Empfehlung.‹ Ich bin sicher, daß Serow keine Einwände dagegen erheben wird. Die Geschenke, die ich mache, sind nicht umsonst. Daß sie angenommen werden, ist ein Beweis dafür, daß man mir vertraut. Meine Geschichte ist einfach. Ich komme im Ausland gut zurecht und kann von dem, was ich an Geld einspare, alles mögliche einkaufen. Ich bekomme sogar Briefe und Notizzettel mit Wünschen zugeschickt.«

Als Penkowskij mit der Aufzählung der Dinge, die er einkaufen sollte, einschließlich einer langen Wunschliste der Serows, fertig war, sagte Bulik lächelnd: »Jetzt verstehe ich, warum Sie 25 Tage in Paris bleiben müssen.« Er schlug vor, sich erst am 22. September wiederzusehen, damit Penkowskij einen freien Tag hatte. Man einigte sich außerdem darauf, sich nicht zu häufig zu treffen.

Die Filme, die Penkowskij nach Paris mitgebracht hatte, wurden in London entwickelt. Die Aufnahmen würden beim nächsten Treffen vorliegen. Als man sich um 23.15 Uhr trennte, waren fast vier Stunden vergangen, und Penkowskij war rechtschaffen müde, als er vor seinem Hotel abgesetzt wurde.

Am nächsten Tag bummelte er mit Wynne durch Paris. Sie bestiegen den Eiffelturm, gingen in den Louvre und fuhren in einem *bateau-mouche* die Seine entlang. Penkowskij bewunderte die Eleganz der öffentlichen Bauten und der Brücken über die Seine. Als er mit Wynne in der Nähe des Arc de Triomphe in einem Café am Champs-Elysées saß und die gut gekleideten, attraktiven Frauen beobachtete, die über den Boulevard flanierten, erlebte er Paris von der besten Seite. Die Lebendigkeit und Energie des Champs-Elysées versetzte ihn in Hochstimmung. Er flirtete mit unbekannten Schönheiten, die lächelnd auf seine Offenheit eingingen, und Wynne mußte ihn davon abhalten, sich mit ihnen zu verabreden.[3]

Um 19.30 Uhr am Freitag, dem 22. September, überquerte Penkowskij zum zweitenmal die Solférino-Fußgängerbrücke, an der ihn Shergold und Roger King erwarteten, um ihn zu dem sicheren Haus des MI6 zu bringen. Er war den Tag über auf der sowjetischen Handelsausstellung gewesen und hatte sich mit den Offizieren der GRU-Residentura in Paris getroffen. Eine der damaligen Hauptaufgaben der Residentura war es, die Zusammensetzung eines festen Raketentreibstoffs herauszufinden, der von den Franzosen entwickelt worden war.

Penkowskijs Eröffnungen über Chruschtschows Absichten in bezug auf Berlin waren verschlüsselt nach Washington gekabelt worden und hatten dort tiefe Besorgnis ausgelöst und eine Vielzahl von Spekulationen und Fragen hervorgerufen. Was genau hatte Penkowskij gemeint, als er sagte, daß Chruschtschow notfalls zuschlagen werde, nachdem der Friedensvertrag mit Ostdeutschland unter Dach und Fach war? »Wer hat Ihnen davon erzählt?« wollte Kisevalter wissen.

»Ich habe es nicht nur von einer Person gehört«, antwortete Penkowskij. »Warenzow selbst und auch [seine Adjutanten] Posownyj und Businow haben davon gesprochen. Außerdem habe ich es von vielen Generalstabsoffizieren gehört, die ich kenne.« Businow zum Beispiel habe ihm gesagt: »Ich renne jetzt von einem Ort zum anderen und schicke Offiziere zu allen möglichen Standorten, um die Vorbereitungen auf die Kampfbereitschaft zu beschleunigen. Ich weiß, daß wir, wenn der Westen nach der Unterzeichnung des Friedensvertrags das Feuer eröffnet, bereit sein müssen, mit einem massiven Schlag zu antworten. Aber wir haben keine ausreichenden Raketenreserven.«

»Woran mangelt es Chruschtschow besonders, um einen Angriff gegen den Westen durchstehen zu können?« fragte Kisevalter.

»Er hat nicht genügend Atomsprengköpfe. In unseren Zeitungen war von 30000 Atomwaffen aller Art die Rede, und viele glauben sogar daran. Aber das sind Narren. Es gibt zwar Waffen verschiedener Größe, aber nur ziemlich wenige – sie werden erst hergestellt. Bei den Raketen sieht es ähnlich aus. Die R-11 [SS-1] und die R-12 [SS-4] sind erprobt und befinden sich in Serienproduktion; die R-14 [SS-5] dagegen ist noch nicht soweit.«

»Was fehlt ihm sonst noch?«

»Qualifiziertes Personal. Es wird noch einige Jahre dauern, bis man es hat. Ist es nicht merkwürdig, daß gleichzeitig 2500 Studenten an der Dserschinskij-Akademie studieren, in Friedenszeiten? Man kann sie jeden Tag beobachten, wenn sie zu ihren Vorlesungen gehen.«

»Und in anderen grundlegenden Bereichen? Was ist mit den U-Booten?« fragte Kisevalter.

»Es gibt nur eine ungenügende Anzahl von ihnen. Dennoch besteht der Plan, die Vereinigten Staaten und England mit ICBMs, U-Booten und Flugzeugen anzugreifen. Er wurde sogar auf einem diplomatischen Empfang öffentlich verkündet, und zwar von Chruschtschow selbst. Er hat bei dieser Gelegenheit auch erwähnt, daß er über eine Atombombe von einer Megatonne verfügt. Was all diese Defizite betrifft, so hat Warenzow mir gegenüber viele Male von ihnen gesprochen. Das kann ich beschwören«, fügte Penkowskij feierlich hinzu.

Ich habe zu erwähnen vergessen, daß die elektronischen Steuerungssysteme noch unzulänglich sind. Man hat eine kleine Zahl von Raketen entwickelt, und mit dieser kleinen Streitmacht will Chruschtschow uns einen Schrecken einjagen. Trotzdem könnte dieser Wahnsinnige noch zu seinen Lebzeiten auf die Idee kommen, einen verheerenden Angriff zu starten. Davor hat das ganze russische Volk Angst. Deshalb empfehle ich auch zu überlegen, ob es nicht lohnend wäre, ihn umzubringen. Dann hätten wir für ein, zwei Jahre Ruhe, bis der Machtkampf, der danach entbrennen würde, ausgestanden ist und die neuen Führer feststehen. Der herausragende Kandidat und der geschickteste von allen ist Mikojan, ein alter Leninist. Molotow ist krank und wird vermutlich gar nicht erst in den Machtkampf eingreifen. Koslow und Breschnew sind komplette Narren und haben als Geschöpfe Chruschtschows nicht viel für Mikojan übrig.

Um seine Befrager von der Ernsthaftigkeit der sowjetischen Kriegsvorbereitungen zu überzeugen, kam Penkowskij noch einmal auf die bevorstehenden Herbstmanöver im Zusammenhang mit der Unterzeichnung des Friedensvertrags mit Ostdeutschland zu sprechen. »Es gibt keine einzige Einheit, die in diesen Manövern nicht ihre Kriegsaufgabe zu erfüllen hat. Sie werden alle daran teilnehmen. Es wird sein, als wäre tatsächlich der Krieg ausgebrochen. An welchem Ort auch immer man sich befindet, welchem Hauptquartier man auch angehört, jeder Truppenteil wird in die Manöver einbezogen sein, bis hin

Penkowskijs Schreibtisch
undene Minox-Filme (im
ößenvergleich mit einer russi-
en Streichholzschachtel).
GB)

Dieses im Park am Zwetnoj-Boulevard aufgenommene Foto von Janet Chisholm und ihren Kindern wurde Penkowskij 1961 gezeigt, damit er sie erkennen konnte.

Überwachungsfotos des KGB, die zeigen, wie Penkowskij im Januar 1962 ein Wohnhaus in der Arbat-Gasse betritt und verläßt, in dessen Hausflur er sich mit Janet Chisholm traf. *(KGB)*

Janet Chisholm im Januar 1962 beim Betreten und Verlassen des Hauses in der Arbat-Gasse, in dem sie sich mit Penkowskij traf. *(KGB)*

Telefonmast Nr. 35 am Kutusow-Prospekt, an dem Penkowskij das Zeichen dafür anbringen wollte, daß sein toter Briefkasten geleert werden sollte. *(CIA)*

Vera Dmitrijewna Penkowskij 1965 beim Öffnen des Geheimfachs in Penkowskijs Schreibtisch, in dem die Beweise für dessen Spionagetätigkeit gefunden worden waren. *(Express Newspaper)*

Penkowskij im April 1963 während des Prozesses vor dem Militärsenat des Obersten Gerichts in Moskau. *(Wadim Birjukow)*

eville Wynne 1964 nach seiner
~~t~~lassung aus sowjetischer Haft mit
~~ei~~ner Frau Sheila und seinem Sohn
~~An~~drew. *(Mit freundlicher Genehmi-
~~gu~~ng von Greville Wynne)*

Greville Wynne nach der Ha[ft]
entlassung in seinem Haus in
London. *(Mit freundlicher Ge[neh]
migung von Greville Wynne)*

Richard Helms und US-Präsident
Lyndon B. Johnson im April 1965, als
Helms zum stellvertretenden Direktor
der CIA ernannt wurde, auf Johnsons
Ranch in Texas. *(CIA)*

Präsident John F. Kennedy, Allen Dulles und John A. McCone im November 1961, als Dulles das Amt des CIA-Direktors an McCone abgeben mußte. *(CIA)*

CIA-Offiziere 1961 bei einem Abschiedsessen für Allen Dulles im exklusiven Alibi Club. Von links nach rechts: zwei nicht zu identifizieren Männer, James Critchfield, Brigadegeneral Jesse Balmer, Oberst Lawrence K. »Red« White, Allen Dulles, Richard Helms, Oberst Sheffield Edwards, Bronson Tweedy, Eric Timm, James J. Angleton, Lyman Kirkpatrick und John M. Maury.

В ОТДЕЛ ЗАГС МОСГОРИСПОЛКОМА

енная **Коллегия**
ерховного **Суда**
Союза **ССР**

). мая 1963 г.

№ СП-001/63

Москва, ул. Воровского, д. 13.

: В : t СПЕЦОТДЕЛ МВД СОЮЗА : ССР:

к № __ делу __

ГЛАВНОМУ ВОЕННОМУ ПРОКУРОРУ
на № 4в-8131-62

Прошу дать указание соответствующему отделу ЗА

о регистрации смерти __ ПЕНЬКОВСКОГО Олега __

__ Владимировича __ 1919 __ года рождения, наступивш

__ 16 мая 1963 года __ и выдаче свидетельс

о смерти его __ жене - гр-ке ПЕНЬКОВСКОЙ Вере __

__ Дмитриевне __ , проживающе__й__ по адресу: __

г,Москва, Набережная М.Горького, д.36,кв,59

Заявитель об этом уведомлен.

Начальник секретариата
Военной Коллегии
Верховного Суда Союза ССР
ПОЛКОВНИК ЮСТИЦИИ   И.Полюцкий

Mit dieser gerichtlichen Anordnung wurde verfügt, daß Penkowskijs Frau dessen Totenschein (als Todesdatum wurde der 16. Mai 1963 angegeben) auszuhändigen war. *(KGB)* zur Einrichtung von Bäckereien, Wäschereien und Feldlazaretten. (...) Man wird zwar keine Generalmobilmachung durchführen, aber das gesamte stehende Heer im Verlauf der Manöver in Kriegsbereitschaft versetzen.«

Als er das Thema der Herbstmanöver abgehakt hatte, fügte er einige Gedanken an, die das anglo-amerikanische Team verblüfften:

Ich denke schon seit langem darüber nach, daß es möglicherweise von großem Vorteil für uns [den Westen] wäre, wenn wir einen begrenzten Konflikt mit der Sowjetunion provozieren würden. (...) Man sollte allen vor Augen führen, daß Chruschtschow der einzige Befürworter eines Atomkriegs und der einzige Kriegstreiber der Welt ist. Er sagt, daß sich jeder begrenzte Konflikt zum Atomkrieg ausweiten würde. Das ist nicht wahr, und ein mit konventionellen Waffen geführter Krieg in Korea oder Vietnam könnte es beweisen. (...) Sie werden überrascht sein, wie viele Offiziere und einfache Soldaten der sowjetischen Armee auf Ihre Seite überlaufen werden. Dann wird dieser Hurensohn Chruschtschow sehen, wie schwach seine Position in Wirklichkeit ist, und gezwungen sein, die Feindseligkeiten einzustellen, um seine Armee wieder zusammenzuflicken. Die ganze Armee ist heute in Aufruhr. Chruschtschow hat sie durch die umfangreichen Entlassungen [von Offizieren] vor den Kopf gestoßen, was Stalin niemals getan hat. Chruschtschow wird deshalb auch »der Beleidiger der Armee« genannt.

Unsere Führer [Kennedy und Macmillan] sollten klar sehen, wie unzufrieden die Offiziere der sowjetischen Armee sind. Natürlich ist es nicht an uns, besonders nicht an Armeevertretern, politische Maßnahmen vorzuschlagen. Das werden klügere Leute tun (...). Ich erwähne diese Dinge trotzdem, weil ich meine, daß Sie das Ausmaß der Unzufriedenheit in der Armee kennen und darüber berichten sollten. Chruschtschow ist der neue Hitler, ein atomarer Hitler, der mit der Unterstützung seiner Handlanger einen Weltkrieg auslösen will, um noch vor seinem Tod wahrzumachen, was er so prahlerisch angekündigt hat: »Ich werde den Kapitalismus begraben.«

Chruschtschows Meinung, daß es keinen begrenzbaren örtlichen Konflikt geben könne, ist im Generalstab Tagesgespräch. Jeder redet darüber.

In Penkowskijs strategischen Überlegungen spiegelte sich die Debatte wider, die innerhalb des Parteipräsidiums und der militärischen Führung über die Frage, ob ein Atomkrieg geführt und gewonnen werden konnte, im Gang war. Die sowjetische Nuklearstrategie war zu dieser Zeit noch weitgehend im Fluß, auch wenn von der Diskussion anders als in den USA, wo die Öffentlichkeit an ihr teilnahm, nichts nach außen drang, da sie der strengsten Geheimhaltung unterlag. Der Westen erhielt erst 1962, als Marschall Sokolowskijs Buch *Militärische Strategie* in Moskau erschien, einen gewissermaßen offiziell abgesegneten Einblick in die Grundzüge der sowjetischen Militärdoktrin. Als Penkowskij das anglo-amerikanische Team im Sommer 1961 mit der sowjetischen Debatte über die Nuklearstrategie bekanntmachte, war sie für die politischen Entscheidungsträger und die strategischen Planer der USA noch ein großes Fragezeichen.

Das Hauptziel der strategischen Doktrin der USA war die Abschreckung. Dafür und für den Fall, daß sie nicht funktionieren sollte, brauchte man die Fähigkeit, dem Gegner verheerende Schäden zuzufügen. Wenn die Vereinigten Staaten angegriffen werden sollten, mußten immer noch genügend Atomwaffen übrigbleiben, um den Angreifer zu vernichten.

Die sowjetische Doktrin fußte auf der Annahme, daß die Sowjetunion einen Atomkrieg als Staat, mitsamt ihrer Ideologie und intakten strategischen Streitkräften, überleben könnte. Das Schwergewicht lag auf einer umfassenden Zivilverteidigung und politischen Planungen, die die Aussicht der UdSSR vergrößern sollten, einen atomaren Konflikt zu überleben und den Hauptfeind in politisch entscheidender Weise zu schlagen. Die sowjetische Nuklearstrategie betonte also die politische Ideologie. Die amerikanische Strategie dagegen war vornehmlich psychologisch orientiert und beruhte auf unkoordinierten Kriegsplanungen des Strategischen Luftwaffenkommandos (SAC = Strategic Air Command).[4]

Der Unterschied in der Schwerpunktsetzung besaß erhebliche strategische Implikationen. Die amerikanische Strategie betonte die massive Zerstörung, das heißt die Ausschaltung des nuklearen Potentials des Gegners und die Lahmlegung seiner Gesellschaft. Die sowjetische Strategie dagegen hob die Führung eines Atomkriegs hervor, nahm also an, daß er ausgefochten und gewonnen werden konnte. Die amerikanische Doktrin der nuklearen Abschreckung war seit Mitte der fünfziger Jahre erklärtermaßen die unter Eisenhower ausgearbeitete Strategie der massiven Vergeltung, die hauptsächlich der Abschreckung dienen sollte. Man nahm an, daß kein Sowjetführer jemals so verrückt sein würde, die nukleare Überlegenheit der USA auf die Probe zu stellen. Seit dem Start des ersten Sputniks im Jahr 1957 und Chruschtschows Behauptung, die Sowjetunion sei nunmehr die überlegene Atommacht, hatte die Drohung der massiven Vergeltung jedoch an Glaubwürdigkeit verloren. Die Sowjetunion verfügte offenbar über ein ICBM-Potential, das eine amerikanische Antwort notwendig machen konnte. In den USA waren daher Rufe laut geworden, die mathematische und naturwissenschaftliche Ausbildung umzugestalten, um die Zahl der Diplomingenieure zu vergrößern, und die CIA hatte eine Hauptabteilung für Wissenschaft und Technik eingerichtet, um der sowjetischen Herausforderung auf dem Gebiet der Raketentechnik und der Raumfahrt zu begegnen. Die USA mußten sich der neuen Realität einer wachsenden nuklearen Stärke der Sowjetunion stellen, die ausreichte, um den amerikanischen »way of life« auszulöschen.

Angeführt vom Council on Foreign Relations glaubten viele, die mit der Außenpolitik zu tun hatten, daß die Drohung mit dem totalen Atomkrieg als Reaktion auf jede Aggression, wo immer sie auftreten und wie stark sie auch sein mochte, nicht mehr glaubwürdig war.[5] Mit Hilfe des Council erschien 1957 Henry Kissingers umstrittenes Buch *Atomwaffen und Außenpolitik,* in dem er die Option des begrenzten Atomkriegs befürwortete und damit eine landesweite Diskussion über die Nuklearstrategie auslöste. Kissinger, der dem Council angehörte, vertrat die Auffassung, daß sich die USA mit der Fähigkeit zur Führung eines begrenzten Atomkriegs ein »Spektrum von Möglichkeiten« schaffen würden, mit denen der atomaren Erpressung durch die Sowjetunion erfolgreich Widerstand geleistet werden konnte. »Für die Abschreckung«, argumentierte er weiter, »ist die Fähigkeit zur Führung eines begrenzten Atomkriegs belangvoller als ein konventioneller Krieg, weil sie die glaubwürdigste Drohung darstellt.« Er nahm nicht an, daß ein Atomkrieg zu gewinnen war, meinte aber, daß die Einbeziehung der Möglichkeit eines begrenzten nuklearen Konflikts die Bandbreite der Optionen vergrößern würde, durch die ein totaler Atomkrieg verhindert werden konnte. »Die Weigerung, Risiken einzugehen«, einschließlich der Möglichkeit eines begrenzten Atomkriegs, »würde darauf hinauslaufen, den Herrschenden in Sowjetrußland einen Blankoscheck zu geben«.[6]

Als Kennedy sein Amt als Präsident antrat, stand er der Art und Weise, wie das Verteidigungsministerium geführt wurde, äußerst skeptisch gegenüber. Er holte Robert McNamara, der dafür seinen Posten als Präsident der Ford Motor Company aufgab, nach Washington und machte ihn zum Chef des Pentagons. McNamara brachte eine ganze Riege von Wirtschaftsmanagern mit, die aufgrund ihrer rücksichtslosen Kosteneinsparungen und ihrer Anstrengungen, die Beschaffungs- und Verwaltungspraktiken des Pentagons zu rationalisieren, bald den Spitznamen »Whiz Kids« (Wunderkinder) verliehen bekamen. Besonders skeptisch wurde die in der Öffentlichkeit verbreitete Sicht der sowjetischen Bedrohung betrachtet, die den einzelnen Waffengattungen als Munition für ihren Wettstreit um die Zuteilung von Etatmitteln für neue Waffensysteme diente. Unter McNamara versuchte man, die nukleare Bedrohung durch die Sowjetunion exakt festzustellen und zu verifizieren, um eine rationale Grundlage für Entscheidungen über die Entwicklung neuer Waffensysteme zu haben. Das unter Eisenhower unwidersprochen gültige System wurde jetzt weitgehend in Frage gestellt, was unter anderem zu dem Beschluß führte, die konventionellen Streitkräfte in Europa zu verstärken.

Gleichzeitig wurde das Schwergewicht der Nuklearstrategie von der massiven Vergeltung auf das Konzept der flexiblen Antwort verlagert. Bis Penkowskij auf der Szene erschien, verfügten Kennedy und seine wichtigsten Berater auf diesem Gebiet – Außenminister Dean Rusk, Verteidigungsminister McNamara und Sicherheitsberater McGeorge Bundy – allerdings nur über beschränkte Kenntnisse in bezug auf die sowjetische Strategie. Penkowskijs Berichte und seine Einschätzung des Mannes, der die politische Welt des sowjetischen Militärs bestimmte, eröffneten ihnen nun wichtige Einblicke in die interne sowjetische Debatte über den Einsatz von Atomwaffen und die Führung von begrenzten Atomkriegen.

Penkowskij warf in seinen Überlegungen die Fragen auf, die man sich auch innerhalb der Führung der sowjetischen Streitkräfte stellte: Konnte ein Atomkrieg gewonnen werden, und wenn ja, wie sollte er geführt werden? Bis zu Stalins Tod im Jahr 1953 sah man in der Sowjetunion den Krieg mit dem Westen als unvermeidlich an und glaubte, daß ein Atomkrieg geführt und gewonnen werden konnte. Hinter dieser Ansicht stand Stalins Versicherung, daß die UdSSR auf der Grundlage des Marxismus-Leninismus jeden zukünftigen Konflikt überleben würde.[7] Die Ideologie sollte die tragende Kraft für den Sieg sein. Die Atomwaffen galten, wie der frühere US-Verteidigungsminister Roswell Gilpatric schrieb, nur als »eine neue Form der Artillerie«.[8]

Während des Machtkampfs nach Stalins Tod erklärten Ministerpräsident Georgij Malenkow und seine Anhänger, daß der Krieg zwischen der Sowjetunion und den kapitalistischen Ländern nicht mehr unumgänglich sei. Malenkow warnte davor, daß ein Atomkrieg »die Zerstörung der Weltzivilisation« bedeuten würde, und bemühte sich, die Militärausgaben zugunsten der Versorgung der Bevölkerung mit Konsumprodukten zu kürzen. Es war daher kein Wunder, daß sein Gegenspieler Chruschtschow die Unterstützung des Militärs gewann, indem er darauf beharrte, daß ein Weltkrieg den Sieg der Sowjetunion und des Sozialismus bringen würde. Nachdem er Malenkow 1957 endgültig kaltgestellt hatte, änderte er seine Haltung und sprach plötzlich von »friedlicher Koexistenz«, womit er »eine besondere Form des Klassenkampfs« meinte, deren Mehrdeutigkeit es ermöglichte, die Kriegführung mit nuklearen Waffen zu vermeiden. Chruschtschow handelte sich damit heftige Kritik seitens der Chinesen ein, die ihm vorwarfen, er wolle sich den Weg zur politischen Vorherrschaft erschwindeln.

Das sowjetische Militär folgte Chruschtschows Schwenk; immerhin schien seine Prahlerei nach dem Start des ersten Sputniks im Jahr 1957 ihre Wirkung nicht zu verfehlen, und es flossen mehr Mittel in den Ausbau der Streitkräfte und das Raketenprogramm. Die Vergrößerung der Raketenstreitkräfte zwang Chruschtschow allerdings bald zu Kürzungen auf dem konventionellen Sektor, die die Führung der traditionellen Waffengattungen gegen ihn aufbrachte. In seinen Reden war davon nichts zu spüren; er strich mit Nachdruck die nukleare Überlegenheit der Sowjetunion heraus und bestand trotz seines Lippenbekenntnisses zur friedlichen Koexistenz weiterhin auf dem Recht, nationale Befreiungskriege zu unterstützen.

Auf amerikanischer Seite stand dem die Strategie der massiven Vergeltung gegenüber, die für den Fall eines Angriffs auf den Westen damit drohte, die Industrie- und Bevölkerungszentren der Sowjetunion und Chinas zu zerstören. Die Atombomben wären in diesem Fall vom Strategischen Luftwaffenkommando, das unter der Führung von General Curtis LeMay stand, abzuwerfen gewesen. Der 1951–55 geltende und von den Vereinigten Stabschefs gebilligte SAC-Kriegsplan für den Ernstfall sah sechs Tage nach dem Beginn der Feindseligkeiten den Abwurf von 114 Atombomben über der Sowjetunion vor. Man schätzte jedoch, daß selbst durch ein derartig verheerendes Bombardement nur 30–40 Prozent der industriellen Kapazität der Sowjetunion zerstört werden und die UdSSR immer noch über genügend einsatzfähige Truppen verfügen würde, um in ausgewählte Gebiete Westeuropas sowie des Nahen und Fernen Ostens vorzudringen.[9]

Nach der Explosion der ersten sowjetischen Wasserstoffbombe im November 1955 ergänzten die Vereinigten Stabschefs die Liste der Angriffsziele durch sowjetische Flugplätze und »Betriebe der Atomindustrie«. Die Angriffe auf diese Ziele sollten, nach der von Eisenhower für das SAC ausgegebenen Devise, mit einer hohen »Schadenserwartung« erfolgen. Wie er dieses Prinzip interpretierte und ausfüllte, blieb General LeMays Gutdünken überlassen.[10] Die US-Marine mit ihren auf Flugzeugträgern stationierten Kampfflugzeugen, die in der Lage waren, Atombomben zu transportieren, wählte ihre Ziele unabhängig vom SAC aus.

1960 ordnete Eisenhower, um den nuklearen Overkill zu begrenzen und die Zielplanungen der Teilstreitkräfte zu koordinieren, die Bildung eines Gemeinsamen Planungsstabes für strategische Ziele an, der einen einheitlichen Plan für einen amerikanischen Atomwaffenangriff ausarbeiten sollte. Dieser Plan, der unter der Abkürzung SIOP (Single Integrated Operating Plan = einheitlicher integrierter Operationsplan) bekannt wurde, war so vertraulich, daß eine eigene Geheimhaltungsstufe für ihn geschaffen wurde: *Extremely Sensitive Information* (äußerst sensible Information). Wie Arkin und Pringle in ihrer Studie über den amerikanischen Geheimplan für den Fall eines Atomkriegs schreiben, führte der »Wettstreit um die Ziele« vor allem

»zur Forderung nach mehr Waffen«. Als sich die Generale und Admirale im Sommer 1960 zusammensetzten, um die Zielplanung zu vereinheitlichen, war das amerikanische Atomwaffenarsenal von 1000 Sprengköpfen im Jahr 1955 bereits auf 18000 Stück angewachsen. Die Zahl der Ziele in der Sowjetunion war im selben Zeitraum von 3000 auf 20000 gestiegen.[11]

Kennedy war sich der Härte des SIOP bewußt. Als ihm die »Nettoeinschätzung« des Ausgangs eines Atomkriegs zwischen den USA und der Sowjetunion vorgelegt wurde, meinte er zu Dean Rusk: »Und wir nennen uns die menschliche Rasse.«[12] Damit war die Verlagerung des Schwergewichts von der massiven Vergeltung zur flexiblen Antwort gewissermaßen beschlossene Sache.

Zur Zeit der Berlin-Krise, im August 1961, als es wegen der Berliner Mauer zum atomaren Schlagabtausch mit der Sowjetunion zu kommen drohte, ließ sich Verteidigungsminister McNamara von NATO-Oberbefehlshaber Lauris Norstad über die Planungen für den Fall eines Atomkriegs unterrichten. Dabei mußte er zu seinem Entsetzen feststellen, daß als Antwort auf eine hypothetische Niederlage der amerikanischen Streitkräfte in Berlin immer noch die massive nukleare Vergeltung, auch gegen Bevölkerungszentren, vorgesehen war. »Diese Option hat mir nicht den geringsten Seelenfrieden verschafft«, erinnerte sich McNamara später.

Seine Zweifel an der bisherigen amerikanischen Nuklearstrategie wurden noch verstärkt, als er im Sommer 1961 in London mit Lord Mountbatten zusammenkam – nicht lange nach Penkowskijs zweitem Aufenthalt in England. Als McNamara die nukleare »Option« ansprach, erwiderte Mountbatten: »Sind Sie wahnsinnig?«[13] In Großbritannien hatte man wie in den USA begriffen, daß es Zeit war, einen neuen Ansatz zu finden. Das Konzept der abgestuften Abschreckung war ein erster Schritt in diese Richtung.

Auf Kennedys Anweisung hin ließ McNamara eine revidierte Fassung des SIOP ausarbeiten, die fünf Hauptoptionen und eine Vielzahl von Unteroptionen vorsah. Die wichtigsten Angriffsziele waren danach:

1. Anlagen, die einen strategischen Gegenschlag der sowjetischen Streitkräfte ermöglichen würden, wie Raketensilos, Luftwaffenstützpunkte, U-Boot-Bunker, Atombombenfabriken und Depots.

2. Die sowjetische Luftverteidigung außerhalb der Städte, insbesondere entlang der Routen, die die amerikanischen Kampfflugzeuge fliegen werden.
3. Die sowjetische Luftverteidigung in der Nähe der Städte.
4. Die sowjetischen Befehlsstellen.
5. Wenn nötig, ein totaler »Schubangriff«, das heißt die massive Vergeltung.

Das einzige Detail des neuen SIOP, das an die Öffentlichkeit drang, war die Entscheidung, am Anfang keine Städte anzugreifen – die sogenannte »no-cities doctrine«. McNamaras Beitrag zur Entwicklung der Nuklearstrategie wurde als MAD bekannt, als sichere gegenseitige Zerstörung (*Mutual Assured Destruction*).[14]

Die Informationen, die Penkowskij im Sommer und Herbst 1961 lieferte, insbesondere die Artikel aus der Zeitschrift *Vojennaja Mysl,* deuteten darauf hin, daß sich das sowjetische Denken in entgegengesetzter Richtung auf eine Strategie der nuklearen Kriegführung zubewegte. Penkowskijs Berichte beeinflußten Kennedys Entscheidung, in der Berlin-Frage hart zu bleiben und sich durch Chruschtschows Drohung, einen separaten Friedensvertrag mit Ostdeutschland abzuschließen und die alliierte Rolle in West-Berlin für hinfällig zu erklären, nicht einschüchtern zu lassen.

Shergold war entschlossen, seine Fragenliste nach professionellen Maßstäben abzuarbeiten. Er war daher weniger an Penkowskijs persönlichen Überlegungen interessiert als an harten, nachweisbaren Fakten. Penkowskij hatte gerade davon berichtet, daß die Atomsprengköpfe an die Raketenstreitkräfte verteilt worden waren, und Shergold hakte nach: »Ich möchte in diesem Punkt völlige Klarheit haben – von wem und wann hat er erfahren, daß die Sprengköpfe aus den Depots geholt und an die Raketenstützpunkte ausgeliefert wurden?«

»Als sich die Spannungen um Berlin verschärften«, antwortete Penkowskij, »hat Chruschtschow, um seiner Politik den nötigen Nachdruck zu verleihen, mit Zustimmung des ZK angeordnet, die Atomsprengköpfe in Kampfbereitschaft zu bringen und auf den Abschußrampen zu stationieren. Ihm ist klargeworden, daß wir [der Westen] zuerst zuschlagen könnten.«

272

»Aber wer hat Ihnen das erzählt?« drängte Kisevalter.

»Zuerst einmal Businow. Und dann habe ich, als ich im Hauptquartier der Artillerie war, von mehreren Offizieren gehört, daß sie hinausgeschickt wurden, um vor Ort in der Praxis festzustellen, wie lange man braucht, um die Atomwaffen zu den vorgesehenen Abschußpositionen zu bringen, wie lange es dauert, bis sie abschußbereit sind, und wie die Truppe auf die Vorstellung, sie einzusetzen, reagiert. Kurz, man prüft zur Zeit in der Praxis, was bisher nur auf dem Papier stand, und sorgt so dafür, daß alles bereit ist, falls es notwendig sein sollte, die Atomwaffen zu benutzen.«

Kisevalter bat Penkowskij, den Widerspruch zwischen Chruschtschows militanten Äußerungen und seinem Bekenntnis zur Politik der friedlichen Koexistenz mit dem Westen zu erklären, die er 1959 auf dem XXI. Parteitag der KPdSU verkündet hatte, und erhielt die Antwort:

Es ist alles dialektisch miteinander verwoben. Damals hat Chruschtschow etwas ganz anderes gesagt als heute. 1958 hat er konkrete Termine für die Unterzeichnung des deutschen Friedensvertrags genannt und sie dann nicht eingehalten. Seine Drohungen sind wie ein Knüppel, den er schwingt, um zu sehen, wie die anderen darauf reagieren. Fällt die Reaktion ungünstig aus, hört er auf, ihn zu schwingen. Damals hatte er nicht die militärische Macht, die ihm den nötigen Rückhalt für die Politik gegeben hätte, die er heute betreibt. Jetzt sitzt er militärisch hoch zu Roß, und obwohl er noch nicht die Mittel hat, um maximalen Druck auszuüben, beginnt er doch einen anderen Ton anzuschlagen. Wieso er so lange ruhig geblieben ist, jetzt aber die Stimme erhebt? Er nimmt an, daß der Westen gewisse Schwachpunkte hat und nicht im vollen Umfang kampfbereit ist. Über einige unserer potentiellen Stärken weiß er sehr genau Bescheid, hauptsächlich durch die Berichte seiner Agenten. Er glaubt, daß er stark ist und sich sein Verhalten erlauben kann, mit dem er Kennedy, Macmillan und de Gaulle beweisen will, daß mit ihm zu rechnen ist. Nachdem wir ihm mit Entschiedenheit begegnet sind, fühlt er sich zwar nicht mehr ganz so gut, aber er hofft immer noch, daß wir auch die zweite Pille [den Friedensvertrag mit der DDR] schlucken werden.

Was Sie als Widerspruch ansehen, ist in Wirklichkeit eine dialektische Verschiebung. Er will die größere militärische Stärke benutzen, um in der deutschen Frage einen politischen Sieg zu erringen. Wenn wir klein beigeben, wird er sowohl den moralischen Sieg davontragen als auch Zeit gewinnen. Tritt man ihm jedoch mit Festigkeit entgegen, wird er möglicherweise zurückschrecken und sich die ganze Sache noch einmal für ein Jahr oder anderthalb Jahre überlegen. Natürlich wird er in dieser Zeit genauso wie wir weiter aufrüsten. Es wird ein echter Nervenkrieg sein.

Penkowskij hatte dem anglo-amerikanischen Team damit die Grundzüge der Strategie auseinandergesetzt, die Chruschtschow verfolgte, und gleichzeitig den Rüstungswettlauf vorausgesagt, den die Sowjetunion und die Vereinigten Staaten während der nächsten dreißig Jahre austragen sollten. Der dialektische Materialismus betrachtet die Geschichte als Veränderungsprozeß, der durch den fortgesetzten Kampf der Widersprüche bewirkt wird. Danach bringt jede These ihre eigene Antithese hervor, aus deren Kampf schließlich etwas Neues erwächst, eine Synthese, die beide Elemente enthält und übersteigt. Auf die Geschichte angewandt, hieß dies nach sowjetischer Lesart, daß der Kapitalismus – als These – die Kräfte seiner eigenen Zerstörung herausbildet, die sozialistische Antithese, und daß aus dem anhaltenden Kampf zwischen Kapitalismus und Sozialismus als Synthese der Kommunismus entsteht, dessen Vollendung das Verschwinden der Staaten mit sich bringen wird. Der Marxismus-Leninismus und die Geschichte, so glaubte Chruschtschow, waren auf seiner Seite.

»Ich möchte wiederholen«, fuhr Penkowskij fort, »daß jedes Zugeständnis von Chruschtschow als Zeichen der Schwäche interpretiert werden würde. Letztlich rührt die heutige Situation von dem Problem her, das Sie selbst durch Ihr Verhalten während der Suez-Krise von 1956 geschaffen haben. Heute rechnet sich Chruschtschow die Tatsache, daß Sie Castro immer noch in Kuba dulden, als seine Leistung an. Verstehen Sie? Der Widerspruch ist der: Wo Sie ihm mit Vernunftgründen und humanitärem Denken begegnen, sieht er Zeichen der Schwäche.«

»Hat Chruschtschow wirklich vor, sich im Kriegsfall auf die Armeen der Satellitenstaaten zu verlassen?« fragte Kisevalter.

»Er ist sich eines gewissen Prozentsatzes der Truppen sicher, aber als Ganzes vertraut er ihnen nicht. Deshalb mißt er ja den Atomwaffen solches Gewicht bei und behauptet beharrlich, daß jeder lokale Konflikt zum Atomkrieg führen wird, obwohl dies reiner Unsinn ist und nur seine Aggressivität verrät. Er versucht den Menschen Angst einzujagen, und zwar auf beiden Seiten.«

»Würde Chruschtschow einen großen Krieg beginnen, wenn es den Alliierten gelingt, den Zugang nach Berlin zu erzwingen?« fragte Kisevalter weiter.

Penkowskij antwortete, daß Chruschtschow trotz all seiner Reden keinen Weltkrieg wolle, aber versuchen werde, die westlichen Alliierten in lokalen Konflikten zu schlagen. »Wenn er jedoch die Überzeugung gewinnt, stark genug zu sein, um die USA und England zu erledigen, wäre es möglich, daß er den Erstschlag auslöst. Der Generalstab und unsere Außenpolitiker haben das Hitlersche Konzept des Blitzkriegs in der Vergangenheit stets abgelehnt, sind aber inzwischen zu der Meinung gelangt, daß ein plötzlicher massiver Erstschlag für die Seite, die ihn ausführt, von großem Vorteil ist, und man trifft alle Vorbereitungen, um dazu in der Lage zu sein. Da Chruschtschow jedoch die Mittel fehlen, um alle potentiellen Feinde gleichzeitig anzugreifen, hat er die USA und Großbritannien als Angriffsziele ausgesucht. Er glaubt, daß die anderen Alliierten aufgrund von Differenzen untereinander ausscheren und glücklich sein werden, daß sie mit dem Leben davongekommen sind. Schlußfolgerung: Wenn er nicht von seinen wilden Plänen und unmöglichen Forderungen abrückt, sollten wir zuerst zuschlagen; andernfalls könnte er es tun.«

Kisevalter wollte von Penkowskij wissen, wieviel Unterstützung Chruschtschow für seine Deutschlandpolitik erhielt, insbesondere unter den hochrangigen Offizieren. Ermutigten sie ihn?

»Ein Minister wie Malinowskij stimmt völlig mit Chruschtschow überein, obwohl er sich insgeheim sagen mag, daß es zu früh ist, solch ein Risiko einzugehen. Niemand kann Chruschtschow offen widersprechen. Man würde ihn einfach ablösen. So hat jeder Angst, seinen Posten zu verlieren.«

»Chruschtschow muß sich der militärischen Überlegenheit des Westens bewußt sein – wie kann er dann so arrogant auftreten?« fragte Kisevalter.

»Er glaubt, daß der Westen nicht in vollem Umfang kampfbereit ist. Seiner Meinung nach wäre der Westen, wenn er mehr Einigkeit zeigen würde, sicherlich stärker, aber da es aufgrund der Widersprüche innerhalb der NATO möglich zu sein scheint, daß einige Länder aus ihr austreten, hält er den Westen für schwach.«

»Sieht er nicht, daß der Westen die überlegene Waffentechnik besitzt?«

»Er kennt unsere Stärke, glaubt aber, daß die Widersprüche innerhalb der NATO tief genug reichen, um seine Position zu rechtfertigen. Er denkt, daß sie ihm zum Sieg verhelfen werden.« Die Unstimmigkeiten, auf die Penkowskij anspielte, betrafen die Unfähigkeit der NATO, sich über das glücklose Projekt einer multilateralen Atomstreitmacht zu einigen, und die Befürchtung, daß Westeuropa zum Hauptschlachtfeld eines Atomkriegs werden könnte. Chruschtschow bewertete die Differenzen innerhalb der NATO allerdings zu hoch und unterschätzte den einigenden Faktor, den die Furcht vor ihm darstellte.

Shergold kam noch einmal auf Wynne zu sprechen, bevor man sich für diesen Abend trennte: »Wir dürfen um der Zukunft dieser Operation willen nicht vergessen, daß Wynne unbedingt etwas für die Firmen tun muß, die er vertritt. Er wird in Jugoslawien erwartet; er kann nicht hier bleiben. Andernfalls wird er seinen Job verlieren und damit in Zukunft nicht mehr verwendbar sein.«

Penkowskij erklärte, daß Wynne ihm das gleiche gesagt habe. Er würde noch etwa einen Tag in Paris bleiben und dann nach Jugoslawien reisen. Er sei übrigens mit Wynne essen gewesen, fügte Penkowskij hinzu, und Wynne hätte kein Geld bei sich gehabt, da er sich vorher umgezogen und vergessen hatte, es einzustecken. »Ich mußte ihm Geld geben, damit er das Mittagessen bezahlen konnte. Er ist ein netter Kerl, und ich mag ihn. Er ist vielleicht ein wenig zu sehr auf sein eigenes Wohl bedacht, aber ein ehrenwerter Mann, und er hat eine Menge für uns getan. Er muß unterstützt werden; auf welche Weise, ist Ihre Sache, nicht meine.«

Das Treffen endete um Mitternacht. Penkowskij hatte ein freies Wochenende vor sich, an dem er mit Wynne zusammen die angenehmen Seiten von Paris genießen konnte.

Kapitel 12

Sicherheit oder Ruhm

Penkowskij war neu in Paris und überließ es Wynne, das Programm für ihren Ausflug ins Nachtleben der Stadt zusammenzustellen. Es begann am Samstag, dem 23. September, mit einem Abendessen im Hotel Royale. Wynne übersetzte Penkowskij die Speisekarte und machte die Bestellungen. Er gab sich als Feinschmecker und Weinkenner aus, obwohl sein Geschmack recht einfach war. Es gefiel ihm, sich vor Penkowskij, dessen Wagemut er bewunderte, in Szene zu setzen. Er wollte an seinem Ruhm teilhaben und hoffte, daß man seine Rolle, wenn alles gutging, anerkennen und seinen Einsatz durch angemessene Ehrungen belohnen würde. Er versuchte Penkowskij aufzuheitern, indem er ihn mit kleinen Geschichten und witzigen Anekdoten unterhielt, die er ausgezeichnet zu erzählen verstand. Daneben instruierte er ihn über den neuen Treffpunkt, an dem er am Montag, dem 25. September, um 19.30 Uhr erwartet werden würde.

Penkowskij hörte aufmerksam zu, schien aber mit seinen Gedanken woanders zu sein. Schließlich sprach er aus, was ihn bedrückte: Sollte er im Westen bleiben? Das anglo-amerikanische Team hatte ihm gesagt, daß die CIA oder der SIS ihm in Washington oder London eine Stellung geben könnte, die seinem Rang als Oberst entsprach. Er könnte als Berater in Fragen militärischer und nachrichtendienstlicher Entwicklungen in der Sowjetunion arbeiten. Natürlich wollten die westlichen Geheimdienste mehr Informationen aus Moskau erhalten, aber die Entscheidung darüber, ob er endgültig überlaufen sollte, lag allein bei Penkowskij. Er steckte in einem Dilemma, über das er nicht mit seiner Frau sprechen konnte. Was dachte Wynne darüber? Aber auch Wynne konnte ihm nur sagen, daß er diese Entscheidung selbst treffen mußte.

Penkowskij dachte weiter laut über seine Situation nach, als ob er zu sich selbst spräche. »Da ist einmal das Problem der Arbeit«, sagte er,

»und dann das Problem meiner Frau und Tochter. (. . .) Wenn ich hier-
bleibe, so bedeutet das, Vera und Galina zurückzulassen. Ich kann
nicht mit ihnen zusammen herausfahren. Das ist unmöglich. Und
wenn sie zurückbleiben, werden sie dazu benutzt werden, um mich
zurückzubringen. Es würde sehr schlimm für sie werden. Und doch,
weißt du, wenn ich zurückkehre, so nicht eigentlich um ihretwillen, es
geschieht meinetwegen, um der Arbeit willen, die ich zu leisten habe.
Ich bin anders geworden, das ist es. Ich bin nicht nur mehr Ehemann
und Vater, ich bin auch noch etwas anderes. Ich bin wirklich zwei Personen, kannst du das verstehen?«

»Ja«, sagte Wynne, »ich verstehe.«[1]

Nach dem Essen gingen sie in zwei Klubs am Montparnasse. Penkowskij war fasziniert davon, daß die Frauen mit ihm tanzen und
Champagner trinken wollten. Daß es Hostessen waren, die dafür bezahlt wurden, daß sie die Gäste zum Trinken animierten, ging ihm
nicht auf, und Wynne klärte ihn nicht darüber auf, um ihm die Stimmung nicht zu verderben. Er bezahlte die Rechnungen und legte sie
später dem MI6 vor.

Der Abend endete mit einem Spaziergang über die Avenue George
V., und Penkowskij fühlte sich wiederum geschmeichelt, als er feststellte, daß gutgekleidete Prostituierte mit eigenen Autos es auf ihn abgesehen hatten. Wynne war jedoch aus Sicherheitsgründen angewiesen worden, seinen Gast davon abzuhalten, sich mit Prostituierten
einzulassen. Das anglo-amerikanische Team wollte die Frauen selbst
aussuchen, und so kehrte Penkowskij allein in sein Hotel zurück.

Am Montag traf Penkowskij um 19.55 Uhr am vereinbarten Treffpunkt ein, wo er von Stokes und Kisevalter erwartet wurde, die ihn zu
dem sicheren Haus im 16. Arrondissement brachten. Die Befragung
war weiterhin von den dringenden Nachfragen Washingtons bestimmt. Die Implikationen von Penkowskijs Äußerungen zu Berlin
und zum Stand der sowjetischen Raketenentwicklung waren so erstaunlich, daß die Analytiker und politischen Entscheidungsträger genauer wissen wollten, wie er zu den Informationen gekommen war.
Bestanden seine Berichte nur aus dem, was man sich in der Offiziersmesse erzählte, oder entsprachen sie tatsächlich der Politik, die die
Marschälle und Generale auf Chruschtschows Diktat hin ausführten?

Penkowskij erzählte noch einmal die Geschichte seiner engen

Beziehung zu Marschall Warenzow und berichtete von einem Besuch, den Warenzow anläßlich des Tests der neuen Mittelstreckenrakete R-12 (SS-4), die die Sowjetunion entwickelte, dem Versuchsgelände in Kapustin Jar abgestattet hatte. Kisevalter ließ sich die genauen Daten der Raketentests nennen, so daß Penkowskijs Informationen mit den Erkenntnissen aus der technischen Überwachung verglichen werden konnten. Dann berichtete Penkowskij von einer Ausbildungseinrichtung der Raketenabwehr in der Gegend von Pokrowsko-Streschnjewo. »Es gibt dort große gelbe Gebäude, die von einer hohen Mauer umgeben sind. Dort arbeiten nicht nur Zivilisten, sondern auch Militärtechniker. Sämtliche Angestellten sind zur strengsten Verschwiegenheit über die Art ihrer Arbeit verpflichtet. Mein Freund Posownyj ist dort tagelang spazierengegangen und im Fluß geschwommen, und er kennt hochrangige Generale, die mit ihm über solche Dinge sprechen.«

Kisevalter wollte wissen, aus welchen Quellen Warenzow sein Wissen schöpfte. Wie viele der Informationen stammten aus dem von Chruschtschow geleiteten Obersten Militärrat, dem Gremium also, das in militärischen Belangen das letzte Wort hatte?

»Alles, was ich sagen kann, ist, daß Warenzow ein sehr gut informierter Mann ist«, antwortete Penkowskij. »Wenn er eine Bemerkung über die jeweilige Situation macht, kann sie sich auf die neuesten Entscheidungen des Obersten Militärrats beziehen, aber auch auf Gespräche mit dem Befehlshaber des Heeres, dem Verteidigungsminister oder dem Chef des Generalstabs.«

Kisevalter war am Ende seiner Fragenliste angekommen und sagte abschließend: »Sie verstehen, daß wir diese Fragen stellen müssen, um Ihre Informationen abzusichern und einordnen zu können.«

»Ja«, sagte Penkowskij. »Und mir hilft es, eventuelle Zweifel bei Ihnen auszuräumen.«

»Ich soll Ihnen übrigens eine Botschaft von unseren Chefs übermitteln«, fuhr Kisevalter fort. »Sie lassen Ihnen ausrichten, daß das Material aus den Artilleriezeitschriften, die Sie geliefert haben, sehr hoch eingeschätzt wird und daß Ihre Initiative und Ihr Urteil bei der Auswahl der Artikel alle Anerkennung verdient.«

Penkowskij war erfreut und hielt den Augenblick für gekommen, erneut die Frage anzusprechen, ob er sich eine Datscha außerhalb Moskaus kaufen sollte oder nicht.

»Haben Sie inzwischen eine Datscha?« fragte Bulik.

»Nein, ich habe weder eine gekauft noch gemietet. Sie hatten mir eher abgeraten, es zu tun, aber das Geld dafür habe ich. Bevor ich abreise, möchte ich diese Sache noch einmal überdenken und Ihren Rat einholen. Ich brauche einen Ort, wo ich hin kann, falls ich Moskau plötzlich verlassen muß«, sagte Penkowskij, indem er ein operatives Argument anführte, um das anglo-amerikanische Team zu überzeugen. Kisevalter und seine Kollegen befürchteten allerdings, daß der Erwerb einer Datscha Aufmerksamkeit erregen und die Frage nach sich ziehen würde, woher Penkowskij das Geld dafür hatte.

Offenbar machte sich Penkowskij Gedanken darüber, was geschehen sollte, wenn er mit seiner Verhaftung rechnen mußte; und nun sprach er es direkt an: »Da in Deutschland jetzt alles dicht ist, fällt mir nur noch eine Gegend ein, von der aus man außer Landes kommen könnte: die baltischen Republiken. Das ist besser, als mit meiner Familie den weiten Weg in den Fernen Osten zurückzulegen, um dort über die Grenze zu kommen.«

»Was ist mit dem Süden, mit den Grenzen zur Türkei und zum Iran zum Beispiel?« fragte Kisevalter.

»Sie werden scharf bewacht.«

»Könnte man nicht von Batumi am Schwarzen Meer aus auf dem Seeweg herauskommen?«

»Das ist eine gute Idee«, erwiderte Penkowskij. »Ich kenne die Gegend (...). Ich habe einen guten Freund in Batumi, den ich jedesmal besuche, wenn ich dort bin. (...) Die einzige Möglichkeit, von dort herauszukommen, bestände darin, daß man mit einem kleinen Boot hinausfährt und auf See abgeholt wird. Die einzige andere Gegend, die mir günstig zu sein scheint, ist die baltische Region. Die Bevölkerung dort haßt das Sowjetregime und wartet sehnsüchtig auf ihre Befreiung. Man könnte von dort mit einem Boot auf die Ostsee hinausfahren. Aber Ihr Vorschlag in bezug auf Batumi ist sehr gut; von dort aus wäre es möglich.«

»Ist die Überwachung durch die Marine sehr stark?« fragte Kisevalter.

»Es gibt dort Patrouillenboote, aber nicht viele«, sagte Penkowskij. »Ich möchte Sie an dieser Stelle noch einmal fragen: Würde man mich, wenn ich entdeckt werden sollte und in eine westliche Botschaft fliehe, dort aufnehmen?«

Die Botschaft, warf Shergold, an Kisevalter gewandt, ein, könne nichts für ihn tun, da sie nicht in der Lage wäre, ihn außer Landes zu schaffen. Penkowskij verstand, worin das Problem lag, und ließ das Thema fallen. Wenig später brach er auf. Das Treffen endete um 23 Uhr.

Am nächsten Tag, dem 26. September, wurde er am Abend in der Nähe des Invalidendoms von einem Auto abgeholt, das in Richtung des Flughafens Le Bourget fuhr. Das anglo-amerikanische Team hatte auf Penkowskijs Bitte reagiert, ihm einen französischen Geschäftsmann zu besorgen, den er mit einem Offizier der Pariser GRU-Residentura zusammenbringen konnte, und Bulik teilte ihm jetzt mit, daß man zwei mögliche Kandidaten gefunden habe. Einer von ihnen war ein Amerikaner namens George Hook, der das Pariser Büro der ARMCO Steel Corporation leitete und eingewilligt hatte, sich mit Penkowskij zu treffen und eine Besichtigung seiner Fabrik zu arrangieren, bei der Penkowskij die technischen Schriften einsammeln konnte, die er für seinen GRU-Bericht brauchte. Penkowskij hoffte außerdem, einen Offizier der GRU-Residentura, der als normaler Botschaftsangehöriger auftreten würde, zu der Besichtigung mitnehmen zu können und auf diese Weise ein besonderes Lob einzuheimsen, da es der GRU durch die französischen Restriktionen sehr schwer gemacht wurde, in Paris Kontakte aufzunehmen. In Penkowskijs Augen hing seine Zukunft davon ab, daß er bewies, wie gut er als Agent war. Obwohl er schon daran dachte, endgültig in den Westen überzulaufen, strebte ein Teil von ihm immer noch danach, innerhalb der sowjetischen Armee zum General aufzusteigen.

Bulik sagte Penkowskij während der Autofahrt, daß Wynne ihn mit Hook bekannt machen werde, bevor er nach Jugoslawien abreiste, und gab ihm Hintergrundinformationen über Hook und die Fabrik, die er besuchen würde. Am Ende der rund einstündigen Autofahrt bat Penkowskij darum, in der Nähe von Wynnes Hotel am Champs-Elysées abgesetzt zu werden. Er war mit ihm zum Essen verabedet.

Das Essen verlief nicht sehr harmonisch. Penkowskij erzählte Kisevalter am folgenden Abend in dem Auto von »einigen unerfreulichen Dingen«. Wynne hatte ihm gesagt, daß er nicht länger mit ihm oder dem anglo-amerikanischen Geheimdienstteam zusammenarbeiten wolle. Er sei verunsichert; er bekäme auf seine Frage, was er als Gegenleistung für seine Dienste zu erwarten hätte, nie eine konkrete Antwort. Wynne war überzeugt, daß er eine wichtige Arbeit leistete, aber sie gefährdete seine geschäftliche Tätigkeit. Er stand unter Druck. Seine Frau Sheila war in London zweimal von seinen britischen Geschäftspartnern angerufen worden, die sich danach erkundigten, wann Wynne endlich nach Belgrad fahren würde, und Mrs. Wynne hatte besorgt mit ihrem Mann in Paris telefoniert. Wynne hatte es, wie er Penkowskij gestand, bisher versäumt, die nötigen Verabredungen für die Verhandlungen in Belgrad zu treffen, und würde erst nach London zurückfahren müssen, um seine Geschäftsreise vorzubereiten. Er wurde so sehr von Penkowskij beansprucht, daß er nach und nach das Vertrauen seiner Klienten verlor.

Im allgemeinen, sagte Penkowskij zu Kisevalter, verdiene Wynne für seine Unterstützung nichts als Lob und Anerkennung. Ein Grund für Wynnes Verärgerung sei auch darin zu sehen, daß ihm seine Frau mitgeteilt hatte, daß es beim Umbau ihres Hauses in London Probleme gebe. Das sei ein deutliches Signal dafür, daß Wynne Geld brauche.

In dem Bericht über dieses Treffen mit Penkowskij heißt es: »Die von Penkowskij genannten Zahlen und Bedingungen, die er von Wynne erhalten haben will, waren laut Shergold völlig falsch. Entweder hat Wynne Penkowskij nicht die Wahrheit gesagt, oder dieser hat die Fakten durcheinandergebracht. Wynne selbst befand sich entweder im Irrtum, oder aber er hat sehr geschickt das Feld für künftige zusätzliche Forderungen bereitet.« Wynne erhielt für seinen Einsatz in Moskau 15 000 Pfund.[2]

Aber das Geld war nicht die einzige Ursache von Wynnes Unzufriedenheit. Er beklagte sich bei Penkowskij auch darüber, daß ihm bisher keine Auszeichnung zuteil geworden war. Außerdem empfand er es als störend, daß er, obwohl er so viel Zeit mit Penkowskij verbrachte, nicht mit ihm über den Inhalt des Materials und der Berichte diskutieren konnte, die sie so eng miteinander verbanden.

Penkowskij meinte Kisevalter gegenüber jedoch, daß der Kern des Problems das Geld sei. Im übrigen brauche er Wynne nicht mehr. Wynne habe in lobenswerter, patriotischer Weise alles getan, was von ihm verlangt worden war, und sei dafür gut bezahlt worden; doch wenn er das Gefühl habe, mißbraucht zu werden, sollte man seine

Mitarbeit nicht länger in Anspruch nehmen. Im selben Atemzug sagte Penkowskij jedoch, daß er Wynne nur bis zum Januar oder Februar 1962 nicht brauchen werde; für den Winter 1962 war der Besuch einer von Wynne geleiteten britischen Delegation in Moskau vorgesehen. Penkowskijs Äußerungen über Wynnes Anwesenheit in Paris waren nicht weniger zwiespältig: Einerseits erklärte er, daß er Wynne in Paris nicht brauche, fügte aber andererseits hinzu, daß es nützlich wäre, wenn Wynne kurz vor seiner Abreise nach Paris zurückkehren würde, so daß er ihm technische Broschüren übergeben und ihn auf dem Flughafen verabschieden konnte.

Was bedeuteten diese Widersprüche in Penkowskijs Verhältnis zu Wynne? War Wynne tatsächlich verstimmt – und daher ein Sicherheitsrisiko –, oder versuchte er nur auf einem Umweg mehr Geld und Anerkennung herauszuschinden? Roger King wurde umgehend zu Wynne geschickt, um eine Antwort auf diese Frage zu erhalten. Nach dem Bericht des anglo-amerikanischen Teams erwiesen sich die Spannungen als Sturm im Wasserglas. Wynne stritt King gegenüber ab, daß er die Zusammenarbeit mit dem Team aufkündigen wollte. Am nächsten Tag reiste er ab, um seine Verpflichtungen in Belgrad zu erfüllen.

Die Mißverständnisse waren ein Resultat von Penkowskijs Persönlichkeit und des zunehmenden Drucks, der auf ihm lastete. Er wollte Wynne seine Großzügigkeit beweisen und ihm das Gefühl geben, in seiner Schuld zu stehen, ohne seine eigenen Mittel, die er von dem Team erhielt, dafür einzusetzen. Penkowskij wollte sich Wynnes Loyalität versichern und versuchte deshalb, ihm mehr Geld zukommen zu lassen, was, wie er glaubte, den reibungslosen Verlauf der Operation garantiert hätte.

Von seinen Befragern erfuhr Penkowskij weder, was Wynne an Geldzahlungen erhielt, noch, daß ihm die Ausgaben, die er für Penkowskij beglich, vom MI6 zurückerstattet wurden. Was ihn selbst betraf, so wurden die zur Verfügung stehenden Mittel in Paris – anders als in London, wo Penkowskij von Shergold recht knapp gehalten worden war – von Joe Bulik verwaltet, und es gab in dieser Beziehung diesmal keinerlei Unstimmigkeiten zwischen den Falloffizieren der CIA und des MI6.

Das Team versuchte Penkowskijs Probleme mit Wynne herunterzuspielen, sprach von »angespannten Nerven« und versicherte Penkowskij, daß alles bestens geregelt werden würde. In dem Bericht über das Treffen hieß es in bezug auf Penkowskijs Verhalten: »Es ist keine Frage, daß die Person mit ihren oftmals eigensinnigen Forderungen sowohl wissentlich als auch unwissentlich höchst anstrengend sein kann und daß der Umgang mit ihr von allen Beteiligten viel Geduld verlangt, zumal es nicht immer möglich ist, ihre Gedankengänge nachzuvollziehen.«

Wynne erinnert sich völlig anders an die in Paris aufgetretenen Spannungen. Er bestand im September 1988 in einem Interview darauf, daß die Amerikaner damals versucht hätten, Penkowskij zur ausschließlichen Zusammenarbeit mit ihnen zu bewegen, womit seine eigene Rolle als Kontaktmann zu Ende gewesen wäre. »Penkowskij war ganz aufgeregt, weil er nicht ohne mich arbeiten wollte«, sagte Wynne. In den Akten ist jedoch kein Hinweis darauf zu finden, daß die CIA in Paris versucht hätte, den MI6 auszubooten, und Bulik, dessen Aufgabe es gewesen wäre, Penkowskij einen solchen Vorschlag zu unterbreiten, hat bestritten, daß ein derartiger Schritt jemals erwogen oder gar mit Penkowskij diskutiert worden sei. Wynne hat Penkowskijs Führungsoffiziere im übrigen nie kennengelernt. Anscheinend wollte er, obwohl die Ereignisse schon ein Vierteljahrhundert zurücklagen, seine Bedeutung für die Operation herausstreichen, indem er andeutete, daß sie ohne ihn nicht hätte durchgeführt werden können.

Wynne machte Penkowskij, wie von Bulik angekündigt, im Hotel George V. mit George Hook von der ARMCO Steel Corporation bekannt. Während Wynne fort war, um die Getränke zu bestellen, unterhielt sich Penkowskij mit Hook zunächst über die sowjetische Handelsausstellung, bevor er ihn darum bat, ihm die Besichtigung von Stahl- und Elektronikunternehmen zu ermöglichen. Hook erwiderte, daß er in den nächsten Tagen eine kurze Reise unternehmen müsse, von der er am 4. oder 5. Oktober zurückkehren werde. Danach werde er sich bei ihm melden und die Fabrikbesichtigungen arrangieren. Penkowskij war zufrieden und berichtete seinen Führungsoffizieren, daß Wynne erstklassige Arbeit geleistet hatte. Er hatte keine Ahnung davon, daß Bulik die Verbindung hergestellt hatte.

Der zweite Kontakt war ein weißrussischer Ingenieur, der für ein französisches Unternehmen arbeitete. Als Bulik erwähnte, daß es sich um einen Weißrussen handelte, heulte in Penkowskijs Kopf eine

Alarmsirene auf. Einen Weißrussen zu treffen, war etwas völlig anderes, als von Hook, einem Amerikaner, Hilfe anzunehmen. Er bat Bulik, den Ingenieur noch einmal überprüfen zu lassen, bevor er sich mit ihm traf. Er hatte Handelsausstellungen in Moskau besucht, und Penkowskij vermutete, daß dort der KGB an ihn herangetreten war und ihn wahrscheinlich angeworben hatte.

Das anglo-amerikanische Team stimmte ihm insoweit zu, daß der KGB zumindest eine umfangreiche Akte über den Ingenieur haben mußte, und man beschloß, den Kontakt zu ihm nicht herzustellen. Penkowskij konnte nicht ahnen, daß der Weißrusse in Wirklichkeit auf der Gehaltsliste der CIA stand.

Danach zeigte Penkowskij dem Team einen Artikel in der *Prawda* vom 26. September, durch den die sowjetische Regierung bekanntgab, daß im Oktober und November, wie Penkowskij bereits berichtet hatte, großangelegte Manöver stattfinden würden. Es war ein kühner Schachzug von Chruschtschow, öffentlich anzukündigen, daß sich die sowjetischen Streitkräfte in der heiklen Phase während des XXII. Parteitags der KPdSU und der anschließend geplanten Unterzeichnung des Friedensvertrages mit Ostdeutschland im Zustand der Kampfbereitschaft befinden würden, so daß er seine politischen Vorhaben vor dem Hintergrund seiner kampfbereiten Truppen verwirklichen konnte. Der wirkliche Grund für die Mobilisierung der Streitkräfte – der Krieg mit dem Westen – werde in der *Prawda,* wie Penkowskij anmerkte, allerdings nicht erwähnt.

In diesem Augenblick klopfte es an der Tür, und alle im Zimmer erstarrten, entspannten sich aber sofort wieder, als Shergold die Tür öffnete und Janet Chisholm das Zimmer betrat. Penkowskij umarmte sie herzlich. Sie war nach Paris gekommen, um die zukünftigen Treffen mit Penkowskij abzusprechen. Sie schilderte ihren normalen Gänge, die sie Montags und Freitags in die Gegend des Arbat führten, unweit von Penkowskijs Büros im GKKNIR in der Gorki-Straße und im Generalstab in der Frunse-Straße, und man einigte sich darauf, daß sie sich vom 20. Oktober an bis Ende Dezember jeden Freitag um ein Uhr mittags im *komissionnyj,* einem am Arbat gelegenen Antiquitäten- und Gebrauchtwarenladen, mit Penkowskij treffen sollte. Für den Fall, daß einer von beiden die Verabredung nicht einhalten konnte, wurde als zweiter Termin der nachfolgende Montag vereinbart. Der

Montagstreffpunkt sollte das Feinkostgeschäft im zweiten Stock des Restaurants Praga sein, wo sie sich ebenfalls um ein Uhr mittags treffen würden. Außerdem einigte man sich darauf, auf einem diplomatischen Empfang oder einer Feier, zu der beide eingeladen werden konnten, ohne daß es als ungewöhnlich auffiel, eine offizielle Begegnung zwischen Penkowskij und Janet Chisholm herbeizuführen.

Als Penkowskij am nächsten Tag in der Wohnung im 16. Arrondissement erschien, bemerkte er als erstes, daß Paris doch ein Dorf sei. Er hätte Joe Bulik und George Kisevalter in einem Café am Champs-Elysées entdeckt und sei natürlich vorbeigegangen, ohne sich bemerkbar zu machen. Aber es sei ein Zeichen dafür, wie leicht er selbst vom KGB beschattet werden könne. Bulik erinnerte sich später, daß er und Kisevalter Penkowskij ihrerseits gesehen hatten, ohne es sich anmerken zu lassen.

Danach ging man zur Tagesordnung über, und Kisevalter eröffnete Penkowskij: »Wir haben eine kleine Überraschung für Sie. Einer unserer besten Techniker ist herübergekommen, und er möchte Ihnen ein Gerät zeigen, das in naher Zukunft für den beiderseitigen Funkkontakt zur Verfügung stehen wird, auch wenn Sie es jetzt noch nicht erhalten werden.«

Während »John« vorgestellt wurde, verwickelte Kisevalter Penkowskij absichtlich in ein beiläufiges Gespräch. »John« war niemand anderes als Quentin Johnson, der Operationschef der Sowjetabteilung der CIA. Als »John« alle Mitglieder des Teams begrüßt hatte, sagte Kisevalter zu Penkowskij, daß gerade eine Nachricht aus diesem Zimmer gesendet worden sei. Penkowskij erwiderte, daß er nichts gehört hätte, und war beeindruckt, als »John« den Sender aus der Tasche zog und ihm erklärte, wie er funktionierte.

Der Sender konnte über eine Entfernung von bis zu 800 Metern eine durch einen Zahlencode verschlüsselte Nachricht übermitteln. Wenn die Nachricht eingegeben und das Gerät betriebsbereit war, mußte man nur noch einen Knopf drücken, und der Sender strahlte ein elektronisches Signal aus, das mit einem Spezialgerät empfangen werden konnte. »John« besprach mit Penkowskij, von welchen Punkten aus er das Gerät im Umkreis der amerikanischen Botschaft in Moskau einsetzen konnte. Um Störungen auszuschließen, gingen sie von einer Entfernung von 400 Metern und nicht von der maximalen

Reichweite des Geräts aus. Wenn er einen Standort fand, von dem aus ein direkter Sichtkontakt zum Dach der US-Botschaft möglich war, konnte Penkowskij allerdings auch aus größerer Entfernung senden, und zwar zu jeder Zeit, da das Gerät einen Knopf besaß, mit dem das Aufnahmegerät in der Botschaft automatisch gestartet werden konnte. Mit diesem Sender würde Penkowskij Botschaften von bis zu 300 Worten übermitteln können, ohne ein Telefon oder einen toten Briefkasten benutzen zu müssen.[3]

Penkowskij war begeistert und erklärte sich sofort bereit, den Sender zu verwenden. Aber er wollte es nicht riskieren, ihn in seiner Wohnung aufzubewahren. Damit war ihm ein weiteres Argument für den Kauf einer Datscha in den Schoß gefallen. Auf einer Datscha würde er gewiß ein sicheres Versteck für das Gerät finden. Sie würde außerdem höchstens eine Stunde von Moskau entfernt liegen, so daß die Verzögerung der Übermittlung dringender Nachrichten nur wenige Stunden betragen würde. Das Gerät sollte per Diplomatenpost an die britische Botschaft in Moskau geschickt und durch Wynne übergeben werden.

Quentin Johnson war aber noch aus einem anderen Grund nach Paris gekommen, nämlich um eine Krise im Verhältnis zwischen den amerikanischen und britischen Falloffizieren beizulegen. Sie war entstanden, nachdem Kisevalter und Stokes nach einem der langen Treffen mit Penkowskij ausgegangen waren, um sich zu entspannen, und Kisevalter, wie Joe Bulik sich später erinnerte, zu viel getrunken hatte, »zu geschwätzig geworden« war und sogar »einige Dinge über das vorangegangene Treffen mit HERO ausgeplaudert« hatte. Shergold erstattete Leonard McCoy von dem Vorfall Bericht, der seinerseits Bulik informierte. Bulik sprach daraufhin mit Shergold und Stokes über den Vorfall, um sich »zu vergewissern, daß er nicht als Folge der untergründigen professionellen Eifersucht« anzusehen war, »welche während der gesamten Operation zu spüren« gewesen sei. Danach bat Bulik McCoy, »ein Telegramm ans Hauptquartier zu schicken, das unter anderem meine Empfehlung enthielt, George nach den Pariser Treffen durch einen anderen Falloffizier zu ersetzen«.

Johnson war also nach Paris geeilt, um die Gemüter zu beruhigen und dem Team insgesamt und Kisevalter im besonderen das Vertrauen des Hauptquartiers auszusprechen. Albert Ulmer, der Chef der

Pariser CIA-Station, fertigte eine Verdiensturkunde für ausgezeichnete Leistungen aus, die Kisevalter zusammen mit einem Scheck über tausend Dollar bei »einer würdevollen, stillen Zeremonie (...) von Quentin [Johnson] und dem Chef der Station in Lens [McCoys] und meiner Anwesenheit überreicht wurde. Wir gratulierten George herzlich und hatten danach ein angenehmes Mittagessen.« Kisevalter arbeitete nach den Pariser Treffen als Übersetzer und Analytiker weiterhin an dem Fall; bei zukünftigen Treffen mit Penkowskij sollte jedoch ein anderer russisch sprechender Falloffizier Bulik zur Seite stehen.[4]

Als Penkowskij und das anglo-amerikanische Team am 2. Oktober 1961 erneut zusammenkamen, besprachen sie ein Signalsystem für den Fall, daß Informationen von höchster Bedeutung übermittelt werden mußten, bevor der neue Sender in Moskau eingetroffen war. Der MI6 hatte dafür einen detaillierten Plan mit dem Codenamen DISTANT ausgearbeitet, nach dem Penkowskij zwei Telefonnummern von Angehörigen der amerikanischen Botschaft erhalten sollte, die er wahlweise anrufen konnte, falls ein sowjetischer Angriff bevorstand. Sobald sich jemand meldete, sollte Penkowskij dreimal in den Telefonhörer pusten, dann eine Minute warten und wieder dreimal pusten.

Der Amerikaner würde daraufhin zum Telefonmast 35 am Kutusow-Prospekt gehen. War an dem Mast ein frisch aufgemaltes X zu sehen, bedeutete es, daß Penkowskij in seinem toten Briefkasten eine ausführliche Nachricht hinterlegt hatte. Falls es ihm nicht möglich war, etwas in dem toten Briefkasten zu deponieren, genügte das Telefonsignal als Frühwarnung vor einem sowjetischen Angriff. Penkowskij wurde deshalb nachdrücklich darauf hingewiesen, welche Bedeutung dieses Frühwarnsystem hatte. Das Telefonsignal allein, ganz gleich, ob eine zusätzliche Nachricht in dem toten Briefkasten lag oder nicht, würde zur Folge haben, daß die USA und Großbritannien sofort zu ernsten Maßnahmen griffen. Penkowskij sollte das Signal daher nur in drei Fällen geben: wenn er absolut sicher wußte, daß sich die Sowjetunion für den Angriff bereits entschieden hatte, daß sie beschlossen hatte anzugreifen, falls der Westen bestimmte Schritte unternahm, oder daß sie beschlossen hatte anzugreifen, falls der Westen bestimmte Schritte unterließ.

Der nächste Punkt auf der Tagesordnung war das *Kremlewka,* das streng geheime Telefonbuch des Kreml, das Penkowskij fotografiert und in den Westen geschleust hatte. Es enthielt die Anschlüsse des gleichnamigen Telefonnetzes, das die Büros und Wohnungen der Führungsspitze der Sowjetunion miteinander verband.

»Zunächst einmal, wie sind Sie an das Kremlewka-Telefonbuch herangekommen?« fragte Kisevalter.

»Es ist das von Gwischiani [dem Chef des GKKNIR]. Ich hatte in seinem Büro zu tun und dabei die Gelegenheit, es abzufotografieren. Der Einband ist rot. Steht nicht irgendwo sein Name drauf?«

»Nein, ein Name steht nicht drauf«, antwortete Shergold.

Kisevalter bat Penkowskij, die Besonderheiten des Telefonnetzes des Kreml zu erklären.

»Es ist ein geheimes Netz der Regierung. Genaugenommen sind es zwei Telefonnetze. Das eine wird WTsch genannt [von *wyssokaja tschastota* = Hochfrequenz] und verbindet die Moskauer Büros mit einer Schaltzentrale, von der aus Leitungen in alle Städte des Landes und zu allen Parteigliederungen gehen (...). Man muß die Zentrale anwählen, um sich von ihr verbinden zu lassen. Die direkte Verbindung ist in diesem System nicht möglich. (...) Das Kremlewka ist ein ausschließlich Moskauer Telefonnetz, das die wichtigsten Regierungsstellen miteinander verbindet. (...) Es ist zwar verboten, am Telefon über vertrauliche Dinge zu sprechen, aber in diesem Netz wird trotzdem über alles geredet.«

»Wird es nicht auch Wertuschka genannt?« fragte Kisevalter.

»Ja, so ist es.«

Wertuschka war die volkstümliche, Kremlewka die offizielle Bezeichnung. »Wertuschka« bedeutet, wörtlich übersetzt, Drehrad und hat sich als Spitzname für die Selbstanschlußapparate der Kreml-Spitzen eingebürgert, bei denen man nur den Hörer abzuheben braucht, um verbunden zu werden.

Kisevalter fragte, ob es möglich sei, vom öffentlichen Telefonnetz das Kremlewka-Netz anzuwählen, oder umgekehrt.

»Nein, absolut nicht. Man könnte höchstens die Kabel anzapfen, wenn man weiß, wo sie liegen, und die Gespräche mithören.«

»Nach welchen Kriterien wird entschieden, wessen Name in einem Telefonbuch erscheint und wer ein Kremlewka-Telefon erhält?« fragte Kisevalter.

»Jeder, der in irgendeinem Komitee eine wichtige Stellung bekleidet, hat eines. Manche haben auch zwei.«

»Wer legt das fest?« erkundigte sich Kisevalter.

»Der Büroleiter des Ministerrats der UdSSR«, antwortete Penkowskij. »Er bestimmt auch, wer Zugang zu dem Sonderspeisesaal erhält und wer in den Sondergeschäften einkaufen und die Spezialkliniken in Anspruch nehmen kann.«

»Schlägt das Zentralkomitee vor, wer solch einen Telefonanschluß erhalten soll?«

»Natürlich. Der Büroleiter führt nur die Anweisungen aus, die man ihm gibt.«

Die Befehlsstrukturen der sowjetischen Führung waren für die westlichen Geheimdienste und die Kremlologen von vorrangigem Interesse, und das von Penkowskij gelieferte Telefonverzeichnis eröffnete einen ausgezeichneten Einstieg, der es einem Sowjetexperten des MI6 ermöglichte, 1962 die erste vollständige Organisationsgraphik des Kreml zu erstellen. Da die höchsten Ränge die niedrigsten Telefonnummern hatten, konnte aus den Zahlen auf die Hierarchie innerhalb der Führungsspitze der Sowjetunion geschlossen werden, und das Wissen um die Verteilung der Verantwortung im Umkreis von Chruschtschow, das sich daraus ergab, gestattete es den Sowjetbeobachtern, personelle oder politische Veränderungen besser einzuschätzen und den Schleier der Geheimhaltung, mit dem sich der Kreml verhüllte, zu lüften.

Die neueste Fragenliste des anglo-amerikanischen Teams umfaßte ein breites Spektrum von Themen. Penkowskij betonte erneut den Vorrang, den man in der Sowjetunion nicht nur dem Raketenprogramm, sondern auch der Luftwaffe einräumte. Während Heer und Marine zugunsten der Raketen Kürzungen ihrer Etats hätten hinnehmen müssen, sei das Budget der Luftwaffe, insbesondere was die Mittel für Langstreckenbomber betraf, nicht reduziert worden. Die Verfügung über die Atomsprengköpfe habe die Hauptabteilung für Raketenartillerie (GRAU = *Glawnoje Raketno-Artilleriskoje Uprawlenije*). Anschließend erläuterte er deren Aufbau und benannte ihre Führungsspitze.

Kisevalter erkundigte sich danach, wer im Zentralkomitee für die GRAU zuständig sei, und Penkowskij antwortete, daß die Verantwor tung bei der Militärabteilung des ZK der KPdSU liege, die offiziell Verwaltungsabteilung genannt werde. »Dort sitzt eine Gruppe von Offizieren, die für den Generalstab des Verteidigungsministeriums und das Ministerium ingesamt zuständig ist. (...) Dies ist die Erste oder Militärische Sektion (...). Daneben gibt es eine zweite Sektion, die Politische Hauptverwaltung des Zentralkomitees der KPdSU, die die Parteidirektiven an die Armee und Marine weiterleitet. Mit diesen beiden mächtigen Armen kontrolliert das Zentralkomitee die gesamten Streitkräfte der UdSSR.«

Der nächste Punkt auf der Fragenliste des anglo-amerikanischen Teams betraf die sowjetischen Atomtests. Penkowskij hob hervor, daß sie unter strengster Geheimhaltung durchgeführt wurden; Ausländer dürften die Versuchsgelände nicht besuchen, nicht einmal Vertreter der sozialistischen Länder. Die Chinesen, fügte er hinzu, seien übrigens auf dem besten Weg, zur Atommacht zu werden. »Ich denke, daß sie in zwei oder drei Jahren eigene Atomwaffen besitzen werden. Sie arbeiten jedenfalls sehr intensiv daran.«*

Am Sonntag, dem 8. Oktober, kamen Penkowskij und das anglo-amerikanische Team zum 39sten Mal zusammen. Penkowskij traf um 20.15 Uhr in dem Haus im 16. Arrondissement ein und erzählte als erstes von seinem Rendezvous am Freitagabend. Er hatte eine französische Dolmetscherin, die er auf der französischen Handelsausstellung in Moskau kennengelernt hatte, ins Lido eingeladen. Danach zählte er auf, welche Sehenswürdigkeiten er in Paris besichtigt hatte, so daß er seinen Kollegen in Moskau von den Attraktionen, die Paris zu bieten hatte, berichten konnte, ohne die Nachtklubs zu erwähnen. Nur Versailles hatte er noch nicht gesehen, und er bat das Team, für Wynne und ihn einen Ausflug dorthin zu organisieren, mit dem er seine Besichtigungstour abschließen konnte.

Die Fragenliste des Teams konzentrierte sich weitgehend auf die militärischen Vorbereitungen der Sowjetunion im Zusammenhang mit der Berlin-Krise, und man diskutierte ausführlich über die Unterschiede zwischen den taktischen und den strategischen Raketen der Sowjetarmee. Kisevalter hakte wieder und wieder nach, um genauere

---

* Die erste chinesische Atombombe wurde im Oktober 1965 gezündet, in demselben Monat, in dem Chruschtschow gestürzt wurde.

Informationen zu einzelnen Punkten zu erhalten. Wer hatte ihm, Penkowskij, gesagt, daß es in Dnjepropetrowsk eine Flugzeugfabrik gab? Was wurde in der Metallfabrik in Kiew produziert? ...

Dann wurden Penkowskij weitere Fotos von KGB- und GRU-Offizieren zur Identifizierung vorgelegt. Am Ende des dreieinhalbstündigen Treffens erhielt er die Geschenke, die ihm das Team besorgt hatte: Tenniskleidung für Serow, Elektrorasierer und mehrere Weinflaschen des Jahrgangs 1917. Penkowskij war sehr zufrieden. Sein Aufenthalt in Paris näherte sich dem Ende, und er arbeitete hektisch an der Erfüllung der GRU-Aufträge, die er erhalten hatte. Am Dienstag, dem 10. Oktober, traf er sich zum 40sten Mal mit Bulik, Kisevalter, Shergold und Stokes. Er hatte den größten Teil des Tages in der sowjetischen Botschaft verbracht, die sich, wie er berichtete, in heller Aufregung befand, da der Botschafter zum XXII. Parteitag nach Moskau fahren sollte. Er hatte der Botschaft das Material übergeben, das er über neue Technologien der Stahlproduktion und der Elektronik gesammelt hatte, und drängte jetzt das Team, ihm noch eine Fabrikbesichtigung zu ermöglichen, so daß er einem Angehörigen der Pariser GRU-Residentura einen französischen Kontakt vermitteln konnte.

Bulik versuchte Penkowskijs Eifer zu dämpfen. »Sie dürfen hier nicht zu erfolgreich sein«, sagte er. »Denn sonst schickt man Sie womöglich wieder nach Paris, und das ist der letzte Ort, an dem wir Sie wiedersehen möchten. Wir würden Sie lieber in London oder in Amerika wiedersehen, unter Bedingungen, die wir bestimmen können.«

»Denken Sie daran«, ergänzte Kisevalter, »daß das französische Außenministerium für Fabrikbesichtigungen durch sowjetische Besucher bestimmte Vorschriften erlassen hat.«

Penkowskij wiederholte seinen Wunsch nach einem englischsprachigen Buch über Raketen, einschließlich einer kurzen Zusammenfassung seines Inhalts in Russisch. »Dieses Buch muß für die Sowjetunion interessant genug sein, um es ganz zu übersetzen und zu veröffentlichen«, fügte er hinzu. Er würde die Übersetzung redigieren und ein Vorwort für die russische Ausgabe schreiben. Das anglo-amerikanische Team hatte sich bereits darum gekümmert und Penkowskij Dr. Ralph Lapps Buch *Man and Space* besorgt. Penkowskij war so begeistert davon, daß er es selbst nach Moskau mitnehmen wollte und eine russische Zusammenfassung verlangte. Das Buch war zwar frei im

Buchhandel erhältlich, aber daß er es entdeckt hatte, würde als Beweis für seine Aufmerksamkeit und Initiative verstanden werden. Er sagte, daß er die Zusammenfassung zu Hause bearbeiten und in die richtige politische Perspektive rücken werde, bevor er sie weitergab, um die Übersetzung und Veröffentlichung des Buchs anzuregen. Indem er seine fachliche Kompetenz unter Beweis stellte, hoffte er seine Beförderung zum General und erweiterten Zugang zu Geheiminformationen zu erreichen.

Er hatte in Gedanken schon alles durchgespielt. Warenzow würde sich dafür einsetzen, daß er das Buch übersetzte, und dies würde seine Glaubwürdigkeit erhöhen, wenn er für seine Artikel ständig vertrauliche Dokumente einsehen wollte. Dem Team schien dieser Plan »offenkundige Augenwischerei« zu sein, wie es in dem Bericht über das Treffen heißt, allerdings mit der Anmerkung: »Es ist möglich, daß Penkowskij weiß, wovon er spricht, und daß ihm diese Sache erhebliche Vorteile bringt. Schaden kann sie ihm jedenfalls nicht.« Und tatsächlich wurde Penkowskij dafür gelobt, daß er das Buch besorgt hatte. Sein Vorgesetzter bei der GRU, Oberst Rogow, schrieb eine Aktennotiz an Serow, in der er die Bedeutung von Lapps Buch betonte und darauf drängte, es ins Russische zu übersetzen.

Während der letzten Woche seines Aufenthalts in Paris war Penkowskij tagsüber auf der sowjetischen Handelsausstellung oder in der Botschaft und abends mit dem anglo-amerikanischen Team oder mit Wynne zusammen, der inzwischen aus Jugoslawien zurückgekehrt war. Für einen Abend hatte Bulik eine Begegnung mit einer Prostituierten arrangiert. Er hatte ein Zimmer im Hotel California in der Rue de Berri gemietet, der Frau gesagt, daß er sie für einen Freund, einen jugoslawischen Geschäftsmann, engagieren wolle, und nun wartete er an der Hotelbar, bis Penkowskij sein Schäferstündchen beendet hatte.

Es war eine ereignisreiche Woche. Die Engländer hatten einen Besuch in einer Fabrik arrangiert, die Einspritzpumpen für Dieselmotoren herstellte, und George Hook ermöglichte Penkowskij die Besichtigung einer Stahlrohrfabrik. Nach Hooks Erinnerung war er »gutaussehend und kultiviert, und keiner dieser üblichen Sowjetbeamten«. Er hatte Penkowskij zu einem Mittagessen in sein Haus im Pariser Vorort Neuilly-sur-Seine eingeladen und dort ein anregendes, sachkundiges

Gespräch mit ihm geführt. Nach dem Dessert hatte er ihm dann Broschüren zur Stahltechnologie übergeben, »aber nicht das neueste Zeug«.[5]

Am Donnerstag, dem 12. Oktober, kam Penkowskij erneut mit dem anglo-amerikanischen Geheimdienstteam zusammen. Auf dem Programm des Treffens standen operative Instruktionen und eine letzte Einweisung in die Aufgaben, die er in Moskau erfüllen sollte. An der Spitze stand die mögliche »Information eines verantwortlichen Sowjetvertreters darüber, daß die UdSSR beschlossen hat, einen Angriff gegen den Westen zu starten«. Penkowskij sollte in diesem Fall »den Plan, das Datum und die Zeit des Angriffs sowie Einzelheiten über die Herkunft der Information« liefern. Die anderen Punkte auf der Liste betrafen strategische Raketen, ballistische U-Boot-Raketen, antiballistische Raketen und Entwicklungen auf den Gebieten der Luftabwehr und der Atomwaffen. Außerdem sollte Penkowskij jeden Hinweis darauf melden, »daß der RIS [der russische Geheimdienst] jemanden auf hoher Ebene in eine westliche Regierung eingeschleust« hatte.

Am Freitagvormittag besichtigte Penkowskij in Begleitung eines GRU-Offiziers von der sowjetischen Botschaft die ARMCO-Fabrik. Dank George Hook wurden sie herzlich empfangen und zum Mittagessen eingeladen. Den Rest des Tages verbrachte Penkowskij damit, die Druckschriften durchzusehen und zu verpacken, die er in der Fabrik und von seinen Führungsoffizieren erhalten hatte. Das Päckchen, das er mit der Diplomatenpost an die GRU in Moskau schickte, wog neun Pfund.

Die französischen Reisebeschränkungen für sowjetische »Diplomaten«, mit denen der Spionage vorgebeugt werden sollte, erschwerten es den GRU-Offizieren der Botschaft, von sich aus aktiv zu werden und Kontakte zu knüpfen. Für Penkowskij, der im Rahmen der sowjetischen Handelsausstellung in Paris weilte, galten diese Beschränkungen jedoch nicht, und so war er, anders als die Pariser GRU-Residentura, in der Lage gewesen, Verbindung mit einer britischen und einer amerikanischen Firma aufzunehmen. Er hatte zwar keine Beschreibung der neuesten Technologie zur Herstellung hitzebeständigen Stahls, wie er für den Raketenbau gebraucht wurde, beschaffen und damit seinen eigentlichen Auftrag nicht erfüllen können, aber die Broschüren, die er erhalten hatte, reichten aus, um den Eindruck zu erwecken, daß er wertvolle Industriegeheimnisse gesammelt hatte.

Als er sich am Sonntag, dem 14. Oktober, vormittags in der sowjetischen Botschaft vom GRU-Residenten Tscheredejew verabschiedete, zeigte dieser ihm den »großartigen Bericht«, den er über seine Arbeit in Paris nach Moskau schicken würde. Penkowskij versprach ihm, seinerseits günstig über die Art und Weise zu berichten, in der die Residentura ihren Aufgaben nachkam; er kannte die Regeln: Eine Hand wusch die andere. Tscheredejew trug ihm außerdem auf, Iwan Alexandrowitsch [Serow] persönlich Grüße von ihm auszurichten.

Zum letzten Treffen mit dem anglo-amerikanischen Team wurde Penkowskij am Sonntagabend in der Nähe des Pont de Grenelle abgeholt. Es sprach zwar nichts dafür, daß er beschattet wurde, aber man hatte kein Risiko eingehen wollen und daher regelmäßig einen anderen Treffpunkt vereinbart. Als er in der sicheren Wohnung angekommen war, bedankte sich Penkowskij bei dem Team für dessen Hilfe; er sei sicher, daß er seine GRU-Mission in Paris erfüllt habe.

Das Team sagte ihm, daß er keinesfalls bei der französischen Dolmetscherin, mit der er im Lido gewesen war, anrufen solle, um sich von ihr zu verabschieden. Roger King würde sie später anrufen, sich als einer seiner französischen Bekannten ausgeben und ihr sein Bedauern darüber ausdrücken, daß er ihr nicht persönlich Lebewohl sagen konnte. Er könne sich ja bei ihr melden, wenn er in ein paar Monaten wieder nach Paris komme. Durch diese Absprache sollte verhindert werden, daß die Dolmetscherin einen an Penkowskij gerichteten Brief ans GKKNIR schickte. Es mußte vermieden werden, daß man in Moskau auf Penkowskij aufmerksam wurde, und ein Brief von einer Ausländerin hätte mit Sicherheit Mißtrauen hervorgerufen.

Der größte Teil des Treffens war den operativen Instruktionen gewidmet, die Penkowskij erhalten hatte und nun nach seinen Notizen rekapitulierte. Er erhielt außerdem den Auftrag, Handbücher über die neuesten sowjetischen Panzer, den T-10M und den T-55, und die neuesten konventionellen Waffen der Artillerie zu besorgen. Weiterhin sollte er exakte Daten über die Sprengkraft von nuklearen Testexplosionen sowie deren genaue Termine übermitteln, damit seine Angaben mit den Erkenntnissen aus der technischen Überwachung verglichen werden konnten. Und schließlich wurde er gebeten, alles zu berichten, was er über das sowjetischen Nachrichtenwesen, die Geheimcodes und das hier eingesetzte Personal hörte.

In der abschließenden Befragung lieferte Penkowskij Informationen über seine Kurskameraden an der Militärisch-Diplomatischen Akademie, die für die »illegale« Arbeit ausgebildet worden waren, so daß sie sofort identifiziert werden konnten, wenn sie im Westen auftauchten.

Der operative Teil des Treffens endete damit, daß Penkowskij eine sechzehnseitige russische Zusammenfassung des Buchs *Man and Space* erhielt, die er erfreut entgegennahm. Danach wandte man sich dem bereitstehenden Imbiß zu, stieß mit Champagner auf Erfolg und Gesundheit an und schoß noch ein paar Erinnerungsfotos, bevor Penkowskij seine Führungsoffiziere zum Abschied umarmte und auf die Wangen küßte. Anschließend setzten sich alle nach alter russischer Sitte für eine Minute schweigend hin, um im stillen für eine gute Reise zu beten.

Die Frage, ob sie sich jemals wiedersehen würden, blieb unausgesprochen. Und würde es in einer Welt ohne Krieg geschehen? Penkowskij war der einzige Agent, der den Westen direkt von Chruschtschows Kriegsplänen informieren konnte, sobald er sie dem Obersten Militärrat verkündet hatte. Würde er mithelfen können, sein Vaterland und die Länder, denen er sich seit kurzem zugehörig fühlte, vor der Selbstzerstörung in einem Atomkrieg zu bewahren?

Um fünf Uhr früh wurde er in seinem Zimmer im Hotel Buffalo du Montana geweckt. Er war dorthin umgezogen, weil der Zimmerpreis eher seinem täglichen Spesensatz von 36 Francs entsprach. Um sechs Uhr traf Wynne im Hotel ein und fuhr ihn zum Flughafen Orly. Sein Air-France-Flug nach Prag, wo er in eine Aeroflot-Maschine nach Moskau umsteigen würde, sollte um acht Uhr starten. Aber es war ein nebliger Tag, und der Abflug verzögerte sich. Wynne und Penkowskij tranken Kaffee und Weinbrand und spazierten durch die Gänge des Flughafens, um sich die Zeit zu vertreiben, bis sich das Wetter besserte und Penkowskijs Flug aufgerufen wurde. Wynne fragte sich, ob der Nebel ein Zeichen für Penkowskij war. Mahnten ihn die Götter zum Bleiben?[6]

Als George Kisevalter und Michael Stokes um elf Uhr zu ihrem Abflug in Orly eintrafen, wartete Penkowskij immer noch in der Halle.

Sie bemerkten ihn, wußten aber, wie sie sich zu verhalten hatten, und hielten sich möglichst außerhalb seines Sichtfeldes auf.

Um 11.15 Uhr wurde Penkowskijs Flug endlich aufgerufen, und er begab sich zum Flugsteig. Er blieb, wie sich Wynne später erinnerte, an der Sperre stehen, »und einen Augenblick lang dachte ich, er würde es sich überlegen und nach Paris und in die Geborgenheit zurückkehren. Er stellte seine Koffer ab und stand da, ohne ein Wort zu sprechen, und ich wartete und hoffte. Plötzlich ergriff er meine Hand, hob die Koffer auf und sagte: ›Nein, Greville, ich habe zu arbeiten‹, und verschwand.«[7]

Kapitel 13

DIE RAKETENLÜCKE WIRD GESCHLOSSEN

Am 21. Oktober 1961, während in Moskau der XXII. Parteitag der KPdSU tagte, hielt der stellvertretende amerikanische Verteidigungsminister Roswell Gilpatric vor dem Business Council in White Sulphur Springs (West Virginia) eine sorgfältig formulierte Rede, in der er Chruschtschows Behauptung der nuklearen Überlegenheit der Sowjetunion entschieden zurückwies. Die Rede war mit Sicherheitsberater McGeorge Bundy abgestimmt und von Kennedy gebilligt worden und besagte im Kern, daß die USA mehr und bessere Atomwaffen besaßen als die Sowjetunion. Gilpatric erklärte, daß die Vereinigten Staaten »ein nukleares Vergeltungspotential von derart tödlicher Wirkung« besäßen, »daß jeder Schritt eines Feindes, der sie ins Spiel brächte, einen Akt der Selbstzerstörung darstellte. (...) Die Zerstörungskraft, die die Vereinigten Staaten nach einem sowjetischen Überraschungsangriff noch zum Tragen bringen könnten, wäre genauso groß, vielleicht sogar größer als die gesamte unzerstörte Streitmacht, deren Einsatz für einen Erstschlag der Gegner den Vereinigten Staaten androhen kann. Kurz, wir besitzen eine Zweitschlagsfähigkeit, die mindestens genauso wirksam ist wie das, was die Sowjets für einen Erstschlag mobilisieren können. Wir sind deshalb zuversichtlich, daß die Sowjets keinen großen nuklearen Schlagabtausch provozieren werden.«[1]

Gilpatrics maßvolle, aber entschiedene Warnung an Chruschtschow machte rund um die Welt Schlagzeilen. McGeorge Bundy nannte sie später »eine nüchterne Bestätigung von Amerikas nuklearer Stärke, ja sogar Überlegenheit«.[2] Die von Gilpatric gegebene Darstellung der Situation stützte sich auf die Informationen, die Penkowskij im vorangegangenen halben Jahr geliefert hatte, und die neuen Satellitenfotos sowjetischer Raketenbasen, die im Sommer aufgenommen worden waren. Der Board of National Intelligence

Estimates (Ausschuß für Nationale Nachrichtendienst-Einschätzungen, NIE) der CIA hatte einen Monat zuvor seine Schlüsse aus dem Penkowskij-Material gezogen und seine Schätzung der Anzahl der einsatzfähigen sowjetischen Atomraketen nach unten revidiert.

Damit kein Zweifel darüber zurückblieb, was mit Gilpatrics Rede gemeint war, erklärte Außenminister Dean Rusk am nächsten Tag in einem Fernsehinterview:»Mr. Chruschtschow muß wissen, daß wir stark sind, und er weiß, daß wir es sind.« Darüber hinaus war die Verkündung der nuklearen Überlegenheit der USA als Ermutigung und politische Stärkung ihrer europäischen Verbündeten gedacht.[3] McGeorge Bundy bezeichnete die Rede Gilpatrics später als»Teil der *politischen* Verteidigung von West-Berlin, genauso wie Chruschtschows Drohungen Teil eines politischen Angriffs auf die westliche Präsenz in der Stadt waren«.[4]

Chruschtschow fühlte sich von der Rede herausgefordert und schickte Verteidigungsminister Malinowskij vor, um der Welt zu erklären, daß die Sowjetunion weniger Atomsprengköpfe und Trägersysteme als die USA besitzen mochte, dafür aber über Sprengköpfe mit größerer Sprengkraft verfüge – von 20, 30 und bis zu 100 Megatonnen TNT.

Der Rede Gilpatrics war vier Tage zuvor eine sechseinhalbstündige Tirade vorangegangen, mit der sich Chruschtschow auf der Eröffnungssitzung des XXII. Parteitags der KPdSU mit allem Aplomb, der ihm zur Verfügung stand, an die »Versammlung der Erbauer des Kommunismus« gewandt hatte. Die Sowjetunion stehe für »den Kurs des gesellschaftlichen Fortschritts, des Friedens und des konstruktiven Handelns« gegen »den Kurs der Reaktion, der Unterdrückung und des Krieges«, hatte er den mehr als 5000 Delegierten unter lang anhaltendem Beifall versichert, bevor er verkündete: »Die Sowjetunion ist heute stärker und mächtiger als jemals zuvor!«

In bezug auf die deutsche Frage wiederholte er, daß ein Friedensvertrag »zusammen mit den Westmächten oder ohne sie unterzeichnet werden muß und werden wird«, ohne jedoch, wie er es Kennedy gegenüber im Juni getan hatte, erneut damit zu drohen, daß er den Friedensvertrag unter allen Umständen vor Ablauf des Jahres abschließen werde. Statt dessen erklärte er, daß der Termin der Vereinbarung »nicht mehr von Bedeutung« sei, und fügte erläuternd hinzu:

»Wir haben den Eindruck, daß die Westmächte ein gewisses Verständnis der Situation zu erkennen geben und bereit sind, für die deutsche Frage und das Problem West-Berlin auf einer für beide Seiten annehmbaren Grundlage eine Lösung zu finden.« Chruschtschow bezog sich auf die Gespräche, die Dean Rusk und der sowjetische Außenminister Andrej Gromyko, der aus Anlaß der Vollversammlung der UNO nach New York gereist war, seit dem 21. September 1961 miteinander führten. Sie hatten nach fast einem Monat zwar immer noch keine Ergebnisse erbracht, wurden aber von der Presse als politischer Impuls und als Zeichen verminderter Spannungen zwischen Ost und West gewertet.[5]

Penkowskijs Rolle bestand zu dieser Zeit darin, Hintergrundinformationen zu liefern, die es Präsident Kennedy ermöglichten, Chruschtschows Absichten in bezug auf Berlin zu durchschauen und die wahre Stärke der sowjetischen Nuklearstreitmacht abzuschätzen. Penkowskijs erster Bericht über den Stand der Raketenentwicklung in der Sowjetunion war am 16. Mai 1961 unter dem Titel »Das sowjetische ICBM-Programm« über einen streng geheimen Codekanal an eine ausgewählte Gruppe hoher Regierungsvertreter verteilt worden. In dem Bericht hieß es:

Als die Quelle gebeten wurde, verschiedene Äußerungen Chruschtschows über Tests von ICBMs, ihre Produktion und Stationierung sowie die Drohung mit ihnen zu kommentieren, erwiderte sie, daß Chruschtschow nur bluffe. Auf die Frage nach den Grundlagen dieser Einschätzung gab die Quelle folgende Erklärungen ab:

1. Chruschtschows grundsätzliche Absicht ist es, stets einen Schritt voraus zu sein und die Führer der Westmächte zu beeindrucken, indem er etwas, das er nicht oder nur in geringen Mengen hat, als etwas darstellt, das ihm bereits zur Verfügung steht. (...) Die Absicht Chruschtschows und des Präsidiums ist es also, den militärischen Führern des Westens auf jede nur mögliche Weise, zum Beispiel durch den Start eines Erdsatelliten oder einer bemannten Raumkapsel, zu demonstrieren, daß die Sowjetunion alles hat. Die politische Führung und das Militär des Westens sollen dadurch gezwun-

gen werden, ihren Planungen die Annahme zugrunde zu legen, daß die Sowjetunion bereits ein riesiges Militärpotential besitzt, während es in Wirklichkeit erst aufgebaut wird.

2. Dann ging die Quelle auf Chruschtschows Drohungen ein und berichtete, daß ihr ein hochrangiger General der Artillerie, der für einen Teil des sowjetischen Raketenprogramms verantwortlich ist und zu dem die Quelle eine enge berufliche und persönliche Beziehung unterhält, Anfang 1961 gesagt hat: »Wir denken doch erst über diese Sachen nach. Es sind doch nur Pläne, auch wenn wir hier und da einige Erfolge verzeichnen konnten. Um aber wirklich etwas zu erreichen, muß die Produktion gewaltig gesteigert und das nötige Personal ausgebildet werden.« Die Quelle fuhr fort: »Dieser Offizier hat immer wieder gesagt, daß noch eine Menge zu tun ist, nicht nur in bezug auf das Personal, sondern auch hinsichtlich der Ausrüstung, der Raketentypen etc., während Chruschtschow damit prahlt, daß wir all das schon haben.« Der Offizier hätte weiter festgestellt, daß das Arsenal der Sowjets zwar taktische Raketen und solche Raketen umfasse, die Südamerika, die Vereinigten Staaten oder Kanada erreichen könnten, daß sie aber nicht treffsicher genug seien.

3. Es handelt sich dabei um Versuchsraketen, die derzeit weiteren Tests unterzogen werden und noch nicht auf Abschußbasen stationiert sind. Die UdSSR hat die Fähigkeit, ein oder zwei abzuschießen, aber nicht Hunderte – so viele befinden sich nicht einmal in der Erprobung. Die aktuelle Anzahl in dieser Kategorie von Raketen liegt vermutlich nur bei einigen Dutzend. Schon der Start eines Satelliten oder eines bemannten Raumflugs erfordert die konzentrierte Anstrengung aller Wissenschaftler und Techniker, und bevor ein Satellit im All ist, sind mehrere Fehlschläge hinzunehmen. Chruschtschow zielt mit seinen Erklärungen zur Zeit hauptsächlich darauf ab, im Ausland Eindruck zu machen, aber es wird fieberhaft daran gearbeitet, sie zu verwirklichen. Das Ziel ist die Massenproduktion.

4. Die bereits ausgereiften [Mittelstrecken-]Raketen werden in großen Stückzahlen produziert, und sie können zu jeder Zeit im Rahmen ihrer Reichweite eingesetzt werden. Was die ICBMs betrifft, so haben die Sowjets einen Fehlschlag nach dem anderen zu verzeichnen. Sie stecken weiterhin Millionen in ihre Entwicklung, und wenn sie einmal einen Erfolg erzielen, wird er benutzt, um den Westen mit der Behauptung zu beeindrucken, es gebe Hunderte solcher Raketen. Aber es gibt diese Hunderte von Raketen nicht. Das ist nur leeres Gerede. Eines Tages jedoch wird es sie geben, da die gesamte Wirtschaft und Politik auf dieses Ziel ausgerichtet ist. Das Grundproblem ist die Entwicklung einer Rakete mit einer großen Traglast, die von einem hochwirksamen Treibstoff angetrieben wird, der nur wenig Platz erfordert. Auf dem Papier haben die Sowjets schon einige Fortschritte in dieser Richtung erzielt, und wenn man in Betracht zieht, daß die Anstrengungen von Millionen Menschen auf diese Aufgabe ausgerichtet sind und daß die gesamte Wirtschaft des Landes von einem Einparteiensystem geleitet wird, dem alles untergeordnet ist, dann können sie es erreichen. (...)

5. Es ist zwar jetzt schon möglich, daß irgendwo im Fernen Osten oder in Kapustin Jar einige Raketen vorhanden sind, die andere Kontinente erreichen und dort einen Atom- oder sogar Wasserstoffsprengkopf zur Detonation bringen können, aber ein solcher Angriff wäre völlig planlos, unkontrolliert und ganz gewiß kein massiver Schlag mit einer Vielzahl von Raketen. Dessen bin ich mir völlig sicher; in zwei oder drei Jahren wird es allerdings anders aussehen.

Zu den Empfängern dieses Berichts gehörten zwölf Personen, die keine Angehörigen der CIA waren. An der Spitze der Liste stand McGeorge Bundy als Vertreter des Weißen Hauses. Im Verteidigungsministerium erhielten der Direktor für nachrichtendienstliche Angelegenheiten im Amt der Vereinigten Stabschefs und dessen für das Heer, die Marine und die Luftwaffe zuständige Stellvertreter ein Exemplar des Berichts. Weitere Exemplare gingen an den Direktor der NSA und den Direktor des Büros für Nachrichtenmaterial im Außenministerium.

Innerhalb der CIA hatten rund zwanzig Personen Zugang zu den Penkowskij-Berichten des Codesystems CHICKADEE. Codesysteme wurden für solch sensible Bereiche wie die Ergebnisse der Funküberwachung, Satellitenfotos und Informationen von hochrangigen menschlichen Quellen (HUMINT = *human intelligence*) eingerichtet. Zu den Zugangsberechtigten gehörten der Direktor der CIA und dessen Stellvertreter, der Operationschef des verdeckt arbeitenden Zweigs der Agency sowie mehrere Abteilungsdirektoren. Unter dem Codewort IRONBARK zirkulierten die Übersetzungen der von Penkowskij fotografierten Publikationen und Dokumente.

Eine Nationale Nachrichtendienst-Einschätzung zu ändern, ist nicht leicht. Wie Edward Proctor, der frühere Direktor der CIA-Hauptabteilung für Nachrichtenmaterial, erklärte, hatten Penkowskijs Informationen »mit der Tatsache zu kämpfen, daß man für die Änderung einer Einschätzung mehr Beweise braucht als für deren Erstfassung, da sie einerseits das Eingeständnis bedeutet, einen Fehler gemacht zu haben, und andererseits handfeste Interessen an bereits laufenden Programmen bestehen«.

Die Einschätzungen wurden im Auftrag des Direktors für Nachrichtenmaterial im Büro für Nationale Einschätzungen (ONE = Office of National Estimates) von Vertretern der CIA und der Nachrichtendienst-Abteilungen des Außen- und des Verteidigungsministeriums vorgenommen, die, je nach dem Gegenstand der Einschätzung, weitere Behörden, etwa die Atomenergiekommission, hinzuzogen. Die Einschätzung der Stärke der strategischen Raketenstreitkräfte der Sowjetunion wurde im allgemeinen jährlich überarbeitet. Der erste Schritt bestand darin, daß das ONE ein Thesenpapier erarbeitete und die anderen Behörden aufforderte, innerhalb einer Frist von drei oder vier Monaten dazu Stellung zu nehmen. Die Abstimmung zwischen den einzelnen Regierungsstellen dauerte in der Regel, je nach der Komplexität der Einschätzung und dem Grad der Meinungsunterschiede, zwei Wochen bis zwei Monate. Einem früheren ONE-Mitarbeiter zufolge nahm sich diese Prozedur so aus, »als würde man einen Roman verfassen, indem man die einzelnen Kapitel durch Leute mit unterschiedlichen Standpunkten schreiben läßt und dann versucht, ihre Beiträge zu koordinieren und so zu überarbeiten, daß sie ein logisches Ganzes ergeben.«

Der zweite Schritt bestand also in der »redaktionellen« Arbeit, die einer Plenarsitzung des Nachrichtendienst-Ausschusses der Vereinigten Staaten (USIB = United States Intelligence Board) oblag, auf der die Chefs der beteiligten Behörden, nachdem sie von ihren Vertretern über den Stand der Dinge ins Bild gesetzt worden waren, über die endgültige Fassung der Einschätzung diskutierten. Ihre Vertreter, die die Vorarbeit geleistet hatten, saßen dabei als Berater im zweiten Glied. Konnte auf der Sitzung keine Einigung erzielt werden, stellte man die Uneinigkeit fest und fügte der Einschätzung Fußnoten mit den abweichenden Meinungen hinzu.

Die ausgetauschten Argumente waren selbstverständlich nicht nur von den bekannten Fakten bestimmt, sondern auch von bürokratischen Sonderinteressen. Im Fall der Einschätzung des sowjetischen Raketenpotentials betraf dies vor allem die Luftwaffe, denn je ernster die Bedrohung durch sowjetische Raketen war, desto größer fiel das Budget der Luftwaffe aus und desto bedeutender war die Rolle, die dem Strategischen Luftwaffenkommando und dem Raketenprogramm der Luftwaffe zufiel. 1961 war die Armee für die Raketen mit einer Reichweite von weniger als tausend Meilen (rund 1600 Kilometer) verantwortlich, während jene größerer Reichweite der Luftwaffe unterstanden. Die Marine hatte ihr eigenes Polaris-Programm für U-Boot-Raketen.

Penkowskijs Informationen in dieses System einzugeben, war einfach. Ihnen Beachtung zu verschaffen, erwies sich jedoch als weitaus schwieriger. Obwohl der erste Bericht über das sowjetische ICBM-Programm in aller Eile zusammengestellt worden war, damit er dem USIB als Entscheidungshilfe für die im Juni 1961 fällige Aktualisierung der entsprechenden NIE vorgelegt werden konnte, hatte er so gut wie keine Wirkung. Nur in einer Fußnote wurde er kurz erwähnt. Auf der Sitzung selbst kam niemand auf ihn zu sprechen, und im Text der Einschätzung wurde er weder genannt noch inhaltlich reflektiert. Ein Mitglied des Ausschusses erklärte Jack Maury gegenüber, daß »die Quelle, ganz gleich, wie gut sie ist, als F [nicht erhärtet] betrachtet werden müsse, da den Abnehmern [der CIA-Berichte] die Unterquelle unbekannt sei und der verbreitete Bericht keine Bewertung enthalte. Die [Geheimdienst-]Gemeinde sei nicht bereit, einer F-Quelle bei der Änderung einer Nationalen Einschätzung irgendwelche Beachtung zu schenken.« Die Skepsis richtete sich also nicht gegen die vom verdeckt arbeitenden Zweig des Geheimdiensts vorgenommene Bewertung der Quelle (Penkowskij) selbst, sondern entzündete sich an der Tatsache, daß die Unterquelle, Marschall Warenzow, aus Sicherheitsgründen nicht namentlich erwähnt worden war.

Ein zweiter Faktor, der die Beachtung der von Penkowskij gelieferten Informationen verhinderte, war die schlichte Tatsache,»daß der CHICKADEE-Bericht bei keinem der Sitzungsteilnehmer in das Bild paßte, das er sich bisher gemacht hatte«. Nach den Worten eines USIB-Mitglieds wollte »niemand (...) ihn akzeptieren, weil er den eingefahrenen Ansichten und politischen Positionen widersprach, insbesondere bei der Luftwaffe. Eine Revision [der NIE] hätte eine Veränderung der Budgets bedeutet.«[6]

Edward W. Proctor, damals Leiter der Ad-hoc-Arbeitsgruppe für Lenkflugkörper in der Hauptabteilung für Nachrichtenmaterial, verfaßte ein auf den 2. Juni 1961 datiertes Memorandum, in dem er die NIE im Licht des Penkowskij-Berichts neu bewertete und zu dem Schluß kam, daß es »angesichts der tiefgreifenden Veränderungen, die erforderlich wären, wenn der Bericht als zutreffend anerkannt wird, (...) notwendig sein« könnte, die gegenwärtige Einschätzung zurückzuziehen. Das Memorandum ging zusammen mit einer Studie über die Implikationen des CHICKADEE-Berichts und mit der dringenden Empfehlung, eine völlige Neufassung der NIE zu erarbeiten, an den Direktor der Hauptabteilung für Nachrichtenmaterial, Robert Amory.

In der NIE hieß es:

Die Sowjetführer, insbesondere Chruschtschow, stehen unter dem Eindruck, daß ihnen aufgrund ihrer Leistungen auf dem Gebiet der ballistischen Raketen mit großer Reichweite eine bedeutende Verbesserung ihrer strategischen Position gelungen ist. (...)

Wir glauben, daß direkte und indirekte Beweise die Ansicht stützen, daß: (a) die UdSSR ein im großen ganzen erfolgreiches ICBM-Programm durchführt, und zwar eher in bedächtigem Tempo als mit äußerster Dringlichkeit; (b) die UdSSR das Ziel verfolgt, ihre Streitkräfte innerhalb der nächsten Jahre mit mehreren hundert ICBM-Abschußrampen auszustatten.

Aufgrund des Tempos, mit dem das Programm nach unserem Gefühl vorangetrieben wird, und aufgrund unserer Beurteilung des Verhältnisses zwischen dem, was wir entdeckt haben, und dem, was uns vermutlich entgangen ist, schätzen wir, daß die sowjetischen Streitkräfte Mitte 1961 wahrscheinlich über etwa 50–100 einsatzfähige ICBM-Abschußrampen verfügen, einschließlich der nötigen Raketen und ausgebildeten Bedienungsmannschaften. Diese Schätzung ist als ungefähre Annäherung zu verstehen. Wir nehmen an, daß das Programm weiterhin in langsamem Tempo verwirklicht wird, so daß in den kommenden Jahren Raketenpotentiale in folgender Größenordnung erreicht werden dürften: 100–200 funktionsfähige Abschußrampen bis Mitte 1962; 150–300 bis Mitte 1963; 200–400 bis Mitte 1964. Einige der in den Jahren 1963–64 fertiggestellten Abschußrampen werden wahrscheinlich für eine neue, verbesserte ICBM bestimmt sein.

Proctor argumentierte vor dem Hintergrund der von Penkowskij gelieferten Informationen wie folgt:

Die volle Anerkennung des Berichts hätte die Einsicht zur Folge, daß die Sowjets *kein* im großen ganzen erfolgreiches ICBM-Programm durchführen und daß sie gegenwärtig nicht über 50–100 ICBM-Abschußrampen verfügen.

Eine angemessene Interpretation des Berichts sowie anderer Informationen ergäbe folgende Beschreibung des sowjetischen Programms:

1. Die Sowjets haben eine verläßliche Trägerrakete entwickelt, die sie in der Raumfahrt eingesetzt haben und wahrscheinlich weiterhin einsetzen werden. Sie ziehen daraus einen bemerkenswerten psychologischen und politischen Nutzen, indem sie den Eindruck hervorrufen, sie besäßen ein gewaltiges Arsenal an ICBMs.

2. Diese Trägerrakete ist, vermutlich aufgrund der geringen Treffsicherheit und der Schwierigkeiten bei der Stationierung eines derart großen Flugkörpers, nicht zu einem zufriedenstellenden ICBM-Waffensystem weiterentwickelt worden.

3. Man arbeitet an einer neuen ICBM mit besseren Systemeigenschaften, die leichter zu stationieren ist. Dieses neue Waffensystem könnte sich derzeit im Testgebiet C in Tjuratam in der Erprobung befinden.

4. Aufgrund der Einschränkungen in bezug auf die Stationierung sind bisher nur wenige ICBMs aufgestellt worden. Diese Situation wird sich wahrscheinlich erst ändern, wenn das neue System einsatzbereit ist.

5. Sobald das neue System so weit ausgereift ist, daß alle größeren Schwierigkeiten überwunden sind, wird die UdSSR diese Waffe wahrscheinlich mit höchster Priorität zu Hunderten stationieren.

Die UdSSR wird wahrscheinlich über folgende Anzahl von ICBMs auf Abschußrampen verfügen. Die Vergleichszahlen des gegenwärtigen Entwurfs für die NIE 11–8–61 sind in Klammern angegeben.

Datum	Neueinschätzung	Entwurf für NIE 11–8–61
Mitte 1961	25 oder weniger	
Mitte 1962	25–50	(50–100)
Mitte 1963	75–150	(100–200)
Mitte 1964	175–250	(150–300)
Mitte 1965	300–400	(200–400)

Proctor merkte jedoch auch an, daß mehr Informationen zur Beglaubigung der unbekannten Quelle nötig seien, »weil die Annahme [ihres Berichts] als einer korrekten Wiedergabe des Standes des sowjetischen ICBM-Programms unsere Einschätzung grundsätzlich modifizieren würde und bedeutende Änderungen der Politik der USA bewirken könnte. Es ist notwendig, daß wir als diejenigen, die dieses Programm einzuschätzen haben, Zugang zu allen verfügbaren Informationen haben, so daß wir uns ein unabhängiges Urteil über die Richtigkeit dieses Berichts bilden können.«

Jack Maury und Dick Helms kamen nach eingehenden Überlegungen zu dem Schluß, keine weiteren Hinweise auf die Quelle des Berichts zu geben. Sie befürchteten, daß Penkowskij durch eine weitere

Diskussion über seine Person, seine Position und die Art und Weise, wie er seine Informationen erhielt, kompromittiert werden könnte. Die Folge dieser Entscheidung war, daß die im Juni 1961 erarbeitete NIE im Vergleich zum Entwurf nicht geändert wurde. Laut Howard Stoertz, der im USIB für die Einschätzung des sowjetischen Programms für strategische Raketen zuständig war, wurde jedoch in einer Fußnote angemerkt, daß man Informationen besäße, nach denen »das sowjetische Programm nicht so weit gediehen war, wie es uns Chruschtschow und andere weismachen wollten, und daß wir dabei waren, sie zu überprüfen«. In einem Interview im Jahr 1989 sagte Stoertz:

Mit Penkowskijs Informationen konnten wir die zwischen anderen Informationen bestehende Lücke überbrücken und ein besseres Verständnis für die Art des sowjetischen Programms entwickeln. (...) Wir hatten eine Menge technischer Informationen, die sich im Lauf der Zeit angesammelt hatten. Aber sie waren unvollständig. Sie waren in mancher Hinsicht widersprüchlich und schwer zu interpretieren. Penkowskijs Informationen waren, soweit ich mich erinnern kann, die einzigen Insiderberichte über die sowjetischen Diskussionen und Planungen hinsichtlich der Interkontinentalraketen. Sie besagten, daß die Sowjetunion in der Tat ein umfangreiches Programm vorantrieb, wie es unsere sonstigen Informationen andeuteten, daß es aber wesentlich langsamer verwirklicht wurde, als wir gedacht hatten. Das war der springende Punkt.

Die Glaubwürdigkeit der Quelle war nach besten Kräften geprüft worden, und man hatte mir gesagt, daß sie selbst und ihr Material glaubwürdig seien. Da ich jedoch keine Möglichkeit hatte, mir ein eigenes Urteil darüber zu bilden, konnte ich das Material nur in beschränktem Umfang verwenden. Wenn ich ein von einer U-2 aufgenommenes Foto in die Hand bekam, wußte ich, womit ich es zu tun hatte, und ich hatte einen Analytiker, der mir sagen konnte, was darauf zu sehen war. Mit dieser Quelle aber konnte ich nie selbst sprechen, und ich konnte nie herausfinden, um wen es sich handelte. Dadurch wurde zwar ihr Leben geschützt, aber es beschränkte auch den Nutzen, den ich aus ihr ziehen konnte. Ich akzeptierte, was man mir sagte, suchte aber weiter nach Bestätigungen von anderer Seite.[7]

Die Analytiker spürten, daß etwas nicht stimmte. Das sowjetische Raketenprogramm hätte weiter fortgeschritten sein müssen, und auf den Satellitenfotos hätten mehr Abschußrampen auftauchen müssen. Wo waren sie? Waren die Raketen nur gut getarnt, wie die Luftwaffe meinte?

Die Juni-Einschätzung war ein Wendepunkt. Sie deutete an, daß die bisherige Annahme höherer Produktionszahlen im sowjetischen Raketenbau brüchig war.[8] Den Analytikern standen inzwischen neuere Fotos aus dem Discoverer-Programm zur Verfügung, die zum erstenmal detaillierte Ansichten des sowjetischen Raketenstützpunkts in Plessezk, südlich von Archangelsk, lieferten, so daß man sich ein Bild vom Aussehen der sowjetischen Abschußrampen machen und viele der bisher vermuteten Raketenstandorte aus der Liste streichen konnte. Die Zahl der Stützpunkte mit Interkontinentalraketen vom Typ SS-6 reduzierte sich dadurch auf 10–14.[9] Brachte man diese Erkenntnisse mit dem Penkowskij-Bericht zusammen, ergab sich eindeutig die Notwendigkeit, die NIE einer Revision zu unterziehen.

Chruschtschows Drohungen in bezug auf Berlin waren immer noch aktuell, als die CIA am 6. September 1961 einen Bericht mit dem Titel »Der gegenwärtige Zustand der Streitkräfte der Sowjetunion und ihrer Satelliten sowie Hinweise auf ihre militärischen Absichten« verbreitete, in dem es hieß, daß »während des kommenden Herbsts und Winters« an ICBM-Waffensystemen weder die SS-6 noch die SS-7 einsatzbereit sein würden. Daraus ergab sich die Schlußfolgerung: »Wir glauben jetzt, daß unsere gegenwärtige Schätzung von 50–100 einsatzbereiten ICBM-Abschußrampen Mitte des Jahres 1961 wahrscheinlich zu hoch gegriffen ist.«[10]

Diese Ansicht erfuhr die Unterstützung der Armee, der Marine und des Büros für Nachrichtenmaterial des Außenministeriums und wurde zum Konsens einer neuen Nationalen Nachrichtendienst-Einschätzung, der NIE 11-8/1-61, in der die Hochrechnung des sowjetischen Raketenpotentials auf weniger als 35 Stück reduziert wurde. Sie fand am 21. September 1961 die Zustimmung des USIB und wurde anschließend an den Präsidenten weitergeleitet.

Kennedy fiel der scharfe Widerspruch zwischen den bisherigen Einschätzungen durch die Luftwaffe und dem neuen Konsens der Geheimdienstgemeinde natürlich auf, aber die von Penkowskij und dem

Satelliten Discoverer gelieferten Beweise waren weitaus schlüssiger als die nicht erhärteten Mutmaßungen der Luftwaffe.[11] Das Problem bestand allerdings eher darin, wie die Öffentlichkeit die Umkehrung der Perspektive von der amerikanischen Unterlegenheit zur amerikanischen Überlegenheit aufnehmen würde. Bevor der Wechsel in der Lageeinschätzung bekanntgemacht wurde, entbrannte deshalb innerhalb des Regierungsapparats ein heftiger Streit darüber, wie es am besten zu geschehen hätte.[12]

Die neue, niedrigere Einschätzung beendete die Debatte über die sogenannte Raketenlücke zwischen den USA und der Sowjetunion, die im Wahlkampf von 1960 eine herausragende Rolle gespielt hatte. Kennedy hatte damals irrtümlicherweise behauptet, die Sowjetunion sei den Vereinigten Staaten auf dem Gebiet der ICBMs voraus. Er hatte sich dabei auf Schätzungen der Luftwaffe und von Senator Stuart Symington gestützt, des früheren Luftwaffenministers (1947–49), der sich selbst Hoffnungen gemacht hatte, zum demokratischen Präsidentschaftskandidaten gewählt zu werden. Vertreter der Regierung, allen voran der Vizepräsident und republikanische Kandidat Richard Nixon, hatten die genannten Zahlen zwar bestritten, Kennedy aber nicht davon abbringen können, weiter in die publikumswirksame Kerbe der Raketenlücke zu schlagen.

Kennedy kam dabei sowohl die fortgesetzte Prahlerei Chruschtschows als auch Eisenhowers Weigerung zugute, öffentlich über die nukleare Stärke der USA zu diskutieren. Chruschtschow hatte den Erfolg des Sputniks und anderer Raumfahrtprojekte benutzt, um den Eindruck zu erwecken, die Sowjetunion sei unbesiegbar. Verteidigungsminister McNamara erklärte allerdings schon im Februar 1961, einen Monat nach Kennedys Einzug ins Weiße Haus, bei seinem ersten Treffen mit den beim Pentagon akkreditierten Journalisten, daß es in Wirklichkeit keine Raketenlücke gebe, »und wenn doch, dann eine zu unseren Gunsten«. McNamara hatte diese Bemerkung, wie er sich später erinnerte, zwar unter dem Vorbehalt gemacht, daß sie nicht für die Öffentlichkeit bestimmt wäre, aber sie stand am nächsten Morgen trotzdem in allen Zeitungen, und er ging daraufhin sofort ins Weiße Haus, um seinen Rücktritt anzubieten. Er hatte in seinem ersten Monat im Amt viel Zeit damit verbracht, die Einschätzungen der Luftwaffe und die Fotos der sowjetischen Raketenstützpunkte zu begutachten, und war zum dem Schluß gekommen, daß die Luftwaffe ihn zwar nicht täuschen wollte, aber falsch lag. Kennedy sagte ihm, daß er sich keine Sorgen machen und die Sache auf sich beruhen lassen solle.[13]

Das Thema blieb jedoch aktuell, bis mit der revidierten NIE schließlich ein neuer Konsens erreicht wurde und die Raketenkontroverse von der Dringlichkeit der Berlin-Krise, die sich im Sommer 1961 zusehends verschärfte, in den Hintergrund gedrängt wurde.

Die Sowjetunion unternahm ohne Zweifel große Anstrengungen, um in der nuklearen Aufrüstung zu den USA aufzuschließen, aber für den Augenblick verfügten die USA über mehr Raketen, Bomber und U-Boote. Die Entscheidung, Chruschtschow wissen zu lassen, daß man in Amerika den tatsächlichen Stand des sowjetischen Raketenprogramms kannte, wurde erst nach reiflicher Überlegung getroffen. Denn es war zweifellos damit zu rechnen, daß die Sowjetunion nach einer solchen Erklärung ihr Raketenprogramm forcieren würde, wie Roger Hilsman, der damals das Büro für Nachrichtenmaterial des Außenministeriums leitete, in seinen Memoiren *To Move a Nation* schrieb.»Andererseits ließen Chruschtschows wiederholte Drohungen in bezug auf Berlin befürchten, daß er, wenn wir ihm weiterhin anzunehmen erlaubten, daß die Raketenlücke immer noch vorhanden war, die Welt sehr wahrscheinlich gefährlich nah an den Rand des Krieges bringen würde. Deshalb wurde die Entscheidung gefällt, den Sowjets mitzuteilen, daß wir es jetzt wußten.« Gilpatric sei als Sprecher ausgewählt worden,»weil eine Rede des stellvertretenden Verteidigungsministers hoch genug angesiedelt war, um überzeugend auf die Sowjets zu wirken, aber nicht so hoch, um als Drohung aufgefaßt zu werden – was bei einer Rede des Präsidenten, des Außenministers oder des Verteidigungsministers möglicherweise der Fall gewesen wäre.«[14]

Auf die Gilpatric-Rede folgte eine Reihe von Informationsgesprächen mit den Verbündeten,»in die absichtlich auch solche einbezogen wurden, von denen wir wußten, daß sie unterwandert waren, um zu erreichen, daß die durch die Gilpatric-Rede öffentlich verbreitete Botschaft durch sowjetische Geheimdienstkanäle untermauert und bestätigt wurde. Für die Sowjets«, schrieb Hilsman weiter,»besaß die Botschaft horrende Implikationen. Sie folgten nicht so sehr aus der

Tatsache der militärischen Überlegenheit Amerikas – das war den Sowjets nicht neu. Was ihnen den größten Schrecken eingejagt haben muß, war die Erkenntnis, daß die Amerikaner *wußten,* daß sie militärisch überlegen waren. Die Folgerung daraus lag auf der Hand: Um zu dieser Einsicht zu gelangen, mußten die Amerikaner einen nachrichtendienstlichen Durchbruch erzielt und einen Weg gefunden haben, um die Standorte der bereits aufgestellten sowjetischen Raketen zu lokalisieren und ihre Gesamtzahl zu ermitteln. (...) Das gesamte sowjetische ICBM-System war plötzlich obsolet geworden.«[15]

Hilsmans Schlußfolgerung war überzogen. Die landgestützten sowjetischen Raketen waren alles andere als veraltet. Penkowskijs Berichte, die Ergebnisse der sorgfältigen Nachfragen seiner Führungsoffiziere und die Satellitenfotos hatten jedoch in der kritischen Phase der Berlin-Krise, in der es um Krieg oder Frieden ging, ihre Verwundbarkeit aufgezeigt. Chruschtschow verlor nach der Gilpatric-Rede die Lust an einer Kraftprobe in der Berlin-Frage.

Penkowskij kehrte am Samstag, dem 14. Oktober, nach Moskau zurück und machte sich am folgenden Freitag, dem 20. Oktober, zum erstenmal auf den Weg zu dem Gebrauchtwarenladen am Arbat, wo er, wie in Paris vereinbart, um 13 Uhr mit Janet Chisholm verabredet war.

Das *komissionnyj* war ein besserer Treffpunkt als das Feinkostgeschäft des Restaurants Praga, wie Janet Chisholm festgestellt hatte, als sie vor dem Treffen mit Penkowskij kurz hineinging, um es sich anzusehen. Es gab praktisch nichts, was sie hätte kaufen können, und daher auch keinen Grund, sich länger in dem Geschäft aufzuhalten, falls Penkowskij sich einmal verspäten sollte. Das mit Waren vollgestopfte Gebrauchtwarengeschäft war dagegen wie geschaffen für ein verdecktes Treffen.

Mrs. Chisholm kam aus dem Ballettkurs für Diplomatenfrauen, der im Ballsaal des Spasso-Hauses stattfand, der unweit des Arbats gelegenen Residenz des amerikanischen Botschafters, und traf als erste im *komissionnyj* ein. Penkowskij erschien pünktlich zur vereinbarten Zeit, ging einmal durch das ganze Geschäft, um ihre Aufmerksamkeit auf sich zu ziehen, und trat dann wieder auf die Straße.

Mrs. Chisholm folgte ihm. Sie trug eine russische Pelzmütze und hatte eine Einkaufstasche in der Hand, so daß sie nicht als Ausländerin auffiel. Penkowskij ging den Arbat hinunter in Richtung des Smolensk-Platzes. Dann bog er in die Arbat-Gasse ein, eine kleine Neben-straße, und betrat das letzte Haus auf der rechten Seite, ein altes Wohnhaus mit der aufgemalten Nummer 7/4. Mrs. Chisholm über-zeugte sich, daß ihr niemand gefolgt war, und ging ebenfalls in das Haus. Penkowskij winkte sie in dem dunklen Hausflur zu sich und übergab ihr einen Brief. Sie tauschten Grüße aus und erkundigten sich nach ihren Familien. Penkowskij war enttäuscht, daß Mrs. Chisholm ihm nichts zu übergeben hatte. Das Treffen dauerte weniger als eine Minute.

Die folgenden Treffen am 27. Oktober sowie am 3. und 10. Novem-ber verliefen nach demselben Muster und ebenso reibungslos wie das erste. Mrs. Chisholm erhielt insgesamt acht Filmkassetten und zwei weitere Briefe von Penkowskij, die sie während des Mittagessens in ihrer Wohnung in der Sadowaja-Samotjotschnaja-Straße ihrem Mann aushändigte. Die Übergabe fand jedesmal in völligem Schweigen statt; die Chisholms sprachen in ihrer Wohnung nie über die Treffen mit Penkowskij oder andere mit der Operation zusammenhängende Dinge. Rauri Chisholm brachte das von Penkowskij übersandte Mate-rial anschließend in die Botschaft, wo es verpackt und mit der Diplo-matenpost nach London geschickt wurde.

Am Abend des 16. November folgte Penkowskij einer Einladung des britischen Wissenschaftsattachés, Dr. Senior, und lernte bei dieser Gelegenheit Mrs. Chisholm und ihren Mann offiziell kennen. Er übergab an diesem Abend zwar kein Material, aber nachdem sie sich auf gesellschaftlichem Parkett begegnet waren, konnte er Janet Chi-sholm, falls er sie in der Öffentlichkeit traf, unbesorgt ansprechen.

Bei dem planmäßigen Treffen am nächsten Tag zeigte Penkowskij Mrs. Chisholm im Flur des Hauses an der Arbat-Gasse einen schma-len Zwischenraum zwischen zwei Briefkästen, der als toter Briefka-sten benutzt werden konnte. Danach übergab er ihr eine Filmkassette, einen Brief, 38 Seiten mit handschriftlichen Notizen und zwei Seiten mit den neuesten Witzen, die in Moskau die Runde machten. Es war für einen Monat das letzte Treffen, da Penkowskij, wie er Mrs. Chi-sholm erzählte, mit seiner Frau und seiner Tochter nach Kislowodsk, einem Kurort mit starken Kohlesäurequellen im Nordkaukasus, in Urlaub fahren würde. Das nächste Treffen sollte am 9. Dezember stattfinden.

In Washington und London war man unterdessen weiter mit der von Penkowskij geforderten Möglichkeit einer raschen Kontaktaufnahme im Notfall beschäftigt. Als aus Paris die ersten Informationen über die umfangreichen militärischen Vorbereitungen der Sowjetunion im Zusammenhang mit der Berlin-Frage im CIA-Hauptquartier eintrafen, kam Jack Maury mit Dick Helms zusammen, um mit ihm darüber zu sprechen, wie mit dem Penkowskij-Material zu verfahren war. Maury bemerkte in dem Gespräch, daß Penkowskij »jetzt eine Schlüsselposition« innehätte, da seine Informationen »unsere eigene Reaktion auf die jüngsten Schritte der Sowjets grundlegend beeinflussen würden«. Helms stimmte ihm in bezug auf die Fragen, die sich während der sowjetischen Herbstmanöver ergeben mochten, zu, erklärte aber, daß die CIA die Antworten darauf den Abnehmern ihrer Informationen überlassen sollte. Die Agency, sagte er, könne nur dafür einstehen, »daß wir, von einem streng operativen Standpunkt aus, nicht in der Lage waren, HERO einen Fehler nachzuweisen, und daß die operativen und Spionageabwehraspekte des Falls keinen Anlaß gegeben haben, die Richtigkeit der gelieferten Informationen in Frage zu stellen«.[16]

Das Frühwarnsystem DISTANT, in das Penkowskij in Paris eingewiesen worden war, war ausgearbeitet worden, um das Problem der schnellen Kontaktaufnahme im Notfall zu lösen. Der Chef der Moskauer CIA-Station war instruiert worden, den Erhalt des Frühwarnsignals umgehend dem Hauptquartier zu melden und erst danach den toten Briefkasten zu leeren. Auf diese Weise wurden möglicherweise wertvolle Stunden gewonnen, in denen die amerikanischen Streitkräfte in einen höheren Bereitschaftszustand versetzt werden konnten.

Auf britischer Seite war man jedoch besorgt darüber, daß ein DISTANT-Signal falsch interpretiert werden und zum Ausbruch von Feindseligkeiten führen konnte. Maurice Oldfield, der Vertreter des MI 6 in Washington, drückte diese Sorge in einem Brief an Jack Maury aus, in dem er darlegte, wie er sich die Vorgehensweise im Fall einer »Blitznachricht« von HERO, »die auf die sowjetische Absicht hindeutete, den Westen anzugreifen«, vorstellte. »Blitznachrichten« (Flash messages) waren Mitteilungen mit höchster Priorität.

Die DISTANT-Nachricht sollte an die CIA-Station in London weitergeleitet und von dieser dem britischen Vereinigten Nachrichtendienstkomitee (JIC = Joint Intelligence Committee) vorgelegt werden, an dessen Sitzung auch die CIA teilnehmen könne, wie Oldfield schrieb. »Auf diese Weise kann man hoffen, daß eine gemeinsame anglo-amerikanische Einschätzung des Berichts zustande kommt, bevor er von der Geheimdienstgemeinde freigegeben wird. Ein DISTANT-Bericht wird von Großbritannien erst als ernstzunehmender Hinweis behandelt werden, wenn er vom JIC als solcher bewertet worden ist.«[17]

Die amerikanische Auffassung darüber, wie bei einer Warnung vor einem sowjetischen Angriff zu verfahren sei, sah völlig anders aus. Dick Helms bestand darauf, daß es die Aufgabe der CIA sei, die Informationen unbearbeitet weiterzuleiten, nachdem die Quelle als glaubwürdig anerkannt worden war. Ihre Bedeutung zu ermessen, sei Sache der Abnehmer.

Am 28. Oktober 1961 ging eine von Jack Maury im Namen von Allen Dulles aufgesetzte und von diesem abgesegnete Botschaft an die Londoner CIA-Station, um auf eine Übereinkunft über die Funktionsweise des Frühwarnsystems hinzuwirken. Die britische Besorgnis über das Risiko der sofortigen Weitergabe der heiklen Information an Abnehmer, die nach britischer Auffassung allzu »schießwütig« waren, wurde von der CIA zwar akzeptiert, führte aber nicht zur Änderung ihrer Haltung. Die Briten erwähnten das Strategische Luftwaffenkommando zwar nie direkt, aber jeder wußte, daß die Hauptlast eines nuklearen Gegenschlags vom SAC und von der Luftwaffe insgesamt zu tragen gewesen wäre, von jener Waffengattung also, die hohe Schätzungen des sowjetischen Nuklearpotentials abgegeben hatte und der eifrigste Vertreter des Gedankens eines Präventivschlags gegen die Sowjetunion war.

Dulles gab in seinem Brief zu, daß es extrem schwierige Probleme aufwerfen würde, die richtige Balance zwischen der Gefahr des Mißbrauchs und der vermutlich größeren Gefahr zu finden, die eintreten würde, wenn eine solche Information zurückgehalten wurde, und er fügte hinzu, daß sich die CIA nicht selbst die Hände binden könne. Schon die wenigen Stunden, die die Einberufung einer JIC-Sitzung und die Abstimmung zwischen London und Washington in Anspruch nehmen würden, könnten den Unterschied zwischen dem Erfolg und dem Scheitern eines Angriffs bedeuten. Sobald die Frühwarninformation der CIA und dem USIB zugegangen sei, müsse sie, wenn sie als kritisch betrachtet werde, umgehend an die Spitzenbeamten der Regierung außerhalb der Geheimdienstgemeinde weitergeleitet werden. Wenn die Umstände es erforderten, müsse die Möglichkeit bestehen, augenblicklich den Präsidenten zu informieren.

Für den Fall, daß Penkowskij sein Material nicht, wie erwartet, in einem von der CIA bedienten toten Briefkasten hinterlegte, sondern den Briten zukommen ließ, forderte Dulles den MI6 auf, die Nachricht über dessen Vertreter in Washington den zuständigen Mitarbeitern der Sowjetabteilung der CIA zu übermitteln, und zwar »ohne eine Interpretation oder Bewertung von irgendeiner Seite abzuwarten«.

Die Frage wurde am 31. Oktober 1961 auf einer Sitzung in London gelöst. Teilnehmer waren der Chef des MI6, Sir Dick White, der ausscheidende CIA-Direktor Allen Dulles, dessen Nachfolger John McCone, der zu einem Antrittsbesuch bei Sir Dick in London weilte, der Chef der Londoner CIA-Station, Frank Wisner, und dessen Stellvertreter Carleton B. Swift sowie Sir Hugh Stephenson vom Außenministerium und dessen Kollegen Charles Ransom, John Taylor und Norman Darbyshire.

Zunächst erläuterte Sir Dick das vom JIC ausgearbeitete DISTANT-Verfahren. Dessen Zweck sei es, die Frühwarnung von HERO vor der Weitergabe an die Minister durch eine Prüfung und Bewertung abzusichern, was besonders bei den von HERO eintreffenden politischen Informationen zu geschehen hätte. Das DISTANT-Verfahren sehe außerdem vor, daß der Kabinettssekretär Sir Norman Brook sofort vom Erhalt der Frühwarnung unterrichtet werden sollte, so daß er in der Lage wäre, die zuständigen Kabinettsmitglieder zusammenzurufen, die sich dann nach der Prüfung durch das JIC ohne Zeitverzug mit der Meldung von HERO befassen könnten.

Allen Dulles stellte in seiner Erwiderung als erstes die Forderung auf, daß beide Seiten einander augenblicklich über den Eingang der Frühwarnung informieren sollten, ganz gleich, ob sie nun über einen Kanal des SIS und der CIA hereingekommen war. Die CIA, fuhr er fort, werde eine solche Meldung in gleicher Weise behandeln, wie es nach dem britischen DISTANT-Verfahren vorgesehen war, aber er könne es sich als Direktor der CIA nicht leisten, sie nicht an den Präsidenten weiterzuleiten, entweder direkt oder in seiner Eigenschaft als

Vorsitzender des Nationalen Sicherheitsrats, und zwar auch dann, wenn es sich um ungeprüftes Material aus dieser Quelle handle. In diesem Fall werde die CIA jedoch stets betonen, daß das Material noch nicht bewertet worden sei. Präsident Kennedy, erklärte Dulles, kenne die Position der Quelle in Moskau und habe sein persönliches Interesse an dessen Material geäußert. Neben dem Präsidenten würde er den Außen- und den Verteidigungsminister vom Erhalt der Frühwarnung von HERO informieren.

McCone pflichtete Dulles bei und fügte hinzu, daß die Behandlung von Nachrichtendienst-Material auf höchster Regierungsebene in London und Washington anscheinend voneinander abweiche. Die Sitzungsteilnehmer kamen überein, daß der CIA-Direktor nicht verpflichtet werden könne, die Weitergabe von Rohinformationen von HERO an die zuständigen Regierungsvertreter zu unterlassen.

Sir Dick erklärte, daß der SIS im wesentlichen die Aufgabe habe, Informationen zu sammeln und zur Prüfung ans JIC weiterzugeben, das das Material bewerte und anschließend dem Kabinett unterbreite. Was Penkowskij betreffe, so seien der SIS und die britische Geheimdienstgemeinde insgesamt der Ansicht, daß seine politischen Informationen mit Vorsicht zu genießen seien. Er stehe am Rande des politischen Geschehens und wisse von den Absichten der Entscheidungsträger, über die er berichte, stets nur vom Hörensagen. Die Möglichkeit, daß er sich unwissentlich in die Irre führen ließ, sei daher nie auszuschließen. Darüber hinaus könne es in einer schnellebigen Zeit wie der jetzigen geschehen, daß eine Information, die zutraf, als er sie erhielt, überholt war, wenn die Empfänger sie zu bewerten versuchten. In bezug auf den Iran sei dies bereits geschehen, so daß HERO seine Informationen korrigieren mußte. Man müsse also die Datierung seines Materials sorgfältig im Auge behalten – Berlin sei ein gutes Beispiel dafür.

Zum Schluß warnte Dulles, und es klang wie ein Stoßgebet, daß es nicht so kommen möge:»Wir müssen in diesem Fall alle die Möglichkeit einer Provokation einkalkulieren.« Die CIA, fügte er hinzu, sei allerdings nicht der Ansicht, daß es sich bei dieser Operation um eine Provokation handle, und Sir Dick pflichtete ihm bei.[18]

Die Wolken am Himmel kündigten Schneefälle an, als Janet Chisholm am 9. Dezember den Park am Zwetnoj-Boulevard betrat und auf Penkowskij wartete – vergeblich, denn der Russe tauchte nicht auf. Nachdem er auch am Alternativtreffpunkt, dem Feinkostgeschäft des Restaurants Praga, nicht erschienen war, telegrafierte Rauri Chisholm nach London, und der MI6 informierte Washington über das nicht zustande gekommene Treffen. Die Sorge um Penkowskijs Sicherheit erhöhte sich sprunghaft, und zugleich machte sich die Befürchtung breit, er könnte festgenommen und zu einem Doppelagenten gemacht worden sein. Aber man hatte keine Möglichkeit, der Sache auf den Grund zu gehen, ohne ihn zu kompromittieren. Man konnte nur warten.

Janet Chisholm war daher froh und erleichtert, als sie am 16. Dezember erneut den Park am Zwetnoj-Boulevard betrat und Penkowskij in der eisigen Kälte warten sah. Sie folgte ihm in ein Haus in einer nahegelegenen Nebenstraße. Nachdem sie sich überzeugt hatten, daß sie allein in dem Hausflur waren, tauschten sie Briefe aus, und Penkowskij übergab Mrs. Chisholm acht Filmkassetten und eine Minox-Kamera, die repariert werden mußte. Er erklärte, daß er die letzte Verabredung nicht hätte einhalten können, weil sich seine Rückkehr aus dem Urlaub aufgrund von schlechtem Wetter verzögert hatte.

Das nächste Treffen am 23. Dezember verlief nach demselben Muster, nur daß Mrs. Chisholm diesmal ihren jüngsten Sohn bei sich hatte. Penkowskij übergab ihr – in einer englischen Zigarettenschachtel – einen dreiseitigen Brief, fünf Filme und Neujahrskarten für seine Führungsoffiziere und erhielt seinerseits eine russische Zigarettenpackung mit dem für ihn bestimmten Material. Danach wechselten sie noch einige persönliche Worte, bevor Janet Chisholm mit ihrem Sohn das Haus verließ und die wenigen Blocks zu ihrer Wohnung zurückging. Es schien nicht mehr vorgefallen zu sein, als daß sie ihren Sohn für einen Augenblick zum Aufwärmen in den Hausflur gebracht hatte.[19]

Gegen 21 Uhr am 25. Dezember 1961 erhielt die Frau eines amerikanischen Militärattachés in Moskau, die das Telefon überwachte, dessen Nummer HERO erhalten hatte, im Abstand von drei Minuten zwei Anrufe, ohne daß sich jemand meldete. Sie hörte jedoch kein Pusten, das vereinbarte Signal dafür, daß der tote Briefkasten geleert werden sollte, und wie man bald darauf feststellte, war auch der Telefonmast 35 nicht markiert worden.

Die CIA informierte Shergold von dem Vorfall, der die Anrufe vom 25. für falschen Alarm hielt, da er am 27. Dezember den erfolgreichen Verlauf des Treffens vom 23. Dezember vermelden konnte. Penkowskij selbst erwähnte bei seinem nächsten Treffen mit Mrs. Chisholm am 30. Dezember mit keinem Wort, daß er am ersten Weihnachtsfeiertag irgendwelche Telefonanrufe gemacht hatte. Mrs. Chisholm übergab ihm einen Brief und erhielt ihrerseits einen Brief und zwei Minox-Filme.

Am 5. Januar 1962 trafen sie sich in dem Gebrauchtwarenladen und gingen wie üblich in einen Hausflur. Mrs. Chisholm händigte Penkowskij einen Brief von seinen Führungsoffizieren aus, in dem sie seine Arbeit lobten und ihm alles Gute für das neue Jahr wünschten. Penkowskij steckte im Gegenzug eine Zigarettenpackung mit drei Filmkassetten in Mrs. Chisholms Einkaufstasche. Eine Woche darauf, am 12. Januar, trafen sie sich im Feinkostgeschäft des Restaurants Praga, und als sie in dem Hausflur in der Nebenstraße des Arbat waren, überreichte Mrs. Chisholm Penkowskij einen Brief, eine Minox-Kamera und achtzehn neue Filme. Penkowskij gab ihr vier belichtete Filme und einen einseitigen Brief und sagte ihr, sie solle das nächste Mal, am 19. Januar, direkt in den Hausflur kommen.

Als sie am 19. Januar wie verabredet dort eintraf, entdeckte sie Penkowskij in einer Telefonzelle, von der aus er überprüfen konnte, ob sie beschattet wurde. Er folgte ihr, nachdem sie das Haus betreten hatte, übergab ihr vier Filmkassetten und nahm von ihr einen Brief entgegen. Dann sagte er ihr, daß er am folgenden Tag nach Leningrad fahren würde, so daß sie sich erst am 2. Februar wiedersehen könnten. Mrs. Chisholm fuhr in dieser Zeit zu einer medizinischen Untersuchung nach England.

Die Häufigkeit der Treffen zwischen Mrs. Chisholm und Penkowskij wurde von der Sowjetabteilung der CIA mit wachsender Besorgnis beobachtet. Am 12. Januar verfaßte der Falloffizier, der nach den Pariser Treffen an Kisevalters Stelle getreten war, ein Memorandum über die Gefahren, die sich aus der Häufigkeit der Treffen und der Menge des übermittelten Materials ergaben. Penkowskij beschrieb in dem Brief, den er am 23. Dezember übergeben hatte, wie er im Büro von General Businow, als dieser ihn für einige Minuten allein gelassen hatte, in einem Stapel vertraulicher Papiere einen streng geheimen

Bericht von Warenzow entdeckt und ihn auf der Stelle abfotografiert hatte. In seinem Memorandum schrieb der neue Falloffizier dazu:

Dieser Vorfall ist nur das jüngste und dramatischste Beispiel für ein Problem, das jeden, der einige Zeit mit dem Fall zu tun hatte, in Sorge versetzt: die kolossalen und ständig zunehmenden Risiken, die wir HERO bei der Beschaffung und Übermittlung von dokumentarischem Material einzugehen erlauben. (. . .) Die größten Gefahren liegen im gegenwärtigen Stadium der Operation eindeutig in den regelmäßigen Treffen mit ANNE und in HEROs fotografischen Anstrengungen, was natürlich beides engstens miteinander zusammenhängt. Es dürfte genügen, wenn man darauf hinweist, daß HERO in den vergangenen 11 Wochen (20. Oktober bis einschließlich 5. Januar) zehn Treffen mit ANNE gehabt hat und sie darüber hinaus bei anderer Gelegenheit mehrmals zu ihrem Treffpunkt gegangen ist. HERO hat in dieser Zeitspanne 27 Filme übergeben. Diese Risiken sind kein konstanter Faktor in unserer operativen Gleichung; sie erhöhen sich vielmehr geometrisch mit der Regelmäßigkeit und Häufigkeit der Treffen und der Menge des übergebenen fotografischen Materials.

Daß »die Risiken in einer bestimmten Phase der Operation gerechtfertigt waren«, argumentierte der Falloffizier weiter, »bedeutet noch nicht, daß sie jetzt notwendig sind«. Er wies auf den Rückstand bei den Übersetzungsarbeiten und der Bewertung des Materials als mögliches Problem hin: »Die Abnehmer hatten noch nicht einmal die Chance, die bisher gelieferten Dokumente richtig zu verarbeiten.« Ihm scheine es »sehr gut möglich zu sein«, fügte er hinzu, »daß wir einen Punkt erreicht haben, an dem die Wirkung einiger der Artikel und Handbücher beeinträchtigt wird«. Gleichzeitig sei Penkowskijs Position auch deshalb riskanter geworden, weil seine Informationen »zunehmend aktueller, spezifischer und fundierter« geworden seien.

Angesichts dieser Faktoren denke ich, daß wir uns eine Unterbrechung der fotografischen Arbeit von einigen Monaten leisten können. Es würde HERO ermöglichen, sich »abzukühlen«, und uns in die Lage versetzen, den Rückstand aufzuholen und besser zu verwerten, was wir haben. Es scheint alles in bester Ordnung zu sein, und die Aussichten für die Zukunft sind nach HEROs beruflichem Aufstieg und eingedenk der Türen, die sich ihm öffnen, glänzender denn je. Um so mehr Grund haben wir, sorgfältig zu prüfen, ob es gerechtfertigt ist, diese einzigartige Quelle wegen einiger weiterer militärischer Handbücher aufs Spiel zu setzen (in dieser Beziehung zeigen die Akten deutlich, daß HERO kein gutes Urteil hat, was die Risiken betrifft, die er eingehen kann und soll).

Der Falloffizier empfahl, HERO sofort anzuweisen, bis auf weiteres keine Dokumente mehr zu fotografieren und sich auf seine persönlichen Berichte zu konzentrieren. Er drängte außerdem darauf, die Anzahl der Treffen mit ANNE zu verringern und sie nur noch im Zwei-Wochen-Rhythmus stattfinden zu lassen.[20]

Nur drei Tage nach diesem Memorandum, am 15. Januar, erhielt Jack Maury von Maurice Oldfield eine Nachricht von Harold Shergold, die ihn davon unterrichtete, daß ANNE (Janet Chisholm) vermutlich schwanger war, woraus sich eine kurzfristige und eine langfristige Folge für die Operation ergebe.

Die kurzfristige Folge ist, daß sie bald nicht mehr zu dem Ballettkurs wird gehen können, der eine Tarnung für die Rendezvous [RVs] am Freitag und Montag bietet, sofern sie in der Stadt stattfinden. Wir haben die Möglichkeit erwogen, daß sie die RVs an diesen Tagen unter einem anderen Vorwand, Einkäufen zum Beispiel, einhält. Das wäre normalerweise kein Problem, hat aber in diesem Fall einen Haken. ANNE hat ein britisches Kindermädchen, das liebend gern an dem Ballettkurs teilnehmen würde, es bisher aber nicht konnte, da sie zu Hause bleiben mußte, um sich um das jüngste Kind zu kümmern. Wenn ANNE den Kurs nicht mehr besucht, wird es schwierig, wenn nicht sogar unmöglich sein, einen einsichtigen Grund dafür zu finden, warum das Kindermädchen nicht zu dem Kurs gehen sollte.

ANNE könnte die RVs in der Stadt unter dem Vorwand von Einkaufsgängen an anderen Tagen der Woche einhalten, das heißt am Dienstag, Mittwoch oder Donnerstag. Wir haben ANNE gebeten, den gegenwärtigen Zeitplan bis Ende Januar zu befolgen. Im

Februar ist das Problem weniger akut, da der Haupttreffpunkt der Park ist. Wir schlagen vor, HERO zu bitten, das Alternativ-RV in diesem Monat vom Montag auf den Dienstag zu verschieben. (...) Auf lange Sicht könnte sich die Notwendigkeit ergeben, ANNE früher als geplant von der Operation abzuziehen, das heißt im Juni oder Anfang Juli. Wir haben zwar einen Ersatz, aber die als Nachfolgerin vorgesehene Frau hat erst vor gut sechs Wochen ein Kind zur Welt gebracht, und wir würden es vorziehen, daß die Mutter erst in Aktion tritt, wenn das Baby sechs oder sieben Monate alt ist. Sie ist wie ANNE eine ehemalige SIS-Sekretärin und die Frau unseres designierten Repräsentanten.[21]

Maury ging in seiner Erwiderung insbesondere auf den Aspekt der Sicherheit ein, der nahelegte, die Häufigkeit der Treffen zwischen Penkowskij und Janet Chisholm zu verringern und Penkowskij zu raten, seine Aktivitäten zurückzuschrauben. Shergold antwortete darauf am 23. Januar:

Wir haben während unseres Umgangs mit HERO verschiedentlich versucht, ihn auf die Erfordernisse seiner eigenen Sicherheit aufmerksam zu machen. Für gewöhnlich (...) hat er dem zugestimmt, was wir ihm rieten, und uns für die Sorgen, die wir uns um ihn machten, gedankt etc., aber ein paar Tage später ist er unweigerlich darauf zurückgekommen und hat uns zu überzeugen versucht, daß das, was er tun wollte, das richtige sei. Wir können uns an keinen Fall erinnern, in dem wir ihn letztlich davon abhalten konnten, das zu tun, was er vorhatte. Dies trifft auch für die Warnung zu, die wir ihm im Dezember in bezug auf die Häufigkeit der Treffen mit ANNE zukommen ließen. (...) Wenn wir die Warnung nach so kurzer Zeit wiederholen, hätte es nur den einen Erfolg, daß wir ihn verärgern würden.

Wir geben zu, (...) daß das von der CIA vorgeschlagene Vorgehen nach allen Regeln der Kunst korrekt wäre. Es setzte jedoch voraus, daß Agenten ideale und logisch handelnde Personen sind, und unserer Ansicht nach sind solche Agenten äußerst selten, wenn es sie überhaupt gibt. HERO hat sich zudem zu keinem Zeitpunkt als Agent betrachtet. Er bekennt sich zwar verbal dazu, unser Soldat zu sein, und verspricht, unsere Anweisungen und unseren Rat zu befolgen, aber im Grunde ist er überzeugt, daß er am besten weiß, was richtig ist.

Nach allem, was wir von ANNE und, Wynne über HEROs Verhalten auf seinem eigenen Territorium hören, haben wir den Eindruck, daß er tatsächlich weiß, wie man mit den dortigen Verhältnissen fertig wird. Wir meinen deshalb, daß die Hauptgefahr nicht in der Übermittlung des Materials an uns liegt, sondern in seiner Beschaffung, beim Fotografieren. Doch selbst wenn wir damit falsch liegen sollten, glauben wir nicht, daß eine weitere Warnung von uns sein Verhalten ändern würde.

HERO hält sich einiges auf seine Arbeit zugute und ist entschlossen, der Beste seiner Art zu werden (ohne zu erkennen, daß er es wahrscheinlich schon ist). Außerdem bedeuten ihm die Treffen mit ANNE sehr viel, da sie für ihn ein Symbol seiner Verbundenheit mit den Amerikanern und mit uns sind.

Wir stimmen völlig mit der CIA überein, daß wir das Risiko nicht noch dadurch vergrößern sollten, daß wir ihn bitten, fehlende oder schlecht fotografierte Seiten noch einmal zu liefern. Wir sollten darüber hinaus in Zukunft sehr sorgfältig auswählen, welche speziellen Dokumente oder welche Art von Dokumenten wir von ihm beschafft haben wollen.

Um das Gesagte zusammenzufassen, so glauben wir, daß es ein taktischer und psychologischer Fehler wäre, ihm zu diesem Zeitpunkt erneut eine Warnung zukommen zu lassen. Wenn sich in den kommenden Monaten die Gelegenheit ergibt, persönlich mit ihm zu sprechen, sollten wir ihn jedoch mit aller Überredungskraft, die uns zur Verfügung steht, zu überzeugen versuchen.

Am 2. Februar wurde ein Brief an Penkowskij aufgesetzt, der eine Reihe neuer Aufträge enthielt, die den Stand der Entwicklung eines sowjetischen Raketenabwehr- oder ABM-Systems, die Stationierung von Raketen in Ostdeutschland sowie Einzelheiten der Herbstmanöver des Warschauer Pakts und deren Einschätzung durch die Sowjetunion betrafen. Insbesondere wollte man wissen, wo Schwachstellen und Probleme vorhanden waren und welche Maßnahmen ergriffen wurden, um sie zu beheben. Daneben sollte Penkowskij zu einigen politischen Fragen Stellung nehmen, so zu Meinungsverschiedenheiten im ZK der KPdSU, zur Position von Molotow und zu der neuerlichen Untersuchung des Mordes an Sergej Kirow, dem Leningrader Parteiführer, der 1934 auf Stalins Befehl umgebracht worden war. Penkowskij erhielt außerdem eine Aufstellung des Materials, das er seit dem letzten Brief geliefert hatte. Man hatte zu diesem ungewöhnlichen Mittel gegriffen, da Penkowskij keine Aufzeichnungen führte und die Menge der Dokumente und Handbücher, die er fotografiert hatte, so groß geworden war, daß eine solche Aufstellung für notwendig gehalten wurde, um Duplikate zu vermeiden und ihn dazu zu bewegen, strenger auszuwählen. Schließlich wurde ihm die Telefonnummer von Captain Alexis Davison, eines Luftwaffenattachés an der amerikanischen Botschaft in Moskau, mitgeteilt, der seinen Frühwarnanruf entgegennehmen würde.

Penkowskij wurde dringend aufgefordert, auf seine persönliche Sicherheit zu achten. Die vom Bau der Berliner Mauer hervorgerufenen Spannungen zwischen den USA und der Sowjetunion hatten zwar etwas nachgelassen, aber Berlin blieb ein unberechenbarer Krisenherd, und die Sowjetunion fuhr fort, die Flugverbindungen nach West-Berlin zu behindern, was zu einem gemeinsamen Protest der drei westlichen Alliierten gegen »die aggressiven und gefährlichen sowjetischen Störmanöver« geführt hatte. Am 29. Januar, drei Tage, bevor der Brief an Penkowskij geschrieben wurde, war die Genfer Konferenz über das Verbot von Atomtests vertagt worden. Sie war innerhalb von drei Jahren 353mal zusammengetreten, hatte aber in der Frage der Überwachung von Atomtests keinerlei Fortschritte erzielen können. Penkowskijs Berichte über die Entwicklungen auf dem Gebiet der Atomwaffen und die sowjetischen Absichten waren daher bedeutsamer denn je.

Ende Januar 1962 flog Quentin Johnson, der Operationschef der Sowjetabteilung der CIA, nach London, um mit Harold Shergold über den Fall HERO zu sprechen. Sie stellten übereinstimmend fest, daß das Ausmaß, in dem Penkowskij in Moskau Material beschaffte, ein zu großes Risiko für die Operation geworden war. Neben den Gesprächen unter vier Augen fand auch eine Begegnung mit Mrs. Chisholm statt, die sich wegen einer medizinischen Untersuchung in London aufhielt. Johnson, ein erfahrener Profi, hatte einen sehr günstigen Eindruck von ihr. Er erkundigte sich nach ihrer Tarnung für die Treffen mit Penkowskij und fragte sie nach der Beschattung, die ihr üblicherweise zuteil wurde. Sie erwiderte, daß ihr Mann zwar stark überwacht werde, ihr selbst aber selten jemand folge. Johnson gewann die Überzeugung, daß sie es wahrscheinlich recht gut verstand, sich der Entdeckung zu entziehen, zumal sie stets einen Vorwand hatte, in irgendeinem Hauseingang zu verschwinden – entweder um ihre Kleider zu richten oder um ihren Sohn für einen Augenblick aus der Kälte zu bringen. »Janet hat zwar nie auf die Fenster in der Nähe der Treffpunkte geachtet«, vermerkte Johnson in seinem Bericht über die Begegnung, »aber der normale Verkehr in diesen Straßen läßt die ganze Aktion unverdächtig erscheinen.«

Shergold teilte Johnson in London mit, daß er aufgrund der Schwangerschaft von Mrs. Chisholm vorhabe, sie und ihren Mann im Juni 1962 aus Moskau abzuberufen. Als Ersatz hätte er ein anderes Ehepaar im Auge, Gervase Cowell und dessen Frau Pamela, die früher ebenfalls Sekretärin beim SIS gewesen sei. »Sie haben auch drei Kinder«, fügte Shergold hinzu. »Zwei von ihnen sind zu alt, um als Tarnung in Frage zu kommen, aber das dritte wird bei ihrer Ankunft im Kinderwagenalter sein.«

Shergold stimmte mit Johnson überein, daß es notwendig war, die verdeckten Treffen auf der Straße durch solche auf diplomatischem Parkett zu ergänzen oder, wenn möglich, zu ersetzen. Auf jeden Fall werde sich die Häufigkeit der Treffen durch den Austausch der Kontaktperson sehr wahrscheinlich verringern.

Johnson erklärte, daß Penkowskij gut beraten wäre, wenn er seine Aktivität für einige Monate oder sogar ein Jahr einschränkte. Shergold wandte ein, daß Penkowskij die Anweisung, sich zurückzuhalten oder seine Aktivität gänzlich einzustellen, als Zeichen dafür ansehen würde, daß die CIA und der SIS das Vertrauen in ihn verloren hatten. Er sei sein eigener Herr, wisse, was er in Moskau zu tun hätte, und werde keine Befehle entgegennehmen. Johnson bestand jedoch darauf, daß sich Penkowskij nach amerikanischer Sicht etwas beruhigen und seine Kräfte aufsparen sollte.

Nach seiner Rückkehr nach Washington kam Johnson mit seinen Kollegen aus der Sowjetabteilung zusammen, um über die Gespräche mit Shergold zu berichten. Er erklärte ihnen, daß er »über den Verlauf ihrer [Mrs. Chisholms] Kontakte mit Penkowskij einigermaßen beruhigt« sei, und gab anschließend die bereits in Shergolds Brief vom 23. Januar angeführten Argumente wieder, die dagegen sprachen, daß Penkowskij aufgefordert wurde, seine Aktivität einzuschränken.

Joe Bulik hörte sich den Bericht an und bemerkte dann verwundert, daß es Shergold gewesen sei, der bei der Planung der Pariser Treffen darauf gedrängt hatte, mehr Begegnungen mit Penkowskij vorzusehen. Auch sei es zwar zutreffend, daß Penkowskij nicht sehr viel für die Verwendung toter Briefkästen übrig habe, aber nur so lange, wie andere Kontaktmöglichkeiten vorhanden waren. Wenn keine anderen Kommunikationswege offenständen, sei er durchaus bereit, einen toten Briefkasten zu benutzen. Bulik hatte das Gefühl, daß man auf britischer Seite weniger um Penkowskijs Sicherheit besorgt war als auf amerikanischer und eher dazu neigte, ihn trotz der Gefahr, die sich aus der Häufigkeit der Kontakte ergeben konnte, als Quelle zu nutzen. [22]

Penkowskij erschien nicht zu dem vorgesehenen Treffen am 2. Februar im Park am Zwetnoj-Boulevard. Als Mrs. Chisholm am 5. und 6. Februar die Alternativtreffpunkte aufsuchte, wartete sie ebenfalls vergebens, und auch zu den planmäßigen Treffen am 9. und 16. Februar tauchte Penkowskij nicht auf.

Der SIS in London wurde von Rauri Chisholm über den abgerissenen Kontakt informiert, der darum bat, die Sache »diskret zu überprüfen«, nachdem die anglo-amerikanische Delegation aus Vertretern der Tabakindustrie abgereist war, als deren sowjetischer Gastgeber Penkowskij zu dieser Zeit fungierte. Maurice Oldfield, der MI6-Mann in Washington, nahm Verbindung mit Maury auf und schlug vor, daß auch die CIA versuchen sollte herauszufinden, was vorgefallen war.

ANNE wurde angewiesen, den Zeitplan der RVs weiterhin einzuhalten. »Bis jetzt hat sie nichts Ungewöhnliches bemerkt«, berichtete Oldfield. »Shergie weist darauf hin, daß dies bedeuten könnte, daß alles in Ordnung ist und daß HERO aus irgendeinem Grund, etwa einer Krankheit, nicht in der Lage ist, zu den Treffen zu kommen.«

Am 20. Februar schrieb Oldfield erneut an Maury: »Ich habe gerade von Shergie gehört, daß bei dem für heute vorgesehenen Ersatz-RV kein Zeichen von HERO zu sehen war.«

Man setzte eine Funkbotschaft an Penkowskij ab, in der ihm mitgeteilt wurde:»ANNE wird am Montag um 16 Uhr zu dem laut Plan vorgesehenen Ersatztreffen im Park kommen und zu den planmäßigen RVs am Freitag um 13 Uhr erscheinen, wann immer sie kann; aber es wird nicht jede Woche möglich sein. Wir sind wegen Ihres Fernbleibens beunruhigt und hoffen, daß alles in Ordnung ist. Herzliche Grüße.«

Es sollte noch bis zum 9. März dauern, ehe die CIA erfuhr, warum Penkowskij nicht mehr zu den Verabredungen kam. Er hatte nach dem Treffen vom 19. Januar ein Auto bemerkt, das in einer Einbahnstraße kehrtmachte. Im Fond hatten zwei Männer in dunklen Mänteln gesessen. Penkowskij mußte annehmen, daß ANNE unter Beobachtung stand. ANNE hatte ebenfalls berichtet, daß ihr am 19. Januar ein Auto aufgefallen sei, das ihr möglicherweise gefolgt war, als sie nach der Ballettstunde in den Bus stieg; aber sie hatte es danach nicht wiedergesehen. Von Penkowskijs Beobachtung wußte sie nichts.

Penkowskij war um ANNEs Sicherheit besorgt und wollte ihr eine Nachricht zukommen lassen. Er suchte sich daher, als er vom 20. bis 28. Januar eine amerikanische Delegation aus der Papierbranche während ihres Aufenthalts in Moskau und Leningrad betreute, einen Amerikaner heraus, den er für ansprechbar hielt, und verbrachte viel Zeit mit ihm. Schließlich schlug er der Delegation vor, eine Cocktailparty zu geben und den britischen Wissenschaftsattaché Dr. Senior dazu einzuladen. Die Party fand am 27. Januar auf Einladung des amerikanischen Wirtschaftsattachés statt, aber Dr. Senior nahm zu Penkowskijs Enttäuschung nicht an ihr teil.

Die Delegation sollte am nächsten Tag abreisen, und Penkowskij suchte am frühen Morgen den amerikanischen Geschäftsmann, um den er sich besonders gekümmert hatte, in seinem Hotelzimmer auf. Der Amerikaner war dabei zu packen, als Penkowskij auftauchte und ihn bat, eine Nachricht nach London zu überbringen. Er solle die Nachricht demjenigen aushändigen, der sich auf ein Telegramm hin, das er nach seiner Ankunft in London an LABORICI schicken sollte, bei ihm melden würde.

Penkowskij schrieb den Text des Telegramms auf ein Stück Papier:

BITTE UM TREFFEN UM [Zeit und Ort sollte der Amerikaner in London einsetzen] GEZEICHNET ALEX. Der Person, die auf dieses Telegramm antwortete, sollte der Amerikaner Penkowskijs Nachricht übergeben. Sie war auf russisch geschrieben und lautete: SEIEN SIE VORSICHTIG, DENN EIN AUTO MIT DER ZULASSUNGSNUMMER [der Amerikaner konnte sich nicht an die Nummer erinnern] FOLGT IHNEN UND BEOBACHTET SIE DIE GANZE ZEIT ÜBER.

Der amerikanische Geschäftsmann machte sich Notizen, bis ein Hoteldiener erschien, um die Koffer abzuholen, und das Gespräch unterbrach. Auf dem Flughafen Scheremetjewo sagte der Amerikaner, der überzeugt war, Ziel einer jener Provokationen geworden zu sein, vor denen man ihn gewarnt hatte, zu Penkowskij, daß er die Nachricht nicht überbringen werde, und zerriß die Notizen, die er sich gemacht hatte. Penkowskij war wie gelähmt; seine überschwenglich gute Laune war von einem Augenblick auf den anderen verflogen.

Er bat den Amerikaner schließlich eindringlich, ihn im GKKNIR anzurufen, wenn er das nächste Mal die Sowjetunion besuchte. Der Amerikaner witterte darin die nächste Provokation und hütete sich, Penkowskijs Bitte nachzukommen. Er erinnerte sich daran, was ihm Penkowskij auf der Fahrt von Leningrad nach Moskau über die Haltung der offiziellen sowjetischen Stellen ihm gegenüber gesagt hatte: »Man mag Sie nicht, weil Sie zuviel wissen.«

Penkowskij hatte dem Amerikaner auch mitgeteilt, daß er anläßlich des vom 15. bis 25. März stattfindenden 32. Genfer Automobilsalons die Schweiz besuchen werde und ein Visum für die Reise zur Weltausstellung in Seattle beantragt habe, die am 21. April ihre Tore öffnen würde. Seine Führungsoffiziere erfuhren all dies jedoch erst am 9. März 1962, als der MI6 in London an den amerikanischen Geschäftsmann herantrat, um ihn nach seinen Begegnungen mit Penkowskij zu befragen. Der Amerikaner, der früher für die CIA gearbeitet hatte, inzwischen aber, seit er in der Privatindustrie tätig war, nichts mehr mit der Agency zu tun haben wollte, erzählte dem MI6 von seiner letzten Begegnung mit Penkowskij kurz vor seiner Abreise aus Moskau und überbrachte schließlich doch noch dessen Nachricht, soweit er sich an sie erinnerte.

Die CIA schickte den neuen Falloffizier, der Kisevalters Platz eingenommen hatte, nach London, um den amerikanischen Geschäftsmann zu befragen und mit Shergold zu sprechen.* Shergold war der Ansicht, daß HERO den Kontakt nur deshalb abgebrochen hatte, weil ANNE beschattet wurde, daß er selbst aber sicher war. Dafür sprach laut Shergold die Tatsache, daß er am 28. Januar, neun Tage nach der Entdeckung der Überwachung, die amerikanische Delegation zum Flughafen begleitet hatte.

Die CIA und der MI6 stimmten darin überein, daß HERO und ANNE keinerlei Kontakt mehr zueinander aufnehmen durften. ANNE sollte nicht mehr an den vereinbarten Tagen zu den Treffpunkten gehen und zu keinem Zeitpunkt irgendwelches kompromittierendes Material bei sich tragen. Um ihre Gewohnheiten nicht allzu abrupt zu ändern, sollte sie jedoch weiterhin zur selben Uhrzeit wie bisher in das Gebrauchtwarengeschäft, ins Restaurant Praga und in den Park gehen, aber an anderen Wochentagen. Falls sie einmal zufälligerweise HERO begegnete und er ihr zu verstehen gab, ihm zu folgen, sollte sie es unter keinen Umständen tun. Der MI6 befürchtete, daß Penkowskij umgedreht worden war und ANNE vom KGB verhaftet werden könnte.

Penkowskij wurde durch den Funkspruch Nummer 6, der vom 16. bis 31. März gesendet wurde, vom Erhalt seiner Nachricht unterrichtet: TEXTBEGINN NUMMER SECHS. WIR HABEN IHRE NACHRICHT ÜBER DIE BESCHATTUNG UND DIE GEPLANTEN REISEN ERHALTEN. VERSUCHEN SIE NICHT WIEDERHOLE VERSUCHEN SIE NICHT WIE BISHER IN MOSKAU KONTAKT AUFZUNEHMEN. AUF UNSER BALDIGES WIEDERSEHEN. ENDE. Gleichzeitig wurden alle Vorkehrungen für dieses Wiedersehen getroffen. Bulik und Shergold hielten sich seit dem 11. März in Genf auf und diskutierten, während sie auf seine Ankunft warteten, darüber, wie in Zukunft die Verbindung mit Penkowskij aufrechterhalten werden konnte. Shergold drängte nun seinerseits darauf, die bisherige Praxis der Treffen auf offener Straße als wichtigster Form der Kontaktaufnahme aufzugeben, und nahm es als Preis der größeren Sicherheit in Kauf, daß sich der Materialausstoß der Operation verringern würde. In einem CIA-Bericht über die Genfer Gespräche zwischen Bulik und

---

* Der CIA-Offizier, der inzwischen pensioniert ist, hat darum gebeten, anonym zu bleiben.

Shergold hieß es:»Welche Probleme es in der Vergangenheit auch gegeben haben mag, so scheint es jetzt, als hätten wir in diesem Punkt in Zukunft keine Schwierigkeiten mehr mit Shergold zu erwarten.«
Shergold stimmte auch dem amerikanischen Vorschlag zu, Penkowskij mit einem Satz Postkarten auszustatten, die bereits mit einem englischen Text beschrieben waren und von ihm in bestimmten Situationen an Deckadressen in England geschickt werden konnten. Jede der Karten würde eine einfache Botschaft übermitteln, die anhand der Unterschrift, des Bildes auf der Ansichtskarte und der Adresse entschlüsselt werden konnte. Die wichtigsten Nachrichten lauteten im Klartext:»Ich stehe unter Verdacht«,»Ich bin auf einer Inlandsreise«, »Ich bin wieder einsatzbereit« und»Ich werde bald in den Westen kommen«. Die Karten sollten in unterschiedlichen Handschriften mit harmlosen Urlaubsgrüßen beschrieben und an verschiedene sichere, unverdächtige Empfänger in England adressiert werden.[23]

Aber all diese sorgfältigen Vorbereitungen erwiesen sich als überflüssig. Denn Penkowskij kam nicht nach Genf.

Kapitel 14

VERDACHT UND ÜBERWACHUNG

Am 28. März war Penkowskij zu einer Cocktailparty in der Wohnung von Dr. David Senior, des Wissenschaftsattachés der britischen Botschaft, eingeladen. Anlaß war der Besuch von Vertretern des Forschungsverbandes der britischen Backwarenindustrie. Solche Partys gehörten zur üblichen diplomatischen Betreuung von Handelsdelegationen und dienten dem Zweck, sie mit ihren sowjetischen Gesprächspartnern bekannt zu machen. Nach der neuen Strategie für die Nachrichtenübermittlung sollten solche Gelegenheiten genutzt werden, um Material mit Penkowskij auszutauschen. Ein derartiges Risiko einzugehen, war nur bei einem Spion von Penkowskijs Güte gerechtfertigt; sollte der Kontakt entdeckt werden, hätte dies schwerwiegende diplomatische Folgen gehabt. Chruschtschow hatte den amerikanischen Botschafter Llewellyn Thompson einmal davor gewarnt, die Botschaft in Spionageaktivitäten zu verwickeln, und ihm für den Fall, daß er sich nicht an die Warnung hielt, gedroht: »Wir werden Ihren Laden zumachen.«[1] Daß die Sowjetunion ihrerseits in Moskau und rund um die Welt gegen die USA spionierte, gestand er nie ein.

Zu der Party waren 47 Gäste erschienen, 22 britische Besucher, zehn Angehörige der Botschaft, einschließlich der Chisholms, und fünfzehn Vertreter sowjetischer Regierungsstellen, von denen acht zu Penkowskijs Komitee gehörten. Penkowskij hielt sich während der ersten Stunde an die üblichen sowjetischen Verhaltensmaßregeln und rührte sich kaum von der Stelle. Die Russen blieben in dieser Phase des argwöhnischen Abtastens unter sich, während der Gastgeber, Dr. Senior, ihnen einzelne Gäste zuführte, um sie ihnen vorzustellen.

Als die Party in Schwung gekommen war und die Russen sich entspannt hatten, ging Penkowskij zusammen mit einem anderen Russen auf Janet Chisholm und ihren Mann zu. Rauri Chisholm verwickelte Penkowskijs Kollegen in ein Gespräch und führte ihn in das zweite

Empfangszimmer, so daß Penkowskij allein mit Janet Chisholm zurückblieb, deren Schwangerschaft jetzt deutlich zu sehen war.

»Sie müssen recht müde sein«, sagte Penkowskij, nachdem er sie begrüßt hatte. »Warum ruhen Sie sich nicht ein paar Minuten im Schlafzimmer der Gastgeberin aus?« Janet Chisholm lächelte und entschuldigte sich, und als sie zwei oder drei Minuten später das richtige Zimmer gefunden hatte, hörte sie, wie Penkowskij zu Mrs. Senior sagte: »Was für eine hübsche Wohnung. Ob Sie vielleicht so freundlich wären, sie mir zu zeigen?«

Als er ins Schlafzimmer geführt wurde, entschuldigte er sich bei Janet Chisholm für die Störung, zwinkerte ihr zu und drehte sich um, um das Zimmer zu verlassen. Dabei zeigte er ihr, nur für sie sichtbar, hinter dem Rücken eine Zigarettenschachtel, und sie nahm sie ihm mit »der Freude eines Hundes, der von seinem Herrn einen Knochen erhält«[2], aus der Hand und steckte sie in ihre Handtasche. Sie war tief beeindruckt von Penkowskijs großartig getimter und perfekt ausgeführter Aktion und mischte sich einige Augenblicke, nachdem er mit Mrs. Senior auf die Party zurückgekehrt war, wieder unter die Gäste.[3]

Die Zigarettenpackung enthielt elf Filmkassetten und drei Briefe. In dem zuerst geschriebenen Brief berichtete Penkowskij, daß ihm am 5. Januar nach dem Treffen mit ANNE ein Auto aufgefallen sei, das in die Nebenstraße einbog. »Das Auto wendete in Verletzung der Verkehrsregeln, und einer der Insassen sah sich aufmerksam in der Straße um. ANNE war schon fort. Nachdem es ein paar Minuten gewartet hatte, bog das Auto in die Arbatskaja-Straße ein und fuhr in Richtung Arbatskaja-Platz davon. Ich habe es mir für alle Fälle eingeprägt.«

Am 12. Januar habe er weder vor noch nach dem Treffen etwas von einer Beschattung bemerkt, schrieb Penkowskij weiter. Als ANNE nach dem Treffen am 19. Januar allein die Arbat-Gasse entlangging, sei er überzeugt gewesen, daß alles in Ordnung war. »Ich ging auf die Moltschanowka-Bolschaja-Straße und wandte mich in Richtung Arbatskaja-Platz; sobald ich die Moltschanowka-Bolschaja betrat, bemerkte ich das gleiche Auto, in dem ein Mann mit einem schwarzen Mantel saß. Ich ging davon, ohne darauf zu achten, ob ich beschattet wurde. Das Auto ist braun und hat die Nummer МШ 61-45.«

Penkowskijs Schlußfolgerung aus seinen Beobachtungen lautete: »Die Beschattung gilt ANNE und wird möglicherweise periodisch durchgeführt.« Er drängte darauf, die Treffen für drei oder vier Monate auszusetzen. ANNE solle sich jedoch »weiterhin natürlich verhalten und die Treffpunkte aufsuchen, aber kein operatives Material bei sich tragen, da ihr ›Hooligans‹ (des KGB) die Handtasche entreißen könnten«. Er empfahl, ihn ein- oder zweimal im Monat zu einem Empfang bei einem amerikanischen, britischen oder kanadischen Diplomaten einzuladen. Wenn etwas sehr wichtig oder dringend sein sollte, werde er es über den toten Briefkasten übermitteln. Er schlug also die gleiche Vorgehensweise vor, auf die sich seine Führungsoffiziere in Genf geeinigt hatten. Daß er selbst möglicherweise unter Überwachung stand, erwähnte er mit keinem Wort.

Penkowskij teilte in seinem Brief außerdem mit, daß er voraussichtlich am 19. April in die USA fliegen werde, um die Weltausstellung in Seattle zu besuchen. Er schrieb in dem auf den 26. Januar datierten Brief weiter, daß er im Februar zusammen mit Gwischiani zwei Wochen nach Italien fahren und am 24. März aus Anlaß des Automobilsalons nach Genf reisen sollte. Der Brief schloß: »Bis zu unserem baldigen Wiedersehen mit herzlichen Grüßen an meine lieben Freunde.«

In einem weiteren, auf den 5. März datierten Brief teilte Penkowskij mit, daß die Reisen nach Italien und Genf gestrichen worden waren. Er hoffte zwar immer noch, am 19. April nach Amerika fahren zu können, fügte aber hinzu: »Im Augenblick sieht es nicht gut aus, da die KGB-Gegenspionage in der Sache mit meinem Vater herumstöbert. Sie suchen unablässig nach dem Grab meines Vaters, können es aber nicht finden und vermuten, daß er vielleicht noch am Leben ist, weshalb es in Zukunft nicht passend wäre, wenn man mir einen Posten im Ausland gäbe. Meine Dienststelle betrachtet diese Befürchtungen als grundlos und verteidigt mich gegen die Mutmaßungen der ›Nachbarn‹. Die Angelegenheit dürfte bald entschieden werden.«

Penkowskij schrieb weiter, daß er im März auf einem diplomatischen Empfang mit ANNE zusammenkommen müsse. »Ich werde ihr genaue Informationen über mich selbst und meine Pläne für die Zukunft mitteilen, die ganz davon abhängen, wie sich meine Situation, die sich zur Zeit in Aufruhr befindet, entwickelt.«

In dem dritten Brief vom 28. März war Penkowskij, was die Reise zur Weltausstellung in Seattle betraf, immer noch optimistisch. Sein Visumantrag war vom GKKNIR und von der GRU genehmigt worden, und der »KGB wird am 15. April darüber entscheiden. Wenn ich die Reise antreten kann, ist alles in Ordnung. Wenn man mir aber nicht erlaubt, die Reise zu machen, wird sich meine Situation grundlegend verändern und komplizieren. Ich werde aus dem Komitee ausscheiden müssen, und im Herbst dieses Jahres, nach Vollendung meines fünfundzwanzigsten Dienstjahres, wird man mich dann verabschieden. Wir müssen unsere zukünftige Arbeit in Abhängigkeit von diesen Eventualitäten planen. Falls ich nicht in die USA kommen sollte, wird es notwendig sein, nach dem 20. April einen Empfang zu arrangieren, auf dem ich meine Pläne für die Zukunft übermitteln kann.«

Am 3. April begaben sich Jack Maury und Joe Bulik ins Außenministerium, um die Bewilligung von HEROs Visumantrag zu beschleunigen. Sie kamen mit Roger Hilsman zusammen, dem Chef des Büros für Nachrichtenmaterial, und sagten ihm, daß ihre sowjetische Quelle vermutlich ein Visum beantragt hatte und daß sie die Genehmigung des Antrags sicherstellen wollten. Die Situation sei allerdings heikel, und sie wollten wissen, wie die Sache gehandhabt werden könne, ohne das operative Interesse der CIA an ihrer Quelle zu offenbaren. Hilsman schlug vor, Botschafter Charles E. Bohlen hinzuzuziehen, und als Bohlen zu der Gesprächsrunde gestoßen war, erklärte Bulik, daß Penkowskij als ehemaliger Militärattaché in der Türkei in den Akten des Außenministeriums zweifellos als Geheimdienstoffizier geführt werde. Bohlen erwiderte, daß das Verfahren der Visagenehmigung ziemlich mysteriös sei und offenbar weitgehend von willkürlichen Entscheidungen bestimmt werde. Er würde davon abraten, irgend jemanden in der betreffenden Abteilung auf das Interesse der CIA an einem bestimmten Sowjetbürger aufmerksam zu machen.

Nach Bohlens Ansicht war es das Beste, Dick Davis, den damaligen stellvertretenden Leiter der Europa-Abteilung des Außenministeriums, ins Bild zu setzen, da er die nach Moskau gehenden Bescheide über Visumanträge abzuzeichnen hatte und jede Korrespondenz kurzschließen konnte. Dann fragte Bohlen nach dem Namen der betreffenden Person. Als Maury und Bulik zögerten, meinte Bohlen, daß es »ziemlich lächerlich« sei, »heimlich zu tun, da die Person durch einen Blick auf den Funkspruch mit den Visumanträgen identifiziert werden kann«. Maury nannte Botschafter Bohlen und Hilsman daraufhin, »unter Hervorhebung der überragenden Bedeutung strengster Geheimhaltung, den wirklichen Namen der Person«.[4]

Maury und Bulik sprachen dann die Schwierigkeiten der Kommunikation mit Penkowskij an und drückten ihre Hoffnung aus, die Botschaft dazu bewegen zu können, den Kontakt mit ihm durch deren Mitarbeiter aufrechtzuerhalten. Bohlen meinte, daß dadurch ein Problem geschaffen würde, und dachte laut darüber nach, ob es nicht eine andere Möglichkeit gebe, mit Penkowskij in Kontakt zu bleiben. An dieser Stelle meldete sich Hilsman zu Wort und erklärte mit Nachdruck, daß »die Informationen, die von HERO geliefert wurden, (...) von einzigartigem und außergewöhnlichem Wert« seien; »dies wäre die bei weitem produktivste Geheimdienstoperation, von der er wisse«, und »niemand sonst, vielleicht mit Ausnahme der technischen Quellen, hätte jemals Material von einer derartigen Bedeutung für die nationale Sicherheit geliefert«. Das schien Bohlens Bedenken zu zerstreuen. Er bat nur noch darum, ihm einige der jüngsten Berichte von Penkowskij zukommen zu lassen.[5]

Dick Helms war verärgert, als Maury ihm von dem Gespräch berichtete. Ihn störte, daß Penkowskijs Identität preisgegeben worden war. »Wir haben vielleicht keine andere Wahl gehabt«, sagte er, »aber wenn wir das nächstemal einen solchen Schritt unternehmen, möchte ich vorher konsultiert werden.« Er wies Maury an, Dick Davis anzurufen, um ihm noch einmal einzuschärfen, die Angelegenheit mit größter Diskretion zu behandeln.[6] Nicht einmal der Präsident kannte den Namen des »verläßlichen und gut plazierten sowjetischen Beamten«, und es war bei der CIA üblich, daß ihr Direktor die Namen der sowjetischen Agenten nicht kannte.

Am 5. April forderte das CIA-Hauptquartier die Moskauer Station auf, neue Orte für tote Briefkästen zu finden. Der Auftrag war als höchste Priorität gekennzeichnet, da tote Briefkästen zu einem wesentlichen Erfordernis für die Kommunikation mit HERO werden konnten. Angesichts der engen Beschattung der Angehörigen der amerikanischen Botschaft war es allerdings keine leichte Aufgabe, neue Plätze zu finden, an denen HERO sein Material hinterlegen oder Nachrichten abholen konnte. Solche mit hohem Risiko behaftete Anforderungen wurden nur gestellt, wenn es sich um einen Spion vom Format Penkowskijs handelte.

Am selben 5. April kam Sir Dick White, der sich wegen anderer Angelegenheiten in Washington aufhielt, im CIA-Hauptquartier mit Helms und den mit dem Fall Penkowskij befaßten Beamten der Sowjetabteilung zusammen. Das Problem der Interpretation und Handhabung einer Frühwarnung durch Penkowskij war immer noch nicht vom Tisch. Jack Maury betonte in der Besprechung, daß eine solche Meldung in den Kontext der allgemeinen Entwicklung zu stellen wäre und unter allen Umständen mit Vorsicht aufgenommen werden müßte. Es würde allerdings keine andere Möglichkeit geben, als den Bericht mit dem Büro für aktuelles Nachrichtenmaterial (OCI = Office of Current Intelligence) zu diskutieren, das ihn wahrscheinlich dem Überwachungsausschuß und vielleicht auch dem USIB zur vorrangigen Begutachtung vorlegen werde.

Sir Dick erwiderte, daß die von Maury beschriebene amerikanische Prozedur mit der in Großbritannien angewandten nahezu identisch sei. Dort würde eine solche Meldung zur Begutachtung durch die Stabschefs an den Kriegsraum (War Room) des Verteidigungsministeriums weitergeleitet und außerdem wahrscheinlich eine Sitzung des JIC einberufen werden. Die Einschätzung der Meldung, fuhr Sir Dick fort, werde auf beiden Seiten des Atlantiks vermutlich simultan erfolgen, da anzunehmen war, daß sie an beide Geheimdienste gleichzeitig geschickt wurde. Der Aspekt, der auf britischer Seite die größte Sorge auslöse, sei die Befürchtung, daß der amerikanische Präsident, wenn die Meldung direkt ans Weiße Haus ging, den Premierminister anrufen könnte, bevor dieser vom JIC ins Bild gesetzt worden war.

Maurys Erklärung, daß die Meldung dem Präsidenten erst nach einer gründlichen Prüfung vorgelegt werden würde, beruhigte Sir Dick, und beide Seiten stimmten darin überein, daß kaum damit zu rechnen war, daß eine einzelne Meldung von HERO unbearbeitet auf eine so hohe Ebene gelangen würde, es sei denn, sie werde von hinreichend erhärteten zusätzlichen Beweisen gestützt.

Die CIA war gleichzeitig fieberhaft mit den Vorbereitungen für Penkowskijs Besuch in Seattle beschäftigt. Sie mietete in Seattle ein sicheres Haus an, stattete die Falloffiziere mit falschen Identitäten aus und erarbeitete detaillierte Instruktionen, die festlegten, wie Penkowskij mit ihnen Kontakt aufnehmen sollte, sobald er in England oder Amerika eintraf.

336

Joe Bulik flog nach London, um mit Shergold über die Vorbereitungen für Penkowskijs Amerikareise zu sprechen. Für den Fall, daß Penkowskij in London zwischenlandete, bat Bulik den MI6, sich mit ihm in Verbindung zu setzen, und er instruierte Shergold darüber, wie Penkowskij in Seattle den Kontakt herstellen sollte. Die CIA arbeitete außerdem an Instruktionen für einen möglichen Zwischenstop Penkowskijs in Washington. Gemeinsam mit dem FBI wurden sämtliche Flüge aus Europa überwacht, aber Penkowskij tauchte weder im April noch im Mai in Amerika auf.

Am 31. Mai 1962 wurde in der britischen Botschaft in Moskau der sechsunddreißigste Geburtstag Königin Elisabeths begangen. Bei schönem Wetter hätten Botschafter Sir Frank Roberts und seine Frau die Gäste im Garten begrüßt, aber es regnete den ganzen Tag über, und so fand der Empfang in den Festräumen im zweiten Stock des Botschaftsgebäudes statt. Mitten im Gewühl von sechshundert Gästen ihre Aufgabe zu erfüllen, war für Penkowskij und Janet Chisholm nicht leicht. Man hatte zwar Instruktionen für das Treffen ausgearbeitet, aber keine Gelegenheit gefunden, sie Penkowskij zukommen zu lassen. Er wußte natürlich, daß er sich auf dem Empfang nach Mrs. Chisholm umsehen mußte, genauso wie sie umgekehrt nach ihm suchen würde, obwohl beide nicht sicher sein konnten, daß der andere unter den Gästen war. Als sie einander schließlich gefunden hatten, sagte Mrs. Chisholm zu Penkowskij, er solle ihr zur Garderobe folgen.

Der Materialaustausch fand völlig unbeobachtet in einem Alkoven der Garderobe statt. Penkowskij übergab Janet Chisholm ein Päckchen mit sieben Filmkassetten, einem vierseitigen Bericht, einer zweiseitigen Nachricht, die er mit Hilfe eines Einmalcodes verschlüsselt hatte, und einem dreiseitigen Brief und erhielt von Janet Chisholm einen Brief von seinen Führungsoffizieren, zwölf neue Minox-Filme und eine russische Übersetzung von Ralph Lapps *Man and Space*.

Penkowskij kehrte danach auf den Empfang zurück, während Mrs. Chisholm in das Büro ihres Mannes ging, das sich im selben Teil des Hauses befand wie die Garderobe. Eine halbe Stunde später erschien Rauri Chisholm in seinem Büro und nahm das von Penkowskij übergebene Material an sich.

Penkowskij erklärte in seinem am 15. Mai geschriebenen Brief, wie es dazu gekommen war, daß er die Reise nach Amerika nicht hatte antreten können. Er hätte sich eigentlich seit dem Januar darauf vorbereiten sollen, einen Sowjetvertreter bei der Internationalen Atomenergie-Behörde der UNO entweder in New York oder in Wien zu ersetzen, aber der Beginn der Ausbildung sei aufgeschoben worden, weil man es, wie es ihm gegenüber begründet worden war, für nötig hielt, ihn vorher im Auftrag des GKKNIR auf eine Reise in die USA zu schicken, um die Reaktion des FBI auf seine Anwesenheit zu testen. Die GRU teilte ihm mit, daß man amerikanische Funksprüche aus der Türkei abgefangen hätte, in denen er zweimal als GRU-Offizier bezeichnet worden war. Er solle deshalb bis zum April warten, um erst einmal nach Seattle zu reisen.

Im April, schrieb Penkowskij weiter, habe ihm »Serow persönlich vorgeschlagen, die Leitung der Delegation nach Seattle zu übernehmen. Wir beantragten also die Visa und erhielten sie auch. Doch dann ließ das Zentralkomitee aus heiterem Himmel plötzlich in einem Telefonanruf und einem Brief verlauten, daß es nicht für angebracht gehalten werde, die Delegation in die USA zu schicken, und daß die Reise zu dieser Ausstellung bis zum September 1962 aufgeschoben werde.« Laut Penkowskij hatte das ZK erfahren, »daß die Amerikaner irgendwelche Tricks und Provokationen gegen die sowjetischen Repräsentanten auf der Ausstellung vorbereiteten«, und deshalb beschlossen, sie vorerst zu boykottieren.

Danach machten Freunde vom Komitee und aus der GRU Mitte April den Vorschlag, mich zum Leiter der Gruppe des Komitees zu ernennen, die zur sowjetischen Industrieausstellung in Brasilien fahren sollte. Die Führung des Komitees und die GRU stimmten zu; die Angelegenheit wurde dem Zentralkomitee unterbreitet, und die Visa wurden erteilt. Ich bekam sogar die Reisespesen zugewiesen. Doch dann rief zwei Tage vor dem Abflug jemand vom KGB bei Serow persönlich an und sagte: »Es ist zur Zeit nicht ratsam, ihn auf den amerikanischen Kontinent zu schicken, weil die Amerikaner vermutlich sehr an ihm interessiert sind. Es gab eine ganze Reihe von Telefongesprächen, bevor er das Visum für die Reise nach Seattle erhielt, und es könnte sein, daß man ihn auf der Ausstellung verschiedenen Provokationen aussetzt.« Serow blieb keine andere Wahl, als »den Rat anzunehmen« und mich nicht nach Brasilien fahren zu lassen. (...) Im Augenblick hat man sich dafür entschieden, mich nirgendwohin zu versetzen, sondern im Komitee zu belassen.

Angeblich haben die »Nachbarn« (KGB) Informationen darüber, daß mein Vater nicht gestorben ist und im Ausland lebt. Diese Informationen tauchten Ende 1961 auf. Die sofort angeordnete Suche nach dem Ort, an dem mein Vater begraben wurde, verlief ergebnislos – das Grab wurde nicht gefunden. Auch Dokumente über den Tod meines Vater wurden nicht gefunden. Meine Dienststelle schenkt dem jedoch keine besondere Beachtung und geht davon aus, daß mein Vater verstorben ist.

Penkowskijs Zukunft wurde weiterhin vom Schatten seines Vaters verdüstert, und die Zeit lief ab, da er im September 1962 sein fünfundzwanzigstes Dienstjahr beenden würde. Er befürchtete, daß man ihn anschließend entweder in die Reserve oder bestenfalls auf einen Posten außerhalb der GRU versetzen würde.

Ich habe das alles satt. Ich habe jetzt schon das Gefühl, daß mir die Kraft und die Möglichkeiten fehlen, um meine Freunde und Gönner zufriedenzustellen. Ich würde sehr gern zu Ihnen kommen. Ich würde am liebsten noch heute alles hinter mir lassen und mit meiner Familie aus dieser parasitären Welt weggehen. Was kann ich für die Zukunft tun? Bitte, geben Sie mir Ihren Rat.

In welche Stadt soll ich mit meiner Familie umziehen? Welche eignet sich am besten dafür, meinen Traum zu verwirklichen? Soll ich nach Batumi umziehen, oder nach Suchumi, nach Odessa oder Riga, oder irgendwohin in den Osten? Wenn man mich aus dem Dienst entläßt, werde ich im Winter 1962/63 von hier wegziehen.

Wieviel Geld habe ich für die Arbeit, die ich geleistet habe, auf meinem Konto? Wo soll ich mich verstecken, wenn sich meine Situation plötzlich verschlechtert?

Ich werde bis September definitv im Komitee bleiben. Bis dahin muß die Frage der zukünftigen Kommunikationswege geklärt werden. Mit wem soll ich für den Informationsaustausch in Kontakt bleiben, falls ANNE nicht zur Verfügung steht? Es ist zur Zeit nicht ratsam, auf der Straße mit ANNE zusammenzukommen.

Penkowskij fuhr fort, daß er, falls er plötzlich aus dem Komitee ausscheiden sollte, am 21. jeden Monats um 21 Uhr am planmäßigen Treffpunkt sein und auf seine Kontaktperson warten werde, die sich so zu erkennen geben solle, wie er es in seinem ersten, im August 1960 übersandten Brief beschrieben habe. »Der tote Briefkasten Nr. 1 bleibt verfügbar. (Ich werde Ihnen später die Lage zweier weiterer toter Briefkästen und zweier neuer Treffpunkte für den 21. jeden Monats mitteilen.)« Dann bat er seine Führungsoffiziere um weitere Minox-Filme und »eine kleine Pistole, die man bequem bei sich tragen kann. Wir werden bis zum letzten Augenblick fortfahren zu arbeiten.« Im übrigen könne Wynne das Komitee und das Außenhandelsministerium 1962 noch ein weiteres Mal besuchen.

Nachdem er sich darüber beklagt hatte, daß die Funksprüche so schwer zu verstehen seien, schloß er mit der Mitteilung, daß seine Frau eine zweite Tochter geboren habe, und der Bitte, ihm Babykleidung für ein Mädchen im Alter von einem Jahr zu schicken. Der Brief endete: »Ich schüttele Ihnen fest die Hand. Auf immer Ihr Freund, Oleg Penkowskij.«

Maurice Oldfield schrieb in dem Bericht, den er für Jack Maury über das Treffen zwischen ANNE und HERO verfaßte: »Die Lehre, die daraus zu ziehen ist, lautet, daß der Plan für den Materialaustausch bei vorheriger Einweisung narrensicher gewesen wäre, aufgrund der notwendig gewordenen Improvisation aber vieles hätte schiefgehen können. ANNE ist der Ansicht, daß improvisierte Übergaben in Häusern gemieden werden sollten wie die Pest.«

Shergold schlug angesichts der Erfahrung, die ANNE gemacht hatte, vor, die demnächst anstehende Feier aus Anlaß des amerikanischen Nationalfeiertags am 4. Juli nicht für operative Zwecke zu nutzen. Bulik stimmte ihm zu, und Wynne, der Anfang Juli in Moskau sein würde, wurde angewiesen, Penkowskij zu sagen, daß er nicht versuchen solle, während des Empfangs im Spasso-Haus Material zu übergeben.[7]

Aus Penkowskijs Brief wurde deutlich, daß ihn das Gefühl beschlich, in einer Falle zu sitzen. Er spürte, daß die Telefongespräche, die angeblich über sein US-Visum geführt worden waren, und die Furcht des Zentralkomitees vor amerikanischen Provokationen zweierlei bedeuten konnten: Entweder der KGB hatte ihm gegenüber Verdacht geschöpft und wollte ihn weiter beobachten, um sicher zu sein, daß die Amerikaner mit ihm Verbindung aufgenommen hatten; oder man glaubte wirklich daran, daß die Amerikaner planten, ihn in eine peinliche Situation zu bringen, weil sie wußten, daß er für die GRU arbeitete. Im Komitee standen die Dinge jedenfalls recht gut, und er hatte immer noch Marschall Warenzow und General Serow als Beschützer.

Penkowskijs Brief hatte eine ganze Reihe von Sitzungen zur Folge, auf denen versucht wurde, seine Befürchtungen zu entkräften. Der Boykott der Weltausstellung in Seattle mochte eine Folge der angespannten sowjetisch-amerikanischen Beziehungen sein, aber die Streichung der anderen Auslandsreisen war merkwürdig. Das mindeste, was daraus gefolgert werden konnte, war die Vermutung, daß der KGB glaubte, Penkowskij wäre im Westen als GRU-Offizier bekannt, oder ihn aufgrund seines familiären Hintergrunds für unzuverlässig hielt. Wenn jedoch der schlimmste Fall eingetreten war, stand er aufgrund des Verdachts der Spionage unter Überwachung und wurde deshalb in der Sowjetunion festgehalten.

Shergold und Bulik kamen überein, Penkowskij sobald wie möglich mit einem ermutigenden Brief zu antworten. Sie bestätigten seine Einladung zu der am 4. Juli beim amerikanischen Botschafter stattfindenden Feier und trugen sich mit dem Plan, Wynne »unter angemessener Tarnung« nach Moskau zu schicken. Wynne sollte sich mit Penkowskij treffen, Material mit ihm austauschen und ihm mitteilen, daß er keinesfalls versuchen sollte, auf dem Empfang zum 4. Juli Material zu übergeben.

Daneben schickte die CIA als neue Kontaktperson innerhalb des diplomatischen Corps am 24. Juni Rodney Carlson nach Moskau, wo eine Tarnstellung an der amerikanischen Botschaft freigeworden war. Seine eigentliche Aufgabe bestand darin, über das GKKNIR eine Beziehung zu Penkowskij aufzubauen. Botschafter Thompson hob bei dieser Gelegenheit erneut hervor, daß Botschaftsangehörige nur für wichtige Dinge von größter Bedeutung eingesetzt werden dürften, und nicht für »Angelausflüge«.[8]

Im Juni beantragte Penkowskij mit Unterstützung der GRU ein Visum für einen 21tägigen Aufenthalt auf Zypern. Er sollte am 10. Juli aus Anlaß der sowjetischen Teilnahme an einer internationalen Messe in Nikosia auf die Mittelmeerinsel fliegen.

Am Montag, dem 2. Juli, traf Greville Wynne in Moskau ein, um mit dem GKKNIR und dem Außenhandelsministerium über eine Wanderausstellung britischer Industrieprodukte zu sprechen, die mit speziell angefertigten Transportfahrzeugen die Sowjetunion bereisen sollte. Penkowskij kam nicht wie üblich ans Flugzeug, sondern erwartete Wynne im Abfertigungsgebäude, wo er ihn im Namen des GKKNIR förmlich begrüßte. Auf der Fahrt zum Hotel Ukraina spielte Penkowskij den Reiseführer, während er Wynne insgeheim neun Filmkassetten zusteckte. Wynne übergab ihm seinerseits einen Brief, 3000 Rubel, zwanzig Minox-Filme und einen braunen Pappkarton mit Babykleidung für seine am 6. Februar geborene Tochter Marina.

Das Hotel Ukraina am Kutusow-Prospekt war ein Musterbeispiel des stalinistischen Zuckerbäckerstils. Wichtiger jedoch war, daß sämtliche Telefone mit einer Vermittlungszentrale verbunden waren, die vom KGB überwacht wurde. Penkowskij sorgte mit Hilfe seines Dienstausweises dafür, daß Wynne gut untergebracht wurde, und begleitete ihn zu seiner Suite hinauf. Sobald sie das Wohnzimmer betreten hatten, schaltete er das Radio ein. Wynne bedeutete ihm, daß er ihm ins Badezimmer folgen solle, wo sie die Wasserhähne des Waschbeckens und der Badewanne aufdrehten, um ihr Gespräch zu übertönen, falls es vom KGB mitgehört werden sollte, was als wahrscheinlich anzunehmen war. Penkowskij sah müde und erschöpft aus und war sehr nervös. Er sagte Wynne, daß er nicht mehr weiter wisse und Angst habe; die Lage hätte sich grundlegend verändert. Wieder einmal sei eine geplante Auslandsreise, der Besuch in Zypern, im letzten Moment abgesagt worden. Der KGB habe bei Serow angerufen und ihm gesagt, man befürchte, daß er, Penkowskij, zum Ziel einer Provokation werden würde. Serow sei nichts anderes übrig geblieben, als die Reise zu streichen.

Wynne verabredete sich für neun Uhr abends mit Penkowskij, der sodann die Hotelsuite verließ. Nachdem er sich gewaschen und die Kleider gewechselt hatte, beschloß Wynne, einen Spaziergang zu machen. Auf der Straße fiel ihm jedoch ein, daß er etwas vergessen hatte, und er ging ins Hotel zurück. Die Frau, die auf seiner Etage die Zimmerschlüssel aufbewahrte, war sichtlich erschrocken, als sie ihn zurückkommen sah. Sie sagte ihm, daß sein Schlüssel nicht aufzufinden sei, und ging davon, um ihn zu suchen. Es dauerte zehn Minuten, bis der Schlüssel endlich »gefunden« worden war und Wynne in seine Suite gehen konnte. Als er sie betrat, stellte er fest, daß sein Gepäck durchsucht worden war; es hatte jedoch nichts Verdächtiges oder Belastendes enthalten.

Um zwanzig Uhr ging Wynne in den britischen Botschaftsklub, den sogenannten Pub, der in einem an die Botschaft anschließenden Gebäude untergebracht war. Er war dort mit Rauri Chisholm verabredet, von dem er, als sie nach einigen Drinks die Toilette aufsuchten, ein kleines Päckchen erhielt, das er Penkowskij übergeben sollte. Darin befand sich unter anderem ein auf russisch geschriebener Artikel über amerikanische und sowjetische Entwicklungen auf dem Gebiet der Luftverteidigung, den Penkowskij in einer Militärzeitschrift veröffentlichen konnte. Der Artikel beruhte weitgehend auf einer geheimen Dienstvorschrift für Nike-Hercules-Raketenbataillone der Luftabwehrartillerie, die in den Geheimfundus von Warenzows Artilleriebibliothek gelangt war. Falls es einer solchen Bestätigung bedurfte, so erklärte die Verwendung der Dienstvorschrift, warum Penkowskij darum nachgesucht hatte, das im Geheimfundus lagernde Material einsehen zu dürfen. Daneben stützte sich der Artikel auf die Bedienungsanleitung für die sowjetische Luftabwehrrakete SA-2 und einige Veröffentlichungen aus der Zeitschrift *Wojennaja Mysl*.

Die Gegenspionage der CIA wollte natürlich erfahren, wie die Nike-Hercules-Dienstvorschrift ihren Weg in die sowjetische Artilleriebibliothek gefunden hatte. Penkowskij wurde daher in einem Begleitbrief aufgefordert, »uns englische Eintragungen und Stempel mitzuteilen, die uns helfen könnten, herauszufinden, über welchen Kanal die FM 44–95 in den Geheimfundus gekommen ist«.

Wynne kehrte ins Hotel zurück, wo ihn Penkowskij, wie verabredet, um 21 Uhr besuchte, um das Material abzuholen. Penkowskij schaltete wieder das Radio ein und drehte die Wasserhähne im Bad auf, bevor er Wynne unter Tränen sagte, daß er die Sowjetunion verlassen müsse. »Die Geschichte meines Vaters fällt jetzt schwer gegen mich ins Gewicht. Ich glaube nicht, daß ich im September, wenn ich mein fünfundzwanzigstes Dienstjahr vollendet habe, einen neuen Posten im Komitee bekommen werde.« Man werde ihn wahrscheinlich zwingen, mit einer Pension von 200 Rubeln monatlich in den Ruhestand zu gehen, so daß er keine Verbindung mehr zu seinen alten

Freunden hätte. Er würde vermutlich nicht einmal in Moskau bleiben können.

Wynne zeigte Penkowskij mehrere Fotos: von Gervase Cowell, dem neuen MI6-Offizier in Moskau, von dessen Frau Pamela, die Janet Chisholms Rolle als Kontaktperson übernehmen sollte, und von Rodney Carlson, dem neuen stellvertretenden US-Attaché, der als zweite Kontaktperson vorgesehen war. In dem Begleitbrief wurde Penkowskij nun mitgeteilt, daß Carlson an der Feier zum 4. Juli teilnehmen und die Krawattennadel mit den roten Steinen tragen werde, die man ihm vor langer Zeit in London gezeigt habe, damit er sicher sein könne, mit dem richtigen Mann zu sprechen.

Penkowskij wurde weiterhin eingeschärft, daß er unter keinen Umständen Gervase Cowell als Kontakt benutzen sollte. Seine Kontaktperson sei Pamela Cowell. Für die Materialübergabe sollte eine mit einem doppelten Boden versehene Dose des Desinfektionsmittels Harpic dienen. Dieses Mittel, hieß es in dem Brief, stehe in Moskau in der Toilette jeder britischen Diplomatenwohnung. Mrs. Cowell werde die Toilette aufsuchen und die dort stehende durch eine präparierte Harpic-Dose austauschen. Danach solle er, Penkowskij, das für ihn bestimmte Material aus der Dose nehmen und durch seines ersetzen; der doppelte Boden fasse bis zu zwölf Minox-Filme und eine zusammengefaltete maschinenschriftliche Nachricht. Anschließend werde Mrs. Cowell erneut in die Toilette gehen, die präparierte Harpic-Dose an sich nehmen und die Originaldose wieder an ihren Platz stellen. Diese Methode gelte natürlich nur für britische Wohnungen, aber sie vermeide jede Improvisation. Rauri Chisholm hatte Wynne eine präparierte Harpic-Dose mitgegeben, so daß er Penkowskij vorführen konnte, wie der doppelte Boden geöffnet wurde.

Dann verabredeten sich Wynne und Penkowskij für den 3. Juli um neun Uhr abends an der Karl-Marx-Statue gegenüber dem Bolschoi-Theater. Wynne traf pünktlich dort ein, und Penkowskij stieg zehn Minuten später aus einem Taxi, nachdem er sich vergewissert hatte, daß keine Beschatter in der Nähe waren. Sie verließen das Zentrum und gingen zum Ermitasch-Park, in dem sich zwei Theater und ein kleines Restaurant befanden. Sie aßen in dem Restaurant zu Abend und blieben dort, bis es um 23 Uhr schloß. Danach gingen sie noch zwanzig Minuten im Park spazieren und sprachen über Penkowskijs Zukunft.

Penkowskij bat Wynne, »meinen Freunden zu sagen, daß ich, ganz gleich, was geschieht, bis zum September weiterarbeiten werde«. Dann wiederholte er seinen Wunsch nach einer Pistole und erklärte, daß er jetzt bereit sei, die Sowjetunion auch allein zu verlassen, obwohl es ihm natürlich lieber wäre, wenn er seine Familie mitnehmen könnte.[9] Er konnte es zwar nicht genau erklären, fühlte sich aber offensichtlich bedrückt und wollte aus der Sowjetunion heraus, auch wenn es ihn den Generalsrang kostete und den Nutzen, den er für den Westen besaß, verminderte. Er hoffte immer noch, entkommen zu können.

Am nächsten Vormittag ging Wynne zum Sitz des GKKNIR in der Gorki-Straße, wo um zehn Uhr ein Gespräch über seine Wanderausstellung stattfinden sollte. Er sprach fast zwei Stunden lang mit zwei Komiteemitgliedern, die er noch nie vorher gesehen hatte. Sie erkundigten sich eingehend nach den Firmen, die sich an der Ausstellung beteiligen würden, fügten jedoch hinzu, daß die endgültige Entscheidung erst getroffen werden könne, wenn das GKKNIR die Liste der beteiligten Firmen und der Produkte, die sie ausstellen wollten, erhalten hätte. Das Gespräch endete ohne ein konkretes Ergebnis, sowohl in bezug auf die Ausstellung als auch in bezug auf die von Wynne angetippte Frage des Austauschs von Expertendelegationen.

Wynne kam an diesem Tag nicht mit Penkowskij zusammen. Er verbrachte den Nachmittag auf der Grillparty im Amerikahaus, während Penkowskij an dem Empfang in der Residenz des amerikanischen Botschafters teilnahm.

Botschafter Llewellyn E. Thompson, ein großgewachsener, freundlicher Mann mit zwanglosen Umgangsformen, hinter dessen Herzlichkeit sich analytische Schärfe und eine tiefe Kenntnis des Sowjetsystems verbargen, war seit Juni 1957 als Vertreter der Vereinigten Staaten in Moskau. Kennedy schätzte ihn sehr und hatte ihn nach seinem Amtsantritt im Januar 1961 entgegen der üblichen Praxis, nach der sich eine neue Administration auch durch neue Botschafter vertreten ließ, gebeten, auf seinem Posten zu bleiben, wofür vermutlich nicht zuletzt die ausgezeichnete Beziehung, die er zu Nikita Chruschtschow unterhielt, ausschlaggebend gewesen war. Thompson wußte um Penkowskijs geheime Rolle, setzte aber sein bestes diplomatisches Pokerface auf, als er Penkowskij zur Begrüßung die

Hand schüttelte und die üblichen Freundlichkeiten mit ihm austauschte.

Penkowskij war zusammen mit Wassilij Wassiljewitsch Petrotschenko, dem Leiter der GKKNIR-Abteilung für Auslandsbeziehungen, zu dem Empfang gekommen, und sie gesellten sich nach der Begrüßung zu den anderen Komiteemitgliedern. Penkowskij sah sich, ohne die Gruppe seiner Kollegen zu verlassen, nach Carlson um, der seinerseits nach Penkowskij Ausschau hielt.

Als die ersten Gäste den Empfang verlassen hatten, konnten sie es so einrichten, daß sie für einen Augenblick allein miteinander waren. Nachdem sie sich die Hand gegeben und sich vorgestellt hatten, sagte Penkowskij rasch, daß er diesmal kein Material bei sich habe, sicherlich aber beim nächsten Mal. Carlson erwiderte, daß er ebenfalls nichts zu übergeben hätte. Das Treffen war dennoch ein Erfolg. Sie hatten den Kontakt hergestellt und den Boden für ihr nächstes operatives Treffen bereitet. Penkowskij lenkte die Unterhaltung dann auf unverfängliche Themen, »wobei es für den Rest des Abends blieb«.[10]

Am Nachmittag des nächsten Tages übergab Penkowskij Wynne in dessen Hotelsuite sechs Paßfotos von sich selbst, zwei Minox-Filme, einen einseitigen Brief und zwei Seiten mit verschlüsseltem Text. Er erhielt im Gegenzug einige Schallplatten des russischen Volkssängers und Dichters Alexander Wertinskij, der 1919 emigriert war. Die Schallplatten, die die CIA in New York besorgt hatte, da sie in der Sowjetunion als dekadent galten und nicht vertrieben wurden, waren für Marschall Warenzow und General Serow bestimmt. Penkowskij verabschiedete sich schon nach einer Viertelstunde wieder von Wynne, nachdem sie sich für 21 Uhr vor dem Hotel Pekin, unweit des Majakowskij-Platzes, verabredet hatten.

Wynne schlenderte danach bis in den frühen Abend hinein, mit Penkowskijs Material in der Tasche, durch Moskau, bis er schließlich um 20.30 Uhr ins Amerikahaus ging und sich zu einem Drink an die Bar setzte, an der Rauri Chisholm bereits auf ihn wartete. Als er seinen Drink ausgetrunken hatte, verschwand Rauri Chisholm auf der Toilette. Wynne folgte ihm und händigte ihm Penkowskijs Material aus.[11] Gegen 20.45 Uhr nahm er ein Taxi und ließ sich zur Ecke Gorki-Straße und Majakowskij-Platz fahren. Dort angekommen, überquerte er den Platz und betrat das Hotel Pekin. Als er Penkowskij nicht in der Halle

346

sah, kehrte er um und ging einmal um den Block herum, bevor er zum Hoteleingang zurückkehrte. Penkowskij war immer noch nicht aufgetaucht, und Wynne nahm seinen Spaziergang wieder auf. Als er sich erneut dem Hotel näherte, bemerkte er in einem Hauseingang zwei Männer. Er ging langsam weiter und blieb ab und zu vor einem Schaufenster stehen. Die beiden Männer schienen ihm zu folgen. Es war das erste Mal, daß Wynne auffiel, daß er beschattet wurde.

Als er das Pekin fast erreicht hatte, sah er Penkowskij aus der entgegengesetzten Richtung auf sich zukommen. Er trug eine Sonnenbrille und einen leichten Regenmantel und hatte einen Attachékoffer in der Hand. Wynne beschleunigte den Schritt, so daß er gleichzeitig mit Penkowskij am Hoteleingang eintraf. Sie nahmen Augenkontakt auf, und Penkowskij gab Wynne mit einer verstohlenen Geste zu verstehen, daß sie voneinander Abstand halten sollten. Penkowskij betrat das Hotelrestaurant und erfaßte mit einem Blick, daß kein Tisch frei war. Er verließ das Hotel wieder und ging davon.

Wynne, der nach ihm das Restaurant betreten hatte, tat so, als suchte er nach einem freien Tisch, bevor er ebenfalls hinausging. Das erste, was er sah, waren die beiden Männer, die ihm gefolgt waren. Sie standen bei einem Polizisten auf der anderen Straßenseite. Wynne konnte sie gut sehen, und er war sich jetzt sicher, daß sie tatsächlich auf ihn angesetzt waren. Aber er sah sich nicht um, als er Penkowskij hinterherging. Penkowskij jedoch blickte sich zwei-, dreimal um. Wynne beschloß, daß es am besten war, wenn er in sein Hotel zurückkehrte und dort abwartete, bis sich Penkowskij bei ihm meldete.

Er winkte ein Taxi heran; aber dem Fahrer war die Strecke zum Hotel Ukraina zu kurz, und er weigerte sich, Wynne dorthin zu fahren. Während er versuchte, den Fahrer umzustimmen, beobachtete Wynne, daß Penkowskij in eine Einfahrt einbog, die zu mehreren Wohnhäusern führte. Er ließ das Taxi wegfahren und ging zu Penkowskij, der in der Einfahrt an der Wand lehnte. Nachdem sie in den menschenleeren Hof gegangen waren, sagte Penkowskij: »Wie ich sehe, werden Sie beschattet. Wir müssen unseren Kontakt sofort abbrechen. Wir sehen uns morgen früh. Sie müssen mit dem ersten abgehenden Flugzeug von hier weg!«

Während Wynne und Penkowskij noch miteinander sprachen, tauchten die beiden Männer vor der Einfahrt auf. Penkowskij drehte

347

sich hastig um und verschwand in einem der Häuser. Wynnes Beschatter waren offenbar verblüfft, sich ihrer Zielperson direkt gegenüberzusehen. Der eine von ihnen trat hastig einen Schritt zurück, während der andere langsam weiterging. Wynne eilte zur Ringstraße zurück und ging an ihr entlang, bis er ein Taxi bekam. Er sagte dem Fahrer, er solle ihn zum Restaurant Praga bringen. Als das Taxi anfuhr, sah er durch das Rückfenster, wie seine Beschatter ihm nachschauten. Ein Auto, das seine Verfolgung aufgenommen hätte, konnte er nicht entdecken.

Als das Taxi am Arbatskaja-Platz an einer Ampel hielt, sah Wynne auf der anderen Straßenseite einen Taxistand. Er bezahlte den Fahrer und überquerte die Straße, um in ein anderes Taxi umzusteigen, von dem er sich zunächst den Kalinin-Prospekt in umgekehrter Richtung hinunterfahren ließ, bevor er dem Fahrer sagte, daß er ihn zum Amerikahaus bringen solle. Er traf um 21.20 Uhr dort ein, und als er sich umsah, wies nichts darauf hin, daß er weiterhin observiert wurde.

Rauri Chisholm war immer noch im Amerikahaus, unterhielt sich aber mit einer kleinen Gruppe britischer und amerikanischer Botschaftsangehöriger. Wynne ließ sich einen Drink geben und wartete ab, bis Chisholm Gelegenheit fand, mit ihm zu sprechen. Es dauerte fast eine Stunde, ehe Rauri Chisholm zur Toilette ging. Wynne folgte ihm und berichtete ihm kurz, was vorgefallen war. Als er anschließend das Amerikahaus verließ, war wiederum nichts von einer Überwachung zu bemerken, und auch als er mit dem Taxi zum Hotel Ukraina fuhr, schien ihm niemand zu folgen.

Um sechs Uhr am nächsten Morgen rief Penkowskij bei Wynne an und erkundigte sich, ob alles in Ordnung sei. Er könne ihn nicht vom Hotel abholen, versprach aber, zum Flughafen zu kommen. Wynne saß auf einer Bank in der Nähe des Haupteingangs des Flughafens Scheremetjewo, als Penkowskij um 7.50 Uhr dort eintraf und, sobald er Wynne entdeckt hatte, in die Rolle des Komiteebeamten schlüpfte, der einen ausländischen Besucher verabschiedet. Er besorgte Wynne das Flugticket und schleuste ihn kraft seines Amtes durch die Ausreiseformalitäten. Danach blieb ihnen gerade noch die Zeit, einen Kaffee zu trinken, bevor Wynnes Flug nach Kopenhagen aufgerufen wurde.

Penkowskij erklärte Wynne aufgeregt, er sei ziemlich sicher, daß die Beschattung ihm, Wynne, gegolten habe, und dann erzählte er, daß er am Tag zuvor zu Jewgenij Lewin, dem zweiten Mann im GKKNIR, bestellt worden war, der ihm eine Menge Fragen über Wynne gestellt hatte. Insbesondere hatte er sich dafür interessiert, warum Wynne wiederum allein, ohne eine Delegation, in die Sowjetunion gekommen war; das wäre doch merkwürdig. Penkowskij hatte ihm erklärt, daß Wynne an einem neuen Projekt arbeite, einer Wanderausstellung, und gerade mit den Firmen spreche, die auf ihr vertreten sein sollten. Lewin schien nicht überzeugt gewesen zu sein und hatte erwidert, man werde ja sehen, ob Wynne etwas zustande bringen werde.

»Es ist von größter Bedeutung, daß Sie das Komitee sobald wie möglich umfassend über Ihre Wanderausstellung informieren und ihm die Firmen nennen, die zugesagt haben, sich an dem Projekt zu beteiligen«, sagte Penkowskij. »Es ist für Ihre eigene Sicherheit wichtig, daß jetzt etwas Konkretes geschieht.«

Penkowskijs Stimmung war umgeschlagen. Die Bedrücktheit war der Wut gegen die rohen Überwachungsmethoden des KGB gewichen, mit denen augenscheinlich versucht worden war, ihn und Wynne einzuschüchtern, das heißt etwas zu stören, womit der KGB nichts zu tun hatte. Immerhin benutzte er seine Beziehung zu Wynne zum Vorteil des GKKNIR. Penkowskij zeigte sich wieder als der unverbesserliche Optimist, der er war, und sagte Wynne, er werde bei Lewin gegen die Art und Weise protestieren, wie sie am gestrigen Abend von den Beschattern behandelt worden waren. Wynne seinerseits solle die Fahrzeuge für die Wanderausstellung möglichst bald nach seiner Rückkehr nach London so vielen Angehörigen der sowjetischen Botschaft wie möglich vorführen.

Penkowskij begleitete Wynne zum Flugsteig und verabschiedete ihn mit den Worten: »Greville, wir dürfen zwar nicht mehr so oft zusammen gesehen werden, aber Sie müssen unbedingt im September wieder herkommen.«[12]

Kapitel 15

ENDSPIEL: DIE KUBA-KRISE

Penkowskij hing in der Luft. Wynne war in Moskau unter schweren Verdacht geraten und nach England zurückgekehrt. Janet Chisholm war ebenfalls abgereist, um ihr viertes Kind zu Hause zur Welt zu bringen. Eine weitere Gelegenheit, mit seinem neuen amerikanischen Kontaktmann, Rodney Carlson, zusammenzukommen, hatte sich noch nicht ergeben. Penkowskij blieb also nur das DISTANT-System, das er jedoch nur im Notfall benutzen sollte.

Was Wynne dem MI6 über seinen letzten Besuch in Moskau und über Penkowskijs Stimmungslage berichtete, war äußerst besorgniserregend und schickte Schockwellen durch beide beteiligten Geheimdienste. CIA-Direktor McCone kam am 20. Juli im Weißen Haus mit Präsident Kennedy zusammen und erklärte ihm, indem er für Penkowskij den Decknamen CHICKADEE benutzte, daß »die jüngsten Berichte vom 4. und 5. Juli zusammen mit anderen Informationen den Schluß zulassen, daß CHICKADEE in Schwierigkeiten ist. Unserer Ansicht nach steht er unter Verdacht, vermutlich auch unter Überwachung, und könnte sogar schon so weit enttarnt sein, daß er als Doppelagent agiert. Wir prüfen seine neuesten Berichte über bestimmte Aspekte der Militärdoktrin deshalb mit äußerster Sorgfalt, vergleichen sie mit anderen verfügbaren Quellen und bringen sie nicht in Umlauf, solange kein Urteil über ihre Glaubwürdigkeit gefällt worden ist.«[1]

Das Material wurde schließlich, nach einer erneuten Analyse der gesamten Operation, die sechs Tage in Anspruch nahm, als zuverlässig eingeschätzt, übersetzt und innerhalb der Geheimdienstgemeinde verteilt. Unterdessen hatten sich der britische und der amerikanische Geheimdienst auf eine »Zukunftsplanung« geeinigt, die vorsah:

1. Die Verbindung mit HERO muß auf jeden Fall aufrechterhalten werden.
2. HERO wird keinerlei Druck ausgesetzt, Informationen zu liefern, insbesondere dann nicht, wenn er pensioniert werden sollte.
3. Wenn HERO außer Landes reisen sollte, werden wir seinen Wunsch, überzulaufen, akzeptieren und ihn nicht dazu veranlassen, in die UdSSR zurückzukehren.
4. Wenn HERO im Komitee verbleiben sollte, werden wir uns bemühen, die persönlichen Kontakte mit ihm auf die gesellschaftlich-berufliche Ebene zu beschränken.
5. Für den Fall seiner Pensionierung werden wir die Möglichkeiten des verdeckten Verlassens der UdSSR untersuchen.
6. WYNNEs Rolle wird in Zukunft darin bestehen, HEROs Position im Komitee zu stärken, und nicht mehr darin, Material zu überbringen.[2]

Am 1. August gab Präsident Kennedy bekannt, daß die USA bereit seien, für die Überwachung eines Atomtestverbots ein Netz nationaler Kontrollposten unter internationaler Aufsicht zu akzeptieren. Vier Tage später, am 5. August, nahm die Sowjetunion mit der Zündung einer 40-Megatonnen-Bombe einseitig ihre Atomtests in der Atmosphäre wieder auf, und am 9. August wies sie Kennedys Kompromißvorschlag für ein Teststopabkommen kategorisch zurück.

Am 10. August diktierte McCone ein Memorandum an Präsident Kennedy, in dem er seine Überzeugung ausdrückte, daß sowjetische Mittelstreckenraketen (MRBMs) in Kuba stationiert wurden. Am 22. August bestätigte der Präsident öffentlich, daß mehrere tausend sowjetische Techniker und »große Mengen« an Material nach Kuba gebracht wurden. Einen Tag darauf unterzeichnete er das Aktionsmemorandum zur Nationalen Sicherheit (NSAM = National Security Action Memorandum) 181, in dem »angesichts der Beweise für neue [Ost-]Blockaktivitäten in Kuba« gefordert wurde, eine Einschätzung der militärischen, politischen und psychologischen Auswirkungen zu erarbeiten, die zu erwarten waren, wenn in Kuba Raketen aufgestellt wurden, die die USA erreichen konnten. Daneben sollten die militärischen Optionen analysiert werden, die die USA ergreifen konnten, falls sie sich dafür entschieden, die Raketen zu vernichten.

Penkowskij folgte am 27. August einer Einladung des amerikanischen Landwirtschaftsattachés, der in seiner Wohnung im Anbau der US-Botschaft eine Party zu Ehren einer Delegation von Vertretern der amerikanischen Tabakindustrie gab. Penkowskij war allein gekommen und arbeitete sich langsam durch die Menge zu Carlson vor, der ebenfalls unter den Gästen war. Sie unterhielten sich einige Minuten mit Jane Danilowa, einer Dolmetscherin des GKKNIR. Dann ging Carlson ins Badezimmer und befestigte ein in Ölleinwand verpacktes kleines Päckchen, das einen gefälschten Paß auf den Namen Wladimir Grigorjewitsch Butow und einen Brief von Penkowskijs Führungsoffizieren enthielt, an der Innenseite des Deckels des Spülkastens der Toilette. Anschließend mischte er sich wieder unter die Gäste und schlenderte langsam auf die andere Seite des Zimmers, wo sich Penkowskij mit einem Botschaftsangehörigen unterhielt. Die drei Männer standen noch einen Augenblick beieinander, bevor sich der Diplomat einem anderen Gast zuwandte. Kaum war er gegangen, sagte Penkowskij zu Carlson:»Ich habe ein Päckchen für Sie. Haben Sie etwas für mich?«

»Ja. Gehen Sie ins Badezimmer, durch diese Tür dort und dann rechts. Unter dem Deckel des Spülkastens der Toilette.«

Carlson hatte kaum das Wort »Badezimmer« ausgesprochen, als Penkowskij »Ja, ja« sagte und das Gespräch auf ein unverfängliches Thema lenkte, da zwei amerikanische Diplomaten auf sie zugekommen waren. Ein paar Minuten darauf wandte er den üblichen Trick bei Kontakten in Diplomatenwohnungen an:»Das ist eine hübsche Wohnung. Wie viele Zimmer hat sie? Darf ich sie mir ansehen?«

Carlson und einer der beiden anderen Botschaftsangehörigen bejahten, und sie begannen die Wohnung zu besichtigen. Als sie am Bad vorbeikamen, fragte Penkowskij:»Darf ich es benutzen?« – »Selbstverständlich«, sagte Carlson und trat zur Seite, um seinem Botschaftskollegen Platz zu machen.»Gehen Sie nur vor«, sagte er zu ihm.»Ich nehme an, daß er dort drinnen keine Hilfe braucht.«Als Carlson allein in der Halle war, ging er ebenfalls ins Bad und verschloß die Tür hinter sich.

Penkowskij gab ihm ein kleines Päckchen und fragte:»Und für mich? Was haben Sie für mich?« Carlson brachte ihn mit einem »Psst!« zum Schweigen und deutete auf den Spülkasten der Toilette.

Als Penkowskij sich nicht rührte, nahm er den Deckel ab und entfernte das für Penkowskij bestimmte Päckchen. Penkowskij steckte den Umschlag in die Tasche, verabschiedete sich und ging hinaus. Die Halle war leer. Carlson verschloß die Tür wieder, drückte die Toilettenspülung und legte den Deckel auf den Spülkasten. Dann öffnete er vorsichtig die Tür. Noch immer war niemand in der Halle. Er ging durch den Korridor zum Wohnzimmer zurück und betrat es durch eine andere Tür als die, durch die Penkowskij auf die Party zurückgekehrt war. Die Moskauer CIA-Station konnte dem Hauptquartier Vollzug melden: GEGENSEITIGER AUSTAUSCH AUF EMPFANG OHNE ZWISCHENFÄLLE VONSTATTEN GEGANGEN. HERO ÜBERGAB SIEBEN FILMKASSETTEN UND DREI OPERATIVE MITTEILUNGEN. ABSENDUNG ERFOLGT AM 28. AUGUST.

Eine der drei schriftlichen Mitteilungen war ein am 25. August 1962 geschriebener langer Brief, in dem Penkowskij bemerkte: »Es wird bald ein Jahr her sein, seit wir uns das letzte Mal gesehen haben. Ich sehne mich nach Ihnen, weiß aber zur Zeit immer noch nicht, wann es uns bestimmt ist, uns wiederzusehen. Meine Familie und ich erfreuen uns guter Gesundheit, und ich bin guten Muts und arbeitsfähig.«

Dann erwähnte Penkowskij, offenbar ohne sich der Konsequenzen bewußt zu sein, zum erstenmal eine höchst bedrohliche Beobachtung:

Ich bin schon daran gewöhnt, in regelmäßigen Abständen zu bemerken, daß ich beschattet werde und daß man mich kontrolliert. Die »Nachbarn« hören nicht auf, mich zu durchleuchten. Aus irgendeinem Grund haben sie sich an mir festgebissen, und dafür muß es eine Ursache geben. Es bringt mich ganz durcheinander, und ich verliere mich in Vermutungen und Spekulationen. Ich bin weit davon entfernt, die Gefahren und ihre Ursachen zu übertreiben. Ich bin ein Optimist. Trotzdem versuche ich die Situation objektiv abzuschätzen, und ich rechne es Ihnen hoch an, daß Sie dies zu meinem Nutzen ebenfalls tun. Wenn ich von meiner Situation spreche, bedeutet dies, wie ich betonen möchte, nicht, daß ich von meinem Leben und meiner Arbeit enttäuscht bin. Das wichtigste ist, daß ich voller Kraft bin und den Wunsch habe, unsere gemeinsame und, wie Sie schreiben, bedeutsame und notwendige Arbeit fortzusetzen. Das ist mein Lebensziel. Und nichts wäre für mich befriedigender als die Gewißheit, meinen kleinen Beitrag zu unserer großen Sache geleistet zu haben. Es ist nicht ratsam, jetzt den Entschluß zu fassen, die fotografische Arbeit zu beenden: Es ist vielmehr notwendig, diese Arbeit fortzusetzen, bis man mir meinen Paß wegnimmt.

Abgesehen von der Überwachung, schrieb Penkowskij weiter, stünden die Dinge in der GRU und im GKKNIR gut für ihn. Er hätte eine Belobigung und eine Geldprämie erhalten und hoffe immer noch, in naher Zukunft ins Ausland geschickt zu werden. Möglich seien Japan oder Australien, eine Buchausstellung in den USA oder, mit Gwischiani zusammen, eine Reise nach Frankreich. Wenn es zu diesen Reisen kommen sollte, würden sie in der Zeit von September bis Dezember 1962 stattfinden. Penkowskij erwartete, daß Gwischiani eine dieser Reisen vorschlug und mit dem KGB und dem ZK abzuklären versuchte.

Gott allein weiß, wie die Antwort ausfallen wird. Wenn mich der KGB für unverdächtig erklärt, wird man meine Reise genehmigen. Wenn nicht, wird er seinen »Rat« geben: mich entweder im Komitee zu belassen oder aus ihm zu entfernen, aber in der Armee zu behalten oder aber ganz zu entlassen. Wenn man mich aus dem Komitee entfernt und meine Entlassung vorbereitet, werde ich einen letzten Versuch unternehmen, auf irgendeinem anderen Posten in der Armee unterzukommen, und mich mit einer letzten Bitte an Malinowskij, an S. S. [Sergej Sergejewitsch Warenzow], an Serow und andere Generale wenden. Falls das nicht helfen sollte, werde ich nicht in Moskau bleiben. Ich bitte Sie, dies zu verstehen und meine Handlungsweise und meine Entscheidungen in dieser Angelegenheit zu akzeptieren.

Der nächste Abschnitt des Briefs war Wynne gewidmet. Zunächst berichtete Penkowskij von dem Gespräch mit Lewin, von dem er Wynne bereits erzählt hatte. Irgend etwas müsse die Aufmerksamkeit auf Wynne gelenkt haben, wie Lewin es ausgedrückt hätte. Danach schilderte Penkowskij, was am Abend vor Wynnes Abreise geschehen war.

Er sei über die Unverschämtheit, die sich der KGB erlaubt hätte, sehr verärgert gewesen und habe sich am nächsten Tag bei seinen Vorgesetzten darüber beschwert.

Ich habe meinen Vorgesetzten offiziell berichtet, daß mich KGB-Mitarbeiter daran gehindert hätten, mit einem Ausländer zu Abend zu essen, den wir respektieren, den wir seit langer Zeit kennen, mit dem uns eine von gegenseitigem Vertrauen gekennzeichnete Beziehung verbindet, mit dem ich seit langer Zeit zusammenarbeite usw. Ich sagte, daß sich unser Gast gestört gefühlt hätte, als er bemerkte, welcher »Aufmerksamkeit« er teilhaftig wurde. Meine Vorgesetzten waren mit mir der Meinung, daß es eine Schande war, und auch Lewin war über die Beschattung verärgert. Er sagte, daß das Komitee und ich als dessen Repräsentant Wynne die nötigen Höflichkeiten erwiesen und daß »wir« [der KGB] keinerlei Ansprüche auf ihn hätten. Aber es scheint, als hätte W. durch seine unbesonnenen Handlungen selbst das Interesse der Kontrollorgane auf sich gezogen, was ich unmöglich voraussehen konnte. Ich habe zwar versucht, gegen einige Dinge vorbeugende Maßregeln zu ergreifen, aber W. hat sich offenbar nicht an sie gehalten.

Penkowskij beklagte sich über Wynnes Unfähigkeit, die angekündigte Wanderausstellung zügiger zu organisieren, so daß er noch 1962 nach Moskau eingeladen werden könnte. Außerdem habe er nach Wynnes Abreise herausgefunden, daß Wynne einen jungen Russen und eine junge Russin in sein Hotelzimmer eingeladen hatte. »Ich weiß nicht, worüber er sich mit ihnen unterhalten hat oder was ihn dazu gebracht hat, sich neue Bekannte zu suchen. War er einsam? Diese jungen Leute wurden jedenfalls einem Verhör unterzogen.«

Penkowskij kritisierte weiterhin, daß Wynne nicht ein einziges britisches Pfund in Rubel umgetauscht hatte, »obwohl ich sicher bin, daß Sie ihm Geld für die Reise gegeben haben. Er hat jeden Tag 30–40 Rubel von mir bekommen, und ich mußte auch seine Hotelrechnung bezahlen. Es wäre mir peinlich gewesen, ihm kein Geld zu geben, als er mich darum bat. Vielleicht ist es jemandem aufgefallen, daß er kein Geld gewechselt hat und trotzdem gelebt, gegessen, sich amüsiert und alles mit Rubeln bezahlt hat.«

Schließlich bat Penkowskij seine Führungsoffiziere, dafür zu sorgen, daß Wynne dem GKKNIR sobald wie möglich das erforderliche Material über die geplante Wanderausstellung schickte, einschließlich der Liste der beteiligten Firmen, damit die Ausstellung in Moskau oder Leningrad durchgeführt werden konnte. »Es ist notwendig, diese Sache auf überzeugende Art und Weise zu Ende zu bringen – dann wird sich der Verdacht gegen W. zum großen Teil von selbst zerstreuen.«

Penkowskij schrieb weiter, daß er, falls er keinen Auftrag im Ausland erhielt, in der zweiten Hälfte des Septembers in Urlaub gehen und erst Ende Oktober zurückkehren werde. Danach werde er »immer noch in der Lage sein, zu Empfängen zu gehen. Auf einem der Empfänge nach meinem Urlaub werde ich Ihnen dann meine Zukunftspläne mitteilen.« Einige davon erwähnte er allerdings schon jetzt:

Liebe Freunde, ich möchte Sie um einen großen persönlichen Gefallen bitten. Ich möchte Sie bitten, für mich eine Ausnahme von der Regel zu machen. Ich bin sehr dankbar für die Art und Weise, in der meine Arbeit jetzt und in Zukunft, nachdem ich zu Ihnen gekommen sein werde, bezahlt wird. Mein gegenwärtiges Gehalt für den Lebensunterhalt, zuzüglich einer Pension von gleicher Höhe – das ist sehr gut und völlig ausreichend für mein zukünftiges Leben in der Welt, die mir so sehr am Herzen liegt und für deren Stabilität und Bestand ich mit Ihnen gemeinsam kämpfe. Dennoch halte ich die Summe, die ich, wenn ich zu Ihnen komme, auf meinem Konto haben werde – etwa 35–40 000 Dollar –, für unzureichend, um von Grund auf neu zu beginnen, zumal ich vorhabe, sofort eine eigene Firma zu erwerben. Wenn ich ankomme, möchte ich mehr zur Verfügung haben. Ich bitte Sie deshalb, aus der Gesamtheit der Fotografien, die ich gemacht habe – 5000 Stück –, mindestens 100 der besten und wertvollsten auszuwählen, ihnen das frühe, handgeschriebene Material (dessen Echtheit und Wert inzwischen geprüft und bestätigt sein dürften) beizulegen und alles zusammen meinen höchsten Vorgesetzten für eine Gesamtbewertung und zur Festlegung einer materiellen Unterstützung in Form einer einmaligen Geldzahlung vorzulegen, bei der der Wert der Dokumente als Ganzes in Rechnung gestellt werden sollte. Ich möchte Sie in diesem

Zusammenhang daran erinnern, daß das bestehende System der Bezahlung für die Zeit, die ich noch in Rußland bin, während der ersten Tage unserer gemeinsamen Arbeit vereinbart wurde, in denen wir, bei einer bescheidenen Einschätzung meiner Möglichkeiten als Agent, übereinstimmend zu dem Schluß kamen, daß mein Arbeitsfeld im wesentlichen auf die GRU beschränkt sein wird und daß ich authentische Dokumente von Wert nur aus dem Geheimdienstbereich beschaffen kann.

Infolge der ständigen Weiterentwicklung unserer gemeinsamen Arbeit und der klugen Voraussicht und Führung meiner Arbeit haben sich jedoch neue Möglichkeiten ergeben, so daß wir in der Lage waren, über den Rahmen des ursprünglich Angenommenen hinauszugehen. Wir haben ein breites Spektrum anderen Materials beschafft, das für unsere Führung definitiv von großem Wert ist. Ich bitte darum, dies bei der Prüfung meines Ansinnens mit ins Kalkül zu ziehen. Diese Angelegenheit ist mir sehr wichtig, und ich mache mir viele Gedanken darüber, was ich meinen Kindern und Enkelkindern hinterlassen werde. Mein eigenes Wohlergehen ist mir zwar nicht unwichtig, aber was wird den Menschen, die mir nahestehen, bleiben, wenn ich nicht mehr da bin? Ich versichere Ihnen jedoch, daß die Qualität meiner Arbeit und mein Eifer nicht um einen Deut nachlassen werden, falls meine Bitte abschlägig beschieden werden sollte. Ich werde weiterarbeiten wie bisher. Dazu stehe ich, glauben Sie mir.

Dann wandte sich Penkowskij nüchterneren Dingen zu. Er bat um Quecksilberbatterien für sein Transistorradio und erklärte, daß er »zwei sehr gute tote Briefkästen« gefunden hätte, einen in der Nähe einer häufig von Ausländern besichtigten Kirche und einen unweit des Grabes des Dichters Jewgenij Jessenin auf dem Wagankowskij-Friedhof. »Solange ich noch überwacht werde, wollte ich die Plätze für die toten Briefkästen nicht aufsuchen, um sie genauer zu inspizieren. Ich werde Ihnen die Beschreibungen später schicken.«

Penkowskij schrieb weiter, daß er an einem Artikel auf der Grundlage der Übersetzung von Lapps *Man and Space* arbeite, und merkte an, das Material habe ihm »geholfen, viele Türen zu öffnen«, und ihn »als jemanden empfohlen, der etwas Neues tun möchte«.

Am 29. August, einen Tag nach dem Treffen zwischen Penkowskij und Carlson, verkündete die Sowjetunion, daß der Umfang ihrer Schiffslieferungen nach Kuba 1962 doppelt so groß sein werde wie im Vorjahr, und am 1. September gab sie den Abschluß einer Vereinbarung bekannt, nach der Kuba durch Waffenlieferungen und die Entsendung von Militärtechnikern unterstützt werden sollte. In den USA wurde heftig darüber spekuliert, was diese Schritte bedeuten mochten. Als Präsident Kennedy auf einer Pressekonferenz um einen Kommentar zu den sowjetischen Aktivitäten in Kuba gebeten wurde, erklärte er, daß die Vereinigten Staaten »alle nötigen Schritte« unternehmen würden, um eine kubanische Aggression gegen irgendeinen Teil der westlichen Hemisphäre zu verhindern, fügte aber hinzu: »Die Beweise über den militärischen Aufbau in Kuba lassen nicht auf eine bedrohliche Offensivfähigkeit schließen.«

Am Mittwoch, dem 5. September, war Penkowskij auf einem Empfang zu Ehren einer Delegation von Vertretern amerikanischer Energieunternehmen unter Leitung des US-Innenministers Stewart Udall zu Gast. Der Empfang fand im Spasso-Haus statt, wo Penkowskij und Carlson, der ebenfalls eingeladen worden war, keine Gelegenheit hatten, Material auszutauschen. Sie sprachen jedoch kurz miteinander über den bevorstehenden Besuch einer Delegation der amerikanischen Tabakindustrie, und Carlson versprach, mit Penkowskij in Verbindung zu bleiben. Er war dabei, eine stichhaltige Tarnung für seine Beziehung zu Penkowskij aufzubauen. Dieser sagte Carlson, daß er ihn am nächsten Abend bei einer Filmvorführung der Engländer wiederzusehen hoffe, und fügte hinzu: »Es gibt dort viele gute Plätze.« Die britische Botschaft veranstaltete ebenso wie die amerikanische regelmäßig Vorführungen der neuesten Spielfilme, zu denen auch Russen eingeladen wurden. Carlson stand als Amerikaner jedoch nicht auf der britischen Gästeliste, die ausschließlich Sowjetbürger und Angehörige der eigenen Botschaft umfaßte.

Als Stewart Udall am nächsten Tag mit Chruschtschow zusammenkam, erklärte der Kremlherr: »Was Kuba betrifft, so könnten sich dort wirklich einige unerwartete Dinge ergeben.« Penkowskij sah an diesem Abend in den Räumen des Kulturattachés der britischen Botschaft den englischen Spielfilm *Bitterer Honig* mit Rita Tushingham in der Hauptrolle. Chisholms Nachfolger in der Botschaft, Gervase

Cowell, der erst in dieser Woche in Moskau eingetroffen war, machte sich auf dem Empfang vor der Filmvorführung durch Augenkontakt mit Penkowskij bekannt. Zu einem Gespräch kam es nicht. Cowells Frau Pamela, seinen neuen MI6-Kontakt, konnte Penkowskij nirgendwo entdecken, so daß kein Materialaustausch stattfand. Für einen Kontakt mit Gervase Cowell waren keine operativen Maßregeln getroffen worden. Darüber hinaus waren zwar nur 24 der 70 eingeladenen Russen erschienen, aber zu denen, die sich den Film ansehen wollten, gehörten Jewgenij Lewin, der höchste KGB-Mann im GKKNIR, und dessen Frau. Penkowskij hatte also allen Grund, vorsichtig zu sein.

In Washington diskutierte man unterdessen über die Antwort auf Penkowskijs Brief vom 25. August. Man einigte sich darauf, daß der Antwortbrief bis zum 10. September in einer von beiden Seiten, dem MI6 und der CIA, abgesegneten Fassung vorliegen sollte, damit er rechtzeitig übersetzt werden konnte, um ihn Penkowskij bei einem möglichen Treffen am 13. September zu übergeben.

Der MI6 hatte die CIA über den neuesten Stand von Wynnes Aktivitäten ins Bild gesetzt. Einer seiner Ausstellungswagen war inzwischen in Osteuropa im Einsatz und hatte beachtliche öffentliche Aufmerksamkeit erregt. Anfang Oktober sollte die Wanderausstellung in Bukarest Station machen, wo Wynne einen Stand auf der britischen Handelsmesse gebucht hatte. Eine Reise in die Sowjetunion war für das laufende Jahr nicht vorgesehen. »Wynne wird an Lewin schreiben und ihn ausführlich über die Bukarestreise und die beteiligten Firmen informieren«, hieß es in dem Bericht aus London.

Um die Terminvorgabe einzuhalten, machte sich Harold Shergold umgehend daran, den Entwurf für den Antwortbrief an Penkowskij zu schreiben. Penkowskij wurde darin eine Prämie von 250 000 Dollar zugesichert, die er erhalten sollte, sobald er in den Westen kam. »Wir haben auch über die Frage Ihrer Kinder und Enkelkinder nachgedacht. Wenn wir uns das nächste Mal treffen, werden wir diese finanziellen Dinge ausführlicher mit Ihnen besprechen.« Was Wynne angehe, so werde man »alles tun, um sicherzustellen, daß er seine Rolle ausfüllt«. Eine Ausstellung in der Sowjetunion sei nach Auskunft der Allunionshandelskammer, mit der Wynne korrespondiert habe, jedoch erst 1963 möglich. Er werde Lewin in nächster Zukunft einen Brief schreiben, um ihm die derzeitige Situation zu schildern. In der Zwischenzeit plane er, seine Ausstellungswagen zur Handelsmesse in Bukarest zu schicken.

Dann wurde Penkowskij für das zuletzt übermittelte Material gedankt und das besondere Interesse der westlichen Geheimdienste an weiteren Artikeln aus den geheimen sowjetischen Militärzeitschriften sowie an Informationen über illegale Operationen hervorgehoben. In Klammern wurde jedoch einschränkend angemerkt: »Wir möchten betonen, daß die genannten Schwerpunkte nicht als Aufforderung zu verstehen sind, Ihre Anstrengungen in dieser Richtung zu verstärken; unsere bisherigen Äußerungen zu diesem Thema behalten weiterhin ihre Gültigkeit, das heißt, Sie sollten nur dann etwas fotografieren, wenn die Situation es zuläßt und Sie sie als sicher einschätzen.«

Dennoch wurde im nächsten Absatz wiederum von wünschenswerten Informationen gesprochen: »Kuba und Berlin: Zusätzlich zur Berlin-Frage, in deren Zusammenhang Einzelheiten der militärisch-diplomatischen Vorbereitungen und der zeitlichen Planungen weiterhin von Bedeutung sind, sind wir zur Zeit sehr daran interessiert, konkrete Informationen über militärische Maßnahmen zu erhalten, mit denen die UdSSR Kuba in eine militärische Offensivbasis verwandeln will. Insbesondere würden wir gern wissen, ob Kuba mit Boden-Boden-Raketen beliefert werden soll.«

Pamela Cowell, die den Decknamen PANSY erhalten hatte, traf am 12. September in Moskau ein. Am nächsten Tag sollte die Abschiedsparty für Dr. David Senior stattfinden, dessen Amtszeit als britischer Wissenschaftsattaché zu Ende ging. Neben den Cowells waren auch Penkowskij und dessen Frau zu der Feier eingeladen.

Drei Tage später, am 15. September, gab der Botschaftsrat für Wirtschaftsfragen, Carroll Woods, eine Party. Woods wußte nichts von Penkowskijs Spionagetätigkeit und hatte ihn routinemäßig als Vertreter des GKKNIR eingeladen. Als Rodney Carlson von der Party erfuhr, besorgte er sich hastig eine Einladung. Falls der Kontakt mit Pamela Cowell am 13. September nicht zustande kommen sollte, würde er Penkowskijs Material in Empfang nehmen und ihm den Brief von seinen Führungsoffizieren aushändigen.

Tatsächlich rief Mike Stokes am 14. September in Washington an, um Joe Bulik mitzuteilen, daß Penkowskij nicht auf der Abschiedsfeier des Wissenschaftsattachés erschienen und überhaupt nur wenige der eingeladenen Russen gekommen seien. Shergold fügte der Londoner CIA-Station gegenüber hinzu: »Entweder war HERO der Meinung, daß er nicht an beiden Feiern teilnehmen sollte, und hat sich aus diesem Grund für die Party am 15. September entschieden, oder er ist aus irgendeinem Grund von der Teilnahme an der Party am 13. September ausgeschlossen worden, da aus der recht großen Gruppe der eingeladenen Mitarbeiter seiner Dienststelle überhaupt nur zwei erschienen sind. Wir warten jetzt darauf, welches Ergebnis das Treffen am 15. September hat.«

Keines, wie sich herausstellte. Statt dessen traf am 16. September in Washington eine kurze Mitteilung aus Moskau ein: KEIN ZEICHEN VON HERO. Da Penkowskij geschrieben hatte, daß er möglicherweise in Urlaub fahren würde, waren seine Führungsoffiziere zwar besorgt, konnten aber immer noch das Beste hoffen und annehmen, daß sich Penkowskij wie geplant Ende Oktober zurückmelden würde.

Die vermehrten sowjetischen Schiffslieferungen an Kuba lösten in Washington Mißtrauen und Kontroversen aus. Der republikanische New Yorker Senator Kenneth Keating hatte am 31. August vor dem Senat erklärt, daß es Beweise für das Vorhandensein sowjetischer Raketenanlagen in Kuba gebe, und Kennedy aufgefordert, entsprechende Schritte zu unternehmen. Außerdem hatte er vorgeschlagen, eine Untersuchungsgruppe der Organisation Amerikanischer Staaten (OAS) nach Kuba zu schicken. Daraus entwickelte sich eine regelrechte Kampagne, in der Kennedy und seiner Administration vorgeworfen wurde, die Tatsache der Stationierung sowjetischer Offensivraketen in Kuba zu verheimlichen. Keating enthüllte jedoch nie, auf welche Quellen er sich stützte, und weigerte sich beharrlich, seine Behauptung mit Dokumenten zu untermauern.

Am 4. September suchte der sowjetische Botschafter in den USA, Anatolij Dobrynin, Justizminister Robert Kennedy auf, der von seinem älteren Bruder gern eingesetzt wurde, um private Mitteilungen zu überbringen und heikle Situationen zu bereinigen. Auf diese Weise konnte er seine Ansichten und Sorgen bekanntmachen, ohne sich als Präsident direkt einschalten zu müssen. Bobby Kennedy unterrichtete Dobrynin »von Präsident Kennedys tiefer Besorgnis über die Vorgänge« in Kuba. Dobrynin erwiderte, daß kein Grund zur Sorge bestehe,

»da ihn Ministerpräsident Chruschtschow beauftragt habe, Präsident Kennedy zu versichern, daß keine Boden-Boden-Raketen oder Offensivwaffen auf Kuba stationiert würden«. Kennedy könne davon ausgehen, »daß diesen militärischen Installationen keinerlei Bedeutung zukomme und daß Chruschtschow während der Wahlkampagne [für die anstehenden Kongreßwahlen] nichts tun werde, was die Beziehungen [zwischen den USA und der UdSSR] gefährden könnte. Chruschtschow hege freundschaftliche Gefühle für Präsident Kennedy und beabsichtige nicht, ihm Schwierigkeiten zu bereiten.«[3]

Ähnlich äußerte sich Dobrynin auch Theodore Sorenson, dem Sonderberater des Präsidenten, und UNO-Botschafter Adlai Stevenson gegenüber. Präsident Kennedy gab noch am selben Tag, nachdem er von seinem Bruder über das Gespräch informiert worden war, eine Erklärung heraus, in der er feststellte, daß es keine Beweise für das Vorhandensein von »offensiven Boden-Boden-Raketen« oder anderen Offensivwaffen in Kuba gebe, aber warnend hinzufügte: »Sollte es anders sein, würden sich daraus die schwerwiegendsten Folgen ergeben.«[4]

Chruschtschow blieb bei seiner Politik der Täuschung und ließ am 11. September in einer Erklärung verlautbaren, es sei »nicht notwendig, daß die Sowjetunion zur Abwehr von Aggressionen oder für einen Vergeltungsschlag ihre Waffen in ein anderes Land wie zum Beispiel Kuba verlegt«. Die Vereinigten Staaten wurden aufgefordert, »nicht die Selbstbeherrschung zu verlieren und nüchtern einzuschätzen, wohin ihr Vorgehen führen könnte«.[5]

Etwa zur gleichen Zeit sagte Georgij Bolschakow, ein KGB-Offizier, der offiziell als Botschaftsrat für Information an der sowjetischen Botschaft in Washington arbeitete und als Herausgeber der Zeitschrift *Soviet Life* fungierte, Justizminister Robert Kennedy gegenüber, daß es in Kuba keine Offensivraketen gebe. Bolschakow war mit Chruschtschow und Mikojan an deren Urlaubsort Pizunda am Schwarzen Meer zusammengekommen, und Chruschtschow hatte ihm aufgetragen, Präsident Kennedy zu versichern, daß »keine Raketen, die die Vereinigten Staaten erreichen können, in Kuba stationiert« werden würden. Mikojan hatte ergänzt, daß in Kuba nur defensive Boden-Luft-Raketen (SAMs) aufgestellt würden.[6]

Der einzige hochrangige Regierungsvertreter der USA, der Chruschtschow verdächtigte, offensive Boden-Boden-Raketen in Kuba zu stationieren, war der CIA-Direktor John McCone. Nachdem er die vorliegenden U-2-Fotos und die Geheimdienstberichte, einschließlich des Penkowskij-Materials und der Angaben kubanischer Agenten, die gesehen haben wollten, wie Raketen entladen und auf Lastkraftwagen abtransportiert worden waren, geprüft hatte, verfaßte er am 10. August das bereits erwähnte Memorandum an Präsident Kennedy, in dem er seine Auffassung ausdrückte,»daß auf Kuba Einrichtungen zum Abschuß von Offensivraketen gebaut würden«.[7] Seine Untergebenen erhoben zwar Einspruch und empfahlen, diese Behauptung wegzulassen, solange sie nicht eindeutig belegt werden konnte, stießen damit aber auf taube Ohren. Auf einer Sitzung des Nationalen Sicherheitsrats am 17. August kam McCone mit seiner Einschätzung jedoch nicht durch. Außenminister Dean Rusk und Verteidigungsminister Robert McNamara hielten an ihrer Ansicht fest, daß der militärische Aufbau in Kuba reinen Defensivcharakter hatte.[8]

Da keine harten Beweise dafür vorlagen, daß in Kuba Offensivraketen aufgestellt wurden, konnte sich McCone nur auf Schlußfolgerungen berufen, die seine These stützten. Auf den über Kuba gemachten U-2-Fotos waren, wie Penkowskij 1961 in London angekündigt hatte, die Umrisse von SAM-Abschußrampen zu erkennen. Penkowskij hatte dem Westen außerdem ein äußerst nützliches Handbuch über die SA-2 geliefert. McCone fragte sich nun, was die SAMs, da sie nicht zur Sicherung von Flugplätzen aufgestellt wurden, schützen sollten. Es mußte also, wie er schlußfolgerte, offensive strategische Raketen in Kuba geben.»Die SAMs hatten offenbar den Zweck, uns blind zu machen für das, was dort vorging«, erinnerte sich McCone später. »Da waren 16 000 Mann mit allem, was sie an Artillerieausrüstung brauchten, und dann kamen die Schiffe. Es gab einfach nichts, was man noch nach Kuba hätte bringen können – außer Raketen. Das war meine Argumentation. Wir haben die Raketen nicht gesehen. Sie waren auf den Schiffen, und auf denen hatten wir keine Agenten. Wir wußten also nicht, was auf den Schiffen war, aber manche Dinge kann man logisch herleiten, und dies war eines davon.«

McCones Lage war nicht beneidenswert. »Ich stellte mich auf den Standpunkt, daß es sowjetische Offensivraketen in Kuba gab, und die ganze Kennedy-Administration war gegen mich, allesamt Demokraten. Ich war der einzige Republikaner unter ihnen und hatte als einziger eine andere Meinung. Ich hatte eine Menge auszustehen, bis ich den Präsidenten und seinen Bruder, Bobby Kennedy, endlich überzeugt hatte, daß ich nicht die Informationsquelle eines republikanischen Senators [Keating] war.«

McNamara, Rusk und alle anderen führten ins Feld, daß die Sowjetunion »noch nie Raketen außerhalb ihres eigenen Territoriums aufgestellt hatte. Das stimmte, aber mein Gegenargument lautete, daß Kuba das einzige von der Sowjetunion kontrollierte Fleckchen Erde war, von dem aus eine Rakete zwar Washington oder New York, aber nicht Moskau erreichen konnte. In Albanien oder Ostdeutschland hätten sie natürlich nie Raketen aufgestellt, aus Furcht, die Einheimischen könnten sie in die Hand bekommen und auf Moskau abfeuern.«*

McCone war so aufgebracht, daß er sich an Gerald Ford wandte, der damals als republikanischer Abgeordneter von Michigan im Repräsentantenhaus saß und dem Bewilligungsunterausschuß angehörte, der über das CIA-Budget beriet. »Ich sage Ihnen, was ich tun werde«, erklärte Ford, als er sich McCones Problem angehört hatte. »Ich werde dafür sorgen, daß der Präsident Sie anhört.« Das brauche er nicht zu tun, erwiderte McCone, er könne sich jederzeit beim Präsidenten anmelden, und genau das tat er dann auch. Kennedy berief daraufhin für den nächsten Tag, den 10. August 1962, eine NSC-Sitzung ein. »Alle, die da waren, haben meine Warnrufe gehört – Rusk, McNamara, Bundy. Ich habe ihnen meine Sicht der Dinge dargelegt. Der Präsident sagte: ›John reist ab, und ich möchte, daß ein Eventualplan ausgearbeitet wird, an den wir uns halten können, wenn John recht hat.‹ Der Plan war, wie sich später herausstellte, die Quarantäne. Ich war ziemlich enttäuscht, denn für gewöhnlich verschwindet ein Eventualplan in der untersten Schublade. Ich bin also nicht gerade begeistert aus der Sitzung gekommen und zu meiner Hochzeit nach Seattle geflogen.«

McCone heiratete am 29. August und fuhr am 1. September mit der

---

* Penkowskij hatte seinen Führungsoffizieren bereits bei seinem ersten Aufenthalt in London berichtet, daß noch 1961 Mittelstreckenraketen in Ostdeutschland stationiert werden sollten.

SS France nach Südfrankreich in die Flitterwochen. »Ich hatte vorher angeordnet, Kuba jeden Tag zu überfliegen, aber mein Schiff hatte kaum abgelegt, als Rusk und McNamara meinen Befehl zurückzogen. Besonders Rusk fürchtete, daß ein US-Flugzeug mit einem zivilen Piloten abgeschossen werden und ein heilloses Durcheinander schaffen könnte.«[9]

McCone unterbrach seine Flitterwochen am 6. September für einen Tag, um in Paris mit Roswell Gilpatric und McGeorge Bundy zusammenzukommen und ihnen seinen Standpunkt zu erläutern. Außerdem telegrafierte er die Empfehlung nach Washington, eine S(onder-)NIE auszuarbeiten, in der festgestellt werden sollte, daß die in Kuba entdeckten SAM-Standorte gebaut worden waren, um offensive Boden-Boden-Raketen zu schützen. McCones Stellvertreter, Generalleutnant Marshall S. Carter, ignorierte jedoch die Anregung seines Chefs. Der Bericht, den er über den USIB dem NSC und dem Präsidenten zukommen ließ, erwähnte McCones Empfehlung mit keinem Wort. Die CIA-Analytiker hatten keinen neuen, harten Beweis finden können, der untermauert hätte, was Arthur Schlesinger später McCones »Vorahnung« nennen sollte. In der SNIE 85–3–62 hieß es daher nur:

Die Errichtung eines erheblichen Angriffspotentials mit [Mittel- und Langstrecken-]Waffen auf kubanischem Boden würde eine scharfe Abkehr von der bisherigen sowjetischen Praxis bedeuten, da solche Waffen bis heute noch nicht einmal auf dem Gebiet der Satellitenstaaten stationiert wurden. Es würde ernste Kommando- und Kontrollprobleme aufwerfen. Außerdem müßte eine auffallend große Zahl sowjetischen Personals in Kuba sein, was zumindest am Anfang eine politische Verpflichtung in Lateinamerika darstellen würde. Die Sowjets mögen vielleicht denken, daß die politische Wirkung der Herausforderung, die die Stationierung einer sowjetischen Atomstreitmacht an einem derart bedrohlichen Ort für die USA bedeuten würde, eine Menge wert wäre, wenn man damit durchkäme. Aber sie müssen fast mit Sicherheit auch damit rechnen, daß dies nicht geschehen kann, ohne eine gefährliche Reaktion der USA zu provozieren.[10]

Als McCone nach Hause zurückkehrte, mußte er feststellen, daß keine Aufklärungsflüge über Kuba stattgefunden hatten. »Sie schienen die Sache alle ziemlich leicht zu nehmen. Ich war außer mir und ordnete augenblicklich Aufklärungsflüge an, die sich allerdings aufgrund der Frage der zivilen Piloten noch verzögerten. Sie wurde gelöst, indem man die U-2 der Luftwaffe unterstellte. Danach mußten die Piloten darin eingewiesen werden, wonach sie sich in Kuba umzusehen hatten. Nach gut zehn Tagen bürokratischen Hickhacks, das von einer Wolkendecke über Kuba unterstützt wurde, wurde die Frage durch die Fakten beantwortet, die der erste Flug am 14. Oktober zutage brachte.«

Am selben Tag, einem Sonntag, stritt McGeorge Bundy im Fernsehen erneut das Vorhandensein von Mittelstreckenraketen in Kuba ab. »Ich weiß, daß es gegenwärtig keine Beweise dafür gibt, und denke, daß es zur Zeit nicht sehr wahrscheinlich ist, daß die Kubaner und die sowjetische Regierung gemeinsam den Versuch unternehmen, ein großes Offensivpotential aufzubauen.«[11]

Bei der Untersuchung der am 14. Oktober aufgenommenen Fotos wurden jedoch Umrisse entdeckt, die denen der SS-4-Basen in der Sowjetunion entsprachen, und als man sie mit dem 1961 von Penkowskij gelieferten Handbuch für die SS-4 verglich, war der geforderte harte Beweis unwiderlegbar erbracht.

Am Vormittag des 16. Oktobers begab sich Richard Helms zu Justizminister Robert Kennedy, um die Einreise eines sowjetischen Überläufers in die USA mit ihm zu besprechen. Als Helms sein Büro betrat, fragte ihn Kennedy: »Dick, stimmt es, daß man russische Raketen in Kuba entdeckt hat?«

»Ja«, antwortete Helms.

»Mist«, sagte Kennedy.[12]

Später am selben Vormittag wurden Präsident Kennedy Fotos einer Baustelle von SS-4-Abschußrampen in San Cristóbal in Kuba gezeigt. Für das ungeübte Auge sah es aus, als würde ein Fußballfeld angelegt. Den Geheimdienstanalytikern war anhand der Umrisse jedoch klar, daß es sich um eine Basis für SS-4-Raketen handelte, also für Boden-Boden-Raketen mit einer Reichweite von 1900 Kilometern, die Washington in Schutt und Asche legen konnten.[13]

Drei Tage später, am 19. Oktober, legte die CIA eine Studie über die

SS-4-Stützpunkte in Kuba vor, die sich weitgehend auf das von Penkowskij gelieferte Material stützte. Die Standorte waren zwar anhand von Luftaufnahmen über Kuba und der Sowjetunion entdeckt worden, die charakteristischen Umrisse, der »Fußabdruck« der SS-4, und die Veränderungen im Bereitschaftszustand aber konnten nur durch die Hinzuziehung der von Penkowskij zugänglich gemachten Geheimdokumente präzise interpretiert werden. Die »Dreiecksortung« des Raketentyps, der in Kuba stationiert wurde, war überwiegend der Arbeit von Oleg Penkowskij zu verdanken.

Mit Hilfe des von Penkowskij gelieferten Raketenhandbuchs konnte die CIA einschätzen, wie lange es dauern würde, bis die Abschußrampen fertiggestellt sein würden. »Wir hielten nach Strom- und Treibstoffleitungen, nach Abschußrampen und all den anderen Dingen Ausschau, die in dem Handbuch beschrieben wurden«, erinnerte sich Dick Helms später. »Nach unserer Einschätzung hatte Präsident Kennedy noch drei Tage Zeit. Die große Frage in dieser Phase war, ob man die Luftwaffe einsetzen sollte, um die Raketenbasen und die gesamte kubanische Luftwaffe auszuschalten. Mit Hilfe des von Penkowskij gelieferten Materials waren wir in der Lage, dem Präsidenten zu sagen: ›Das und das ist vorhanden, und sie werden noch X Tage brauchen, bis sie feuerbereit sind.‹ Damit erhielt Präsident Kennedy Zeit zu reagieren. Ich kenne keinen anderen Fall, in dem Geheimdiensterkenntnisse unmittelbarer von Wert gewesen wären als damals das Penkowskij-Material, das mitten in den Entscheidungsprozeß hineinplatzte und deshalb direkt zur Anwendung kam.«[14]

Die CIA-Studie vom 19. Oktober stattete den Exekutivausschuß (ExComm = Executive Committee) des Nationalen Sicherheitsrats, wie er später genannt wurde, mit detaillierten Informationen über die SS-4 aus. Danach hatte die SS-4, bei einer wahrscheinlichen Zielabweichung von 1–1,5 Seemeilen (1,9–2,8 Kilometer), eine Reichweite von 1020 Seemeilen (1890 Kilometer) und konnte rund 1,3 Tonnen schwere Sprengköpfe mit einer Sprengkraft von 25 Kilo- bis zu zwei Megatonnen transportieren. Die Abschußrampen konnten innerhalb von jeweils fünf Stunden für eine zweite und dritte Salve vorbereitet werden. »Die Zeit zwischen Kommando und Abschuß variiert zwischen acht und zwanzig Stunden. Die Raketen können zweieinhalb bis fünf Stunden im Alarmzustand gehalten werden.« Danach mußten sie aufgrund der Instabilität des Brennstoffs abmontiert und ersetzt werden.

Präsident Kennedy wurde mitgeteilt, daß es in Kuba drei Raketenbasen mit je vier Abschußrampen gab, die für jeweils zwei Raketen ausgelegt waren. Zwei dieser Basen waren bereits fertiggestellt und einsatzfähig. Die U-2-Aufklärungsflüge hatten außerdem ergeben, daß damit begonnen wurde, Abschußrampen für die Mittelstreckenrakete (IRBM) SR-5 zu errichten, die eine Reichweite von 2100 Seemeilen (3900 Kilometer) hatte, also fast jede Stadt in den USA sowie in Kanada und Südamerika bedrohen würde.

Als der Exekutivausschuß im Rahmen der Diskussion über angemessene Gegenmaßnahmen den Vorschlag beriet, die Raketenbasen in Kuba zu bombardieren, war besonders eine Information aus dem Penkowskij-Material von Bedeutung, und zwar die Angabe über die Feuergeschwindigkeit der SS-4-Abschußrampen. Der Ausschuß wollte in der Lage sein, dem Präsident zu sagen, wie lange es dauern würde, bis die kubanischen Raketen für die zweite Salve bereit waren, falls es der US-Luftwaffe nicht gelingen sollte, die Abschußrampen beim ersten Schlag vollständig zu zerstören. Da jede abgeschossene Rakete eine amerikanische Stadt vernichten konnte, war dies keine unwesentliche Frage.[15]

Am 22. Oktober um 19 Uhr wandte sich Präsident Kennedy schließlich an das amerikanische Volk:

In der vergangenen Woche haben eindeutige Beweise die Tatsache erhärtet, daß gegenwärtig eine Reihe offensiver Raketenabschußrampen auf dieser in ein Gefängnis verwandelten Insel vorbereitet wird. Der Zweck dieser Basen kann nur sein, eine nukleare Angriffskapazität gegen die westliche Hemisphäre zu schaffen. (...) Diese rasche Umwandlung Kubas in einen wichtigen strategischen Stützpunkt – durch das Vorhandensein dieser großen, weitreichenden und eindeutig offensiven Waffen der plötzlichen Massenvernichtung – stellt eine ausdrückliche Bedrohung des Friedens und der Sicherheit aller amerikanischen Staaten dar. (...) Aber dieser geheime, rasche und außergewöhnliche Aufbau kommunistischer Raketen – in einem Gebiet, das dafür bekannt ist, eine besondere und historische Beziehung zu den Vereinigten Staaten und den Nationen der westlichen Hemisphäre zu haben –, und zwar unter Verletzung sowjetischer Zusicherungen und unter Mißachtung der amerikanischen Politik und der Politik der westlichen Hemisphäre – diese plötzliche, insgeheim getroffene Entscheidung, zum erstenmal strategische Waffen außerhalb des sowjetischen Territoriums zu stationieren, ist eine bewußte provokatorische und ungerechtfertigte Änderung des Status quo, die von den Vereinigten Staaten nicht akzeptiert werden kann, wenn sowohl Freund als auch Feind jemals wieder an unseren Mut und unsere Zusagen glauben sollen.[16]

Penkowskijs Informationen spielten aber nicht nur in der Zeit des Aufbaus der sowjetischen Raketenbasen in Kuba eine wichtige Rolle, sondern später, als die Abschußrampen abgebaut und ihre Standorte abgerissen wurden, auch bei der Einschätzung der weiteren Absichten und Möglichkeiten der Sowjetunion, insbesondere in bezug auf deren Nuklearpotential.

Ray Cline, der als Direktor der CIA-Hauptabteilung für Nachrichtenmaterial für die Zusammenstellung der Berichte, die dem Präsidenten vorgelegt wurden, zuständig war, hielt die ersten U-2-Fotos der SS-4-Raketen in San Cristóbal – die nur aufgrund des von Penkowskij gelieferten Materials korrekt interpretiert werden konnten – für den Schlüssel zur erfolgreichen Bewältigung der Krise. Als er Bobby Kennedy und McGeorge Bundy im nachhinein fragte, welche Bedeutung sie diesem Beweismittel beimäßen, erklärten beide übereinstimmend, es hätte »alles gerechtfertigt, was die CIA das Land in den vergangenen Jahren gekostet hat«.[17]

Charles E. Bohlen, der wußte, wer sich hinter dem Decknamen HERO verbarg, war zum Botschafter in Paris ernannt worden und stattete Präsident Kennedy am 17. Oktober, zu Beginn der Kuba-Krise, einen Abschiedsbesuch ab. Kennedy zeigte ihm bei dieser Gelegenheit die U-2-Fotos der Raketenbasis in San Cristóbal und erklärte ihm: »Obwohl die Fakten recht dürftig zu sein scheinen, konnten unsere Experten mit Bestimmtheit feststellen, von welcher Art diese Installationen sind.« Bohlen schrieb dazu in seinen Memoiren: »Von unschätzbarem Wert für die Analyse der Fotos war das Material, das man von Oleg Penkowskij erhalten hatte, dem wahrscheinlich erfolgreichsten westlichen Spion, der jemals in der Sowjetunion gearbeitet hat.«[18]

Am 22. Oktober 1962 schickte Joe Bulik eine Nachricht an die Moskauer CIA-Station, in der er sie aufforderte, HERO gegenüber zu betonen, daß Informationen über die sowjetischen Absichten in bezug auf die Atomwaffen höchste Priorität hätten. Die Zeit für den Einsatz der »Frühwarnung« sei gekommen. Dann fügte Bulik ein Postskriptum für den Brief hinzu, den Carlson Penkowskij übergeben sollte: »Sie werden bemerken, daß unser Brief vor Präsident Kennedys historischer Bekanntmachung vom 22. Oktober geschrieben wurde. Da sich die Situation täglich ändert, ist es unmöglich, Ihnen konkrete Fragen zu stellen. Ihnen dürfte dennoch klar sein, daß jede konkrete Information über geplante militärische und diplomatische Schritte der Sowjetunion sowohl in Kuba als auch anderswo in der Welt von lebenswichtiger Bedeutung für uns ist.«

Es gab jedoch keine Möglichkeit, mit Penkowskij in Verbindung zu treten. Er war nicht im GKKNIR, und seit dem letzten Treffen mit Carlson hatte ihn niemand mehr gesehen. Optimistisch betrachtet, konnte dies bedeuten, daß er seinen Jahresurlaub genommen hatte. Sah man es pessimistisch, konnte es heißen, daß er verhaftet worden war. Um nichts dem Zufall zu überlassen, telegrafierte Bulik nach Kennedys Rede an die Moskauer CIA-Station: SCHLAGE VOR HEROS FRÜHWARNPROZEDUR MIT PERSONAL AUF POSTEN IN ALARMZUSTAND ZU VERSETZEN.

Gegen neun Uhr vormittags am 2. November wurde die Haupttelefonnummer, die Penkowskij erhalten hatte, um das Zeichen zu geben, daß er etwas in seinem toten Briefkasten in der Puschkin-Straße hinterlegt hatte, zweimal angerufen, ohne daß sich jemand meldete. Diesmal fand man am Telefonmast 35 am Kutusow-Prospekt, anders als bei dem Anruf im Dezember 1961, ein mit Kreide geschriebenes X. Das hieß, daß im toten Briefkasten in der Puschkin-Straße 5/6 eine dringende Nachricht lag. Man entschied sich, sie abzuholen, und vertraute Richard Jacob, einem 25jährigen CIA-Offizier, der als Archivar zum Personal der US-Botschaft gehörte, die Aufgabe an, dies am Nachmittag um 15 Uhr zu tun.

Hugh Montgomery, der stellvertretende Chef der CIA-Station, kam mit Jacob in der nicht abhörbaren »Blase« zusammen und erläuterte ihm, was er zu tun hatte. Der Name Penkowskij wurde nicht erwähnt. Jacob ahnte allerdings, daß Penkowskij derjenige war, der den toten Briefkasten beschickt hatte. Er war über den Fall informiert worden, bevor er nach Moskau ging, und hatte Penkowskij auf Botschafter Thompsons Feier am 4. Juli kennengelernt.

Jacob erinnerte sich später, daß Penkowskij mit Witalij Petrotschenko, dem Chef der GKKNIR-Abteilung für Auslandsbeziehungen, zu der Feier gekommen war und daß dieser seinen Untergebenen nicht aus den Augen gelassen hatte. »Ich habe mich mit Petrotschenko unterhalten, und er hat mich zu Penkowskij geführt, der mit Hugh Montgomery zusammenstand. Mir war nicht ganz wohl dabei, Penkowskij zu treffen, aber ich konnte nichts tun, und so hat mich Petrotschenko mit ihm bekannt gemacht. Wir wechselten die üblichen Höflichkeiten, und dann bin ich weggegangen.«

Moskau war Jacobs erste Stationierung im Ausland. Da er in Dartmouth fünf Jahre Russisch studiert und seine Sprachkenntnisse während seiner Dienstzeit in der Armee vervollkommnet hatte, sprach er fließend Russisch. In Fort Meade (Maryland) hatte man ihm außerdem beigebracht, wie er sich im Fall seiner Verhaftung bei Verhören zu verhalten hatte: »Sagen Sie nichts Unwahres und nichts, was gegen Sie verwendet werden könnte.«

Der 2. November war ein grauer, bedeckter Tag. Der erste Schnee kündigte sich an, aber noch war das Thermometer nicht unter den Gefrierpunkt gefallen. Jacob trug einen billigen, mit Plastik beschichteten amerikanischen Regenmantel. »Sein großer Vorteil waren die Taschen«, erinnerte er sich später. »Er hatte eine normale Tasche, dazu aber einen Schlitz, durch den man die Hand stecken konnte, so daß ich, wenn ich etwas loswerden wollte, bloß die Hand durch den Schlitz zu schieben brauchte, um das Material fallen zu lassen, anstatt es in die Tasche zu stecken.«

Jacob sollte mit Robert K. German, dem für die Beschaffung von Publikationen zuständigen Mitarbeiter der Botschaft, der weder von Penkowskij noch davon wußte, daß Jacob einen toten Briefkasten leeren sollte, zur Kusnezkij-Most-Straße fahren und, während German seine Runde durch die Buchläden machte, zur Puschkin-Straße gehen und die Buchhandlung an der Ecke Puschkin-Straße und Chudoschestwennogo-Teatra-Gasse betreten.

Das Geschäft hatte zwei Eingänge, einen an der Theatergasse und einen an der Ecke zur Puschkin-Straße. Jacob verließ die Buchhandlung, in der Hoffnung, eventuelle Beschatter abgehängt zu haben, durch diesen Ausgang und beobachtete die Kreuzung. »Als erstes musterte ich die Fußgänger auf beiden Seiten der Puschkin-Straße (...). Sie war sehr belebt; niemand stand müßig herum, und auch sonst fielen (...) mir keine verdächtigen Typen auf. Als ich an dem Fleischer vorbeikam, bemerkte ich drei am Bordstein parkende Wolgas (...). Die ersten beiden waren leer, während im dritten jemand auf dem Fahrersitz saß.«

In seinem Bericht, den er nach der Operation verfaßte, schrieb Jacob, daß er »keine verdächtigen oder anormalen Anzeichen« bemerkt hätte. Nichts schien dagegen zu sprechen, den Hauseingang zwischen dem Fleischer und dem Gemüseladen zu betreten.

Meine Aufgabe war, den toten Briefkasten zu leeren, sofern ich nicht eindeutig davon überzeugt war, beschattet zu werden. Als ich den schwach beleuchteten Raum am Fuß der Treppe betrat, bemerkte ich eine Frau mittleren Alters mit einer Einkaufstasche. Sie hatte mir den Rücken zugewandt und wartete auf eine zweite Frau, die die Treppe herunterkam. Ich hatte inzwischen den Heizkörper entdeckt, stellte den rechten Fuß darauf und band den Schnürsenkel neu, während die beiden Frauen aus dem Haus gingen. Dann richtete ich meine ganze Aufmerksamkeit auf den Heizkörper (...). Ich griff hinter ihn, spürte das Päckchen aber zuerst nicht (...); beim zweiten Versuch hatte ich es sofort in der Hand. (...) Die Streichholzschachtel in der Faust versteckt, drehte ich mich um und machte einen Schritt auf die Tür zu. In diesem Augenblick kamen vier Männer herein. Der erste griff sofort nach meinem Arm, den ich in den Taschenschlitz meines Regenmantels gesteckt hatte, und versuchte, indem er den Mantel auf einer Seite herunterzerrte, meine Faust zu fassen. Aber ich hatte die Streichholzschachtel schon losgelassen und trat einen Schritt zurück, damit sie auf den Fußboden fallen konnte. Kurz darauf drehten mir zwei der Männer die Arme auf den Rücken, während mir ein dritter von hinten seinen Arm um den Hals legte und unter das Kinn preßte. Der vierte Mann stand vor mir und schob mich gegen die Wand. (...)

Ich wurde augenblicklich aus dem Haus gebracht und in einen hellgrünen Wolga gestoßen, der direkt vor dem Eingang am Straßenrand hielt. Es war keines der Autos, die ich vorher in der Straße gesehen hatte. Während ich hinausgebracht wurde, bemerkte ich einen fünften Mann, der eine Sonnenbrille trug und offenbar derjenige war, der die Operation leitete.

Im Auto saß ich eingeklemmt zwischen zwei Männern, die meine Arme hinter meinem Rücken festhielten. Der dritte Mann saß auf dem Beifahrersitz und preßte eine Hand kräftig gegen meine Brust, während der vierte fuhr. Die Fahrt zum Revier der Miliz war recht kurz (...). Bei der Abfahrt sagte der Mann rechts von mir: »Der Hundesohn hat es weggeworfen.« (...)

Als wir das Milizrevier erreicht hatten, hielt das Auto einige Meter vom Haupteingang entfernt an. Ich wurde hinausgezerrt und, von den vier Männern umringt, zum Zimmer 225 gebracht, das wir durch ein kleines Büro betraten. Eine Erklärung für unser plötzliches Auftauchen wurde nicht abgegeben.

In dem Zimmer saßen zwei Männer, denen die vier, die Jacob festgenommen hatten, kurz Bericht erstatteten. Einer von ihnen legte die Streichholzschachtel auf den Schreibtisch, und dann wurden sie entlassen.

Kaum waren sie gegangen, betrat ein dritter Mann das Zimmer, und Jacob wurde befohlen, sich mit dem Rücken zur Tür auf einen Stuhl zu setzen. Das Büro war mit zwei Schreibtischen sowie einem Aktenschrank und einem Tisch ausgestattet, auf dem eine Wasserkaraffe und Gläser standen. An der Wand hingen Bilder von Breschnew, Lenin und Chruschtschow.

Als man sich ihm zuwandte, erklärte Jacob, daß er einen Diplomatenpaß besitze und mit seiner Botschaft sprechen wolle.»Mit welcher Botschaft?«fragte einer der Männer beiläufig.»Der amerikanischen«, sagte Jacob. Die KGB-Überwachung, die Penkowskij aufgefallen war, hatte Janet Chisholm gegolten, und der KGB, der offenbar einen britischen Agenten erwartet hatte, sah sich nun zu seiner Überraschung einem Amerikaner gegenüber. Jacob weigerte sich standhaft, mehr zu sagen, als daß er ein amerikanischer Diplomat sei und mit seiner Botschaft sprechen wolle. Der Dolmetscher fragte ihn, ob er Russisch könne. »Ohne direkt abzuleugnen, daß ich Russisch konnte, antwortete ich, daß ich Englisch spräche.«

Der in Zivil gekleidete Mann, der zuletzt ins Zimmer gekommen war, packte die Streichholzschachtel aus und entnahm ihr ein zusammengefaltetes Blatt Papier, das mit rund 20–30 Zeilen Schreibmaschinentext beschrieben war, wie Jacob von seinem Stuhl aus sehen konnte. Wenige Sekunden später begann der Vernehmer ohne jedes Anzeichen von Überraschung, Besorgnis oder Widerstreben den Text laut vorzulesen.

Jacob erinnerte sich später, daß die Botschaft drei wesentliche Punkte enthalten hatte: »1. Unser Freund war nicht in der Lage gewesen, mit uns Kontakt aufzunehmen, weil er sich auf eine Dienstreise vorbereitete. 2. Er wollte zusätzlich zu seinem Paß und den anderen Dokumenten eine Pistole haben. 3. Er erwartete, aus der UdSSR auszureisen, und wollte, daß wir einen herzlichen Empfang für ihn vorbereiteten.«

Jacob fragte sich, ob die Mitteilung, die er hörte, echt war oder ob man ihn in die Irre führen wollte. Die Zeit, die der Vernehmer brauchte, um sie vorzulesen, entsprach zwar nach Jacobs Einschätzung der Länge des Textes, und der Ton des Briefs klang durchaus nach Penkowskij, aber weder die Botschaft selbst noch die Anrede – »meine lieben Freunde« – oder die Grußfloskel am Ende – »Ihr Freund« – enthielt irgendeinen Hinweis auf den Absender.

Jacob war über die besondere Bedingung für die Benutzung des toten Briefkastens, die Warnung vor einem bevorstehenden sowjetischen Angriff, informiert worden und versuchte, während der Brief vorgelesen wurde, »irgendeinen Hinweis darauf zu entdecken, daß die Botschaft diese Bedingung erfüllte«. Nur der dritte Punkt, die mögliche Auslandsreise, mochte entfernt etwas mit der Warnung vor einem Angriff zu tun haben, aber ein konkretes Ziel der Reise wurde nicht erwähnt.

Als der Brief zu Ende vorgelesen worden war (ob man ihm alles vorgelesen hatte, konnte Jacob nicht wissen), wurde Jacob auf russisch gefragt, wer den Brief geschrieben hätte. Er erwiderte über den Dolmetscher, daß er mit der amerikanischen Botschaft telefonieren wolle.

»Dazu kommen wir später«, beschied ihn der Dolmetscher gereizt. »Inzwischen sollten Sie lieber die Fragen beantworten.«

374

Jacob zog seine Identitätskarte, die ihn als Diplomaten auswies, hervor und verlangte, daß die Botschaft von seiner Festnahme informiert wurde. Man fragte ihn nach dem Namen des amerikanischen Botschafters, worauf Jacob erwiderte, daß es ausreiche, wenn man die Botschaft anrief. Er hielt sich damit an die Anweisungen, die er für derartige Fälle erhalten hatte, und weigerte sich weiterhin, russisch zu sprechen oder auch nur zuzugeben, daß er Russisch verstand. Auf russisch gestellte Fragen quittierte er mit einem verständnislosen Blick oder mit einem Achselzucken.

Der am Schreibtisch sitzende Russe begann ein Protokoll aufzusetzen, in dem der Fall – die versuchte Leerung eines toten Briefkastens – dargestellt wurde. Er arbeitete, während Jacob weiter verhört wurde, ungefähr eine Stunde an dem *akt,* wie die Russen das Schriftstück nannten. Als Jacob nach seinem Vornamen gefragt wurde, da auf der Identitätskarte nur die Initialen R. C. angegeben waren, weigerte er sich, ihn zu nennen, und verlangte erneut, mit der Botschaft zu telefonieren.

Der Vernehmer wollte wissen, ob er wirklich, wie auf der Identitätskarte zu lesen war, als Archivar in der Botschaft arbeite, und der Dolmetscher fügte hinzu: »Archivar oder Spion? Sollen wir das letztere hinschreiben?«

Danach fragte der Dolmetscher Jacob, wer sein Vorgesetzter sei, wer ihm den Auftrag, den toten Briefkasten zu leeren, gegeben habe und wie lange er schon als Spion tätig sei. Jacob zeigte keinerlei Regung, und der Dolmetscher nahm einen neuen Anlauf, indem er sich erkundigte, wie lange Jacob schon in Moskau sei. Aber Jacob wiederholte nur seine Forderung, mit der Botschaft Verbindung aufnehmen zu können.

Einige Minuten darauf schien der Vernehmer den *akt* fertiggestellt zu haben, und zwei weitere Beamte kamen ins Zimmer, die mit ihm gemeinsam den Text durchgingen. Dann wurden die vier Männer hereingerufen, die Jacob festgenommen hatten, und das Protokoll wurde laut verlesen. Es enthielt unter anderem eine genaue Beschreibung des toten Briefkastens, was darauf hindeutete, daß der KGB bereits vor Jacobs Festnahme von ihm gewußt hatte. Der Dolmetscher fragte Jacob, ob er den *akt* übersetzen solle, wurde aber von dem Vernehmer unterbrochen, der meinte, er könne sich die Mühe sparen: »Er [Jacob] hat die russische Fassung sehr gut verstanden.«

Jacob erklärte daraufhin, daß er nicht die Absicht habe, diesen *akt* zu unterschreiben, »ob Sie ihn nun ins Englische übersetzen oder nicht«, und fügte hinzu: »Ich möchte an dieser Stelle außerdem betonen, daß ich die Sachen, die dort auf dem Schreibtisch liegen [er meinte die Streichholzschachtel und den Brief, den sie enthalten hatte], noch nie vorher gesehen habe.«

Der Vernehmer zuckte die Achseln und winkte die vier Männer, die Jacob festgenommen hatten, zu sich, um das Protokoll zu unterschreiben. Danach schrieb der Vernehmer noch etwas unter den Text, vermutlich einen Zusatz über seine Weigerung, den *akt* zu unterschreiben, wie Jacob annahm, und die »Eskorte« ging wieder aus dem Zimmer.

Einer der Russen, der hereingekommen war, als der Vernehmer den Entwurf des Protokolls fertiggestellt hatte, stand jetzt ein paar Meter von Jacob entfernt und starrte ihn an. Er war kräftig gebaut, stand vermutlich in den Fünfzigern, hatte dunkle, gewellte Haare und scharfe, aber nicht unangenehme Gesichtszüge und trug einen gut geschnittenen dunkelblauen Anzug. Jacob erkannte ihn plötzlich wieder: Es war derselbe Mann – nur ohne Brille –, der seine Festnahme geleitet hatte. Als er nicht aufhörte, ihn anzustarren, entschloß sich Jacob, seinen Blick zu erwidern. Der Russe hielt es ungefähr zwei Minuten aus, bevor er den Blick senkte. »Dann sah er mich wieder an und sagte: ›Nun, Ihre schmutzige Karriere ist zu Ende.‹«

Der Dolmetscher drängte Jacob erneut, seinen Vornamen zu nennen. »Wovor haben Sie Angst?« zischte er gereizt, während der Russe, der das Ende von Jacobs Karriere prophezeit hatte, in russisch vor sich hin murmelte: *trus, trus, trus* (Feigling) und *absurdnost* (Absurdität), und sich mit dem Vernehmer darüber unterhielt, daß Jacob jung und unerfahren sei und in Washington ein Menge zu erklären haben würde. Der Vernehmer sagte schließlich zu Jacob: »Dies ist, wie ich hoffe, Ihre letzte Gelegenheit, mit guten Russen russisch zu sprechen.«

In diesem Augenblick betrat ein Mann mit Halbglatze das Zimmer. Er trug einen grauen Anzug und wurde Jacob als Beamter des Außenministeriums vorgestellt. Jacob wurde sofort mißtrauisch. »Ich dachte, daß es möglicherweise nur eine neue Technik war: daß sie mich einfach einem von ihren Leuten vorgestellt hatten. Sie erwarteten natürlich, daß mein Argwohn nachlassen würde, wenn ich glaubte, einen Vertreter des Außenministeriums vor mir zu haben, oder daß ich mich zumindest so weit entspannen würde, daß ich mehr preisgab, als ich es bis dahin getan hatte. Also ging ich einfach davon aus, daß er es vermutlich nicht war [Beamter des Außenministeriums]. Ich sagte ihm: ›Mein Name ist Jacob, und ich verlange, daß man mich augenblicklich mit meiner Botschaft Kontakt aufnehmen läßt.‹ Er drehte sich zu den anderen um; er schien ziemlich unsicher zu sein – als mache ihm die ganze Angelegenheit ein bißchen angst. Man erklärte ihm, daß ich in einen Spionagefall verwickelt wäre und deshalb festgenommen worden sei. Dann sagte er zu mir: ›Ich werde mich mit Ihrer Botschaft in Verbindung setzen.‹«

Als er fünf Minuten später zurückkehrte, sagte er, er hätte mit der Botschaft telefoniert. Das Verhör wurde für eine Weile unterbrochen, und man bot Jacob eine Zigarette und ein Glas Wasser an. Jacob lehnte ab und fragte den angeblich zum Außenministerium gehörenden Beamten, mit welchem Mitarbeiter der amerikanischen Botschaft er gesprochen habe. »Mit irgendeiner Frau und der Telefonistin«, antwortete der Russe. Jacob schloß daraus, daß er überhaupt nicht in der Botschaft angerufen hatte, und hakte nach: »Wann haben Sie mit der Botschaft telefoniert? Seien Sie bitte so genau wie möglich, denn wenn bis spätestens fünfzehn Minuten nach Ihrem Anruf niemand von der Botschaft hier auftaucht, muß ich annehmen, daß Sie gar nicht dort angerufen haben.« Der Beamte blickte verunsichert zu den anderen Russen hinüber. Dann ging er aus dem Zimmer, und als er nach zwei oder drei Minuten zurückkehrte, sagte er: »Ich habe mit Mr. Davies gesprochen, dem Ersten Sekretär. Man wird Sie hier abholen.«

Der Vernehmer warf Jacob einen scharfen Blick zu und sagte verärgert: »Sie haben sich sehr schlecht benommen. Sie haben jetzt zum letztenmal Gelegenheit, mit guten Russen zu sprechen. Ich persönlich hoffe, daß Sie nie wieder die Gelegenheit dazu bekommen werden. Ich weiß, daß Sie Russisch können.«

Jacob schwieg. Eine Viertelstunde später klingelte das Telefon, und der Vernehmer nahm ab. »Sie kommen«, sagte er. Der Erste Sekretär der amerikanischen Botschaft, Richard Davies, betrat in Begleitung eines Konsularbeamten das Zimmer, um Jacob abzuholen. Er weigerte sich, sich die Anklage gegen Jacob anzuhören, und protestierte mit hörbarer Wut in der Stimme in aller Form gegen die Verletzung der diplomatischen Immunität, die Jacob genoß. Jacob erinnerte sich später, daß der Vernehmer ihn »mit dem Ausdruck tiefster Verachtung« ansah. »Und das war es dann. Wir gingen alle hinaus.«[19]

Jacob wußte offenbar nicht, wer ihn verhaftet hatte. Der Mann, der seine Festnahme geleitet hatte, war kein Geringerer gewesen als Generalleutnant Oleg Gribanow, seit fast zwanzig Jahren Chef der für die innere Sicherheit und die Gegenspionage zuständigen Zweiten Hauptverwaltung des KGB. Gribanow hatte gemeinsam mit Generalleutnant Nikolai Tschistjakow, dem Leiter der Ermittlungsabteilung des KGB, persönlich die Überwachung und Verhaftung Penkowskijs beaufsichtigt.

Am nächsten Tag, dem 3. November, kam CIA-Direktor John McCone im Anschluß an eine Sitzung des Exekutivausschusses mit Präsident Kennedy und Außenminister Rusk zusammen, um sie über die jüngsten Ereignisse in Moskau zu informieren. Er erläuterte zunächst das DISTANT-Warnsystem und berichtete dann, daß ein jüngerer Botschaftsangehöriger bei dem Versuch, den toten Briefkasten zu leeren, festgenommen worden sei. Die anschließende dreistündige Vernehmung sei in höflicher Form geführt worden, ohne Anschuldigungen oder physische Gewaltanwendung. Die CIA schließe aus der Festnahme, »daß HERO aller Wahrscheinlichkeit nach enttarnt wurde und in dem Bemühen, sich zu retten, diesen Plan für die Übermittlung von Informationen preisgegeben hat«. Ob Penkowskij nur den Ort des toten Briefkastens oder aber das gesamte DISTANT-Warnsystem enthüllt habe, sei unbekannt.

Am folgenden Sonntag wurde Jacob von der Sowjetunion offiziell der Spionage angeklagt und des Landes verwiesen. McCone schrieb dazu in einer Aktennotiz: »Die von der CIA befürchtete Situation ist eingetreten. Wir können daraus nur den Schluß ziehen, daß HERO aller Wahrscheinlichkeit nach vollständig enttarnt wurde und daß diese Quelle keinerlei Wert mehr besitzt. Und daß wir darüber hinaus die jüngsten Berichte mit größter Sorgfalt prüfen müssen (wie wir es bereits seit Monaten tun), um sicherzugehen, daß uns die Informationen nicht zum Zweck der Täuschung und Irreführung untergeschoben wurden.«[20]

Am 4. November erhielt Gervaise Cowell, der neue MI6-Mann in Moskau, in seiner Wohnung den Anruf eines russisch sprechenden

Mannes, der ihn aufforderte, sich mit ihm im Zirkus zu treffen.»Hier ist Ihr Freund«, sagte der Mann. »Wir müssen uns sehen.« Cowell hörte es sich schweigend an. Er wußte von Jacobs Festnahme und nahm wie alle anderen an, daß Penkowskij verhaftet worden war. Cowells Meldung über den mysteriösen Anruf wurde vom MI6 und von der CIA als weiterer Hinweis darauf verstanden, daß Penkowskij aufgeflogen war. Es war nie geplant gewesen, sich im Moskauer Zirkus mit ihm zu treffen. Der KGB hatte offenbar auf den Busch geklopft, um herauszufinden, welcher Angehörige der britischen Botschaft Penkowskijs Kontaktperson gewesen war.

Jacob wurde von der Sowjetunion zur Persona non grata erklärt und verließ Moskau am 6. November 1962. In Washington identifizierte er anhand von Fotos seinen Vernehmer als Wladimir Michalowitsch Komarow, der in Wirklichkeit Wladimir Kowschuk hieß und zur Zweiten Hauptverwaltung des KGB gehörte. Er war seit 1950 gegen die USA tätig, und zwar überwiegend in der Sowjetunion, mit Ausnahme der Zeit von März 1957 bis Januar 1958, in der er als Erster Botschaftssekretär in Washington stationiert gewesen war. Offiziell bekleidete er einen Posten in der Amerikaabteilung des Außenministeriums.

Greville Wynne gab am 2. November 1962 in Budapest eine Party für die ungarischen Delegierten, die seine Wanderausstellung im Városliget-Park besuchten. Er hatte vor, mit seinen speziell angefertigten Ausstellungswagen den Herbst über durch Osteuropa zu reisen, um den Sowjets zu beweisen, daß es sich lohnte, ihn 1963 wieder nach Moskau einzuladen. Die Ausstellung in Budapest hatte er Anfang Oktober arrangiert, als er auf dem Weg nach Bukarest, wo er mit seinen Reisewagen vom 16. bis 25. Oktober an der britischen Handelsmesse teilnehmen wollte, durch Ungarn kam. Die Ausstellungswagen waren, aus Bukarest kommend, ohne ihn in Budapest eingetroffen, da er das Wochenende mit seiner Frau in Wien verbrachte. Er hatte versucht, von dort aus in London anzurufen, um sich zu vergewissern, daß er unbesorgt nach Budapest fahren konnte; immerhin hatte er seit Anfang September nichts mehr von Penkowskij gehört. Aber er hatte, wie er behauptete, unter der Telefonnummer, die ihm der MI6 gegeben hatte, niemanden erreichen können.[21]

Mit dem Fall vertraute Beamte erinnern sich dagegen daran, daß

Wynne mit einem Mitarbeiter des MI6 gesprochen hatte, der ihm riet, nicht hinter den Eisernen Vorhang zurückzukehren.[22] Als Grund für seine Entscheidung, trotz aller Bedenken nach Budapest zu fahren, gab Wynne später an, daß er erwartet hätte, Penkowskij dort zu treffen. Er habe vorgehabt, ihn in einem Versteck in einem seiner Ausstellungswagen über die Grenze nach Österreich zu bringen.[23] Die Falloffiziere des MI6 und der CIA, einschließlich des damaligen Direktors der Hauptabteilung für Planung, Richard Helms, bestreiten jedoch die Existenz eines solchen Verstecks. Sie haben einhellig erklärt, daß ein derartiger Plan nie ins Auge gefaßt wurde, und in den Akten wird weder das Vorhaben, Wynnes Ausstellungswagen als Fluchtmittel zu benutzen, noch ein geplantes Treffen zwischen Wynne und Penkowskij in Budapest erwähnt.[24] Sowohl der MI6 als auch die CIA hatte zwar verschiedene Möglichkeiten untersucht, wie Penkowskij aus der Sowjetunion herausgeholt werden konnte, aber ein Treffen in Budapest war nicht darunter gewesen. Im übrigen war der Kontakt mit Penkowskij seit dem 6. September abgerissen.

Als Wynne zusammen mit seinem Dolmetscher, einem Ungarn namens Ambrus, die Treppe des Ausstellungspavillons hinunterging, spürte er die Gefahr. »Meine Handflächen schwitzten. Und ich wußte, warum. Weil die ungarischen Delegierten, die während der letzten zwei Stunden meine Gäste waren, plötzlich wie auf Befehl die Party verlassen hatten.« Am Fuß der Treppe wollte sich Wynne mit einer Bemerkung an seinen Dolmetscher wenden, aber Ambrus war verschwunden.

Ich sah ihn auf der anderen Seite des Fahrdamms. Zwischen ihm und mir waren wie durch Magie vier Männer aufgetaucht. Sie waren alle klein und untersetzt, und alle hatten sie ihre Filzhüte gleich schief aufgesetzt. Einer von ihnen sagte leise: »Mister Wihn?«, und ich sagte: »Ja, so heiße ich«, und dann, als ich mir der Gefahr bewußt wurde, schrie ich zu Ambrus hinüber, und er rief zurück: »Schon gut, sie sprechen Englisch«, und fort war er. Wenn ich davongelaufen wäre, hätten sie geschossen. Neben uns hatte eine Limousine angehalten. Ein russischer Moskwitsch. Am Eingang stand noch ein Auto. Man brachte mich zu Fall und hielt mich an den Armen. Die hintere Tür des ersten Wagens wurde aufgemacht, und ich wurde ins Innere gestoßen. Als ich mit dem Kopf zu Boden stürzte, ergriff ich die Klinke auf der anderen Seite, öffnete die Tür und rief laut nach meinem Chauffeur Charles. Er stand bei den Ausstellungswagen. Ich hatte gelernt, daß ich in einem solchen Fall um jeden Preis jemand Bescheid zu geben hatte. Ich brüllte aus Leibeskräften, und in dem Moment, bevor mir die Tür gegen den Kopf geknallt wurde, sah ich, wie Charles sich schnell umdrehte, mir zuwinkte und auf das Auto zugelaufen kam. Dann bekam ich ein paar schwere Fußtritte in die Nieren, und ein Metallgegenstand traf mich an der Schläfe.[25]

Wynne wurde in ein ungarisches Gefängnis gebracht, wo er dem KGB übergeben wurde, der ihn am 4. November 1962 nach Moskau fliegen ließ. Dort wurde er in der Lubjanka gefangengehalten. Die Meldung über seine Festnahme ging am 6. November durch die westliche Presse. Nun war kaum noch ein Zweifel daran möglich, daß Penkowskij enttarnt und verhaftet worden war und Verhören unterzogen wurde, aber Genaueres erfuhr man im Westen erst am 11. Dezember 1962, als die sowjetischen Zeitungen seine Verhaftung meldeten und die offizielle Version seiner Spionagetätigkeit wiedergaben. Die CIA arbeitete daraufhin einen Rettungsplan für Wynne und Penkowskij aus, der vorsah, sie gegen Konon Trofimowitsch Molodi, alias Gordon Lonsdale, auszutauschen, einen sowjetischen Illegalen, der am 7. Januar 1961 verhaftet worden war und in einem britischen Gefängnis eine 25jährige Haftstrafe verbüßte. In England hoffte man dagegen, eine eigene Vereinbarung mit den Sowjets aushandeln zu können und Molodi/Lonsdale gegen Wynne auszutauschen.

Die Verhandlungen hätten mit dem KGB-Vorsitzenden Wladimir Jefimowitsch Semitschastnyj und dem GRU-Chef General Iwan Serow geführt werden müssen, und die Briten waren nicht bereit, ihre Politik der Verleugnung jeglicher Beteiligung an Geheimdienstoperationen zu ändern. Der CIA-Vorschlag wurde, mit Sir Dicks Segen, abgelehnt. Der MI6 sah keinen Grund, warum die Sowjets einen sowjetischen Staatsangehörigen, der bei der Spionage gegen sein Land ertappt worden war und seinen Verrat sogar zugegeben hatte, in den Westen entlassen sollten. Man warnte sogar davor, daß ein solcher Vorschlag des Westens jede zukünftige Austauschmöglichkeit zunichte machen könnte. Die Grundregel für solche Fälle lautete, daß ein Spion erst nach seinem Prozeß und seiner Verurteilung für einen Austausch in Frage kam.

Darüber hinaus hatte das Außenministerium im Unterhaus dementiert, daß Wynne in irgendeiner Weise an Geheimdienstoperationen beteiligt gewesen war, und da der amerikanische Vorschlag auch die Möglichkeit vorsah, die sensiblen Informationen, die die beiden Geheimdienste besaßen, zu veröffentlichen, wäre das Außenministerium der Lüge überführt worden. Selbst wenn man sich bei der Veröffentlichung auf Penkowskij konzentriert hätte, wäre Wynnes Rolle, wie man auf britischer Seite argumentierte, unweigerlich bekannt geworden, weil zu viele von der Verbindung zwischen den beiden Männern wußten.

Um einen Austausch Wynnes gegen Lonsdale zu erreichen, erklärte der MI6 weiter, wären langwierige Verhandlungen nötig, die erst beginnen könnten, nachdem Wynne angeklagt und verurteilt worden sei. Man würde an diese Verhandlungen ähnlich herangehen wie an diejenigen, an deren Ende der Austausch des U-2-Piloten Gary Powers gegen den Sowjetspion Rudolf Abel am 10. Februar 1962 gestanden hatte. Voreilige Schritte, meinten die Briten, würden fatale Folgen haben. Die Verhandlungen müßten auf eine Art und Weise geführt werden, die es beiden Seiten erlaubte, das Gesicht zu wahren. Die Russen hätten nie zugegeben, daß Lonsdale/Molodi ein Spion war, und sie, die Briten, würden weiterhin abstreiten, daß Wynne einer war. Auf diese Weise könnte man unter gleichen Bedingungen für beide Seiten verhandeln und zu gegebener Zeit die Freilassung Wynnes bewirken.

Für den britischen Geheimdienst war die Angelegenheit damit erledigt. Man hätte zwar, wie man die Amerikaner wissen ließ, über eine Vielzahl von Möglichkeiten nachgedacht, wie »unseren beiden Freunden« geholfen werden könne, sei aber nicht in der Lage gewesen, etwas zu finden, das durchführbar gewesen wäre.[26]

Am Freitag, dem 16. November 1962, kam John McCone nachmittags um 17.15 Uhr unter vier Augen mit Präsident Kennedy zusammen und berichtete ihm von Wynnes Verhaftung und von den Maßnahmen, die die CIA ergriffen hatte, um die Authentizität von Penkowskijs Berichten zu untermauern. Im Ergebnis, erklärte McCone, könne man feststellen, daß kein Teil des Materials als untergeschoben zu betrachten sei.

Die Penkowskij-Operation war zu Ende. Penkowskijs Rolle als Soldat der Freiheit war ausgespielt. Er war ein Verräter, der in seinem Vaterland, das er betrogen hatte, in der Falle saß, und er konnte kaum damit rechnen, daß man ihm mit Nachsicht begegnen würde. Sir Maurice Oldfield wird in seiner Biographie mit der Bemerkung zitiert, daß Penkowskij »die Antwort auf ein Gebet« gewesen sei. »Und auch das, was er geliefert hat, schien ein Wunder zu sein. Das ist der Grund dafür, warum man ihm auf beiden Seiten des Atlantiks so lange mißtraut hat. Es schien unglaublich zu sein, daß er derartige Risiken auf sich nahm – nicht nur, indem er streng geheime Dokumente fotografierte, sondern auch, indem er uns in einigen Fällen sogar die Originale zuspielte.«[27]

Die persönlichen Treffen mit Penkowskij während seiner drei Auslandsreisen hatten insgesamt rund 140 Stunden gedauert und waren durch gut 1200 Seiten an Transkripten belegt. Daneben hatte er 111 belichtete Mikrofilme geliefert, die zu 99 Prozent lesbare Fotos ergeben hatten. Die aufgrund der Filme und der schriftlich oder mündlich übermittelten Informationen verfaßten Nachrichtendienstberichte umfassen mindestens 10 000 Seiten. In einer zusammenfassenden Bewertung von Penkowskijs Arbeit aus dem Jahr 1963 heißt es: »Er ging äußerst bereitwillig auf die ihm erteilten Aufträge ein, und es gelang ihm, eine bemerkenswerte Menge an Informationen zu beschaffen, die nicht unmittelbar in seinen Verantwortungsbereich fielen. Der Wert seines positiven Nachrichtenmaterials, einschließlich des zuletzt gelieferten, das wir am 27. August 1962 von ihm erhielten, wurde durchweg hoch veranschlagt. Seine Gegenspionageinformationen wurden als Ganzes zwar nie förmlich bewertet, sind aber ähnlich hoch einzuschätzen. Die Penkowskij-Operation ist, bis zum Stand vom August 1963, als die produktivste klassische verdeckte Operation zu bezeichnen, die jemals von der CIA oder dem MI6 gegen die Sowjetunion durchgeführt wurde.« Diese Beurteilung hält auch nach dreißig Jahren noch stand.

Kapitel 16

DER PROZESS

»Die Verhandlung wird eröffnet. Erheben Sie sich«, wies der Gerichtssprecher die im Saal Anwesenden an, als Generalleutnant der Justiz W. W. Borissoglebskij, der Vorsitzende Richter im Prozeß gegen Oleg Wladimirowitsch Penkowskij und Greville Maynard Wynne, den Verhandlungssaal des Militärsenats des Obersten Gerichts der UdSSR betrat und seinen Platz einnahm. Als sich das Publikum aus dreihundert handverlesenen Sowjetbürgern und einer begrenzten Anzahl von Diplomaten und Journalisten wieder gesetzt hatte, konnte der Prozeß beginnen. Es war 10 Uhr vormittags am 7. Mai 1963.

Ein halbes Jahr war vergangen, seit der KGB Wynne in Budapest entführt hatte. Von Penkowskijs Verhaftung, die angeblich am 22. Oktober erfolgt war, hatte die Öffentlichkeit erst am 12. Dezember erfahren, als die Prawda meldete, daß Wynne ein Geständnis abgelegt hatte und zusammen mit Penkowskij vor Gericht gestellt werden würde. Wynnes Frau hatte ihren Mann zu Weihnachten besuchen dürfen, was von den Briten als außerordentliche Vergünstigung gewertet wurde.

Wynne und Penkowskij sollten von demselben Richter abgeurteilt werden, der 1960 den Vorsitz im Prozeß gegen Gary Powers innegehabt hatte. Der Powers-Prozeß hatte in der Säulenhalle des Gewerkschaftsgebäudes stattgefunden, in der zweitausend in-und ausländische Zuschauer Platz hatten, die eigens zu dieser Gerichtsverhandlung eingeladen worden waren. Daß der Rahmen diesmal kleiner war, änderte nichts daran, daß wiederum ein Schauprozeß veranstaltet werden sollte; es war nur ein Hinweis darauf, daß man die Angeklagten strenger unter Kontrolle halten wollte, um sicherzustellen, daß sie sich an das vorher eingeübte Drehbuch hielten.[1]

Die Verlesung der Anklageschrift, in der Penkowskij des Hochverrats und Wynne der Beihilfe beschuldigt wurde, dauerte eineinviertel Stunde.[2] Nach Ansicht der Anklage hatte Penkowskij »infolge moralischer Entartung« beschlossen, »ein Agent der imperialistischen Geheimdienste« zu werden. Er hätte sich am 20. April 1961 im Hotel Mount Royal in London mit vier britischen und amerikanischen Geheimdienstoffizieren getroffen. Die Namen der Engländer seien Grille (Harold Shergold) und Mail (Mike Stokes) und die der Amerikaner Oslaf (Joe Bulik) und Alexander (George Kisevalter) gewesen. Es waren offenbar phonetische Annäherungen an die Namen, an die sich Penkowskij zu erinnern glaubte. Bulik ist der Meinung, daß er auf diese Weise versuchte, seine Führungsoffiziere zu schützen, was insofern überflüssig gewesen wäre, als er ihre wirklichen Namen nie erfahren hatte. In der Anklageschrift hieß es weiter, Penkowskij hätte sich während seines ersten Aufenthalts in London vom 20. April bis zum 6. Mai 1961 dreimal mit den westlichen Geheimdienstoffizieren getroffen. Tatsächlich hatten siebzehn Treffen stattgefunden, die insgesamt rund 52 Stunden gedauert hatten. Der KGB tappte, was das volle Ausmaß des Falls betraf, trotz der intensiven Observierung Penkowskijs offenbar immer noch im dunkeln und stützte sich bei den gegen ihn erhobenen Beschuldigungen weitgehend auf sein Geständnis.

Während des zweiten Englandaufenthalts vom 18. Juli bis 7. August 1961 hatte sich Penkowskij, laut Anklage, fünfmal mit dem anglo-amerikanischen Geheimdienstteam getroffen. In Wirklichkeit waren es dreizehn Treffen gewesen, die insgesamt rund 47 Stunden gedauert hatten. Eine absichtliche Täuschung waren die Angaben zur Person, nach denen Penkowskij Oberst der Reserve war. Tatsächlich war er als Geheimdienstoffizier des Generalstabs, der ins GKKNIR abkommandiert war, bis zu seiner Verhaftung im aktiven Dienst gewesen. Dies öffentlich zuzugeben, hätte jedoch das Eingeständnis bedeutet, daß das GKKNIR eine Tarnorganisation der sowjetischen Geheimdienste war.

Bei Penkowskijs Verhaftung am 22. Oktober hatte der KGB, laut Anklageschrift, unter anderem seine Instruktionen für die Benutzung des toten Briefkastens gefunden, einschließlich der Telefonnummern, die angerufen werden mußten, und der Nummer des Telefonmasts, an dem die Markierung angebracht werden sollte. Aufgrund dieses Wissens war der KGB in der Lage gewesen, mit einem echten Brief von Penkowskij als Köder die Falle aufzustellen, in der sich Richard Jacob verfing.

Danach wurden Penkowskijs Treffen mit Janet Chisholm – sowohl diejenigen am Arbat und im Park am Zwetnoj-Boulevard als auch diejenigen auf diplomatischen Empfängen – und die Begegnungen mit Rodney Carlson aufgezählt. Am 5. September 1962, hieß es in der Anklageschrift, sei Penkowskij auf einem Empfang in der amerikanischen Botschaft erneut mit Carlson zusammengekommen. »Zu dieser Zeit hatte Penkowskij vier belichtete Filmkassetten und ein Schreiben an die Spionagezentrale bei sich, aber er war nicht in der Lage, sie Carlson zu übergeben.« Anschließend wurden Auszüge aus Penkowskijs Brief an »Meine lieben Freunde« zitiert. Die Filme und der Brief waren bei der Festnahme bei Penkowskij gefunden worden.

Penkowskij und Wynne wurden nach der Verlesung der Anklageschrift gefragt, ob sie sich schuldig bekannten. Penkowskij antwortete: »Ja, ich bekenne mich in allen Punkten für schuldig«, und Wynne erklärte: »Ja, schuldig, außer in gewissen Einzelheiten, über die ich in meinen Aussagen sprechen werde.« Das Konzept von Wynnes Verteidigung war klar. Er würde zu zeigen versuchen, daß er weder über Penkowskijs Spionagetätigkeit noch über den Inhalt des von ihm überbrachten Materials Bescheid gewußt hatte.

Das Kreuzverhör begann mit der Befragung Penkowskijs. Der Staatsanwalt ging mit ihm die Aufträge durch, die er ausgeführt hatte, und ließ sich von ihm bestätigen, daß er Wynne Material über sowjetische Raketen anvertraut hatte, das er während seines Studiums an der Dserschinskij-Akademie abgeschrieben hatte. Anschließend zeigte er dem Gericht die Minox-Kamera und die Chiffrierbücher, die Penkowskij benutzt hatte.

Dann fragte er Penkowskij: »Für welche Art von Informationen interessierten sich die Geheimdienstoffiziere?«

Penkowskij hob in seiner Antwort hervor, daß »neunzig Prozent des Materials, das ich weitergab, (...) wirtschaftlicher Natur« gewesen seien.   ·

Als nächstes zeigte der Staatsanwalt dem Gericht ein Foto von Penkowskijs Schreibtisch. Darauf ausgebreitet lagen die Dinge lagen, die er in seinem Geheimfach versteckt hatte.

»Angeklagter Penkowskij, wie haben Sie dieses Versteck benutzt? Wußte jemand aus Ihrer Familie von dessen Existenz?«

»Nein, sie haben es nie gesehen.«

»War Ihr Schreibtisch offen?«

»Die Schublade war immer verschlossen. Ich habe den Schlüssel stets bei mir getragen, und kein anderer Schlüssel paßte.«

In gewisser Weise trafen sich die Interessen Penkowskijs, der sowohl die tatsächliche Anzahl seiner Treffen mit dem anglo-amerikanischen Team als auch den vollen Umfang des von ihm weitergegebenen Materials verheimlichen wollte, um das Ausmaß seiner Verbrechen zu verringern, mit denen der staatlichen Stellen, die den Prozeß nutzen wollten, um den Schaden, den Penkowskij angerichtet hatte, herunterzuspielen. Die Handbücher, Dienstvorschriften und operativen Anweisungen, die Penkowskij im »Geheimfundus« der Artilleriebibliothek von Marschall Warenzow fotografiert hatte, wurden ebensowenig erwähnt wie die Artikel aus den geheimen Militärzeitschriften.

Penkowskij wirkte gefaßt und sagte beinahe begierig aus, wie ein britischer Diplomat, der an dem Prozeß teilnahm, berichtete. Er zeigte keinerlei Gefühlsregung und nichts wies darauf hin, daß er sich des unvermeidlichen Ausgangs für ihn selbst bewußt war. Er war selbstsicher, sprach flüssig und machte nicht den Eindruck, daß er unter Drogen stand oder einer Gehirnwäsche unterzogen worden war. Seine Antworten hatten nichts Mechanisches an sich.

Wie der britische Diplomat anmerkte, war sein Geisteszustand jedoch »nicht ganz normal. Er schien unter irgendeiner Art von Stimulanz zu handeln. Vielleicht waren es nur die Aufregung und die Erleichterung, nach Monaten voller Einsamkeit und intensiver Verhöre im Licht der Öffentlichkeit zu stehen. In der Frage seiner Motive widerstand Penkowskij beharrlich den Unterstellungen des Staatsanwalts. Während er alles andere bereitwillig zugab, stritt er hartnäckig ab, aus materiellen Gründen spioniert oder geplant zu haben, auf die andere Seite überzulaufen. Er bezeichnete sich selbst als einen moralisch verkommenen Menschen, war aber eifrig bemüht, eher triviale charakterliche Anwürfe zurückzuweisen. Er bestritt, von Wynne Geschenke angenommen zu haben, seine Ehefrau nicht genügend zu achten oder eine Nacht mit einer Frau verbracht zu haben, die er in einem Londoner Nachtklub kennengelernt hatte. Von der Reue, die ihm sein Verteidiger nachsagte, war zumindest während der Eröffnungssitzung nichts zu bemerken.«[3]

Der Staatsanwalt, Generalleutnant der Justiz A. G. Gornyj, fragte Penkowskij mit monotoner, krächzender Stimme, warum die westlichen Agenten den Informationen, die er handschriftlich kopiert hatte, nicht getraut hätten. Gornyj wollte Penkowskij auf diese Weise diskreditieren und nachweisen, daß nur die Dokumente, die er gestohlen hatte, von Bedeutung gewesen waren.

»Später«, erklärte Penkowskij, »als ich reichlich Material lieferte, das mir im Staatlichen Komitee für die Koordinierung der wissenschaftlichen Forschungsarbeit zugänglich war, sagten die Agenten, daß ich großartige Arbeit leiste und man mir hohe Wertschätzung entgegenbringe. Aus dieser Bewertung kann man entnehmen, daß ich keine nutzlose Arbeit verrichtete.« Das Prozeßprotokoll verzeichnete an dieser Stelle »einen Sturm der Entrüstung« seitens des Publikums.

Der Staatsanwalt bat Penkowskij zu beschreiben, wie er Mrs. Chisholm im Park am Zwetnoj-Boulevard in einer Bonbonschachtel seine Filme übergeben hatte. Sie wurde in den Prozeßakten fälschlich Anna Chisholm genannt, geboren am 7. Mai 1929, verheiratet mit dem Zweiten Botschaftssekretär und seit dem 1. Juli 1960 in der UdSSR.

Penkowskij zitierte die ihm vorgeschriebene Aussage: »Ich setzte mich zu den Kindern auf die Bank, tätschelte einem von ihnen die Wange, strich ihm über den Kopf und sagte: ›Hier sind ein paar Bonbons für dich. Bedien dich!‹ Anna hat alles beobachtet.«

»Dann wurden also sogar Annas Kinder als Tarnung für Spionagetreffen benutzt?« warf der Staatsanwalt ein.

»Ja, so ist es«, antwortete Penkowskij.

Die Sowjetbürger unter den Zuschauern quittierten diese Antwort mit »Äußerungen des Unmuts«.

Der Staatsanwalt wandte sich Penkowskijs Besuch in Paris zu, wo er, wie Gornyj ausführte, zwischen dem 20. und 27. September fünfmal mit den westlichen Agenten zusammengekommen sei und insgesamt vierzehn Stunden mit ihnen verbracht habe. Tatsächlich war Penkowskij vom 20. September bis zum 14. Oktober in Paris gewesen und hatte sich zwölfmal mit dem anglo-amerikanischen Team getroffen. Der Staatsanwalt fragte ihn, ob er anhand von Fotos sowjetische Beamte identifiziert hätte. Penkowskij antwortete, daß man ihm nur Fotos von Handelsvertretern, Ökonomen und Technikern, die sich in Frankreich aufhielten, gezeigt hätte. Daß er viele Stunden damit zugebracht hatte, KGB- und GRU-Offiziere zu identifizieren, wurde mit keinem Wort erwähnt. Entweder hatte er es in seinen Verhören nicht gestanden, oder aber die sowjetischen Behörden wollten es nicht enthüllen.

Nach der Mittagspause wurde Penkowskij gefragt, ob es getrennte Treffen mit den beiden Geheimdiensten gegeben habe, und Penkowskij antwortete, daß ein solches Treffen mit den Amerikanern stattgefunden hätte. »Oslaf und Alexander luden mich nach einem Treffen in ihr Hotelzimmer ein, und ich nahm die Einladung an. Die Atmosphäre war locker und unbeschwert. Ich entnahm der Unterhaltung mit den Amerikanern, daß sie es bedauerten, gemeinsam mit den Briten an meinem Fall arbeiten zu müssen.«

»Haben Sie den Amerikanern irgend etwas versprochen oder den Wunsch geäußert, mit ihnen allein zu arbeiten?«

»Nein, das habe ich nicht«, sagte Penkowskij.

Der Staatsanwalt befragte ihn als nächstes über zehn Kontakte, die er nach seiner Rückkehr aus Paris mit Mrs. Chisholm gehabt hatte, und Penkowskij gab zu, Briefe, Filme und Chiffrierbücher von ihr erhalten zu haben.

»Bis zu welchem Zeitpunkt trafen Sie Anna auf der Straße?« wollte der Staatsanwalt wissen.

»Bis zum 19. Januar 1962.«

»Warum haben Sie diese Treffen beendet?«

»Ich hielt es für unsicher, sie fortzusetzen.«

»Sie meinen, daß Sie befürchteten, enttarnt zu werden?«

»Ja.«

Penkowskij gab im Verlauf der Befragung zu, seinen Kontaktpersonen 105 oder 106 Minox-Filme mit insgesamt 5000 Aufnahmen übergeben zu haben. Auf eine entsprechende Frage fügte er hinzu, daß über die Hälfte davon durch Wynne in den Westen gebracht worden seien.

»Wußte Wynne, daß er von Ihnen Filme erhielt?« fragte der Richter.

»Ja.«

Der Richter wandte sich daraufhin an Wynne und fragte ihn: »Wußten Sie, daß Penkowskij Ihnen Filme gab, die er mit einer Minox-Kamera aufgenommen hatte?«

»Nein«, erklärte Wynne mit Nachdruck, »natürlich nicht.«

Der Staatsanwalt eröffnete dem Gericht, daß Penkowskij im Westen ein Monatsgehalt von 2000 Dollar versprochen worden sei.

»Welche Art von Arbeit bot man Ihnen an, oder genauer gesagt, versprach man, Ihnen anzubieten?«

»Nachrichtendienstliche Arbeit. Welche Arbeit es konkret sein sollte, wurde nicht gesagt.«

»Hat man Ihnen die Abteilung genannt?«

»Ja, das hat man. Die Zentrale Abteilung [CIA] oder das Pentagon oder den britischen Generalstab, je nachdem, wofür ich mich entschieden hätte, für die britische oder die amerikanische Staatsbürgerschaft.«

»Und hat man Ihnen auch einen militärischen Rang genannt?«

»Sie wußten, daß ich Oberst der Reserve bin, und versprachen mir den Rang eines Obersts in der britischen oder amerikanischen Armee.«

Der Staatsanwalt fragte Penkowskij, ob er sowohl eine britische als auch eine amerikanische Oberstenuniform anprobiert und ob man ihn in diesen Uniformen fotografiert hätte, und Penkowskij bestätigte es.

»Welche hat Ihnen besser gefallen?« erkundigte sich der Richter.

»Darüber habe ich nicht nachgedacht.«

»Haben Sie eine Vereinbarung für den Fall getroffen, daß Sie in den Westen überlaufen würden?«

»Ganz so war es nicht. Die amerikanischen und britischen Geheimdienstoffiziere sagten mir in Paris, daß es viele Möglichkeiten gebe, in den Westen zu gelangen, falls meine Situation zu gefährlich werden sollte: mit einem U-Boot oder einem Flugzeug oder mit Hilfe verschiedener Dokumente auf dem Landweg. Als Greville Wynne im Juli nach Moskau kam, sagte er mir, daß sich meine Freunde um mich kümmern würden und ich mir keine Sorgen machen sollte. Sie würden mir helfen, wenn es notwendig sein sollte.«

Penkowskij betonte jedoch, daß er nicht vorgehabt hätte, in den Westen überzulaufen, und »nichts in dieser Richtung unternommen« habe. »Ich habe nie daran gedacht, meine Kinder und meine Familie zu verlassen und allein überzulaufen.«

»Und wie«, fragte der Staatsanwalt, »erklären Sie Ihre Verbrechen? Welche charakterlichen Eigenschaften haben Sie dazu verleitet?«

»Die niedrigsten Eigenschaften«, antwortete Penkowskij. »Moralischer Verfall, hervorgerufen durch täglichen ständigen Alkoholgenuß und die Unzufriedenheit mit meiner Stellung im Komitee. Ich mochte die Arbeit in der Auslandsabteilung nicht. Hinzu kamen Zweifel hinsichtlich meiner Herkunft, die gegen mich sprachen. In schwierigen Momenten zog es mich zum Alkohol. Ich kam vom Weg ab, taumelte auf den Rand des Abgrunds zu und stürzte. Eitelkeit, Geltungsbedürfnis, Unzufriedenheit mit meiner Arbeit und der Hang zum leichten Leben führten mich auf den Pfad des Verbrechens. Es gibt keinen Grund für all das, der meine Verbrechen in irgendeiner Weise rechtfertigen könnte. Moralisch verwerfliche Eigenschaften und völlige Verderbtheit – all das gebe ich zu. Obwohl ich nicht zu jenen gehöre, die einen schwachen Charakter haben, brachte ich es nicht fertig, mich selbst bei der Hand zu nehmen und meine Kameraden um Hilfe zu bitten. Ich betrog meine Kameraden und log ihnen vor, daß alles mit mir in bester Ordnung sei. In Wirklichkeit war alles, was ich fühlte, dachte und tat, verbrecherischer Natur.«

»Ich habe keine weiteren Fragen an Penkowskij«, sagte der Staatsanwalt.

Penkowskijs Verteidiger, A. K. Apraksin, ein unscheinbarer Mann mit leiser Stimme, brachte seine musterhafte Kriegsakte zur Sprache und erwähnte die Auszeichnungen, die er erhalten hatte, und Penkowskij sagte auf entsprechende Fragen, daß er mit 25 Jahren Regimentskommandeur und mit dreißig Oberst geworden sei.

»Bei der Beantwortung der Fragen des Staatsanwalts sprachen Sie von Zweifeln an Ihrer Herkunft. Wann tauchten diese Zweifel auf? Haben sie Sie ihr ganzes Leben lang begleitet, oder erst in jüngster Zeit?«

»Ich glaube, sie tauchten 1960 auf«, antwortete Penkowskij.

Auf die Frage, ob er in irgendeiner Weise mit dem Sowjetsystem oder mit der Partei unzufrieden gewesen sei, erklärte Penkowskij: »Nein. Ich hatte nie irgendwelche Probleme mit der Politik der Partei und der Regierung. Ich habe nie gemeckert. Ich war früher ein aktiver Kämpfer im Dienst der Partei und der Regierung und habe als Sowjetbürger gekämpft. Sechzig Zeugen, einschließlich meiner Trinkkumpane, haben ausgesagt, daß sie von mir niemals eine Äußerung der Unzufriedenheit gehört haben.«

»Und wann haben Sie begonnen, Trinkkumpane kennenzulernen?« fragte Apraksin.

»Als ich beschloß, verbrecherische Handlungen zu begehen – damals fing ich an zu trinken.«

Danach nahm Wynnes Verteidiger, N. K. Borowik, Penkowskij ins Kreuzverhör. Er war ein stämmiger Mann und mit seinen dichten weißen Haaren und seiner volltönenden, kräftigen Stimme eine recht beeindruckende Erscheinung. Der britische Diplomat, der den Prozeß beobachtete, fand ihn zwar übermäßig leutselig, hielt ihn aber für den besten der anwesenden Anwälte. Borowik versuchte herauszuarbeiten, daß Wynne nur Penkowskijs Zwischenträger gewesen war und nichts Näheres über die Treffen zwischen Penkowskij und den westlichen Agenten gewußt hatte.

»Ja«, stimmte ihm Penkowskij zu, »er wurde nicht über alle Einzelheiten ins Bild gesetzt. Später zeigte sich zwar, daß es notwendig war, ihn über einige Dinge zu informieren, und ich weihte ihn ein, aber alles in allem weiß Wynne nur wenig über das Ausmaß und den Charakter der Arbeit.« Penkowskij versuchte Wynne zu helfen.

Der erste Verhandlungstag endete am frühen Abend. Als das Gericht am nächsten Tag, dem 8. Mai, um 10 Uhr vormittags wieder zusammentrat, wurde Wynne ins Kreuzverhör genommen. Der erste Gegenstand der Befragung war die Übergabe eines Päckchens von Penkowskij, das er in der Wohnung Nummer 48 in der Sadowaja-Samototschnaja-Straße 12/34 in Moskau einem Engländer ausgehändigt hatte. Wynne erhielt, nachdem er das Päckchen übergeben hatte (an Rauri Chisholm), einen Brief mit Instruktionen, wobei der Engländer auf ein Stück Papier schrieb: »Geben Sie das Ihrem Freund.« Der Austausch hatte nicht länger als zwei Minuten gedauert.

»Das alles ging schweigend vonstatten?« fragte der Staatsanwalt.

»Ja, es war eine lautlose Angelegenheit«, sagte Wynne. »Warum es so war, sollte ich später erfahren.«

»Und warum war es so?«

»Mir wurde gesagt, daß im Zimmer nebenan eine junge Russin wohne, die für sie [die Chisholms] als Kindermädchen arbeite, und daß diese Russin in Restaurants in Gesellschaft sowjetischer Männer in Zivil gesehen worden sei. Es sei aber wesentlich, daß so wenig Menschen wie möglich von den Verhandlungen zwischen Penkowskij und gewissen anderen Personen erfuhren, weil sonst Mitteilungen über diese Verhandlungen in der Presse erscheinen könnten, bevor die Sache amtlich war.«

»Wenn ich richtig verstanden habe, befanden sich zur Zeit der Übergabe des Päckchens keine Pressevertreter in der Wohnung«, sagte der Staatsanwalt. »Es war also unwahrscheinlich, daß Ihre Unterhaltung der Presse zu Ohren kommen würde.«

»Ich muß auch sagen – es ist mir erzählt worden, daß es in Wohnungen in Moskau, die von Diplomaten bewohnt werden, sehr oft Mikrofone zum Abhören gibt.«

Der Staatsanwalt war ebenso verblüfft wie wütend, denn Wynne war an dieser Stelle von seinem vorgesehenen Text abgewichen. Er verstummte für einen Augenblick und machte ein Gesicht, als ob er etwas Unangenehmes im Schilde führte. Für Wynne war es, wie er sich später erinnerte, ein schrecklicher Augenblick, in dem er sich fragte, ob er zu weit gegangen und »ob das nun das Ende der Vernehmung im öffentlichen Verfahren« war. Aber der Vorsitzende Richter winkte ab und stellte eine Frage, mit der er ein neues Thema anschnitt.

Wynne brachte zu seiner Verteidigung vor, daß er anfangs nicht gewußt habe, daß er für den britischen Geheimdienst tätig war. Erst als die Kontakte mit Penkowskij häufiger wurden, hätte er Verdacht geschöpft. »Meine Erklärung«, sagte er, »mag den Fachleuten naiv erscheinen, doch ich bin Geschäftsmann, Kaufmann, und ich wußte nichts von nachrichtendienstlichen Methoden. Aber jetzt kenne ich mich aus.«

Wynnes Bemerkung wurde vom Publikum mit Gelächter aufgenommen.

»Sagen Sie, Angeklagter Wynne, wie würden Sie das Verhalten eines für die Regierung arbeitenden Engländers beurteilen, der sich unabhängig von den offiziellen Kanälen seines Landes in geheimer Verbindung mit Vertretern eines anderen Landes befindet?«

»Das hängt ganz davon ab, um was es sich handelt. Wenn es um Staatsgeheimnisse geht, würde ich meine Hand für eine solche gemeine, schmutzige Sache um keinen Preis hergeben. Aber wenn es sich um geschäftliche Manöver handelt, so habe ich mich damit mein ganzes Leben lang befaßt.«

»Kurzum, wir dürfen Ihrer Aussage entnehmen, daß Ihre Landsleute sie täuschten?«

»Genau, und aus dem Grund befinde ich mich jetzt hier.«
Das Publikum brach erneut in Lachen aus.[4]
»Und wie beurteilen Sie jetzt alle Ihre kriminellen Handlungen gegen die Sowjetunion?« fragte der Staatsanwalt.

Wynnes Drehbuch sah bei diesem Stichwort folgende Antwort vor: »Es tut mir sehr leid, und ich bereue meine Handlungen und die Verbrechen, die ich begangen habe, bitterlich, weil ich in der Sowjetunion immer nur auf Freundschaft und Entgegenkommen und friedliche Koexistenz gestoßen bin.« Er holte kurz Luft und hustete ins Mikrofon, um sicher zu sein, daß es funktionierte. Dann sagte er klar und deutlich: »Nun, ich hatte nicht die Absicht, in die Sowjetunion zu kommen und die Freundlichkeit zu mißbrauchen, die mir das Ministerium für Außenhandel erwies.«[5]

Der Staatsanwalt war außer sich und fuhr Wynne an: »Ja, aber die Wirklichkeit sah anders aus. Dieser Prozeß hat gezeigt, daß sie schwere Verbrechen gegen die Sowjetunion begangen haben. Was denken Sie jetzt über Ihre Handlungen?«

»Ich stimme vollständig mit der Erklärung des Staatsanwalts überein«, sagte Wynne. »Sie ist zutreffend.«

»Was ist zutreffend?« hakte der Staatsanwalt nach. Gornyj erhob, selbst wenn er wütend war, kaum die Stimme und zeigte keinerlei Emotionen, unternahm aber auch keinen Versuch, im Publikum welche zu erzeugen.

»Ich stimme damit überein, daß dies ein schmutziges Geschäft ist. Wenn ich von Anfang an gewußt hätte, worum es sich handelte, hätte ich nie damit angefangen. Ich glaube nicht, daß Spionage in Friedenszeiten gerechtfertigt ist, von keiner Seite.«

»Wir sprechen hier über Ihre Spionagetätigkeit. Wie denken Sie heute über Ihre Handlungen?« fragte der Staatsanwalt erneut.

»Was mich persönlich betrifft, so wollte ich nicht darin verwickelt werden. Ich war nicht besonders darauf vorbereitet. Es stimmt, daß ich in den letzten sechs Monaten eine Menge darüber gelernt habe, und es gefällt mir überhaupt nicht«, erklärte Wynne, sehr zur Erheiterung des Publikums.

Danach kam Wynnes Verteidiger zum Zug. Borowik befragte Wynne nach seiner Zeit als Soldat im Krieg gegen Deutschland, um Sympathie für ihn zu erwecken, da er gegen den gemeinsamen Feind gekämpft hatte, und teilte dem Gericht mit, daß Wynne an einer Fallschirmjägeroperation teilgenommen habe, als in der Normandie die zweite Front errichtet wurde, daß er in Belgien verwundet worden sei und zwei Medaillen erhalten habe. Mit dieser Legende sollte das Gericht nachsichtig gestimmt werden. Wynne selbst erklärte später, daß er als Ermittler des Militärischen Sicherheitsdienstes an keiner Schlacht auf dem Kontinent teilgenommen hatte.[6]

Borowik zitierte aus Wynnes Aussagen in der Voruntersuchung und fragte ihn, ob es stimme, daß er Angst gehabt habe, sein Geschäft zu verlieren, wenn er nicht mit dem britischen Geheimdienst zusammenarbeiten würde.

»Ja«, antwortete Wynne, »das ist richtig. Dennoch möchte ich an dieser Stelle etwas klarstellen. Zu jener Zeit hatte ich keinen stichhaltigen Beweis für die Natur der Angelegenheit. Ich hatte einen Verdacht, aber, wie ich wiederholen möchte, keinen konkreten Beweis. Das war mein Schwachpunkt in der Auseinandersetzung mit diesen Leuten.«

Nach dem Ende der Verhandlung wurde Wynne in einen Raum geführt, den er »die rote Zelle« nannte, und kurz darauf stürmte sein »verhaßter Feind«, sein Verhöroffizier aus der Lubjanka, ein Oberstleutnant des KGB, zusammen mit einem Dolmetscher und zwei Wachen in die Zelle und ging wütend auf ihn los: »Wie können Sie es wagen, Befehle zu mißachten? Hoffen Sie der Strafe zu entgehen?« Der Oberstleutnant tobte, schrie und bezeichnete Wynne als einen Ausbund von Verbrecher; »er erinnert mich«, schrieb Wynne später, »an meine Starrsinnigkeit während der Verhöre, und ich erfahre, daß das einzige Resultat meiner Torheit ein verschärftes Urteil sein wird, und man droht mir mit dunklen, ungenannten Strafen nach dem Urteil. ›Bis jetzt sind wir sehr geduldig gewesen‹, brüllt der Oberstleutnant. ›Wir haben Sie nur verhört. Aber jetzt werden Sie bestraft. Sie werden schon sehen, was Ihnen passiert, Sie werden es noch sehen!‹« Danach wird Wynne in die Lubjanka zurückgebracht.

Der dritte Verhandlungstag fand unter Ausschluß der »Öffentlichkeit« statt, ohne Presse und »Vertreter der Moskauer Arbeiterschaft«. Wynne vermochte der russisch geführten Verhandlung nicht zu folgen und wurde bald aus dem Gerichtssaal gebracht. In seiner Zelle fragte er sich, ob seine Abwesenheit seinem Fall schaden würde. »Ich wußte, daß das wohl nichts mehr auf sich hätte, da ich ohnedies schon genug abbekommen hatte, aber ich konnte doch nicht umhin, mir das zu überlegen.«[7]

Im Prozeßprotokoll heißt es nur, daß der Militärsenat »in einer geschlossenen Sitzung Fragen der Natur und des Inhalts der von den Angeklagten an den britischen und den amerikanischen Geheimdienst übermittelten Informationen« behandelt habe. Penkowskijs Beziehungen zu hochrangigen Vertretern des Apparats, etwa zu Marschall Warenzow oder General Serow, wurden in den öffentlichen Sitzungen mit keinem Wort erwähnt.

Der erste Teil des vierten Verhandlungstages war der Anhörung von Leumundszeugen und Sachverständigen gewidmet. Als erster wurde Igor Pawlowitsch Rudowskij in den Zeugenstand gerufen, der Chauffeur, der Penkowskij gefahren hatte, als er Wynne am 2. Juli 1962 vom Flughafen abholte. Er erzählte, wann und wie er Penkowskij kennengelernt hatte, und berichtete, wie seine Beziehung zu ihm ausgesehen hatte: »Manchmal gingen wir nach der Arbeit einfach durch die Straßen und aßen in einem Restaurant oder Café. Meine Freunde und ich haben nie antisowjetische Gespräche mit ihm geführt. Ich habe Penkowskij mit Galina bekanntgemacht, einer Freundin meiner Freundin, und zwischen ihnen entstand eine große Zuneigung. Penkowskij war ganz hingerissen von Galina. Sie trafen sich oft, und da Galina seine Telefonnummer nicht kannte, weder die vom Büro noch die seiner Wohnung, war mein Telefon die einzige Verbindung zwischen ihnen. (...) Nach einem Fußballspiel gingen wir einmal in ein Restaurant, und dort traf ich Penkowskij mit einer jungen Frau, deren Namen ich nicht kenne. Er sagte, sie wäre die Sekretärin des Chefs der Abteilung, in der er arbeitete, und ist bald mit ihr weggegangen. Über ihre Beziehung zueinander weiß ich nichts. Das ist alles, was ich zum Thema Frauen sagen kann.«

»Hat Ihnen Penkowskij nie etwas zukommen lassen?«

»Doch, ein paar Dinge schon – eine Brieftasche, ein Uhrarmband, ein Feuerzeug, einen Schlüsselring und eine Flasche Eau de Toilette.«

»Können Sie dem Gericht etwas über Penkowskijs Interessen sagen?« fragte der Richter.

»Ich habe nichts Merkwürdiges an seinem Verhalten bemerkt. Wenn wir zusammen waren, hat er nie über etwas anderes als alltägliche Dinge oder übers Essen geredet. Interesse an Literatur, Musik oder Kunst hat er nicht gezeigt.«

»Können wir daraus schließen, daß er nur am Essen und Trinken und an Frauen interessiert war?«

»Ich würde sagen, daß wir ihn respektiert haben, weil er eine wichtige, verantwortliche Arbeit hatte und mit Ausländern zusammenkam, so daß er immer eine Menge zu erzählen hatte. Wir dachten, daß er gezwungenermaßen immer wieder aufs Essen und andere alltägliche Dinge zu sprechen kam.«

Als Penkowskijs Verteidiger Rudowskij ins Kreuzverhör nahm, half er mit seinen Fragen eher der Anklage als seinem Mandanten. Er fragte ihn, ob er von Penkowskij jemals Geld dafür erhalten hätte, daß er ihn fuhr, und Rudowskij antwortete: »Ja, ich habe zweimal Geld von ihm erhalten, das erste Mal hundert und das zweite Mal fünfzig Rubel.«

»Haben Sie ihm das Geld zurückgegeben?«

»Ja, durch einen Beamten des Komitees für Staatssicherheit [KGB].«

»Man hat Ihre Beziehungen sehr gut verstanden!« erklärte Apraksin.

Als nächster wurde Wladimir Jakowlewitsch Finkelstein als Zeuge aufgerufen. Finkelstein war ein fünfzig Jahre alter Jude aus Penkowskijs Heimatstadt, der Penkowskij, wie er erzählte, vor etwas mehr als zehn Jahren durch Freunde kennengelernt hatte. »Bis zu dem überraschenden Augenblick, als ich in der Zeitung über ihn las«, sagte er, »hatte ich Penkowskij für einen angesehenen Mann gehalten, der eine notwendige und nützliche Arbeit leistet. Ich muß an dieser Stelle aber auch erwähnen, daß ich einige falsche Züge an ihm bemerkt habe. Auf der einen Seite war er ein Beamter, der ins Ausland reiste; auf der anderen Seite aber hatte er viele negative Züge – Eitelkeit, Arroganz, Selbstverliebtheit –, die er nicht einmal verhehlte. Er war immer erregt, immer in Eile, aber auch gefaßt. Kurz, er schien sich in einem unnatürlichen Zustand zu befinden und sich nicht so frei zu fühlen wie der Rest von uns. Wir trafen uns zu verschiedenen Zeiten mit Penkowskij, häufig bei Fußballspielen. Wir sahen uns Sportveranstaltungen an, gingen ins Kino, aßen in Restaurants oder saßen in Cafés herum. Ich bin kein Trinker, das heißt, ich trinke recht wenig, und ich habe nie gesehen, daß Penkowskij viel trank. (...) Wir lächeln immer noch über ihn. Sein ganzes Leben schien von der Uhr beherrscht zu werden; er wollte immer eiligst irgendwohin. Wenn er aus dem Ausland zurückkam, brachte er jedesmal Souvenirs mit: Feuerzeuge, Uhrarmbänder und andere kleine Dinge, die er großzügig an seine Bekannten verteilte.«

Finkelstein betonte, daß seine Beziehung zu Penkowskij keine Freundschaft gewesen sei, daß er ihn vielmehr als »interessanten Gesprächspartner« geschätzt hätte, und fuhr fort: »Er reagierte sehr heftig, wenn jemand nicht mit ihm einig war. In Kleinigkeiten war er peinlich genau und sehr hartnäckig. Er liebte es, sich in Positur zu werfen, und hatte viel von einem Schauspieler an sich. Er wirkte sehr auftrumpfend, aber wir wußten, daß er im Grunde nicht so war.«

Penkowskij habe häufig die Restaurantrechnungen bezahlt, erklärte Finkelstein, weil er mehr Geld als die anderen gehabt habe. Für Literatur oder Theater hätte er nicht viel übrig gehabt. »Er war ein Mann, dessen Interessen sich hauptsächlich auf seine Arbeit konzentrierten, von der ich, ehrlich gesagt, nicht viel wußte. Ich erklärte mir alles mit der extremen Belastung durch seine Arbeit. Ja, er gab sich immer als Feinschmecker. Er liebte es, neue Gerichte zu kosten, und mochte Dinge, die gut aussahen. Ich hatte den Eindruck, daß er sich in einer gewissen Art von vornehmem Leben übte.«

»War Penkowskij an Politik interessiert?«

»Sehr wenig. Zumindest mir gegenüber hat er nie über politische Fragen gesprochen. Er hat sie sogar gemieden. Wenn sich die Unterhaltung politischen Themen zuwandte, hat er versucht, sie wieder auf alltägliche Dinge zurückzulenken.«

Die Befragung hatte eindeutig das Ziel, Penkowskij Charaktermängel nachzuweisen und gleichzeitig zu zeigen, daß seine Handlungen nicht politisch motiviert gewesen waren.

»Zeuge, erzählen Sie uns von dem Abend in dem Restaurant, an dem der Wein anstatt aus Gläsern aus dem Schuh einer Frau getrunken wurde«, forderte der Staatsanwalt Finkelstein auf.

»Das war im Restaurant Poplawok. Wir waren acht Leute, darunter zwei Frauen. Eine von ihnen war Galja, von der sich Penkowskij angezogen fühlte; die andere war die Frau eines Bekannten. Wir setzten uns und aßen und tranken. Wir tranken eine Menge. Dann sagte jemand, daß wir aus Hochachtung vor den Frauen aus ihren Schuhen trinken sollten, und Penkowskij trank tatsächlich aus Galjas Schuh. Wir lachten alle darüber.«

»Der Schuh wurde ihr vom Fuß gezogen?« fragte der Richter.

»So war es.«

Penkowskij erklärte zu Finkelsteins Aussage: »Der Zeuge Finkelstein hat die Art unserer Beziehung sehr genau und zutreffend beschrieben. Was die Geschenke betrifft (...), diese kleinen Gaben sollten nicht als Geschenke bezeichnet werden. Es waren Souvenirs, die ich von Ausländern erhalten hatte und an meine Bekannten weitergab. Ich arbeitete zum Beispiel mit einer japanischen Delegation von sechzig Personen, und jeder von ihnen fühlte sich verpflichtet, mir ein Andenken zu schenken, mit der Folge, daß ich plötzlich zwanzig Taschentücher besaß, die ich dann meinen Bekannten zum Geschenk machte.«

Der Richter fragte Penkowskij, ob er mit dem Zeugen darin übereinstimme, daß seine »geistigen Interessen begrenzt« seien.

»Wenn ich mich mit Finkelstein und den anderen traf«, erwiderte Penkowskij, »dann wollten wir uns einfach nur amüsieren.«

Dann unternahm Wynnes Verteidiger einen letzten Versuch, seinem Mandanten zu helfen, und fragte ihn, ob er irgendwelche Geldzahlungen von den britischen Geheimdienstoffizieren erhalten habe.

»Nein«, antwortete Wynne. »Außer der Erstattung von Ausgaben, die ich in Paris hatte, habe ich nichts bekommen, und mir wurde auch nie etwas versprochen.«

Tatsächlich hatte Wynne nach den ersten Treffen zwischen Penkowskij und seinen Führungsoffizieren 10000 und 1962 noch einmal 5000 Pfund erhalten. Ein regelmäßiges Gehalt bekam er allerdings nicht. Der SIS und die CIA zahlten ihm aber nach seiner Freilassung und der Rückkehr nach England eine Entschädigung von zusammen 213700 Dollar.[8]

Der Prozeß gegen Penkowskij und Wynne wurde mit dem Plädoyer des Staatsanwalts fortgesetzt, das zur selben Zeit, als Gornyj es hielt, in der Nachmittagsausgabe der *Iswestija* abgedruckt wurde. »Der ›geheime Krieg‹ gegen unseren Staat«, erklärte Gornyj, wurde von den imperialistischen Nachrichtendiensten sofort nach dem Sieg im Großen Oktober [1917] begonnen und ist seither nie abgeflaut; er hat sich, im Gegenteil, verschärft und ausgeweitet und ist in einer Reihe von imperialistischen Staaten zur Regierungspolitik erhoben worden.

Eine führende Rolle spielt hier – mit Unterstützung der am meisten auf Abenteuer versessenen Kreise der USA – der Zentrale Nachrichtendienst der Vereinigten Staaten. Er streckt wie ein riesiger Polyp seine Fangarme in alle Winkel der Erde, unterhält eine Unzahl von Spionen und geheimen Zuträgern und organisiert ständig Verschwörungen und Morde, Provokationen und Täuschungsmanöver. Die neuesten Errungenschaften der Technik werden in den Dienst der Spionage gestellt: von den winzigen Minox-Kameras, wie Sie vor Ihnen liegen, bis hin zu den Erdsatelliten, den ›Himmelsspionen‹.

Der britische Geheimdienst, den es schon seit ungefähr 300 Jahren gibt, ist in seinen Methoden nicht weniger heimtückisch und gewandt, aber er versucht nach Möglichkeit im Hintergrund zu bleiben. Die Aktivitäten dieser beiden großen Spionageorganisationen gegen die UdSSR hängen eng miteinander zusammen und sind aufeinander abgestimmt, wie man aus diesem Fall klar ersehen kann. Das mindert allerdings nicht die zwischen ihnen bestehenden Differenzen und ihren Kampf gegeneinander.

Gornyj zitierte sodann aus einer Rede, die Allen Dulles am 26. Januar 1960 im Aeronautical Institute gehalten und in der er erklärt hatte: »Unsere Hauptaufgabe besteht heute darin, festzustellen, wie weit die Sowjetunion in der Raketentechnik und auf anderen militärischen Gebieten ist und wie weit sie in naher Zukunft sein wird.«

Dulles habe sich, wie Gornyj anmerkte, »bitter über die monolithische Natur der sowjetischen Gesellschaft und die große Wachsamkeit unserer Bevölkerung« beklagt und »gesagt, daß ›die Russen (...) einen undurchdringlichen Schleier des Geheimnisses über alles Militärische legen‹« wollten. Penkowskij und Wynne, fuhr Gornyj fort, hätten versucht, »den undurchdringlichen Schleier, über den sich Dulles beklagt habe, zu lüften«.

Es sind nicht nur professionelle Nachrichtendienstoffiziere mit Diplomatenpässen, die sich der Spionage widmen. In dieses schmutzige Geschäft werden auch Mitglieder von Delegationen, Gelehrte, Geschäftsreisende, Studenten und Touristen hineingezogen, und dies ist natürlich nicht geeignet, das Vertrauen zwischen den Nationen oder die Entwicklung der wissenschaftlichen und kulturellen Zusammenarbeit und den internationalen Handel zu fördern.

Die imperialistische Propaganda versucht mit allen Mitteln, rückständige Ansichten und Meinungen in der Bevölkerung der Sowjetunion zu verbreiten, die Vergangenheit wiederaufleben zu lassen – Individualismus, eine schnellebige Einstellung zum Leben, Privateigentum, Psychologie – und Hoffnungen auf ideologische Abweichungen zu nähren, um deren Ergebnisse für politische Abweichungen zu nutzen, zu denen als eine Form die Spionage gehört.

Nach einem Seitenhieb auf die Differenzen zwischen dem SIS und der CIA wandte sich Gornyj den Motiven zu, die Penkowskij nach offizieller sowjetischer Lesart geleitet hatten:

Es erhebt sich unweigerlich die Frage: Wie konnte es geschehen, daß ein Mann wie Penkowskij, der in der Zeit der Sowjetmacht geboren wurde, aufwuchs und seine Bildung erhielt und in unserer Gesellschaft lebte, so vollständig die moralischen Werte eines Sowjetmenschen, seine Scham, sein Gewissen und jedes Pflichtgefühl verlor und damit endete, derartig schwere Verbrechen zu begehen?

Zum Teil hat Penkowskij selbst die Antwort auf diese Frage gegeben, aber sie sollte in kräftigeren Farben gemalt werden, um sich stärker dem Original anzunähern. (...) Das außerordentliche Karrierestreben, der Egoismus und der Ehrgeiz Penkowskijs zeigten sich schon vor langer Zeit. Er war ständig darauf aus, sich bei Leuten von Ansehen und Einfluß lieb Kind zu machen, sich bei ihnen einzuschmeicheln und vor ihnen zu kriechen, um sich dann seiner engen Beziehungen zu ihnen zu rühmen.

Wie sehr Penkowskij auch in der Lage war, seine Gedanken und seine wirklichen Ziele zu verschleiern, ganz zu verbergen vermochte er sie nie. Bereits in einem 1955/56 verfaßten Führungszeugnis wurde festgestellt, daß er ›ein rachsüchtiger, arglistiger Mensch‹ ist, ›ein Karrierist sondergleichen, der, wenn es seiner Karriere nutzt, zu jedem Winkelzug fähig ist‹. Wie genau und zutreffend dies doch ausgedrückt ist! Unglücklicherweise aber hat er mit seiner Zudringlichkeit und seiner Speichelleckerei erreicht, was er wollte, und dieses vernichtende Urteil verschwand in der Schublade.

Natürlich werden solche verkommenen Subjekte und Abtrünnigen wie Penkowskij, die bei jedem Sowjetbürger nur Entrüstung und Abscheu erwecken können, in unserer Gesellschaft immer seltener. Aber sein Beispiel zeigt deutlich, welche Gefahren von den Überresten der Vergangenheit drohen – von Überresten, die durch eine uns feindlich gesonnene Ideologie von neuem aufgerichtet werden. Und es zeigt, was sich aus ihnen entwickeln kann, wenn wir sie nicht rechtzeitig erkennen und entschlossen ausmerzen.

Wir dürfen nie die Tatsache aus den Augen verlieren, daß der zum Untergang verdammte Imperialismus in seinem rasenden Haß gegen die neue kommunistische Gesellschaft, die auf seine Ablösung zuschreitet, große Hoffnung darauf setzt, seine korrupte Moral in die Köpfe ungefestigter Menschen einzuträufeln. Deshalb müssen wir stets auf der Hut sein und uns mit aller Kraft auf die Aufgabe konzentrieren, die moralischen Prinzipien der Erbauer des Kommunismus in unserem Volk zu verwurzeln.

Der Staatsanwalt hatte damit zusammengefaßt, welchen Zweck dieser Schauprozeß verfolgte: nämlich die Tugenden des Kommunismus zu rühmen und Penkowskij und den Westen zu verdammen. Der Grund für Penkowskijs Verbrechen gegen den idealen sozialistischen Staat war seine »Verkommenheit«. Die Furcht vor einem Atomkrieg und die Desillusionierung angesichts der Korrumpierung des Kommunismus wurden nicht genannt, geschweige denn als zwingende Motive oder mildernde Umstände anerkannt.

Als Strafmaß beantragte Gornyj für Wynne eine zehnjährige Haftstrafe und für Penkowskij den Tod. »Für diesen Verräter und Spion, der sein Vaterland verkauft hat, ist kein Platz auf dieser Welt.«

Penkowskijs Verteidiger stritt energisch ab, daß sein Mandant mit dem Sowjetsystem unzufrieden war, und beharrte darauf, daß er sich nicht von politischen Motiven habe leiten lassen. Vielmehr hätte ihn sein Erfolg geblendet, und seine ständigen Bemühungen, sich bei anderen einzuschmeicheln und ihnen gefällig zu sein, hätten ihn zu einem Kleinbürger werden lassen.»Aber zu einem Kleinbürger mit großen Möglichkeiten, dem die eigene Karriere, das gute Leben und der persönliche Vorteil wichtiger waren als die Interessen der Gesellschaft und das Wohlergehen seiner Freunde und Verwandten.«

Daß Penkowskijs Entscheidung, sich gegen den Sowjetstaat zu wenden, davon beeinflußt gewesen sein könnte, daß sein beruflicher Aufstieg aufgrund seiner Herkunft zum Stillstand gekommen war, erwähnte Apraksin nicht. Er charakterisierte Penkowskijs Beweggrund statt dessen als»kleinlichen, grundlosen Groll gegen seine unmittelbaren Vorgesetzten, die seiner Meinung nach seine Karriere blockierten – und seine Karriere bedeutete ihm alles. Er vergaß die Interessen seines Vaterlandes, die ihn noch während des Großen Vaterländischen Krieges geleitet hatten, und wurde zum Verräter.«

Apraksin zitierte anschließend einige Sätze aus der Aussage, die Penkowskijs Frau in der Voruntersuchung gemacht hatte:»Während des vergangenen Jahres wurde er nervös und mißtrauisch. Seinem Wesen nach war Penkowskij eitel, empfindlich und neigte zu Abenteuern. Diese negativen Züge seines Charakters hatten sich im Verlauf seines Lebens entwickelt.« Apraksin schloß daraus auf eine Abweichung vom Modell des neuen Sowjetmenschen.

Dies alles ist geschehen, weil manche Leute meinen, daß Kleinbürger und Kleinbürgertum harmlose Phänomene der Zeit des Übergangs zum Kommunismus seien und daß sie nur die persönlichen Beziehungen beträfen. Diese Leute glauben, es schade nichts, wenn sich der Kleinbürger vom Kollektiv absondert und in seiner eigenen kleinen Welt lebt, engstirnige, konservative Ansichten vertritt und vulgär ist. Ein Kleinbürger ist jedoch ein sehr gefährliches und schädliches Relikt der Vergangenheit (...). Unglücklicherweise haben viele von Penkowskijs Freunden, Kameraden, Verwandten und früheren Vorgesetzten diese Binsenwahrheit nicht beachtet.

Ein Kleinbürger verrät das grundlegende Prinzip unserer kommunistischen Moral – die Ergebenheit unserem sozialistischen

Vaterland gegenüber – und überantwortet es dem Vergessen. In unserer Gesellschaft zu leben und nicht von diesem fundamentalen Prinzip geleitet zu werden, das alles menschliche Handeln bestimmt, heißt, ein Kleinbürger zu sein.

Es entsprach dem damaligen Denken, an die moralische Überlegenheit des Kommunismus zu glauben und zu erwarten, daß sich die Menschen von den Wahrheiten des Marxismus-Leninismus leiten ließen. Unabhängiges Denken und Ehrgeiz waren Züge, die der neue Sowjetmensch, dessen Leben dem gesellschaftlichen Fortschritt gewidmet sein sollte, nicht aufkommen lassen durfte. Er sollte seine Kraft ausschließlich vom Kollektiv beziehen, dem umgekehrt seine ganze Loyalität zu gelten hatte. Blutbande zur aristokratischen Führungsschicht der zaristischen Vergangenheit machten den Betreffenden automatisch verdächtig, wenn es um die Frage ging, ob er eine verantwortliche Stellung im Staatsapparat erhalten sollte oder nicht. Wer wie Penkowskij einen adligen Offizier der Weißen Garde zum Vater hatte, war buchstäblich von Natur aus nicht vertrauenswürdig und als Geheimdienstoffizier im Generalstab, der im Ausland eingesetzt werden konnte, ungeeignet.

Was Penkowskijs »moralische Verkommenheit« betrifft, so war sein Verhalten eher das eines guten Spions als das eines Kleinbürgers. Er verwischte seine Spuren, indem er sich mit Frauen abgab, mit seinen Bekannten trank und den Anschein erweckte, als würde er sich nur dafür interessieren, keinesfalls aber für Spionage. In ähnlicher Weise stellte er seinen Umgang mit Greville Wynne seinen Vorgesetzten gegenüber als Versuch dar, »eine vertrauenswürdige Person« anzuwerben, die zu einem sowjetischen Informanten werden könnte. Dieses Täuschungsmanöver wurde während des Prozesses nicht erwähnt, da es sowohl für die GRU als auch für den KGB äußerst peinlich gewesen wäre.[9]

In der unter Ausschluß der Öffentlichkeit stattfindenden Vormittagssitzung am 11. Mai 1963 erhielt Penkowskij eine letzte Gelegenheit, Reue zu zeigen und um sein Leben zu bitten. Er sprach würdevoll und mit fester Stimme, aber letztlich ohne Erfolg.[10] Die Strategie, die Todesstrafe zu verhindern, indem er ein Geständnis ablegte und mit dem KGB kooperierte, ging nicht auf.

Um 16.05 Uhr am Nachmittag wurden die Urteile verkündet. Penkowskij wurde »des Verrats am Vaterland« für schuldig befunden und zum Tode durch Erschießen verurteilt. Außerdem wurden ihm sein Rang als Oberst und seine Orden und Medaillen aberkannt und sein persönliches Vermögen eingezogen. Wynne wurde zu acht Jahren Freiheitsentzug verurteilt, von denen er die ersten drei Jahre im Gefängnis und die restlichen fünf im Arbeitslager verbringen sollte. Gegen die Urteile konnte kein Einspruch eingelegt werden; Penkowskij hatte jedoch die Möglichkeit, beim Präsidium des Obersten Sowjets ein Gnadengesuch einzureichen, und Wynne stand es offen, um die Herabsetzung seiner Strafe zu bitten.

In einer gesonderten Entscheidung benannte das Gericht jene Angehörigen der britischen und der amerikanischen Botschaft in Moskau, die Penkowskij geholfen hatten, und empfahl dem Außenministerium, sie zur Persona non grata zu erklären und des Landes zu verweisen.[11]

Joe Bulik und George Kisevalter waren wegen des zu erwartenden Todesurteils gegen Penkowskij zutiefst besorgt und unterbreiteten bereits am 10. Mai 1963 einen Plan, um »auch die geringste sich bietende Gelegenheit, Penkowskijs Leben zu retten, zu ergreifen«.[12] Bulik hatte Howard Osborne, Maurys Nachfolger an der Spitze der Sowjetabteilung der CIA, und James Angleton, dem Chef der Gegenspionage, schon im November 1962 nach Penkowskijs Verhaftung einen ähnlichen Vorschlag zukommen lassen, in dem er empfahl, Verhandlungen mit dem KGB und der GRU anzustrengen, um Penkowskij zu retten. Osborne hatte den Vorschlag allerdings nie weitergeleitet, und er hatte seither unbeachtet in Buliks Safe geschmort. Angleton dagegen hatte sich wenigstens gerührt und dem MI6, zu dem er eine eigene Verbindung besaß, Buliks Vorschlag zur Begutachtung vorgelegt. Das Ergebnis war jedoch ebenfalls negativ gewesen: Der MI6 hatte sich beeilt, den Vorschlag zurückzuweisen.

Als Bulik seinen Plan nun erneut zur Diskussion stellte, schlug er vor, ihn ohne Mitwirkung der Briten zu verwirklichen. Er wandte sich deshalb nur an seinen Chef Osborne, ohne Angleton von seinem Schritt zu informieren, und argumentierte, daß sein Plan, wenn schon nichts anderes, wenigstens erreichen würde, daß die Behauptung des *Prawda*-Leitartiklers Jurij Schukow widerlegt wurde, die CIA gebe

»keinen Deut auf das Schicksal ihrer Agenten. Alle Versprechen, die Penkowskij gemacht wurden, (...) sind gebrochen worden. Der Spion ist gefangen, also hat man ihn abgeschrieben.«

Da sich Schukows Angriff gegen die CIA gerichtet habe, erklärte Bulik, sollte die Operation ohne die Briten durchgeführt werden. Bulik und Kisevalter, die das Memorandum unterschrieben hatten, schlugen vor, daß die CIA mit den Residenten des KGB und der GRU in Westdeutschland, den Niederlanden, Italien und Dänemark Kontakt aufnehmen solle. In dem Brief, der ihrer Vorstellung nach an die Russen geschickt werden sollte, hieß es:

Wir sind besorgt, daß Ihre Regierung in bezug auf Oleg Penkowskij Maßnahmen ergreifen könnte, die ihn des Lebens oder seiner zukünftigen Freiheit berauben. Unser Vorschlag mag für Sie überraschend kommen, und Sie mögen ihn auf den ersten Blick als empörend und unmöglich betrachten. Dennoch halten wir es für unsere Pflicht, alle nötigen Schritte zu unternehmen, um das Leben und die Freiheit von Oleg Penkowskij zu schützen. Wir fühlen uns diesem mutigen Mann sehr verpflichtet.

Wir verstehen völlig, daß Ihr Gericht das Todesurteil über Oleg Penkowskij verhängen mußte, möchten Ihnen aber dringendst nahelegen, ihn am Leben zu lassen, bis eine *beiderseits* zufriedenstellende Übereinkunft zwischen uns zustande gekommen ist. Dies kann in aller Stille, ohne Wissen der Öffentlichkeit, geschehen.

Sollten Sie nicht auf diesen Vorschlag eingehen, müssen Sie sich bewußt sein, daß uns gewisse Handlungsmöglichkeiten offenstehen, die Ihre Regierung und den KGB in tiefste Verlegenheit stürzen könnten. Sogar Penkowskij selbst hat die Bedeutung bestimmter Kontakte und Dokumente, die für uns von größtem Wert sind, nicht in vollem Umfang begriffen. Sie schließen Dinge ein, die nicht ungeeignet sind, die Führung der sowjetischen Regierung und des KGB zutiefst in Mitleidenschaft zu ziehen. Sie wissen genausogut wie wir, daß es, in Penkowskijs wie in jedem anderen Fall, unmöglich ist, korrekt einzuschätzen, welcher Schaden entstanden ist.

Wir haben den aufrichtigen Wunsch, den Preis für den unglücklichen Vorfall, in den dieser mutige Mann verwickelt ist, zu zahlen, und sind willens, über die Umstände nachzudenken, unter denen Sie bereit sein könnten, einen Preis zu zahlen.

(...) Uns ist bewußt, wie kompliziert diese Sache ist, wir wären Ihnen aber dennoch dankbar, wenn Sie uns bis zum 1. Juni 1963 eine vorläufige Antwort zukommen lassen könnten. Sollten wir keine Antwort erhalten, werden wir es als Ablehnung unseres Vorschlags verstehen und unsere anderweitigen Pläne in die Tat umsetzen.

Dem Brief sollte ein Foto beigelegt werden, auf dem Penkowskij zusammen mit Marschall Warenzow zu sehen war. Für den Fall, daß die Sowjetunion nicht auf den Brief reagierte, empfahl Bulik, die in ihm enthaltene Drohung »durch die angemessene Publikation gewisser Materialien, die uns Penkowskij über die sowjetische Spionage im Ausland und die subversiven Planungen und kriegerischen Ansichten der sowjetischen Regierung übermittelt hat«, zu verwirklichen. »Es gibt eine Menge CA-Material [covert action = verdeckte Operation], das vom Westen an die Öffentlichkeit gebracht und ausgebeutet werden kann und sollte.«[13]

Etwa zur gleichen Zeit schickte Präsident Kennedy, der nichts von Buliks Vorschlag wußte, eine handschriftliche Anfrage an CIA-Direktor McCone, um zu erfahren, was mit Penkowskij, dessen Informationen so erhellend gewesen waren, geschehen war. Die Sowjetabteilung erarbeitete daraufhin ein Memorandum mit dem Titel »Die Enttarnung von Oleg W. Penkowskij«, das McCone dem Präsidenten am 15. Mai 1963 während eines Gesprächs unter vier Augen überreichte. »Die Agency«, hieß es in dem Schriftsatz, »hat derzeit keinerlei faktische Informationen, die erkennen lassen würden, wie oder wann Oleg W. Penkowskij vom Sowjetischen Sicherheitsdienst (KGB) als Agent des amerikanischen und des britischen Nachrichtendienstes enttarnt wurde.« Nach der Analyse der Operation und des Prozesses gegen Penkowskij und Wynne sei »die schlüssigste Vermutung die, daß Penkowskijs Enttarnung einer Verknüpfung unglücklicher Umstände anzulasten ist, einschließlich der stets vorhandenen Möglichkeit der sowjetischen Unterwanderung britischer oder amerikanischer Regierungskreise«. Zu den relevanten Faktoren, die zu dieser Folgerung geführt hätten, gehöre die Tatsache, daß die Penkowskij-Operation »in umfassender Zusammenarbeit mit dem britischen Geheimdienst

(MI6) durchgeführt« wurde. »Dies allein hat die Zahl der möglichen Sicherheitslecks schon aus rein technischen Gründen vervielfacht.«

Am 17. Mai 1963 meldete die *Prawda* unter der Überschrift URTEIL WURDE VOLLSTRECKT: »Das Präsidium des Obersten Sowjets der UdSSR hat das Gnadengesuch von O. W. Penkowskij, der vom Militärsenat des Obersten Gerichts der UdSSR wegen Verrats am Vaterland zum Tode durch Erschießen verurteilt wurde, abgelehnt. Das Urteil wurde vollstreckt.«

Bulik wartete vergeblich auf eine Reaktion auf sein Memorandum. Statt dessen erhielt er es am 23. Mai von Howard Osborne kommentarlos zurück. Wie Bulik feststellte, war es von niemandem gegengezeichnet worden. »Es gab keine Möglichkeit, dies zu tun«, sagte Richard Helms später. Die CIA hatte sich mitten im Kalten Krieg nicht dazu durchringen können, Verhandlungen aufzunehmen, um das Leben eines ihrer Spione zu retten, ganz gleich, wie wertvoll er gewesen war, und die Beziehungen zwischen dem Weißen Haus und dem Kreml waren zu angespannt, um einen Handel abschließen zu können, der Oleg Penkowskij gerettet hätte.[14]

Kapitel 17

NACHBEBEN

Penkowskijs Verhaftung und Hinrichtung hatte die Fähigkeit des Westens, die von ihm gelieferten Informationen zu nutzen, in keiner Weise beeinträchtigt. Die Notwendigkeit, dem KGB im ungewissen darüber zu lassen, in welchem Umfang der Westen Material erhalten hatte und um welches es sich handelte, blieb jedoch bestehen, auch wenn die Furcht, daß Penkowskij enttarnt werden könnte, weggefallen war. Es war das klassische Geheimdienstdilemma. Der Spion war tot, aber seine Leistung durfte dennoch nicht heraustrompetet werden; sie könne, wie einige Beamte argumentierten, besser genutzt werden, wenn sie geheim blieb. Auf diese Weise konnte die andere Seite nicht wissen, was ihr gestohlen worden war, und nichts unternehmen, um den Vorteil, den Penkowskij dem Westen verschafft hatte, zu kompensieren.

Regierungen leben in dem Glauben, die Macht liege in den Händen der Geheimnisträger, und haben deshalb stets die Tendenz, ihr Wissen zurückzuhalten. Andererseits waren die Vielfalt und Bedeutung des Materials, das Penkowskij geliefert hatte, zu groß, um es in Geheimakten vermodern zu lassen. Die Informationen in der Bürokratie der Geheimdienstgemeinde zu verbreiten, war allerdings eine schwierige und delikate Aufgabe. Denn wie sollte jemand, der keine Möglichkeit hatte zu erfahren, wer die Quelle war, die Informationen, die er erhielt, prüfen? Wie sollte er beurteilen können, welche Vorurteile oder Vorlieben die Quelle hatte und ob ihre Informationen authentisch oder untergeschoben waren? Darüber hinaus wurden Informationen auf dem Weg ihrer Übermittlung häufig von den Ereignissen überholt. Akzeptanz für Penkowskijs Material zu finden, war also keine leichte Aufgabe.

Das dokumentarische Material, das von Penkowskij mit der Minox-Kamera fotografiert worden war, hatte sich als unangreifbar erwiesen.

An der Echtheit und Relevanz der Geheimdokumente aus dem sowjetischen Verteidigungsministerium war kein Zweifel möglich. Die Flut von Berichten, die bis weit ins Jahr 1965 hinein auf der Grundlage des Materials verfaßt wurden, ging nach der Herabstufung der Geheimhaltungsstufe an einen größeren Kreis von Abnehmern nicht nur innerhalb des amerikanischen Regierungsapparats, sondern auch auf seiten der Verbündeten, da viele der Dokumente sowjetische Geheimdienstanstrengungen gegen die NATO betrafen. Darüber hinaus waren die militärischen Dienstvorschriften der sowjetischen Streitkräfte und die in der Zeitschrift *Wojennaja Mysl* erschienenen Artikel über die Nuklearstrategie und die chemische Kriegführung von Bedeutung für die Ausbildung der amerikanischen Offiziere.

In der CIA entbrannte eine Debatte über die Frage, welche Berichte den Verbündeten zugänglich gemacht werden sollten. Man befürchtete, daß unbearbeitete Geheimdienstdaten falsch interpretiert werden könnten, und entschied sich schließlich dafür, die von Penkowskij gelieferten Dokumente nicht im russischen Original weiterzugeben, um zu verhindern, daß der KGB und die GRU auf Umwegen erfuhren, welche Dokumente in den Westen gelangt waren. Statt dessen sollten Übersetzungen und auf Penkowskijs Material fußende Berichte aus der Geheimhaltung entlassen werden. Der Streit, der im April 1963 begonnen hatte, zog sich bis 1965 hin, als die Entscheidung getroffen wurde, den NATO-Verbündeten Artikel aus der geheimen Militärzeitschrift *Wojennaja Mysl* zugänglich zu machen.

Die von Penkowskij gelieferten Fotokopien der *Wojennaja Mysl* unterliegen bis heute der Geheimhaltung. Die Kongreßabgeordneten John M. Ashbrook sowie J. F. und Phyllis Schafly hatten 1972 zwar einen Antrag auf Freigabe nach dem Freedom of Information Act gestellt, waren aber abschlägig beschieden worden. Das Verteidigungsministerium begründete die Ablehnung damit, daß der Geheimfundus der Artilleriebibliothek in Moskau Schriften der höchsten Geheimhaltungsstufe enthalte, die für die strategische Doktrin der Sowjetunion und ihre Kriegsplanungen zum großen Teil weiterhin relevant seien. Der damalige stellvertretende Abteilungsdirektor im Verteidigungsministerium Lawrence S. Eagleburger schrieb Ashbrook in einem Brief vom 1. Februar 1972: »Als er von den Sowjets verhaftet wurde, konnte sich Oberst Penkowskij selbst nicht mehr daran erinnern, welche Dokumente er an den Westen weitergegeben hatte. Deshalb sind die Sowjets aller Wahrscheinlichkeit nach immer noch mit der intensiven Prüfung der Frage beschäftigt, welche ihrer Geheimnisse Penkowskij enthüllt hat. Wir glauben, daß es nicht im nationalen Interesse wäre, sie bei diesem Unterfangen zu unterstützen, indem wir das Material aus der Geheimhaltung entlassen, da das Wissen darum, welche Geheimnisse enthüllt worden sind, die Sowjets in die Lage versetzen würde, Gegenmaßnahmen zum Nachteil der Sicherheitsinteressen der USA zu ergreifen.«

Ein Bezirksgericht in Illinois folgte am 17. Juli 1972 der Argumentation des Verteidigungsministeriums, und die Berufung gegen seine Entscheidung wurde am 7. Juni 1973 vom Berufungsgericht des 7. Gerichtsbezirks abgewiesen. Seither sind zwanzig Jahre vergangen, und der »Geheimfundus« stellt heute eine bedeutende Sammlung historischer Dokumente dar, die aus der Geheimhaltung entlassen werden und frei zugänglich sein sollte, um die wesentliche Rolle, die sie im Kalten Krieg gespielt hat, untersuchen zu können.

Ein großer Teil des Penkowskij-Materials blieb der Geheimhaltung unterworfen, weil es Informationen über besondere operative Geheimnisse der Sowjetunion enthielt, die als lebenswichtig für die nationale Sicherheit eingeschätzt wurden. Die Sowjetabteilung der CIA erarbeitete eine streng geheime Zusammenfassung von »Penkowskijs positivem Ertrag«. Dazu gehörten unter anderem Informationen über die sowjetische Luftabwehr, insbesondere über die Leistungsmerkmale und technischen Daten der Boden-Luft-Rakete V-75 (SA-2). Das Wissen um die Höhe, in der sie ihre Einsatzbereitschaft erreichte (1200 Meter), führte dazu, daß das SAC seine Angriffstaktik änderte und für seine Flüge eine Höhe unterhalb der Wirksamkeitsgrenze der sowjetischen SAMs vorsah. Weitere Dokumente waren:

– *Die Felddienstordnung der sowjetischen Streitkräfte, einschließlich der Revision von 1962,* das heißt die neuesten Dienstvorschriften für nukleare Kampfhandlungen mit einzigartigen Angaben über die voraussichtliche Wirkung von Atomwaffen auf dem Schlachtfeld und sämtliche operativen Maßnahmen zum Schutz der eigenen Truppen.

– Ein Artikel aus der streng geheimen *Informationssammlung der*

Artillerie – »das erste verfügbare sowjetische taktische Dokument über den beabsichtigten Einsatz chemischer Waffen und die Identifizierung dieser Waffen«.

– Die vollständige technische Beschreibung aller taktischen Boden-Boden-Raketen der Sowjetunion, einschließlich ihrer Bodeneinrichtungen – ebenfalls eine einzigartige Information.

– Ein Artikel des Verteidigungsministers Malinowskij im ersten Heft der streng geheimen Ausgabe der *Wojennaja Mysl* des Jahres 1962, der von der CIA als »das beste einzelne Dokument über gepanzerte Kampffahrzeuge der Sowjetunion, das das Armeeministerium jemals erhalten hat«, bezeichnet wurde. Dieser Artikel über den sowjetischen Panzer T-62 hatte erheblichen Einfluß auf die Konstruktion des neuen amerikanischen Kampfpanzers M-60.

Ein früherer höherer CIA-Beamter, der mit dem Fall zu tun gehabt hatte, erklärte, daß Penkowskij »bleibende Beiträge« geleistet habe, »die uns in die Lage versetzten, die sowjetischen Fähigkeiten zu erkennen, zu bewerten und ihnen entgegenzutreten. Penkowskij lieferte uns wesentliche Informationen darüber, wo die Sowjets auf dem Gebiet der strategischen Waffen standen und wohin sie wollten.«[1]

Etwa noch bestehende Zweifel an Penkowskijs Glaubwürdigkeit wurden nach seiner Enttarnung durch eine Welle von Versetzungen und Degradierungen hoher Militärs und Zivilbeamter, die in Beziehung zu ihm gestanden hatten, von der Sowjetunion selbst ausgeräumt. Marschall Warenzow wurde wegen »mangelnder politischer Wachsamkeit und unwürdigen Verhaltens« zum Generalmajor degradiert, aus dem ZK der KPdSU ausgeschlossen und als Abgeordneter des Obersten Sowjets abgelöst. General Iwan Serow wurde ebenfalls zum Generalmajor herabgestuft und im März 1963 als Chef der GRU abgesetzt. Den Posten des stellvertretenden Stabschefs des Militärbezirks Wolga, für den er vorgesehen war, trat er nie an. Er begann stark zu trinken und soll sich 1965 in einer kleinen Straße am Arbat erschossen haben, nachdem er nach Chruschtschows Sturz aus der Partei ausgestoßen worden war.[2] Warenzows Adjutanten, Generalmajor Posownyj und Oberst Businow, wurden als »enge Bekannte Penkowskijs« gebrandmarkt und »ernsten Disziplinarmaßnahmen« unterworfen; ihrer Karrieren waren ruiniert. ZK-Mitglied und Chru-

412

schtschow-Gehilfe Wiktor Michailowitsch Tschurajew wurde streng gemaßregelt. Darüber hinaus wurden schätzungsweise dreihundert GRU- und KGB-Offiziere, die Penkowskij bei seinen Treffen mit dem anglo-amerikanischen Geheimdienstteam identifiziert hatte, zurückgerufen und mehr als 170 Raketen- und Artillerieoffiziere, die Penkowskij gekannt hatten, mit Strafen belegt, degradiert oder auf Posten in der Provinz versetzt. Die Säuberungswelle erfaßte nicht zuletzt das GKKNIR, wo all diejenigen, die mit Penkowskij zusammengearbeitet hatten, entlassen und bestraft wurden. W. W. Petrotschenko, der Chef der Abteilung für Auslandsbeziehungen, verlor seinen Posten und wurde streng bestraft.[3]

Unterdessen bereitete man in England die Bühne für den Austausch von Wynne und Lonsdale vor. In einem allem Anschein nach von der Regierung lancierten Leitartikel der Londoner *Times* hieß es am 13. Mai 1963, daß der Moskauer Prozeß »ein normaler rechtlicher Vorgang« gewesen sein mochte, dennoch sei »der Verdacht nur schwer zurückzuweisen, daß die Affäre übermäßig aufgebläht wurde. Die offensichtlich plumpen Versuche Penkowskijs, mit dem amerikanischen Geheimdienst Kontakt aufzunehmen, und die sorglose Art seines Umgangs mit Wynne könnten für die Theorie sprechen, daß er von Anfang an von den Russen gesteuert wurde. Sollte dies zutreffen, bedürften Wynnes Aussagen der Erklärung. Sie könnte in der sechsmonatigen Vorbereitung auf den Prozeß zu finden sein. Sowohl er als auch Penkowskij dürften jeder Art von psychologischer Überredungskunst ausgesetzt worden sein. Für rohere Formen der Druckausübung, die unverkennbare Spuren hinterlassen, fehlt jeder Hinweis. Keiner der beiden wurde zu einem Automaten reduziert.«

Die *Times* unterstellte, daß »die ganze sorgfältig inszenierte Affäre« neben dem Propagandaeffekt des Prozesses ein spezielleres Ziel verfolgt haben könnte, nämlich »nach einem angemessenen Zeitraum (...) Wynne gegen Lonsdale auszutauschen«. Als Präzedenzfall verwies die *Times* auf den Austausch von Powers und Abel im Februar 1962.

Für die CIA war die Frage, wie Penkowskij enttarnt worden war, weitaus wichtiger. Die großangelegte Gegenspionageoperation, die sie einleitete, um die Ursache herauszufinden, führte jedoch zu keinem Ergebnis, und die Manöverkritik kam jahrelang nicht zur Ruhe.

Noch heute werden Spekulationen über den Verlauf der Penkowskij-Operation angestellt. Von den zahlreichen Theorien konnten zwar viele anhand der verfügbaren Akten widerlegt werden, andere aber führen zu bohrenden Fragen, die bis heute unbeantwortet geblieben sind. Die britische Regierung, für die der MI6 offiziell nicht existiert, hat sich lange geweigert, offen über den Fall zu sprechen oder die betreffenden Akten zugänglich zu machen. Ein Informant, der dem britischen Geheimdienst nahesteht und den Fall kennt, deutete an, daß sich Shergold wegen Penkowskijs Ende Vorwürfe machte. Seiner Meinung nach hatte das Team, zu dem er gehörte, Penkowskij zu stark beansprucht. Bedenkt man die Besessenheit, mit der Penkowskij agierte, blieb ihm jedoch kaum etwas anderes übrig, auch wenn man im nachhinein feststellen muß, daß der Umfang der Aufträge, die Penkowskij erhielt, früher oder später zu seiner Enttarnung führen mußte und daß das Team nachdrücklicher hätte versuchen sollen, ihn zu bremsen und auf Eis zu legen, bis sich der Verdacht gegen ihn gelegt hatte. Aber wie war er entlarvt worden? Penkowskij war, im Tod noch mehr als im Leben, das Musterbeispiel eines von Gerüchten und Spekulationen umgebenen Spions im Kalten Krieg.

Die Sowjetunion setzte bald nach seinem Tod eine Kampagne in Gang, mit der er als Doppelagent abgestempelt werden sollte, der nur weitergegeben hatte, womit er von den sowjetischen Geheimdiensten gefüttert worden war. Die frühesten Gerüchte besagten, daß man ihn nicht hingerichtet, sondern am Leben gelassen habe, weil er in Wirklichkeit ein Doppelagent gewesen sei. Zu den ersten, die diese Hypothese im Westen verbreiteten, gehörte Nikolai Trofimowitsch Fedorenko, der sowjetische Botschafter bei den Vereinten Nationen, der sich bei einem Abendessen am 27. Mai 1963 mit einem westlichen Diplomaten, der Verbindungen zur CIA hatte, über den Fall Penkowskij unterhielt. Als der Diplomat meinte, Penkowskijs Enthüllungen müßten ein schwerer Schlag für die Sowjetunion gewesen sein, erwiderte Fedorenko lächelnd: »Sie müssen nicht alles glauben, was die Zeitungen schreiben. Penkowskij war ein Doppelagent gegen die Amerikaner und ist noch sehr lebendig.«[4]

Eine verläßliche sowjetische Quelle der CIA berichtete dagegen im Juli 1963: »Chruschtschow erklärte im Dezember 1962 auf einer Veranstaltung in Kiew, an der Tito und andere teilnahmen, daß Penkowskij eine Menge Schaden angerichtet, aber auch etwas Gutes getan habe, einfach aufgrund dessen, daß die Vereinigten Staaten jetzt die Stärke und den technologischen Fortschritt der Sowjetunion kennen würden.«[5]

Der KGB und die sowjetischen Streitkräfte waren unterdessen bemüht, den nachhaltigen Eindruck, den Penkowskijs Spionagetätigkeit in der Bevölkerung hinterlassen hatte, zu verwischen, was ihnen mittels einer zentral gelenkten Presse nicht sonderlich schwerfiel. Die Redakteure der *Iswestija,* mit ihrem Chef Alexej Iwanowitsch Adschubeij, Chruschtschows Schwiegersohn, an der Spitze, führten zu diesem Zweck ein Interview mit Staatsanwalt Gornyj, das am 29. Mai 1963 in der Zeitung abgedruckt wurde. Gornyj spielte Penkowskijs Leistung herunter, indem er betonte, daß Penkowskij keinerlei Geheimnisse in bezug auf militärische Einrichtungen und die Landesverteidigung im allgemeinen weitergegeben habe.

Solche Vermutungen entbehren jeder Grundlage. Penkowskijs Position erlaubte es ihm nicht, sich über die Bewaffnung unserer Streitkräfte und über deren Stationierung sowie über die Entwicklungsarbeit an neuen Waffentypen zu unterrichten. Er hat die ausländischen Nachrichtendienste nur über eine Reihe technischer Berichte informiert, deren Autoren sowjetische Spezialisten waren, die sich im Ausland aufgehalten hatten, sowie über einige zusammenhanglose Daten militärischer Natur, die er redseligen Freunden entlockt oder geheimen Publikationen entnommen hatte. (...) Dennoch kann in voller Verantwortung festgestellt werden, daß sein Verrat der Verteidigungsbereitschaft der Sowjetunion keinen ernsten Schaden zufügen konnte.[6]

In Wirklichkeit wußten die sowjetischen Militärbehörden nicht einmal, in welchem Umfang Penkowskij dem Westen Material zugespielt hatte, da er keine Liste der fotografierten Dokumente führte und die Aufstellung, die ihm von seinen Führungsoffizieren geschickt worden war, vernichtet hatte. Und in seinem Geständnis hatte er soviel wie möglich verheimlicht, um seine Spionagetätigkeit weniger schwerwiegend erscheinen zu lassen. Den besten Einblick in die Art des streng geheimen Materials, das Penkowskij fotografiert hatte, boten dem KGB die belichteten Filme, die man nach seiner Verhaftung in seinem Schreibtisch gefunden hatte.

Die CIA und der MI6 hatten schon vor dem Prozeß gegen Wynne und Penkowskij verschiedene Möglichkeiten der langfristigen Nutzung des angehäuften Materials erwogen. Ein CIA-Memorandum vom 3. Mai 1963, als der Prozeß noch bevorstand, umriß einen Propagandafeldzug, der die Auswirkungen des zu erwartenden Prozesses abfedern sollte:

Gewisse Dokumente in bezug auf das allgemeine Thema der sowjetischen Spionage im Westen sollten zur Veröffentlichung freigegeben werden, vorausgesetzt, dies ist ohne Risiko oder direkte Zuordnung zu Penkowskij möglich. (...) Vorbereitende Gespräche über die langfristige Nutzung [des Materials] sind bereits mit den Briten geführt worden. (...) Vom heutigen Standpunkt aus gesehen, wird der Schwerpunkt darauf liegen, aus dem umfangreichen Material der Treffen mit Penkowskij seine »Memoiren« zusammenzustellen, die so gründlich und sorgfältig wie möglich seine eigenen Ansichten über das Wesen, die Geschichte und die Aussichten des Sowjetregimes wiedergeben sollten. Als Begleitmaterial zu diesen Memoiren sollten aus den uns zur Verfügung stehenden Dokumenten geeignete Beispiele für die Veröffentlichung ausgewählt werden. Diese beiden Texte, die Memoiren und die Dokumente, könnten dann mit der Erklärung veröffentlicht werden, daß sie als persönliches Eigentum eines Vertrauten Penkowskijs in den Westen gelangt seien, den er beauftragt hatte, sie an die Öffentlichkeit zu bringen, falls sein Kampf gegen die Parteidiktatur in der Sowjetunion zu seiner Verhaftung führen sollte. Diese Erklärung würde die Vorstellung stützen, daß Penkowskij nicht als westlicher Agent verhaftet wurde, sondern aufgrund seines brennenden Wunsches, das gegenwärtig an der Macht befindliche Sowjetregime zu bekämpfen. Ungeachtet aller anderen Überlegungen sollte dieser Plan jedoch zurückgestellt werden, bis sich Wynnes Schicksal entschieden hat. In der Zwischenzeit hat man in London bereits mit den vorbereitenden Arbeiten für die Memoiren begonnen.

Damit war der Samen für die *Geheimen Aufzeichnungen* gelegt, ein Konvolut aus »hastig niedergeschriebenen Notizen, Skizzen und Anmerkungen« Penkowskijs, wie es in der Einführung hieß.[7] Von britischer Seite wurde zu Beginn der Arbeit vorgeschlagen, Penkowskij in den Memoiren – die vom MI6 verfaßt werden sollten – als zur GRU abkommandierten KGB-Agenten zu porträtieren, um den KGB durch die Unterstellung, daß einer seiner Offiziere für den Westen spioniert hatte, in Mißkredit zu bringen und auf diese Weise das Image der Eliteorganisation, als die sich der KGB selbst sah, anzukratzen.

Als der MI6 ein erstes Probekapitel fertiggestellt hatte, fand man den Penkowskij zugedachten Tonfall und den britischen Schreibstil in Washington wenig überzeugend. Die CIA faßte ihre Einwände in einem Schreiben zusammen, das dem MI6 am 24. Juni 1963 zuging:

Wir glauben, daß es falsch ist, der Geschichte von Penkowskijs Leben die Fiktion zugrunde zu legen, er sei während des größten Teils seiner beruflichen Laufbahn KGB-Agent gewesen. (...) Nach Ansicht derjenigen, die am besten mit dem Fall vertraut sind, würde diese Behauptung gerade bei jenen keinen Glauben finden, die wir mit den Dokumenten zuallererst beeindrucken wollen – bei den Offizieren der sowjetischen Nachrichtendienste und anderen Sowjetbeamten. Außerdem würde die Einführung dieses Aspekts das Verständnis der Geschichte im Westen erschweren. Die westlichen Journalisten scheinen erhebliche Schwierigkeiten zu haben, den Menschen Penkowskij zu verstehen und den Fall auf der Grundlage der inzwischen allgemein bekannten Fakten angemessen zu analysieren. Wenn man ihnen jetzt eine weitere Verwicklung zumutet, könnte es sie vollends in Verwirrung stürzen. Wir denken, daß die Geschichte nicht nur wahrheitsgemäßer, sondern auch dramatischer ist, wenn wir uns enger an die Fakten und Penkowskijs eigene Worte halten. Die Lebensbeschreibung, die er während der Treffen selbst gegeben hat, könnte zum Beispiel als Darstellung eines großen Teils seines Lebens fast wörtlich übernommen werden.

Nach dieser Kritik an seinem Ansatz überließ der MI6 der CIA die Redaktion der »Memoiren«, die jedoch erst nach beiderseitiger Zustimmung publiziert werden sollten. Der britische Geheimdienst wollte offenbar von dem Projekt abrücken, das nicht nur ein bisher beispielloses Unternehmen darstellte, sondern auch den theoretisch nicht existierenden SIS in der Öffentlichkeit mit echten Geheimdienstdokumenten in Verbindung brachte. Außerdem befürchtete man auf britischer Seite, es könnte die Freilassung von Greville Wynne gefährden; die laufenden Verhandlungen über seinen Austausch gegen Lonsdale/Molodi durften keinesfalls gestört werden.

Im Juli 1963 drängte die britische Seite deshalb darauf, die Veröffentlichung der »Memoiren« aufzuschieben, da eine frühe Freilassung von Wynne erreichbar zu sein schien. Sir Humphrey Trevelyan, Ihrer Majestät Botschafter in Moskau, meinte allerdings, daß er es vorziehen würde, wenn die Amerikaner das Material vorher veröffentlichten, um dem Eindruck vorzubeugen, die Publikation geschehe mit Billigung der Regierung Ihrer Majestät. Gleichzeitig sah er aber auch »den wahrscheinlichen Nachteil für eine kontrollierte Operation«, der daraus entstehen würde. Was den Inhalt des Buchs betraf, so warnte Trevelyan davor, Penkowskij als Ritter in schimmernder Rüstung darzustellen, da man auf diese Weise jede Chance einer positiven Wirkung auf die öffentliche Meinung zunichte machen würde; die Folge wäre nur, daß die Memoiren als plumpe Fälschung abgetan werden würden.[8]

Mitte Juli erhielt Howard Osborne einen Brief vom SIS, in dem Maurice Oldfield dem alten Lied, wonach Penkowskij vom KGB geführt worden sei, eine neue Strophe hinzufügte: »Die Zentrale ist an Ihrer Behandlung des vom KGB ausgeübten Drucks auf HERO interessiert und möchte die Möglichkeit in Erwägung gezogen wissen, daß der KGB Anfang der 50er Jahre vor Stalins Tod an HERO herantrat. HERO wäre dann als jemand zu zeichnen, der hoffte, das poststalinistische Regime würde diesem Druck ein rasches Ende bereiten, aber erkennen mußte, daß sich seine Situation auch unter Chruschtschow nicht verbesserte. Dies würde zu einem langfristig angelegten Plan der Geheimpolizei passen, die Armee und die GRU auszuspionieren. Die Frage, in welchem Ausmaß HERO aktiv mit dem KGB zusammengearbeitet hat, könnte man geschickt überspielen.«[9]

Die Anregung, diesen frei erfundenen Seitenhieb auf den KGB in das Buch aufzunehmen, wurde nicht aufgegriffen. Beide beteiligten Geheimdienste waren sich darin einig, daß sich die *Geheimen Auf-*

zeichnungen eng an die Vorlagen – die Transkripte der Treffen mit Penkowskij und die Dokumente, die er fotografiert hatte – halten sollten. Die Transkripte sollten zwar in eine möglichst zusammenhängende Form gebracht, aber nicht durch Erfindungen ergänzt werden. Nach gegenseitigen Konsultationen entschied man sich, Peter Deriabin, den 1954 übergelaufenen KGB-Offizier, zu bitten, sich der Memoiren anzunehmen. Deriabin war zu dieser Zeit als Berater in Fragen der sowjetischen Nachrichtendienste bei der CIA angestellt. Er erhielt von der CIA redigierte russische Transkripte der Londoner und Pariser Treffen mit Penkowskij und arbeitete einem CIA-Übersetzer zu, der den Text ins Englische übertrug.

Im August 1963 erhielt McCone vom Sicherheitsberater des Präsidenten, McGeorge Bundy, grünes Licht für die Fortsetzung des Projekts. Weitere Rücksprachen wurden nicht für nötig gehalten. Was die britische Einwilligung betraf, so nahm die CIA an, daß sie sie erhalten würde, sobald Wynne freigelassen worden war.[10] Einige Zeit später sprach sich Präsident Kennedy nach einem Gespräch mit Botschafter Thompson jedoch gegen die Veröffentlichung der Memoiren aus, da man mit der Sowjetunion gerade über das Teststopabkommen verhandelte und es »für die Regierung unpassend« wäre, in diesem Augenblick »ein Dokument dieser Art zu veröffentlichen«.[11]

Wynne wurde am 22. April 1964 frühmorgens um 5.35 Uhr am Berliner Grenzübergang Heerstraße gegen Lonsdale/Molodi ausgetauscht. Die Anregung zu diesem Austausch war von den Russen ausgegangen, die Lonsdale, der für sie von großem Wert war, unbedingt freibekommen wollten. Sie waren mit einem am 10. Juli 1963 geschriebenen Brief von Halina Lonsdale, die behauptete, Lonsdales Ehefrau zu sein, an Sheila Wynne herangetreten. Halina Lonsdale hatte Mrs. Wynne vorgeschlagen, daß sie sich beide an ihre Regierungen wenden sollten, um die Heimkehr ihrer Ehemänner zu erreichen.[12] In den britischen Zeitungen hieß es, das Kabinett hätte dem Handel nach einer langen Debatte »trotz der offensichtlichen Ungleichheit« zugestimmt, weil sich Wynnes Gesundheitszustand nach fast anderthalbjähriger Haft zusehends verschlechterte.[13] Bedenkt man Wynnes Anteil an der Übermittlung der von Penkowskij beschafften Informationen, war der Handel jedoch mehr als fair und fiel eindeutig zugunsten der britischen Seite aus.

Nach Wynnes Freilassung wurde die Arbeit an Penkowskijs Memoiren forciert. David E. Murphy, der Howard Osborne im September 1963 als Chef der Sowjetabteilung der CIA abgelöst hatte, gab seine Zustimmung zur Benutzung der Gesprächstranskripte, so daß Penkowskijs Ansichten zu den kritischen Fragen der Ost-West-Spannungen und der inneren Konflikte der Sowjetunion umfassend wiedergegeben werden konnten.

In diese Zeit fiel eine Begegnung zwischen dem ehemaligen CIA-Direktor Allen Dulles und dem damaligen Verleger der Zeitschrift *Show,* Frank Gibney, der vorher für *Life* geschrieben und das Nachrichtenmagazin *Newsweek* herausgegeben hatte. Dulles kannte Gibney durch die Artikel, die er über den Sowjetspion Rudolf Abel und den Überläufer Peter Deriabin geschrieben hatte. Jetzt bat er ihn, mit ihm zusammen an einer Fernsehserie auf der Grundlage seines Lebens zu arbeiten. Das kommerzielle Interesse an diesem Projekt war nur gering, wie sich Gibney später erinnerte. Sein CIA-Kontakt, Donald Jameson, schlug ihm jedoch ein anderes Projekt vor: das Penkowskij-Buch. So wurden aus der Fernsehserie über Allen Dulles die *Geheimen Aufzeichnungen* Oleg Penkowskijs.

Gibney war derjenige, der die Idee hatte, das Buch in Form einer Biographie von Penkowskij zu strukturieren. Er redigierte die Übersetzung des Deriabinschen Texts, fügte Anmerkungen hinzu und ergänzte ihn durch ein von Penkowskij stammendes Dokument über die Agentenführung der GRU in den USA. Als weitere Quelle für operative Details diente der in Moskau publizierte Prozeßbericht. Das fertige Manuskript der *Geheimen Aufzeichnungen* wollte Gibney, neben anderen Verlagen, auch Doubleday anbieten, wo *The Secret World* erschienen war, ein Bericht über Peter Deriabins Zeit bei der Kreml-Wache und beim KGB, an dem Gibney mitgearbeitet hatte.

Gibney war den Sommer über, neben seiner Tätigkeit als Redenschreiber für Lyndon B. Johnson, mit der Arbeit an Penkowskijs Aufzeichnungen beschäftigt. Im Oktober 1964 wurde die CIA erneut im Weißen Haus vorstellig, um das Projekt von McGeorge Bundy absegnen zu lassen.[14] Bundy betonte bei dieser Gelegenheit, daß die Veröffentlichung der *Geheimen Aufzeichnungen* nicht direkt mit der Regierung in Zusammenhang gebracht werden dürfe, sondern »unter privaten Vorzeichen« stehen sollten. Die konfliktträchtige Natur des

Materials dürfe die diplomatischen Kontakte zur Sowjetunion nicht unnötig belasten.[15]

Im Zuge der Freigabe des Penkowskij-Materials wurden in einem CIA-Memorandum jene Bemerkungen aufgelistet, »die als politisch oder diplomatisch bedenklich betrachtet werden können«. Sie fielen letztlich in zwei Kategorien – in Informationen, die im Text belassen, und solche, die aus ihm gestrichen wurden:

a. In buchstäblich jedem Kapitel findet sich irgendein Angriff auf Nikita Chruschtschow. Er wird als dummer Aufschneider dargestellt, der den Westen mit seinem Säbelrasseln unnötig in Aufregung versetzt, als Kriegstreiber und Abenteurer, der vorhat, »den Kapitalismus unter einem Hagel von Raketen zu begraben«. [Diese Bemerkungen wurden nicht gestrichen, da das Buch erst nach Chruschtschows Sturz im Oktober 1964 erschien.]

b. Cyrus Eaton hat Chruschtschow seine Dienste als Sowjetagent angeboten. [Diese Bemerkung wurde gestrichen, weil der Verdacht unbegründet war und Eaton keinen Zugang zu Geheimdokumenten hatte. Die CIA wollte sich nicht dem Vorwurf aussetzen, einen Rufmord zu begehen.]

c. Man hätte der Sowjetunion 1956 in Ungarn scharf entgegentreten sollen. [Diese Bemerkung wurde nicht gestrichen, weil Penkowskij es gesagt hatte und weil viele im Geheimdienst mit ihm einer Meinung waren.]

d. Präsident Kennedys Handlungsweise Kuba gegenüber war genau richtig. [Diese Bemerkung wurde als allzu selbstgefällig gestrichen.]

e. Der sowjetische Geheimdienst wußte, daß Syrien plante, 1961 aus der VAR [Vereinigte Arabische Republik] auszutreten, ließ aber nichts davon verlauten, weil Chruschtschow wollte, daß Nasser geschwächt wurde. [Diese Bemerkung wurde aus politischer Rücksichtnahme auf Präsident Nasser gestrichen.]

f. Er [Penkowskij] behauptet im Zusammenhang mit Jersin, dem früheren KGB-Residenten in der Türkei und gegenwärtigen Rektor (und KGB-Residenten) der Patrice-Lumumba-Universität der Völkerfreundschaft: »Diese Neger verkaufen sich alle, ohne zu zögern.« [Diese Bemerkung wurde wegen ihrer rassistischen Untertöne gestrichen, während der Hinweis darauf, daß die Lumumba-

Universität vom KGB kontrolliert wurde, in den Text aufgenommen wurde.]

g. Alle Juden wurden aus politischen Gründen aus dem RIS entfernt. [Diese Bemerkung wurde gestrichen, weil einige jüdische Linguisten für den KGB arbeiteten und weil das Thema Antisemitismus nicht in den Rahmen paßte.*]

h. Das sowjetische Verteidigungsministerium gab Chruschtschow gegenüber nicht zu, daß unsere RB-47 über neutralen Gewässern abgeschossen wurde. [Diese Bemerkung wurde gestrichen, da nicht sicher gesagt werden konnte, was das Ministerium Chruschtschow mitgeteilt hatte.]

i. Die GRU betrachtete Kanada als guten Jagdgrund für nachrichtendienstliche Erkenntnisse. [Diese Bemerkung wurde aus Rücksicht auf kanadische Empfindlichkeiten gestrichen.]

j. Die Sowjets fuhren während des Moratoriums fort, Atomwaffen zu testen. [Diese Bemerkung wurde wegen der laufenden Gespräche über das Teststopabkommen gestrichen.]

k. Die sowjetischen Geheimdienstoperationen liegen gegenwärtig »auf Eis«. [Diese Bemerkung wurde nicht gestrichen, da die indische Regierung unter der Hand über die von Penkowskij enthüllten GRU-Aktivitäten informiert worden war.][16]

Gibney erhielt die Übersetzung der von Deriabin erarbeiteten »Penkowskij-Memoiren« zusammen mit einem Deckblatt, auf dem angemerkt wurde, daß sie »aus Tonbandmitschnitten zusammengestellt« worden seien, »die bei den persönlichen Begegnungen zwischen Oleg Penkowskij und Angehörigen der Sowjetabteilung angefertigt wurden. Es sind Penkowskijs eigene Worte. Obwohl nur geringfügig eingegriffen wurde, werden seine Bemerkungen hier nicht notwendigerweise in derselben Reihenfolge oder demselben Kontext angeführt, in denen sie im Original gemacht wurden. (...) Diese ›Memoiren‹ bieten einen bemerkenswerten Einblick in Penkowskijs Charakter und Motivation sowie eine Fülle von Informationen über sowjetische Befindlichkeiten und ›Realitäten‹.«

* In der deutschen Ausgabe der *Penkovsky Papers* wird das Thema jedoch besprochen (*Geheime Aufzeichnungen*, S. 284 f.).

Es gab in der CIA aber auch eine starke Fraktion, die generell dagegen war, Geheimdienstakten der Öffentlichkeit zugänglich zu machen. Anzugeben, aus welchen Quellen ihre Informationen stammten, war für viele altgediente Agenten des verdeckt arbeitenden Zweigs der Agency ein Greuel. Ein höherer Beamter, der direkt mit dem Memoirenprojekt zu tun gehabt hatte, erinnerte sich später:

Das alles war etwas völlig Neues, und man wandte vor allem ein, daß es für einen Geheimdienst unangemessen sei, so bald nach den Ereignissen seine Akten zu öffnen und öffentlich über einen Fall zu reden. Damit sollte man besser noch zwanzig Jahre warten. Auch ich finde, daß das Argument, die CIA solle nicht von sich aus eine solche Sache anfangen, etwas für sich hatte. Später hatten wir eine neue Quelle, und der Typ hat uns gesagt: »Tun Sie mir ja nicht an, was Sie mit Penkowskij gemacht haben!« Das heißt, er wollte, falls er gefaßt wurde, nicht als berühmter Held enden, mit allem, was für seine Familie daraus folgen konnte. Man würde es in der Sowjetunion einfach als Fehler derjenigen betrachten, die ihn als Agenten geführt und sich nicht so verhalten hatten, wie sie es hätten tun sollen. Mir ist allerdings nicht klar, welche Rolle das spielt. Wir haben eindeutig klarzustellen versucht, daß der Mann alles, was er getan hat, aus eigenem Antrieb tat – es war etwas, das außerhalb der Agency ablief, und er hat es von sich aus getan.

Wir hatten nie irgendwelche Gewissensbisse, daß wir nicht so handelten, wie er es von uns erwartet hätte, und wir wollten ganz gewiß bei niemandem, auch nicht bei der Sowjetunion, den Eindruck erwecken, wir hätten uns in bezug auf Penkowskij falsch verhalten.[17]

Die Entscheidung, Penkowskij in seinen »Memoiren« selbst zu Wort kommen zu lassen, sollte der Fiktion Glaubwürdigkeit verleihen, sie wären tatsächlich von ihm geschrieben worden. Im damaligen Klima des Kalten Krieges erschien es der CIA nicht opportun, ihre eigene Rolle in diesem Fall zuzugeben und damit indirekt die Regierung der USA mit dem Buch in Verbindung zu bringen. Ein Grund dafür war, daß man den KGB nicht wissen lassen wollte, wie Penkowskij als Agent geführt worden war. Außerdem glaubte man, daß das Buch

»besser aufgenommen werden und eine größere Wirkung haben würde, wenn es die eigenen Worte des Mannes wiedergab«, wie ein ehemaliger hochrangiger CIA-Angehöriger erklärte. »Wenn es mit der CIA-Imprimatur herausgekommen wäre, hätten die Leute gesagt, es sei frei erfunden.«[18]

Um keine geheimen Operationsberichte freigeben zu müssen und zu verhindern, daß der KGB den ganzen Umfang der Penkowskij-Operation erfuhr, beschränkte die CIA das Material für das Buch auf Auszüge aus den Befragungstranskripten, das Prozeßprotokoll und die grundlegenden Lebensdaten von Penkowskij. Dick Helms bezeichnete die *Geheimen Aufzeichnungen* später als »schwarze Propaganda«*.

In seiner Einführung zur Neuausgabe des Buchs im Jahr 1982 beschrieb Frank Gibney, wie die *Aufzeichnungen* aus den Transkripten zusammengestellt worden waren. »Die einzige Einschränkung, die man mir auferlegte, bestand darin, nicht zu enthüllen, wie die *Aufzeichnungen* in dieses Land gelangt waren, und *öffentlich* nicht zu erwähnen, daß sie von der CIA stammten. Ich hielt dies für eine zumutbare Einschränkung, die die Authentizität der *Aufzeichnungen* in keiner Weise berührte. Wenn Penkowskij zum Gegenstand eines Buchs werden sollte, dann mußte das Material für sich selbst sprechen.«[19]

Nachdem es von der CIA abgesegnet worden war, bot Gibney das Manuskript mehreren New Yorker Verlagen an. Der Vertrag wurde schließlich zwischen Doubleday und dem eigens gegründeten Penkowskij-Fonds abgeschlossen. Gibney und Deriabin erhielten vierzig Prozent der Autoreneinnahmen des Buchs, der Rest ging an den Fonds, der 78 000 Dollar an Studenten, die sich auf dem Gebiet der Sowjetstudien graduieren wollten, und an sowjetische Überläufer verteilte. John Le Carré schrieb in seiner Kritik der *Geheimen Aufzeichnungen,* er freue sich auf den Augenblick, in dem sich der erste Pen-

---

* Schwarze Propaganda ist der Geheimdienstausdruck für Material, mit dem jemand von bestimmten Dingen überzeugt oder informiert werden soll, ohne die Herkunft des Materials zu enthüllen. Im Fall der *Geheimen Aufzeichnungen* wollte die CIA das Material nicht mit den Treffen mit Penkowskij in Verbindung bringen. Enthält schwarze Propaganda falsche Informationen, die einen Gegenspieler irreführen sollen, wird sie zur Desinformation.

kowskij-Student an der Moskauer Universität einschreiben würde. Das Buch wurde zu einem Bestseller, von dem allein in den USA 110000 Exemplare verkauft wurden.

Die Veröffentlichung der *Geheimen Aufzeichnungen* löste stürmische Reaktionen aus. An der Spitze derjenigen, die die Echtheit des Materials bestritten, stand Victor Zorza, der am 15. Oktober 1965 im *Manchester Guardian* behauptete, daß Penkowskij niemals so gesprochen hätte, wie er es in dem Buch tat, und deshalb bezweifelte, daß es sich um seine eigenen Worte handelte. Die CIA hätte sich, wie er hinzufügte, bei der Abfassung der *Aufzeichnungen* mehr anstrengen sollen. Gleichzeitig schrieb Zorza aber auch: »Die Freigabe der Berichte, die die Central Intelligence Agency 1961-62 von einem ihrer erfolgreichsten russischen Spione, Oleg Penkowskij, erhalten hat, (...) ist ein Ereignis, das in der Geschichte der Spionage ohne Beispiel ist.«

Die sowjetische Regierung war höchst verärgert über die Veröffentlichung, und die sowjetische Botschaft in den USA sorgte dafür, daß in der *Washington Post* eine Erklärung abgedruckt wurde, in der es hieß: »In Wirklichkeit sind die ›Geheimen Aufzeichnungen‹ eine plumpe Fälschung, die zwei Jahre nach Penkowskijs Verurteilung von jenen ausgebrütet wurde, denen der entlarvte Spion gedient hat. Dies ist nicht das erste Mal, daß verleumderische Behauptungen über die UdSSR veröffentlicht werden, die nur den einen Zweck haben, die Sowjetunion zu verunglimpfen, die internationale Atmosphäre zu vergiften und die Suche nach Möglichkeiten der Verbesserung der Beziehungen zwischen den Nationen zu behindern.« Die *Aufzeichnungen* seien »nichts als ein vorsätzlicher Betrug in Fortsetzung der schlimmsten Traditionen des Kalten Krieges«. Die sowjetische Regierung schloß als Reaktion auf diesen »Betrug« das Moskauer Büro der *Washington Post* und wies deren Korrespondenten, Stephen S. Rosenfeld, aus.

Die *Geheimen Aufzeichnungen* waren zu ihrer Zeit eine Offenbarung. Sie waren die erste Innenansicht der Geheimdienste und des Militärs der Sowjetunion, die im Westen erschien. Sogar Kritiker des Buchs wie Victor Zorza waren von seinem Inhalt überwältigt.[20] Zum erstenmal im Kalten Krieg befanden sich die westlichen Geheimdienste in der Offensive und brauchten nicht mehr nur auf solche KGB-Erfolge wie die Fälle Philby und Blake zu reagieren. Was Penkowskij selbst betraf, so war er, wie Gibney in den *Geheimen Aufzeichnungen* zusammenfassend bemerkt, zwar »ein Held mit Fehlern«, aber »doch ein Held«.[21] Und seine Enthüllungen über die Schwachstellen der Sowjetunion haben sich, im Zeichen von Glasnost und Perestroika, inzwischen als prophetisch erwiesen.

Der britische Historiker J. M. Thompson hat ironisch bemerkt, daß ein Mann nie so gefährlich ist wie dann, wenn er seinen persönlichen Groll mit einer Prinzipienfrage verbindet.[22] So rechtfertigte Penkowskij den Betrug an seinem Land mit dem Unrecht, das er unter dem kommunistischen System erleiden mußte. Laut Alan Studner, einem CIA-Psychiater, der sich mit der Motivation von Überläufern befaßt hat, ist »nie jemand übergelaufen, weil er glücklich war«. Die meisten Überläufer stammten aus gestörten Verhältnissen und getrennten Familien. »Ich habe nie gesehen, daß ein Mann, der eine gute Beziehung zu seinem Vater hatte, zum Überläufer wurde«, erklärte Dr. Studner.

Einer der von Studner erkannten Überläufertypen ist derjenige, dem Unrecht geschah und der seine persönliche Unzufriedenheit zu einem politischen Prinzip erhoben hat. Solche Überläufer fühlen sich oft von einem Elternteil, das sie durch Trennung oder Tod verloren haben, im Stich gelassen und haben eine rebellische Persönlichkeit entwickelt, das heißt, sie befinden sich ihr Leben lang im Kampf und glauben sich ständig zum Gegenangriff herausgefordert. Diesen Überläufern ist in den meisten Fällen nur wenig Erfolg beschieden, und sie werden zu geheimtuerischen und hinterlistigen Menschen, die sich, von Rachegefühlen und dem Drang nach Selbstrechtfertigung getrieben, bereitwillig als Freiwillige zur Verfügung stellen. Sie verspüren keinerlei Loyalität einem Regime gegenüber, das, wie sie glauben, den stillschweigend eingegangenen Pakt gegenseitiger Verpflichtung gebrochen hat. All diese Züge waren bei Penkowskij zu finden. Er war ein Akkumulator der Unzufriedenheit, der sich zeit seines Lebens als Opfer mißgünstiger oder inkompetenter, aber mächtiger Rivalen betrachtete.

Ein weiteres Merkmal von Überläufern ist ihr Narzißmus, der mehr ist als bloße Selbstliebe. Nach Studners Definition handelt es sich um einen pathologischen Selbstbezug, ein Vertieftsein ins eigene Selbst auf Kosten der Beziehungen zu anderen. Penkowskij hatte zweifellos eine grandiose Vorstellung seiner eigenen Bedeutung; er sah sich als jemanden, der die Geschichte bewegte, und hatte aufgrund der Herkunft seiner Familie aus dem Adel schon sehr früh das Gefühl, daß von ihm etwas Besonderes erwartet wurde. General zu werden, wäre das Äquivalent der Stellung gewesen, die seine Vorfahren eingenommen hatten. Als Kind des Bürgerkriegs ohne Vater aufgewachsen (seine Mutter hat nicht wieder geheiratet), der ihm den Weg hätte ebnen können, wurde er von anderen »adoptiert« und gefördert, unter denen Marschall Warenzow besonders hervorsticht. Die Ernennung zum General, das heißt die Aufnahme in den kleinen inneren Kreis der Macht, wäre die Erfüllung dieser Ersatzvaterschaft gewesen. Daß sie ihm versagt blieb, vertiefte Penkowskijs Unzufriedenheit mit der Zeit immer mehr und setzte die Energie frei, mit der seine Rachegefühle angefacht wurden.

»Daß er nicht zum General befördert wurde, erregte eine mörderische Wut in ihm. Er erwartete, daß sich Warenzow als sein Vater bewies«, erklärte Dr. Alan Cameron, der eine psychologische Studie über Penkowskij verfaßt hat. Als sich Marschall Warenzow nicht als mächtig genug erwies, Penkowskij die Achtung und Anerkennung zu verschaffen, die er seiner Meinung nach verdiente, begann Penkowskij, ihn zu betrügen. Dr. Cameron ist der Ansicht, daß Penkowskij nach einem Vater suchte, mit dem er sich identifizieren konnte, ihn aber nicht fand. »Wenn einem dies fehlt, hat man keine festgefügte Vorstellung davon, wer man wirklich ist, und hält sich an äußere Zeichen. Penkowskijs Wunsch, Oberst in der britischen oder amerikanischen Armee zu werden, ist ein Beispiel dafür. Er entsprang dem großen Bedürfnis nach Selbstbestätigung.«

Penkowskij lebte am Rand des inneren Kreises der Führung der sowjetischen Streitkräfte und schnappte nach allem, was ihm dazu verhelfen konnte, seinen Ehrgeiz, der größte Spion aller Zeiten zu werden, zu befriedigen. Seine persönlichen Probleme und sein Ehrgeiz trafen sich mit dem Verlangen des Westens, über die Stärke und die Denkweise der Sowjetunion Bescheid zu wissen, eine eher zufällige historische Übereinstimmung, die jedoch dazu führte, daß Penkowskij in einer Zeit der Spannungen und des Mißtrauens zwischen den Großmächten dem Westen seine Dienste anbot. Kurze Zeit später, während der Krisen um Berlin und Kuba, drohte das prekäre

Gleichgewicht des Kalten Krieges zu kippen und in einen Atomkrieg umzuschlagen.

Für den klinischen Blick der Psychiater war Penkowskij übertrieben selbstsicher. »Er konnte sich nicht vorstellen, daß man ihn erwischte. Normale Sterbliche werden erwischt, aber nicht ein vom Schicksal Auserkorener, der eine Vision verfolgt«, erklärte Dr. Studner. Ein anderer CIA-Psychiater, der sich ebenfalls mit Penkowskij beschäftigt hatte, drückte es mit einem Vergleich aus: »Er war wie ein Jugendlicher, der mit 200 Stundenkilometern die Straße entlangrast und glaubt, er hätte alles unter Kontrolle.«

Die Auseinandersetzung über Penkowskijs Glaubwürdigkeit war nicht zuletzt von dem umstrittenen Überläufer Anatolij Golizyn beeinflußt, der Zweifel an Penkowskij hegte. Golizyn hatte als Major in der für das Ausland zuständigen Ersten Hauptverwaltung des KGB gearbeitet und war im Dezember 1961 in Helsinki in den Westen übergelaufen. Die CIA hatte ihn zwei Jahre lang befragt und wertvolle Informationen von ihm erhalten, die unter anderem die Festnahme von John Vassall ermöglichten, der in der britischen Admiralität spioniert hatte.[23]

Als Golizyn die aktuellen Informationen ausgingen, unterbreitete er der CIA ein millionenschweres Studienprojekt, mit dem er nachweisen wollte, daß die Sowjetunion eine massive Täuschungsoperation gegen den Westen durchführte. Er behauptete, der KGB hätte in der CIA bereits auf höchster Ebene einen Agenten eingeschleust, und als Überläufer oder Doppelagenten maskierte Sowjetagenten würden die nötigen Desinformationen liefern, um die Glaubwürdigkeit des Maulwurfs zu stärken.

Als die CIA seinen Vorschlag ablehnte, ging Golizyn nach England, wo seine Ansichten sowohl beim MI6 als auch beim MI5 erheblich mehr Anklang fanden. Nach seiner Rückkehr in die USA setzte er dem Chef der CIA-Gegenspionage, James Angleton, seine Theorie auseinander. Die 1959 begonnene sowjetische Irreführungskampagne umfaßte, laut Golizyn, sogar den Bruch zwischen der Sowjetunion und China und die Schriften von Andrej Sacharow.[24] Von Angleton und seinen Mitarbeitern abgesehen, fand Golizyns Theorie jedoch wenig Unterstützung. Nach Golyzin spielte jeder Sowjetagent, der seit 1959 in den Westen übergelaufen war, eine Rolle in der Kampagne –

auch Penkowskij. Es gab, wie Golizyn schrieb, »schwerwiegende, nicht ausgeräumte Beweise dafür, daß Oberst Penkowskij vom KGB in die westlichen Nachrichtendienste eingeschleust« worden war.[25]

Golizyn sah in jedem CIA-Erfolg einen Fehlschlag, und es gab einige, die sich auf ihn beriefen. So erklärte Edward Jay Epstein, daß Golizyns Informationen ernste Zweifel an den *Geheimen Aufzeichnungen* aufkommen ließen. Golizyn »veranschaulichte, indem er anhand von Zeichnungen zeigte, wo sich die in der US-Botschaft in Moskau versteckten Mikrofone befanden, daß der KGB die frühen Befragungen Penkowskijs mitgehört haben mußte. Selbst wenn er ursprünglich ein echter Verräter gewesen sein sollte, sei er, wie Golizyn ausführte, durch einen Handel, den er nicht hätte ablehnen können, gezwungen worden, dem CIA nur jene Dokumente zu übermitteln, die ihm die Sowjets zukommen lassen wollten. Mit anderen Worten, er war zur Zeit der Raketenkrise ein Postbote der Sowjets.«[26] Penkowskij war nie in der amerikanischen Botschaft vernommen worden, und es gibt keinen Beweis dafür, daß er vor seiner Festnahme unter sowjetische Kontrolle geriet. Angleton ließ sich von solchen Nebensächlichkeiten jedoch nicht davon abhalten, Golizyns Einschätzung zu übernehmen; die einzige Frage, die er sich stellte, war die nach dem Zeitpunkt, von dem an Penkowskij unter sowjetischer Kontrolle gestanden hatte.[27]

Nach Golizyns Meinung war Penkowskij benutzt worden, um Kennedys Reaktion auf die sowjetischen Schritte zu steuern. Die Raketen seien nur aus dem Grund nach Kuba gebracht worden, um wieder abgezogen zu werden. Ihr einziger Zweck hätte darin bestanden, Kennedy in den Verhandlungen vor ihrem Abzug die Zusage abzunötigen, daß die USA das Castro-Regime akzeptieren würden.[28]

Die Tatsachen sprechen eine andere Sprache. Penkowskij hat seine Führungsoffiziere nie direkt darauf hingewiesen, daß Chruschtschow Mittel- und Langstreckenraketen in Kuba stationieren ließ, obwohl er lange im voraus spürte, daß Kuba zu einem Krisenherd werden würde. Sein Beitrag zur Lösung der Krise sah anders aus. Er versorgte den Westen mit den Handbüchern und den Raketendaten, die es den Analytikern ermöglichten, richtig zu interpretieren, was in Kuba entdeckt worden war, und den Präsidenten in die Lage versetzten, Chruschtschow im Wissen um die amerikanische Stärke entgegenzutreten.

Golizyns großartige Verschwörungstheorie beruhte auf einer wackligen Voraussetzung: daß nämlich der KGB die CIA unterwandert hatte. Nach Penkowskijs Tod bestellte Angleton Bulik in sein Büro, um ihm mitzuteilen, daß alle sowjetischen Agenten, die er seit 1960 angeworben hatte, als Teil eines großangelegten sowjetischen Täuschungsmanövers kompromittiert seien. »Ich war so wütend«, sagte Bulik später, »daß ich mich einfach nur umdrehte und hinausging. Wir haben nie wieder miteinander gesprochen.«[29]

Dennoch zeigen die Akten, daß Angleton anfänglich von Penkowskijs Glaubwürdigkeit überzeugt war und sogar darauf drängte, die von ihm gelieferten Informationen an den Präsidenten weiterzuleiten. Solange Penkowskij am Leben war und Material lieferte, stellte Angleton seine Informationen nie in Frage, auch wenn er Penkowskij gelegentlich als Anarchisten bezeichnete, dem es am liebsten wäre, wenn zwischen den USA und der Sowjetunion ein Krieg ausbräche. Seine Zweifel, die Penkowskij post mortem in einen Provokateur verwandelten, begannen sich erst unter dem Einfluß von Golizyns Verschwörungstheorie zu regen.

»Man kann sich nicht vorstellen, wie unsinnig das der Abteilung für Sowjetrußland unter Jack Maury vorgekommen ist«, bemerkte Tom Powers in seinem Buch über Richard Helms' Rolle in der CIA dazu. »Penkowskij gilt als der wichtigste Spion, den die Vereinigten Staaten je gegen die Sowjetunion eingesetzt haben. CIA-Beamte, die die von Penkowskij gelieferten 5000 Mikrofilmaufnahmen gesehen haben, waren überwältigt von der Qualität der Informationen. In der Regel muß ein Provokateur 95 Prozent zutreffende Nachrichten liefern, wenn man ihm vertrauen und glauben soll. Jeder CIA-Beamte hält es für verrückt zu glauben, daß Penkowskij ein von den Russen eingeschleuster Agent gewesen sein könnte. Denn es war undenkbar, daß die Sowjets so viele zutreffende Informationen geliefert hätten. Einen Angehörigen des Planungsdirektoriums, der sich mit Angleton über diesen Punkt nicht einigen konnte, hat Angleton schließlich kaltgestellt. ›Gewisse Quellen sind ab sofort für Sie nicht mehr zugänglich‹, sagte Angleton geheimnisvoll und weigerte sich, seine Entscheidung näher zu begründen.«[30]

Angletons Wandlung zum Penkowskij-Gegner war nur ein Aspekt der Suche nach einem Maulwurf innerhalb der CIA. Angleton verstieg sich in seinem Glauben an seinen Gewährsmann sogar dazu,

Golizyn die Personalakten von CIA-Angehörigen, die Russisch konnten oder in Moskau stationiert gewesen waren, durchsehen zu lassen, um auf diese Weise vielleicht dem Maulwurf auf die Spur zu kommen – ein beispielloser Bruch der Geheimhaltung. Der Maulwurf wurde in der Sowjetabteilung vermutet, und im Lauf der Zeit wurden mehrere Beamte, die unter Verdacht geraten waren, von der Arbeit an sowjetischen und osteuropäischen Angelegenheiten abgezogen und auf weniger heikle Posten versetzt.[31]

»Die Vorstellung, daß Penkowskij ein Doppelagent war«, erinnerte sich Richard Helms später, »wurde zuerst von Jim Angleton in Umlauf gebracht, der allzu eng mit Golizyn verbunden war. Angleton hatte die fixe Idee, daß wir keinen Fall ohne sowjetische Infiltration führen konnten. Wir stimmten darin nicht mit ihm überein. Wenn es nach ihm gegangen wäre, hätten wir keinen unserer Überläufer als glaubwürdig einstufen dürfen. Solange ich in der Agency war, bin ich mit Angleton fertiggeworden. Nachdem ich gegangen war, hat man jedoch die Kontrolle über ihn verloren.«[32]

Tennent Bagley, ehemals stellvertretender Chef der Sowjetabteilung, behauptete lange Zeit, daß Penkowskij nur deshalb nicht schon früher festgenommen worden war, weil der KGB einen Maulwurf in der CIA schützen wollte, der durch die Verhaftung möglicherweise enttarnt worden wäre. Nach Bagleys Meinung hätte die CIA-Untersuchung der Umstände, die für Penkowskijs Enttarnung verantwortlich waren, zur Bloßstellung des Maulwurfs geführt.

Am 26. Juni 1963 diskutierte John McCone mit der nachrichtendienstlichen Beratergruppe des Präsidenten über den Fall. Nach Penkowskijs Motiven befragt, erklärte er: »Sie waren vorwiegend emotionaler Natur. Er war verärgert darüber, daß er nicht weiter aufstieg, und wollte etwas gegen die gegenwärtigen Führer des Regimes unternehmen.« Was das unglückliche Ende der Operation betraf, so erwähnte McCone zunächst, daß »die Briten (...) wegen Wynne, der als Kurier für den MI6 arbeitete, die Hauptlast des Falls« getragen hätten, und fuhr dann fort: »Wir glauben, daß die Operation durch jemanden, der in die britische Regierung eingeschleust wurde und Wynne und Penkowskij zusammen gesehen hat, aufflog. Im übrigen glauben wir, daß Penkowskij nachlässig geworden war. Als seine Wohnung durchsucht wurde, fand man dort seine gesamte Spionageausrüstung.«

Als die Möglichkeit angesprochen wurde, daß Penkowskij von der Gegenseite eingeschleust worden war, erwiderte McCone: »Das ist ein Punkt, der uns ständig Sorgen bereitet hat. Wir haben seine Glaubwürdigkeit gewissenhaft geprüft und seine Berichte zurückgehalten, bis wir sicher waren, daß sie zutrafen. Der auf sorgfältigste Weise durchgeführte Vergleich mit allen anderen Arten nachrichtendienstlicher Erkenntnisse ließ jedoch nur den Schluß zu, daß sie authentisch waren.«[33]

Die fortgesetzte Suche nach der Ursache für Penkowskijs Enttarnung endete in einer Reihe von Sackgassen und führte zu Spannungen zwischen dem britischen und dem amerikanischen Geheimdienst. Die leitenden Falloffiziere beider Seiten, Joe Bulik und Harold Shergold, die Wynne nie kennengelernt hatten, waren der Meinung, daß er das Leck gewesen sein könnte. Die auf der Hand liegende Erklärung wurde sowohl auf britischer als auch auf amerikanischer Seite geflissentlich übersehen, weil sie eigene operative Mängel bloßgelegt hätte. Penkowskij hatte sich zwischen dem 20. Oktober 1961 und dem 19. Januar 1962 zwölfmal mit Mrs. Chisholm getroffen, und elf dieser Treffen hatten in der Öffentlichkeit stattgefunden, wo sie von jedem beobachtet werden konnten. Einem Maulwurf oder Sicherheitsleck die Schuld zuzuschieben, war weniger belastend als das Eingeständnis, in den guten alten Schlendrian verfallen zu sein und zu häufige Treffen mit derselben Kontaktperson zugelassen zu haben. Penkowskij arbeitete nach seiner Rückkehr aus Paris wie ein Besessener und weigerte sich, sein Arbeitstempo zu verlangsamen. Er erschien in der Zeit von Oktober 1961 bis Januar 1962 an den Treffpunkten am Arbat und in dem Park am Zwetnoj-Boulevard mit insgesamt 35 belichteten Minox-Filmen und übergab Mrs. Chisholm außerdem acht Briefe an seine Führungsoffiziere. Es war eine Zeit ebenso intensiver wie wertvoller, aber auch gefährlicher Arbeit.

Der Fall Penkowskij war in den USA ein Nebenkriegsschauplatz der von Golizyn ausgelösten internen Auseinandersetzungen in der CIA. In Großbritannien dagegen wurde der Verdacht, Penkowskij sei vom KGB geführt worden, weitaus stärker in der Öffentlichkeit diskutiert und am Leben erhalten. Den Anfang machte Pincher Chapman, der umstrittene britische Journalist, der sich auf Geheimdienstthemen spezialisiert hatte. Chapman folgte, ebenso wie »einige hohe

Beamte des britischen Sicherheitsdienstes (MI5) und des Nachrichtendienstes (MI6)«[34], Golizyns These, daß die Penkowskij-Affäre eine erfolgreiche Desinformationsoperation gewesen sei, und merkte an, daß es viele gebe, »die es nur deshalb nicht über sich bringen, in Penkowskij einen Schwindler zu sehen, weil sie ihn als den größten sowjetischen Überläufer aller Zeiten akzeptiert haben und ihr berufliches Ansehen von seiner Integrität abhängt. Einige dieser Leute leugnen allerdings nicht, daß er ›aufflog‹, kurz nachdem der Kontakt mit dem Westen hergestellt worden war. Einer von ihnen, James Angleton, vermutet, daß die KGB-Quelle für diesen Verrat auf britischer Seite zu suchen ist, möglicherweise in den höheren Rängen des MI5.« Der Chef des MI5, Sir Roger Hollis, der für die Sicherheit und Überwachung Penkowskijs zuständig gewesen sei, hätte, wie Pincher schreibt, »den ungewöhnlichen Schritt getan, nach dem Namen des Überläufers zu fragen«, und man habe ihn ihm genannt, als Penkowskij im April 1961 das erste Mal nach London kam. Pincher verdächtigte Hollis, schon seit langer Zeit für die Sowjetunion zu arbeiten.[35] Er war jedoch nicht in der Lage, die angeblich bestehende Verbindung zwischen Hollis und Penkowskij zu belegen. Und wieso wurde es Penkowskij gestattet, ein zweites Mal nach London und anschließend auch noch nach Paris zu reisen, wenn der KGB bereits wußte, daß er für den Westen spionierte?

Peter Wright, der frühere stellvertretende Direktor des MI5, schreibt in seiner Autobiographie: »Beim Studium der Akten glaubte ich aus einer Reihe von Gründen, daß Penkowskij die Täuschungsoperation sein mußte, von der Golizyn 1959 erfahren hatte.« Er beruft sich jedoch, trotz seiner früheren Stellung, in vieler Hinsicht auf falsche Tatsachen, etwa wenn er behauptet, Penkowskij sei »von der CIA in ihrem abhörsicheren Raum« in der amerikanischen Botschaft in Moskau vernommen worden, und zwar mit dem Ergebnis, daß die »Amerikaner entschieden, daß Penkowskij ein Agent provocateur sei«, und sein Angebot ablehnten. Penkowskij wurde in Moskau weder innerhalb noch außerhalb der Botschaft von der CIA vernommen, und sein Angebot wurde nie abgelehnt.

Als weiteren Grund für sein Mißtrauen Penkowskij gegenüber führt Wright an, daß das von ihm gelieferte Material keine Hinweise enthalten habe, »die irgendwelche sowjetischen Illegalen im Westen identifizierten«, noch »Hinweise auf frühere oder gegenwärtige Unterwanderungen der westlichen Sicherheit«. Tatsächlich identifizierte Penkowskij nicht nur die Studenten seines Jahrgangs an der Militärisch-Diplomatischen Akademie, sondern auch die Angehörigen der GRU-Residenturas in Ceylon, Indien, Ägypten, Paris und London sowie Hunderte weiterer GRU- und KGB-Offiziere.

Wright schloß sich ganz der Desinformationsthese von Golizyn und Angleton an, wonach Penkowskij in den Westen geschickt worden sei, um die Unterlegenheit der sowjetischen Raketen zu beteuern. »Der Argwohn des Westens wurde für mehr als ein Jahrzehnt beschwichtigt, und wir wurden über den wahren Stand der sowjetischen Raketenentwicklung getäuscht.« Penkowskijs Warnung, daß die Sowjetunion zwar hinter den USA hinterherhinke, aber nicht mehr lange, scheint Wright nie gelesen zu haben. Die von Penkowskij stammenden Dokumente über die Entwicklung der sowjetischen Raketenstrategie wurden im übrigen nie angezweifelt.[36]

Auch Phillip Knightley hat in seiner Geschichte der Spionage im 20. Jahrhundert seine Probleme mit Penkowskij. Er konnte sich offenbar nicht restlos darüber klar werden, ob er sich für oder gegen seine Glaubwürdigkeit entscheiden sollte, und präsentierte einfach beide Seiten des Streits, allerdings mit einer deutlichen Vorliebe für die Theorie, nach der Penkowskij von Anfang an vom KGB gesteuert wurde und dem Westen im Rahmen eines massiven Täuschungsmanövers nur das Material lieferte, das er ihm liefern sollte. Daneben führt Knightley aber auch »eine dritte Möglichkeit« an, nach der Penkowskij »von einer Gruppe von Kreml-Politikern benutzt« wurde, »um eine wichtige Botschaft an den Westen weiterzuleiten«, daß Chruschtschow nämlich, womit auch immer er drohen mochte, nicht die Fähigkeit hatte, seine Drohungen in die Tat umzusetzen. Penkowskij hätte nach dieser Theorie also nicht nur seine eigene Meinung geäußert, sondern auch als Mittler einer gegen Chruschtschow opponierenden Politikergruppe fungiert. Knightley spekuliert weiter, daß Penkowskijs Festnahme mitten in der Kuba-Krise ein Signal an die Amerikaner gewesen sein könnte, das ihnen bedeuten sollte, daß sich Chruschtschow geschlagen gab: Er wußte jetzt, daß Kennedy die Unterlegenheit des sowjetischen Raketenpotentials kannte, da Penkowskij die Amerikaner darüber informiert haben mußte.[37]

Im Weißen Haus und im US-Außenministerium versuchten Mc-George Bundy und Raymond Garthoff Penkowskijs Leistung herunterzuspielen und ihn als Spinner und Außenseiter zu diskreditieren. Bundy schaffte, wie Michael Beschloss anmerkte, in seiner Geschichte der Atomwaffen – *Danger and Survival* – in maßlosem Stolz auf seine eigene Rolle sogar das Kunststück, Penkowskij nicht ein einziges Mal zu erwähnen.[38] Penkowskijs Analyse des Sowjetsystems paßte nicht in seine Ansichten über die Abrüstung und die Absichten der Sowjetunion. Er war ein Spion. Wie konnte man ihm also trauen und glauben? Diebesgut anzunehmen, ist moralisch verwerflich, besonders wenn es dazu benutzt wird, politische Entscheidungen zu beeinflussen. Seine eigene Weitsicht und Allwissenheit herauszustellen, fällt einem im nachhinein wesentlich leichter. Penkowskijs Leistung ist jedoch nicht so einfach wegzuleugnen. Sie ist eine historische Tatsache.

Gleichzeitig fand Penkowskij Eingang in die fiktive Literatur. Tom Clancys *Kardinal im Kreml,* Oberst Filitow, persönlicher Referent des sowjetischen Verteidigungsministers, war von Penkowskij als CIA-Agent angeworben worden, und in John Le Carrés *Rußlandhaus* verfolgt der sowjetische Verräter Goethe, der sein Land hintergeht, um es zu retten, dasselbe Ziel wie Penkowskij, der sein Land verriet, um den Atomkrieg zu verhindern.

Christopher Chreighton und Noel Hynd bieten in ihrem Tatsachenroman *Der Fall Chruschtschow,* der »im großen ganzen (. . .) der Wahrheit« entspricht, wie die Autoren versichern,[39] eine Erklärung für den Tod des britischen Froschmannes Commander Lionel Crabb, der im April 1956 während Chruschtschows Englandbesuch ums Leben kam. Danach vereitelte die Sektion M des britischen Marinenachrichtendienstes ein vom damaligen KGB-Vorsitzenden Iwan Serow geplantes Attentat auf Chruschtschow, und Crabb wurde getötet, als er versuchte, am Rumpf des im Hafen von Portsmouth vor Anker liegenden sowjetischen Panzerkreuzers *Ordschonikidse* Sprengminen zu befestigen. Wie in dem Roman behauptet wird, konfrontierte der britische Geheimdienst Serow anschließend mit den Beweisen für den Attentatsversuch, und er willigte ein, für ihn zu spionieren, um der Bloßstellung Chruschtschow gegenüber zu entgehen. Angeblich hielt sich Serow »an den Handel, den er im April 1959 in London abgeschlossen hatte«, und in »den folgenden Jahren flossen die geheimsten Informationen aus Moskau« in den Westen. »Nie war diese Quelle wertvoller«, heißt es in dem Roman weiter, »als im Jahr 1962, als des Kremls eigene Einschätzung der Stärke zur See über den Umweg der britischen Admiralität an die Navy der Vereinigten Staaten durchsickerte, die daraufhin Kuba während der Raketenkrise im (...) Oktober blockierte. Kurz danach wurde das Leck im sowjetischen Geheimdienst zu Serow zurückverfolgt. Er wurde im Februar 1973 liquidiert.«[40]

Serow wurde Ende 1959 zum Chef der GRU ernannt. Falls er tatsächlich ein britischer Spion war, könnten die engen Beziehungen, die Penkowskij zu ihm und seiner Familie unterhielt, nur erklärt werden, wenn die Wirklichkeit kurioser ist als die Fiktion.

Nigel West, alias Rupert Allason, der mehrere umstrittene Bücher über die Geschichte der britischen Geheimdienste verfaßt hat, gesteht Penkowskij in seinem Roman *Cuban Bluff* das Verdienst zu, den Westen über die Schwäche der sowjetischen Raketenstreitkräfte aufgeklärt zu haben, wie aus einem Gespräch zwischen dem in Washington stationierten KGB-Offizier Alexander Fomin und dem ABC-Korrespondenten im US-Außenministerium John Scali hervorgeht, das auf dem Höhepunkt der Kuba-Krise tatsächlich stattfand. In Wests Rekonstruktion des Gesprächs sagt Fomin zu Scali: »Es gab nur einen Grund dafür, daß wir unsere Raketen in Kuba stationiert haben... das Gleichgewicht. Der einzige Weg, wie wir auf dem Gebiet der strategischen Waffen mit den USA gleichziehen können, ist der, unsere Kurzstreckenraketen in größerer Nähe zu Nordamerika aufzustellen.«

»Sie wurden also genau zur richtigen Zeit entdeckt?« fragte Scali.

»Nein. Das Politbüro ist erst am Dienstag darüber informiert worden, daß die CIA einen Spion in Moskau eingeschleust hat, der die relative Schwäche unserer Raketen verraten hat. Laut KGB hat die CIA seit achtzehn Monaten von den technischen Problemen gewußt, an denen das sowjetische Programm für strategische Raketen gescheitert ist.«

»Wer war dieser Spion?« erkundigte sich Scali.

»Sein Name ist Penkowskij. Er hat den Amerikanern alles gesagt. Er ist verhaftet worden und hat gestanden.«

»Von diesem Typen habe ich noch nie gehört«, erwiderte Scali. »Aber wie kann ein einzelner Mann all das bewirkt haben? Das ist unmöglich.«

»Oh, doch, mein Freund. Es ist geschehen. Glauben Sie mir. Fragen Sie Ihr Außenministerium doch nach dem Vorfall, der sich am Montag in Moskau ereignet hat, als ein CIA-Agent auf frischer Tat ertappt wurde. Man wird es Ihnen sagen.«

Nigel West bezog sich offenbar auf Richard Jacob, der allerdings erst am 2. November in die KGB-Falle tappte, nicht schon am 22. Oktober, ein Fehler, der sich von Raymond Garthoffs irriger Annahme herleitet, daß Penkowskij am 22. Oktober versucht hatte, das Frühwarnsystem DISTANT zu aktivieren, an dem Tag also, an dem der KGB ihn verhaftet haben will. Aller Wahrscheinlichkeit nach war Penkowskij jedoch schon früher inhaftiert worden, so daß er gar nicht die Möglichkeit gehabt hatte, das Frühwarnsignal zu geben. Da der Anrufer vom 22. Oktober stumm geblieben war, konnte man nicht wissen, ob Penkowskij selbst oder irgendein KGB-Mann an seiner Stelle den Anruf getätigt hatte. Das Signal forderte im übrigen nur dazu auf, den toten Briefkasten zu leeren, und deutete allenfalls an, daß möglicherweise ein sowjetischer Angriff bevorstand. Um Alarm auszulösen, reichte es allein, ohne die Bestätigung durch die im toten Briefkasten hinterlegte Nachricht, nicht aus.

Das von West wiedergegebene Gespräch gehört jedoch ins Reich der Fiktion. Scali erklärte auf Anfragen, daß er während der Kuba-Krise nichts von Penkowskij gewußt oder erfahren und mit Fomin auch nie über Penkowskij gesprochen habe. Fomin hätte ihm aber die Formel mitgeteilt, die schließlich zur Lösung der Krise führen sollte: Abzug der sowjetischen Raketen aus Kuba als Gegenleistung für den Abzug der amerikanischen Raketen aus der Türkei und Italien.

Wie es zu Penkowskijs Festnahme kam und für wen er arbeitete, bleibt ein Thema, das immer wieder großes Interesse erregt. Die Kontroversen über geheimnisvolle Tatsachen und Motive sind gewissermaßen der Schatten, den der unsichtbare Krieg zwischen dem KGB und den westlichen Geheimdiensten wirft. Selbst nach dem Ende des Kalten Krieges kämpfen beide Seiten weiter darum, auf der anderen Seite Fuß zu fassen, um an deren Geheimnisse zu kommen. Der Kampf der Geheimdienste hat zwar an ideologischer Schärfe verloren, aber sie versuchen weiterhin unverdrossen, ihre Überlegenheit zu beweisen und die Kontrolle über die andere Seite zu gewinnen.

Im Mai 1991 drehte Tom Bower in Zusammenarbeit mit der Nachrichtenagentur Nowostij, die gute Verbindungen zum KGB hat, für die BBC einen einstündigen Dokumentarfilm über den Fall Penkowskij mit dem Titel *Fatal Encounter* (Schicksalhafte Begegnung). Der Film kombiniert KGB-Aufnahmen mit einer nachgespielten Biographie von Wynne und Interviews mit sowjetischen und amerikanischen Beamten, die mit dem Fall zu tun hatten. Bower wirft dem MI6 ohne jede Grundlage vor, er hätte seine amerikanischen Teamkollegen hintergangen, und tritt damit in die alten Fußstapfen des KGB, der stets bemüht war, einen Keil zwischen die britischen und amerikanischen Geheimdienste zu treiben. Der ehemalige KGB-Chef Wladimir Semitschastnyj enthüllte in dem Film, daß der KGB im Winter 1962 im Moskauer Kaufhaus GUM ein Treffen zwischen einem britischen Diplomaten, von dem er annahm, daß es sich um einen MI6-Angehörigen handelte, und einem Sowjetbürger beobachtet hatte. Bower erklärte dazu, das Treffen sei den Amerikanern verheimlicht worden und daher auch nicht mit ihnen abgesprochen gewesen. Semitschastnyj nannte weder den Namen des Diplomaten, noch gab er das Datum des Treffens an. Laut Bower soll es im Januar 1962 stattgefunden haben. Was den Sowjetbürger betraf, erklärte Semitschastnyj, daß der KGB nicht gewußt hätte, wer er war. Bower verstieg sich dennoch zu der Schlußfolgerung, daß es ein Treffen zwischen Penkowskij und Roderick Chisholm, dem Chef der Moskauer MI6-Station, gewesen sei, und zwar dasjenige, durch das Penkowskij unter Verdacht geraten sei. Von Semitschastnyjs vager Andeutung abgesehen, legte Bower keinerlei Beweise für diese These vor. Statt dessen behauptete er: »Dies wurde von britischen Informanten bestätigt.« Wer diese Informanten waren, verriet er nicht.

Sir Dick White, der zur Zeit der Penkowskij-Operation an der Spitze des MI6 stand, bestreitet hartnäckig, daß es jemals ein nicht mit den Amerikanern abgesprochenes Treffen zwischen Penkowskij und dem MI6 gab: »Das ist wenig plausibel und höchst unwahrscheinlich. Wir waren zusammen mit den Amerikanern an der Sache dran, und wir hätten ihnen als Zeichen des Vertrauens alles gesagt. Penkowskij war ein äußerst schwer zu kontrollierender Mann. Er ging enorme Risiken ein. Er wollte jemand sein, der die Machtbalance zwischen den beiden Seiten veränderte. Seine Eitelkeit war kaum zu übertreffen. Etwas wegen des Ruhms zu tun, die es einem einbringt, ist eine verbreitete psychologische Disposition, und er hätte keine reichere Beute machen können. Angesichts seines Übereifers und des gewaltigen Risikos war meiner Ansicht nach abzusehen, daß das Ende früher oder später kommen mußte. Es ist völlig unnötig, irgend jemandem die Schuld daran zu geben. Alle Beteiligten haben ihre Sache gut gemacht, und für mich war es eine große Genugtuung.«[41]

In den CIA-Akten findet sich kein Hinweis darauf, daß sich Penkowskij im Kaufhaus GUM mit einem britischen Diplomaten getroffen hätte, und Mrs. Chisholm bestreitet, daß ihr Mann jemals ein separates Treffen mit Penkowskij gehabt hat. (Chisholm ist im September 1979 verstorben.) Ein britischer Beamter, der mit dem Fall zu tun hatte, erklärte: »Es wurde absolut ehrlich gespielt. Beide Seiten waren zwar offensichtlich der Meinung, daß sie besser waren als die andere Seite, aber es ging alles mit rechten Dingen zu. Rauri Chisholm hat sich nie heimlich mit Penkowskij getroffen.«[42]

Rauri Chisholm hatte damals im übrigen allen Grund, sich nicht mit Penkowskij zu treffen, da Penkowskij überzeugt war, daß Janet Chisholm beschattet wurde, und die beiden beteiligten Geheimdienste einen zeitweiligen Stopp der offenen Treffen mit Penkowskij angeordnet hatten.

Was mag Bower dazu bewogen haben, dem KGB die Geschichte von einem separaten Treffen abzukaufen? Schon während des Prozesses gegen Penkowskij war der Versuch des KGB nicht sonderlich erfolgreich gewesen, einen Riß zwischen Amerikanern und Briten aufzuzeigen, indem Penkowskij die Aussage in den Mund gelegt wurde, die Amerikaner hätten versucht, ihn für sich allein anzuwerben, und die Geschichte war im Verlauf der Zeit nicht besser geworden. Der Fall Penkowskij ist für jeden Beteiligten der Höhepunkt seiner Karriere gewesen, den er stets klar im Gedächtnis behalten wird, und keiner von ihnen erinnert sich an irgendwelche separaten Treffen.

Im übrigen sind solche Kontakte schon deshalb unwahrscheinlich, weil sie angesichts der mit ihnen verbundenen Gefahren höchst unprofessionell gewesen wären. Das Material, das Penkowskij lieferte, wurde von beiden Seiten gemeinsam aufbereitet und miteinander geteilt. Gewiß rieben sich sowohl der MI6 als auch die CIA an der Tatsache, daß sie Penkowskij gemeinsam führen mußten, und es gab eine heftige Rivalität zwischen den beiden Diensten, aber das alles hinderte sie nicht daran, ohne Vorbehalte zusammenzuarbeiten.

In einem am 5. Mai 1991 im *Sunday Telegraph* erschienenen Artikel behauptete Bower unter Verdrehung der Tatsachen, daß Greville Wynne für Penkowskijs Enttarnung verantwortlich sei. Wynne sei im Juli 1962 ohne Wissen der Amerikaner nach Moskau geschickt worden und hätte damals nicht für operative Zwecke eingesetzt werden dürfen. Wynne erzählte dagegen 1988 (er ist 1990 gestorben), daß er ein Foto von Rodney Carlson, dem CIA-Agenten, der als Penkowskijs amerikanischer Kontakt vorgesehen war, bei sich gehabt und es Penkowskij nach seiner Ankunft in Moskau am 2. Juli gezeigt habe, damit er Carlson auf der Feier anläßlich des amerikanischen Unabhängigkeitstages am 4. Juli erkennen und mit ihm Kontakt aufnehmen konnte. Dieser Auftrag ist in den Akten in allen Einzelheiten festgehalten worden, einschließlich der zwischen dem MI6 und der CIA erfolgten Abstimmung über das Vorhaben, Penkowskij Fotos seiner Kontaktpersonen zu zeigen, und zwar sowohl von Carlson als auch von Gervase und Pamela Cowell, den Nachfolgern der Chisholms.

Wynne erzählte weiter, daß er am Abend des 5. Juli, nachdem das Treffen mit Penkowskij aufgrund der Beschattung geplatzt war, in den Klub im Amerikahaus gegangen sei, um Chisholm zu berichten, was vorgefallen war. Er hatte also nicht, wie Bower behauptet, die britische Botschaft aufgesucht, um mit Gervase Cowell zu sprechen, der im übrigen erst zwei Monate später, im September 1962, in Moskau eintraf.

Wynne geriet unter Spionageverdacht, nachdem im Dezember 1961 ein Treffen zwischen Penkowskij und Mrs. Chisholm beobachtet worden war. Penkowskij hatte seinen Vorgesetzten in der GRU erklärt, daß Wynne ihm geholfen habe, seine Aufträge in London zu erfüllen, und von ihnen daraufhin die Genehmigung erhalten, sich mit Wynne zu treffen. Im Juli 1962 jedoch stand Penkowskij bereits unter KGB-Überwachung.

Bower dagegen ist überzeugt, daß Wynnes Moskaureise im Juli 1962 zu Penkowskijs Enttarnung führte und daß Wynne »seine persönliche Verantwortung für die plötzliche Festnahme Penkowskijs durch den KGB« verschleiert habe. Er behauptet weiter, die KGB-Überwachung, der Penkowskij ausgesetzt war, hätte nichts erbracht. Als General Oleg Gribanow, der Chef der Zweiten Hauptverwaltung des KGB, im August General Nikolai Tschistjakow, den Leiter der Ermittlungsabteilung, um die Erlaubnis bat, Penkowskij zu verhaften, hätte dieser erwidert, daß er dafür »etwas Stichhaltigeres« brauche. Der KGB habe erst am 20. Oktober, als er Penkowskijs Wohnung durchsuchte, genügend Beweise gefunden, um ihn festnehmen zu können. Bower fährt fort, daß es »für den KGB eine Offenbarung« gewesen sei, als Penkowskij nach seiner Verhaftung Wynnes Rolle in der Operation enthüllte. Wenn es aber eine Offenbarung war, wie hatte Wynne dann Penkowskij bloßstellen können? Bower führt seine Behauptung, Wynne sei für Penkowskijs Verhaftung verantwortlich, damit selbst ad absurdum. Wynne war, wenn man so will, ein Komplize Penkowskijs, aber seine Rolle bei seiner Entlarvung war zweitrangig. Er wurde in Ungarn entführt, *nachdem* Penkowskij ihn in seinem Geständnis belastet hatte.

Wynnes Neigung, seine Rolle auszuschmücken und ihre Bedeutung zu übertreiben, ist bekannt, ebenso sein Verlangen nach Anerkennung, aber das sind menschliche Schwächen, die weit von dem entfernt sind, was Bower ihm vorwirft. Wynne hat in Moskau unter extremen Bedingungen Mut bewiesen, auch wenn er seine Rolle, nachdem er aus sowjetischer Haft entlassen worden war, überbetonte. Er war, ob nun als Spion oder Autor, ein Mann, der eine gute Sache nicht einfach auf sich beruhen lassen konnte, wie John Le Carré bemerkte. Aber das war nicht Le Carrés letztes Wort zur Person von Greville Wynne, denn er fügte hinzu: »Die Informationen, die Penkowskij beschaffte und Wynne überbrachte, führten, daran ist kaum ein Zweifel möglich, zur größten moralischen Niederlage, die eine der beiden Seiten im Kalten Krieg jemals erlitten hat: zu Chruschtschows Entscheidung, seine Raketen aus Kuba abzuziehen.«[43]

Kapitel 18

VERRÄTER ODER RETTER?

Auch im Zeichen von Glasnost und Perestroika haben sich nur wenige Sowjetbürger bemüht, Penkowskijs Handeln neu zu bewerten. Niemand in der ehemaligen Sowjetunion hat Penkowskij dafür gedankt, daß er ihn vor Chruschtschows Abenteurertum bewahrte. Niemand hat eine Kerze zur Erinnerung an den Mann entzündet, der den Atomkrieg mit den Vereinigten Staaten verhinderte. In seiner Heimat weiß man nur, was die *Prawda* und die *Iswestija* vor dreißig Jahren geschrieben haben, als sie meldeten, daß ein verkommener, dem Alkohol verfallener Offizier sein Vaterland verraten habe. Indem er zum Spion der Amerikaner und Briten wurde, überschritt Penkowskij eine unsichtbare Grenze und brach alle Brücken hinter sich ab. Danach wäre er in jeder Gesellschaft ein Außenseiter gewesen – eben ein Verräter.

Im August 1990 schrieben wir einen Brief an den damaligen KGB-Vorsitzenden Wladimir Krjutschkow, in dem wir um Informationen über den Fall Penkowskij baten. Wir waren positiv überrascht, als sich der KGB bereit erklärte, Schecter im sogenannten »Empfangszentrum« in der Kusnezkij-Most-Straße zu empfangen, wo die Passierscheine für Besucher des Hauptgebäudes am Dserschinskij-Platz ausgegeben und Klagen über Korruptionsfälle oder Mißhandlungen entgegengenommen werden. Schecter nahm das Angebot allein wahr, da nicht erwartet werden konnte, daß der KGB mit Deriabin, einem Überläufer aus seinen Reihen, sprechen würde.

Schecter wurde von einem kahlköpfigen, energischen KGB-Beamten mit einem nervösen Lächeln erwartet, der ihn an den Wachen vorbei in ein schlicht eingerichtetes Büro führte, wo dessen Vorgesetzter Schecter begrüßte. Beide KGB-Männer waren am Fall Penkowskij beteiligt gewesen, wie sie erklärten. Der Vorgesetzte von Schecters Begleiter sah wie ein in den Sechzigern stehender zerknitterter Professor aus. Seine Miene war lebhaft und wachsam; sein Blick wanderte ständig umher, und wenn er lächelte, dann auf wissende, ironische Weise. Er war eine sowjetische Version von George Smiley, täuschend freundlich an der Oberfläche, aber stahlhart im Innern.* Anstelle des üblichen bulligen, grobschlächtigen Agentenjägers des KGB saß Schecter der sowjetische Prototyp eines kühl abwägenden Gegenspionageoffiziers gegenüber, der sein Leben der Verfolgung des Feindes gewidmet hatte. Sein leiser Humor und seine Weltgewandtheit waren beeindruckend.

Ebenso untypisch war es, daß der KGB überhaupt bereit war, über die offenen Fragen in bezug auf Penkowskijs Enttarnung und Festnahme zu sprechen: War Penkowskij von einem Maulwurf in der britischen oder amerikanischen Geheimdienstgemeinde verraten worden? Wann war er wirklich verhaftet worden? Wann und wie war er hingerichtet worden?

Greville Wynne hatte behauptet, Penkowskijs Todesstrafe sei 1963 nicht vollstreckt worden. Er hätte erst 1965 die Umstände erfahren, »unter denen sich Penkowskij, der weiterer Ausforschung wegen in einem entlegenen Ort gefangengehalten wurde, das Leben nahm«.[1] Nach einer anderen Quelle hat man Penkowskij in Anwesenheit einer Gruppe von GRU-Offizieren, denen vorgeführt werden sollte, welches Schicksal Verräter zu erwarten hatten, lebendigen Leibes in einen Verbrennungsofen geschoben. Popow soll, wie erzählt wird, auf diese Weise zu Tode gebracht worden sein. Michael Bruk, der als Dolmetscher am Prozeß gegen Wynne und Penkowskij beteiligt gewesen war, erklärte, diese Geschichte sei vielleicht daraus entstanden, daß Penkowskij nach seiner Hinrichtung in einem offenen Sarg verbrannt worden war, um jeden Zweifel an seinem Tod auszuschließen.[2]

Der höhere der beiden KGB-Offiziere sagte Schecter, daß er ihm vermutlich weiterhelfen könne, aber vorher abklären müsse, in welcher Form die Informationen freigegeben werden könnten. Dafür würde er vermutlich mehrere Wochen benötigen.

---

* John Le Carrés Romanfigur Smiley soll, wie es im MI6 heißt, nach dem Vorbild des späten Sir Maurice Oldfield gestaltet worden sein, der durch seine nachlässige Art, sich zu kleiden, seine tabakgelben Finger und seine professionellen Fähigkeiten zur Legende wurde.

Schecter erhielt schließlich am Montag, dem 8. Oktober 1990, um 15.30 Uhr einen Termin in der Lubjanka. Der Schatten der KGB-Zentrale liegt schwer über dem Leben in der ehemaligen Sowjetunion, und ihr Anblick ruft bei den Russen, die die Straßenseite wechseln, um nicht an ihrem Haupteingang vorbeigehen zu müssen, immer noch Schauder hervor. Die Lubjanka ist als Ort bekannt, von dem es keine Rückkehr gibt, und wenn doch jemand aus ihr zurückkehrt, dann mit geschundenem Körper und zerbrochenem Leben. In ihren Mauern herrschten die Brutalität und der Betrug, von denen die absolute Macht aufrechterhalten zu werden pflegt. Heute befindet sich in der Lubjanka kein Gefängnis mehr, sondern ein Lagerhaus und eine Cafeteria. Einige Gefängniszellen wurden jedoch erhalten und dienen jetzt als Museum. Aber das Bild des Schreckens ist nicht so leicht auszulöschen. Wer im Dienst des KGB stand, betrachtete sich als Hüter der Sowjetmacht und ihrer Sicherheit. Der KGB, ein Konglomerat aus Staatssicherheitsdienst, militärischer Organisation und Strafverfolgungsbehörde, war bis zu dem fehlgeschlagenen Staatsstreich vom August 1991 die wichtigste Stütze des russischen Imperiums. Er war mit der modernsten Technologie ausgerüstet, verfügte über das größte Informationsnetz der Sowjetunion und stellte, wie allgemein gesagt wurde, das einzige effiziente Kontrollorgan des Landes dar.

Als Glasnost zum neuen Schlagwort der offiziellen Politik geworden war, richtete der KGB eine Abteilung für Öffentlichkeitsarbeit ein und zollte dem Grundsatz der Einhaltung der Gesetze billige Lippenbekenntnisse, ohne sich jedoch der eigenen Geschichte und der Identitätskrise zu stellen, in die er durch die Ereignisse gestürzt worden war. Im Herbst 1990 eröffnete die Abteilung für Öffentlichkeitsarbeit zum Beispiel im neuen KGB-Museum eine Ausstellung über die Geschichte des KGB, deren erster Ausstellungsgegenstand ein Foto von Felix Dserschinskij war, dem Gründer der Tscheka (*Tsch*reswytschajnaja *K*omissija po Borbe s Kontrrewoljuziej i Sabotaschem = Außerordentliche Kommission zum Kampf gegen Konterrevolution und Sabotage). Dann wurde ein Sprung zu Jurij Andropow, der 1967–82 an der Spitze des KGB stand, und anschließend zu Wladimir Krjutschkow gemacht, der seit 1988 KGB-Vorsitzender war und 1991 nach dem gescheiterten Putschversuch verhaftet wurde. Die Männer, die in den 46 Jahren zwischen Dserschinskij und Andropow über die Nachfolgeorganisationen der Tscheka geherrscht hatten, wurden weder mit einem Foto vorgestellt noch sonst irgendwie erwähnt. Die Erfüllungsgehilfen von Stalins Großem Terror, dem schätzungsweise zwanzig Millionen Menschen zum Opfer fielen[3] – Jagoda, Jeschow, Merkulow, Abakumow, Berija –, kamen in dieser Geschichtsklitterung nicht vor. Ohne sie und die Vorgänger des KGB – GPU, OGPU, NKWD, MGB und MWD – wären die Massendenunziationen, die Schauprozesse und die Hinrichtungen der Stalin-Ära nicht möglich gewesen.

Die Parole der Säuberungen und ihre Rechtfertigung war die Suche nach »Volksfeinden« gewesen. Die zaristische Vergangenheit irgendeines engeren oder weiteren Verwandten hatte völlig ausgereicht, um verdächtigt und denunziert zu werden, erst recht, wenn es sich, wie bei Oleg Penkowskij, um den Vater handelte. Waren Penkowskijs Aufstiegschancen zunichte gemacht worden, weil sein Vater, dessen Grab nicht aufzufinden war, in der Weißen Garde gekämpft hatte? Oder war diese Vermutung nur ein Ausdruck seiner Selbstzweifel und der Suche nach seiner Identität gewesen? Würde der KGB Licht in den Fall bringen? Und wie mochten sich Wynne und Penkowskij gefühlt haben, als sie ins Lubjanka-Gefängnis gebracht wurden? Hatten auch sie wie die »Volksfeinde«, die für immer hinter diesen Mauern verschwunden waren, jede Hoffnung aufgegeben?

An der Fassade der KGB-Zentrale am Dserschinskij-Platz war in Erinnerung an seine Zeit als KGB-Vorsitzender eine Marmortafel mit dem Porträt von Jurij Andropow aufgehängt worden.* Schecter ging an ihr vorbei zum Eingang 1A, einer schweren Doppeltür, durch die in der Vergangenheit jedoch selten jemand das Gebäude betreten hatte;

---

* Die Gedenktafel wurde nach dem gescheiterten Putsch vom August 1991 entfernt, ebenso wie die Statue des Gründers der Tscheka auf dem nach ihm benannten Platz vor der KGB-Zentrale, der inzwischen in Lubjanka-Platz umbenannt wurde. Aber auch im Innern des KGB haben sich drastische Veränderungen vollzogen. Die für das Ausland zuständige Erste Hauptverwaltung wurde unter Michail Gorbatschow in eine unabhängige Behörde umgewandelt, den Zentralen Nachrichtendienst. Die für die innere Sicherheit und die Gegenspionage zuständige Zweite Hauptverwaltung wurde zum Innerrepublikanischen Sicherheitsdienst, dem die Vierte (Transportwesen) und Sechste (Wirtschaftsspionageabwehr und Industrieschutz) Hauptverwaltung einverleibt werden sollen. Die Hauptverwaltung Grenztruppen wurde als eigenständige Behörde dem Staatsrat unterstellt. Die anderen Verwaltungen oder Abteilungen wurden umstrukturiert, aufgelöst oder verkleinert.

für die täglichen Geschäfte waren die Hintereingänge benutzt worden.

Im dritten Stock befindet sich neben einem Ausstellungsraum, in dem Erinnerungsstücke an die Erfolge des KGB beim Schutz der sowjetischen Grenzen und bei der Verbrechensbekämpfung gezeigt werden, die »Pressebar«, die offenbar als Raum für informelle Zusammenkünfte gedacht war. Schecter wurde dort von dem Offizier aus der Zweiten Hauptverwaltung erwartet, den er bereits kannte. Der russische Smiley weigerte sich, seinen Vornamen zu nennen, und verlangte, daß weder er selbst noch sein Kollege namentlich erwähnt wurden, obwohl die Namen, die sie nannten, wahrscheinlich nur Decknamen waren. Außer diesen beiden war noch ein Dolmetscher anwesend, dessen Englisch allerdings recht dürftig war.

Der KGB-Offizier erklärte, daß er die Geschichte des Falls darlegen und neues Material über ihn zugänglich machen werde. Als erstes stellte er leicht ironisch fest: »Wir sind nicht der Meinung, daß Penkowskij *le sauveur du monde* war.« Danach begann er einen vor ihm liegenden Schreibmaschinentext zu verlesen: »Der Fall Penkowskij wurde nicht zufällig gelöst. Die Bloßstellung dieses gefährlichen Spions war das Ergebnis harter Arbeit seitens des sowjetischen Nachrichtendienstes.«

Die westlichen Geheimdienste hatten die Frage, wie Penkowskij enttarnt worden war, nie zufriedenstellend beantworten können. Nach einer Theorie hatte der KGB den Funkverkehr mit der US-Botschaft in Moskau mitgehört, in dem es um Penkowskijs Visumantrag für die Reise zur Weltausstellung in Seattle im Frühjahr 1962 ging. Eine andere sah in dem sowjetischen Spion Jack Dunlap, einem Sergeant, der in der NSA als Bote gearbeitet hatte, Penkowskijs Verräter. In Dunlaps Wohnung waren im Juli 1963, nach seinem Selbstmord, einige weniger bedeutsame Penkowskij-Berichte gefunden worden, die wie üblich einer »verläßlichen sowjetischen Quelle« zugeordnet waren. In einer CIA-Studie über den Fall Penkowskij heißt es dazu: »Diese Dokumente hätten wahrscheinlich nicht zur Identifizierung von Penkowskij als ihrer Quelle geführt, den KGB aber mit Sicherheit darauf hingewiesen, daß es im sowjetischen Regierungsapparat einen Eindringling gab, der Zugang zu vertraulichen Dokumenten hatte.«

Als mögliches Leck wurde daneben ein weiterer sowjetischer Spion gehandelt, Oberstleutnant William Whalen, der im Stab der Vereinigten Stabschefs für Codematerial zuständig war. Die bereits zitierte CIA-Studie merkt dazu an: »Es ist sehr wahrscheinlich, daß er [Whalen] Zugang zu Penkowskijs Berichten hatte und sie den Sowjets übermittelte. Damit wäre die Zeit, die sie brauchten, um Penkowskij als Hauptverdächtigen (...) auszumachen, erheblich verkürzt worden.«[4]

Ein anderer Informant, der Penkowskijs Enttarnung herbeigeführt haben könnte, war Sergeant Robert Lee Johnson, der Ende 1961 als Wachmann in die Kurierzentrale der US-Streitkräfte auf dem Pariser Flughafen Orly versetzt worden war, wo er sich Zugang zu dem durch drei Schlösser gesicherten Tresorraum verschaffte, in dem die geheimen Dokumente gelagert wurden. Er übergab die Papiere seinem Kontaktmann vom KGB und erhielt sie noch vor dem Ende seiner Schicht zurück, nachdem sie in der Pariser KGB-Residentura fotografiert worden waren. Am 26. Dezember 1962 wurden ihm persönliche Glückwünsche von Nikita Chruschtschow und dem gesamten sowjetischen Ministerrat überbracht. Außerdem teilte man ihm mit, daß er zum Major der Sowjetarmee befördert worden sei, und überreichte ihm ein Geschenk von 2000 Dollar für einen Urlaub in Monte Carlo. Bis Ende April 1963 hatte Johnson siebzehn Flugtaschen voller Dokumente geliefert, darunter Chiffriersysteme, Angaben über die Depots der amerikanischen Atomsprengköpfe in Europa und Verteidigungspläne der USA und der NATO.[5]

Da Penkowskijs Informationen über die sowjetischen Absichten in bezug auf Berlin auch an amerikanische Befehlshaber in Europa verteilt worden waren, ist es durchaus möglich, daß sie von Johnson an den KGB weitergegeben wurden. Penkowskij wurde zwar auch in diesen Berichten nie namentlich erwähnt, aber durch eine Überprüfung der Dienstbücher des Verteidigungsministeriums konnte der KGB leicht feststellen, wer die »verläßliche sowjetische Quelle« beziehungsweise der »hohe sowjetische Offizier« war, der in die entsprechenden Dokumente Einsicht genommen hatte. Zudem fällt auf, daß Johnson zur selben Zeit in den Tresorraum in Orly eindrang, als in Moskau die Überwachung von Mrs. Chisholm und Penkowskij begann.

Eine sowjetische Quelle, die mit der Arbeitsweise des KGB und der Behandlung des Falls Penkowskij vertraut war, erklärte 1990 in einem

Interview, daß der KGB 1961, nachdem bekannt geworden war, daß geheime militärische Dokumente in die USA gelangten, eine Untersuchung einleitete, um herauszufinden, wer Zugang zu diesem Material hatte. Die Liste, die anfangs tausend Offiziere und Angestellte umfaßte, sei nach und nach ausgedünnt worden, bis schließlich Penkowskij unter konkreten Tatverdacht geriet.

Chruschtschow berichtet in seinen Erinnerungen ebenfalls von dem Verdacht, daß damals ein sowjetischer Spion am Werk gewesen war. »Als die Amerikaner die Zahl und die Standorte unserer Raketen in Kuba bekanntgaben, fragte ich Malinowskij: ›Woher kennen sie die Anzahl unserer Raketen und ihre Standorte? Kann es sein, daß wir in unseren Streitkräften einen Agenten haben? Ich schließe das nicht aus.‹« Er wußte offenbar, daß Dokumente vermißt wurden, und argwöhnte das Schlimmste.

Malinowskij erwiderte: »Ich auch nicht. Es ist möglich. Ich kann Ihnen nicht garantieren, daß es nicht so ist. Allerdings ist es den Amerikanern heute aufgrund der Luftaufklärung möglich, unsere Arbeiten zu beobachten. Sie unternehmen systematische Flüge und machen regelmäßig Fotos, die sie in Kassetten abwerfen. So können sie buchstäblich Schritt für Schritt verfolgen, was wir tun. Uns stehen die gleichen Mittel zur Verfügung; man sollte diese Angelegenheit also nicht zu einer Konfrontation verschärfen.«[6]

Auch in England könnten sowjetische Spione Übersetzungen der Penkowskij-Dokumente zu Gesicht bekommen haben. Zur Zeit der Penkowskij-Operation waren dort zwei Spione tätig, die wenig später überführt und verurteilt wurden: John Vassall, der im September 1962 gefaßt wurde, in der Admiralität und Frank Brossard, der 1965 verhaftet wurde, im Joint Intelligence Bureau.[7]

Außerdem gab es noch die Verbindung zu George Blake. Er war bereits drei Tage lang verhört worden, als er am 9. April 1961, einem Freitag, wiederum dem MI6-Team unter Leitung von Harold Shergold vorgeführt wurde. Bisher hatte er standhaft abgeleugnet, daß er seit seiner Entlassung aus einem nordkoreanischen Gefangenenlager im Jahr 1953 für den KGB arbeitete. Das Verhör war für eine Mittagspause unterbrochen worden, und als Shergold es wieder aufnahm, hatte er nur noch eine Frage: »Wir wissen, daß Sie für die Sowjets gearbeitet haben. Wir verstehen nur nicht, warum. Als Sie in Korea gefangen waren, wurden Sie gefoltert und zu dem Geständnis gezwungen, daß Sie ein britischer Geheimdienstoffizier sind. Von diesem Zeitpunkt an wurden Sie erpreßt und hatten keine andere Wahl, als mit ihnen zusammenzuarbeiten.«

Blake reagierte prompt. »Alles, was ich sagen kann, ist, daß es eine instinktive Reaktion war«, sollte er später dazu schreiben. »Nein«, rief er aus, »niemand hat mich gefoltert! Ich bin selbst an die Sowjets herangetreten und habe ihnen meine Dienste aus eigenem Antrieb angeboten.« Das war, wie er selbst zugibt, »so gut wie ein Geständnis. Und da ich meinen Vernehmern – was für sie sicherlich ebenso unerwartet kam wie für mich selbst – nun einmal gestanden hatte, daß ich ein sowjetischer Agent war, erklärte ich ihnen auch gleich, welche Gründe mich dazu bewogen hatten, einer zu werden.«[8]

Nachdem er Blakes Geständnis bekommen hatte, ging Shergold daran, Penkowskijs ersten Besuch in London vorzubereiten. Blakes Verhaftung wurde von den britischen Zeitungen am 22. April 1961 fast beiläufig bekanntgegeben, dem Tag, an dem Penkowskij mit Wynne nach Leeds aufbrach. Gab es eine Verbindung zwischen Blake und Penkowskij?

Die Geschichte begann, wie der KGB-Offizier Schecter erklärte, im Juni 1960, als Charles Roderick Chisholm in Moskau eintraf und seinen Posten als Zweiter Sekretär der britischen Botschaft antrat. »Wir wußten, schon als er in Moskau ankam, daß er ein britischer Spion war«, sagte der Agentenjäger des KGB. »Wir wußten es.«

1954–55 arbeitete Chisholm in der russischen Abteilung der SIS-Station in Westberlin. Zu dieser Zeit versuchte er aktiv, sowjetische Militärpersonen anzuwerben. (...) Chisholms Frau spielte eine wichtige Rolle dabei.* (...) Wir wußten, daß er ein SIS-Spion war, der falsche Papiere benutzte. Im Juni 1955 wurde Chisholm von der britischen Regierung aus Berlin abberufen. Er hatte zu viele Fehler gemacht und war als Spion entlarvt worden. Er war zu aktiv gewesen. Nachdem er abberufen worden war, arbeitete er in der Zentrale in London gegen die sozialistischen Länder. 1960 tauchte er dann in

---

* Mrs. Chisholm hat den Autoren gegenüber erklärt, sie habe als Sekretärin beim SIS gearbeitet und sei in Deutschland nie an operativen Aktivitäten beteiligt gewesen.

Moskau auf. Sie können sich vorstellen, was die sowjetische Gegenspionage davon hielt. Es war nur natürlich, daß wir ihn nicht aus den Augen ließen.

1961 begann die sowjetische Gegenspionage Mrs. Chisholm zu beschatten. Zweimal, Ende 1961 und dann 1962, sah die Gegenspionage, wie Mrs. Chisholm beim Spazierengehen ein Wohnhaus betrat. Bald darauf entdeckte man in der Nähe einen Unbekannten, der sehr nervös zu sein schien und offenbar herauszufinden versuchte, ob er beschattet wurde. Das Haus war weder von historischem noch von architektonischem Wert. Der Unbekannte war Penkowskij.

An dieser Stelle unterbrach sich der russische Smiley und führte Schecter einen zwanzigminütigen KGB-Film vor, der Penkowskij, beginnend mit dem 30. Dezember 1961, bei Treffen mit Mrs. Chisholm in dem Park am Zwetnoj-Boulevard und im Arbat-Bezirk zeigte. Er war in einer Telefonzelle zu sehen, von der aus er sich nach Beschattern umsah, und beim Betreten und Verlassen eines Wohnhauses.

»Im Dezember 1961 fiel uns zum erstenmal auf, daß sich jemand mit Anne Chisholm traf«, sagte der KGB-Offizier, indem er den Decknamen von Mrs. Chisholm verwendete. »Im Januar, als wir den Mann wiedersahen, erkannten wir in ihm Penkowskij. Aber es hätte ein zufälliges Zusammentreffen sein können. Wir brauchten Beweise dafür, daß es keine zufällige Begegnung war. Es gab jedoch keine weiteren Treffen in der Öffentlichkeit, bei denen wir Penkowskij mit westlichen Diplomaten beobachtet hätten.« Er widersprach damit der Behauptung, daß er sich ohne Wissen der Amerikaner außerplanmäßig mit einem unbekannten britischen Agenten getroffen habe.

Warum aber hatte man Penkowskij noch zehn Monate auf freiem Fuß gelassen? Hatte der KGB einen Maulwurf im britischen oder amerikanischen Geheimdienst geschützt, der Penkowskij verraten hatte und enttarnt worden wäre, wenn man Penkowskij auf der Stelle festgenommen hätte?

Der KGB-Offizier schüttelte lächelnd den Kopf. »Nein, nein. Das ist reine Phantasie. Die Amerikaner denken sich gerne solche Dinge aus. Ihr Volk ist ebenso reich an Phantasie wie an allem anderen. Für uns steht fest, daß uns Mrs. Chisholm zu Penkowskij geführt hat. Dafür brauchten wir keinen Maulwurf.«

Warum sich der KGB entschlossen hatte, Mrs. Chisholm zu überwachen, wollte der Russe nicht näher erläutern. Er wiederholte nur, was er bereits gesagt hatte: Es sei bekannt gewesen, daß sie ihrem Mann in Deutschland geholfen hatte, und sie seien deshalb beide von Anfang an als zu observierende Personen betrachtet worden. Was die Zahl der Treffen zwischen Mrs. Chisholm und Penkowskij betraf, befand sich der KGB-Offizier allerdings im Irrtum; er sprach von vier oder fünf Treffen und erzählte anschließend, wie das erste Treffen im Park am Zwetnoj-Boulevard abgelaufen war.

George Blake war zur selben Zeit wie die Chisholms in Berlin stationiert gewesen. War das der Schlüssel zu diesem Fall?

»Sie können sich vorstellen, was Sie wollen«, erwiderte der KGB-Offizer, ohne die Frage zu beantworten.

Plötzlich war alles klar. Blake war zur selben Zeit wie Janet und Rauri Chisholm in Berlin gewesen und hatte dem KGB verraten, daß sie für den britischen Nachrichtendienst arbeiteten. Wie hatte sich ein so gerissener und erfahrener Geheimdienstmann wie Shergold, der genügend Einfühlungsvermögen besaß, um Blake das Geständnis zu entlocken, von dem einen Fall ab- und dem anderen zuwenden können, ohne zu erkennen, daß die Chisholms durch die bloße Tatsache, daß sie mit Blake zusammen in Berlin gewesen waren, mit einem Makel behaftet waren?

Für Shergold war der Einsatz der Chisholms in Moskau eine operative Notwendigkeit. »Jeder Angehörige der britischen Botschaft stand unter Überwachung. Das Spiel ging darum, ihr zu entkommen«, meinte er im Rückblick. Es gab keine Alternative außer der, die Operation einzustellen, was angesichts des Eifers, mit dem Penkowskij auf ihrer Fortführung bestand, nicht in Betracht kam. Und da sich der CIA-Kontakt in Moskau, COMPASS, als unfähig erwiesen hatte und sein Nachfolger erst im Juli 1962 eintreffen würde, war als Kontaktperson nur Janet Chisholm übriggeblieben.

»Bald nachdem wir die Ergebnisse der Überwachung analysiert hatten, kamen wir zu dem Schluß, daß Penkowskij und Anne Chisholm in eine Briefkastenoperation verwickelt waren«, fuhr der KGB-Offizier fort, bevor er sich Penkowskijs Motiven zuwandte, wobei er sich

weitgehend an das hielt, was im Prozeß gesagt worden war: »Penkowskij war nicht von einer politischen Idee wie dem Wunsch nach Frieden oder irgendeinem anderen humanitären Ideal getrieben, sondern
von persönlicher Unzufriedenheit, verletztem Stolz, Ehrgeiz und Un-
moral. Er hat all das in der Voruntersuchung und im Prozeß selbst ein-
gestanden«, sagte Smiley. »Penkowskij wollte zwei Ziele erreichen.
Das erste Ziel war die Rache an seinen Vorgesetzten. (...) Das zweite
war materieller Gewinn. Die Amerikaner und Briten versprachen
Penkowskij den Rang und das Gehalt eines Obersts [in den USA 1962
insgesamt 13 955 Dollar] für die Zeit, nachdem er zu ihnen übergelaufen war, plus 1000 Dollar für jeden Monat, den er für sie spioniert
hatte.«

Wie bereits erwähnt, war Penkowskij in Wirklichkeit, zusätzlich
zu den angesammelten Monatsgehältern von 1000 Dollar, die eine
Summe von 29000 Dollar ergeben hätten, eine einmalige Zahlung
von 250000 Dollar als Starthilfe für ihn und seine Familie zugesagt
worden.

Der KGB-Offizier zitierte als Beleg für Penkowskijs Motive aus einem Führungszeugnis, das ihm während seiner Stationierung in der
Türkei von seinem Vorgesetzten, dem Militärattaché, ausgestellt worden war: »Penkowskij ist kein harter Arbeiter und führt seine Arbeit
nicht sehr gewissenhaft aus. Er erledigt seine Arbeit ohne Begeiste-
rung und hat einen Hang zur Speichelleckerei. Er verbringt viele Stunden damit, Klatschgeschichten über das Privatleben und die Arbeit
von Botschaftsangehörigen zu sammeln und zu verbreiten. Die Disziplin, die er nach außen hin zeigt, ist überwiegend gespielt. Von Natur
und Betragen ist Penkowskij ein gehässiger, rachsüchtiger Mensch,
der zu allem fähig ist, um seine Karriere zu fördern.« Der Offizier, der
diese Einschätzung abgegeben hatte, war General Rubenko, alias
Sawtschenko, jener Mann also, den Penkowskij in Moskau ange-
schwärzt hatte, weil er Befehle mißachtet hatte. Für einen faulen
Mann hat Penkowskij im übrigen erstaunlich intensiv für seine Rache
gearbeitet.

Der KGB hatte ihn nicht sofort festgenommen, nachdem er seine
Spionagetätigkeit entdeckt hatte, weil man den ganzen Umfang seiner
Aktivitäten kennenlernen und wissen wollte, mit wem er zusammen-
arbeitete. »Wir begannen Wynne in dem Augenblick zu verdächtigen,

in dem wir Penkowskij verdächtigten«, sagte der KGB-Offizier. Dann schilderte er das Treffen zwischen Wynne und Penkowskij im Hotel Ukraina im Juli und »die amateurhaften Bemühungen, ihre Unterhaltung zu verbergen«, indem sie das Radio einschalteten und die Wasserhähne aufdrehten. »Penkowskij wurde nicht vor dem 22. Oktober verhaftet.«

Die Geschichte wies jedoch Lücken auf. Wo war Penkowskij von dem Zeitpunkt an, als er zum letztenmal gesehen worden war, bis zu seiner Festnahme gewesen?

»Penkowskij ist am 7. September 1962 auf eigenen Wunsch ins Krankenhaus eingewiesen worden«, erklärte Smiley. »Er litt schon seit langer Zeit an einer Hautkrankheit und hatte wegen dieser Krankheit wiederholt ärztliche Hilfe in Anspruch genommen.« Laut KGB war er am 28. September 1962 aus dem Krankenhaus entlassen worden.

Wie der umstrittene sowjetische Überläufer Jurij Nosenko der CIA erzählte, war der Grund für Penkowskijs Krankenhausaufenthalt beim KGB zu suchen, der auf seinen Schreibtischstuhl im Büro ein vergiftetes Wachs geschmiert haben soll, das durch die Körperwärme schmolz und ein die Haut reizendes Gift freisetzte. Nosenko berief sich bei seiner Aussage auf ein KGB-Memorandum, das er in Moskau gesehen haben wollte, bevor er 1964 in Genf in den Westen überlief.[9]

Der russische Smiley bestritt, daß irgendwelche »schmutzigen Tricks« gegen Penkowskij angewandt worden waren. »Die Vorstellung, daß der KGB eine derartige Operation, die Vergiftung von Penkowskij, durchgeführt hat, ist reine Erfindung«, sagte er. Er blieb bei seiner Erklärung, daß Penkowskij aufgrund einer chronischen Hautkrankheit ins Krankenhaus eingewiesen worden war. »Es war ein dermatologisches Leiden. Das Krankenhaus kennt den genauen Namen, und es gibt Akten darüber. Es müßte also im Krankenhaus herauszufinden sein. Die Akten werden dort aufbewahrt, aber es würde einige Zeit dauern, sie zu beschaffen. Vielleicht weiß Penkowskijs Frau Bescheid. Sie hat ihn im Krankenhaus besucht.«

Diese Erklärung war nicht sehr glaubwürdig, da in einem KGB-Bericht, der der CIA zugespielt worden war, nachgelesen werden konnte, daß Penkowskij mit einem Gift behandelt worden war, um ihn von seiner Wohnung fernzuhalten, damit diese gründlich durchsucht werden konnte.[10] Diese Darstellung findet sich auch in Andrews und Gordiewskys Buch über den KGB.[11] Gordiewsky ist ein ehemaliger KGB-Oberst, der im Sommer 1985 in den Westen überlief. Er war KGB-Resident in London gewesen und hatte seit 1974 für den MI6 gearbeitet. »Was Gordiewsky sagt, ist seine Sache«, meinte der russische Smiley achselzuckend. »Tatsache ist, daß Gordiewsky nichts mit dem Fall zu tun hatte, und die über ihn geführte Akte wurde streng vertraulich behandelt. Selbst heute kann die Gegenspionage nicht enthüllen, wie Penkowskij enttarnt wurde. Meiner Meinung nach erklärt diese Geheimhaltung, daß besonders im Westen eine ganze Reihe von Vermutungen aufgetaucht sind. Aber ich wiederhole: Gordiewsky hatte keinerlei Beziehung zum Fall Penkowskij. Er kann, von Gerüchten abgesehen, nichts über diesen Fall wissen.«

Blieb die Frage, wo Penkowskij in der Zeit zwischen der Entlassung aus dem Krankenhaus und seiner Verhaftung gewesen war. Es wies alles darauf hin, daß er bereits vor dem 22. Oktober verhaftet worden war. Er war zum letztenmal am 6. September bei der Filmvorführung in der britischen Botschaft gesehen worden, und die übliche Praxis des KGB war es, einen Verdächtigen mindestens zwei Wochen lang zu verhören, um ein Geständnis von ihm zu erhalten, bevor er offiziell verhaftet wurde. Am wahrscheinlichsten war, daß man Penkowskij, nachdem seine Wohnung durchsucht und das belastende Material in seinem Schreibtisch gefunden worden war, sofort nach der Entlassung aus dem Krankenhaus festgenommen hatte.

»Er ist an seine Arbeit zurückgekehrt«, sagte der KGB-Offizier, als wäre es die natürlichste Sache der Welt gewesen. Den im Herbst geplanten zwei- oder dreiwöchigen Urlaub hatte Penkowskij aber nicht mehr antreten können. Er wurde, wie der KGB-Offizier erklärte, »während der Arbeit verhaftet (...), als er aus seiner Dienststelle kam«. Laut Tom Bower war ihm gesagt worden, daß sein Paß für eine Auslandsreise bereitliege. Ein Freund vom KGB hatte ihn abgeholt, um ihn zur Aushändigung des Passes zu begleiten, und als er in der KGB-Zentrale eintraf, war er verhaftet worden.[12]

Der russische Smiley blickte wieder in seinen Schriftsatz und faßte zusammen, was danach geschehen war:

Nach der Festnahme kam er ins KGB-Gefängnis und wurde dort in einer Einzelzelle untergebracht, in der er bis zu seiner Hinrichtung blieb. Penkowskijs Vernehmung fand im selben Gebäude statt. Das Gebäude, in das er gebracht wurde, war das interne Gefängnis des KGB, Adresse: Dserschinskij-Platz, Haus Nummer 2.

Das im Fall Penkowskij verhängte Urteil war die Todesstrafe. Die Aufgabe, das Urteil zu vollstrecken, wurde den Organen des Ministeriums für Innere Angelegenheiten (MWD) übertragen. Sie wissen, daß Penkowskij alle Rechte eines Verurteilten hatte. Sein Gnadengesuch ans Präsidium des Obersten Sowjet der UdSSR, das höchste Gericht, wurde abgelehnt, und das Urteil wurde vollstreckt. Penkowskij wurde am 16. Mai 1963 während des Tages erschossen. Es geschah nicht hier, da die KGB-Organe keine Urteile vollstrecken. Die Urteile, Haftstrafen oder Hinrichtungen, werden von den Organen des Ministeriums für Innere Angelegenheiten vollstreckt. Soweit bekannt ist, wurde Penkowskij im Butyrskij-Gefängnis in der Nowoslobodskaja-Straße erschossen. (...)

Penkowskijs Leichnam wurde eingeäschert. Nach den damaligen Gesetzen wurde die Urne mit seiner Asche nicht den Verwandten ausgehändigt. Unsere Gesetze unterscheiden sich von denen anderer Länder. Die Urne mit Penkowskijs Asche wurde vergraben; wo, weiß ich nicht. Penkowskijs Frau erhielt einen Totenschein. Sie können sie danach fragen. Wir haben keine Kopie des Totenscheins, da seine Witwe ihn hat.

Der KGB-Offizier zog statt dessen das Dokument hervor, mit dem die Ausgabe des Totenscheins an Penkowskijs Frau genehmigt worden war, und zeigte es Schecter. Daß Penkowskij bei lebendigem Leib verbrannt worden sein soll, stritt er nachdrücklich ab. Diese Geschichte ist damit jedoch nicht aus der Welt. Literaturnobelpreisträger Joseph Brodsky schrieb in der Zeitschrift *The New Republic,* ihm sei berichtet worden, daß Penkowskijs Hinrichtung gefilmt worden sei.

Penkowskij ist, auf eine Bahre gebunden, in den Saal des Moskauer Krematoriums geschoben worden. Ein Angestellter öffnet die Klappe des Brennofens, und zwei andere beginnen die Bahre und ihre Last in das lodernde Feuer zu schieben; die Flammen lecken bereits an den Fußsohlen des schreienden Mannes, als die Prozedur von einer Lautsprecherstimme unterbrochen wird, weil eine andere Verbrennung für diesen Termin vorgesehen ist. Penkowskij, schreiend, aber unfähig, sich zu rühren, wird zurückgezogen; ein Toter wird hereingebracht und nach einer kurzen Zeremonie in den Brennofen geschoben. Dann meldet sich die Lautsprecherstimme erneut: Jetzt ist Penkowskij an der Reihe, und hinein geht es mit ihm. Eine kleine, aber wirksame Szene. Beckett um Längen schlagend, die Moral stärkend und unvergeßlich, brennt sie sich ins Gedächtnis ein. Eine Art Briefmarke für die Hauspost, wenn man so will.*

Der KGB-Offizier versuchte als nächstes nachzuweisen, daß das von Penkowskij dem Westen übermittelte Material keinerlei Einfluß auf die Frage von Krieg oder Frieden gehabt hatte. »Bei der Analyse des Materials, das uns während des Prozesses zur Verfügung stand, und der Penkowskij-Akte über die geheime Voruntersuchung fand sich kein Beleg für die These, er hätte mitgeholfen, einen nuklearen Konflikt zwischen den Vereinigten Staaten und der Sowjetunion zu verhindern. Zunächst einmal hatte Penkowskij keinen Zugang zu Informationen über das Nuklearpotential der Sowjetunion. Genausowenig, denke ich, hatte er Zugang zu Informationen über das Nuklearpotential anderer Länder.«

Auch dreißig Jahre nach seiner Festnahme und Hinrichtung war der KGB nicht bereit, Penkowskijs Rolle anzuerkennen. Der russische Smiley beharrte darauf, daß Penkowskijs Informationen in der Kuba-Krise keinerlei Bedeutung gehabt hatten, gab aber zu, daß er vom britischen Geheimdienst den Auftrag erhalten hatte, Informationen über den Abschluß des Friedensvertrages mit der DDR und die dortigen Standorte der sowjetischen Truppen zu beschaffen. Nach Smileys

---

* Brodsky hat diese Version von Penkowskijs Tod von dem Bildhauer Ernest Neiswestnyj gehört. Neiswestnyj hatte den Auftrag erhalten, ein Relief für das Krematorium des Moskauer Donskoj-Friedhofs anzufertigen, und als er eines Tages nach der Arbeit mit dem Direktor des Krematoriums beim Wodka zusammensaß, erzählte ihm dieser, wie Penkowskij umgekommen war. »Ich glaube, die Geschichte stimmt«, sagte Neiswestnyj, als er von den Autoren interviewt wurde. »Sie wird vielleicht zu einer Art Volkslegende, aber ihr Kern entspricht den Tatsachen.«

Meinung hätte es »keinen Sinn, Penkowskijs Beitrag zur Verhinderung eines nuklearen Konflikts zu überdenken und neu zu bewerten. Das läßt sich alles aus der Analyse des Materials aus der Zeit vor und während der Untersuchung schließen. Kurz gesagt, können wir uns nicht vorstellen, in den Ermittlungsakten etwas zu finden, das Ihre Version bestätigen würde. Es ist für uns nicht uninteressant, wenn Penkowskij als Retter der Welt bezeichnet wird, aber es wird von den Akten über den Fall nicht bestätigt.«

Dann las er eine Liste der Informationen vor, die Penkowskij der CIA und dem MI6 zukommen ließ:

Penkowskij nannte Namen von GRU-Offizieren, darunter die Namen der Angehörigen dreier Residenturas sowie die Namen und Funktionen von Militär- und Marineattachés. Er beschrieb die allgemeine Organisationsstruktur der GRU und lieferte Informationen über die operativen Methoden des militärischen strategischen Nachrichtendienstes. Er erläuterte die Arbeitsprinzipien und die Chiffren, die die GRU 1955–56 anwandte, als Penkowskij als Militärattaché in der Türkei war. Er lieferte den Wortlaut von Vorträgen der Nachrichtenabteilung der GRU und verschaffte den ausländischen Geheimdiensten Kopien geheimer Zeitschriften der sowjetischen Streitkräfte, darunter der *Wojennaja Mysl* aus den Jahren 1961 und 1962. Er lieferte außerdem Kopien der geheimen *Artillerie- und Raketenzeitschrift* aus dem Jahr 1962.

Penkowskij nannte weiterhin die Namen des Lehrkörpers der Militärisch-Diplomatischen Akademie und lieferte eine Liste der Akademiestudenten, die mit ihm zusammen dort studierten. Er informierte sie [die westlichen Geheimdienste] darüber hinaus über die Ausländer, die mit dem militärischen Nachrichtendienst der Sowjetunion zusammenarbeiteten. Dies sind die wichtigsten Informationen, die Penkowskij den ausländischen Geheimdiensten zukommen ließ.

Der KGB-Offizier wiederholte anschließend den schon im Prozeß gegen Wynne und Penkowskij fehlgeschlagenen Versuch, einen Keil zwischen den britischen und den amerikanischen Geheimdienst zu treiben, indem er Schecter drei Seiten der handschriftlichen Aussage gab, die Penkowskij während der Voruntersuchung gemacht hatte. Penkowskij berichtete auf diesen Seiten davon, daß er kurz vor seiner Abreise aus Paris im Oktober 1961 von den Amerikanern »zu einer Tasse Kaffee« eingeladen worden sei, erwähnt aber kein separates Angebot seitens der CIA.

Zu der Zeit meiner Treffen mit den britischen und amerikanischen Geheimdienstoffizieren in London und Paris und auch in den Instruktionsbriefen, die ich von ihnen erhielt, war von unterschiedlichen Haltungen oder nicht abgestimmten Aktionen nichts zu spüren. Nach außen hin bemühten sie sich in meiner Gegenwart stets, vollendete Harmonie, übereinstimmende Ansichten und die einheitliche Planung ihrer gemeinsamen Arbeit zu demonstrieren. (...)

Das ist die Außenseite. Aber ich spürte intuitiv, auch wenn ich nie Zeuge irgendeiner offenen Auseinandersetzung wurde, daß ich die Art ihrer Beziehung zueinander im Grunde nicht kannte. Wenn ich nicht dabei war, dachten die Briten und Amerikaner, jeder für sich, daß es besser wäre, wenn eine Seite allein, unabhängig von der anderen, die Operation übernehmen könnte. Denn so, wie es war, mußten beide Seiten ihre Fragen und Aufträge aussprechen und ihre Einschätzungen vor der anderen Seite offenlegen. Ich konnte die antagonistischen Widersprüche zwischen den beiden Ländern, als sich ihre Geheimdienstoffiziere an einen Tisch setzen und miteinander auskommen mußten, bis zu einem gewissen Grad spüren. Die gemeinsame Arbeit aufzukündigen und aufzugeben, was man bereits in Händen hielt, wäre ein Geschenk für die eine Seite gewesen, während die andere nichts mehr gehabt hätte.

Ich hatte das Gefühl, daß sie sich insgeheim über mich ärgerten, weil ich mich an beide Geheimdienste gewandt hatte, und zwar die Amerikaner stärker als die Briten. Die Amerikaner verloren schließlich die Geduld und sagten es mir rundheraus, als wir uns ohne die Briten in ihrem Hotel trafen. Es tat ihnen leid, daß sie, nachdem ich an sie herangetreten war [im Juli 1960], ihre Antwort fünf Monate lang hinausgezögert hatten. Die Briten waren vorsichtiger und sagten mir nichts dergleichen.[13]

Die Interpretation, die der KGB-Offizier dieser Aussage angedeihen ließ, paßte zu den sonstigen Bemühungen seiner Organisation, Zwietracht zwischen den beiden westlichen Geheimdiensten zu säen. Joe Bulik erinnerte sich, daß er Anfängern und jungen CIA-Beamten in einer rückblickenden Analyse der Penkowskij-Operation geraten hatte: »Lassen Sie sich nie auf eine gemeinsame Operation mit irgendeinem anderen Geheimdienst ein«, fügte aber im Interview hinzu: »Trotzdem war ich zu Shergie und den Briten immer ehrlich. Ich war nur ein einziges Mal mit Penkowskij allein: als ich ihm in Paris die Frau besorgte. Das ganze ist nicht mehr als ein Haufen Mist, mit dem der KGB versucht, die CIA und den MI6 gegeneinander auszuspielen.«[14]

Penkowskij schrieb in seinem Geständnis weiter: »Die ausländischen Geheimdienstoffiziere haben mir nie gesagt, auf welche Art und Weise sie meine Informationen überprüften. Genausowenig haben sie mir gesagt, ob die Echtheit einiger meiner Informationen angezweifelt wurde. Die ausländischen Geheimdienstoffiziere kontrollierten häufig mein Verhalten im Ausland. Aus den Gesprächen mit ihnen konnte ich entnehmen, daß sie von Wynne alles über die Zeit, die ich mit ihm verbrachte, erfuhren, und manchmal bemerkte ich, daß ich in der Nähe der Hotels und der Ausstellungen in London und Paris beschattet wurde. Aber ich schenkte dieser Überwachung keine Beachtung und versuchte nicht, sie abzuschütteln.«

In Wirklichkeit war Penkowskij, um keine unnötige Aufmerksamkeit auf ihn zu lenken, weder in London noch in Paris beschattet worden, jedenfalls nicht von der CIA oder dem MI6. Wenn die dortigen Sowjetvertreter bemerkt hätten, daß er observiert wurde, hätten sie es nach Moskau gemeldet, und es hätte unweigerlich zu Problemen geführt. Falls Penkowskij beschattet worden war, dann vom KGB oder, in Paris, vom französischen Geheimdienst. Beides hätte jedoch zu Komplikationen oder sogar zu Penkowskijs Entlarvung führen müssen.

Der KGB-Offizier gab Schecter Kopien der vom Militärsenat des Obersten Gerichts vorgenommenen Bewertung von Penkowskijs Verbrechen und der Urteilsbegründung. Dann ließ er sich über Penkowskijs Charaktereigenschaften aus, »um zu zeigen, wie skrupellos er war. Während der Voruntersuchung erklärte er seine Bereitschaft, mit dem KGB zu kooperieren und uns zu helfen, die Aktivitäten des britischen und des amerikanischen Geheimdienstes aufzudecken.«

Auf die Frage, ob er diese überraschende Mitteilung beweisen könne, entgegnete er mit scharfer Stimme:»Die Bedingung war natürlich,
daß man ihn freiließ. Aber es fiel ihm offenbar nicht schwer, seine
Ideale zu verraten, denn er hatte keine Ideale oder sonst irgendwelche
Prinzipien. (...) Schon bei der ersten Vernehmung schlug er einen
Plan für die Bloßstellung des britischen und amerikanischen Geheimdienstes vor. Er hat der sowjetischen Gegenspionage alle Informationen gegeben, genug zum Beispiel, um amerikanische und britische
Geheimdienstoffiziere in Moskau festzunageln. Wir gingen nicht darauf ein, aber es zeigt doch, wie wenig standhaft er war.«
»Vielleicht versuchte er nur, sein Leben zu retten?«
»Gewiß, gewiß. Er hat versucht, sein Leben zu retten. Er hat alles
darangesetzt, sein Leben zu verlängern und zu retten, und vielleicht
hat er sich ja sogar Hoffnungen gemacht. Wer weiß? Aber wir haben
auch eine ganze Reihe von Leuten kennengelernt, die unter schwierig-
sten Bedingungen gefangengehalten wurden und trotzdem keinen
Handel mit der Gegenspionage eingehen wollten, um ihr Leben zu
retten.« Im übrigen sei Penkowskij, wie Smiley hinzufügte,»nicht gezwungen worden. Er wurde weder physisch gezwungen noch sonst irgendwie genötigt, etwas zu tun. Wir haben ihm gesagt, wenn er wolle,
könne er seine Aussage machen, und er hat es getan. Er bat um einen
Stift und Papier und schrieb den ganzen Tag über an seinem Geständnis und dem Bloßstellungsplan.«
Der KGB blieb auch 1990, fast dreißig Jahre nach dem Prozeß gegen
Penkowskij, bei den damals aufgestellten Propagandabehauptungen.
Die historischen Dokumente über den Fall waren inzwischen jedoch
durch die KGB-Filmaufnahmen von Penkowskij und Janet Chisholm
ergänzt worden. Und das Schweigen des KGB in bezug auf George
Blake war beredt genug, um die Folge der Ereignisse zu erhellen, die
zu Penkowskijs Verhaftung führten.*

---

* Als die Autoren im Oktober 1991 noch einmal versuchten, Näheres über die Verhaftung zu erfahren, lehnte es der bereits bekannte Offizier aus der Zweiten Hauptverwaltung des KGB erneut ab, ihnen die entsprechenden Dokumente zugänglich zu
machen, versicherte aber:»Was wir Ihnen gegeben haben, stammt aus Dokumenten
und beruht nicht nur auf dem Erinnerungsvermögen irgendwelcher Leute.« Der
Seitenhieb galt dem ehemaligen KGB-Chef Semitschastnyj und seiner Geschichte
von einem angeblichen Treffen zwischen Penkowskij und einem westlichen Diplo-

Bevor Schecter aus Moskau abreiste, wollte er noch ein weiteres Gespräch führen – mit Penkowskijs Witwe Vera Dmitrijewna. Sie war seit 1989 Rentnerin und lebte immer noch in Moskau. Vorher hatte sie als Lektorin in einem Moskauer Verlag gearbeitet. Sie wollte jedoch nicht interviewt werden; die Erinnerungen an ihren Mann waren zu schmerzlich. Sie sagte am Telefon, daß ihre Töchter ihren Namen geändert hätten und ein gutes Leben führten. »Die Ältere ist verheiratet. Wir wurden nicht verfolgt, und wir haben keine Angst. Wir wollen nur nicht in die Vergangenheit zurückkehren. Natürlich sehe ich jene Jahre heute in einem neuen Licht.« Was sie damit meinte, erklärte sie nicht.

Man stelle sich Penkowskij vor, nicht so, wie er heute, um dreißig Jahre gealtert, aussehen würde, sondern so, wie er damals war, als ihn die Ungerechtigkeit umtrieb, die er selbst und das ganze russische Volk zu ertragen hatten. Er glaubte nicht daran, daß der »rücksichtslose Abenteurer« Nikita Chruschtschow durch Gewalt oder einen Staatsstreich vom Thron gestürzt werden könnte. Ihm schien der richtige Weg der zu sein, seine Gegner über die Schwächen des Kremlherrn aufzuklären. Das Ausmaß aber, in dem er auf diesem Weg dazu beitrug, daß das Gleichgewicht des Schreckens nicht in den Atomkrieg umkippte, hatte er sich wohl kaum träumen lassen.

Der Umfang seiner Informationen, die Einsichten, die sie vermittelten, und der Zeitpunkt, zu dem sie eintrafen, waren entscheidend für das Bild, das sich Präsident Kennedy von seinem Gegenspieler Chruschtschow machte, und für die Haltung, die er ihm gegenüber einnahm. Kennedy war erfreut, als er die sowjetische Version der Wiener Gespräche mit Chruschtschow zu Gesicht bekam, enthüllte sie doch, was Chruschtschow wichtig war und wie er das Gipfeltreffen im Ostblock und in den kommunistischen Parteien des Westens für seine Zwecke zu nutzen versuchte. Dieses und anderes Material, das die

maten im Kaufhaus GUM. Die Gegenspionage, erklärte der KGB-Offizier, müsse ihre Quellen und Methoden schützen und werde ihre Akten deshalb nicht öffnen. Er arrangierte jedoch ein Treffen mit Oleg Gribanow, dem früheren Chef der Zweiten Hauptverwaltung. Gribanow war freundlich, antwortete aber nur ausweichend. Auf operative Details des Falls wollte er genausowenig eingehen wie der inzwischen pensionierte KGB-Generalleutnant Nikolai Tschistjakow, der die Ermittlungen gegen Penkowskij geleitet hatte.

Entschlossenheit belegte, mit der Chruschtschow einen separaten Friedensvertrag mit Ostdeutschland anstrebte, vermittelte Kennedy ein Gefühl für den Sowjetführer, auf den er sich in Wien nur so schwer hatte einstellen können. Er wußte also schon lange vor der Kuba-Krise, wie Chruschtschow einzuschätzen war. Penkowskij hatte Kennedy, trotz aller gegenteiligen Behauptungen des KGB, mit den harten Informationen versorgt, die es ihm ermöglichten, 1961 die Berlin- und 1962 die Kuba-Krise zu bewältigen.

Oleg Penkowskij war der größte sowjetische Spion, der nach dem Ende des Zweiten Weltkriegs dem Westen diente. Kein Spion hat mehr Material geliefert und eine größere Wirkung auf die Geschichte ausgeübt als er. Die Spekulation, daß der Fall Penkowskij Teil eines großangelegten Täuschungsmanövers gewesen sei, ist von der CIA eindeutig ausgeschlossen worden. Er stellte vielmehr »die weitgehendste Unterwanderung des sowjetischen Staatsapparats dar, die jemals erreicht wurde«, und darüber hinaus »eine, die ihn noch jahrelang schmerzen wird«.[15] Penkowskij war ein furchtloser Prophet, der den Westen vor Chruschtschows Vorhaben, die USA in der Produktion von Atomwaffen zu überflügeln, warnte, der die Stärken und Schwächen der sowjetischen Streitkräfte enthüllte und Licht in den riesigen Komplex der sowjetischen Geheimdienste brachte, indem er ihre Methoden beschrieb, ihre Agenten identifizierte und ihre Prioritäten erläuterte.

Penkowskij korrigierte die Vorstellung, die man sich im Westen über das sowjetische Nuklearpotential machte, und lenkte den Blick auf die inneren Brüche und die Unzulänglichkeit des kommunistischen Systems. Seine Mikrofilme erlaubten in einer Zeit kritischer politischer Entwicklungen Einblick in das militärische Denken in der Sowjetunion. Die USA konnten beobachten, wie die Fabriken gebaut wurden, sie konnten Luftproben nehmen und den Bau der Raketensilos fotografieren, aber sie konnten weder die Debatte über die Strategie mitlesen noch die sowjetischen Absichten einschätzen – bis Penkowskij sie über beides informierte.

Die wichtigste Ursache für Penkowskijs Entscheidung, dem Westen seine Mitarbeit anzubieten, war die Entdeckung seiner Herkunft durch den KGB. Sein Schicksal war unauflöslich an das gebunden, was ihm sein Vater hinterlassen hatte: den Namen eines adligen Offiziers der Weißen Garde, dessen Grab zudem unauffindbar war. Das waren Vorzeichen, die im Sowjetstaat alles andere als eine Empfehlung darstellten.

Die Zeiten haben sich geändert, seit Penkowskij 1963 hingerichtet wurde. Der Ort, an dem Zar Nikolaus II. und seine Familie in Swerdlowsk, das seit August 1991 wieder Jekaterinburg heißt, ermordet wurden, ist zu einem Heiligenschrein geworden. Fotoausstellungen über das Leben des Adels vor der Revolution ziehen Massen nostalgischer Besucher an, die die Wiederbelebung der vertrauten Werte des alten Regimes herbeisehnen. Adliger Herkunft zu sein, stempelt heute niemanden mehr als »Volksfeind« ab, sondern gilt eher als Vorzug.

Dennoch wird das Bild von Penkowskij, sofern sich überhaupt jemand an ihn erinnert, weiterhin von den Zügen bestimmt, die ihm 1963 in seinem Prozeß angedichtet wurden. Damals war er als schwacher, von Habgier angetriebener Charakter mit einem übermäßigen Hang zu Frauen gezeichnet worden. Seine Bedeutung als Spion – oder Soldat der Freiheit, wie er sich selbst sah – wurde heruntergespielt, um von dem Ausmaß, in dem er dem Westen Staatsgeheimnisse übermittelt hatte, abzulenken und es zu verschleiern. Chruschtschow hatte mittels des Prozesses versucht, sich selbst und die Geheimnisse des Staates, an dessen Spitze er stand, zu schützen und die Wachsamkeit gegenüber dem (Klassen-)Feind zu erhöhen. Aber wie sehr er seine Stellung auch auf Penkowskijs Kosten gestärkt haben mochte, es half ihm nicht viel: Penkowskij hatte ihn angreifbar gemacht. Chruschtschow wurde im Oktober 1964 gestürzt.

Die Ereignisse, die sich in den vergangenen drei Jahren in Osteuropa und der (ehemaligen) Sowjetunion abgespielt haben, sind eine Bestätigung dessen, was Penkowskij schon 1961 erklärte: daß die Errichtung der Berliner Mauer ein Akt der Verzweiflung war. Chruschtschow sagt in seinen Erinnerungen: »Das Paradies ist ein Ort, zu dem die Menschen hinstreben, und keiner, aus dem sie weglaufen!«[16] Penkowskij hatte bereits vor dreißig Jahren den Mut festzustellen, daß der Kommunismus kein Paradies geschaffen, sondern versagt hatte, und das, obwohl er damals völlig allein dastand und wissen mußte, daß er sein Leben riskierte.

Seine Ersatzväter aus der CIA und vom MI6 ließen ihm die Anerkennung zuteil werden, die ihm in seinem Vaterland versagt geblieben

463

war, und er vergalt es ihnen reichlich. Das Drama seines Schauprozesses bestätigte ihm noch einmal, daß er in seinem Bestreben, Chruschtschow einen Strich durch die Rechnung zu machen, erfolgreich gewesen war. Sein Ziel hatte er schon vorher erreicht: als Chruschtschow die Kuba-Krise entschärfte, indem er klein beigab und seine Raketen abzog.

Penkowskij war das Produkt eines besonderen historischen Augenblicks, der vom Gleichgewicht des Schreckens der Atomwaffen gekennzeichnet war, die seit dem Zweiten Weltkrieg auf beiden Seiten des Eisernen Vorhangs angehäuft worden waren, und er befand sich in seinen produktivsten Jahren in einer Position, die es ihm erlaubte, zur Bewältigung von Krisensituationen beizutragen, die den Einsatz dieser Waffen zur konkreten Möglichkeit werden ließen. Penkowskij half mit, die Welt vom Abgrund des Atomkrieges zurückzureißen und ihr den Weg in eine aufgeklärtere Zeit zu ebnen, in der die Erkenntnis um sich greift, daß der Einsatz von Nuklearwaffen eine unmögliche Option ist.

Penkowskij hinterließ durch sein gefaßtes, sicheres Auftreten vor Gericht den Eindruck, daß er das, was er getan hatte, nicht bereute. Er hatte alle Geheimdiensttricks, die er kannte, angewandt, um seine Frau und seine Kinder und schließlich auch sich selbst zu retten, nahm aber, als klar wurde, daß für ihn selbst keine Hoffnung mehr bestand, sein Schicksal mit Würde auf sich, wie jene berichten, die ihn am letzten Verhandlungstag vor Gericht gesehen haben.[17] Der letzte bewegende Brief, den Penkowskij an seine Führungsoffiziere geschrieben hatte, war vor Gericht nicht verlesen worden, so daß die sowjetische Öffentlichkeit nicht erfuhr, mit welch stoischer Ergebenheit er sein Schicksal akzeptierte: »Wenn ich von meiner Situation spreche, bedeutet dies (...) nicht, daß ich von meinem Leben und meiner Arbeit enttäuscht bin. Das wichtigste ist, daß ich voller Kraft bin und den Wunsch habe, unsere (...) bedeutsame und notwendige Arbeit fortzusetzen. Das ist mein Lebensziel. Und nichts wäre für mich befriedigender als die Gewißheit, meinen kleinen Beitrag zu unserer großen Sache geleistet zu haben.«

NACHBEMERKUNG

VON JERROLD L. SCHECTER

Der Fall Penkowskij war für die Autoren lange Zeit ein faszinierendes Spekulationsobjekt. Mein Interesse an ihm rührt aus dem Jahr 1965 her, als ich das *Time-Life*-Büro in Tokio leitete und Frank Gibney kurz nach dem Erfolg, den er mit den *Geheimen Aufzeichnungen* erzielt hatte, nach Tokio kam. Er war 1949 und 1950 *Time*-Bürochef gewesen und bei der Berichterstattung über den Korea-Krieg verwundet worden. Nach der Veröffentlichung der *Geheimen Aufzeichnungen* wurde er Präsident von TBS-Britannica, einem Joint-Venture-Unternehmen, das die *Encyclopaedia Britannica* auf japanisch herausgab. Wir spielten im Tokyo Lawn Tennis Club regelmäßig Tennis miteinander, und eines Nachmittags erzählte er mir nach einem Spiel, wie die *Aufzeichnungen* aus den Transkripten der mit Penkowskij geführten Gespräche herausgefiltert worden waren. Er hob dabei besonders die Rolle von Peter Deriabin hervor, mit dem zusammen er zwei Bücher geschrieben und der die *Aufzeichnungen* übersetzt hatte.

Wir blieben über die Jahre hin miteinander befreundet, und dann kam auch ich näher mit der Sowjetunion in Berührung, als ich 1968 als Chef des dortigen *Time*-Büros nach Moskau geschickt wurde, wo ich bis 1970 blieb. Penkowskij war jemand, von dem ich wußte, aber ich stieß in jenen Jahren nie auf eine konkrete Spur von ihm. Die einzigen Spione, von denen man in Moskau hörte, waren Galionsfiguren sowjetischer Spionageerfolge: Kim Philby, der nur wenige Blocks von meinem Büro entfernt wohnte und mit den Worten zitiert wurde, er hätte den Kaviar satt; Richard Sorge, von dem eine Statue enthüllt wurde, die an die Dienste erinnern sollte, die er vor und während des Zweiten Weltkriegs in Japan geleistet hatte; und Oberst Rudolf Abel, der in New York spioniert hatte. Eines Tages sagten unsere Kinder, sie hätten gehört, daß der englische Spion George Blake im Nachbarhaus wohne, aber wir haben ihn nie gesehen.

1986 machte mich Gibney mit Deriabin bekannt, der 1982 aus der CIA ausgeschieden war und ein Buch über den KGB geschrieben hatte, für das er meine Frau als literarische Agentin gewinnen wollte. Ich war von seinem enzyklopädischen Wissen über die sowjetischen Geheimdienste beeindruckt und bewunderte die intellektuelle Neugier, mit der er nicht nur die Sowjetführer der Vergangenheit, sondern auch die der Gegenwart betrachtete und ihren persönlichen Umständen und Motiven nachforschte. Er erzählte mir, wie sehr er sich gewünscht hätte, Penkowskij begegnet zu sein. Penkowskij war ihm aus der Lektüre der Transkripte vertraut; er glaubte ihn zu kennen, obwohl viele Fragen offen geblieben waren und er während seiner Zeit bei der CIA nie die Gelegenheit gehabt hatte, die vollständigen Transkripte zu lesen, ganz zu schweigen von den sonstigen Akten.

Wie war Penkowskij enttarnt und verhaftet worden? Was hat er dem Westen wirklich übermittelt? Was hatte ihn zu seinem Handeln motiviert? War er ein Doppelagent gewesen? Deriabin wußte, daß die CIA-Akten, die er nie zu Gesicht bekommen hatte, die Antworten auf all diese Fragen enthielten, und 1987, fünfundzwanzig Jahre nach der Kuba-Krise und Penkowskijs Verhaftung, war es seiner Meinung nach an der Zeit, daß die CIA diese Akten öffnete.

Wir schrieben einen Brief an den Informations- und Datenschutzbeauftragten der CIA, in dem wir um die Erlaubnis ersuchten, die für eine Biographie des ehemaligen GRU-Obersts Oleg Penkowskij relevanten Dokumente einsehen zu dürfen. Wir stützten uns dabei auf das CIA-Verfahren zur Freigabe von Akten nach Maßgabe des Freedom of Information Act. Laut der revidierten Fassung dieses Gesetzes, die am 8. Dezember 1987 im Bundesregister erschienen ist, kann der Informationsbeauftragte der CIA angeforderte Akten unter der Bedingung freigeben, daß das fertige Manuskript der Agency zur Prüfung vorgelegt wird, und zwar »um sicherzustellen, daß keine geheimen Informationen in ihm enthalten sind«.

Deriabin und ich beantragten am 7. Juni 1988 unter Bezugnahme auf diese revidierte Vorschrift den Zugang zum Penkowskij-Archiv. Am 26. September wurde die Genehmigung unter der Bedingung erteilt, daß ein CIA-Publikationsausschuß keine Sicherheitsbedenken anmeldete. Diese Prüfung, hieß es in dem Genehmigungsschreiben, »bezieht sich ausschließlich auf die Feststellung, daß das Manuskript keine geheimen Informationen enthält. Sie bedeutet keinerlei Einmischung der Agency, was den Standpunkt des Autors oder die faktische Korrektheit des Manuskripts betrifft.«

Das Penkowskij-Archiv der CIA, das wir einsehen konnten, füllte siebzehn Pappkartons, die in vier Stahlschränken aufbewahrt wurden. Die einzigen Sicherheitseinschränkungen, die uns bei der Verwendung des Materials auferlegt wurden, betrafen den Schutz von Quellen und Methoden, die nicht allgemein bekannt sind. Akten über andere CIA-Operationen, die möglicherweise mit dem Fall Penkowskij in Zusammenhang standen, wurden uns nicht zugänglich gemacht, und die Agency lehnte jegliche Zusammenarbeit in dieser Beziehung ab.

Auch die internen Nachforschungen und Studien der CIA zu den Ursachen der Entdeckung der Penkowskij-Operation wurden uns vorenthalten, da sie sich, wie uns gesagt wurde, auf eine Vielzahl exponierter ausländischer Quellen stützten. Wir waren also in bezug auf die Frage, wie die Operation geführt und Penkowskij schließlich enttarnt wurde, auf unsere eigenen Schlußfolgerungen aus den zugänglichen Informationen angewiesen. Auch die Untersuchungen über die Enttarnung der Penkowskij-Operation wurden uns vorenthalten, da sich diese Studien, wie es hieß, in großem Umfang auf eine Vielzahl sensibler ausländischer Quellen stützen. Es stand uns jedoch frei, unsere eigenen Schlußfolgerungen zu ziehen und selbst einzuschätzen, wie der Fall geführt und Penkowskij enttarnt worden war.

Selbst heute noch, dreißig Jahre nach den Ereignissen, ist der Fall Penkowskij ein hochsensibles Thema. Wir haben frühere CIA-Angehörige interviewt, die mit ihm zu tun hatten und die sich freiwillig bereit erklärten, uns zu unterstützen. Die meisten unserer Interviewpartner erlaubten uns, ihre Namen zu nennen. Einige wollten sich jedoch nur unter der Bedingung zu dem Fall äußern, daß ihre Namen nicht erwähnt würden, und manche lehnten jede Zusammenarbeit mit uns ab und verlangten darüber hinaus, daß ihre Namen nicht im Buch genannt wurden. George Kisevalter war ebenso wie der frühere CIA-Agent mit dem Decknamen COMPASS nicht zur Zusammenarbeit mit uns bereit. Die wenigen heute noch aktiven CIA-Angehörigen, die in den Fall verwickelt waren, erhielten von ihrer Dienststelle keine Erlaubnis, an diesem Buch mitzuwirken, und lehnten unsere Interviewwünsche ab. Charles Beling, ein ehemaliger hochrangiger CIA-Feldoffizier, der am Rande mit der Penkowskij-Operation zu tun gehabt hatte, stellte sich uns als Berater und Verbindungsmann zur CIA zur Verfügung.

Bei den Interviews mit Hauptbeteiligten des Falls arbeiteten die Autoren eng zusammen. Wir reisten allein oder zu zweit nach London, Paris, Colorado, Mallorca und Moskau, um mit jenen zu sprechen, die Penkowskij gekannt hatten. Das Manuskript wurde von Schecter geschrieben, während Deriabin seine Insiderkenntnis der Organisationen und seine Erinnerungen beisteuerte und die Transkripte der Treffen zwischen Penkowskij und dem anglo-amerikanischen Geheimdienstteam übersetzte. Gemeinsam prüften wir die CIA-Akten auf ihre Korrektheit und Schlüssigkeit.

Obwohl sich Penkowskijs Deckname regelmäßig änderte, haben wir den bei den Amerikanern informell üblichen Decknamen HERO verwendet, und nicht den britischen Decknamen YOGA. Ebenso haben wir nur die amerikanische Einteilung des Penkowskij-Materials in die IRONBARK- und die CHICKADEE-Akte erwähnt und das entsprechende britische System (RUPPEE und ARNICA) außer acht gelassen.

Das Material aus den Transkripten und den operativen Akten des Falls, auf das in den Anmerkungen Bezug genommen wird, ist aus der Geheimhaltung entlassen worden und aufgrund des Freedom of Information Act allgemein zugänglich. Der Antrag der Autoren, die Anhänge A und B des Dokuments »Positive Intelligence Contribution of the Penkovsky Operation« (Der positive nachrichtendienstliche Ertrag der Penkowskij-Operation) freizugeben, wurde abgelehnt.

BIBLIOGRAPHIE

Christopher Andrew/Oleg Gordiewsky, *KGB. Die Geschichte seiner Auslandsoperationen von Lenin bis Gorbatschow,* München 1990

William Arkin/Peter Pringle, *S.I.O.P. The Secret U.S. Plan for Nuclear War,* New York 1983

Michael R. Beschloss, *Mayday,* New York 1986

ders., *The Crisis Years. Kennedy and Krushchev, 1960–1963,* New York 1991 [dt.: JFK. Die Kennedy-Jahre 1960–1963, Düsseldorf/Wien/New York/Moskau 1991]

George Blake, *No Other Choice,* London 1990

James G. Blight/David A. Welch (Hg.), *On the Brink. Americans and Soviets Re-Assess the Cuban Missile Crisis,* New York 1989

Charles E. Bohlen, *Witness to History, 1919–1969,* New York 1973

Tom Bower, *Verschwörung Paperclip. NS-Wissenschaftler im Dienst der Siegermächte,* München 1988

Gordon Brook-Shepherd, *The Storm Birds. Soviet Postwar Defectors,* London 1988

Anthony Cave Brown, *»C«. The Secret Life of Sir Stewart Menzies, Spymaster to Winston Churchill,* New York 1987

McGeorge Bundy, *Danger and Survival,* New York 1988

William E. Burrows, *Deep Black,* New York 1986

Tom Clancy, *Der Kardinal im Kreml,* München 1992

Ray S. Cline, *The CIA Under Reagan, Bush and Casey,* Washington (D.C.) 1981

Chruschtschow erinnert sich. Die authentischen Memoiren, hg. von Strobe Talbott, Reinbek 1992

Khrushchev Remembers: The Glasnost Tapes, Vol. III, übers. von Jerrold L. Schecter/Vyacheslav V. Luchkov, Boston (Massachusetts) 1990

Robert Conquest, *Am Anfang starb Genosse Kirow. Säuberungen unter Stalin,* Düsseldorf 1970

Christopher Creighton/Noel Hynd, *Der Fall Chruschtschow,* Frankfurt am Main/Berlin 1988

Richard Deacon, *»C«. A Biography of Sir Maurice Oldfield,* London 1985

Christopher Dobson/Ronald Payne, *Who Is Who in Espionage,* New York 1984

Ilya Dzhirkvelov, *Secret Servant,* London 1987

Edward J. Epstein, *Deception. The Invisible War Between the KGB and the CIA*, New York 1989

Raymond L. Garthoff, *Reflections on the Cuban Missile Crisis*, (überarbeitete Ausgabe) Washington (D. C.) 1989

Anatolij Golizyn, *New Lies From Old*, New York 1984

Andrej Gromyko, *Erinnerungen. Internationale Ausgabe*, Düsseldorf/Wien/New York 1989

David Halberstam, *Die Elite. The Best and the Brightest*, Reinbek 1974

William Randolph Hearst/Bob Considine/Frank Conniff, *Khrushchev and the Russian Challenge*, New York 1961

Roger Hilsman, *To Move a Nation*, New York 1967

Linda Hunt, *Secret Agenda*, New York 1991

Anthony Jones u.a. (Hg.), *Soviet Social Problems*, Boulder 1991

Bernard Kalb/Marvin Kalb, *Kissinger*, Frankfurt am Main/Berlin 1974

Robert F. Kennedy, *Dreizehn Tage. Wie die Welt beinahe unterging*, Darmstadt 1974

Phillip Knightley, *Kim Philby, Geheimagent*, München 1989

ders., *Die Spionage im 20. Jahrhundert. Erfolge und Niederlagen der großen Geheimdienste*, Frankfurt am Main/Berlin 1992

Arthur Krock, *Ich und die Präsidenten. Als Journalist im Weißen Haus*, Gütersloh 1970

John Le Carré, *Das Rußlandhaus*, Köln 1989

Derek Leebaert (Hg.), *Soviet Military Thinking*, London 1981

Leonard McCoy, *The Penkovsky Case*

Paul H. Nitze, *From Hiroshima to Glasnost*, New York 1989

Oleg Penkowskij, *Geheime Aufzeichnungen*, München/Zürich 1966

The Penkovsky Papers, (Neuausgabe) New York 1982

Chapman Pincher, *Their Trade Is Treachery*, London 1981

ders., *Too Secret Too Long*, New York 1984

Thomas Powers, *CIA. Die Geschichte. Die Methoden. Die Komplotte. Ein Insider-Bericht*, Hamburg 1980

John Prados, *The Soviet Estimate. U.S. Intelligence Analysts and Soviet Strategic Forces*, Princeton 1982

John Ranelagh, *The Agency. The Rise and Decline of the CIA*, New York 1986

Rudolph J. Rummel, *Lethal Politics. Soviet Genocids and Mass Murder Since 1917*, New Brunswick (New Jersey) 1990

Arthur M. Schlesinger, *Die tausend Tage Kennedys*, Bern/München/Wien 1965

Thomas J. Schoenbaum, *Waging Peace and War. Dean Rusk in the Truman, Kennedy and Johnson Years*, New York 1988

Roland Seth, *Encyclopedia of Espionage*, London 1975

Theodore C. Sorensen, *Kennedy*, München 1966

Z. I. Sybow/N. F. Tschistjakow, *Front Tajnow Vojny*, Moskau 1964

Trial In the Criminal Case of the Agent of the British and American Intelligence Services, Citizen of the USSR, O. V. Penkovsky, and the Spy Go-Between, British Subject, G. M. Wynne, 7–11 May 1963, Moskau 1963

Nikolai F. Tschistjakow, *Po Sakonu i Sowjesti*, Moskau 1979

Nigel West, *The Friends*, London 1988

Robin Winks, *Cloak and Gown. Scholars in the Secret War: 1939–1961*, London 1987

Peter Wright/Paul Greengrass, *Spycatcher. Enthüllungen aus dem Secret Service*, Frankfurt am Main/Berlin 1988

Greville Wynne, *Der Mann aus Moskau*, Stuttgart 1967

ders., *The Man From Odessa*, London 1981

471

ANMERKUNGEN

Die Penkowskij-Zitate im Text stammen, soweit nicht anders angegeben, aus den Transkripten der (in den Akten durchnumerierten) Treffen des anglo-amerikanischen Geheimdienstteams mit Penkowskij. Sie wurden außerdem als Quelle für viele der beschriebenen Ereignisse herangezogen.

Kapitel 1: Kontaktaufnahme mit Amerika

1 Aktennotiz von John Abidian an Edward Freers, 13. August 1960.
2 Interview mit Eldon Ray Cox, 10. Oktober 1989.
3 Joseph J. Buliks Befragung von Cox, 6. Oktober 1960, S. 33 f.
4 Ebd., S. 33, 35 f.
5 Die RB-47-Piloten wurden am Tag nach Kennedys Amtseinsetzung im Januar 1961 freigelassen. Chruschtschows Entscheidung, Gary Powers und die RB-47-Piloten nicht vor der amerikanischen Präsidentenwahl freizulassen, war im Zusammenhang seiner Bemühungen zu sehen, die Wahl von Richard Nixon zu verhindern. Er glaubte, daß die Freilassung den Republikanern genutzt hätte, und prahlte später damit, daß er das Zünglein an der Waage gewesen sei, das für Kennedy und »gegen diesen Hurensohn Richard Nixon« entschieden hätte.
6 Interviews mit Cox, 10. November 1989 und 1. Februar 1990. Powers wurde am 10. Februar 1962 auf der Glienicker Brücke zwischen Potsdam und West-Berlin gegen den verurteilten Spion Oberst Rudolf Iwanowitsch Abel, alias William Fischer, ausgetauscht.
7 Interview mit Cox, 10. November 1989.
8 Interviews mit Cox, 10. Oktober 1989 und 1. Februar 1990.
9 Ebd. und Aktennotiz über die Befragung von Cobb am Sonntag, dem 11. September 1960, 11-15 Uhr.
10 Interview mit Cox, 10. Oktober 1989.
11 Joseph J. Bulik, Aktennotiz zum Bericht von Vlad Toumanoff, 5. Oktober 1960.
12 Abidian erinnerte sich in einem Interview im Jahr 1989 daran, eine Nachricht erhalten zu haben, die besagte, daß die Briefe klängen, als kämen sie von einem untergetauchten sowjetischen Spion, der versuchte, wieder mit der CIA in Kontakt zu kommen. Eine solche Nachricht befindet sich

nicht in den Akten, und es gibt keinerlei Hinweise darauf, daß Penkowskij jemals für die CIA gearbeitet hat oder vor dem August 1960 jemals mit der CIA in Verbindung stand.

13 Interview mit Charles Beling, 11. Dezember 1989.
14 Interview mit Bulik, März 1991.
15 Interview mit Cox, 24. Februar 1989.
16 Aktennotiz zum Treffen mit Richard Helms unter Teilnahme von John H. (Jack) Maury, Bulik und des Moskauer Stationschefs zwecks Diskussion über den neuen Fall; und Interview mit Bulik, 28. Juli 1988. Im Gegensatz zu späteren Darstellungen von Greville Wynne und anderen ist Penkowskij in Ankara weder an die Briten noch an die Amerikaner herangetreten, um sich von ihnen anwerben zu lassen.
17 Interviews mit Oberst Charles Maclean Peeke, 10. November 1989, und Bulik, 27. Juli 1988.
18 Peter Deriabin, der 1953 Chef der Gegenspionagegruppe des KGB in Wien war, kannte Popow.
19 Sybow/Tschistjakow, *Front Tajnoj Vojnoj*. Dort heißt es, Popow habe von 1952 bis 1956 »und vielleicht schon vorher« für die CIA gearbeitet. Vgl. Dobson/Payne, *Who Is Who,* S. 138.
20 Interview mit Mrs. John M. Maury, 22. September 1989.
21 Interview mit einem CIA-Angehörigen, 16. März 1991.
22 Senator McCarthy scheiterte, als er versuchte, William Bundy, den Assistenten von Robert Amory, dem Direktor der Hauptabteilung für Nachrichtenmaterial, vor sein Komitee zu laden. Amory sagte Bundy, er solle Urlaub nehmen und Washington verlassen, damit er nicht verfügbar sei. Danach wandte sich Allen Dulles an Vizepräsident Nixon, der dafür sorgte, daß McCarthy in Zukunft Angriffe auf die CIA unterließ. Vgl. Ranelagh, *The Agency,* S. 238–46.
23 Interview mit einem pensionierten Offizier der Sowjetabteilung.
24 Interview mit Quentin Johnson, 28. November 1989.
25 Brief von COMPASS an Bulik vom 6. Dezember 1960.
26 Brief von COMPASS an Bulik vom 10. Dezember 1960.
27 Brief von COMPASS an Bulik vom 6. Dezember 1960.

Kapitel 2: Die englische Verbindung

1 Wynne, *The Man From Odessa,* S. 175.
2 Ebd., S. 60–87.
3 Ebd.; vgl. ders., *Der Mann aus Moskau,* S. 25.
4 Brook-Shepherd, *Storm Birds,* S. 145.
5 Wynne, *The Man From Odessa,* S. 25–73; vgl. ders., *Der Mann aus Moskau,* S. 27, 33.
6 Wynne, *Der Mann aus Moskau,* S. 34–37.

7 Die Presseerklärung über die Reise der »Trade & Technical Delegation to Russia« (Handels- und technische Delegation nach Rußland) befindet sich im Besitz der Autoren.
8 Der Bericht, den Merriman in London gab, unterliegt immer noch der Geheimhaltung.
9 Tagebuch von Harrison und ein Brief an die Autoren vom 24. Oktober 1989.
10 Ebd.
11 Brief von William Van Vliet an den kanadischen Botschafter.
12 Knightley schildert in seiner Biographie *Kim Philby,* S. 229–243, ausführlich, was Philby, als er 1951 nach London zurückkehrte, auszustehen hatte.
13 Interview mit Richard Helms, 6. März 1991.
14 Interviews mit Joseph J. Bulik, 27. und 28. Juli 1988.
15 Interview mit Raymond Rocca, 18. Oktober 1989.
16 Brown, »C«, S. 416 f.
17 Information der Autoren. Vgl. West, *The Friends,* S. 17, 21, 124. Shergold war niemals, wie West angibt, Angehöriger der Nahost-Sicherheitsgruppe des MI5.
18 Interview mit Bulik, 27. Juli 1988.
19 Brief vom 2. Februar 1961.
20 Wynne, *Der Mann aus Moskau,* S. 46 f.
21 Interview mit Bulik, 27. Juli 1988.
22 Interview mit Bulik, 2. Januar 1990.

Kapitel 3: Endlich in London

1 Wynne, *Der Mann aus Moskau,* S. 86.
2 Wynne spricht in *Der Mann aus Moskau,* S. 86 f., davon, daß der britische Geheimdienst eine ganze Hoteletage angemietet und eine Vielzahl von Agenten die Befragungen von Penkowskij vorgenommen hätten. Daran ist kein Wort wahr; es gab nur die beiden genannten Zimmer und das vierköpfige anglo-amerikanische Team sowie einen Fachmann, der Penkowskij die Handhabung der Minox-Kamera erklärte, und gelegentlich einen Arzt, der ihn untersuchte. Die gesamte Operation war auf ein Minimum an Aktivität angelegt, um keine Aufmerksamkeit zu erregen.

Wynne phantasierte außerdem (ebd., S. 88 f.) von einer Begrüßungsparty für Penkowskij mit anderen Überläufern. Als die Autoren Wynne im September 1988 in Mallorca interviewten, gab er zu, daß er die Party nicht selbst miterlebt und nur Stimmen aus dem Nachbarzimmer gehört habe. Eine solche Begrüßungsparty mit sowjetischen Überläufern, noch dazu solchen, die »von Amerika herübergeflogen« und »aus allen Teilen Englands herbeigeeilt« waren, hat aus auf der Hand liegenden Sicherheitsgründen nie stattgefunden.

3 Interviews mit Joseph J. Bulik, 27. und 28. Juli 1988.
4 Penkowskij, *Geheime Aufzeichnungen,* S. 74.
5 Vertrauliche Information.

Kapitel 4: Das erste Treffen

1 Kurz vor dem Ende des 2. Weltkriegs wurden auf Befehl von Stalin und
   Berija Spezialeinheiten aus Angehörigen des KGB und der militärischen
   Gegenspionage gebildet, die in Deutschland die Laboratorien und Unter-
   lagen der atomaren und der Raketenforschung sicherstellen sollten. Sie
   unterstanden General Iwan Serow, der damals der Stellvertreter von
   Marschall Schukow war. Die in den Laboratorien erbeuteten Geräte und
   Papiere wurden ebenso in die Sowjetunion transportiert wie die als
   Kriegsgefangene festgenommenen deutschen Wissenschaftler. Eine der
   Schlüsseleinrichtungen in Deutschland war das Raketentestgelände in
   Peenemünde auf Usedom gewesen.
     Die deutschen Wissenschaftler wurden in der Sowjetunion an zwei Or-
   ten untergebracht, einmal in einem Dorf in der Nähe von Moskau und
   zum anderen in Kuibischew an der Wolga, wo während des Krieges zeit-
   weise die sowjetische Regierung ihren Sitz gehabt hatte. Die beiden Zentren unterstanden Berija, der 1945 zum stellvertretenden Vorsitzenden
   des Ministerrats und zum Verantwortlichen für die Entwicklung von
   Atomwaffen geworden war.
     Auf seiten der westlichen Alliierten war man sich zu der Zeit, als die
   Sowjets bereits deutsche Wissenschaftler für sich rekrutierten, noch nicht
   im klaren darüber, ob man sie als Kriegsverbrecher belangen oder in der
   eigenen Forschung einsetzen sollte. Vgl. Bower, *Verschwörung Paperclip,*
   und Hunt, *Secret Agenda,* S. 1–39.
2 William J. Broad, »Rocket Run by Nuclear Power Being Developed for
   ›Star Wars‹«, in: *New York Times,* 3. April 1991, S. 1.
3 Information der Autoren.
4 Paul R. Josephson, »Atomic Culture in the USSR Before and After Cher-
   nobyl«, in Jones, *Soviet Social Problems,* S. 61–67.
5 Interview mit Richard Helms, 6. März 1991.

Kapitel 5: Das große Los

1 Beschloss, *Mayday,* S. 340.
2 Kopie des National Security Archive einer streng geheimen Aktennotiz,
   die McGeorge Bundy von Paul Nitze vorgelegt wurde; sie befindet sich in
   der John F. Kennedy Library NSF, Box 296–298, Missile Gap 2/63–5/63.
3 Interview mit Quentin Johnson, 28. November 1989.
4 Vgl. Penkowskij, *Geheime Aufzeichnungen,* S. 290.

Kapitel 6: Reise durch England

1 Vgl. *Krasnaja Swesda,* 2. Ausgabe, 18. März 1988, S. 4, sowie *Chruschtschow erinnert sich,* S. 307–18.
2 *Chruschtschow erinnert sich,* S. 460.
3 Vgl. Penkowskij, *Geheime Aufzeichnungen,* S. 243, wo Penkowskij beschreibt, wie Warenzow Kupin half, nachdem dessen Geliebte in der DDR Selbstmord begangen hatte.
4 Bericht über die U-2, 20. April 1962.
5 Interviews mit Joseph J. Bulik, 27. und 28. Juli 1988.

Kapitel 7: Was kostet ein Geheimnis?

1 Vgl. Penkowskij, *Geheime Aufzeichnungen,* S. 117, 123 f.
2 Brief von Sheila Wynne, 29. März 1991.

Kapitel 8: Zwei Begegnungen

1 Prados, *Soviet Estimates,* S. 111.
2 Hearst u. a., *Khrushchev,* S. 249.

Kapitel 9: Rückkehr nach Moskau

1 Operationsanweisungen, 5. Mai 1961.
2 Aktennotiz von Maurice Oldfield an Jack Maury, 17. Juni 1961.
3 Schlesinger, *Tausend Tage,* S. 347.
4 Schoenbaum, *Waging Peace and War,* S. 336.
5 Schlesinger, *Tausend Tage,* S. 354.
6 Schoenbaum, *Waging Peace and War,* S. 331.
7 Ebd., S. 336.
8 Nitze, *From Hiroshima to Glasnost,* S. 195.
9 Halberstam, *Die Elite,* S. 74 f.
10 Aktennotiz von Jack Maury über das Treffen mit Botschafter Thompson.
11 Interview mit Richard Helms, 6. März 1991. Helms sagte, daß er den Namen nicht wissen wollte, weil er bei einer Befragung durch den Kongreß lieber erwidert hätte, er wisse ihn nicht, als die Antwort aus Sicherheitsgründen zu verweigern.
12 Interview mit Raymond L. Garthoff, 17. August 1990, und Aktennotiz von Jack Maury, in der erwähnt wird, daß Hilsman die Vermutung geäußert habe, das IRONBARK- und das CHICKADEE-Material stammten aus derselben Quelle.

13 Interview mit Robert Gates, 15. März 1988.
14 Interview mit Walter Elder, 6. Oktober 1988.
15 Aktennotiz von Oldfield an Maury, 18. Mai 1961.
16 Aktennotiz von Jack Maury, 13. Juli 1961.
17 Aktennotiz von Maury, 22. Juli 1961.

Kapitel 10: Wieder in London

1 Ranelagh, *The Agency,* S. 375.
2 Interview mit Raymond L. Garthoff, 16. August 1990.
3 Aktennotiz von Jack Maury, 30. Juni 1961.
4 Schlesinger, *Tausend Tage,* S. 357.
5 Vgl. Penkowskij, *Geheime Aufzeichnungen,* S. 265.
6 Sorenson, *Kennedy,* S. 561.
7 Nitze, *From Hiroshima to Glasnost,* S. 204 f.
8 Sorenson, *Kennedy,* S. 561 f.
9 Interview mit Joseph J. Bulik, 27. Juli 1988.
10 Ebd.
11 Aktennotiz in der Akte »Pläne und Entwicklungen«, 25. Juli 1961.
12 Aktennotiz von Jack Maury, 3. August 1961.

Kapitel 11: Paris

1 Interview mit einem CIA-Angehörigen, 13. Juni 1989.
2 Vgl. Schlesinger, *Tausend Tage,* S. 656 f.
3 Wynne, *Der Mann aus Moskau,* S. 163–67.
4 Fritz W. Ermrath, »Contrast in American and Soviet Strategic Thought«,
   in Leebaert, *Soviet Military Thinking,* S. 51.
5 Kalb/Kalb, *Kissinger,* S. 49 f.
6 Ebd., S. 51.
7 Ermrath, »Contrast . . .«, S. 74.
8 Interview mit Roswell Gilpatric, 23. Februar 1991.
9 Arkin/Pringle, *S.I.O.P.,* S. 59–61.
10 Ebd., S. 107.
11 Ebd.
12 Bundy, *Danger and Survival,* S. 351.
13 Interview mit Robert McNamara, 11. September 1990.
14 Arkin/Pringle, *S.I.O.P.,* S. 121.

Kapitel 12: Sicherheit oder Ruhm

1 Wynne, *Der Mann aus Moskau,* S. 165 f.
2 Ausgabengenehmigung vom 30. Juli 1962.
3 Interview mit Quentin Johnson, 16. April 1991.
4 Brief von Bulik, 10. September 1988.
5 Interview mit George Hook, 8. September 1990.
6 Wynne, *Der Mann aus Moskau,* S. 186.
7 Ebd., S. 187.

Kapitel 13: Die Raketenlücke wird geschlossen

1 *Vital Speeches of the Day,* Bd. XXVIII, 1. Dezember 1961, Nr. 4.
2 Bundy, *Danger and Survival,* S. 377.
3 Ebd., S. 378.
4 Ebd.
5 *Current Digest of the Soviet Press,* Bd. XIII, Nr. 40, S. 5.
6 Aktennotiz über die Gespräche mit Ed Proctor und Jack Smith über die Verwendung des CHICKADEE-Materials für die NIE 11-8-61. Vgl. auch Nitze/McQuade, »The Missile Gap Estimates«, Bericht für die Akten vom 31. Mai 1963, wiedergegeben in Prados, *Soviet Estimate.*
7 Interview mit Howard Stoertz, 28. September 1989.
8 Prados, *Soviet Estimate,* S. 117.
9 Burrows, *Deep Black,* S. 100–107.
10 Prados, *Soviet Estimate,* S. 117 f.
11 Ebd., S. 119.
12 Ebd., Kapitel 8: »The End of the Missile Gap«.
13 Interview mit Robert McNamara, 11. September 1990.
14 Hilsman, *To Move a Nation,* S. 163.
15 Ebd., S. 163 f.
16 Aktennotiz von Maury, 26. September 1961.
17 Brief von Oldfield an Maury, 27. Oktober 1961.
18 Aktennotiz über das Londoner Treffen vom 31. Oktober 1961.
19 Interview mit Janet Chisholm, November 1990.
20 Memorandum des Falloffiziers an Bulik, 11. Januar 1962.
21 Brief von Oldfield an Maury, 15. Januar 1962.
22 Aktennotiz über die Gespräche mit Shergold, 6. Februar 1962.
23 Aktennotiz des neuen Falloffiziers, 2. April 1962.

Kapitel 14: Verdacht und Überwachung

1 Aktennotiz von Jack Maury, 5. April 1962.
2 Brief von Oldfield an Maury, 29. März 1962.
3 Interview mit Janet Chisholm, 16. Oktober 1990.
4 Aktennotiz von Maury, 13. April 1962.
5 Aktennotiz von Maury, 3. April 1962.
6 Ebd.
7 Briefe von Oldfield an Maury, 1. Juni und 14. Juni 1962.
8 Aktennotiz von Maury, 5. April 1962.
9 Nach Wynnes Darstellung der Ereignisse in Moskau vom 2. bis 6. Juli 1962.
10 Bericht von Carlson, 6. Juli 1962.
11 Nach Wynnes Darstellung der Ereignisse.
12 Ebd.

Kapitel 15: Endspiel: Die Kuba-Krise

1 Akte des Direktors, »Memorandum on Counterintelligence Activities«, 20. Juli 1962.
2 Aktennotiz, 26. Juli 1962.
3 Kennedy, *Dreizehn Tage,* S. 14.
4 Garthoff, *Reflection on the Cuban Missile Crisis,* S. 29 f. Dobrynin hatte Garthoff gesagt, daß er über die Stationierung der Raketen nicht informiert worden sei. Ex-Außenminister Andrej Gromyko bezog sich im Januar 1989 auf einer in Moskau stattfindenden Konferenz über die Kuba-Krise darauf, als er im Scherz zu Dobrynin sagte: »Oh, ich muß vergessen haben, es Ihnen zu sagen.«
5 Hilsman, *To Move a Nation,* S. 166; Gromyko, *Erinnerungen,* S. 246.
6 Garthoff, *Reflection on the Cuban Missile Crisis,* S. 47 f.
7 Krock, *Ich und die Präsidenten,* S. 245.
8 Interview mit McCone, 29. August 1988; vgl. Krock, *Ich und die Präsidenten,* S. 245 f., der eine Chronologie von McCones Bemühungen bietet, seinen Standpunkt durchzusetzen.
9 Interview mit McCone, 29. August 1988.
10 Burrows, *Deep Black,* S. 113–15.
11 Zitiert in Garthoff, *Reflection on the Cuban Missile Crisis,* S. 34.
12 Interview mit Helms, 8. Dezember 1988.
13 Blight/Welch, *On the Brink,* S. 213.
14 Interview mit Helms, 8. Dezember 1990.
15 Powers, *CIA,* S. 506, Fn. 9.
16 Sorenson, *Kennedy,* S. 677 f.
17 Cline, *The CIA,* S. 221.

18 Bohlen, *Witness to History,* S. 488 f.
19 Tonbandmitschnitt der Befragung von Richard K. Jacob am 9. November 1962.
20 Aktennotiz von McCone, 5. November 1962.
21 Interview mit Wynne, 8. September 1988.
22 Vertrauliche Information.
23 Interview mit Wynne, 17. September 1988.
24 Interviews mit Bulik, Helms und anderen.
25 Wynne, *Der Mann aus Moskau,* S. 10, 12.
26 Anhang zum Oldfield-Brief, 28. November 1966.
27 Deacon, *»C«,* S. 131.

Kapitel 16: Der Prozeß

1 Interview mit Wynne, September 1988; vgl. Wynne, *Der Mann aus Moskau,* S. 123–27, 131.
2 Die Darstellung der Gerichtsverhandlung hält sich, soweit nicht anders angegeben, an den Prozeßbericht *Trial in the Criminal Case of ... O. V. Penkovsky and ... G. M. Wynne.*
3 Bericht des Dritten Sekretärs Murrel, 6. Juni 1963.
4 Wynne, *Der Mann aus Moskau,* S. 144 f.
5 Ebd., S. 149 f.
6 Interview mit Wynne, September 1988; vgl. Wynne, *Der Mann aus Moskau,* S. 25, und ders., *The Man From Odessa,* S. 60–87.
7 Wynne, *Der Mann aus Moskau,* S. 152 f.
8 Aktennotiz über die Entschädigung für Greville Wynne, 17. Februar 1966.
9 Tschistjakow, *Po Sakonu i Sowjesti,* S. 11.
10 Interview mit einem sowjetischen Teilnehmer an der geschlossenen Verhandlung.
11 Die Genannten waren auf britischer Seite A. Roswell, Gervase und Pamela Cowell, D. Varley sowie F. Stuart und auf amerikanischer Seite Alexis Davison, Hugh Montgomery, Rodney Carlson, Richard Jacob und W. Jones.
12 Memorandum Buliks an Osborne, 10. Mai 1963; unsignierte Aktennotiz über den Brief an KGB und GRU, 28. November 1962.
13 Ebd.
14 Interview mit Richard Helms, 8. Dezember 1988.

Kapitel 17: Nachbeben

1 Interview mit einem pensionierten CIA-Angehörigen, 13. Juni 1989.
2 Dzhirkvelov, *Secret Servant,* S. 147.

3 *Iswestija,* 25. Mai 1963.
4 Zit. in einer Nachricht vom 31. Mai 1963.
5 Aktennotiz von Richard Helms an John McCone, 8. Juli 1963.
6 Penkowskij, *Geheime Aufzeichnungen,* S. 399 f.
7 Ebd., S. 18.
8 Brief von Maurice Oldfield an Howard Osborne, 1. Juli 1963.
9 Brief von Oldfield an Osborne, 12. Juli 1963.
10 Aktennotiz von John McCone, August 1963.
11 Aktennotiz, 23. April 1965.
12 Interview mit Sheila Wynne, 19. Januar 1991.
13 Gordon Brook-Shepherd, »Gentleman for a Player«, in: *Sunday Telegraph,* 26. April 1964.
14 Aktennotiz von David Murphy, 20. Oktober 1964.
15 Aktennotiz, 23. April 1965.
16 Interview mit Donald Jameson, 10. Mai 1991.
17 Interview mit einem CIA-Angehörigen, August 1989.
18 Interview mit einem früheren hochrangigen CIA-Angehörigen, August 1989.
19 *Penkovsky Papers,* S. XIV.
20 Victor Zorza, »Soviet Expert Thinks ›Penkovsky Papers‹ Are a Forgery«, in: *Washington Post,* 15. November 1965; ders., »Soviet Expert Doubts Validity of Controversial ›Papers‹, Usage in ›Penkovsky‹ Said to Prove Forgery«, in: *Washington Post,* 16. November 1965.
21 Penkowskij, *Geheime Aufzeichnungen,* S. 324.
22 Zit. in Alan Studner, »Psychology of Treason« (CIA-Studie).
23 Zu den Einzelheiten des Falls Vassall vgl. Pincher, *Too Secret Too Long,* Kap. 31.
24 Golizyn, *New Lies From Old,* S. 153–82. Laut Golizyn förderte die »vorgetäuschte Uneinigkeit der kommunistischen Welt (. . .) die wirkliche Uneinigkeit in der nichtkommunistischen Welt«. Wenn man Sacharows Schriften, wie er fortfuhr, als Desinformation las und entschlüsselte, war »seine Voraussage der Annäherung die Voraussage des Sieges der langfristigen Politik des Ostblocks und der Kapitulation des Westens nach minimalem Widerstand« (S. 237).
25 Ebd., S. 54.
26 Epstein, *Deception,* S. 79.
27 Ebd., S. 79 f.
28 Ebd., S. 80.
29 Interview mit Joseph J. Bulik, 27. Juli 1988.
30 Powers, *CIA,* S. 446 f.
31 Winks, *Cloak and Gown,* S. 416.
32 Interview mit Richard Helms, 8. Dezember 1988.
33 Während der Sitzung angefertigte Notizen von Lyman Kirkpatrick.
34 Pincher, *Their Trade Is Treachery,* S. 156; ders., *Too Secret Too Long,* S. 264–67.

35 Pincher, *Their Trade Is Treachery,* S. 158, 478.
36 Wright, *Spycatcher,* S. 214 f., 218.
37 Knightley, *Die Spionage,* S. 319–21.
38 Als die Autoren McGeorge Bundy nach Penkowskij fragten, konnte er sich nicht an ihn erinnern und lehnte ein Gespräch über dessen Rolle ab. Michael Beschloss gegenüber erklärte er, daß Penkowskijs Bedeutung in der Literatur der damaligen Zeit übertrieben worden sei (*The Crisis Years,* S. 768).
39 Creighton/Hynd, *Der Fall Chruschtschow,* S. 7.
40 Ebd., S. 329.
41 Interview mit Sir Dick White, 15. Juni 1991.
42 Dem britischen Geheimdienst nahestehende vertrauliche Quelle.
43 *Sunday Times,* 15. Oktober 1965.

Kapitel 18: Retter oder Verräter?

 1 Wynne, *Der Mann aus Moskau,* S. 7. Wynne erklärt nicht, worauf sich seine Aussage stützt, und es gibt weder Beweise noch Gerüchte, die sie belegen oder als möglich erscheinen lassen.
 2 Interview mit einem sowjetischen Beamten, 1989.
 3 Vgl. Conquest, *Zuerst starb Genosse Kirow,* und Rummel, *Lethal Politics.*
 4 McCoy, *Penkovsky Case,* S. 12.
 5 Andrew/Gordiewsky, *KGB,* S. 599 f.
 6 Sammlung der Chruschtschow-Memoiren der Columbia University, Band 5, Track 3.
 7 Seth, *Encyclopedia of Espionage,* S. 85–88, 646–49.
 8 Blake, *No Other Choice,* S. 198.
 9 Brook-Shepherd, *Storm Birds,* S. 158 f.
10 Vertrauliche Information.
11 Andrew/Gordiewsky, KGB, S. 616.
12 *Fatal Encounter,* BBC 1, 8. Mai 1991.
13 Im Besitz der Autoren.
14 Interview mit Joseph J. Bulik, 19. Dezember 1990.
15 «Bona Fides of the Penkovsky Operation«, Memorandum an den Streitkräfteausschuß des Repräsentantenhauses von 1963, 23. Mai 1990.
16 *Khrushchev Remembers,* S. 203.
17 Interview mit einem sowjetischen Informanten.

ABKÜRZUNGEN

ABM-System   Anti-Ballistic-Missile-System (System zur Abwehr ballistischer Interkontinentalraketen)

ASSR   Awtonomnaja Sowjetskaja Sozialistitscheskaja Respublika (Autonome Sozialistische Sowjetrepublik)

CIA   Central Intelligence Agency (Geheimdienst der USA)

DIA   Defense Intelligence Agency (Verteidigungsnachrichtendienst)

GKKNIR   Gossudarstwennyj Komitet po Koordinazii Nautschno-Issledowatelskich Rabot (Staatliches Komitee für die Koordinierung der wissenschaftlichen Forschungsarbeit)

GPU   Gossudarstwennoje Polititscheskoje Uprawlenije (Staatliche Politische Verwaltung; Vorgängerorganisation des KGB, 1922/23, unterstand dem NKWD)

GRU   Glawnoje Raswedywatjelnoje Uprawlenije (Nachrichtendienstliche Hauptverwaltung des Generalstabs der sowjetischen Streitkräfte)

HUMINT   Human Intelligence (Geheimdiensterkenntnisse aus menschlichen Quellen)

ICBM   Intercontinental Ballistic Missile (Interkontinentalrakete)

IRBM   Intermediate Range Ballistic Missile (Mittelstreckenrakete mit einer Reichweite von 2700–5400 Kilometern)

JIC   Joint Intelligence Committee (Vereinigtes Nachrichtendienstkomitee, Großbritannien)

KGB   Komitet Gossudarstwennoj Besopasnosti (Komitee für Staatssicherheit; Geheimdienst der Sowjetunion, seit 1954)

KPdSU   Kommunistische Partei der Sowjetunion

MAD   Mutual Assured Destruction (sichere gegenseitige Zerstörung)

MDA   Militärisch-Diplomatische Akademie der Sowjetunion

MGB   Ministerstwo Gossudarstwennoj Besopasnosti (Ministerium für Staatssicherheit; Vorgängerorganisation des KGB, 1946–53)

MRBM   Medium Range Ballistic Missile (Mittelstreckenrakete mit einer Reichweite von 1000–2700 Kilometern)

MWD	Ministerstwo Wnutrennych Del (Ministerium für Innere Angelegenheiten; Vorgängerorganisation des KGB, 1953/54)
NIE	National Intelligence Estimate (Nationale Geheimdiensteinschätzung der CIA)
NKWD	Narodnyj Komissariat Wnytrennych Del (Volkskommissariat für Innere Angelegenheiten; Vorgängerorganisationen des KGB, 1922/23 und 1934–46)
NSA	National Security Agency (Nationale Sicherheitsbehörde, USA)
NSC	National Security Council (Nationaler Sicherheitsrat; Beratergremium des US-Präsidenten)
OCI	Office of Current Intelligence (Büro für aktuelles Nachrichtenmaterial der CIA)
OGPU	Objedinjonnoje Gossudarstwennoje Polititscheskoje Uprawlenije (Vereinte Staatliche Politische Verwaltung; Vorgängerorganisation des KGB, 1923–34)
ONE	Office of National Estimates der CIA
RIS	Russian Intelligence Service (Russischer Nachrichtendienst; amerikanische Bezeichnung des KGB)
RSFSR	Rossijskaja Sowjetskaja Federatiwnaja Sozialistitscheskaja Respublika (Russische Sozialistische Föderative Sowjetrepublik)
RV	Rendezvous (verdecktes Treffen)
SAM	Boden-Luft-Rakete (Surface-to-Air Missile)
SAC	Strategic Air Command (Strategisches Luftwaffenkommando, USA)
SIOP	Single Integrated Operating Plan (einheitlicher integrierter Operationsplan [für den Fall eines Atomkriegs])
SS-...	Boden-Boden-Rakete (Surface-to-Surface Missile)
Tscheka	Tschreswytschajnaja Komissija po Borbe s Kontrrewoljuziej i Sabotaschem (Außerordentliche Kommission zum Kampf gegen Konterrevolution und Sabotage, erste sowjetische Geheimpolizei, 1917–22)
USIB	United States Intelligence Board (Geheimdienstausschuß der Vereinigten Staaten)
ZK	Zentralkomitee

DANKSAGUNG

Die Autoren danken den ehemaligen CIA-Offizieren, die ihnen bereitwillig ihr Wissen über den Fall Penkowskij und die zeitgeschichtlichen Ereignisse ihrer aktiven Zeit zur Verfügung stellten: Charles Beling, Joseph J. Bulik, Dr. Cleveland Cram, Walter Elder, Katherine Colvin Hart, Donald Jameson, Quentin Johnson, Edward Proctor und Richard Malzahn. Eunice Evans und John Carver unterstützten hilfsbereit und sachkundig unsere Recherchen. Wir stehen außerdem in der Schuld amerikanischer und britischer Geheimdienstoffiziere, die nicht namentlich genannt werden wollten. Bei den Recherchen halfen uns Peter Novick, Vadim Biryukow, Helen Clegg und Douglas V. Henry. Unser Dank gilt daneben den Freunden in der ehemaligen Sowjetunion, die darum gebeten haben, ihre Namen nicht zu erwähnen.

Zbigniew Brzezinski, Gregory Freidin, Lawrence Linhan, Strobe Talbott, Michael Shafer sowie Barnet, Doveen, Evelind, Kate und Steven Schecter begleiteten als kritische Leser das Entstehen des Manuskripts. Leona Schecter, unsere Agentin, steuerte wichtige Ratschläge für die Strukturierung des Texts bei und spielte eine herausragende Rolle bei der Fertigstellung und Veröffentlichung dieses Buchs.

Unser Lektor bei Charles Scribner's Sons, Ned Chase, war ein ebenso unerschütterlicher wie kenntnisreicher Förderer unserer Arbeit, bei dem wir stets Rückhalt fanden. Bill Goldstein machte sich auf großartige Weise um Stil und Aufbau des Buchs verdient, und Hamilton Cain und Charles Flowers sorgten dankenswerterweise dafür, daß der Zeitplan für sein Erscheinen eingehalten werden konnte.

Susan Forbes von der Kennedy Library, William H. McNitt von der Ford Library und das National Security Archive halfen uns bei der Suche nach Dokumenten und anderen Materialien zu unserem Thema.

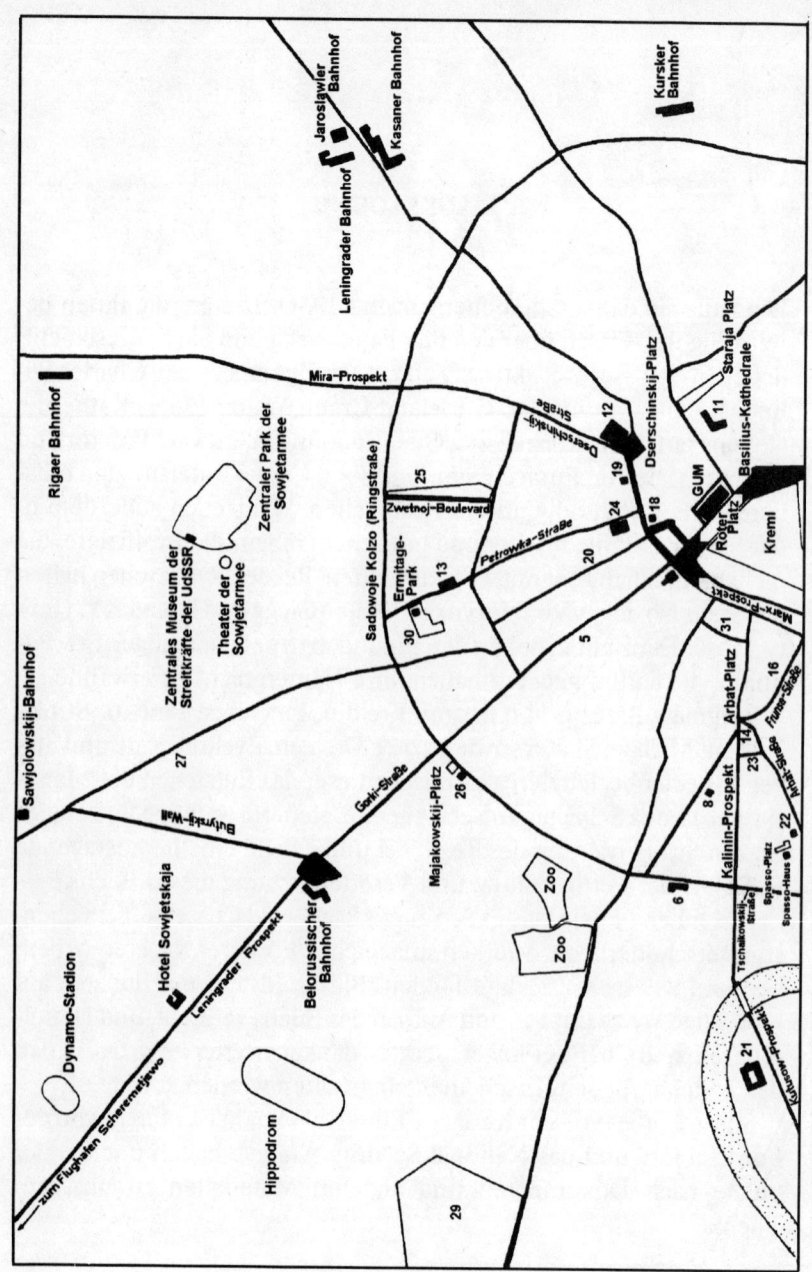

Jaroslawler Bahnhof

Leningrader Bahnhof

Kasaner Bahnhof

Kursker Bahnhof

Starája Platz

Dserschinskij-Platz

Dserschinskij-Straße

Basilius-Kathedrale

Mira-Prospekt

Rigaer Bahnhof

Zentraler Park der Sowjetarmee

Zentrales Museum der Streitkräfte der UdSSR

Theater der Sowjetarmee

Zwetnoj-Boulevard

Sadowoje Kolzo (Ringstraße)

GUM

Roter Platz

Kreml

Ermitage-Park

Petrowka-Straße

Marx-Prospekt

Arbat-Platz

Frunse-Straße

Sawjolowskij-Bahnhof

Arbat-Straße

Gorki-Straße

Butyrskij-Wall

Kalinin-Prospekt

Majakowskij-Platz

Spasso-Platz

Spasso-Haus

Hotel Sowjetskaja

Dynamo-Stadion

Leningrader Prospekt

Belorussischer Bahnhof

Zoo

Zoo

zum Flughafen Scheremetjewo

Hippodrom

Tschaikowski-Straße

Krapotkinskaja-Straße

12 19 24 18 25 13 20 5 30 31 16 27 26 14 23 8 22 6 29 21 11

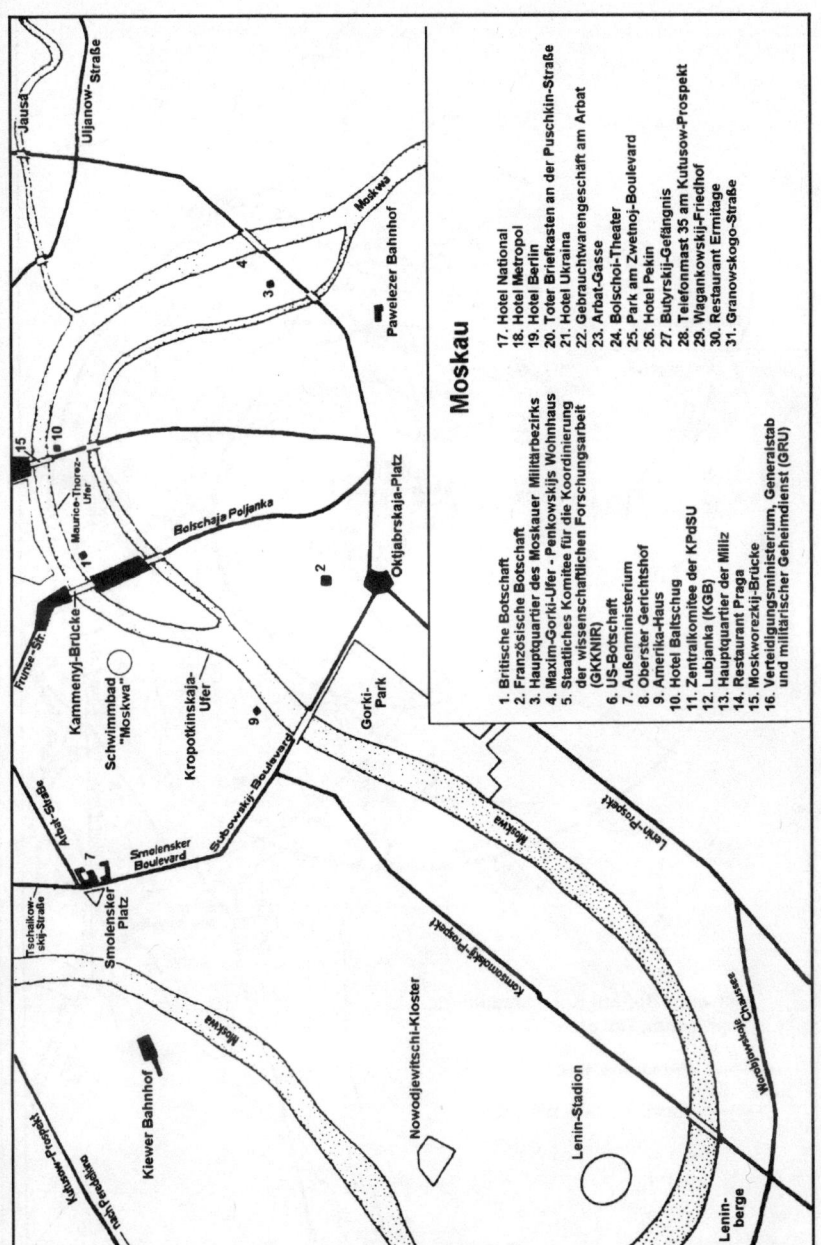

Moskau

1. Britische Botschaft
2. Französische Botschaft
3. Hauptquartier des Moskauer Militärbezirks
4. Maxim-Gorki-Ufer – Penkowskijs Wohnhaus
5. Staatliches Komitee für die Koordinierung der wissenschaftlichen Forschungsarbeit (GKKNIR)
6. US-Botschaft
7. Außenministerium
8. Oberster Gerichtshof
9. Amerika-Haus
10. Hotel Baltschug
11. Zentralkomitee der KPdSU
12. Lubjanka (KGB)
13. Hauptquartier der Miliz
14. Restaurant Praga
15. Moskworezkij-Brücke
16. Verteidigungsministerium, Generalstab und militärischer Geheimdienst (GRU)
17. Hotel National
18. Hotel Metropol
19. Hotel Berlin
20. Toter Briefkasten an der Puschkin-Straße
21. Hotel Ukraina
22. Gebrauchtwarengeschaft am Arbat
23. Arbat-Gasse
24. Bolschoi-Theater
25. Park am Zwetnoj-Boulevard
26. Hotel Pekin
27. Butyrskij-Gefängnis
28. Telefonmast 35 am Kutusow-Prospekt
29. Wagankowskij-Friedhof
30. Restaurant Ermitage
31. Granowskogo-Straße

KANADA

VEREINIGTE
STAATEN

Montreal
Ottawa
Toronto
Chicago   Boston

San Francisco   Denver   New York
                                     Washington
Los Angeles
              Dallas   Atlanta
           New Orleans
              Houston   Miami

        Mexico City
                      KUBA

                              Panama City   Caracas

                                          SÜDAMERIKA

                                    Lima

                                              Rio de Janeiro

**Reichweite der auf Kuba stationierten
sowjetischen Raketen**

—————— MRBMs (ca. 1600 km)

– – – – IRBMs (ca. 3400 km)

488

490

Garri Tabatschnik

Stalins Erben

Der Abstieg der Sowjetmacht

640 Seiten, gebunden

Das sozialistische Experiment Sowjetunion ist mit dem Putschversuch im August 1991 endgültig gescheitert.
Der in den USA lebende russische Publizist Garri Tabatschnik
zieht die Bilanz der 74jährigen Geschichte des sowjetischen
Imperiums, ausgehend von den Biographien der letzten
Kremel-Herren: Breschnew, Andropow, Tschernenko, Gorbatschow und Jelzin.

Ullstein

Klaus Hornung

Das totalitäre Zeitalter

Bilanz des 20. Jahrhunderts

429 Seiten, gebunden

Lange Zeit war es in der Bundesrepublik verpönt, vom »Tota-
litarismus« zu sprechen. Mit dem Zusammenbruch des Kommunismus ist dieses Tabu gebrochen, und es ist an der Zeit, eine
Bilanz des totalitären Jahrhunderts zu ziehen, die Faschismus,
Nationalsozialismus und Kommunismus im Zusammenhang
sieht.
Der Historiker Klaus Hornung beschreibt nicht nur das Aufeinanderprallen der totalitären Diktaturen als Zentralereignis
unserer Epoche, sondern er verfolgt die Wurzeln des Totalita-
rismus bis zur Französischen Revolution zurück.

Propyläen